本报告的出版得到
国家重点文物保护专项补助经费资助

中国田野考古报告集

考 古 学 专 刊

丁种第八十六号

安阳大司空
——2004年发掘报告
（上）

中国社会科学院考古研究所　编著

文物出版社

责任印制：陆　联

责任编辑：秦　彧

图书在版编目（CIP）数据

安阳大司空：2004年发掘报告/中国社会科学院考古
研究所编著．－北京：文物出版社，2014.5
ISBN 978-7-5010-3991-3

Ⅰ．①安… Ⅱ．①中… Ⅲ．①小屯文化－发掘报告
Ⅳ．①K871.35

中国版本图书馆CIP数据核字（2014）第069973号

安　阳　大　司　空

——2004 年发掘报告

中国社会科学院考古研究所　编著

文 物 出 版 社 出 版 发 行

（北京市东直门内北小街2号楼）

http://www.wenwu.com

E-mail：web@wenwu.com

北京燕泰美术制版印刷有限责任公司制版印刷

新 华 书 店 经 销

889×1194　1/16　印张：55.75　插页：4

2014年5月第1版　　2014年5月第1次印刷

ISBN　978-7-5010-3991-3　定价：690.00元（上、下册）

ARCHAEOLOGICAL MONOGRAPH SERIES
TYPE D NO.86

Dasikong in Anyang:

Report of the Excavation in 2004

(I)

by

The Institute of Archaeology, Chinese Academy of Social Sciences

Cultural Relics Press

目　录

上　册

下 册

附 表

附 录

后 记

英文提要

插图目录

彩版目录

图版目录

第一章　概　况

　　大司空村位于安阳市西北约 3 千米，殷墟遗址的东北部。地处洹河由西向东流、转而向南的转角的北岸，是一处高出洹河水面近 10 米的高台地。西与小屯村宫殿宗庙区隔河相望，南面隔洹河遥对后冈遗址，东邻京广铁路，北接洹北商城。

　　殷墟最新布局研究，将整个殷墟遗址级差网格化（即坐标化），以网格区域控制殷墟遗址各遗迹现象的区域位置，是殷墟布局研究的最新成果。据此成果，大司空村大致位于 NE0101B、NE0102A、NE0102C、NE0101D 四区位内。其中，NE0101 和 NE0102 为 500×500 平方米，每一区位内再设 A、B、C、D 四小区。大司空东南地（即本次发掘区）即位于 NE0102A 内。

　　在大司空村南及东南分布有丰富的商代文化遗存，是殷墟一般保护区内的重要区域之一（图一）。

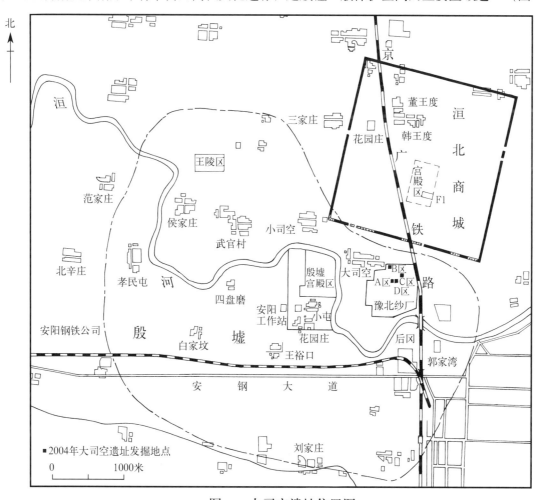

图一　大司空遗址位置图

第一节　发掘与研究

大司空遗址的发掘可以分成两个阶段。第一阶段是新中国成立之前，第二阶段是新中国成立之后（图二）。

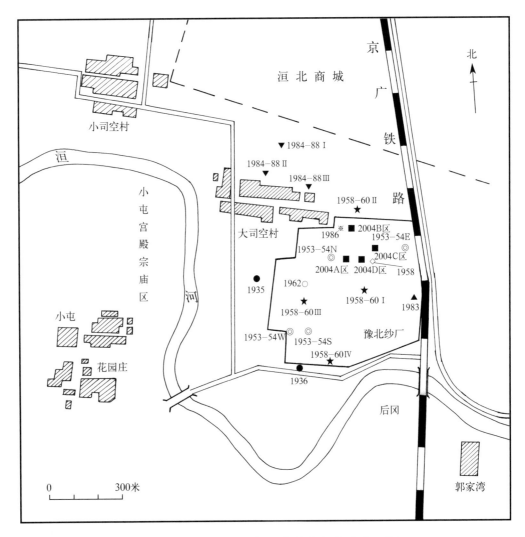

图二　大司空遗址历年及本次发掘地点位置图

● 史语所大司空村1935年第一次发掘地点　● 史语所大司空村1936年第二次发掘地点
◎ 马得志、周永珍、张云鹏：《一九五三年安阳大司空村发掘报告》，《考古学报》第九册，1955年
◇ 河南省文化局文物工作队：《1958年春河南安阳市大司空村殷代墓葬发掘简报》，《考古通讯》1958年第10期
★ 中国社会科学院考古研究所安阳工作队：《殷墟发掘报告（1958～1961）》第70～85页，文物出版社，1987年
○ 中国社会科学院考古研究所安阳工作队：《1962年安阳大司空村发掘简报》，《考古》1964年第8期
▲ 中国社会科学院考古研究所安阳工作队：《安阳大司空村东南的一座殷墓》，《考古》1988年第10期
▼ 中国社会科学院考古研究所安阳工作队：《1984～1988年安阳大司空村北地殷墟墓葬发掘报告》，《考古学报》1994年第4期
※ 中国社会科学院考古研究所安阳工作队：《1986年安阳大司空村南地的两座殷墓》，《考古》1989年第7期
■ 2004年大司空村发掘地点，共分A、B、C、D四个发掘区

一　1950年以前

1950 年以前对大司空村的发掘共有两次。

1935 年 10 月，先期由梁思永先生带领，后期由刘燿（尹达）先生主持对大司空遗址进行了第一次发掘。此次发掘共开探坑 111 个，发掘面积 1100 平方米，发现了 37 个商代灰坑和 14 座墓葬。墓葬除 1 座为隋墓外，其余均为商代墓葬。商代墓葬中，没有出土随葬品的墓葬占大多数；有随葬品的墓葬出土遗物多为陶器，个别墓葬随葬有铜戈和铜镞[1]。

1936 年，高去寻先生主持了大司空村的第二次发掘，地点在今豫北纱厂小学南面，北距第一次发掘地点仅几百米。这次发掘开探坑 63 个，发掘面积 1100 平方米。遗迹有 29 个商代窖穴，91 座墓葬，其中商代墓葬 58 座，灰坑 26 个；战国墓葬 20 座，灰坑 2 个；不早于唐宋的墓葬 3 座，灰坑 2个；另有近代墓葬 4 座，时代不能断定的墓葬 5 座。出土商代遗物有铜器、陶器、骨器、石器、玉器、骨角料、甲骨以及陶范、铜渣等和铸铜有关的遗物[2]。

二　1950年以后

为配合当地的基本建设，1953 年至 1954 年，中国科学院考古研究所在大司空村南进行了三次发掘。第一次是 1953 年的春天，勘探和发掘面积共计 11.42 万平方米，是早年大司空发掘中工作范围最大的一次。第二次发掘于 1953 年的夏天，第三次发掘时间为 1954 年 1 月。以上三次发掘共清理商代夯土基址 3 处、灰坑 7 个、墓葬 166 座、车马坑 1 座。另有战国墓葬 11 座，唐代墓葬 1 座，时代不明的墓葬 3 座，近代墓葬 1 座。商代墓葬中出土陶器 393 件，为商代墓葬的分期及陶器组合的研究提供了科学的资料[3]。

1958 年，为配合基本建设，河南省文化局文物工作队在大司空村进行了钻探和发掘。共发现商代文化层和墓葬 60 多座，其中商代墓葬 51 座，出土遗物有铜器、陶器和玉器[4]。

1958 年春至 1961 年冬，中国科学院考古研究所安阳工作队对包括大司空在内的 13 个地点进行了发掘，发掘面积 7000 多平方米。通过发掘，初步摸清了殷墟的范围和布局，根据明确的地层关系，首次提出殷墟遗存的分期问题。其中在大司空村的发掘发现了仰韶文化灰坑 1 个、陶窑 1 座，龙山文化时期遗存，商代 2 座带一个墓道的大墓、64 座小墓、12 座灰坑、1 处大型制骨作坊。制骨作坊中有贮存骨料的窖穴和与制骨有关的地穴式房屋遗存，所制骨器器类有锥、镞和笄，其中最多的为笄[5]。

[1] 转引自李永迪：《一九三六年史语所大司空村第二次发掘的殷代遗存与东周时期墓葬》，《历史语言研究所集刊》第七十九本第四分册，2008年。

[2] 高去寻遗稿、杜正胜、李永迪整理：《大司空村：第二次发掘报告》，历史语言研究所，2008年。

[3] 马得志、周永珍、张云鹏：《一九五三年安阳大司空村发掘报告》，《考古学报》第九册，1955年。

[4] 河南省文化局文物工作队：《1958年春河南安阳市大司空村殷代墓葬发掘简报》，《考古通讯》1958年第10期。

[5] 中国社会科学院考古研究所：《殷墟发掘报告（1958～1961）》，文物出版社，1987年。

1962 年秋，中国科学院考古研究所安阳工作队在大司空村东南豫北纱厂内西部进行发掘，这次发掘主要是房址、灰坑多座，墓葬 50 多座。这次发掘，对殷墟文化层的分期有了进一步的认识，在过去大司空村一期、二期的基础上根据出土遗物进行了更为细致的分期，即将遗址内的遗存分为四期：原来的大司空村一期仍为第一期；这次划分出来的介于大司空村一期与二期之间的阶段为第二期；原来的大司空村第二期分成两期，为大司空村的第三期和第四期。这四期不一定相互衔接。这次发掘，为殷墟文化的分期断代研究提供了翔实的资料[1]。

1965 年春至 1966 年春，中国科学院考古研究所安阳发掘队对大司空村进行了发掘，揭露面积7000 平方米。清理仰韶文化时期灰坑 7 个、瓮棺葬 1 座，龙山文化时期灰坑 12 个、瓮棺葬 1 座，商代房址 1 座、灰坑 34 个、带一条墓道的大墓 1 座、小型墓葬 300 多座、车马坑 1 座[2]。

1971 年，安阳市博物馆在豫北纱厂内进行发掘，共开探方 2 个。清理商代墓葬 17 座、杀殉坑 1 座，战国墓葬 4 座。商代杀殉坑内有人头骨 31 个，躯体 26 具，葬式以俯身直肢居多，有少量的俯身屈肢和仰身直肢葬式。经过鉴定的头骨均为男性，有 10 岁以内的小孩和 30 岁左右的成年人。无随葬品[3]。

1980 年，中国社会科学院考古研究所安阳工作队在豫北纱厂内进行基建发掘，清理了一批商代墓葬。其中的 80ASM539 面积较大，随葬品较多，共出土铜器 86 件，还有玉器、石器和骨器等[4]，时代属殷墟二期。

1980 年冬至 1985 年夏，为配合豫北纱厂的基建工程，中国社会科学院考古研究所安阳工作队在大司空村附近进行了多次钻探和发掘。共清理带两条墓道的大墓 1 座、中小型墓葬 250 多座，车马坑 2 座，战国墓 10 座[5]。

1983 年，为配合基本建设工程，中国社会科学院考古研究所安阳工作队在豫北纱厂的东部进行了钻探和发掘，共清理商代墓葬 70 多座。这批墓葬均为小型长方形竖穴墓，均有棺木，大部分有熟土二层台和腰坑，殉人、殉牲墓有 10 多座。这批墓葬中 M663 的规模较大，随葬品有铜器、陶器和石器等共 60 多件[6]。

1984～1988 年，中国社会科学院考古研究所安阳工作队先后在大司空村北地进行多次钻探和发掘，共发现墓葬 88 座，对其中的 84 座进行了清理，有商代墓葬 78 座，其余的为唐宋时期墓葬。商代墓葬多数为小型土坑竖穴墓，有一半左右有腰坑和二层台，绝大多数用木棺作葬具。随葬品有陶器、青铜兵器、玉石器、骨器和贝[7]。

1986 年秋，为配合农村基本建设，中国社会科学院考古研究所安阳工作队在大司空村南地进行了发掘。共清理商代墓葬 29 座。集中在发掘区东北一隅的 6 座墓葬没有被盗掘，出土了一批较好的铜器、玉器和陶器。其中的 M25 和 M29 面积较大，出土遗物丰富，有铜器、玉器，M25 内还出土

[1] 中国科学院考古研究所安阳发掘队：《1962年安阳大司空村发掘简报》，《考古》1964年第8期。
[2] 中国社会科学院考古研究所：《殷墟的发现与研究》，科学出版社，1994年。
[3] 安阳市博物馆：《安阳大司空村殷代杀殉坑》，《考古》1978年第1期。
[4] 中国社会科学院考古研究所安阳工作队：《1980年河南安阳大司空村M539发掘简报》，《考古》1992年第6期。
[5] 中国社会科学院考古研究所：《殷墟的发现与研究》，科学出版社，1994年。
[6] 中国社会科学院考古研究所安阳工作队：《安阳大司空村东南的一座殷墓》，《考古》1988年第10期。
[7] 中国社会科学院考古研究所安阳工作队：《1984～1988年安阳大司空村北地殷代墓葬发掘报告》，《考古学报》1994年第4期。

了极为罕见的铜镜[1]。

2002 年，为配合豫北纱厂居民楼改建，中国社会科学院考古研究所安阳工作队在此进行发掘，揭露面积 1200 平方米，清理数十座商墓和一批灰坑、窖穴[2]。

2004 年春，为配合豫北纱厂厂区改建，中国社会科学院考古研究所安阳工作队在大司空村东南、豫北纱厂厂区中部偏北进行了较大面积的勘探和发掘[3]。这次发掘是大司空遗址历年来布方最为系统、揭露面积最大、收获也最为丰富的一次。本报告将详细介绍本次发掘的主要发现和收获。

第二节　发掘概述

2004 年为配合豫北纱厂（早年叫"广益纱厂"）厂区危房改造而进行了基建发掘。据纱厂相关负责人介绍，目前改造的这些危房都是 20 世纪 60 年代初期建设的，在建设之前曾进行过考古勘探和发掘。在这次发掘过程中，也的确发现了早年发掘过的探沟和清理的单个墓葬。

据查有关资料，发现在 20 世纪 60 年代初期之前，在大司空遗址范围内共进行过 7 次发掘。第一次是 1935 年 10 月 20 日至 11 月 7 日，由刘燿负责，开探沟 111 个，发掘地点在豫北纱厂的西侧。第二次是 1935 年 10 月至 12 月，高去寻负责，开探坑 63 个，地点在豫北纱厂的南侧。第三至五次是 1953 年 3 月至 1954 年 1 月，中国社会科学院考古研究所负责发掘，工作面积约 11.4 万平方米，共分四个发掘区，地点在豫北纱厂厂区中部。第六次发掘是 1958 年由河南省文物工作队负责，地点在 1953 年发掘东区的西南侧。第七次发掘是 1958 年中国社会科学院考古研究所安阳工作队负责，地点在豫北纱厂厂区的中心地带。

2004 年的发掘点，大致也是豫北纱厂的中心区域略偏西（图二）。发掘区里发现的早年发掘过的探沟和清理的单个墓葬（编号 M01～M020），从位置上看应是上述第一次、第三至七次所发掘的。也就是说，豫北纱厂大部分区域都被早年勘探或局部发掘过。本次发掘，实际上是对以前的工作进行的补充发掘。但有所不同的是，以前发掘以开探沟或者单独清理墓葬为主，而本次发掘以大面积布探方系统发掘为主，对遗迹分布较少的区域则辅以重点清理墓葬的方法。

2004 年发掘区为豫北纱厂的生活住宅区，属旧房改建，因受厂区建筑分布的局限，发掘区分散在四个地点。根据发掘时间的早晚，把发掘区分 A、B、C、D 四个区，A、D 两区东西并列，中间仅隔 5 米左右的建筑垃圾堆积区；B 区位于纱厂北部原游泳池（现已废弃）附近，20 世纪 80 年代中期配合游泳池建设曾进行过初步的勘探和发掘，清理了部分商代墓葬；C 区位于 D 区的东北部、纱厂 96 号居民楼北侧，C 区北侧紧邻纱厂仓库，东侧与纱厂生产车间相邻。在 A、D 两区的北侧、C 区西侧和 B 区南侧，仍是大片 20 世纪 60 年代早、中期建设的低矮居民房（图三～七）。

本次布方，以位于纱厂厂区的中心、本次发掘区西南隅的一居民楼的西北角为零点（N36°07′ 19.19″，E114°18′40.11″）。以此为原点，向北平移 10 米，即本次布方 T0101 的西南角。以全站仪测点，向北、向东以 10×10 米拉网布方，使探方覆盖整个发掘区。这样布方的目的，就是便于

[1]　中国社会科学院考古研究所安阳工作队：《1986年安阳大司空村南地的两座殷墓》，《考古》1989年第7期。

[2]　资料正在整理中。

[3]　岳洪彬、岳占伟、何毓灵：《河南安阳殷墟大司空遗址获重要发现》，《中国文物报》2005年4月25日。

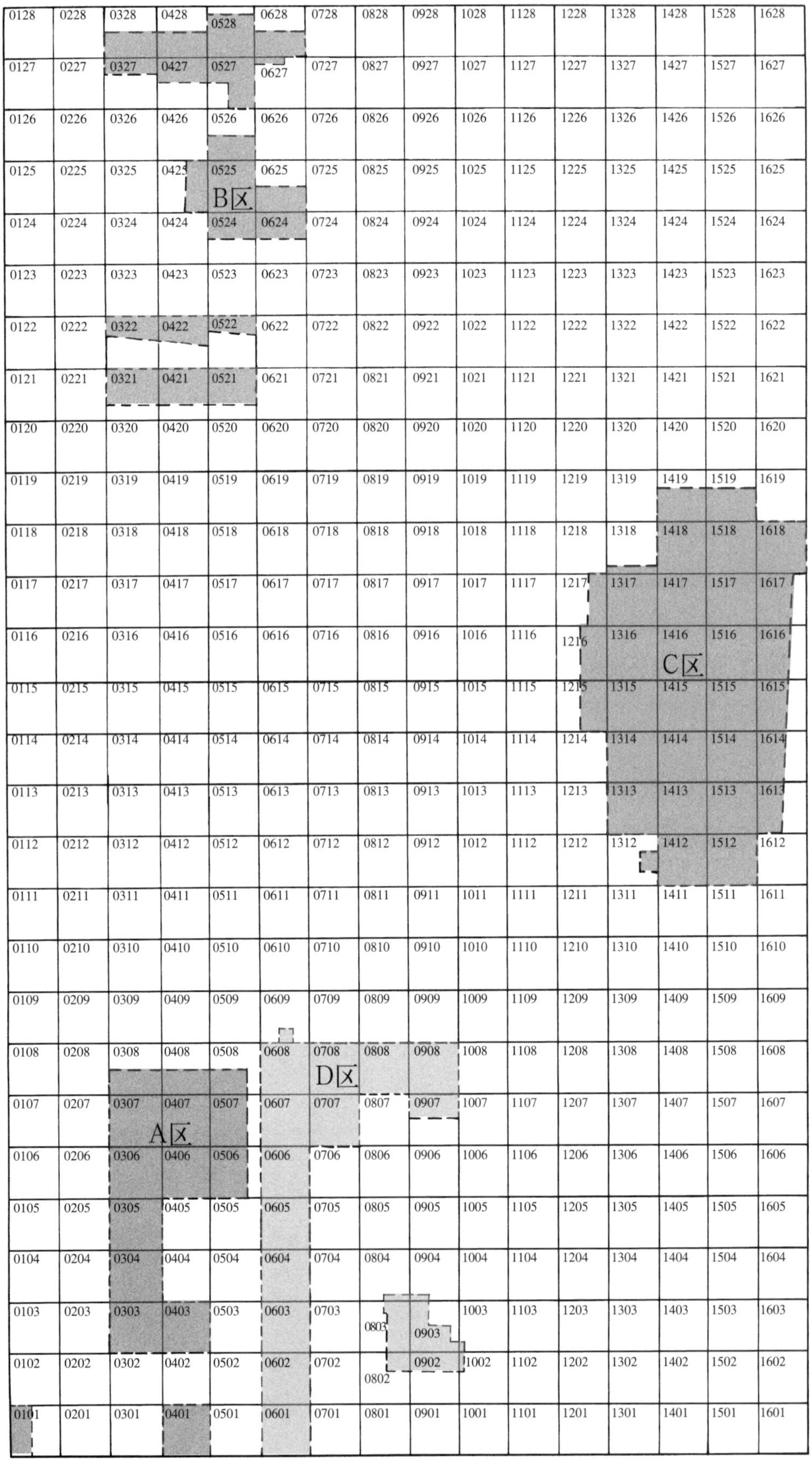

0128	0228	0328	0428	0528	0628	0728	0828	0928	1028	1128	1228	1328	1428	1528	1628
0127	0227	0327	0427	0527	0627	0727	0827	0927	1027	1127	1227	1327	1427	1527	1627
0126	0226	0326	0426	0526	0626	0726	0826	0926	1026	1126	1226	1326	1426	1526	1626
0125	0225	0325	0425	0525	0625	0725	0825	0925	1025	1125	1225	1325	1425	1525	1625
0124	0224	0324	0424	0524	0624	0724	0824	0924	1024	1124	1224	1324	1424	1524	1624
0123	0223	0323	0423	0523	0623	0723	0823	0923	1023	1123	1223	1323	1423	1523	1623
0122	0222	0322	0422	0522	0622	0722	0822	0922	1022	1122	1222	1322	1422	1522	1622
0121	0221	0321	0421	0521	0621	0721	0821	0921	1021	1121	1221	1321	1421	1521	1621
0120	0220	0320	0420	0520	0620	0720	0820	0920	1020	1120	1220	1320	1420	1520	1620
0119	0219	0319	0419	0519	0619	0719	0819	0919	1019	1119	1219	1319	1419	1519	1619
0118	0218	0318	0418	0518	0618	0718	0818	0918	1018	1118	1218	1318	1418	1518	1618
0117	0217	0317	0417	0517	0617	0717	0817	0917	1017	1117	1217	1317	1417	1517	1617
0116	0216	0316	0416	0516	0616	0716	0816	0916	1016	1116	1216	1316	1416	1516	1616
0115	0215	0315	0415	0515	0615	0715	0815	0915	1015	1115	1215	1315	1415	1515	1615
0114	0214	0314	0414	0514	0614	0714	0814	0914	1014	1114	1214	1314	1414	1514	1614
0113	0213	0313	0413	0513	0613	0713	0813	0913	1013	1113	1213	1313	1413	1513	1613
0112	0212	0312	0412	0512	0612	0712	0812	0912	1012	1112	1212	1312	1412	1512	1612
0111	0211	0311	0411	0511	0611	0711	0811	0911	1011	1111	1211	1311	1411	1511	1611
0110	0210	0310	0410	0510	0610	0710	0810	0910	1010	1110	1210	1310	1410	1510	1610
0109	0209	0309	0409	0509	0609	0709	0809	0909	1009	1109	1209	1309	1409	1509	1609
0108	0208	0308	0408	0508	0608	0708	0808	0908	1008	1108	1208	1308	1408	1508	1608
0107	0207	0307	0407	0507	0607	0707	0807	0907	1007	1107	1207	1307	1407	1507	1607
0106	0206	0306	0406	0506	0606	0706	0806	0906	1006	1106	1206	1306	1406	1506	1606
0105	0205	0305	0405	0505	0605	0705	0805	0905	1005	1105	1205	1305	1405	1505	1605
0104	0204	0304	0404	0504	0604	0704	0804	0904	1004	1104	1204	1304	1404	1504	1604
0103	0203	0303	0403	0503	0603	0703	0803	0903	1003	1103	1203	1303	1403	1503	1603
0102	0202	0302	0402	0502	0602	0702	0802	0902	1002	1102	1202	1302	1402	1502	1602
0101	0201	0301	0401	0501	0601	0701	0801	0901	1001	1101	1201	1301	1401	1501	1601

（分区标注：B区、C区、A区、D区）

图三　2004年大司空遗址发掘分区探方分布图

整体控制纱厂附近的发掘情况，将过去的和将来的发掘位置地点、探方的空间分布，都掌控在一个大的空间系统中，也便于将来纱厂地区发掘资料数据库的建设。布方之后，根据钻探资料，选择需要发掘的探方进行揭露。

A 区　　共发掘 10×10 米的探方 11 个，5×10 米的探方 4 个，发掘面积 1300 平方米。此外还清理有零星墓葬。需要说明的是，对零星墓葬的清理，也是先确定其所在位置的探方号，并在大探方的范围内布小探方。然后顺墓葬方向从地面纵向 1/2 向下清理，到墓葬开口层位停止，先获得该墓口以上地层的堆积剖面资料，即层位关系；之后再扩大 1 倍的发掘面积，将墓口整个暴露出来，再开始清理墓葬。此种发掘方法，可保证零星发掘的单个墓葬也有大致的层位。其他各区同此。A 区共清理商代房基 14 座，墓葬 111 座，灰坑、窖穴、水井等 85 个（图四）。另有仰韶时期灰坑 4 座，魏晋时期灰沟 2 条，唐宋灰坑 1 座。这些非商时期遗存将另文报道（下同）。

B 区　　由于 1986 年配合纱厂游泳池基建时发掘过，且周围障碍物较多，故此次发掘只能挑当年没有发掘过的空档布方，所以布方较零散。仅布 10×10 米的探方 1 个，另有 18 个都是半个或大半个探方。B 区发掘面积约 1000 平方米，共清理商代房基 17 座，墓葬 73 座（其中，2 座为车马坑），灰坑、窖穴、水井等 106 个。另有魏晋时期墓葬 1 座、灰沟 3 条、灰坑 1 座，隋唐灰坑 1 座（图五；彩版一，1）。

C 区　　共发掘 10×10 米的探方 20 个，另有 11 个非完整探方，发掘面积约 2600 平方米。共清理商代房基 14 座（其中 12 座为同一建筑群的不同组成部分），墓葬 135 座（其中大部分为夯土建筑的附属遗迹瓮棺葬，2 座为车马坑）、灰坑、窖穴、水井等 94 个（图六）。另有魏晋时期墓葬 3 座、唐宋小型砖墓 1 座。

D 区　　共发掘 10×10 米的探方 12 个，非完整探方 6 个，发掘面积约 1500 平方米。共清理商代房基 8 座，墓葬 138 座，灰坑、窖穴、水井等 140 个（图七）。另有仰韶时期灰坑 1 座，魏晋时期灰沟 1 条。

第二章　商代居住遗存

2004 年大司空发掘所获，除数座仰韶时期的灰坑和少数几座魏晋瓮棺葬、1 座唐宋时期的小型砖墓以及数座魏晋和唐宋时期的灰坑、灰沟外，绝大部分遗存属殷商时期。本报告主要报道殷商时期的遗存，非商时期遗存将另文报道。

殷商时期的遗存，主要有 53 座房基，400 余座窖穴、水井、灰坑和灰沟，以及 450 余座墓葬（包括瓮棺葬）。房基在各发掘区都有分布，但规模较大的夯土基址相对集中于东、南部的 C 区和 D 区；灰坑和墓葬在各区都有分布，但相对来说，灰坑和灰沟在夯土基址较集中的 C 区分布较少，规模较大的墓葬多分布在 C 区，在 A 区和 B 区发现较少。

通常来说，房基、作坊、道路、奠基遗迹（主要指与建筑有关的瓮棺葬）、窖穴、水井，以及与之相关的灰坑和灰沟等，都是当时生者生产、生活的遗迹。韩国考古界把这些遗存通称为"居住址"。居住址是相对于"墓葬"而言的概念。我们认为较为合理，有利于材料的集中和研究利用。因此，本报告将这部分遗存列为"商代居住遗存"，将除瓮棺葬之外的墓葬单列一章节。以下逐类介绍。

第一节　商代房基

本次共发掘 53 座商代房基（附表一）。编号从 F1 到 F58，其中 F10、F41、F54 和 F55 消号，F38 和 F40 为同一房基的不同组成部分。因此，实际发掘房基 53 座，分布于四个发掘区域。

A 区：F3、F4、F5、F7、F9、F11、F12、F15、F16、F17、F18、F29、F30、F31 共 14 座。

B 区：编号 F1、F2、F6、F8、F13、F14、F25、F26、F27、F28、F50、F51、F52、F53、F56、F57、F58 共 17 座。其中 F55 与 F57 为同一房基在不同探方的编号，故 F55 消号。

C 区：F19、F20、F21、F22、F23、F24、F32、F33、F34、F35、F36、F37、F38、F39、F40。其中 F40 与 F38 为同一座房基的不同组成部分，但为行文方便，保留 F38 和 F40 两个编号。因此，C 区共发掘房基 14 座。在这 14 座房基中，F37 和 F39 时代较早，其余的 12 座房基均为殷墟四期，布局紧凑合理，应为同一建筑群的不同组成部分。本报告将这 12 座基址称为"C 区建筑群"。

D 区有：F42、F43、F44、F45、F46、F47、F48、F49 共 8 座。

在上述 53 座房基中，根据层位关系，大部分可判断其时代或年代区间。

属于殷墟一期的有 F16、F18，占总房基数的 3.77%。

属于殷墟二期的有 F3、F4、F7、F9、F49、F52、F57，占总房基数的 13.2%。

属于殷墟三期的有 F25、F26、F43，占总房基数的 5.66%。

属于殷墟四期的有 F1、F2、F6、F19、F20、F21、F22、F23、F24、F30、F32、F33、F34、F35、F36、F37、F38 和 F40、F44、F45、F46、F47、F48、F50、F53、F56，占 总 房 基 数 的 47.17%。

其他房基虽不能精准判定其时代，但也能大致推定其属于某时间区间。

不晚于殷墟二期的有 F15、F17、F29、F39 和 F58，占总房基数的 9.43%。

不早于殷墟二期的有 F5。占总房基数的 1.89%。

不晚于殷墟三期的有 F11、F12、F13、F28、F31，占总房基数的 9.43%。

不早于殷墟三期的有 F27，占总房基数的 1.89%。

介于殷墟二、三期之间的有 F14、F42，占总房基数的 3.77%。

介于殷墟二、四期之间的有 F8，占总房基数的 1.89%。

不晚于殷墟四期的有 F51，占总房基数的 1.89%。

由上述统计数据可知，大司空遗址从殷墟一期至四期，都有商人在此居住生活，且由一期到四期，房基数不断增加，房子的规模也不断扩大，到四期晚段达到顶峰。

下面按不同时期，选择保存状况较好的房基做简要介绍。

一　殷墟一期房基

明确属于殷墟一期的房基仅有 F16 和 F18。另外，从层位关系上看，F17 不晚于殷墟二期早段，且与 F18 东西并排布局，F17 很可能也属殷墟一期，不排除其与 F18 共存的可能。

1. T0305F16

位于 A 区 T0305 中部偏西（图八；彩版一，2）。房基平面呈长方形，东西残长 6.00、残宽 3.00 米。

该房基为半地穴式房址，平面形状呈"凸"字形。西侧空间较小而规矩，略呈长方形，居中位置有一柱洞；东侧较为宽敞，东北角有一灶，灶旁有一柱洞。柱洞均为夯土柱墩，内填碎陶片，没有柱础石。东部居中为一小平台，该间地面有踩踏痕迹，踩踏面厚 0.01～0.03 米。从屋内向东北隅地势渐高，呈上坡状，并略显几个台阶，应是门道，但被 H67 打破殆尽。

F16 建于生土上。在 F16 的门道北侧，F3 的夯土下有 30 余个柱洞，直径 0.10～0.35、深 0.30～0.45 米，洞内无础石，均为夯土加碎陶片夯打而成。这些柱洞在 F3 的平面上不见，应是被 F3 叠压的下层遗存，很可能与 F16 有关。值得注意的是，这些夯土柱洞杂乱无章，无排列规律可寻，相互之间多有打破，似为短时期内频繁立柱、毁柱而形成。其功能和性质有待进一步论证。

F16 叠压于 F3 下，被 M73、H67 打破，其下打破生土层。其中 H67 为殷墟一期晚段遗存。另 F16 半地穴填土中出土陶片，也均为殷墟一期遗物。由此判断，F16 应不晚于殷墟一期。

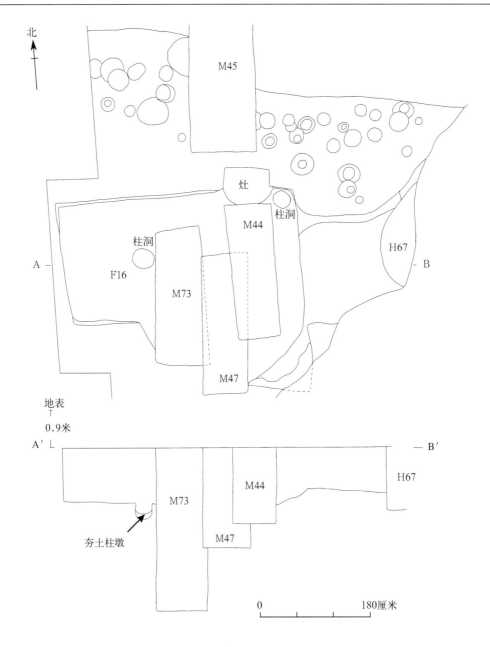

图八　T0305F16平、剖面图

2．T0303F18

位于 A 区 T0303 中部偏东（图九），东边缘进入探方东隔梁内。

房基台基平面呈长方形，南北长 4.45、东西宽 4.00 米，台基厚 0.30～0.50 米。填黄花夯土，土质较致密。仅发现两个柱洞，一个位于房基西北角，另一个位于房基西端居中，洞径 0.25、深 0.40 米。

F18 与其西侧的 F17 东西并排。从 F17 的层位关系看，F17 的下限不晚于殷墟二期早段，上限不早于仰韶时期。但从平面布局看，很可能与 F18 为同时期共存的建筑。

F18 开口于②层下，被 M22、M23、M24、M52、M53、H50、H37 打破，其下叠压 H88。H88 为殷墟一期晚段，H37、H81 和 H82 也均为殷墟一期晚段。由此推断，F18 属殷墟一期晚段。

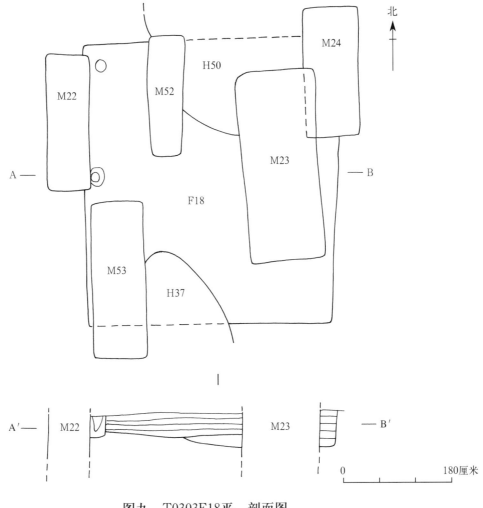

图九　T0303F18平、剖面图

二　殷墟二期房基

属于殷墟二期的房基有 F3、F4、F7、F9、F49、F52、F57。另有不晚于殷墟二期的房基 5 座：F15、F17、F29、F39 和 F58，不早于殷墟二期的房基 1 座: F5。其中 F7、F57 和 F58 保存状况较好，其余多数破坏严重或者揭露面积较小，故布局、结构不清。

1．T0506F7

位于 A 区 T0406、T0506、T0507 三个探方中（图一〇；彩版二，1），是一座单体的多间式地面夯土建筑。

整体呈南北长方形，南北长 13.90、东西宽 8.00～8.30 米，方向为 15°。夯层厚薄不均，大部分为灰夯土，少部分为黄夯土，均掺有小料礓石。夯土层中局部有烧土面，应为建筑过程中遗留。

东、西、南三边缘处有墙基槽，槽宽约 0.60～1.30 米。墙槽深浅不一，其下有灰坑处则深，无灰坑处则浅，多数都在 0.30～0.50 米。柱网排列整齐，东西四排，每排多为 9 个柱础。大部分

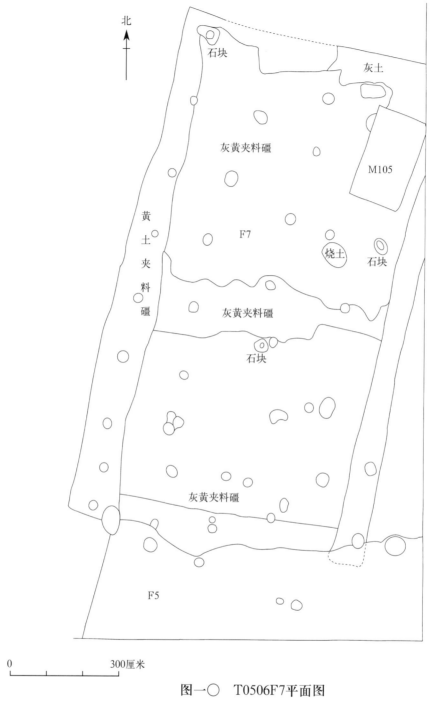

图一〇　T0506F7平面图

柱洞内有础石，少数为夯土墩。多数柱洞间距为1.20～1.40米，部分为1.70～1.90米。部分柱洞有二次修建的痕迹。

从柱洞排列来看，F7应是东西进深2间、南北4个开间的多开间式地面夯土建筑。由于地面以上的夯土台基被破坏严重，没有发现台阶和门道，故无法判断其朝向。

F7开口于③层下，被F5、H11和M105、M174、M163、M170打破，其下叠压M244。M163属殷墟四期偏晚阶段，H3、H11和M105、M170均为殷墟三期，M174为殷墟二期偏晚阶段。另外从 F7 夯土和垫土层包含陶片也均不晚于殷墟二期判断，F7 应是殷墟二期偏晚阶段的房基。

2．T0421F57

位于 B 区 T0421 全方、T0521 西半方和 T0321 东半方中（图一一），南部延伸到现代民居下，没有完全发掘。

该房基上部被破坏，仅余房基础部分。透口层表距地表 0.80 米，所余夯土基础厚约 0.30～0.50 米。四周和开间均有夯土墙，现仅余夯土墙槽部分。墙槽宽窄不一，最宽处 1.14 米，最窄处仅有 0.30 米。北墙槽、南墙槽西部和西厢房的东墙均出现双槽现象，经解剖发现，这些双槽都是后期修补所形成。根据墙槽测量，该房基东西长 18.40、南北宽不少于 7.10 米，已清理面积不少于 130 平方米。

从清理部分判断，该房基整体呈"冂"形。北排应是主屋，东、西两侧应是厢房，中间是庭院。

北排自西向东共有四个开间，依次编号为 A、B、C 和 D。

A 间，室内长 4.15、宽 2.45 米。倚西墙有一灶，编号灶 3。有两个门道，分别位于房间的西南角和东南角。通过西南角门与西厢房相通，从东南角的门可与 B 间相通。

B 间，室内长 4.45、宽 2.45 米。北侧倚西墙有一灶，编号灶 2。有三个门道，分别位于西南角和东北角。西南角有两门，一门通向 A 间，一门向南通向庭院。东北角的门向东与 C 间相通。其中，南门道应是北排通往庭院的主要通道，建筑也颇为考究。首先，墙体加宽；其次，门道两侧墙体内有 3 个夯土柱墩，应与立门有关；再次，门道外两侧各有一方形夯土台，夯土台上未见柱洞，应是两道夯土短墙，很可能与门外的遮雨篷有关。

C 间，室内长 3.45、宽 2.80 米。西墙中间有一灶，编号灶 1。仅有西北角一门，向西与 B 间相通。

D 间，室内长 3.75、宽 2.95 米。此间没有灶。东南角有一门道，向南与东厢房相通。房内近门道处有一柱洞，无础石，仅有夯土柱墩。

值得注意的是，北排 3 个相通的房间（A 间、B 间和 C 间）内各有一个灶，其位置都在房间的西侧，且均倚墙而建，并皆有部分侵入墙内的现象，与西人常见的壁炉颇为相似，为进一步考察殷墟时期商人的建灶方式提供了参考。

东、西配房揭露面积较少，且保存较差，夯层薄厚不均匀，未见夯窝，无柱洞。

庭院居于北屋和东、西厢的中部。东西长 10.30、南北宽不少于 3.10 米。院内踩踏面已不明显。在院内北部偏东处发现两处石子铺面，应是院内石子路面的残留。在石子路面的东部有一直径 0.55 米的夯墩，用途不详。

在北墙槽内有 2 座瓮棺葬，编号 M458 和 M459，均为婴儿，骨骼已朽；M30 夹埋在 F57 夯土中，无瓮棺，只有 1 条狗骨架。此三者都应是 F57 的奠基性遗存。

F57 开口于③层下，被 M452、M453、M456、M460 和 H415、H430 打破，其下打破或叠压 M462 和 F58，其中 M452、M453、H415 都是殷墟三期的遗存。从 F57 的 2 座奠基墓的瓮棺形制以及属殷墟二期偏晚的器形判断，F57 应为殷墟二期晚段房基。

3．T0421F58

位于 B 区 T0321 和 T0421 内（图一二），向南延入居民区，未做进一步发掘。

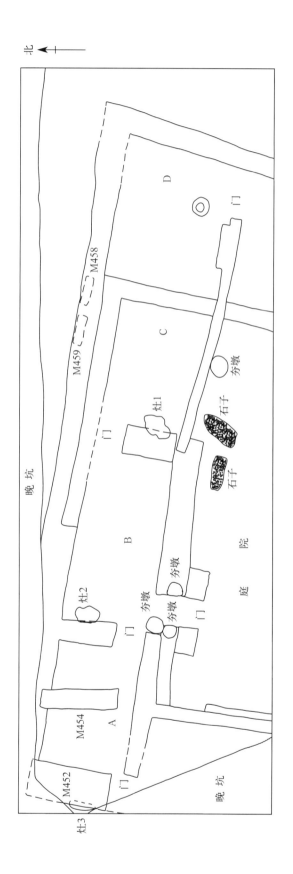

图一 T0421F57平面图

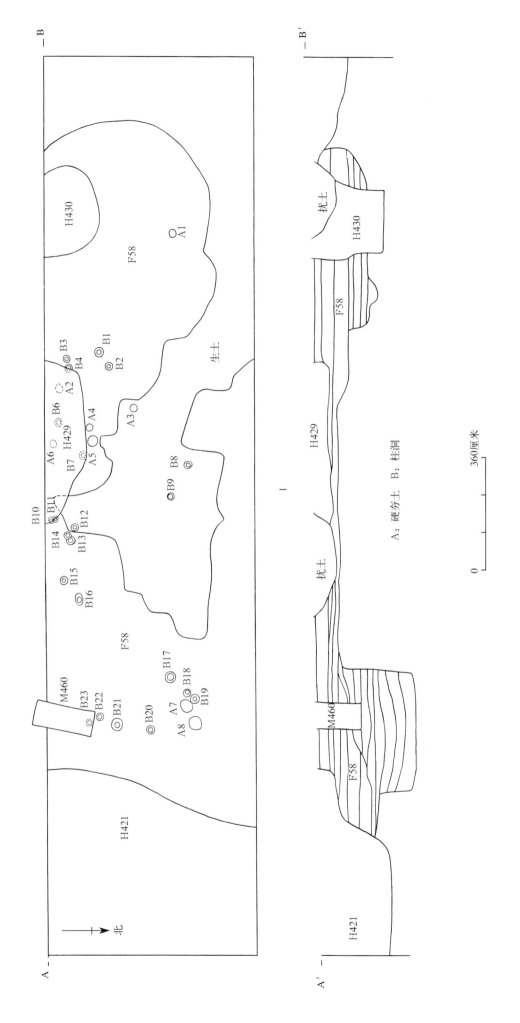

图一二 T0421F58平、剖面图

该房基透口距地表 1.10 米，夯层厚 0～50 厘米。上部被 F57 打破严重，局部露出生土层。形状结构不明。平面上发现 31 个立柱痕迹，其中 8 个是夯土墩，23 个是柱洞，柱洞排列没有规律。柱洞底部都是用坚硬的夯土混合碎陶片和小石子夯打而成，没有发现柱础石。柱洞直径大小不一，大部分直径 0.15、深 0.10～0.45 米。这种无规律且密集布局夯墩和夯土柱洞的现象，还见于 A 区的 F16，可能与它们特殊的建筑方式有关。

此房基开口于 F57 下，被 M462、H414 打破，其下打破生土层。其中 H414 为殷墟四期晚段的遗迹，M462 没有随葬品，但 F57 为殷墟二期房基，故 F58 也应不晚于殷墟二期。

三 殷墟三期房基

明确属于殷墟三期的房基有 4 座：F25、F26、F43、F52，均被破坏严重，布局、结构不清。不晚于殷墟三期的房基有 5 座：F11、F12、F13、F28、F31；不早于殷墟三期的有 1 座：F27；介于殷墟二、三期之间的有 2 座：F14、F42；介于殷墟二、四期之间的房基有 2 座：F8、F45。其中多数被破坏严重，仅 F45 保存尚好。下面重点介绍 F45。

1. T0708F45

主要分布于 D 区 T0608、T0708、T0908 和 T0808 中，少部分向南进入 T0807、T0707、T0907 内（图一三）。F45 是 D 区比较完整的夯土建筑基址之一。

该房基西北侧部分压在现代平房下，未发掘。现发掘部分被现代建筑、灰坑和 1950 年代发掘的墓葬扰乱较严重，仅余夯土台基的底部，东部及东北部较完整。另 F45 北中部、西南角和西部边缘被 F46、F47 和 F48 不同程度地叠压或打破，南边线极不规整。

F45 属单体高台式多开间夯土建筑。整体略呈东西长方形。东西残长 28.00、南北宽 10.00 米。垫土经多次夯打而成，厚 20～150 厘米，较致密，夯层厚 20～50 厘米。由于晚期地层破坏，部分柱洞缺失，目前夯土面上尚发现 55 个立柱遗迹。有的础石不见，仅余夯墩（A 型），有 34 个；有的保存尚好，有柱洞和础石（B 型），共有 21 个。

从目前平面残存的柱洞柱网结构和分布排列判断，此夯土建筑由中间的堂屋和两侧的配房（东配房和西配房）组成。

西配房面宽 9.50 米，从柱洞分布看，它为南北两室、周围带廊柱。西配房南室南北宽 5.50～6.00 米，中间隔墙夯墩编号为 A52、A55、A45、B51，两侧柱洞间距为 2.50 米，中间间距为 3.50 米。西配房北室柱洞分布较乱，无规律可寻。中间有 9 个无序排列的柱洞和础石，可能与多次修补有关。值得注意的是，该室内垫土层中埋放有 8 座瓮棺，可能与西配房特殊的性质有关（详见下文）。

东配房的整体布局为进深两间、南北三室、周围带有廊柱，其中东配房隔墙柱分别在距东边线 3.70 米及 9.50 米处。柱洞 B49、B30、B28 和 A27 为东配房外间和中间堂屋的隔墙，B31、B30、B29、B22 和 A16 为东配房南北两室的隔墙，柱洞间距 2.00～3.00 米。东配房外间北室南北宽 4.00、东

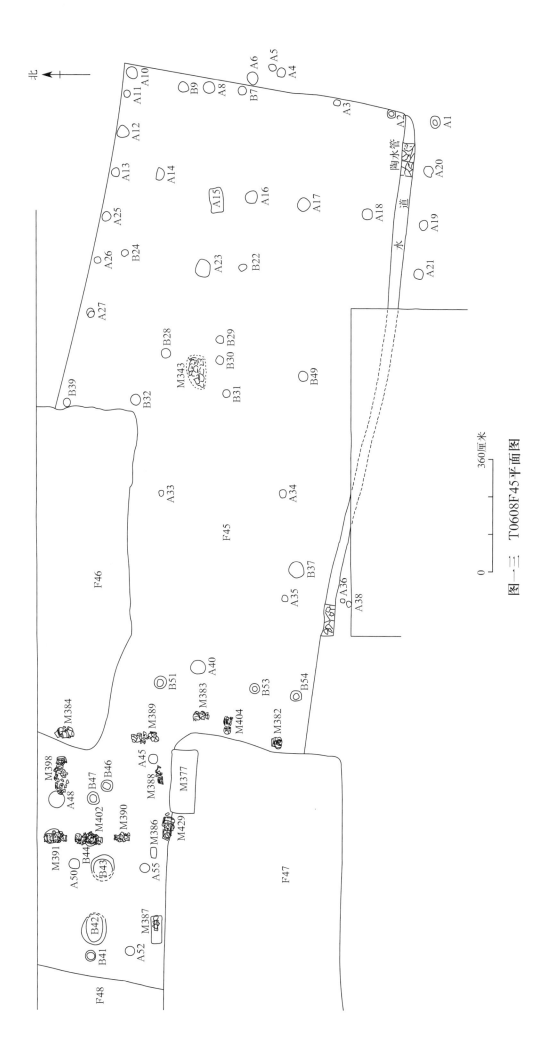

图一三 T0608F45平面图

0 ____ 360厘米

西长6.00米。室中间有几个不规则的柱洞，均设在墙边，可能为后期修补所致。东配房外间南室柱洞情况不明。

东配房柱洞A14～A18为东配房内外两间的隔墙柱洞，柱洞间距为1.70～2.00米。套间为南北通室，未见中间隔墙柱洞。南北长10.00、东西宽3.70米。

F45的核心部分，即居于东、西配房中间的堂屋，东西宽9.00米，南北进深与东、西配房相同。在南部边缘有A36和A38两个柱础，南北排列，推测应是F45堂屋的南门道。房基东部边柱排列整齐，保存较好。其中东部北侧发现边柱9个，间距1.20～1.50米。东边保存5个边柱，间距0.90～1.20米。东部南侧保存4个边柱，间距1.60～1.80米。另东边柱外侧中部位置有3个夯墩，分析可能该地方为一门道。

从F45平面整体情况来看，房间的平面布局呈"冂"形，与B区F57的整体布局相似。房基垫土经多次夯打而成，较致密，夯层厚0.20～0.50米。因发掘面积有限，而且F45被打破盗扰严重，门道、院落、道路等不明。

在房基的北侧边缘，有8个大致呈东西排列的柱洞（B39）和础石（A10～A13、A25～A27），应是房间北侧的廊柱，其立柱遗迹的不同结构可能与多次修补有关。

夯土基址的南边缘处发现一处排水设施，东西向，沟宽0.18～0.27、深0.21、东西长13.10米。大部分被晚期地层破坏，仅在东、西两段局部保留部分残陶水管。从使用陶排水管的情况判断，此排水设施应是一条暗沟式排水道，西高东低，落差明显，污水应是由西向东排出的。

另外，在房基垫土层中共发现14座瓮棺奠基墓，分别编号为M343、M382、M383、M384、M386、M387、M388、M389、M390、M391、M398、M402、M404、M429。其中M388、M389、M384、M390、M391、M398、M402、M429出土于西配房的垫土层中。按其东、南、西、北四个方向分别埋放，东边2座，南边2座，西边3座，北边1座。瓮棺略呈规则的南北长方形排列，两两间距2.60米。而且东、西两边排列为南北向，南、北两边排列为东西向。这样井然有序的排列方式在殷墟建筑基址的附属瓮棺葬中尚属少见。这些瓮棺内大多埋葬有婴儿，部分骨骼朽尽，无法确知所埋何物。由大部分集中在西屋范围内判断，西屋的性质可能较为特殊。在堂屋的东北角处发现1座婴儿瓮棺葬，位置恰在墙下，应是建筑过程中埋入，也应是奠基类遗存。

F45开口于③层下，被H255、M377、H333、M014、M019、M318、M443、M449、M439、H225、F46、F48、F47打破，其下打破或叠压M406、M409、M430、H393、M435、M436、H332、H355、H367、H368、H378、H391。打破F45的最早遗迹为殷墟四期早段，被F45打破或叠压的遗迹中最晚的为殷墟三期晚段，由此判断F45应介于殷墟三期晚与四期早段之间。但从瓮棺葬的葬具灰陶罐和红陶罐的形制普遍较晚判断，F45很可能属于殷墟三期晚段，甚或可晚至殷墟四期早段，但要早于F48，F45废弃后，F48始建。

四　殷墟四期房基

明确属于殷墟四期的房基共有 25 座，不晚于殷墟四期的有 1 座：F51。规模大小不一，有的面积可达上千平方米，有的仅有 10 余平方米，多数保存较好。下面选择保存较好的 C 区建筑群、F30 和 F48 加以介绍。

（一）C区建筑群

C 区的发掘区域南北 70 余米，东西近 40 米，总面积 2600 余平方米（彩版二，2）。发掘区的东、西两侧为居民区硬化道路，南侧为居民楼，北侧为豫北纱厂的仓库。

该发掘区共清理出 14 座殷代房基：F19、F20、F21、F22、F23、F24、F32、F33、F34、F35、F36、F37、F38 和 F40（为同一座，保留两个编号）、F39，遍布整个发掘区。其中 F37 和 F39 时代较其他房基早，应与其他 12 座基址不属同一座建筑群。其他 12 座基址布局合理，时代相同，应是同一组建筑群。本报告将之称为"C 区建筑群"（图一四）。下面分别自南向北、自东向西、先主后次依次介绍。

1. F20

位于 C 区 T1313、T1413、T1412 和 T1513 中，为一东西向单体建筑。

房基台基平面呈东西长方形，东西长 11.20、南北宽 4.50 米，填黄花夯土，土质较致密（彩版三，1）。

柱网结构不完整，台基南、北两沿分别有四组相互对称的柱洞，且各自东西成排。其南北跨距 3.50、柱距 1.50 米。从柱洞的布局结构看，台基西端缺失一组南北对称的柱洞，东端缺失两组柱洞。

房基南沿居中有一门道，门道呈斜坡状外倾，长 1.00、宽 1.40（北）～ 1.10 米（南）。

由于 F20 下叠压 F39，为清理早于 F20 的房基和其他遗迹，故将 F20 清理掉。在 F20 夯土层发现众多瓮棺葬：M239、M265、M266、M268、M269、M270、M273、M289，这些瓮棺葬均应为 F20 之奠基墓。

F20 应是 C 区建筑群最南一排建筑。

F20 开口于②层下，被 H109、H110 打破，其下叠压或打破 F39、H232、H233、H234、H235、H246、H237、M158、M333，时代应属殷墟四期。

2. F32

位于 C 区 T1314、T1414、T1413 和 T1513 中。

房基台基平面呈长方形，东西长 28.00、南北宽 4.30 米，填黄花夯土，土质较致密。

柱网结构较清晰，但不完整。台基南、北两沿各有一排大致对称的柱洞，且各自东西成排。北排有 9 个，南排也有 9 个。从柱网结构判断，北排东端可能缺失 3 个柱洞，南排西端也可能缺失 3 个柱洞，如此则每排原应有 12 个柱洞，另与东端对应的西端边缘处亦缺失 1 个柱洞。南北柱间跨距 3.50 米左右，东西柱间距 2.00 米左右。

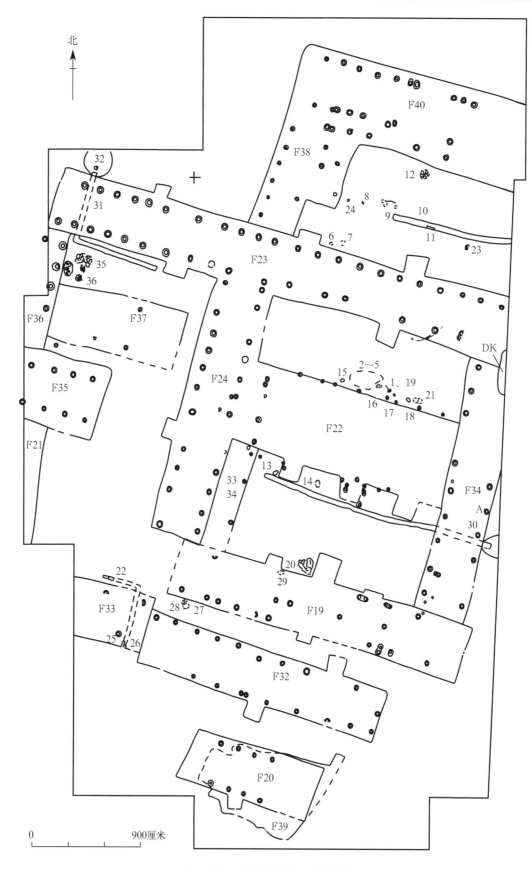

图一四　C区建筑群总平面图

南、北沿各有一台阶，台阶均呈斜坡状外倾。北沿台阶可能为了回避其北部 F19 的南台阶而偏向东侧，距东沿 4.00 米，南北长 1.40、东西宽 1.50 米。南侧台阶置于台基居中位置，南北长 1.40、东西宽 1.50 米。

M133 为 F32 夯土层中的瓮棺葬，应为 F32 之奠基墓。F32 仅清理到夯土台基面，没有向下发掘，仅打数条解剖沟了解台基结构。这座瓮棺葬发现于解剖沟中，属于 F32 的奠基墓应不止 1 座。

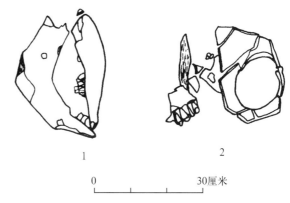

图一五　F19 和 F32 夹道西侧散落遗物
1. 猪头（编号27）　2. 陶罐（编号28）

在 F32 基址北侧与 F19 的夹道地面上发现有猪头骨（编号 27）和残陶罐 1 件（编号 28）（图一五）。

F32 开口于②层下，被 H107、H151、H108、H160 打破，其下叠压 H178 和 M262、M257、M259、M260、M261，F32 东南隅垫土层叠压车马坑 M231，F32 西侧截断 F33 东端，但 F32、F33 的时代相同，均为殷墟四期，且平面布局合理，很可能是一组建筑群的两个组成部分，打破关系仅表明两者建筑工序的前后。

F32 应是 C 区建筑群自南向北的第二排建筑。

3．F19

位于 C 区 T1314、T1414、T1514、T1613 和 T1614 中。

房基台基平面呈长方形，东西长 25.20、宽 4.70 米，填黄花夯土，土质较致密。

柱网结构较清晰但不完整。台基南、北两沿各有一排柱洞，跨距 3.50、柱距 2.30 米左右。南、北排柱洞均有残缺，北排残缺严重。北排发现柱洞 4 个，其中东台阶两侧的柱洞为双柱。南排发现柱洞 10 个，其中有 2 个南北排列在一起。从柱距判断，南排可能缺失 8 个柱子，原应为 19 个。北排可能缺失 14 个。台基中部略偏东有 4 个柱洞，间距不匀，大致东西成排，若与南、北两排柱洞对应则缺失较多。

台基北沿有三个门道，南沿有一个门道。门道均呈斜坡状外倾。南门道置于南沿居中，长 0.70、宽 1.25 米。三座北门道置于北沿居中，中间一个长 2.10、宽 1.90 米。东侧门道长 0.30、宽 1.60 米，西侧门道长 0.90、宽 1.10～1.40 米。从门道布局推测，F19 东西应有三个或五个开间。

F19 也是仅清理到夯土台基面，没有向下清理。从解剖沟中发现 M134、M248、M249 等 3 座瓮棺葬，其中 M134 的时代与 F19 相同，应为 F19 的奠基墓，M248 和 M249 叠压于 F19 夯土层下，时代属殷墟二期，应不属 F19 的奠基墓。F19 截断了 F34 的南端，应是建筑工序的先后关系。从 C 区建筑群的平面布局判断，F19 应是以 F22 为主体建筑的四合院的南屋。

在 F19 北沿居中台阶的西侧，发现有形体较大的陶瓮 1 件（编号 20）（图一六；彩版三，2），在西侧台阶附近发现 3 件卜骨和 1 件残陶器（编号 29）（图一七）。

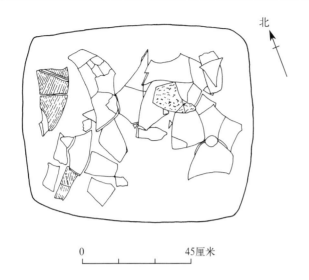

北

0   45厘米

图一六　F19北侧中台阶旁放置陶瓷（编号20）

北

4

1   2

3

0   30厘米

图一七　F19西台阶附近散落卜骨和陶器（编号29）

1～3. 卜骨　4. 陶罐

F19 开口于②层下，被 H108、H192 和 M165、M261 打破，其下打破或叠压 H205、J6、M278、M279、M280、M263、M299 和 F33，东南侧台基外垫土层叠压车马坑 M231。时代属殷墟四期。

4. F22

位于 C 区 T1415 和 T1515 中，是 C 区建筑群中最主要的一座基址。

房基台基平面呈长方形，东西长 17.50、南北宽 7.00 米。填黄花夯土，土质较致密。

柱网结构不规则，南北各有一排柱洞，且均有柱础石。主跨距 7.00 米左右，柱间距不规则，北排柱础位于台基的北边缘，南排柱础位于台基的南边缘及门道的范围内。

门道建于台基的南侧，分左、中、右三个，均呈斜坡状向院内倾斜。左侧门道长 1.60、宽 1.80 米，中间门道长约 1.70、宽 1.60（南）～ 2.20 米（北），右侧门道长 1.50、宽 1.70 米。

该房基清理时，台基面上及周围庭院内都覆盖着大量的大块草拌泥红烧土块，部分烧土块上有墙皮痕迹。

在房基的南、北护坡上，散落着一些螺蛳摆成的图案（编号 16、1、19、17）（图一八～图二一；彩版四，1～4）和陶器（编号 2、3、4、5）（图二二）、牛肢骨（编号 18）、卜骨（编号 14）以及卜甲（编号 15）等遗物（彩版四，5）。在台阶的两侧常见形体较大的陶容器（编号 2）（图二三）。

在南侧台阶前边有一条东西向的水沟，宽 0.20 ～ 0.25、深 0.20 米左右，沟底有细砂淤土。该水沟西高东低，向东与通过 F34 台基的排水管相连，应是排出 F22 南侧庭院内污水的排水沟。从该排水管道向东排水的方向判断，该院落东厢房 F34 的东侧应是排水区域，很可能没有其他附属建筑。

F22 是 C 区建筑群居中位置的四合院建筑的北殿，其夯土台基的宽度最宽，显示出其级别之高。另外，目前发现的柱洞都在南北边缘处，中间没有发现柱洞。在 7 米的跨度上建房难度是很大的。参照以前殷墟发掘的建筑基址，7 米的主跨距尚未见过，而且当时的建筑技术也无法建造这么大跨距

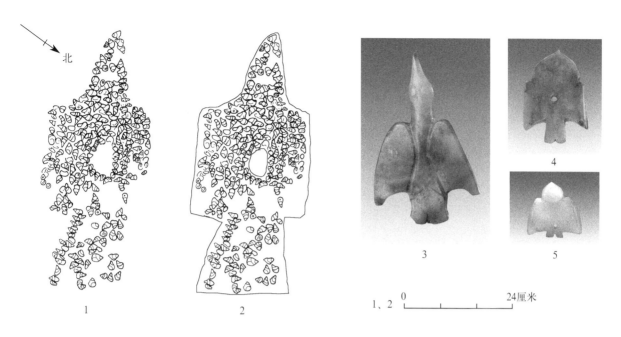

图一八　F22北侧螺蛳凤鸟图案及相关资料

1. F22北侧螺蛳图案（编号16）　2. 16号螺蛳图案轮廓图　3. 殷墟74AGM216所出玉鸟　4. 滕州前掌大M3出土穿孔凤鸟　5. 北京故宫博物院收藏穿孔玉凤鸟

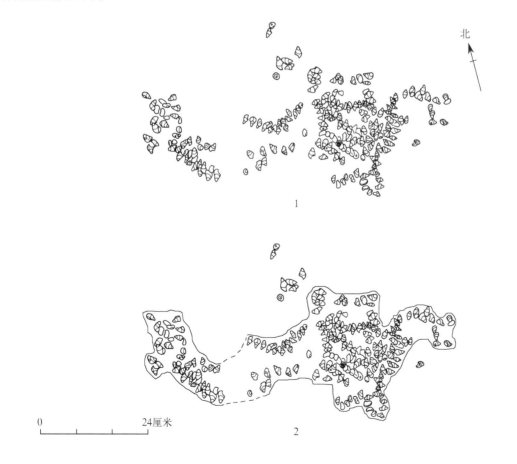

图一九　F22北侧护坡上螺蛳图案（编号1）

1. 螺蛳图案　2. 螺蛳图案外轮廓

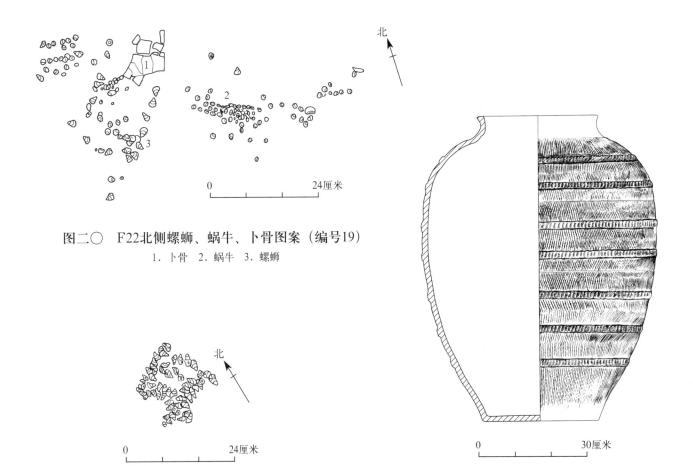

图二〇　F22北侧螺蛳、蜗牛、卜骨图案（编号19）

1. 卜骨　2. 蜗牛　3. 螺蛳

图二一　F22北侧螺蛳图案（编号17）

图二三　F22北侧护坡上放置大型陶瓮（编号2）

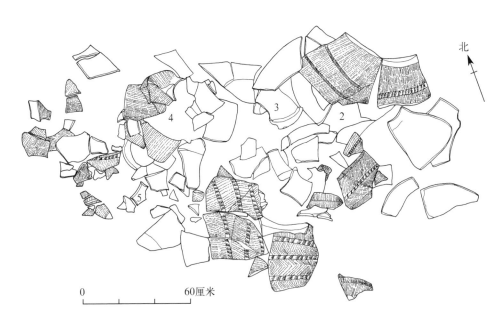

图二二　F22北侧护坡上放置陶器（编号2~5）

2. 陶瓮　3. 陶簋　4、5. 陶罐

的房子。推测原来的台基应很高，中间还应有两排柱洞，因后世破坏随台基上层一起消失。目前所见的两排柱洞可能只是廊柱，犹如洹北商城一号基址台基边缘的廊柱一样。这也凸显出 F22 不同于 C 区建筑群其他基址。由此判断，F22 应是 C 区建筑群的中心建筑。其北侧护坡土上散落的用螺壳摆成的各种图案，也可证明 F22 特殊的建筑性质。

C 区建筑群中其他基址大多有或多或少的瓮棺葬夹杂在夯土层中，但 F22 中没有发现瓮棺葬类遗存。

F22 开口于②层下，被 M161 和 M04（1950 年代已发掘）打破，其下叠压 H197、H211，庭院垫土下叠压 H196、H183、H210。其中，H196 属殷墟四期。故此，F22 应不早于殷墟四期。

5．F34

位于 C 区 T1614、T1615、T1616 和 T1514 中。其东北部延伸至探方外，被东侧道路所压，未完全发掘。

房基台面平面形状呈南北长方形，南北长 20.70、东西宽 4.60 米，填黄花夯土，土质较致密。

台基外围有护坡垫土。柱网结构较清晰，东、西各有一排南北向排列的柱洞。按照柱网排列结构，东排应暴露出 6 个柱洞，现仅发现 5 个，应缺失 1 个。西排现有 13 个，其中 3 个较细小，应是二次修葺时所补，原应有 10 个，缺失 1 个。两排柱洞东西跨距为 3.50 米，各柱洞间南北距离为 2.00 米左右。

在台基中部偏南有一组东西向陶水管组成的排水设施，其横跨整个 F34 夯土台基，西通 F22 前四合院内排水沟，向东通向 F34 的东侧。排水管总长 5.10 米，西高东低，应是把西边院落内的积水向 F34 的东侧排出，出水口的地面铺有一层小石子，以防水浸。陶水管共 12 节（编号 30），长短不一，长管长 0.50～0.53 米，短管长 0.20 米左右（图二四；彩版五，1）。在排水管内发现零碎的蚌饰，

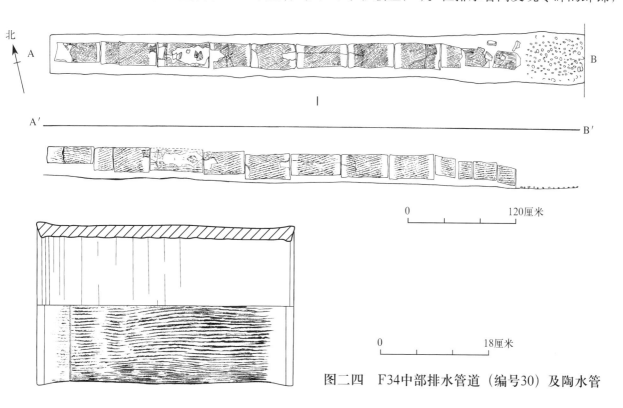

图二四　F34中部排水管道（编号30）及陶水管

应是随污水冲出的遗物。

F34与北殿F22、西厢F24和南庑F19共同组成一个四合院建筑。同时，F34向北延伸部分，与F23东段、F24北段和F22，又组成了北边第二个四合院建筑。

F34北端被F23截断，南端被F19截断，同时F34中部又截断其西侧的F22。从平面布局判断，这四者都应是同一组建筑群的组成部分，打破关系仅代表建筑工序的先后，并无时代上的区分。

清理到F34台基面后，为保留基址，未做全面发掘，仅在其西部边缘处打南北向解剖沟（彩版五，2）。发现夯土层中夹叠的瓮棺葬：M135、M147、M148、M149、M152、M167、M227、M238，均应为F34的奠基墓。另外，在F34东侧垫土层中还发现2座瓮棺葬M201和M202，也可能是F34的祭祀性遗存。这些作为奠基的瓮棺葬中均埋葬的婴孩，但F34中北部夯土层中却埋1条狗，编号M204，也应是F34的奠基性遗存。以狗作为房基奠基的现象，在殷墟尚不多见。

F34开口于②层下，被M237打破，其下叠压或打破M281。其中，M237属魏晋时期，M281是殷墟四期墓葬，故F34也应属殷墟四期。

6. F24

位于C区T1315、T1415、T1316、T1416和T1417中。

房基台基平面呈南北向长方形，南北长26.00、东西宽6.50米，填黄花夯土，土质较致密。

柱网结构较清晰，正室东西两排柱洞，西排现存11个柱洞，从布局排列判断，应缺失了3个。东排现存14个，其中有2个应是后补的，应缺失2个柱洞。东西两排完整的都应是14根立柱。东西两排柱洞的跨距3.50米，其西排柱洞的间距为1.50～2.00米，东排柱洞的间距为1.50米。

在东排柱洞的东侧，F24与F22相接处及其以南部分的夯土台基曾经修补加宽过，加宽的宽度恰与F22前的四合院相同，即将此四合院西部夯起2.20米，作为F24的廊。经解剖知道，在加宽部分夯土层下堆积着许多大块红烧土块和草拌泥白灰墙皮，说明C区建筑群曾因火灾而焚毁过，之后重建，基本格局没有太大变化，仅在F24东侧加宽增建了走廊，但该走廊仅在F22以南部分增加，虽然F24向北延伸并与F23相接，但F22以北部分没有增建走廊。走廊宽2.20米，廊柱被扰较严重，目前仅发现9个柱洞。在加宽的走廊夯土层中，埋有1件泥质红陶罐（编号33），罐内放置1块卜骨（编号34）（图二五）。

台基西侧距南端7.20米处有一门道，呈斜坡状外倾，长1.00、宽1.60米。该房基东部上压着墙体烧土块，没有发现门道痕迹。

从C区建筑群的总体布局判断，F24应为F22前后两个四合院的西配房，通过F24西侧偏南的门，可通向西侧的西配院。

F24仅清理到夯土面，没有继续向下清理，从解剖沟中发现夯层所夹叠的瓮棺葬3座：M164、M114、M253，应是F24的奠基墓。

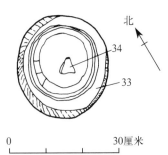

图二五　F24夯土内红陶罐和卜骨（编号33和34）

33. 红陶罐　34. 卜骨

F24 开口于②层下，被 M172、J5、M04 和 M05 打破，其下叠压 H206、H212、H213、M302。M04 和 M05 为 1950 年代发掘的墓葬，时代无法判定。打破 F24 的 M172 和 J5 均为殷墟四期，被 F24 打破或叠压的 H206 和 M302 为殷墟一期，H212 为殷墟二期，F24 西侧垫土下 M298 和 H213 为殷墟四期。由此可知 F24 亦应为殷墟四期建筑。

7. F23

位于 C 区 T1318、T1217、T1317、T1417、T1517、T1617、T1516 和 T1616 中。

F23 是东西跨度最大的一座夯土台基。台基平面呈东西长方形，东西长不少于 40.2 米，向东延伸出探方外，宽 4.90 米。填黄花夯土，土质较致密。台基外围有护坡垫土，垫土层也局部施夯。

柱网结构较清晰，南、北各有一排东西排列的柱洞，柱洞下端均有柱础，两排柱洞的间距为 3.50 米。北排共发现 22 个柱洞，中部以西缺失 2 个，柱间距为 1.50～2.00 米。南排共发现 17 个柱洞，可能缺失了 6 个，柱间距亦为 1.50～2.00 米。F23 与 F24 连接处应无柱础。

在台基的北边有三个台阶。东台阶宽 1.80、向北延伸 1.50 米，通向 F23 的北部院落；中间台阶宽 1.80、向北延伸 0.80 米，向北正对 F38 东南角凹缺处，向北可直通 F38 的走廊；西台阶宽 1.20、向北延伸 1.00 米，应是通向 F38 西侧院外。台基南边东、西两院各有一台阶。东院内台阶宽 1.80、向南延伸 1.50 米，通向 F23 南侧院落；西院台阶宽 1.80、向南延伸 0.90 米，应是通向西侧院落。台阶均呈斜坡状外倾。

在其北侧护坡上和院落内散落着部分陶器，器形有陶罐、瓮、簋（编号 6、7、8、9、12、24）（图二六）、陶鬲（编号 23）（图二七）。

F23 北侧院落（即自南向北第三进院落）正中有一东西向排水沟，西高东低，将该院落中的污水自西向东排出。该排水沟大部分为明沟，但与 F23 北侧东台阶相对的位置则埋有 3 节陶排水管

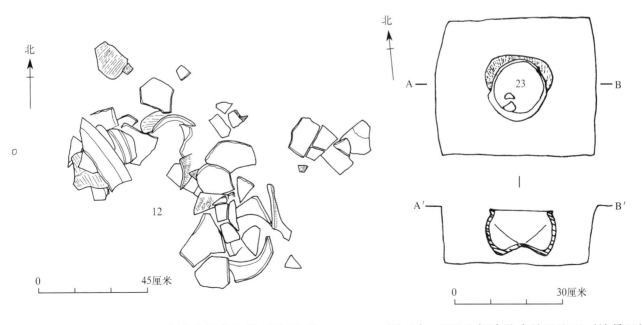

北

0

0　　　　　　　45厘米

图二六　F23庭院内散落陶器（编号12）

北

A ——　　　23　　—— B

A′ ——　　　　—— B′

0　　　　　30厘米

图二七　F23北侧庭院内放置陶鬲（编号23）

和 1 件残陶罐（编号 10 和 11），局部应是暗沟，是考虑到 F23 和其北侧 F40 之间来往方便而设（图二八）。

房基西端台基内有一组陶水管，共有 8 节（编号 31），套接成南北向排水设施。长 4.40 米，南高北低，将西配院中的水向北排出。这些排水管单节长 0.54、直径 0.25 米。在 F23 的北侧正对排水管的位置有一椭圆形坑，内放置一完整的陶鬲（编号 32），鬲口恰在排水管出水口的下方，应是承接出水之用，以防浸蚀夯土基础（图二九；彩版五，3）。

从 F23 的剖面图（图三〇）中可以看出，F23 可分上下两大层。由于上层夯土没有挖掉，所以下层夯土精确的分布无法得知，经钻探知其主要分布在 F23 西部，并向北延伸到 F38、F40 和 F23 北侧庭院之下。在上下层夯土之间有一些正方形坑，从上到下填非常坚硬的纯净夯土，少见包含物。这种现象在殷墟其他遗址夯土建筑遗存中也偶可见到，应不是祭祀性遗存，很可能是某种特殊的建筑加固方式，起稳定地基的作用。下层夯土不一定早于上层夯土，不排除是为上层夯土打基础的可能。

解剖沟中除发现上下层夯土之间有数座正方形夯土坑和部分瓮棺葬外，没有发现其他商代遗存。但在 F23 下层夯土之下发现早期灰土层和灰坑，如 H215、H216 等，时代均为殷墟一期。

夯土坑 H226 以西，下层夯土较厚，且向北延伸到 F38 下面。尤其值得注意的是，在 F38 南段上下层夯土和垫土层与下层夯土之间分别夹叠着保存完整的 2 座墓葬：T1418M303 和 M225，在 F40 上下层夯土之间夹叠着一对墓葬 M400 和 M020（1950 年代已发掘，应与 M400 同层同时）。如果上述下层夯土"不排除是为上层夯土打基础的可能"的推测成立的话，M303 和 M225、M400 和 M020 两组墓葬就与 C 区建筑群有关，成为 C 区建筑群的一部分。这一点，对于判断 C 区建筑群的性质至关重要。

F23 应是 F22 北侧院落的主体建筑。从 F23 台基西端夯土层内埋设北向的排水管道、且台基北

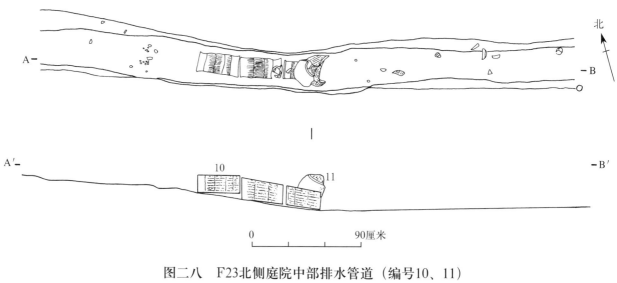

图二八　F23北侧庭院中部排水管道（编号10、11）

10. 陶水管　11. 陶罐

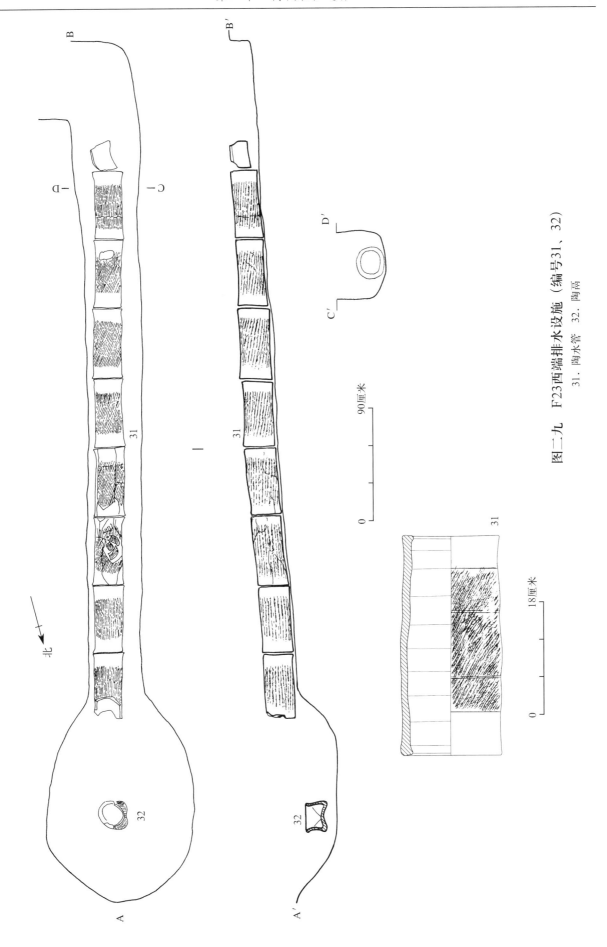

图二九　F23西端排水设施（编号31、32）
31. 陶水管　32. 陶鬲

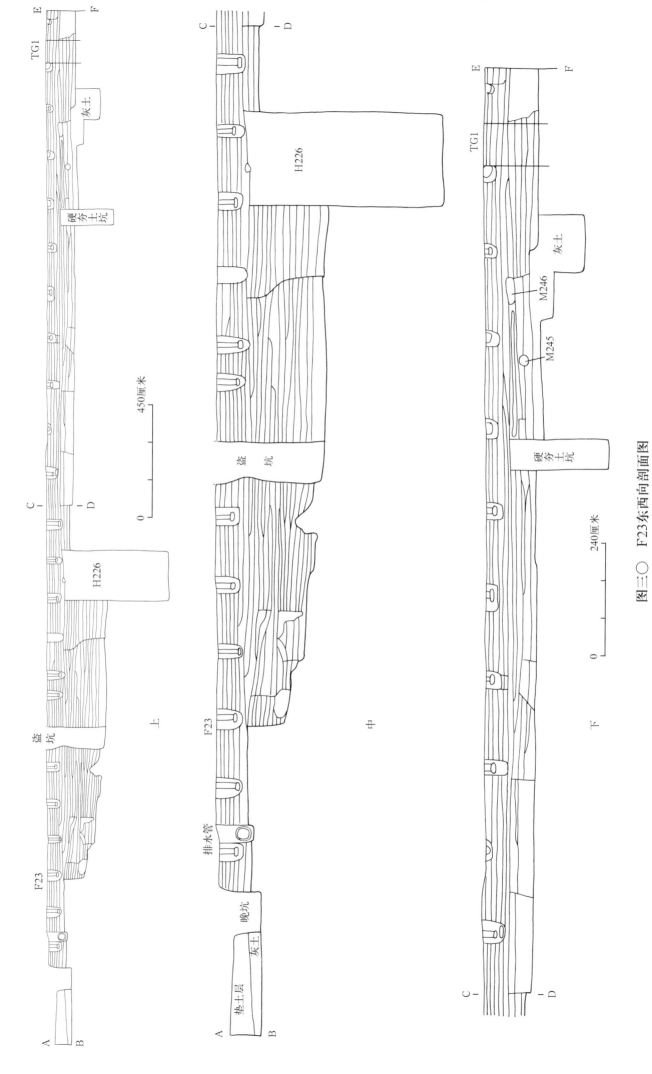

图三〇　F23东西向剖面图

上：F23剖面完整版　中、下：F23剖面放大版

侧对应排水管的位置有一水浸蚀的土坑判断，F23 台基西侧的北部应是西配院向北排污水的区域。经钻探，此处未发现其他建筑，仅有 F23 和 F38 局部加夯的垫土层向北和向西延伸。而 F23 台基东侧的北部则发现第三进院落。

F23 解剖沟中发现瓮棺葬有：M246、M245、M252、M242、M293、M234、M235、M240，在其南侧院落垫土层中还发现 2 座：M137 和 M138。这些都应是 F23 的奠基墓。而 F23 的奠基墓远不至这些。

F23 开口于②层下，被 M125、M07、M09、M013 打破，下压 M287、H226、H215、H216，其西端北侧垫土层下叠压 M225。M07、M09、M013 均为 1950 年代发掘的墓葬。其中 H226 为夯土坑，无法判断时代，H215 和 H216 都是殷墟一期遗迹，M287 为殷墟三期早段，M225 为殷墟四期。由此判断，F23 应为殷墟四期房基。

8．F38 和 F40

F38 和 F40 虽为两个编号，但是同一夯土基址。位于 C 区 T1417、T1418、T1517、T1518、T1617、T1618、T1419 和 T1519 中。

已清理部分的房基平面形状呈曲尺形，南北向部分为 F38，东西向部分为 F40。其东段大部压在居住区主干道下。探方内已发掘的台基北殿（F40）长 19.50、宽 7.00 米左右，西配房（F38）南北长 15.00、东西宽 6.00 米左右，填黄花夯土，土质较致密。

台基外围均有护坡垫土。在其西侧垫土层中出土 1 件袋足瓮，形制非常特殊（图五六，1）。

柱网结构较清晰，F40 和 F38 均可较明显地分出正室与走廊。

F40 共有三排柱洞，北边两排应是正室的立柱，最南一排应是廊柱。最北排共发现 10 个柱洞，从排列上看可能缺失了 6 个；中排共发现 8 个柱洞，可能缺失了 8 个。这些缺失的柱洞大部集中在 F40 的东半部。在 F40 东部早年曾发掘过 1 座墓葬（M020），规模较大，发掘坑可能会破坏掉数个柱洞。北殿正室的柱跨 3.50 米，但柱距不一，多数在 1.00～1.50 米。

F38 也有三排柱洞，最西两排应是正室的立柱，最东一排为廊柱。最西一排柱洞排列整齐，无缺失，共有 6 个；中排共发现 3 个，可能缺失了 3 个。走廊仅向南延伸了 5.50 米，向南形成一个长 3.10 米的缺口，缺口处正对 F23 的中部台阶。廊柱仅发现 2 个，可能缺失了 2 个。柱跨距 3.00 米左右，走廊柱跨距 1.50 米。F38 和 F40 均有改造置换立柱的痕迹。

F40 南侧院落内也散落着不少的陶器，详见 F23 部分。

从解剖沟剖面可以看出，F38 和 F40 与南侧的 F23 一样，夯土也分上、下两大层。上层为黄花夯土；下层夯土为红褐黏土，并杂有少量灰土。T1418M303、M400（可能也包括 M020）都夹在上、下层夯土之间，且 T1418M303 和 M400 的方向也都与 F38 和 F40 一致。

M335、M342、M29 均为夹在 F38 西侧垫土层中的瓮棺葬，应为 F38 的奠基墓。

F38 西配殿南端虽然被 F23 所截断，但两者时代均属殷墟四期，且从平面布局上协调一致判断，F38 仍应是 C 区建筑群向北的延伸部分，与 F23 的打破关系仍是工序不同所致。

F38、F40 开口于②层下，F23 截断 F38 的南端，其下叠压 T1418M303，F40 叠压 M400 和

M020。F38 西侧垫土层下叠压 M225。T1418M303、M225 和 M400 都属殷墟四期，故 F38 和 F40 也应是殷墟四期的房基。

9. F33

位于 C 区 T1314 中。大部分向西延伸到道路下，未全部清理，仅发掘其东端少部分。

房基台基平面呈长方形，发掘长 6.50、宽 4.70 米。填黄花夯土，土质较致密。

柱网结构不清楚，仅在残房基的东部发现 3 个柱洞，房基北沿 2 个，南沿 1 个。

台基北侧院落内有一段排水管道，呈东西向，与台基走向大致平行，西高东低（图三一，1）。台基东南边缘处残留一排水设施，残长 0.50 米，北高南低（图三一，2）。推测后者很可能与前者连通，将院落内积水排向建筑的西南侧。

由排水设施的排放方向判断，F33 的南侧应没有其他建筑。F33 可能是 C 区建筑群西侧院落最南边的一个建筑基址。

F33 开口于②层下，被 F32 打破，叠压 H70。H70 为夯土窖穴，无包含物，不易判定时代。打破其南侧垫土层的 M165 属殷墟四期。故推测 F33 应不晚于殷墟四期。

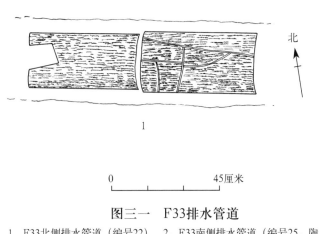

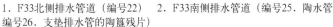

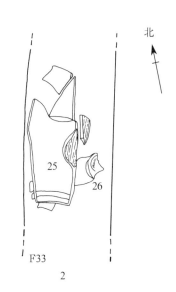

0　　　　　45厘米

图三一　F33排水管道

1. F33北侧排水管道（编号22）　2. F33南侧排水管道（编号25. 陶水管 编号26. 支垫排水管的陶篦残片）

F33

10. F21

位于 C 区 T1215、T1216 中。大部分向西延伸到发掘区外，探方中仅暴露少部分。

已发掘部分呈南北向长方形，发掘长 9.90、宽仅有 2.70 米。填黄花夯土，坚硬致密。

没有发现柱洞和台阶等，平面结构不清。

F21 东侧院落垫土层中发现瓮棺葬 M109、M110、M115，可能为 F21 的奠基墓，也不排除为 F21 使用过程中埋葬的夭折婴儿。

从平面布局判断，F21 应是 C 区建筑群西配院的一个建筑。向北与 F35 相连，南可能与 F33 相接，共同组成西配院的前院。

F21 开口于②层下，被 H112、H113、H114、H115 和 M130 打破其东侧院落内垫土层，垫土层下叠压 M126 和 M292。H112、H113、H114、H115 和 M130 均属殷墟四期，M126 和 M292 也是殷墟四期的遗迹。故 F21 亦应属殷墟四期。

11．F35

位于 C 区 T1216、T1316、T1215 和 T1315 中。西侧延伸到发掘区外，被现代道路所压，未全部发掘。

已发掘的房基平面呈东西横长方形，发掘长 7.50、宽 6.00 米。填黄花夯土，土质较致密。台基外围有护坡垫土。

柱网结构较清晰，南北各有一排柱洞。北排柱洞有 4 个，南排有 4 个。两排柱洞之间的跨距为 3.50 米，各柱洞之间的距离为 0.80～1.70 米，柱洞下部均有柱础石。

F35 的夯土层中解剖出 2 座瓮棺葬 M156、M157，均沿着夯土台基的边缘埋葬，均应为 F35 的奠基墓。

从平面布局看，F35 应与被其截断的 F21 和 F36 同时，打破关系仅表示建筑工序的前后关系。F35 北侧与其紧邻的 F37，被 F36 打破，应是相对较早的一座建筑，与 C 区多进院落的建筑群没有关系。

F35 开口于②层下，被 H112 打破，F35 又打破其南侧的 F21，截断其北侧的 F36 南端，F35 东侧垫土层下叠压 M168 和 M298。M298 为殷墟四期，H112 为殷墟四期晚段，F21 可确定为殷墟四期房基。故 F35 亦应为殷墟四期房基。

12．F36

位于 C 区 T1216 和 T1217 中，大部分延伸到探方外，被西侧道路所压，仅发掘了东端少部分。

已清理的房基平面呈南北向长方形，南北长 10.00、东西宽不小于 3.00 米。填黄花夯土，土质较致密。

台基东部发现南北向柱洞一排 4 个，柱间距 1.70～2.00 米，柱洞平面呈圆形，直径 0.30 米，柱坑直径 0.50～0.60、柱石深 0.25～0.30 米。因大部分未发掘，台基的平面布局不清楚。

F36 东侧院落内有一东西向排水沟，为明沟，西端与 F23 西侧排水管相接（详见 F23 部分）。庭院内有两处散落的陶器，均为大型泥质灰陶罐和陶瓮的残片，分别编号为 35 和 36（图三二），陶器时代均为殷墟四期。

M290、M291 为夹在夯土层中的瓮棺葬，应是 F36 的奠基墓。

F36 北端被 F23 截断，南端被 F35 截断，都反映的是建筑工序之先后，无时代之别。F36 应是 C 区建筑群西配院第二进院落的西屋。

F36 层位关系非常简单，除南、北分别被 F35 和 F23 截断外，还被隋唐砖墓 M125 打破。H153 打破 F36 东侧院内垫土层。H153 属殷墟四期灰坑。故 F36 应不晚于殷墟四期。从平面布局关系判断，F36 也应是殷墟四期的房基。

这 12 座夯土房基，从房基的布局情况分析，可分为东、西两大组。各组特征可概括如下。

东组的特征：

（1）包括 F20、F32、F19、F22、F24、F34、F23、F38 和 F40，构成了 C 区建筑群东半部以 F22 为中心、前后六排基址、三进院落的复杂建筑群。最南部 F20 和 F32 为单体建筑，向北分别由

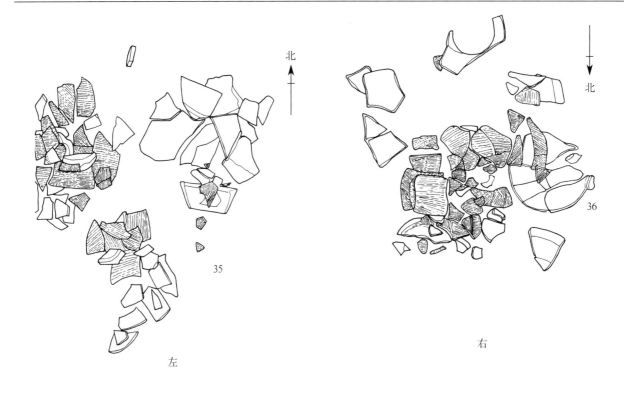

北

北

36

35

左

右

0　　　　　　　　45厘米

图三二　F24西侧院落内散置陶器

左：编号35　右：编号36

F19、F22、F23、F40将其隔成前院、中院、后院，各院之间均由正房的门道相通。前院长16.00、宽8.50米。中院长16.00、宽5.50米。后院长不明，宽9.00米。

（2）F22的夯土台基最高；从其有7.00米的宽度判断，应有前后回廊；其前后护坡上散落大量特殊的遗物，如螺蛳摆成的各种图案，卜骨、卜甲和体高0.80米有余的大型陶瓮等。凡此可证，F22应为该组建筑群的中心基址。

（3）F24、F38、F40有整体连贯的廊柱，将前后三进院落连为一体。

（4）前院及后院发现有配套的排水设施，前院内的排水设计是将水通过F34基础内设置的管道自西向东排出院外，后院内的排水设施是将水通过院中部的排水管道由西向东排出院外。看来该组建筑基址群的东侧应是当时设计的排水区域，在其附近应不会有同时期的建筑基址。

西组的特征：

（1）由F33、F21、F35、F36和F23西半部组成，F21和F36为西厢房，F35将其分割为前后三排基址（自南向北 F33、F35 和 F23 西半部）、两进院落的西组建筑群。

（2）西组建筑群的前后两进院落并未封闭，而是从 F35 与 F24 之间的通道来往。前院南北长 10.50、东西宽 10.40 米，近正方形的庭院。后院东西长 12.40、南北宽 9.80 米。

（3）前、后院均发现有排水设施，分别将前院的水向 F33 的南侧排出，把后院的水向 F23 的北侧排出。真可谓设计合理，布局紧凑。

（4）东、西两组建筑，可通过 F23 西段南侧台阶、F24 南段西侧台阶以及 F32 和 F19 之间的通道相互来往。

（二）T0307F30

位于 A 区 T0307 和 T0407 中（图三三；彩版六，1）。整体布局和结构与 F57 相似，为多套间的地面建筑。

平面呈长方形，东西残长 10.60、南北残宽 7.00 米，总面积应在 74.2 平方米左右。

房基四面均发现墙槽，宽 0.30～0.75 米，因上部均被破坏，墙槽仅余 0.15～0.45 米深。

房基北部较清晰的分出东、西两个房间。

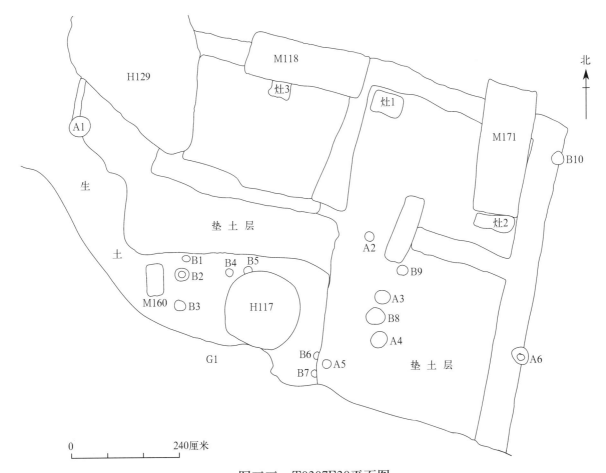

图三三　T0307F30平面图

注：A下有石础，B下没有石础，本平面距地表1米。

　　东间面积略大，室内东西长 3.50、南北宽 2.60 米。在其东南角和西北角各发现一灶，编号灶 1 和灶 2。西南角处有一门道，门道东侧有一南北向短墙，与南墙形成 T 字形。门道外侧有一柱洞，应与门外的遮雨篷有关。

　　西间室内东西长 3.40、南北宽 2.60 米。北部正中有一灶，编号灶 3。该间没发现明显的门道，但其东南角处墙槽明显窄于其他四面墙槽，故推测此处可能是门道所在。

　　西间西侧还有一小间，北部被 H129 打破殆尽，仅余西墙南段，墙槽仅宽 0.16 米。无南墙，仅在西墙南端有一柱洞，应是西墙南端的支撑点。从整个房间结构判断，该小间应是向南敞口的开放式房间。

　　东间的东墙槽至少向南延伸 3.60 米，再向南被一魏晋时期灰沟（G1）打破。该墙槽西侧垫土层上分布着南北一排 4 个柱洞，很可能形成一个北、东、南有墙，西侧以立柱支撑房顶的"コ"形房间。这种形制的房间曾见于河北藁城台西商代居址[1]。

　　在西间南侧发现 8 柱洞和 1 个窖穴（H117）。H117 口小底大，坑壁光滑，坑底平整。8 个柱洞有规律地分布在 H117 的周围。由此判断，H117 原应是一个有篷顶遮盖保护的窖藏坑。H117（图三四）的时代也与 F30 同时，均属殷墟四期早段。因此判断，H117 可能是 F30 的配套窖藏坑。

　　在窖藏坑的西侧有一瓮棺葬（M160），内有一婴儿，骨骼全朽。其时代与 F30 不同，应与 F30 无关。

　　F30 开口于③层下，被魏晋灰沟（G1），M118、M171、H129、M173、H117、H127 打破，其下打破或叠压 H158、H159、M174、M186 和瓮棺葬墓 M160。打破 F30 的 M118、M171 和 H129 都属殷墟四期早段，被 F30 打破的 H158 和 H159 均属殷墟二期早，因此在 F30 的夯土和垫土层中出土有部分属殷墟一期晚或更早的遗物（图五六，1～3）。可能是 F30 附属窖藏坑的 H117 为殷墟四期偏早阶段。因此判断 F30 亦可能属殷墟四期早段。

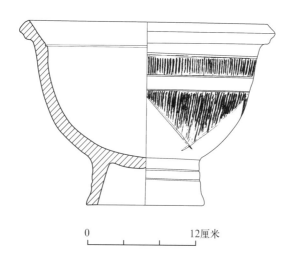

0　　　　　　　　　　12厘米

图三四　T0307H117出土陶簋T0307H117：1

　　[1]　河北省文物研究所：《藁城台西商代遗址》，文物出版社，1985年。

（三）T0707F48

位于 D 区 T0607、T0608 和 T0707 中，南侧进入 T0606 北隔梁中（图三五；彩版六，2）。

开口于③层下，房基面距地表 0.80 米左右，因分布面积较大，夯土层分布较复杂，厚度不一，大致在 0～1.50 米。局部建在灰土坑上，夯筑方式是把灰坑挖去部分再夯筑；有的建在早期夯土上，也有部分直接建在生土层上。

据目前所揭露区域看，房基平面呈逆时针旋转 90°的 T 字形，由东西向夯土建筑（即"北屋"）和南北向夯土建筑（即"西屋"）组成。北屋东西发掘长 12.00、宽约 5.00～5.50 米，西屋南北发掘长 21.50、宽约 5.50 米。

房基填灰花夯土，土质致密。

柱网结构不甚规则。共发现 30 个柱子，分别编号 1～30 号。其中，1 和 2 号仅余柱洞底部，3、4、

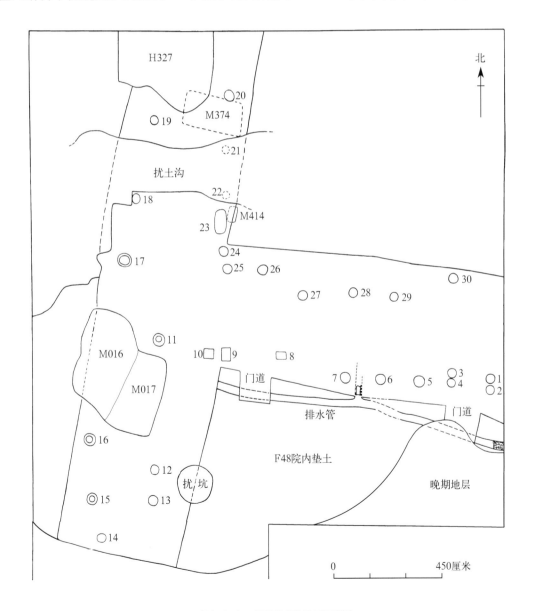

图三五　T0707F48平面图

11、14～22、29和30号已暴露出柱础石，5～10、12、13、24～28号尚留深浅不一的柱洞，23号为椭圆形夯墩。从排列上判断，明确属于北屋的柱子有16个（包括1～9、24～30号），多数柱间跨距为4米。其中8、9为方形柱坑，其余平面均为圆形；1～4号柱为东侧门道两侧的门柱，8和9号为西侧门道的门柱，24和30号可能为北屋北侧的廊柱，其余廊柱缺失。西屋共发现柱子14个（10～23号），除10号柱为方柱外，余均为圆形或椭圆形。10号方柱可能属西屋的廊柱，可能与8和9号方柱一样，同为后期修补的遗存。整个柱网缺失较多，柱子跨度不一，可能与使用过程中的多次修缮增补有关。

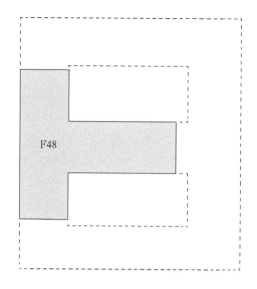

图三六　T0707F48平面布局示意图

北屋南侧东、西各有一台阶，台阶呈斜坡状外倾。东台阶长1.40、宽1.50米，西侧台阶长1.90、宽1.30米。排水设施建于北殿南侧台阶下端活动面下，呈一凹槽，内置陶管，凹槽的中部（两台阶之间）向北折出分叉，内应有三通陶管连接，凹槽呈西高东低，北高南低。由此可看出此建筑设计排水的方向。陶水管大部分已被破坏。

F48已发掘部分平面呈T字形，应是至少前后两进院落的四合院建筑群的一部分，因大部延伸出发掘区，或被晚期地层破坏，故无法知其全貌（图三六）。从排水道的高低落差判断，北侧院内的水是通过南北向陶水管引向南侧院落，再从南侧院落的东西向排水管向东排出院外。

F48被G8、F47、H327打破，其下打破或叠压F45、H373、H374、H398、H384、H408、H409、H350、H401、H400、H399、H383、H380、H349、H365、H343、H335、H334、M416、M426、M427、M394、M395、M399、M392、M405、M428等遗迹。从层位关系和夯土层中出土物判断，F48应为殷墟四期。

五　附属房基的遗迹和遗物

一般来说，与商代建筑基址相关的附属遗迹，除上文中已述及的排水设施外，还应有与建筑有关的祭祀性遗存，如奠基用的瓮棺葬；与生活有关的，如水井、窖穴和生活垃圾堆积区；与出行有关的，如道路等。由于本次是配合基建发掘，受发掘区域的限制，没有发现与建筑群相关的道路网络，而水井和窖穴虽然发现较多，但很难判断其应附属于哪座建筑基址。故此，这里仅对排水设施和瓮棺葬做详细介绍。

（一）排水设施

本次发掘共发现7处。保存较好的有4处，均分布在C区建筑群内。上文中均已详述，这里不再重复。

另外 3 处均发现于 D 区 F45 和 F48 的南侧。由于破坏严重，仅局部留有二、三节残损的排水管。其中，F48 南侧有东西向排水暗沟，局部残留有数节排水管，且在正房南侧台阶处出现 T 字形布局，一枝向北伸入正房夯土层中。通常情况下，在 T 字连接处应该有三通陶管相连，遗憾的是此处恰被破坏，三通陶管无存。在早年殷墟白家坟发掘的建筑基址中，曾发现过此类三通陶管[1]。

（二）瓮棺葬

本次发掘共清理了 89 座瓮棺葬，其中 86 座是殷商时期，大多夹叠在建筑的夯土层或垫土层中，或分布于建筑基址的周围，多数应与建筑奠基有关。通常建筑规模越大，瓮棺葬奠基也越多。如 C 区建筑群发现的瓮棺葬，就有 60 余例之多，占本次清理的瓮棺葬总数的 68% 以上，且多为解剖夯土时发现。由于没有全部将 C 区建筑基址挖掉，推测夯土层中尚有更多的瓮棺葬。

瓮棺葬的性质较为复杂，不能一概而论。我们认为，这些瓮棺葬无疑与建筑基址有关，但可能不完全是建筑奠基。现在河南的部分乡村早产或夭折的婴儿，也常有用陶或瓷罐装盛，埋在自家院内的现象。早在 3000 年前的商代，夭折婴儿的比率较高[2]，也不排除用陶罐装殓，埋于居址附近的可能。只是在考古发掘中，不易区分是奠基或是埋葬，常被简单定义为奠基墓而已。

就本次发掘的瓮棺葬来说，直接夹埋在建筑基址的垫土层中或夯土层中者，毫无疑问应是奠基墓；若是埋在建筑基址的院子内，或者打破建筑基址的垫土层或非主体夯土层，或者直接埋在室内的某角落处，则不排除是建筑使用过程中埋葬的夭折婴儿的可能。除葬入婴孩外，还有埋入其他动物的，如 M199。除葬入婴孩和其他动物外，还有在罐中装盛植物类遗存的，如 M335 和 M342。由于这类较少，也纳入此处介绍。

1. T0403M103

位于 A 区 T0403 南部居中（图三七），北部近邻 F9。开口于③ B 层下，有明显的墓坑，直接打破 F9 南侧垫土层。墓坑长 0.56、宽 0.30、深约 0.18 米。方向约 97°。葬具为泥质灰陶罐。葬式较为常见，先将陶罐打碎，用大块陶片铺底，将婴孩尸体葬入，再用余下的陶罐残片覆盖。婴儿骨

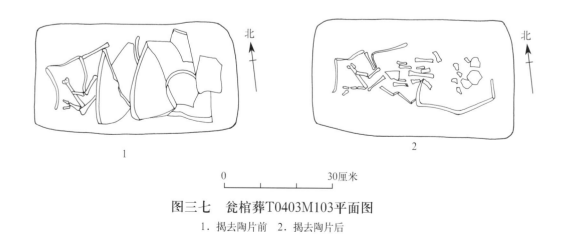

0　　　　　　　　30厘米

图三七　瓮棺葬 T0403M103 平面图
1. 揭去陶片前　2. 揭去陶片后

[1]　中国科学院考古研究所安阳发掘队：《殷墟出土的陶水管和石磬》，《考古》1976年第1期。
[2]　宋镇豪：《夏商社会生活史》，第163～205页，中国社会科学出版社，2005年。

骼大部分已朽，仅余部分头骨和四肢骨，年龄应在一周岁左右，无法判断性别。

此瓮棺葬属殷墟二期，与F9的时代相同，可能与F9有关。但据M103打破F9垫土层分析，应不是F9的奠基性遗存，不排除是F9使用过程中埋入的夭折婴儿的可能。

2. T0524M107

位于B区T0524西南部（图三八）。开口于F1夯土层下，打破生土层，东侧被一晚坑破坏。长方形竖穴墓坑，长0.93、宽0.36～0.45、深0.10米。方向约296°。葬具为泥质灰陶瓮。葬式较为简单，仅用打碎的陶瓮残片覆盖其胸部以下部分，仍符合瓮棺葬的特征。骨骼保存较好，身高不低于0.90米，年龄在10岁左右，性别无法判断。

此瓮棺葬时代属殷墟四期，与其上的F1时代相同，且墓坑方向与F1的南边缘平行，很可能是F1建筑之前的奠基性遗存。

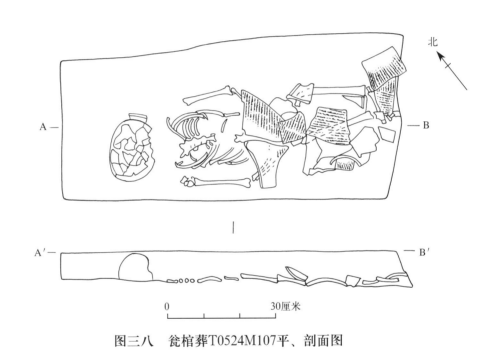

图三八　瓮棺葬T0524M107平、剖面图

3. T1615M147、M148、M149、M152

此4座瓮棺葬均位于C区T1615中（图三九；彩版七，1）。均夹埋于F34的夯土层中，墓圹不甚明显。M147居于最南边，M148、M149和M152向北依次排列，四墓南北排成一列，方向与F34的西排柱洞排列方向平行，大约为10°。其中，M147以泥质红陶罐为葬具，其余三墓均以泥质灰陶罐为葬具。除M149棺中婴儿骨骼朽尽外，其余三棺虽已朽蚀严重，但仍有部分婴儿头骨和肢骨残余。从残余的骨骼判断，这些婴儿都不足周岁。

此4座瓮棺葬与其周边的M238、M167、M204和M227相距很近，均分布在F34的中部，且恰与F22东端对应。F22是C区建筑群的核心建筑，与其相连的F34也应较重要的基址之一，此处较为集中的瓮棺葬分布，也佐证了这一点。

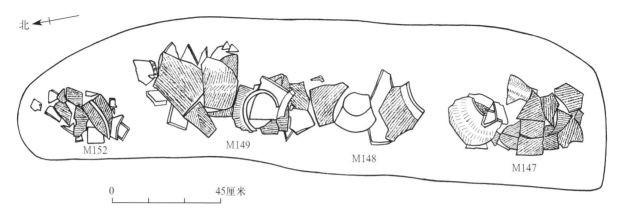

图三九　C区建筑群一组瓮棺平面图

4．T0305M199

位于A区T0305内（图四〇）。开口于F3下，其下直接打破生土层。有明显的长方形墓圹，长0.65、宽0.33、深0.15米。方向约96°。坑内以人头罐为葬具，是殷墟历年发掘极为罕见的特例。骨骼全部腐朽成粉状，无法判断种类。由于人头罐体积较小，即使是刚出生的婴儿也很难葬入，因此推测可能不是婴孩。

M199与其相邻的M200皆开口于F3下，打破生土层。时代均为殷墟二期，与F3的时代相同。因此推测可能都是F3的奠基类遗存。

5．T1514M249

位于C区T1514内（图四一）。夹埋于F19的夯土层中，距地表1.63米。有长方形墓圹，长0.67、宽0.38米。方向约为97°。葬具为泥质灰陶盆，也是殷墟历年来发掘的瓮棺葬中较为少见的例子。陶盆打碎后，先在底下铺一层，葬入婴孩后，在其尸体上再覆盖一层碎陶片。骨骼已朽成粉状，从残余的数颗乳牙判断，仍应是1周岁左右的婴孩。

M249和M248均位于F19北侧的东门道附近，应是F19的奠基墓。从陶盆器形判断，应属殷墟四期。

6．T1417M234、M235

位于C区T1417内（图四二；彩版七，2）。

图四〇　瓮棺葬T0305M199平面图

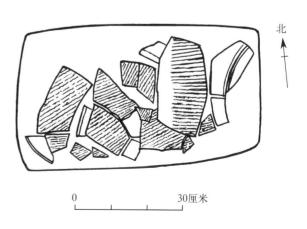

图四一　瓮棺葬T1514M249平面图

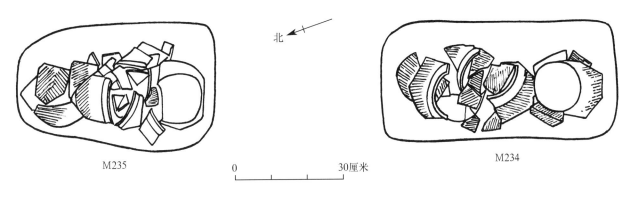

图四二　瓮棺葬T1417M234、M235平面图

夹埋于F23的夯土层中，是在解剖房基夯土层时发现的，距地表1.30米。M235墓圹长0.54、宽0.34米，M234墓圹长0.65、宽0.32米。两墓一北一南，方向一致，均为20°。两墓均以泥质灰陶罐为葬具。大部分骨骼已腐朽，仅余少量肢骨，判断应是不足周岁的婴儿。

两墓均为南北方向，与其周边的M240、M242等，均夹埋于F23的夯土层中，皆应为F23的奠基墓。

7. T1412M269

位于C区T1412内（图四三；彩版七，3）。开口于F20夯土下。有明显的墓圹，长0.62、宽0.3米，墓口距地表0.90米。方向为100°。葬具为泥质灰陶瓮，肩饰一周附加堆纹。葬式较为常见，是先打碎陶瓮，在底部铺一层大陶片，然后葬入婴孩，再在其上覆盖一层陶瓮残片。骨骼腐朽严重，仅余部分头骨和肢骨。从残留骨骼判断，应为1周岁左右的婴儿。

M269位于F20的南部正中，其周围还有M334、M333、M239、M277、M274和M275等瓮棺葬；在F20夯土基址的东侧近边缘处，还有M289、M288、M284、M282、M273、M266、M117和M265等瓮棺葬。从葬具陶器形制判断，均为殷墟四期，可能均与F20有关。从层位上看，大部分位于F20夯土层下，部分夹埋于F20的夯土层中。葬于夯土层下者，可能为F20的奠基性遗存，夹埋于夯土层中者，可能为F20建筑过程中实施祭祀的遗存。

8. T1418M335、M342

均位于C区T1418内（图四四），两者相距0.15米。开口于②层下，打破F38西侧垫土层。

M335为长方形墓圹，东西长1.06、南北宽0.50、深1.10米（彩版七，3）。方向为280°。坑中有2件泥质灰陶罐，大小、形制相似，均为肩部饰一周附加堆纹。罐内无人骨，但有暗绿色腐朽物，应是植物类遗存。这类遗存在殷墟发掘中常可见到，应是某种谷物。

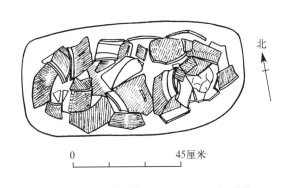

图四三　瓮棺葬T1412M269平面图

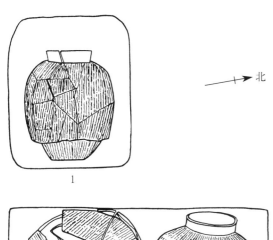

图四四　瓮棺葬T1418M335、M342平面图
1. M342　2. M335

M342坑口平面略呈圆角长方形，南北长0.60、东西宽0.50、深0.60米。方向为10°。坑中埋1件泥质灰陶罐，形制与M335中陶罐相似，仅肩部没有附加堆纹。罐内亦无人骨，有绿色腐朽物。其性质可能与M335相同。

两坑均位于F38夯土建筑的西侧，打破垫土层，时代为殷墟四期，推测与F38有关，可能是F38使用过程中进行祭祀活动的遗存。

9．T0708M398

位于D区T0708内（图四五）。夹埋于F45西部夯土层内，无明显墓圹。距地表1.65米。葬具为泥质灰陶罐，肩部饰一周宽泥条状附加堆纹。罐内人骨腐朽殆尽，仅余少量肢骨，未见牙齿，推测墓主应是不足周岁的婴孩。

此墓周围密集分布着10座瓮棺葬：M391、M384、M388、M389、M390、M386、M402、M429、M383和M404等，排列有序。均无明显墓圹。罐中都有婴儿骨骼残余，多数年龄不足周岁，仅M404所葬孩童稍大，约5岁，但腰部以下缺失，似为腰斩后埋入，较为特殊。这些瓮棺葬都夹埋于F45的夯土层中，应都是F45的奠基性遗存。

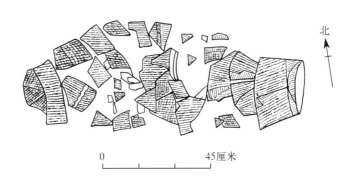

图四五　瓮棺葬T0708M398平面图

（三）瓮棺葬具

本次发掘的瓮棺葬，葬具有陶罐、瓮、罍、尊、盆、人头罐等。其中以 B 型罐为多见，占瓮棺葬总数的 70%；其次是 C 型泥质红陶圜底罐，占总数的 15%。此外，还偶见陶罍、盆、尊、瓮、人头罐。

1. 陶罐

83 件。分三型。

A 型　1 件，俗称"人头罐"，属 Aa 型 II 式。

标本 T0305M199：1，泥质灰陶。侈口，方唇，长颈，圆鼓腹，最大腹径在中腹以下，圜底。颈部素面，腹饰交错中绳纹。口径 17.0、腹径 21.4、高 23.2 厘米（图四六，1；彩版八，1）。

B 型　58 件。除标本 M266：1 为泥质红陶外，余均为泥质灰陶，偶见夹少量粗砂，形体普遍较大，应是日常生活中的盛贮器，可作瓮棺使用。鼓腹，平底。多数属 Bb 型，其次为 Bc 型 II 式，偶见 Ba 型 I 式。

Ba 型 I 式　1 件。

标本 T0708M429：1，尖圆唇，束颈，鼓肩，腹壁斜直，近底内收，大平底略内凹。肩、腹饰交错中粗绳纹。上部器壁较薄，下部厚，达 1.5 厘米。口径 15.3、腹径 28.9、底径 15.1、高 29.9 厘米（图四六，2；彩版八，2）。

Bb 型　39 件。高领，形体高大，普遍在 34.0 厘米以上。

标本 T1418M342：1，侈口，方唇，束颈，鼓肩，圆腹，下腹急内收，小平底略内凹。通体饰中粗绳纹，肩部加饰一周附加堆纹，中腹有一周宽凹弦纹。口径 19.9、腹径 35.4、底径 10.5、高 39.5 厘米（图四六，3）。

标本 T1615M148：1，尖唇，小平沿，高直领，溜肩，鼓腹，大平底。肩、腹大面积饰中绳纹，下腹部素面，肩部饰一周凹弦纹。口径 16.5、腹径 28.5、底径 13.6、高 30.1 厘米（图四六，4）。

标本 T0524M107：1，方唇，矮直领，广肩，鼓腹，大平底。肩、腹大面积饰中绳纹，下腹部素面，肩部饰一周凹弦纹。口径 16.0、腹径 30.1、底径 13.7、高 34.3 厘米（图四六，5）。

标本 T1615M149：1，侈口，方唇，矮领，束颈，鼓肩，腹壁斜直，平底略内凹。肩、腹饰中粗绳纹，肩饰数周凹弦纹。口径 16.9、腹径 28.1、底径 13.1、高 33.0 厘米（图四六，6）。

标本 T0606M424：1，方唇，高直领，溜肩，鼓腹，下腹内收，平底稍内凹。肩、腹饰中绳纹，下腹素面，肩饰一周凹弦纹。口径 16.0、腹径 29.4、底径 13.2、高 34.3 厘米（图四七，1）。

标本 T1614M135：1，尖圆唇，沿面微外卷，高领稍外侈，鼓肩，腹壁斜直内收，大平底。肩、腹饰中绳纹。下腹壁较厚，达 1.8 厘米。口径 16.0、腹径 28.5、底径 13.0、高 34.4 厘米（图四七，2）。

标本 T1215M110：1，尖唇，小平沿，高直领，鼓肩，腹壁斜直内收，大平底稍内凹。腹饰中绳纹，肩饰一周凹弦纹。口径 15.9、腹径 26.6、底径 13.4、高 32.5 厘米（图四七，3）。

标本 T1417M240：1，尖唇，窄平沿，高直领稍外侈，鼓肩，下腹内收，平底稍内凹。口径 16.4、腹径 30.0、底径 14.5、高 35.4 厘米（图四七，4）。

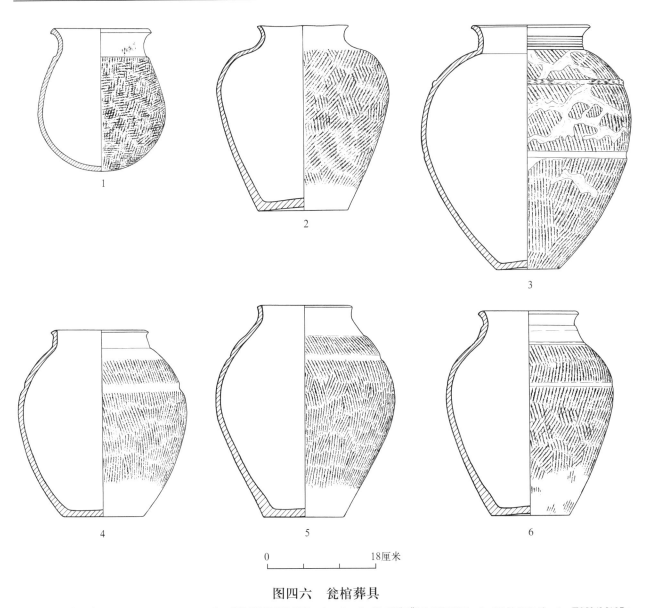

图四六　瓮棺葬具

1. Aa型Ⅱ式陶罐T0305M199：1　2. Ba型Ⅰ式陶罐T0708M429：1　3～6. Bb型陶罐T1418M342：1、T1615M148：1、T0524M107：1、T1615M149：1

　　标本 T0421M459：1，小方唇，高领外卷，鼓肩，腹壁斜直内收，小平底稍内凹。肩、腹饰中绳纹，下腹绳纹部分被抹去，肩饰一周凹弦纹。口径 16.0、腹径 28.2、底径 11.5、高 34.1 厘米（图四七，5）。

　　标本 T1417M234：1，小方唇，矮领略外侈，溜肩，鼓腹，下腹内收，小平底稍内凹。肩、腹饰中绳纹，下腹近底处素面，肩饰一周凹弦纹。口径 14.8、腹径 28.7、底径 12.8、高 34.6 厘米（图四七，6）。

　　标本 T1412M300：1，尖唇，小平沿，矮直领，广折肩，腹壁斜直内收，平底内凹。肩和上腹部饰粗绳纹和数周凹弦纹。口径 17.6、腹径 30.2、底径 14.6、高 32.5 厘米（图四八，1；彩版八，3）。

　　标本 T1412M274：1，小方唇，高领外卷，广折肩，鼓腹，下腹内收，小平底稍内凹。肩和上腹部饰交错中绳纹和五周凹弦纹。口径 18.0、腹径 27.7、底径 13.2、高 30.5 厘米（图四八，2）。

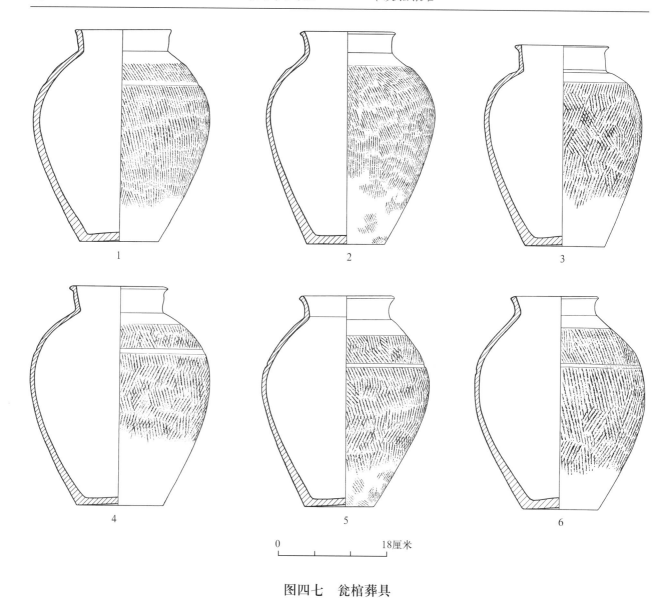

0　　　　　　　　　　18厘米

图四七　瓮棺葬具

1～6. Bb型陶罐T0606M424：1、T1614M135：1、T1215M110：1、T1417M240：1、T0421M459：1、T1417M234：1

标本 T1412M239：1，尖圆唇，矮领稍外侈，溜肩，鼓腹，小平底。肩、腹饰细绳纹，肩部有一周凹弦纹。口径 15.3、腹径 29.2、底径 12.9、高 35.0 厘米（图四八，3）。

标本 T1413M333：1，尖唇，小平沿，高直领，广肩，鼓腹，下腹斜直内收，大平底稍内凹。肩、腹饰中绳纹，肩有一周凹弦纹。口径 16.2、腹径 28.4、底径 14.8、高 32.6 厘米（图四八，4）。

标本 T0708M398：1，尖唇，窄平沿，高领外侈，广肩，鼓腹，下腹内收，小平底内凹。肩、腹通饰中粗绳纹，肩部有一周宽泥条状附加堆纹和两周凹弦纹。口径 19.3、腹径 41.2、底径 17.9、高 45.7 厘米（图四八，5）。

标本 T0105M14：1，尖唇，高直领，广肩，鼓腹，大平底。肩、腹饰交错中绳纹，肩部有一周凹弦纹。口径 16.3、腹径 31.3、底径 16.0、高 37.4 厘米（图四八，6）。

标本 T1316M122：1，小方唇，窄沿，沿面内倾，高直领，溜肩，鼓腹，下腹急内收，小平底内凹。

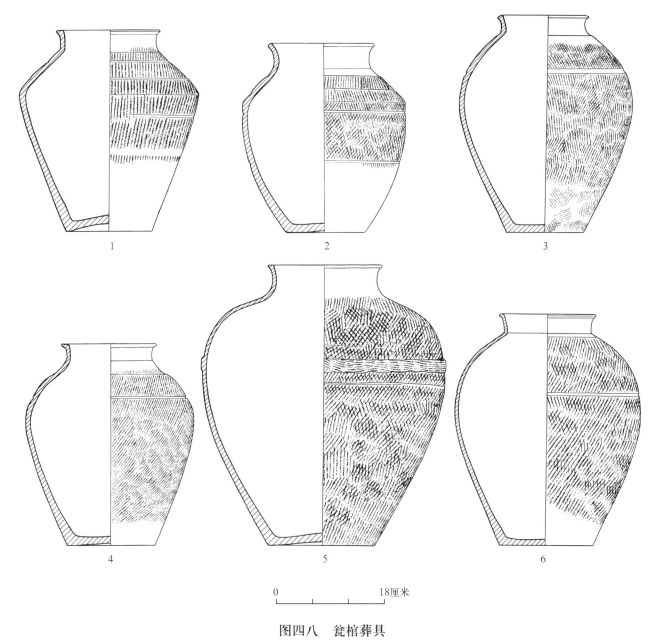

图四八　瓮棺葬具

1～6. Bb型陶罐T1412M300：1、T1412M274：1、T1412M239：1、T1413M333：1、T0708M398：1、T0105M14：1

肩、腹饰粗绳纹，肩部有一周附加堆纹，中腹部有一周凹弦纹。口径20.0、腹径36.0、底径10.0、高39.0厘米（图四九，1）。

标本T1412M282：1，圆唇，窄折沿，矮直领，溜肩，鼓腹，下腹急收，小平底内凹。肩、腹饰中粗绳纹，肩和中腹饰数周凹弦纹。口径15.6、腹径30.5、底径11.4、高30.1厘米（图四九，2）。

Bc型　18件。均为Bc型Ⅱ式。折沿。

标本T1617M245：1，小方唇，广肩，腹壁斜直内收，大平底稍内凹。肩、腹饰中粗交错绳纹，肩部有一周凹弦纹。口径17.5、腹径31.2、底径15.2、高32.3厘米（图四九，3）。

标本T1613M153：1，宽折沿，广肩，鼓腹，下腹内收，小平底稍内凹。肩、腹饰中粗绳纹和凹弦纹。口径24.1、腹径40.8、底径18.8、高41.0厘米（图四九，4）。

　　标本T1216M156：1，方唇，束颈，溜肩，鼓腹，下腹斜直内收，小平底。肩、腹饰交错中绳纹。口径15.4、腹径26.2、底径11.2、高31.8厘米（图四九，5）。

　　标本T1413M266：1，泥质红陶。小方唇，窄折沿，广肩，鼓腹，下腹急内收，平底。肩、腹饰交错中绳纹。口径16.5、腹径35.8、底径18.1、高40.2厘米（图四九，6）。

　　标本T1412M269：1，小方唇，窄折沿，广肩，鼓腹，下腹斜直内收，大平底内凹。肩、腹饰交错粗绳纹，颈下绳纹被抹去，肩部有一周附加堆纹。口径21.8、腹径38.0、底径19.8、高45.4厘米（图五〇，1；彩版八，4）。

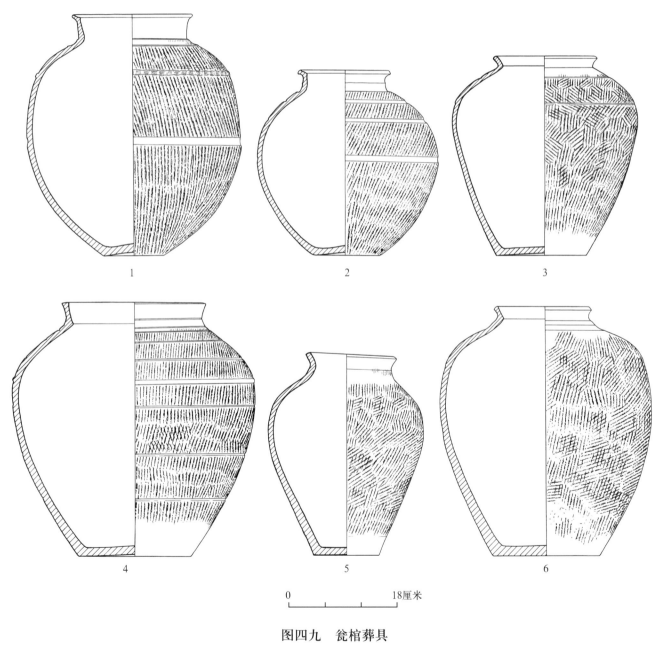

0　　　　　　　　18厘米

图四九　瓮棺葬具

1～2.Bb型陶罐T1316M122：1、T1412M282：1　3～6.Bc型Ⅱ式陶罐T1617M245：1、T1613M153：1、T1216M156：1、T1413M266：1

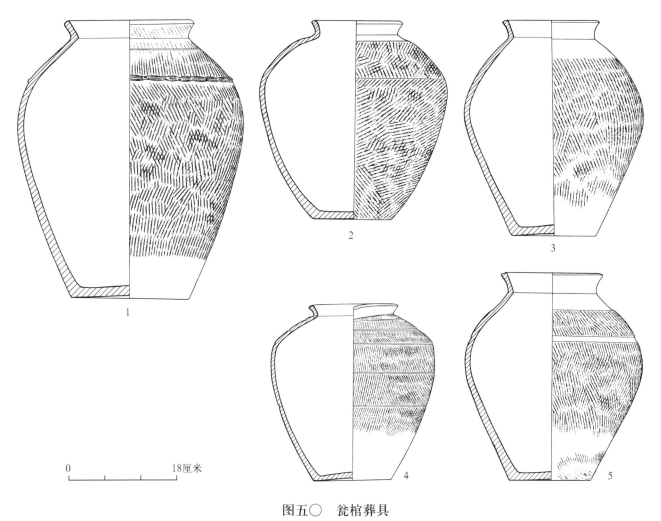

0　　　　　　　18厘米

图五〇　瓮棺葬具

1~5. Bc型Ⅱ式陶罐T1412M269：1、T1412M334：1、T1614M236：1、T1514M248：1、T1412M273：1

　　标本 T1412M334：1，小口，方唇，束颈，广肩，鼓腹，下腹急内收成小平底。肩、腹饰交错中绳纹。口径 15.2、腹径 31.5、底径 13.1、高 32.1 厘米（图五〇，2）。

　　标本 T1614M236：1，方唇，宽折沿，溜肩，腹壁斜直，平底稍内凹。肩、腹饰交错粗绳纹。口径 16.4、腹径 30.0、底径 14.0、高 34.7 厘米（图五〇，3）。

　　标本 T1514M248：1，方唇，窄折沿，广肩，微鼓腹，下腹内收，小平底稍内凹。肩、腹饰交错中细绳纹和数周凹弦纹。口径 14.9、腹径 27.5、底径 13.1、高 28.5 厘米（图五〇，4）。

　　标本 T1412M273：1，尖圆唇，宽折沿，广肩，下腹斜直急内收，小平底微内凹。肩、腹饰交错中绳纹，肩部有一周凹弦纹。口径 17.1、腹径 29.8、底径 13.7、高 33.5 厘米（图五〇，5）。

　　C 型　24件。泥质红陶圜底罐。C 型罐在灰坑和窖穴中也较为常见，根据器形特征可分四式。最早偶见于殷墟二期偏晚阶段，三、四期多见。作为瓮棺葬的葬具的 24 件 C 型罐中，没有 C 型Ⅰ式，其他各式均有发现。

　　C 型Ⅱ式　9件。肩部仅有两周绳纹带，无瓦棱纹。

　　标本 T1615M167：1，方唇，矮直领，广肩，鼓腹，底内凹。通腹满饰中粗绳纹。口径 16.5、腹径32.0、底径10.7、高32.8厘米（图五一，1）。

标本T1415M233∶1，方唇，矮领外侈，圆鼓腹，圜底。通腹满饰粗绳纹。口径16.1、腹径30.0、高31.6厘米（图五一，2）。

标本T0708M402∶1，侈口，方唇，束颈，溜肩，圆鼓腹，圜底。通体饰中粗绳纹。口径17.0、腹径35.8、高35.5厘米（图五一，3）。

标本T0708M391∶1，方唇，短颈略外侈，圆鼓腹，底略内凹。腹部满饰粗绳纹。口径17.2、腹径35.9、底径10.8、高33.7厘米（图五一，4；彩版八，5）。

C型Ⅲ式　4件。器形普遍较Ⅱ式略小，颈较Ⅱ式高，广肩斜直，出现数量不等的瓦棱纹。

标本T1412M268∶1，方唇，矮领略外侈，最大腹径在中腹偏下，底微内凹。腹饰中绳纹。口径17.1、腹径30.1、高28.3厘米（图五一，5；彩版八，6）。

标本T0608M414∶1，尖圆唇，窄平沿，矮直领，口沿断面略呈倒L形，圆鼓腹，圜底略内凹。

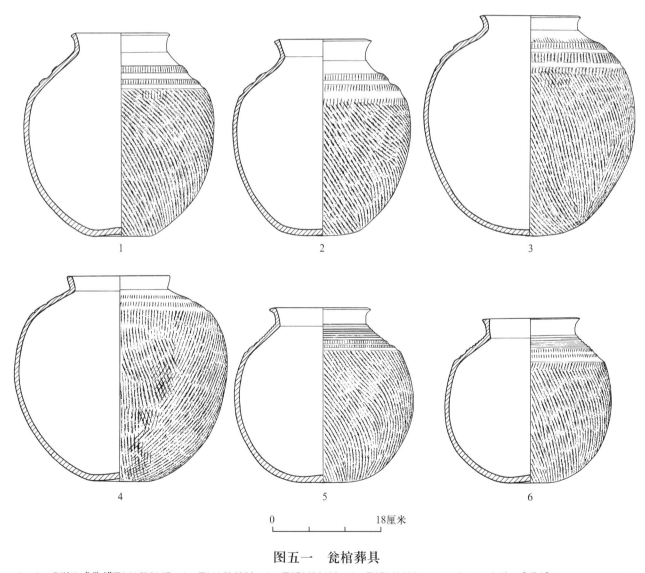

1　　　　　　　　　2　　　　　　　　　3

4　　　　　　　　　5　　　　　　　　　6

0　　　　　　　18厘米

图五一　瓮棺葬具

1～4. C型Ⅱ式陶罐T1615M167∶1、T1415M233∶1、T0708M402∶1、T0708M391∶1　　5、6. C型Ⅲ式陶罐T1412M268∶1、T0608M414∶1

腹饰粗绳纹。口径 16.5、腹径 28.2、高 26.7 厘米（图五一，6）。

C 型IV式　　11 件。器形普遍较II式略小，颈较II式高，广肩斜直略下凹，肩部突显，肩部饰数周瓦棱纹。

标本 T1412M284：1，尖圆唇，沿面内敛，矮领略外侈，束颈，鼓腹，圜底内凹。腹饰粗绳纹。口径 16.4、腹径 29.5、高 28.6 厘米（图五二，1；彩版九，1）。

标本 T1315M164：1，尖圆唇，沿面稍内凹，矮领外侈，束颈，圆鼓腹，圜底内凹。腹饰中粗绳纹。口径 17.1、腹径 29.3、高 27.2 厘米（图五二，2）。

标本 T1615M147：1，方唇，矮领外侈，束颈，圆鼓腹，圜底内凹。腹饰粗绳纹。口径 15.4、腹径 30.1、高 29.4 厘米（图五二，3）。

2. 陶瓮

1 件。此瓮形制较特殊，本次发掘的灰坑、窖穴中少见此类复原器。

标本 T1217M291：1，泥质灰陶。尖圆唇，卷沿，束颈，广肩，最大径在肩腹之际，斜直腹近底

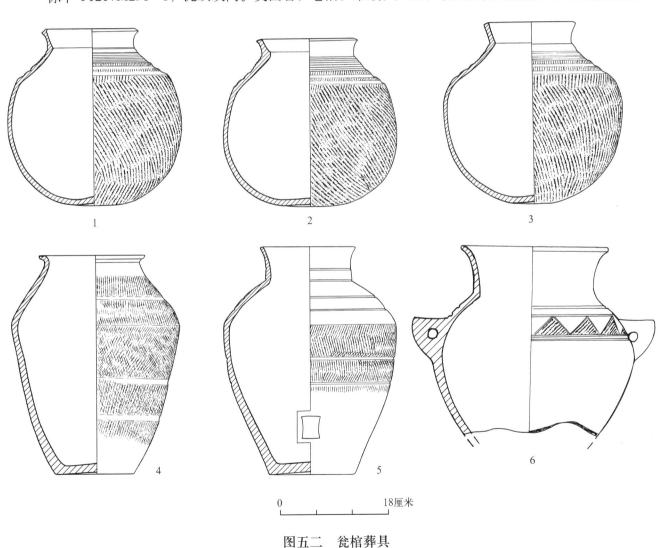

0　　　　　　　　　　18厘米

图五二　瓮棺葬具

1～3. C型IV式陶罐T1412M284：1、T1315M164：1、T1615M147：1　　4. 陶瓮T1217M291：1　5. A型陶罍T1412M277：1　6. 陶尊
T1616M138：1

内收，大平底微内凹。胎壁较厚，下腹胎厚可达 1.8 厘米。肩、腹均饰交错细绳纹和凹弦纹。口径 17.9、腹径 28.4、底径 13.2、高 35.4 厘米（图五二，4；彩版九，2）。

3.陶罍

1件。A型。

标本 T1412M277：1，泥质灰陶。侈口，尖圆唇，高颈微束，广折肩，下腹内收，平底稍内凹。肩部双錾缺失，下腹有一耳。肩部仅饰两周凹弦纹，上腹部饰交错细绳纹和两周凹弦纹，下腹部素面。口径 16.0、最大腹径 29.0、底径 14.5、高 36.9 厘米（图五二，5）。

4.陶尊

1件。这种形制的尊未见于遗址和其他墓葬中。

标本 T1616M138：1，泥质浅灰陶。侈口，小方唇，束颈，鼓肩，腹内收，底部残。肩部有对称錾，錾中部有小圆形横穿。肩部饰四周凹弦纹，二、三周凹弦纹之间饰一周刻划三角纹，腹部素面磨光。口径 22.2、腹径 36.6、残高 27.3 厘米（图五二，6）。

5.陶盆

2件。

A型Ⅱ式　1件。

标本 T0307M160：1，泥质灰陶。方唇，平窄折沿，微束颈，略鼓腹，平底稍内凹。腹饰中绳纹和两周凹弦纹，颈下和下腹部素面。口径 35.1、底径 13.0、高 23.7 厘米（图五三，1）。

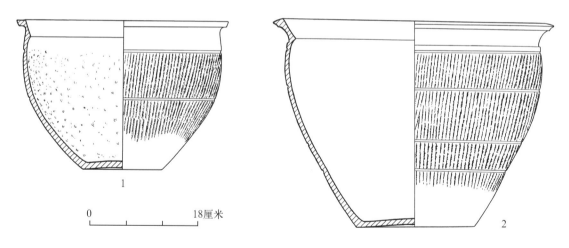

0　　　　　　18厘米

图五三　瓮棺葬具
1. A型Ⅱ式陶盆T0307M160：1　2. A型Ⅳ式陶盆T1514M249：1

A型Ⅳ式　1件。

标本 T1514M249：1，泥质灰陶。尖唇，宽折沿，微束颈，上腹略鼓，平底略内凹。腹饰中粗绳纹和四周凹弦纹，下腹部素面。口径 46.8、底径 19.6、高 32.4 厘米（图五三，2；彩版九，3）。

（四）与房基有关的出土陶器

与房基有关的陶器，主要出自 C 区建筑群院落地面散落的陶器和台阶两侧摆放的大型陶器以及排水管，其他建筑基址院落内或垫土层中也有少量出土。这些都应是建筑基址使用时期的遗物，不但可以证明房基的使用年代，更有助于判断房基的性质。另有一些陶器出自建筑基址的垫土层中，时代应不晚于该房基。由于这些陶器也可辅助判断房基的年代，故也放在此处一并介绍。

　　台阶两侧摆放的陶器，主要有瓮、罐等，形体均较大。最大的 1 件是 F22 北坡的陶瓮（编号 2），体高 83、最大腹径达 62 厘米，是目前殷墟可复原的形体最大的陶罐。这些摆放在台阶两侧的大型陶器，可能与建筑基址的安全防火有关。院落内散置的陶器，则应是日常生活使用的陶器，其形态特征则是判断建筑使用年代的最直接的根据。

　　院内散落和建筑基址垫土层中的陶器，主要有红陶罐、簋、鬲、钵、罍、高领罐等。

1. 陶罐

9 件。

Aa 型Ⅳ式　1 件。

标本 T0908F45 垫土层：2，泥质灰陶。侈口，方唇，长颈，鼓腹，圜底。腹饰中绳纹。口径 15.0、腹径 23.3、高 26.2 厘米（图五四，1）。

Bb 型　1 件。

标本 T1517F23 北侧院内散落：3，泥质灰陶。尖唇，折沿，矮领，广肩，鼓腹，腹壁斜直内收，平底稍内凹。腹饰中粗绳纹，肩饰一周凹弦纹。口径 15.8、腹径 28.6、底径 12.8、高 34.0 厘米（图五四，2）。

Be 型　1 件。形制较为特殊，为灰坑、窖穴等遗迹中少见。

标本 T1317F36 垫土层：1，泥质灰陶。侈口略外卷，尖圆唇，束颈，广折肩，腹壁斜直内收，小平底略内凹。肩、腹饰交错中绳纹，局部绳纹被抹去。口径 14.4、腹径 25.0、底径 10.6、高 24.0 厘米（图五四，3）。

C 型　5 件。泥质红陶。其中 3 件分属于 C 型Ⅲ式和 C 型Ⅳ式，另 2 件残甚。

C 型Ⅲ式　2 件。分别出自 T0608F45 和 T0606F44 垫土层中。

标本 T0608F45 垫土层：1，方唇，宽折沿，束颈，溜肩，圆鼓腹，圜底微内凹。肩、腹饰粗绳纹，肩部饰数周凹弦纹。口径 16.0、腹径 29.0、高 29.2 厘米（图五四，4）。

标本 T0606F44 垫土层：5，方唇，宽折沿，束颈，广肩，鼓腹，圜底。肩饰数周凹弦纹，腹饰中绳纹。口径 16.4、腹径 28.1、高 27.1 厘米（图五四，5）。

C 型Ⅳ式　1 件。

标本 T1518F40 南侧院内散落：1，方唇，宽折沿，广肩，肩腹分界明显，鼓腹，最大腹径在中腹以下，圜底。肩饰数周凹弦纹，腹饰中粗绳纹。口径 15.6、腹径 26.5、高 25.2 厘米（图五四，6）。

L 型　1 件。

标本 T0624F14 垫土层：1，泥质深灰陶。侈口，圆唇，斜直肩，肩腹分界处有一凸棱，腹斜直内收，平底。腹饰绳纹。口径 9.2、底径 6.0、高 9.1 厘米（图五四，7）。

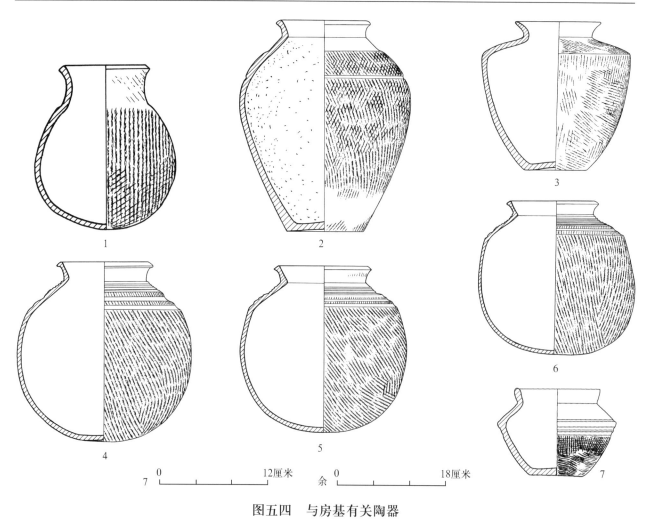

图五四　与房基有关陶器

1. Aa型Ⅳ式陶罐T0908F45垫土层：2　2. Bb型陶罐T1517F23北侧院内散落：3　3. Be型陶罐T1317F36垫土层：1　4、5. C型Ⅲ式陶罐T0608F45垫土层：1、T0606F44垫土层：5　6. C型Ⅳ式陶罐T1518F40南侧院内散落：1　7. L型陶罐T0624F14垫土层：1

2. 陶鬲

7件。均为Ab型分裆鬲，分属于Ⅰ式、Ⅴ式、Ⅵ式、Ⅶ式和Ⅷ式。

Ab型Ⅰ式　1件。

标本T0421F58垫土层：1，夹砂灰陶。小方唇，折沿，束颈，鼓腹，高裆，高实足尖。足尖残失。腹饰粗绳纹。口径18.8、残高18.0厘米（图五五，1）。

Ab型Ⅴ式　2件。均出自T0908F45垫土层中。

标本T0908F45垫土层：4，夹砂灰陶。宽方唇，折沿，微束颈，鼓腹，矮实足尖。腹饰粗绳纹。口径19.0、高17.2厘米（图五五，2）。

标本T0908F45垫土层：3，夹砂灰陶。方唇，折沿较宽，束颈，瘦腹，实足尖较矮。腹饰中粗绳纹。口径20.0、高13.2厘米（图五五，3）。

Ab型Ⅵ式　1件。

标本T0606F44垫土层：4，夹砂灰陶。小方唇，宽折沿，束颈，鼓腹，分裆明显，实足尖基本消失。腹饰粗绳纹。口径18.0、高12.6厘米（图五五，4）。

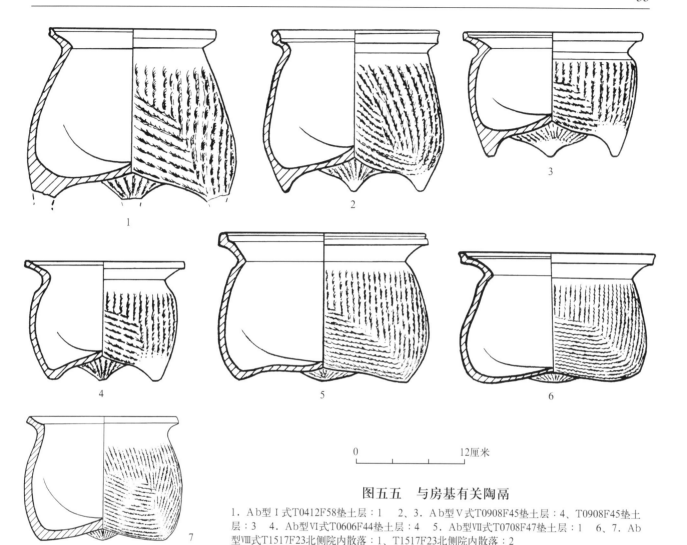

图五五　与房基有关陶鬲

1. Ab型Ⅰ式T0412F58垫土层：1　2、3. Ab型Ⅴ式T0908F45垫土层：4、T0908F45垫土层：3　4. Ab型Ⅵ式T0606F44垫土层：4　5. Ab型Ⅶ式T0708F47垫土层：1　6、7. Ab型Ⅷ式T1517F23北侧院内散落：1、T1517F23北侧院内散落：2

Ab 型Ⅶ式　1 件。

标本 T0708F47 垫土层：1，夹砂灰陶。方唇，宽折沿，束颈，鼓腹，分裆较低，无实足尖。腹饰中粗绳纹。口径 23.5、高 15.9 厘米（图五五，5）。

Ab 型Ⅷ式　2 件。

标本 T1517F23 北侧院内散落：1，夹砂灰陶。方唇，宽折沿，束颈，鼓腹，分裆较低，无实足尖。腹饰中粗绳纹。口径 21.8、高 14.1 厘米（图五五，6）。

标本 T1517F23 北侧院内散落：2，夹砂灰陶。方唇，宽折沿，束颈，鼓腹，分裆较低，无实足尖。腹饰粗绳纹。口径 17.0、高 13.1 厘米（图五五，7）。

3．陶簋

2 件。1 件出自 T0307F30 的垫土层中。

标本 T0307F30 垫土层：3，泥质浅灰陶。尖圆唇，窄平沿内勾，敞口，直腹较深，下腹急内收，圜底，矮圈足残。上腹部饰两周凹弦纹，腹内侧饰一周凹弦纹。其余器表素面磨光。口径 27.8、残圈足径约 13.9、残高 15.0 厘米（图五六，2）。此簋与灰坑等遗迹中所出同类器不同，器形特征较早，应属洹北花园庄晚期，证明在大司空附近应有少量相当于洹北商城时期的遗存分布。

另1件出自F33东南角处排水管道下部，应是支垫排水管道。残甚。

4. 陶盆

2件。均出自T0307F30垫土层，形制相同。这2件陶盆的器形特征也比较早，也应属洹北商城时期遗物。

标本T0307F30垫土层：2，中腹部残。泥质浅灰陶。侈口，小方唇，束颈，鼓腹，大平底稍内凹。腹饰中粗竖绳纹，肩部饰一周附加堆纹。口径30.7、腹径31.5、底径14.4、残高28.0厘米（图五六，1）。

标本T0307F30垫土层：1，中腹以下残失。泥质深灰陶。口径30.0、残高13.7厘米（图五六，3）。

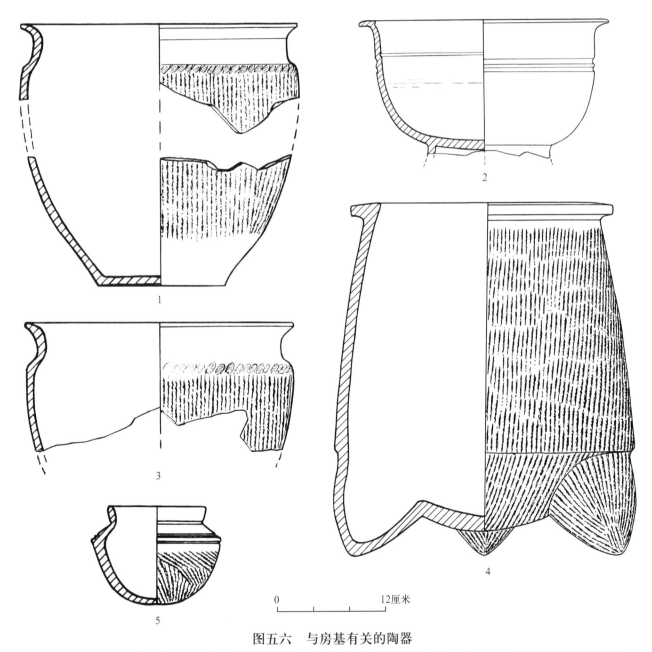

0 ————— 12厘米

图五六　与房基有关的陶器

1、3. 陶盆T0307F30垫土层：2、1　2. 陶簋T0307F30垫土层：3　4. 陶三足器T1418F38垫土层：1　5. 陶钵T0908F45垫土层：5

5．陶瓮

1件。出自 T1516F22 北侧护坡土层上（见图二三）。

6．陶三足器

1件。标本 T1418F38 垫土层：1，泥质灰陶。敛口，方唇，宽平折沿，鼓腹，下腹有一内折线，折线以下接三袋足。除口沿外，通体饰中绳纹。口径 29.3、高 37.4 厘米（图五六，4；彩版九，4）。

7．陶钵

1件。出自 T0908F45 垫土层中。

标本 T0908F45 垫土层：5，泥质灰陶。圆唇，矮直领，广折肩，腹内收，圜底。腹饰中绳纹，肩部饰数周凹弦纹。口径 10.0、肩径 14.4、高 10.5 厘米（图五六，5）。

8．排水管

排水设施，主要是排水管。共发现 29 节。如标本 F34 排水管：1、F23 北侧排水管：1（彩版九，5、6）。形制大致相同，均呈中空圆柱形，中间腹稍鼓，两端稍窄。但直径和长短不一，最长的 55.0 厘米，短的则只有 20.0、腹径在 20.0 ～ 30.0 厘米（详见上文房基介绍部分）。

（五）与房基有关的其他器物

这些遗物的时代特征不如陶器明显，对于建筑基址年代的判断只能起到参考的价值。故此，这里仅做简单介绍，详细情况见本章第二节的遗物部分。骨器主要有散落在庭院里的卜骨、卜甲和小型骨饰等。

1．卜骨

共发现 5 件。均为牛肩胛骨，有钻、凿和灼，无刻辞。

2．卜甲

仅发现 2 件。均为龟腹甲，均残。修饰规整，有钻、凿、灼痕迹，无刻辞。

3．骨饰

只发现 1 件。标本 T1516F22 北坡：21，两面均刻简化兽首纹，中间有横穿孔。

4．贝、螺、蚌类

此类遗物发现较多，但主要集中在 F22 基址北护坡上，有用螺蛳或田螺摆成的各种图案。

六　小结

通过整理本次发掘的 53 座房基，可得如下收获。

（一）主要收获

本次发掘的房基，无论是数量或是建筑群的规模，都是大司空遗址发掘数十年来前所未有的，也是除小屯宫殿宗庙区外，殷墟发掘资料中研究殷商建筑史难得的资料。

（二）建筑基址的空间分布

同一时期的建筑基址在空间分布上相对集中（表一）。

明确属于殷墟一期的房基较少，都集中在 A 区中部，如 F16 和 F18 都分布在 A 区 T0303 和 T0305 中。其他另有 5 座房基不晚于二期，也不排除为一期的可能，也多分布在 A 区。因此，殷墟一期时 A 区是主要居住区。

殷墟二期的房基集中分布在 A 区，B 区和 D 区分布较少，各有 1 座房基，C 区没有明确属于该时期的房基。由此判断，在殷墟二期 A 区仍是主要居住区。

明确属于殷墟三期的房基较少，主要分布在 B 区，D 区有 1 座。A 区有不早于二期的房基 1 座和不晚于三期的房基 3 座，很有可能也属于三期。A 区和 D 区是相邻发掘区，中间仅隔数米的障碍区，也就是到三期时，A 区和 D 区的居住址有可能连成一片。B 区则由二期时较少的建筑，在数量和规模上都得到了很大的发展，成为主要居住区。C 区没有殷墟三期的建筑，这一时期可能不是居住区。

殷墟四期的房基主要集中在 B 区、C 区和 D 区，尤其是 C 区和 D 区，建筑的数量和规模远远超过以前和同时期的其他各区。C 区基本上都被四期的建筑基址所覆盖，并向西侧延伸。D 区的四期房基也多集中在北部，并继续向北延伸。从两区建筑基址延伸的趋势判断，很可能在 C 区西侧和 D 区北侧区域两建筑群连为一体，而且 C 区排水管道分别向东、南和北排水，而没有发现向西排水的设施，也可证明存在这种可能性。B 区虽房基数量与三期时大致相同，但建筑的规模仍都较小。而 A 区无论数量或是规模都不如殷墟三期以前，居住者明显在减少，并向 C 区和 D 区集中。

表一　大司空建筑基址统计表

期　别	A 区	D 区	C 区	B 区
一晚	●●			
不晚于二期	●●●		●	●
二期	●●●●	●		●●
不早于二期	●			
不晚于三期	●●●			●●
二、三期之间		●		●
二、四期之间		●		●
三期		●		●●
不早于三期				●
不晚于四期				●
四期	●	●●●●	●●●●●●●●●●●●●	●●●●●●

注：每个点代表一座房基。

（三）C区建筑群出土的特殊遗物

C区建筑群发现许多前所未见的遗物和现象。如在F22北护坡上散落的螺蛳摆成的图案，有的似凤，有的像鹰，更有的类似兽首，且与卜甲、卜骨共存。另外，大量用婴儿瓮棺葬作奠基，仅台基表面和解剖沟中发现的就达60余例，若全部揭露总数量将相当可观。这些特殊现象，都将有助于C区建筑群性质的判断。

（四）C区建筑群的性质

如"C区建筑群"一节分析，若F23、F38和F40的上、下层夯土为同一建筑的不同工序的话，M225和M303、M400和M020两组墓葬则与C区建筑群有关，是C区建筑群不可分割的组成部分，则C区建筑群的性质就更为耐人寻味，值得进一步考究。

另有一个值得注意的现象，就是在F20和F32的东南侧有2座车马坑，都叠压在F20和F32东南侧垫土层下，与M225和M303、M400和M020处于同一层位，是否与这两组墓葬，甚至与C区建筑群有关。若有关，则C区建筑群的性质就更值得重视，是否就是"马危"族的族宗庙遗址。此类具有特殊现象的建筑基址在殷墟尚属首次发现，对其性质的判断尚需更多的考古资料来证实。

第二节　商代窖穴、水井、灰坑和灰沟

这些遗存是商代遗址中最常见的遗迹现象，尤其是灰坑。本次在大司空遗址共发掘到商代灰坑、窖穴、水井和灰沟400余座（附表二）。

从这些遗迹现象的形制、结构和包含物等初步判断，其中有70余座应是储藏用的窖穴。这些窖穴普遍挖得都较规整，有的还带有数量不等的台阶，或有供上、下的通道，或挖有对称的脚窝等。窖穴的功用除储藏物品外，少数较深的窖穴或可起到冷藏的作用，有的还可用于临时居住。

除窖穴外，大多数都是普通的灰坑。殷墟商代灰坑的概念较为宽泛，其实在其作灰坑使用之前功能是比较复杂的。大多数是普通的取土坑，有的规模巨大的土坑则可能有蓄水池的功能。但这些遗迹现象共同的特征都是在废弃之后，作为倾倒生活垃圾使用。

根据文化层和各遗迹间的相互打破和叠压关系，以及各遗迹出土遗物，将这些灰坑、窖穴、水井和灰沟划分为四期。其中，二、三、四期遗存较丰富，一期遗存相对较少。根据出土陶器特征差异，本报告将二至四期又各分为早、晚段，即Ⅱ早、Ⅱ晚、Ⅲ早、Ⅲ晚、Ⅳ早、Ⅳ晚。关于第一期遗存存在不同的看法，有人认为殷墟一期又可分早、晚两段，早段应是洹北商城时期（即相当于洹北花园庄期[1]），晚段是原"大司空村一期"。故本报告将2004年大司空发掘的第一期的遗存称为Ⅰ晚（详见附表二）。但是，有一部分二至四期的遗迹因出土陶片较少，更无复原陶器可根据，不易分段，故在附录二中只注明期属而无段别。由于这些遗迹现象在形制、结构上无明显的时代区别，因此本报告在正文中亦不做分段叙述。

---

[1] 中国社会科学院考古研究所安阳工作队：《1998年～1999年安阳洹北商城花园庄东地发掘报告》，《考古学集刊》第15集，文物出版社，2004年。岳洪彬等：《洹北商城花园庄东地商代遗存的认识》，《2004年安阳殷商文明国际学术研讨会论文集》，社会科学文献出版社，2004年。

从年代判定看，各期灰坑、窖穴等遗迹的数量比例和空间分布都是不同的。

殷墟一期晚段的灰坑、窖穴等共有60座，约占总数14.1%。没有发现殷墟一期早段（即相当于洹北花园庄时期）的灰坑和窖穴，仅在A区偶见到相当于洹北花园庄晚期的陶片。

殷墟二期的灰坑、窖穴等共有108座，约占总数25.4%。其中属二期早段的35座，属二期晚段的68座，不易判断早、晚段的有5座。

殷墟三期的灰坑、窖穴等共有66座，约占总数15.5%。其中属三期早段的17座，属三期晚段的45座，不易判断早、晚段的有4座。

殷墟四期的灰坑、窖穴等共有172座，约占总数40.4%。其中属四期早段的58座，属四期晚段的79座，不易判断早、晚段的有35座。

此外，还有不早于二期的灰坑1座，不晚于二期早段的灰坑1座，不早于三期的灰坑1座，不晚于四期的灰坑2座，介于一期晚段和二期早段的5座，介于二期晚段和三期早段的3座，介于三期晚段与四期早段的3座。另有3座灰坑具体年代不易判断，但从填土判断应属商代。

从上述比例来看，殷墟一期晚段时在大司空遗址居住生活的人较少，而到殷墟二期以后，尤其是四期，在此居住生活的人不断增加，且大型夯土建筑也多属四期。由此判断，大司空遗址在殷墟四期时并没有出现衰败趋势，反而是一派繁荣景象。

下面再来看各区不同时期灰坑、窖穴的分布情况。

A区共有84座商代灰坑和窖穴。其中，属殷墟一期晚段的有18座；二期早段的8座，二期晚段的15座；三期晚段的6座；四期早段的24座，四期晚段的10座，属四期但不易区分早晚段的1座。另外，还有二晚或三早的1座，不易区分期属的商代灰坑1座。

B区共有105座商代灰坑和窖穴。其中，属殷墟一期晚段的4座；二期早段的5座，二期晚段的14座，属二期但不易区分早晚段的1座；三期早段的3座，三期晚段的12座，属三期但不易区分早晚段的2座；四期早段的15座，四期晚段的29座，属四期但不易区分早晚段的8座。另外，还有一晚或二早的4座，不早于二期的1座，不晚于四期的1座，不易区分期属的商代灰坑2座。

C区共有94座商代灰坑和窖穴。其中，属殷墟一期晚段的21座；二期早段的9座，二期晚段的9座，属二期但不易区分早晚段的4座；三期早段的1座，三期晚段的3座，属三期但不易区分早晚段的1座；四期早段的7座，四期晚段的25座，属四期但不易区分早晚段的11座。此外，还有一晚或二早的1座，三晚或四早的1座，不晚于四期的1座。

D区共有142座商代灰坑和窖穴。其中，属殷墟一期晚段的17座；二期早段的14座，二期晚段的29座；三期早段的13座，三期晚段的24座，属三期不易分早晚的1座；四期早段的12座，四期晚段的15座，属四期但不易区分早晚段的11座。此外，还有不晚于二早的1座，不早于三期的1座，二晚或三早的2座，三晚或四早的2座。

从平面分布图上看，各期的灰坑、窖穴等遗迹，不但多分布在同时期的夯土建筑基址的附近，而且同时期的遗迹相对集中分布。

下面按时代早晚顺序，挑选典型单位加以介绍。

一　典型单位介绍

（一）殷墟一期

属于殷墟一期的灰坑、窖穴等共有 60 个。全部属于殷墟一期晚段，没有发现能早到相当于洹北花园庄时期的遗迹，但偶可见到相当于洹北花园庄时期的陶片。下面选择保存状况较好且包含物较丰富的典型单位 11 个，作简要介绍。

1. T0303H88

H88 位于 A 区 T0303 和 T0403 中（图五七）。

坑口距地表 1.40 米。平面形状近似圆形，东西长径 5.60、南北短径 5.00 米。坑底近似椭圆形，东西长径 5、南北短径 2.60、坑深 3.70 米。西壁较垂直。东北部 2.95 米层面有一平台斜倾至底，应为使用时期上下的台阶。坑体较规则整齐，边壁修整过，底面平坦。

填土为灰黄黑土、夯土，土质较硬。出土少量陶片和兽骨，陶器可辨器形有簋、盆。

坑体形制较规则，原为储藏窖穴，废弃后有意夯打回填，用意不明。

开口于③层下，被 H87、H89、H96、H95、H49、H50、M23、M24、M72 打破。H88 属殷墟一期晚段。

2. T0525H133

H133 位于 B 区 T0525 北边中间偏西（图五八）。

口距地表 1.40 米；被 G6、F2、F27 打破。平面形状不规则，西壁弧，北、东、南三壁直。坑壁斜倾向下，规则整齐。坑底平面为长方形。

坑口东西长 1.60、南北宽 1.00 米，坑底东西长 1.30、南北宽 0.90、坑深 3.30 米。

南壁上有 6 个脚窝，自上而下编 1～6 号：1 号距坑口 0.70 米，长 0.16、高 0.14、进深 0.06 米。2 号距坑口 1.04 米，长 0.12、高 0.12、进深 0.08 米。3 号距坑口 1.40 米，长 0.16、高 0.12、进深 0.08 米。4 号距坑口 1.72 米，长 0.16、高 0.16、进深 0.08 米。5 号距坑口 2.10 米，长 0.16、高 0.22、进深 0.10 米。6 号距坑口 2.60 米，长 0.16、高 0.26、进深 0.14 米。北壁残留 2 个，自

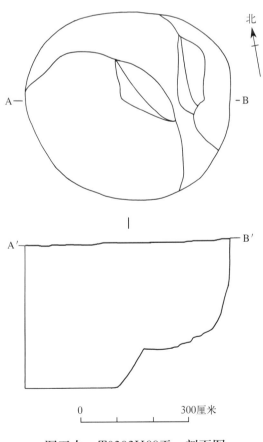

图五七　T0303H88平、剖面图

上而下编 1～2 号，1 号距坑口 2.10 米，长 0.18、高 0.18、进深 0.06 米。2 号距坑口 2.68 米，长 0.16、高 0.12、进深 0.06 米。

在坑的下半部约距坑底 0.7 米的坑壁上发现 6 个小圆洞：东北角 2 个、东南角 1 个、西南角 2 个，直径 0.08～0.12、进深 0.11～0.30 米，都分布在坑的拐角处。另外，在东壁壁面也有 1 个，直径 0.08、进深 0.15 米。这些小洞都在同一水平线上，从洞内的木纹痕迹判断，原来应有木棍插入，在

图五八　T0525H133平、剖面图及出土陶簋
1～3. 兽骨　4. 木板朽痕

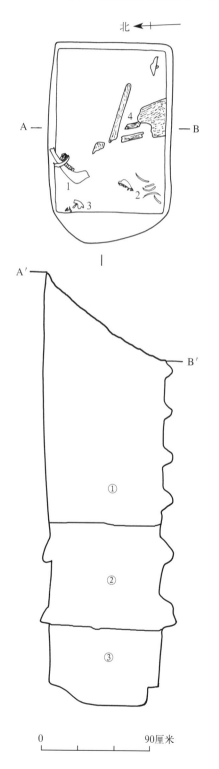

距底面 0.7 米的位置形成一层木隔板。这应是此坑为窖藏坑的直接证据，由于深入地下 3 米左右，应具有一定的冷藏功能。

坑内填土共分三层：第①层厚 1.90 米，黄褐色夯土，应是后期建筑时回填形成的堆积；第②层厚 0.88 米，红褐色黏土；第③层厚 0.50 米，灰绿色土，疑为粮食朽迹，应是此穴使用时期留下的残留物。第①、②层包含物以泥质灰陶器为主，少量兽骨，可辨器形有鬲、簋；第③层表层有大量动物骨骼及髹黄漆的木板，还有少量泥质灰陶器，可辨有罐，磨石 1 块，还有炭化植物。可复原陶簋 1 件。另有蚌镰、骨匕各 1 件（图五八）。

H133 原为储藏窖穴，髹黄漆的木板可能就是木隔板，坑底的动物骨骼很可能就是当时储藏的食物。此窖穴废弃后为修筑房屋被回填夯平。

此坑时代属殷墟一期晚段或二期早段。

3. T0526H138

H138 位于 B 区 T0526 南部中间（图五九；彩版一〇，1）。

口距地表 1.5 米，开口于 F27 下。

平面形状为长方形，口底大小基本相同。东西长 1.50、南北宽 0.70～0.80、坑深 2.60 米。坑壁较垂直向下，规则整齐。坑底从西向东倾斜，东面深于西面 0.10 米。坑底上 0.70～1.05 米层面的四周壁上有 9 个孔洞，按其对称角度应为五组。除 b1 为单个外，其他四组分别为 b2 和 b5、b3 和 b8、b4 和 b7、b6 和 b9，每组的 2 个孔洞基本对称（表二）。

表二　H138 孔洞统计表　　（单位：厘米）

编号	距坑底深	形　状	直　径	进　深	方　向
b1	100	椭圆形	6	12	略平
b7	95	椭圆形	8～10	13	斜倾向下
b4	90	椭圆形	8～10	12	略平
b8	90	圆形锥状	8	18	平直
b3	73	圆形	8	13	平直
b9	105	椭圆形锥状	8～10	10	斜倾向下
b6	100	椭圆形	7～13	10	斜倾向下
b5	80	椭圆形	4～11	6	斜倾向下
b2	87	椭圆形	4～11	4	平直

该结构像是用木头搭建的一个网状结构的隔层，从该层向下清理时发现填土均为松软的灰绿色土。灰绿色土可能是粮食等植物类遗物腐朽后的残留，其上的木质隔层应是保护这些窖藏物的。但从坑底出土的陶器和各种动物骨头的完整保存看，也不排除此坑为保存鲜肉类食物的可能。

坑内填土可分两层：①层厚 1.65 米，黄褐色夯土或料礓石，也应是后期建房时回填形成的；②层厚约 0.95 米，均为松软的灰绿色土。

出土可复原陶器和其他遗物 10 件：上层 7 件，有陶鬲、陶簋、陶钵各 1 件，硬陶片 2 片，蚌镰 2 件，蚌饰品 1 件；下层 3 件，陶罐 2 件，卜骨 1 件。另外上层包含物以泥质灰陶器为主，可辨器形有鬲、簋、罐、瓮、钵，还有动物骨骼（牛、马、鹿角、猪）。下层以泥质、夹砂灰陶器为主，有簋、将军盔残块，另有牛、马、鱼等动物骨骼。

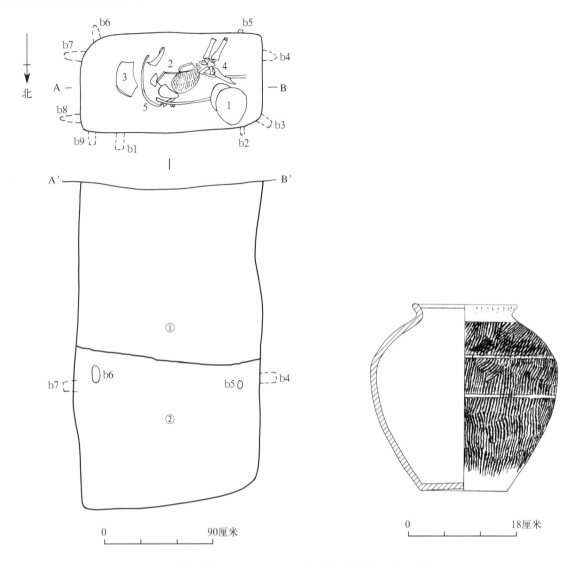

图五九　T0526H138平、剖面图及出土陶器
1~3. 陶罐残片　4、5. 兽骨

H138 原应为储藏窖穴，废弃后为修筑房屋被回填夯平。

此坑时代属殷墟一期晚段。

4. T0607H384

位于 D 区 T0607 中（图六○）。

坑口距地表 1.90 米。坑口平面略呈椭圆形，底凹凸不平。坑口长径 4.50、短径 3.90、坑深 1.80 米。

填土不分层，均为浅灰土，较硬，杂有较多粗砂粒。出土大量陶片及兽骨。陶片多为泥质灰陶，纹饰以绳纹为主，少有弦纹及三角纹，有数量不少的素面陶，陶器可辨器形有簋、罐、鬲、尊、盆、钵、豆等，可复原鬲 2 件、簋 1 件、罐 1 件、盆 1 件、钵 1 件、豆盘 1 件（图六一）。另有卜骨 2 件，鹿角、贝各 1 件。

此坑的性质应是一般的取土坑，废弃之后作生活垃圾坑使用。

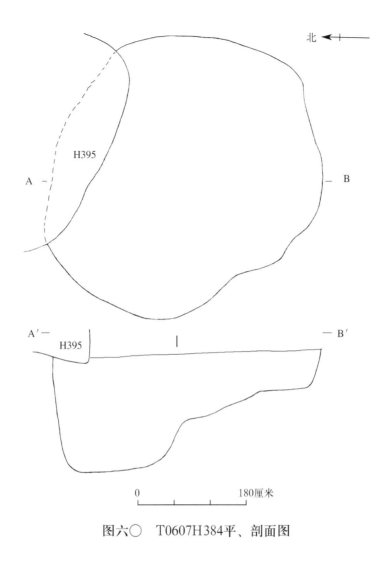

图六〇　T0607H384平、剖面图

开口于 F48 下，被 H398 打破，打破 H408。时代为殷墟一期晚段。

5．T1412H203

位于 C 区 T1412（图六二；彩版一〇，2）。

坑口距地表 1.30 米。平面形状略呈椭圆形。坑口东西长径 1.70、南北短径 1.50、坑深 1.00 米。坑壁规则整齐，较垂直，底径与口径相同。底西高东低，南半部叠压有 H207，发掘时叠压 H207 部分下沉 0.06～0.15 米。

坑底铺有一层较薄的草木灰，在北半部草木灰上有一人骨架，俯身直肢，头向西南，面向西北，双臂贴身直放，左臂骨肘部略弯曲，手掌骨背于盆骨上面，双腿并拢直放。骨骼保存状况较好。

填土不分层，土质较松软，土色灰。出土少量泥质灰陶片、兽骨、蚌片。可辨陶器有盂、罐，可复原素面陶罐 1 件。

此坑的性质应为储藏窖穴，后作灰土葬坑使用。

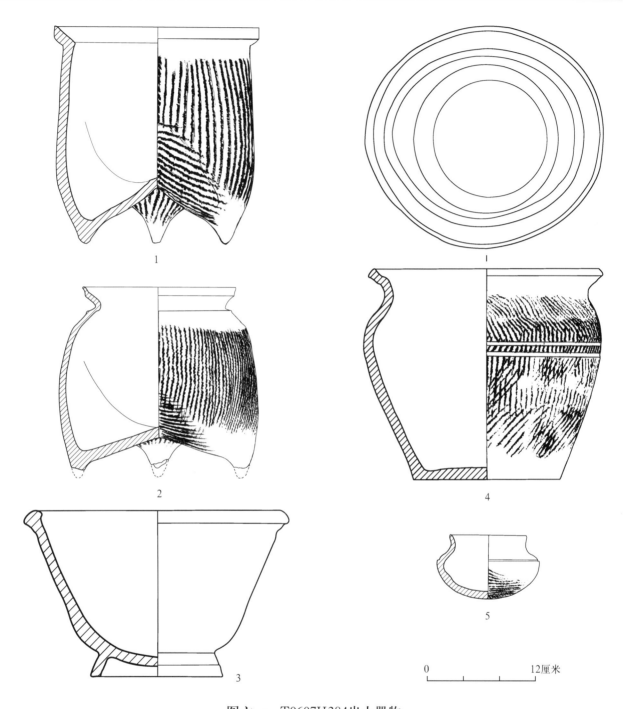

图六一 T0607H384出土器物

1、2. 陶鬲H384：4、H384：6 3. 陶簋H384：7 4. 陶罐H384：8 5. 陶钵H384：9

开口于H189下，其下叠压H207。时代属殷墟一期晚段。

6. T1413H237

位于C区T1413和T1513中（图六三）。

口距地表0.90米。平面形状呈规则圆形，坑口直径2.50、坑底直径2.50、坑深1.90米。规则袋状坑，底面较为平整。

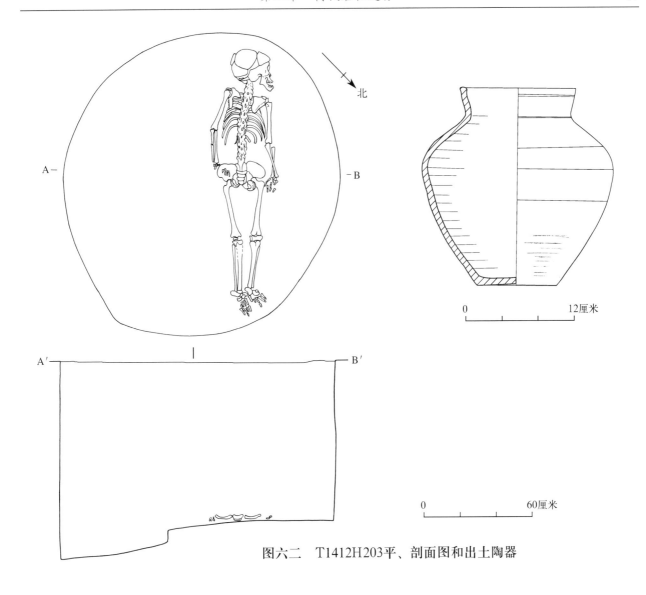

图六二　T1412H203平、剖面图和出土陶器

填土可分两层，上层为F39房基垫土，黄花夯土；下层有少量灰土，松软。出土少量陶片，可辨器形有鬲、盆、罐、豆等。

原为储藏窖穴，废弃后被填入灰土堆积。后被F39的建造者挖出灰土，重新夯打填平，成为F39的一部分。但最下层的灰土，仍是原灰坑中堆积。

开口于F39下。时代属殷墟一期晚段。

7. T0601H357

位于D区T0601中（图六四）。

口距地表1.50米。平面形状不规则，坑口南北长径7.50、东西短径4.70米。底面呈椭圆形，东西长径3.10、南北短径1.35、坑深4.00米。整体呈口大底小状，坑壁南、东、西三面均斜倾向下，较规则整齐，北壁陡直至底。南面应是该窖穴上下的出入口。坑底面较为平整。

填土不分层。土质较松软，土色灰，含少许木炭、烧土颗粒。出土大量陶片及兽骨。陶器可辨器形有鬲、甗、簋、瓮、罐、盆、豆、钵等，可复原陶鬲9件、甗1件、簋4件、豆盘3件、盆2件、

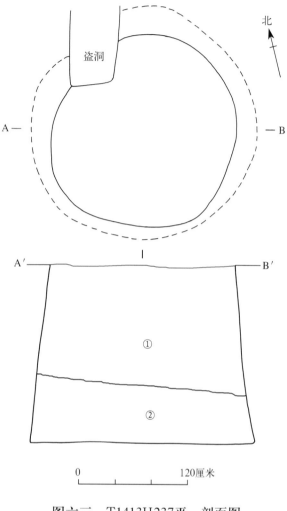

图六三　T1413H237平、剖面图

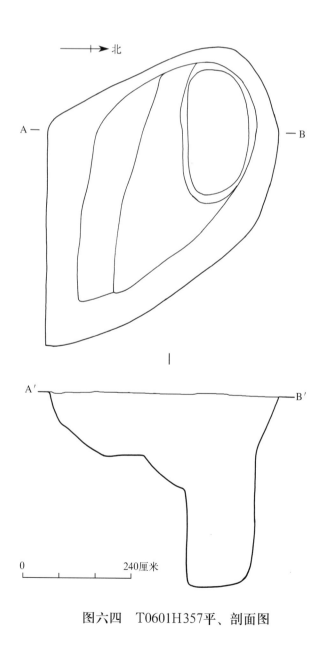

图六四　T0601H357平、剖面图

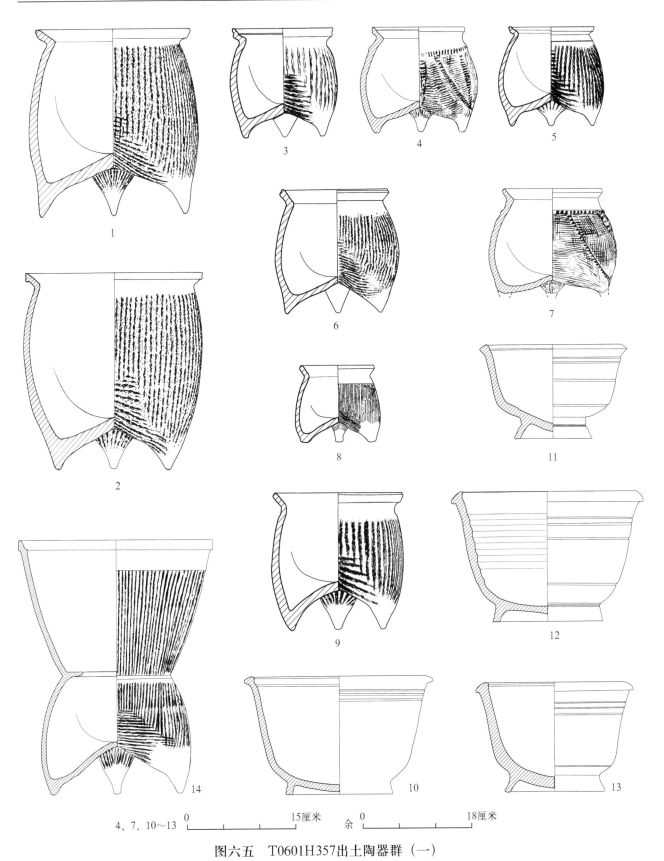

4、7、10～13　0　　　15厘米　余　0　　　18厘米

图六五　T0601H357出土陶器群（一）

1～9. 陶鬲 H357：7、H357：20、H357：1、H357：6、H357：4、H357：9、H357：10、H357：5、H357：8　10～13. 陶簋 H357：13、H357：15、H357：14、H357：16　14. 陶甗 H357：12

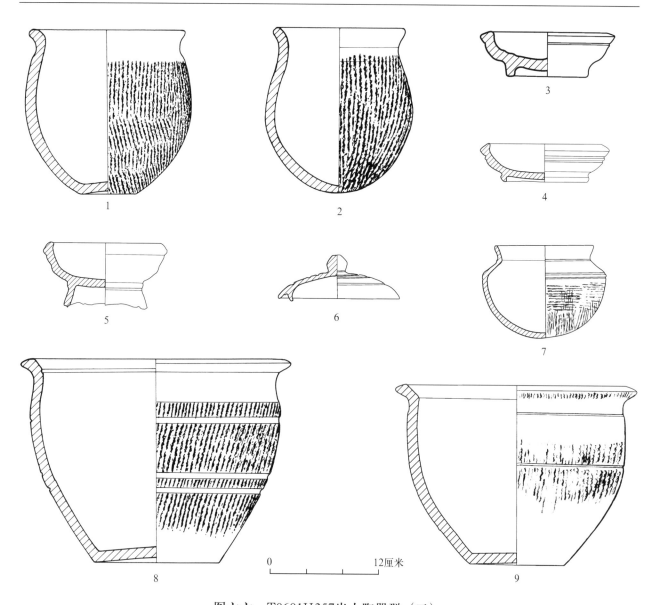

图六六　T0601H357出土陶器群（二）

1、2. 陶罐H357：23、H357：24　3～5. 陶豆H357：18、H357：19、H357：17　6. 陶器盖H357：26　7. 陶钵H357：25　8、9. 陶盆H357：21、H357：22

罐2件、钵1件、器盖1件等（图六五、六六）。另有卜骨、骨笄、陶圆饼形器各1件。

原为储藏窖穴，废弃后为主要生活垃圾坑。

开口于F49下，被H344、M412打破。时代属殷墟一期晚段。

8. T0902H331

位于D区T0902内（图六七），北边少部分进入T0903，西边向西延伸出发掘区外。

坑口距地表1.00～1.40米。此坑规模较大，未发掘完整，平面形状大致呈椭圆形。坑口东西长径11.00、南北短径9.10、坑深1.50～4.20米。坑西北部有一旋转坡道，由底至口，高差2.20米。坑底平面形状不规则，北部略浅，南部略深。在坑底中间位置有一高0.60米的小土脊，将东西两侧分成不规则状的两个浅坑。北面坑壁略呈袋状向外斜倾，直至坑底，其他三面坑壁均内收，较规则整齐。

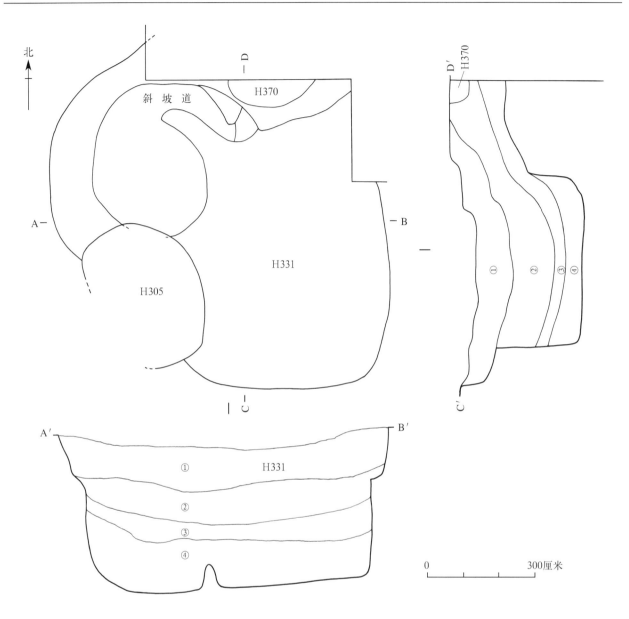

图六七　T0902H331平、剖面图

坑底较为平整。

　　填土共分四层：第①层厚0.30～1.00米，呈斜坡堆积，土质较软，浅灰色土；第②层厚0.65～1.25米，斜坡状堆积，土质较软，土色深灰；第③层，斜坡状堆积，厚0.30～0.75米，土质较软，浅灰色淤土；第④层厚0.48～1.25米，土质较软，深灰色淤土。出土大量陶片及兽骨。陶器可辨器形有罐、鬲、盆、簋、甑、圜底罐、豆、罍、钵、甗、瓮等。纹饰以绳纹占多数，弦纹常见，偶可见附加堆纹和刻划纹，有一定数量的素面陶。可复原鬲5件，甑1件，簋2件，盆3件，罐2件，豆2件，钵1件，器盖1件（图六八、六九）。另有骨锥8件，骨镞2件，卜甲3件，骨针、卜骨、骨签、骨笄各1件。由填土出土遗物判断，各层填土均为同一时代，故各层遗物统一编号。

　　原为一般取土坑，废弃后主要作生活垃圾坑使用。

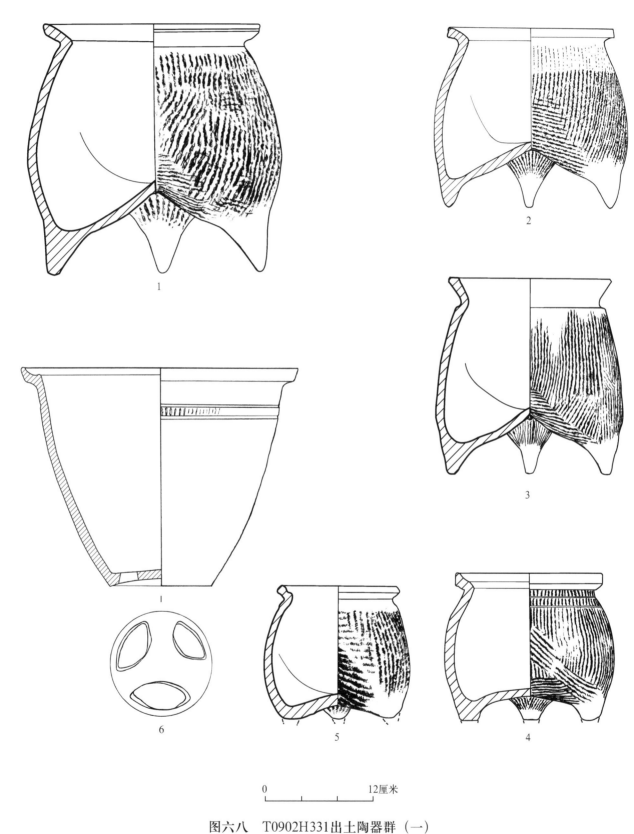

0　　　　　　　12厘米

图六八　T0902H331出土陶器群（一）

1～5. 陶鬲H331：21、H331：26、H331：20、H331：27、H331：28　6. 陶甑H331：31

图六九　T0902H331出土陶器群（二）

1、2. 陶簋H331：29、H331：22　3、4. 陶盆H331：30、H331：23　5、6. 陶罐H331：25、H331：34　7. 陶钵H331：35　8、9. 陶豆H331：33、H331：32　10. 陶盆H331：24

开口于④层下，被 H249、H267、H302、H279、H330、H370、H371、H305、H382、H396、M206、M221、M378、M358、M381、M417、M431 打破，打破 H170。此坑时代属殷墟一期晚段。

9．T0708H407

位于 D 区 T0708 中（图七〇；彩版一〇，3）。

口距地表 2.10 米。平面形状呈不规则形，坑口残长 2.50、残宽 1.50、坑深 0.50 米。坑壁除东

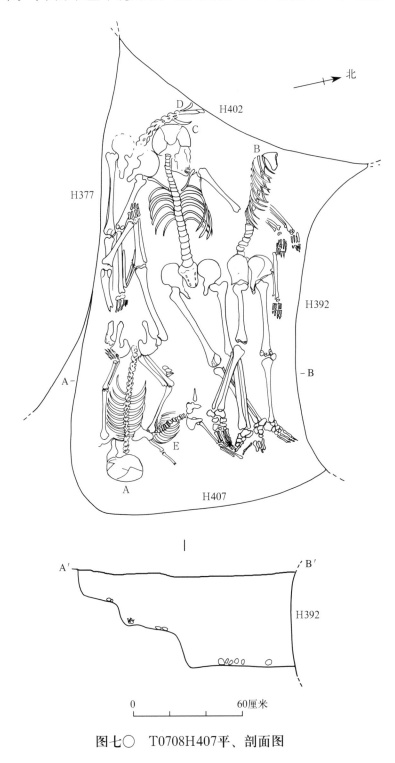

图七〇　T0708H407平、剖面图

壁保存完整外，其他三个壁面均被不同程度打破。坑底由南向北呈台梯状递深至底，底面较为平整。坑内共埋放5具人骨，按照由高到低、由上至下的先后顺序分别编号为A、B、C、D、E号人骨。

A号人骨，位于H407东南边距坑口0.17米处，头东足西，面向南，俯身直肢葬式。双臂贴身放置，右臂肘部略弯曲，手掌骨背于右侧盆骨上，左臂肘部弯曲，手掌骨则压在左侧盆骨下方。左腿骨直放，右腿骨膝部弯曲，胫骨折回，右脚骨压在左脚骨上。骨架完整，骨骼保存较好，身高1.40米，为女性。

B号人骨，位于H407坑底北边中间位置。头西足东，面部不明（头骨被H402打破或者埋放时被砍掉），未见肱骨，右尺桡骨脱落于髋骨北侧，左侧臂骨压于身体下方，肘部弯曲，尺、桡骨直放腹前。右髋骨略压在左髋骨上，双腿直放，左腿骨膝部略弯曲使左胫骨与右胫骨呈分叉状。骨架脊背向南，整体为侧身直肢葬式（头骨和右肱骨有可能均被砍掉），身高1.60米，为男性。

C号人骨，位于H407坑底中间位置，头西足东，面向北，仰身直肢葬式。双臂略抬起向外张开放置，其中左尺、桡骨压于B号腰部下。右臂骨压于A号人骨左腿骨下。双腿并拢，左胫骨压右胫骨，且呈交错状压于B号胫骨下。骨架保存较完整，骨质较好，身高1.65米，为男性。

D号人骨，位于H407西南角处距坑口0.15～0.30米层面，北低南高。人骨胸椎以上部位被H402打破，髋骨及腿骨基本沿坑南壁放置。俯身直肢葬式，右膝略顶左膝。由于被H402打破严重，骨骼缺失较多，身高和性别不明。

E号人骨，位于坑东部中间偏南位置。是5具人骨中年龄最小的一个。头应向南，面向不明。双臂抬起，双腿分开，埋放时可能被砍掉右腿。

H407内埋葬的5具人骨，2具俯身、2具仰身、1具侧身，年龄从中年到未成年的小孩，性别有男有女，很可能属同一个或两个家庭。

填土只有一层，土质疏松，土色浅灰。出土陶片较少。另有海贝3枚，可能为坑底人骨所佩饰物。

此坑原应为一般取土坑，后作为一集体灰土葬坑使用。

开口于H378下，被H392、H402、H377打破。其中H377、H392和H402都属殷墟一期晚段典型遗迹，由此判断，H407应不晚于殷墟一期晚段。

10．T0521H426

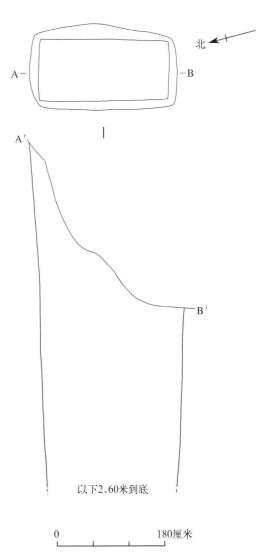

图七一　T0521H426平、剖面图

位于 B 区 T0521 中（图七一）。

坑口距地表 3.40 米。平面形状呈圆角长方形，坑口南北长 2.50、东西宽 1.40、坑深 8.10 米。坑底呈较规则长方形，南北长 2.20、东西宽 1.00 米。口大底小，坑壁斜倾向下，光滑整齐。

坑内填土共分九层：第①层厚 0.90～1.00 米，质松软，色褐灰；第②层厚 0.50～0.70 米，质稍硬，色黄夹料礓石；第③层厚 0.50～0.70 米，质粘，黄淤土；第④层厚 0.70～0.90 米，质松软，色浅灰；第⑤层厚 0.70～0.75 米，质粘，色浅黄；第⑥层厚 0.70～0.75 米，质松软，色浅灰；以下三层为钻探资料：第⑦层厚 0.90 米，质松软，色褐黄；第⑧层厚 0.40 米，质松软，色黄夹料礓石；第⑨层厚 1.30 米，质软，夹粗白砂。出土部分陶片及兽骨，陶器可辨器形有陶鬲、簋、折沿盆、罐等。

原应为一眼水井，很可能与其西侧的 F58 有关。废弃后为一般生活垃圾坑。

开口于 H414 下，被 H425 打破。时代属殷墟一期晚段，或可到二期早段。

11. T0425H431

位于 B 区 T0425、T0525 内（图七二）。

坑口距地表 1.70 米。坑口平面略呈圆形，南北长径 2.40、东西短径 2.30 米。坑底平面近似圆形，南北长径 3.30、东西短径 3.00、坑深 3.00 米。口小底大，呈较规则的袋状坑。壁面光滑整齐，有铲形工具痕迹，宽度为 0.08 米，明显人工修整过。

在坑底南边中部有一儿童残骨架。人骨侧身，头向东，面向北，脊背向南，臂骨弯曲，折放于面部，左侧髋骨略压右侧髋骨，股骨及以下部分缺失。

填土可分两层。①层厚 1.40 米，土质疏松，浅黄灰土，内含较多木炭颗粒和少量烧土颗粒。层内出少量陶片以泥质灰陶为主，其次为夹砂灰陶，少许夹砂红陶，泥质红陶少见；主要器形有鬲、簋、罐、盆。另出有

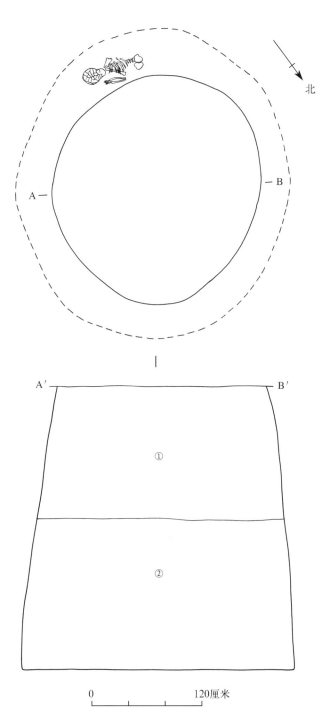

图七二　T0425H431平、剖面图

少许兽类骨头。②层厚 1.60 米，土质疏松，浅灰褐色土。出土少量陶片，主要器形有鬲、簋、罐、豆、盆。另出有 1 具小孩残骨架，少许人的肋骨及兽骨。出土其他遗物 11 件，其中卜骨 6 件，骨饰、骨锥、铜镞、骨镞、陶罐各 1 件。

原为储藏窖穴，废弃后作垃圾坑。坑中小孩 8 岁左右，髋骨以下被砍去，应是某种刑罚的遗存，值得进一步研究。

开口于②层下。时代属殷墟一期晚段。

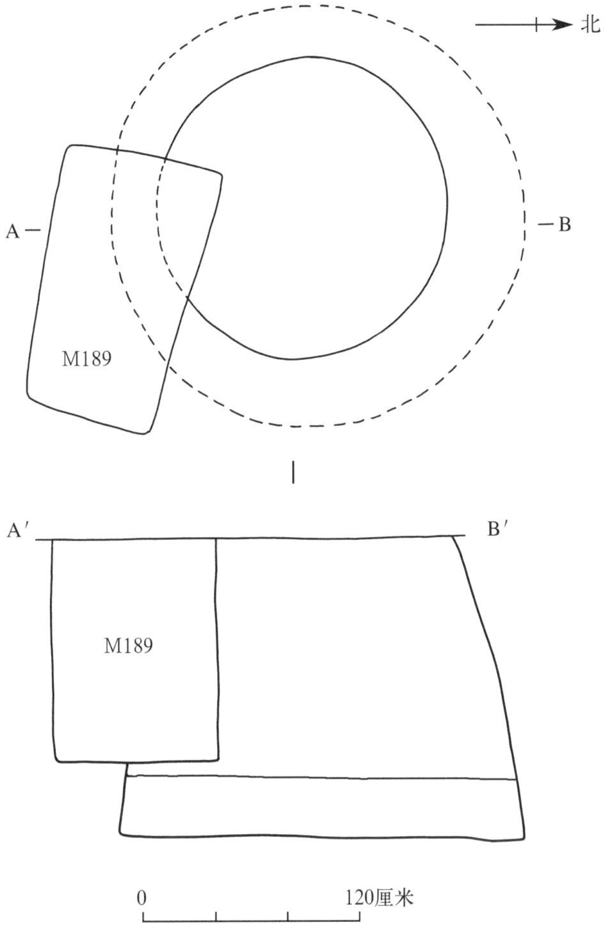

（二）殷墟二期

共清理属于殷墟二期的灰坑和窖穴等 108 座。根据出土遗物，可分为早、晚两段。但遗迹并没有明显的时代特征，因此本部分均作殷墟二期遗迹介绍，不再分段。选 11 个典型单位作简要介绍。

1．T0806H141

位于 D 区 T0806 中（图七三）。

口距地表 1.40 米。平面形状呈规则圆形，坑口直径 1.60、坑底直径 2.10、坑深 1.60 米。袋状坑。坑壁外斜，规则整齐，底部平坦。

图七三 T0806H141平、剖面图

填土分两层。上层厚 1.26 米，深黄灰土，略施夯。下层厚 0.34 米，浅黄灰土，土质疏松。坑内出土少量陶片和兽骨。陶片以灰陶为主，极少量的红陶，陶器可辨器形有簋、鬲、甑、豆、盘等。动物骨骼很多，其中鱼骨特别多。另有卜骨 3 件，骨锥 2 件，陶圆饼形器、骨笄各 1 件。其中有 1 件卜骨刻有干支表，全版应有 139 字，现存 125 个字，其中完整的 112 字，部分残缺的 13 字，完全缺失的可能有 14 字（详见遗物部分）。

H141 原为储藏窖穴。出有刻干支表的卜骨，说明当时在该坑附近居住的人群身份非同一般，可能与贵族有着密切的联系。

开口于②层下，被 M189 打破。根据出土陶片器形考察，此坑年代应属殷墟二期晚段。根据刻辞风格判断，应相当于祖庚、祖甲时期。

2．T0307H159

位于 A 区 T0307 中（图七四；彩版一一，1）。

口距地表 2.10 米。平面形状不规则，坑口东西长径 4.20、南北短径 2.50 米。坑底平面略呈椭圆形，

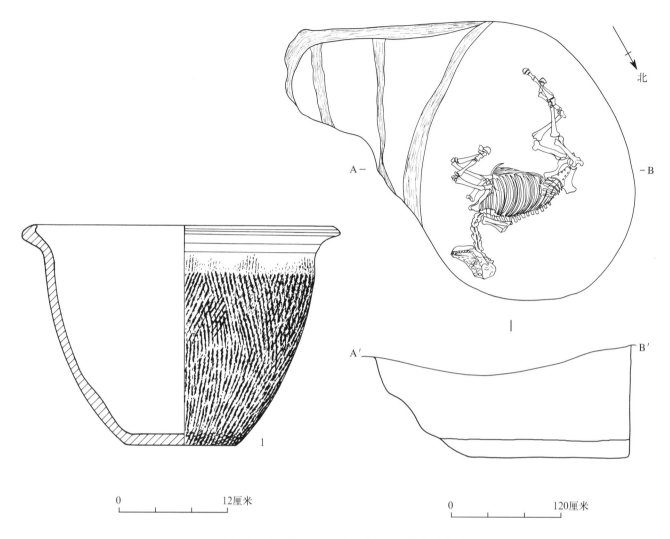

图七四　T0307H159平、剖面图及出土陶器
1. 陶盆H159：2

0　　　　　　12厘米

0　　　　　　120厘米

　　南北长径2.70、东西短径2.30、坑深1.20米。坑壁东边斜倾向下，呈缓坡式台阶状，递深至坑底，其余三面坑壁均较陡直，规则整齐。

　　填土共分两层。上层土质松软，土色浅灰，夹杂木炭、草木灰。此层底部清理出1具完整马骨架，头东尾西、背朝北，头稍微上扬，前肢蜷曲，后肢略直，呈侧卧姿势，骨架完整，骨质较好。下层厚0.20～0.25米，土质疏松，土色深灰。出土大量陶片、兽骨。陶器可辨器形有罐、鬲、簋、盆等，可复原陶盆1件。

　　从整体形制判断此坑原应为一窖穴，甚至不排除就是养马的厩场，废弃之后作为葬马坑使用。

　　开口于F30垫土下，被F30叠压，打破M121。此坑时代属殷墟二期早段。

3. T1513H193

　　位于C区T1513中（图七五；彩版一一，2）。

　　坑口距地表1.60米。平面略呈圆形，坑口长径2.30、短径2.20米，坑底长径2.70、短径2.50、

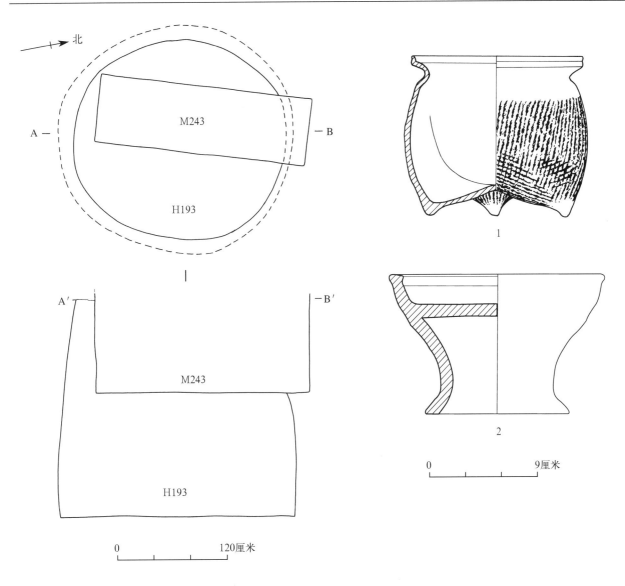

图七五　T1513H193平、剖面图及出土陶器群

1. 陶鬲H193：3　2. 陶豆H193：4

坑深 2.30 米。袋状坑壁斜倾向下，较规则整齐，底面较为平整，有一薄层硬土面，应是当时踩踏的活动面。

坑内填土仅有一层。土质较松软，土色浅灰。出土少量陶片及兽骨，陶器可辨器形有鬲、罐、盆、将军盔、杯子等，可复原陶罐、鬲、豆、圜底盆各 1 件。

从较规则的坑内形态判断，此穴原应为储藏窖穴，废弃后作为一般生活垃圾坑。

开口于 F32 垫土下，被 M116、M243、M270 打破。此坑时代属殷墟二期早段。

4. T1515H210

位于 C 区 T1515 中（图七六）。

口距地表 1.40 米。平面形状呈较规则长方形，坑口南北长 1.40、东西宽 0.90、坑深 2.50 米。

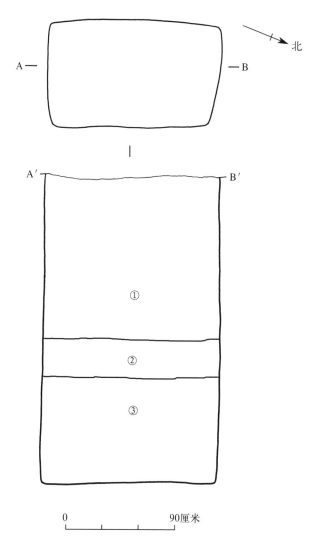

图七六　T1515H210平、剖面图

坑壁垂直向下，规则整齐，坑底较为平整。

坑内填土可分三层：第①层厚1.40米，黄花夯土，土质较硬；第②层厚0.30米，绿灰土，土色发绿，土质较松软；第③层厚0.76米，水锈土。出土少量陶片及兽骨。陶片有泥质灰陶、红陶、硬陶，可辨器形有罍、鬲、罐、盆等，可复原簋1件，盆4件。另有骨笄2件，羊角1件（图七七）。

此坑形状规则，应不是普通垃圾坑，原应为储藏窖穴，废弃后作为生活垃圾坑使用。

开口于F19垫土层下，其下打破生土层。从坑内出土陶器判断，此坑应属殷墟二期早段。

5. T0803H277

位于D区T0803中（图七八）。

坑口距地表1.00米。北部被H276完全打破，形制不明。所余部分坑口平面呈圆角方形，坑口

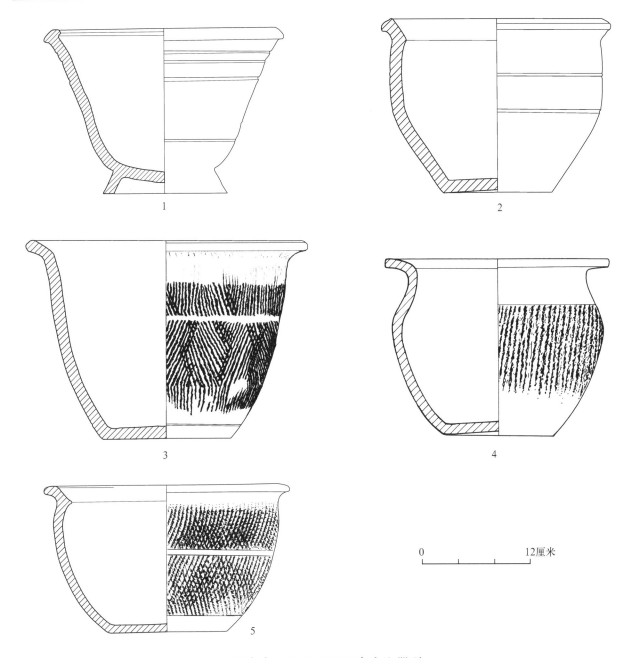

图七七　T1515H210出土陶器群

1. 陶簋H210：8　2、3、5. 陶盆H210：12、H210：11、H210：9　4. 陶罐H210：10

残长2.40、宽2.30米。坑壁陡直，坑底南北残长2.30、东西宽2.20、坑深2.90米。底面较平整，且有明显的踩踏痕迹。

坑内填土不分层。土质松散，土色深灰色。出土陶片较多，可辨器形有鬲、罐、盆、甗、豆、大口尊、圈足壶等，可复原陶圜底罐3件，陶鬲3件，陶罐、陶尊、陶甗、盆、豆盘各1件。另有骨锥、原始瓷片各1件（图七九）。

此坑原应为一储藏窖穴，不排除作地穴式居址的可能，废弃后作为普通生活垃圾坑使用。

开口于③层下，被H251、H276、M397打破，时代应属殷墟二期晚段。

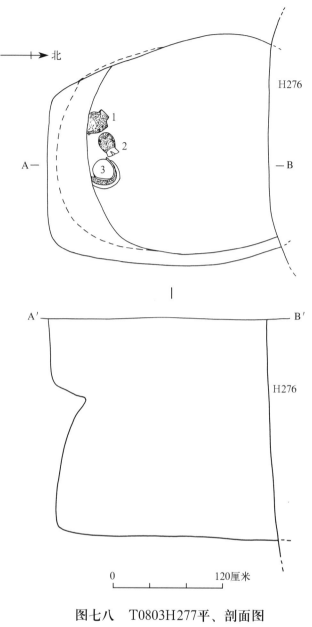

图七八　T0803H277平、剖面图
1. 陶尊　2. 陶罐　3. 陶甗

6. T0528H314

位于 B 区 T0528 中，向北进入 T0628 内（图八〇）。

坑口距地表 0.30 米。平面形状不规则，坑口东西长 11.30、南北残宽 4.00～7.10、坑深 0.70～2.40 米。西壁略陡直，南壁及东壁斜内收，边壁凸凹不平，明显为随意取土所为，坑底呈浅圜底状。

坑内填土不分层，似为一次性形成。浅灰色土，土质松软。其中有多处深灰、黄灰、黑灰等不同颜色的填土杂于浅灰土之中，但形不成层次。出土大量陶片及兽骨。陶器可辨器形有鬲、簋、罐、盆、斝、尊、甗、甑等，以灰陶为主，可复原陶鬲 2 件，簋 2 件，甗 1 件，罐 1 件，瓮 1 件。兽骨有牛骨、角、马骨、羊骨及 2 根禽类腿骨。石镰 2 件，绥贝、红陶球、铜铃、骨笄各 1 件（图八一）。

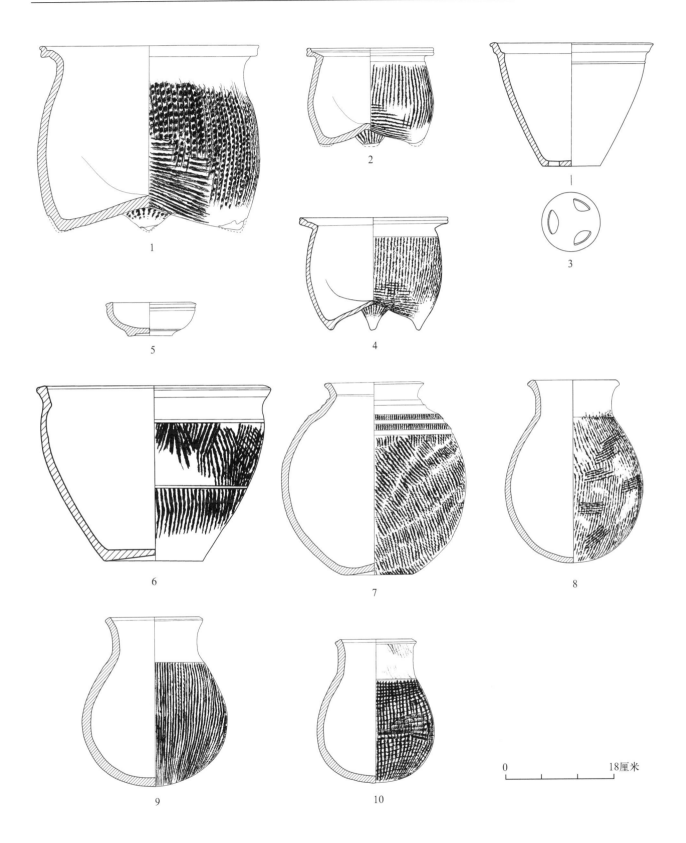

图七九　T0803H277出土陶器群

1、2、4. 陶鬲H277：12、H277：3、H277：2　3. 陶甑H277：4　5. 陶豆H277：5　6. 陶盆H277：6　7～10. 陶罐H277：11、H277：10、H277：8、H277：9

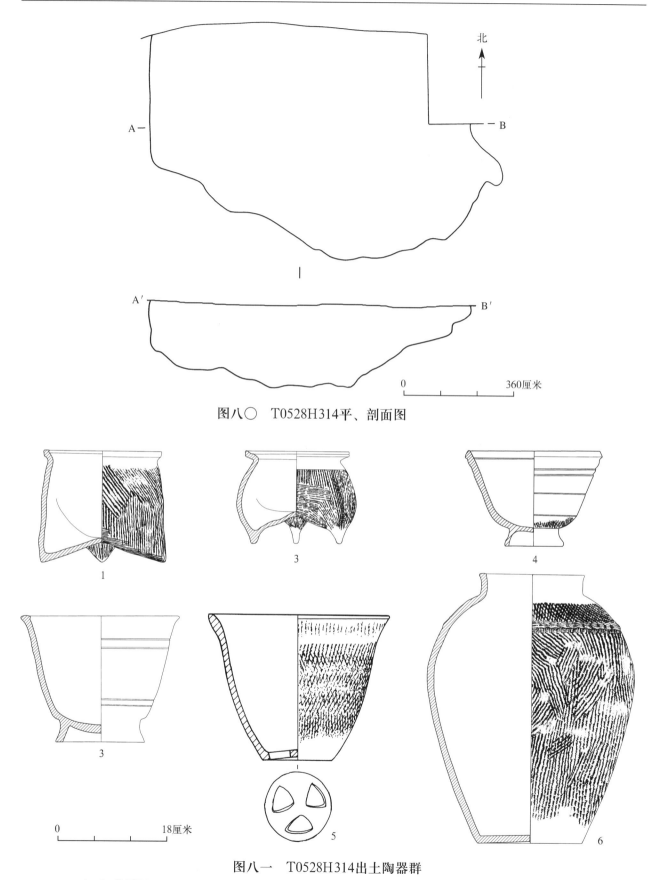

图八〇　T0528H314平、剖面图

0　　　　　　　　　　360厘米

0　　　　　　　　18厘米

图八一　T0528H314出土陶器群

1、2. 陶鬲H314：12、H314：11　3、4. 陶簋H314：10、H314：3　5. 陶甑H314：13　6. 陶罐H314：14

原为一般取土坑，废弃后主要作生活垃圾坑。

开口于④层下，被 M357、M51、M58、H416、F50、F53 打破，打破 H98 和 H428。此坑年代应属殷墟二期早段。

7. T0808H391

位于 D 区 T0808 中（图八二；彩版一一，3）。

口距地表 2.50 米。坑口平面形状不规则，南北发掘长 3.80、东西发掘长 2.70 米，坑底长 3.50、宽 2.60、坑深 0.50 米。东、南坑壁较陡直，西、北坑壁斜倾向下呈陡坡状，规则整齐。底面较平整。

坑内填土不分层。土质松软，土色深灰，含有草木灰和木炭末，另出有陶片和兽骨。陶器可辨器形有陶鬲、陶罐等。在坑底西边中间位置有一马骨架，头向南，嘴向西，脊背向东，四肢蜷曲，侧卧姿势。骨架完整，尾骨部分缺失。

此坑较规则，坑底平整，不排除为养马厩的可能。

开口于 F45 下，被 H333、H378、M436 打破。此坑年代应属殷墟二期早段。

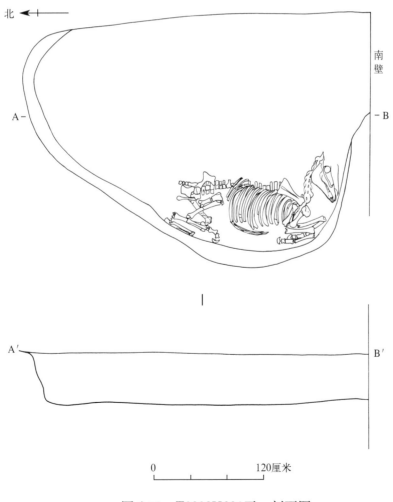

图八二　T0808H391平、剖面图

8．T0305H61

位于 A 区 T0305 中（图八三）。

口距地表 0.90 米。平面形状呈圆形，坑口直径 1.40、坑底直径 1.50、坑深 0.60 米。袋状，壁面光滑，经过修整，底部平坦。

坑内填土不分层。土质松软，土色灰暗。出土少许陶片、兽骨，陶器可辨器形有鬲、罐等。

此坑形制规则，原应为储藏窖穴。

开口于 F3 下。从出土陶片形态判断，此坑时代属殷墟二期晚段。

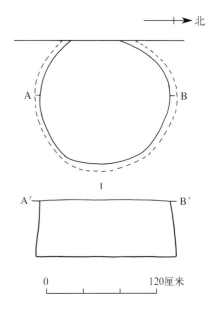

图八三　T0305H61平、剖面图

9．T0908H367

位于 D 区 T0908 中（图八四）。

坑口距地表 1.80 米。坑口平面呈不规则形，东西长 4.50、南北宽 2.50 米，坑底东西长 4.00、南北宽 2.30、坑深 1.30 米。坑壁略内收，似经修整，较为规则整齐。坑底平整光滑，在坑底西南角，有一长 1.00、宽 0.70、深 0.25 米的长方形凹坑。

坑内填土不分层。土质松软，土色深灰。坑底小坑内土质松软，土色深灰。坑内出土大量陶片及兽骨，陶器可辨器形有鬲、盆、罐、器盖、甗、圜底瓮等，以夹砂灰陶为主，有少量红陶，可复原陶甑、甗、人头罐各 1 件。另有铜刀、铜锥各 1 件。

作用为一般取土坑，废弃后作生活垃圾坑。

开口于 F45 下，打破 H372。结合坑中出土陶器形制判断，H372 应属殷墟二期晚段。

10．T0608H373

位于 D 区 T0608 中（图八五）。

坑口距地表 1.50 米。坑口平面呈圆形，整体呈袋状。坑口直径 1.90、坑底直径 2.10、坑深 1.60～1.80 米。壁面整齐光滑。底面十分平整。

坑内填土不分层。土质较致密，略施夯，无明显夯窝。土色浅黄灰色。出土少量的陶片及兽骨。陶片以泥质灰陶为主，夹砂灰陶占 30%，可辨器形有罐、盆、鬲、簋、盂等，可复原陶鬲、盂各 1 件。

此坑形制规整，原应为一储藏窖穴，废弃后作为普通生活垃圾坑使用。

开口于 F48 垫土层下，被 M416 打破。结合坑内出土陶器形制判断，H373 应属殷墟二期晚段。

11．T0608H374

位于 D 区 T0608 中（图八六）。

坑口距地表 1.50 米。坑口平面略呈椭圆形，整体略呈袋状，南北长径 2.20、东西短径 2.00 米。坑底平面也略呈椭圆形，长径 2.70、短径 2.20、坑深 3.60 米。坑壁外斜，规则整齐。底部不平整，南高北低，呈斜坡状。

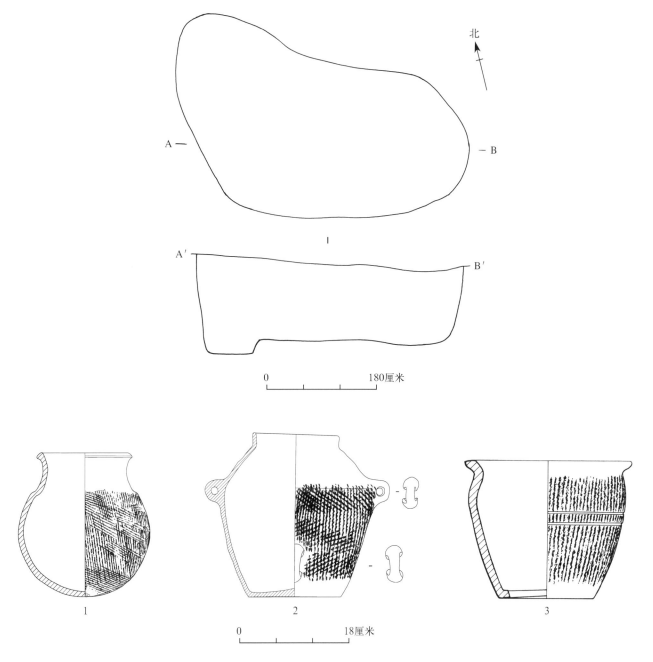

图八四　T0908H367平、剖面图及出土陶器群

1. 陶罐H367：5　2. 陶罍H367：4　3. 陶瓿H367：3

　　坑内填土不分层。土色浅灰，土质松软。出土大量陶片和少量兽骨。兽骨以牛骨为主。陶片大部分为泥质灰陶，少见红陶，可辨器形有罐、鬲、盆、簋、豆、甗、瓿、瓮等，可复原陶鬲1件、瓿1件、盆2件、罐3件（图八七）。

　　此坑原应为储藏窖穴，废弃后作为生活垃圾坑使用。

　　开口于F48垫土层下，打破H398、H409、H419。结合坑内出土陶器形制判断，H374应属殷墟二期晚段，晚或可至三期早段。

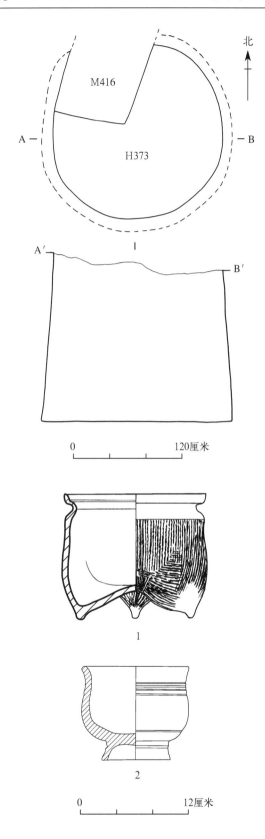

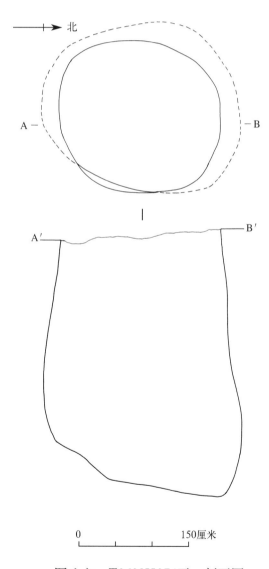

图八五　T0608H373平、剖面图及出土陶器群

1. 陶鬲H373∶1　2. 陶盂H373∶2

图八六　T0608H374平、剖面图

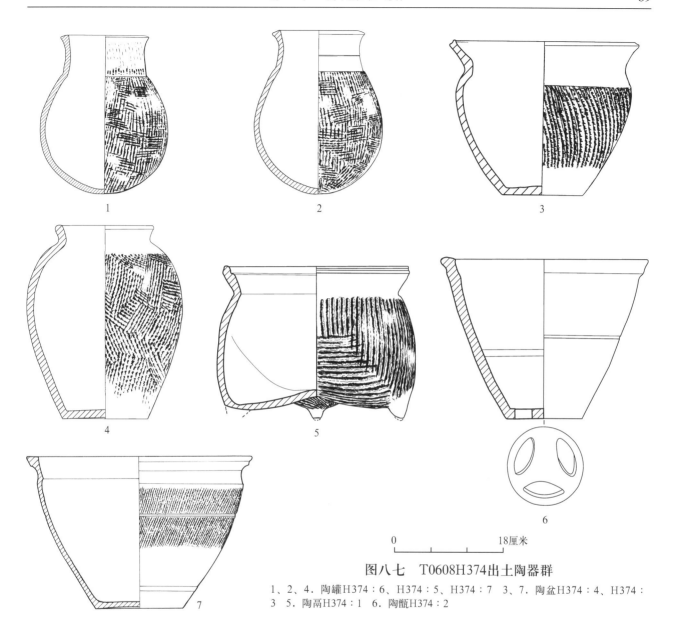

图八七　T0608H374出土陶器群

1、2、4. 陶罐H374：6、H374：5、H374：7　3、7. 陶盆H374：4、H374：
3　5. 陶鬲H374：1　6. 陶甑H374：2

（三）殷墟三期

共清理殷墟三期灰坑、窖穴等66座，选其中9座进行介绍。

1. T0602H310

位于D区T0602中（图八八；彩版一二，1）。

坑口距地表1.60米。坑口平面形状不规则，南北长3.50、东西宽1.50、坑深1.30米。南部有一小平台，北、东、西三面坑壁较陡直，坑壁规则整齐。

在坑南部略居中的位置埋有一人架，葬式极为特殊。人骨为侧俯身屈肢葬，头向南，面向下，右臂向上略扬，尺、桡骨底端压于颅骨下，左臂贴身放置作举手遮挡状，腰椎和脊椎脱离，盆骨叠置，股骨弯曲拉向正东方向，胫骨和脚骨部分缺失。从骨架形态看，是努力向坑上攀爬的姿势，应是被

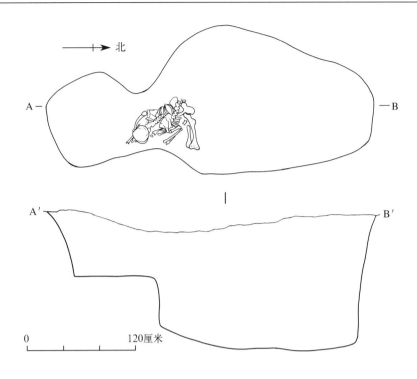

图八八　T0602H310平、剖面图

砍去胫骨和脚骨后，被活埋在此。此人应属非正常死亡。

填土不分层，土质疏松，土色灰。包含部分陶片、兽骨、人骨等。

作用原为储物窖穴，废弃后作为一行刑埋葬坑使用。

开口于F43下，被H304、H309打破。此坑时代属殷墟三期早段。

2．T0707H350

大部分位于D区T0707中，少部分向西进入T0607中（图八九）。

口距地表1.40米。开口于F47垫土层下，被M427、H383、M018打破，打破H408。平面形状近似椭圆形，坑口东西长径6.70、南北短径4.40米，坑底东西长径4.20、南北短径3.50、坑深3.60米。呈口大底小状。坑北壁0.70米处退出一小台后，坑壁较垂直至底，壁面凸凹不平。坑底中间略凹，较不平整。

填土不分层。土质较硬，似曾夯过，土色浅灰土发黄。该坑虽大，但出土陶片不多，有少量的兽骨，多为牛骨。陶片以泥质灰陶为主，夹砂陶片较少，可辨器形有罐、鬲、簋、甑、盆等。另有骨锥1件。

H350原应为取土坑，后填生活垃圾，在建F48时掏出部分灰土又重新回填夯实。

此坑时代属殷墟三期偏早段。

3．T0408H126

位于A区T0408内（图九〇）。

口距地表1.70米。开口于H124下，打破M131、M124。平面形状呈圆角长方形，坑口长2.30、宽1.80米。坑底平面呈较规则长方形，长2.00、宽1.20、坑深13.00米。口大底小状，坑壁斜倾向下，

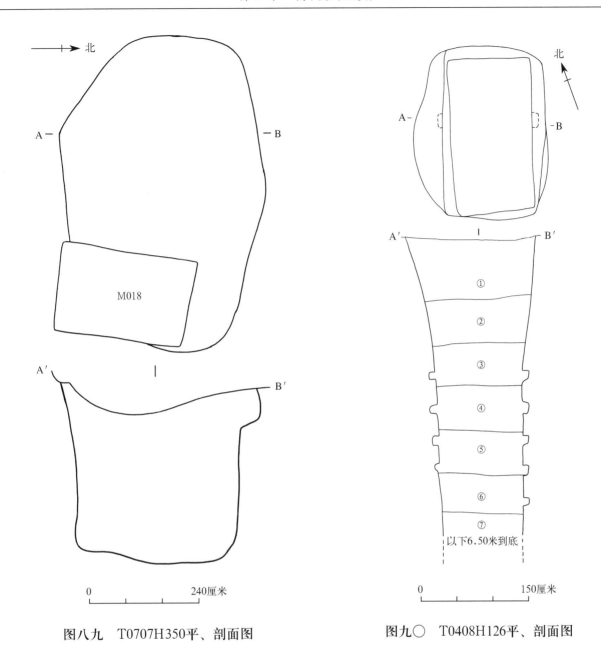

図八九　T0707H350平、剖面図

図九〇　T0408H126平、剖面图

较规则整齐。在坑的中间偏北位置设对称的一组脚窝。自上而下，东边1～5号：1号脚窝距坑口1.80、宽0.20、高0.18、进深0.08米；2号脚窝距坑口2.24、宽0.18、高0.12米；3号脚窝坑口2.66、宽0.20、高0.10米；4号脚窝距坑口3.06、宽2.06、高0.89、进深0.10米；5号脚窝距坑口3.50、宽0.18、高0.10米；西边1～4号：1号脚窝距坑口1.80、宽0.18、高0.10米；2号脚窝距坑口2.24、宽0.18、高0.12米；3号脚窝距坑口2.26、宽0.16、高0.12、进深0.10米；4号脚窝距坑口4.02、宽0.16、高0.06米。

填土共分十五层：第①层厚0～0.60米，质软，色浅灰；第②层厚0.50～0.70米，质软，色黄灰；第③层厚0.50～0.60米，质软，色浅灰；第④层厚0.50～0.80米，质松软，色深灰；第⑤层厚0.60～0.70米，质松软，色深灰褐；第⑥层厚0.60米，质松软，色黑灰；第⑦层厚0.70

～0.90米，质松软，色深灰；第⑧层厚0.50～0.60米，质稍硬，色浅灰；第⑨层厚0.40～0.50米，质硬，色白灰；第⑩层厚0.50～0.90米，质硬，色浅灰带水锈；第⑪层厚0.90～1.20米，质硬，色浅黄灰；第⑫层厚0.90～1.20米，质硬，色红灰；第⑬层厚0.70～0.90米，质软，色黑灰；第⑭层厚0.50～0.60米，质软，色红褐灰；第⑮层厚0.50～0.60米，红黏土，质硬。其中第⑧层以下的堆积情况均为钻探资料。各层中均出土大量陶片和部分兽骨，陶器可辨器形有高体绳纹鬲、素面鬲、敞口长颈细绳纹小鬲、罐、瓮、甗、折沿直腹红陶盆、宽折沿盆、红陶罐、小钵等，可复原陶鬲3件、宽卷沿盆1件、簋1件、器盖1件。另有卜骨2件、骨锥4件、骨针2件、骨笄1件（图九一）。

原应是水井或具有冷藏性质的储物窖穴，后废弃作垃圾坑。

此坑时代属殷墟三期晚段。

4. T0803H276

位于D区T0803中（图九二；彩版一二，2）。

口距地表1.00米。开口于③层下，被H251、H404打破，其下打破H277。此坑上部平面近似椭圆形，下部为长方形。坑口南北长径4.6、东西短径3.54、坑深8.70米。坑壁斜倾向下，较规则整齐。其中由坑室东北至东南边沿有一周台阶，延伸至第二部分的坑口面上。第一台阶长0.4、宽0.24、

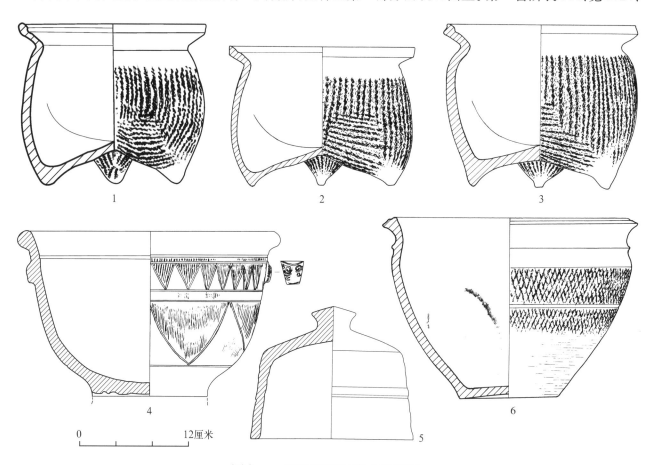

0　　　　　　　　　　　12厘米

图九一　T0408H126出土陶器群

1～3. 陶鬲H126：13、H126：12、H126：9　4. 陶簋H126：11　5. 陶器盖H126：3　6. 陶盆H126：10

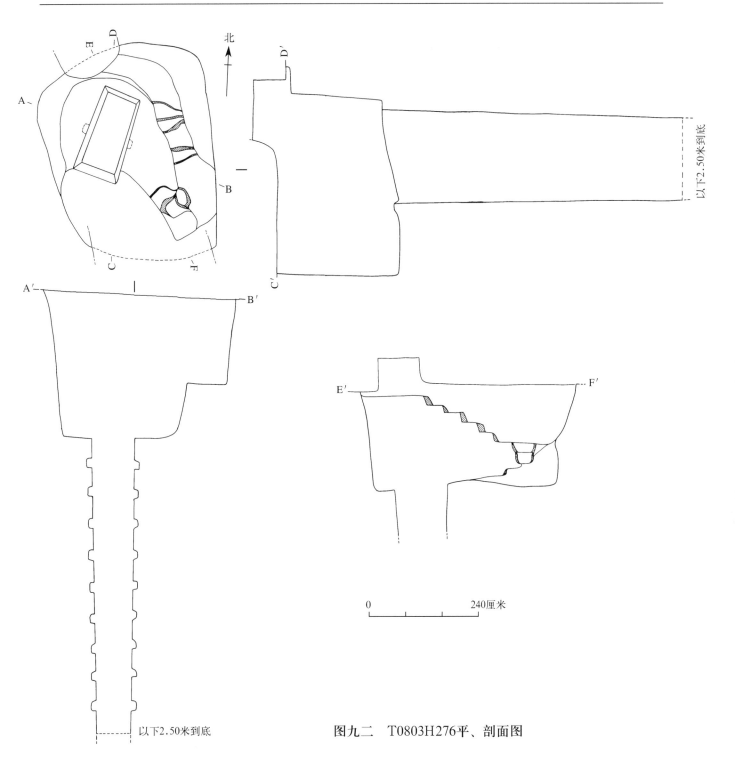

图九二 T0803H276平、剖面图

高0.22米；第二台阶长0.34、宽0.26、高0.25米；第三台阶长0.36、宽0.26米、高0.20米；第四台阶为一较大的台面，长1.40、宽0.84、高0.20米；第五台阶长0.50、宽0.10~0.26、高0.20米；第六台阶长0.48、宽0.38、高0.22米；第七台阶长0.54、宽0.06~0.22、高0.16米；第八台阶长0.62、宽0.10~0.34、高0.20米；第九台阶台面较大，曲长1.90、宽0.42~0.60、残高0.10米。上半部底面斜倾0.20米，至第二部分坑口，底面平整。

上半部分填土中埋葬有两人及一牛，这3具骨架均放置于坑室东南部。1号人骨架距坑口0.15米，头向北，面向东，肢骨散乱放于胸部位置，骨架较完整，非正常死亡。2号人骨架位于1号南部0.70米处，距坑口0.40米。头向东北，面向上，右臂贴身放置，左臂散乱折放于左肩部，双腿并拢直放，脚骨折放于左脚东部，亦属非正常死亡。从发掘情况来看，两具人骨均被砍杀致死。3号牛骨架距坑口1.40米，头向东，嘴向北，脊背向南，四肢蜷曲侧卧，骨架较完整，骨骼保存较好（图九三）。

下半部分为长方形竖穴土坑。东西两侧中间偏南位置设有上下的脚窝，东西壁各保存8个脚窝。自上而下分别编东1～8号、西1～8号。东1号脚窝距坑口0.46、宽0.18、高0.18、进深0.10米；东2号脚窝距坑口0.86、宽0.16、高0.20、深0.10米；东3号脚窝距坑口1.70、宽0.18、高0.18、进深0.08米；东4号脚窝距坑口2.34、宽0.16、高0.20、进深0.10米；东5号脚窝距坑口3.00、宽0.17、高0.18、进深0.10米；东6号脚窝距坑口3.62、宽0.16、高0.18、进深0.08米；东7号脚窝距坑口4.24、宽0.20、高0.18、进深0.10米；东8号脚窝距坑口4.92、宽0.18、高0.22、进深0.10米。西1号脚窝距坑口0.40、宽0.20、高0.20、进深

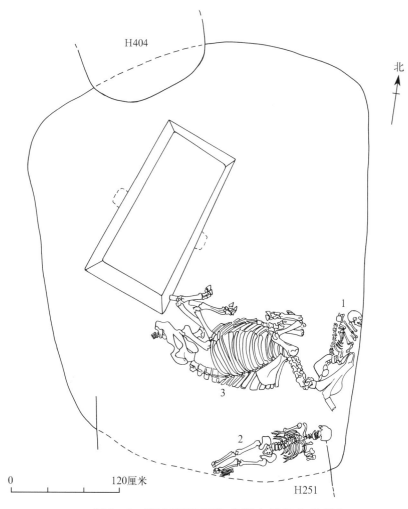

图九三　T0803H276坑底部人骨架和牛骨架

1、2. 人骨　3. 牛骨

0.12 米；西 2 号脚窝距坑口 1.00、宽 0.18、高 0.20、进深 0.10 米；西 3 号脚窝距坑口 1.68、宽 0.18、高 0.20、进深 0.08 米；西 4 号脚窝距坑口 2.34、宽 0.16、高 0.22、进深 0.10 米；西 5 号脚窝距坑口 3.02、宽 0.18、高 0.20、进深 0.10 米；西 6 号脚窝距坑口 3.70、宽 0.17、高 0.18、进深 0.10 米；西 7 号脚窝距坑口 4.30、宽 0.18、高 0.22、进深 0.08 米；西 8 号脚窝距坑口 4.90、宽 0.18、高 0.24、进深 0.10 米。

填土共分两层：上层为长方形窖穴以上部分，下层为长方形窖穴内堆积。上层为深灰色土，土质松软，厚约 2.80 ～ 3.20 米。下层为浅灰色土，土质较软，厚约 8.70 米，其中最底部的 2.50 米是钻探数据，因出水严重，未能全部清理。上层包含物较较丰富；下层包含物较少。两层出土物基本相同，包括陶片及兽骨。陶器可辨器形有罐、鬲、簋、盆等，纹饰以绳纹占多数，弦纹较少，可复原陶钵 1 件、簋 2 件、红陶盆 1 件、红陶罐 1 件。出有卜骨 1 件。另有完整的牛骨架 1 个、人骨架 2 个等。

此坑的形制较为特殊，在本次发掘中共发现两例（另一例为 H333，与 H276 相距不远）。总的特征是上部是一带台阶的大坑，原应有保护性篷顶，在坑底再挖一长方形坑，深及地下水面。推测此窖可能是冷藏窖。该窖是 2004 年 7 月 24 日发掘的，当天上午十一点半的室外气温是 37℃，地面温度在 43℃ 左右，同时测得窖穴内距坑口 9.40 米深处温度仅有 14℃。由于再向下还有 2.50 米因安全问题未发掘，推测窖底的温度应更低，可能要到 10℃ 以下。现在安阳地区的地下水位较深，普遍在 20 米以上，而商代安阳地区的地下水位普遍在地表以下 11 ～ 13 米。像 H276 这样的深度在当时应可以见到地下水面，如此则窖内温度会更低。这样的温度完全可以起到冷藏的目的。

由此判断，此窖原为具有冷藏作用的窖穴，废弃后作为生活垃圾坑，封填坑口时分层作了重要的祭祀活动。

此坑时代属殷墟三期晚段。

5. T0605H280

位于 D 区 T0605 中（图九四），少部分向东进入 T0705 内。

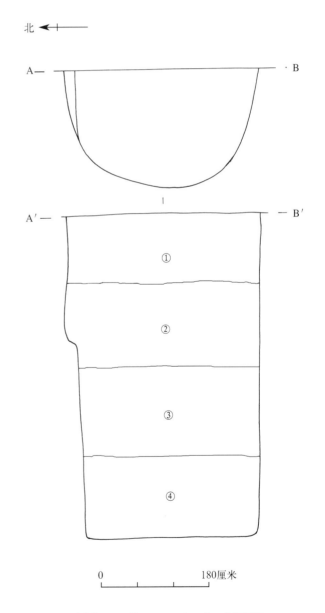

图九四　T0605H280平、剖面图

　　口距地表 1.60 米。开口于④层下，打破 H359、M447。平面形状近似圆形，坑口直径 3.20 米。坑壁较垂直向下，坑底直径 3.00、坑深 5.20 米。

　　填土土质均疏松，分四层：第①层厚 1.00 米，灰黄土；第②层厚 1.20 米，灰土；第③层厚 1.50 米，灰土，该层埋葬一马骨架，头东面南，脊背向南，前肢蜷曲呈跪卧状；后肢向后伸开呈侧躺姿势，骨架较完整，骨质较好；第④层厚 1.50 米，深灰土，出土一马骨架，头西背南，后肢骨未清出。2 具马骨架虽不是很完整，但所保存骨关节均连接紧密（图九五）。

　　H280 内放置 2 具马架，应是用于某种祭祀活动。各层均出陶片及兽骨。陶器可辨器形有鬲、簋、罐、盆、瓮、甗、豆、尊、将军盔等，可复原鬲 1 件、罐 2 件（图九六）。

　　此坑原应是储物窖藏，废弃后作为祭祀坑或垃圾坑使用。

　　此坑时代属殷墟三期晚段。

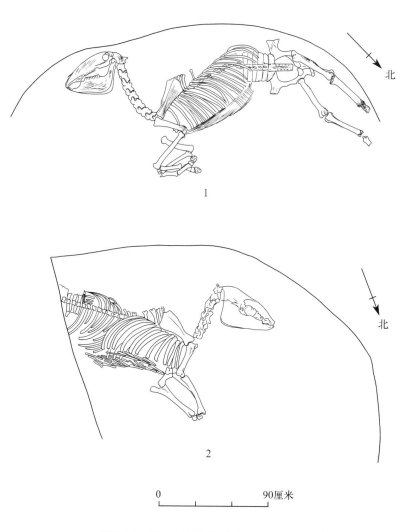

图九五　T0605H280第③、④层出土马架

1. 第③层出土马架　2. 第④层出土马架

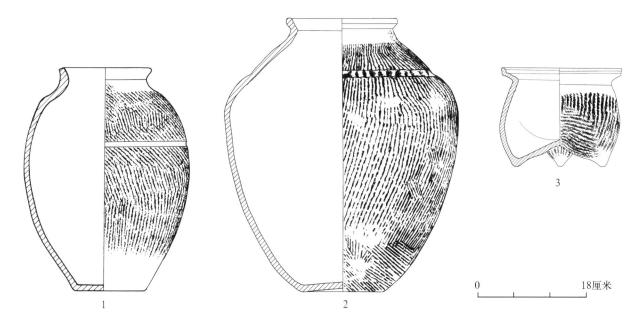

图九六　T0605H280出土陶器群

1、2. 陶罐H280∶29、H280∶30　3. 陶鬲H280∶28

6. T0902H305

位于 D 区 T0902 和 T0903 中（图九七）。

口距地表 2.40 米。开口于 H267 下，打破 H331。平面形状不规则，近似椭圆形，坑口东西长径 4.00、南北短径 2.80、坑深 4.00 米。东部及南部中间以东有一深 1.16 米左右的凹龛，其他壁面均较垂直，规则整齐。东部凹龛底为一平台，放有 1 件较完整的圜底罐，坑底长径 3.10、短径 2.80 米。底面较为平整。

坑内有 2 具人骨。1 号人骨位于坑室东北角距坑口 0.30 米处，只有头骨、肱骨和部分脊骨，其余骨骼均不见。头向西北，面向东北，与颈椎连接，骨架不完整，显然是被肢解所致，应为非正常死亡。2 号人骨位于坑室西南角距坑口 0.60～0.80 米处。由西向东依次为颅骨、上半身、下半身骨架。明显分三部分放置。头向西，面向南。无髋骨和脊骨部分，显然亦属非正常死亡。

填土分层不明显，土质较疏松，土色深灰色。出土有大量的陶片及兽骨。陶器可辨器形有罐、鬲、盆、簋、甗、圜底尊等，纹饰以绳纹占多数，弦纹略少，有一定数量的素面陶，可复原陶鬲 5 件、簋 1 件、盆 3 件、罐 4 件。另出有陶圆饼形器、卜骨、铜镞、骨锥、骨针、海螺各 1 件。

原为储藏窖穴，废弃时进行过多次祭祀活动（图九八）。

此坑时代属殷墟三期晚段。

7. T0527H317

位于 B 区 T0527、T0528 中（图九九）。

口距地表 0.80 米。开口于④层下，位于 H315 坑底和 F6 夯土下。平面形状呈圆角等腰三角形，

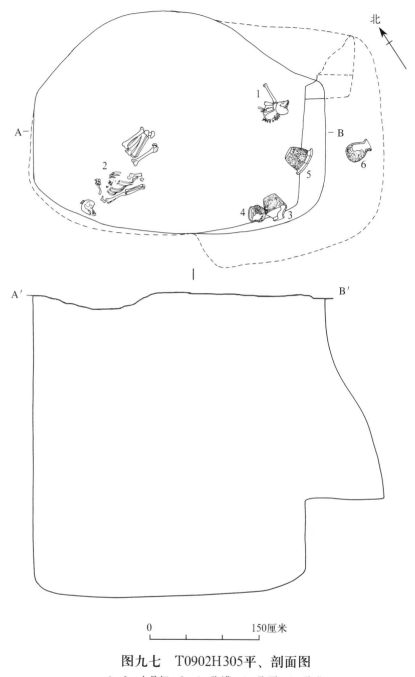

图九七　T0902H305平、剖面图

1、2. 人骨架　3、6. 陶罐　4. 陶鬲　5. 陶盆

坑口东西长2.00、南北宽1.60~1.70、坑深0.30米。坑壁斜倾向下呈陡坡状，坑底中间略凹，浅圜底状。

　　填土不分层，红褐色夯土，较纯净，夯土下有1具完整牛骨架。牛头朝南作回首状，嘴向北，脊背向西，左前肢作跪卧状，右前肢和后肢包括尾骨，对称拉直于腹下中间位置。躯体成三角状，与H317的形制大小相合。

　　此坑时代属殷墟三期。

图九八 T0902H305出土陶器群

1、2、3、7、8. 陶鬲H305：11、H305：14、H305：13、H305：12、H305：15 4、9、10. 陶盆H305：3、H305：4、H305：2 5、11、12、13. 陶罐H305：19、H305：20、H305：18、H305：17 6. 陶簋H305：16

8．T0903H369

位于 D 区 T0903 中（图一〇〇）。

口距地表 1.00 米。开口于③下，打破 H396。平面形状呈圆形，坑口直径 2.00、底面直径 2.50、坑深 1.80 米。口小底大，规则袋状坑，坑壁规则整齐，壁面光滑平整。底很平整。

填土不分层，土质松软，土色浅灰，出土少量陶片及兽骨，陶器可辨器形有罐、鬲、盆、甗、甑、簋、圜底罐等，纹饰以绳纹占多数，弦纹略少，可复原素面陶鬲 1 件、人头罐 2 件。另有骨笄、铜镞各 2 件，骨针、陶兽头各 1 件（图一〇一）。

原为储藏窖穴，废弃后作一般生活垃圾坑。

此坑时代属殷墟三期晚段。

9．T0528H416

位于 B 区 T0528 中（图一〇二）。

口距地表 2.20～2.50 米。开口于④层下，被 F50 叠压打破、打破 H428、H314。平面

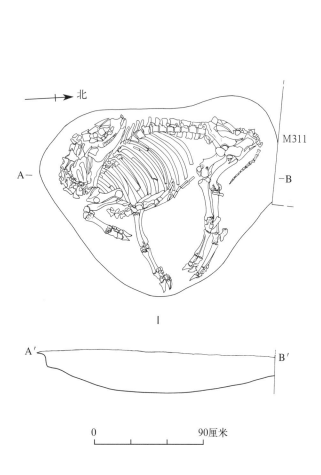

图九九　T0527H317平、剖面图

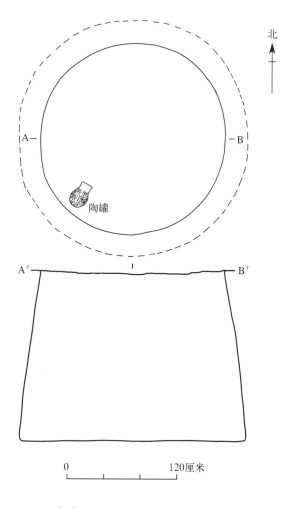

图一〇〇　T0903H369平、剖面图

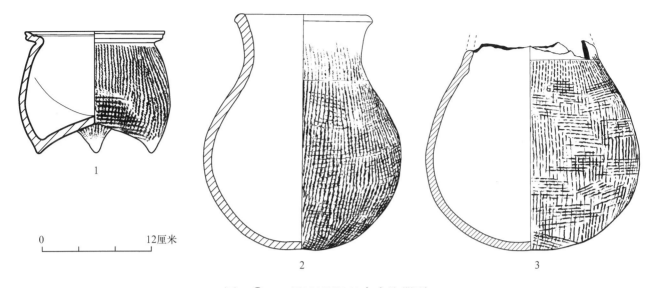

图一〇一　T0903H369出土陶器群

1. 陶鬲H369：8　2、3. 陶罐H369：9、H369：10

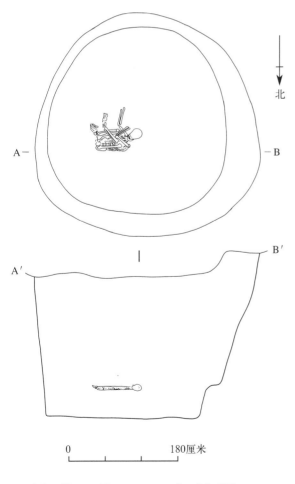

图一〇二　T0528H416平、剖面图

形状近似圆形，坑口东西长径 3.70、南北短径 3.60 米。坑底平面呈圆形，南北长径 3.00、东西短径 2.90、坑深 2.30～2.70 米。口大底小，坑壁斜，底部平整。西壁底有一生土台，南北长 2.40、东西宽约 0.30、高约 0.50 米，推测为残存台阶，在其中部近底处有 1 具人骨，头向西，面向上，身体缩成一团，似盘腿而坐状。

填土不分层，土质松软，土色深灰色。出土大量陶片和兽骨，陶器可辨器形有鬲、簋、罐、盆、尊、甗、豆、甑等，可复原陶簋 1 件、盂 1 件、盆 1 件、罐 2 件。兽骨有牛、马等。另有骨笄、小磨石、铜镞、卜骨各 1 件（图一〇三）。

原为储藏窖穴，废弃后作灰土葬坑使用。

此坑时代属殷墟三期晚段。

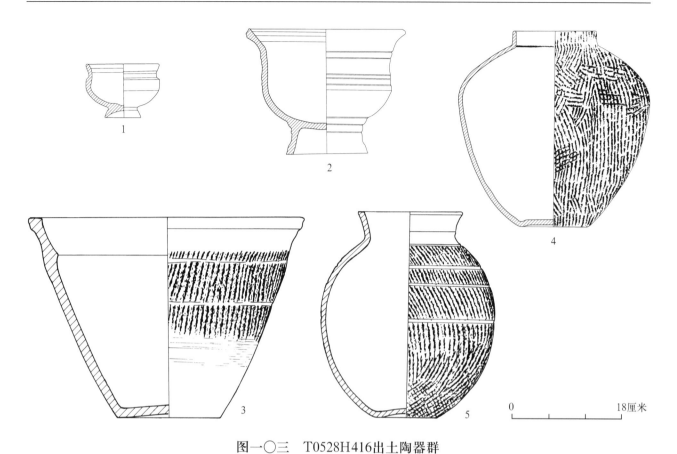

图一○三　T0528H416出土陶器群

1. 陶盂H416：9　2. 陶簋H416：8　3. 陶盆H416：10　4、5. 陶罐H416：12、H416：11

（四）殷墟四期

属于殷墟四期的灰坑、窖穴等共计172座。因现代建筑的破坏，大部分保存较差。现选保存状况较好、能反映其形态特征的13座做简单介绍。

1. T0304H91

位于A区T0304中（图一○四），东端少部分延伸至T0404内。

口距地表0.80米。开口于⑤A层下，被魏晋时期的G4打破，打破H139、M151。平面形状不规则，坑口东西长7.04、南北宽5.40米。坑底平面近似圆形，直径约5.20、坑深6.50米。口大底小，东壁台阶状至3.70米后垂直至底，西壁略向外扩张0.40米，斜倾至底。南北壁较垂直，规则整齐，底面较平整。第③层内出土部分猪骨，其中有一完整猪头，头向北，嘴向西，无颈骨部分，但其右下有一对连接紧密的肱骨，与该骨头应为同一个个体，可能是一种祭祀现象。

填土共七层：第①层厚1.50米，质较松散，色灰；第②层厚0.80米，质松散，色灰；第③层厚0.80米，质松散，色灰；第④层厚0.80～1.30米，质略硬，灰土加黄土块；第⑤层厚0.50～1.00米，质略硬，灰土加黄土块；第⑥层厚0.70米，质较硬，灰土加黄土块；第⑦层厚0.70米，质硬，色灰。每一层均出大量陶片及兽骨，第②、③层出土陶片、兽骨极丰富，第③层南侧出土部分不完整的猪骨架，应是2个个体，陶器可辨器形中第①层有鬲、

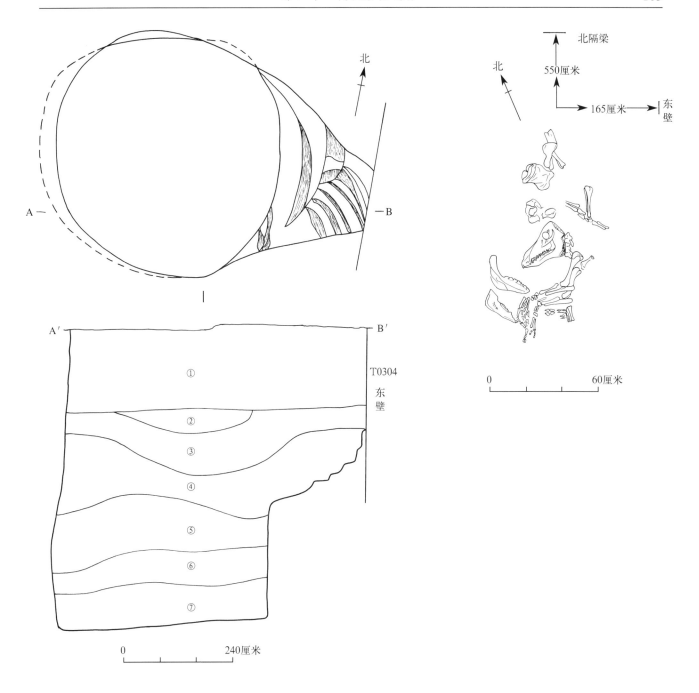

图一〇四　T0304H91平、剖面图及第③层出土猪骨架

簋、罐；第②层有鬲、甗、簋、罐、瓮、盆、甑、豆、尊、钵、水管等；第③层以簋为主，鬲其次，偶见瓮和盆；第④层以鬲、簋为主，罐其次，偶可见豆、甑；第⑤层以盆为主，甑次之，偶可见鬲、罐、尊、钵；第⑥层陶片较少，有鬲、罐、簋；第⑦层陶片较少，可复原陶鬲2件、簋4件、甑2件、盆2件、罐5件、器盖1件（图一〇五）。

原为储藏窖穴，废弃后作生活垃圾坑。

此坑时代属殷墟四期早段。

图一〇五　T0304H91出土陶器群

1、2. 陶鬲H91④：1、H91⑥：2　3、12、14、16. 陶簋H91④：3、H91③：8、H91①：7、H91①：6　4、5、9、11、13. 陶罐H91⑥：3、H91③：10、H91②：8、H91④：5、H91①：8　6、8. 陶盆H91⑥：1、H91③：9　7. 陶器盖H91④：2　10、15. 陶甑H91②：7、H91④：4

2．T0408H124

位于 A 区 T0407 和 T0408 中（图一〇六）。

口距地表 0.80 米。开口于③层下，被 G2 打破，打破 H126、M124、F29、M131。平面呈不规则形，东西长 3.80、南北宽 3.00 米。底平面亦不规则，东西长 3.60、南北宽 2.40、坑深 1.50 米。口大底小，壁面斜倾向下，较规则整齐，底面较为平整。坑室北边中间 0.90 米处埋有一人，该人骨头部被一个现代坑扰掉，头向东南，面向不明，双臂贴身放置，手掌骨分别置放髋骨两侧，膝部弯曲，斜倾向东北，左膝部压右脚骨。仰身屈肢葬式，无脚趾骨。

填土可分两层：上层厚 0.60 米，土质稍硬，土色黄灰；下层厚 0.60～0.85 米，土质软，土色浅灰。出土少量陶片、兽骨及蚌片，可辨器形有陶鬲、陶罐、陶簋等。

原为一取土坑，废弃后作一般生活垃圾坑。

根据出土陶片器形推断此坑属殷墟四期早段。

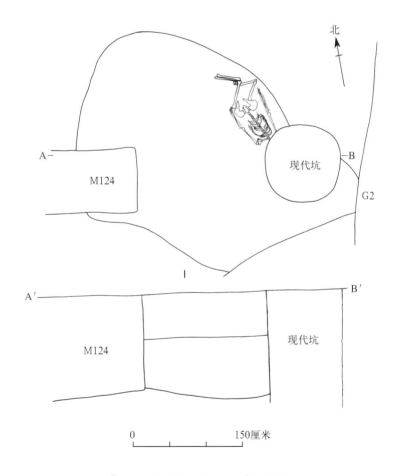

图一〇六　T0408H124平、剖面图

3．T0308H128

位于 A 区 T0308 和 T0307 中（图一〇七；彩版一二，3、4）。

口距地表 1.00 米。开口于③层下，被 H127 和 H134 打破，打破 F30。平面形状呈椭圆形，

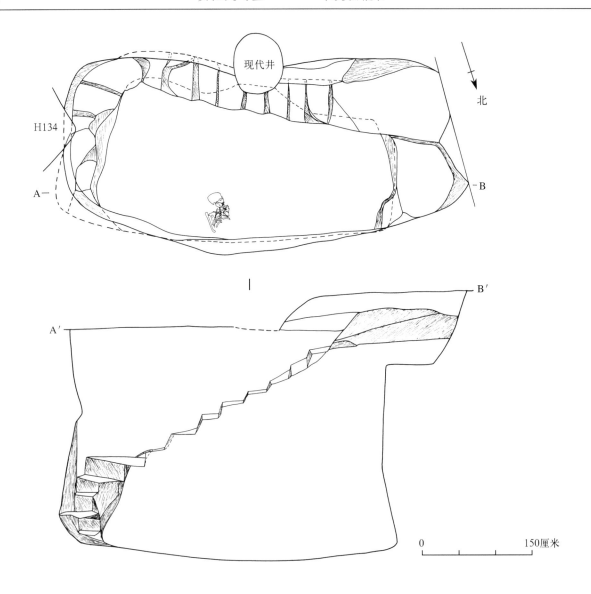

图一〇七　T0308H128平面图与剖视图

坑口东西长径5.50、南北短径2.40米。坑底平面近似长方形，坑底东西长径4.10、南北短径2.00、坑深3.60米。坑室中部内收，底部略向外凹，呈束腰状。坑壁规则整齐，四壁光滑，经过修整。有2种工具痕迹，一种宽0.07～0.09米，一种宽0.09～0.11米。坑室设有半周台阶，由西南角至东北角逆时方向递深至底。共13步台阶。台阶平面基本呈长方形，底部台阶因使用时期或废弃时期塌落，平面形状不规则。由下至上编号1～13层：第①层台阶长0.40～0.50、宽0.20、台高0.20米；第②层台阶长0.44、宽0.26、台高0.20米；第③层台阶长0.22、宽0.20、台高0.14～0.20米；第④层台阶长0.60、宽0.30、台高0.14～0.20米；第⑤层台阶长0.40～0.60、宽0.30～0.50、台高0.20米；第⑥层台阶长0.48、宽0.20、台高0.10米；第⑦层台阶长0.50、宽0.36、台高0.18米；第⑧层台阶长0.46、宽0.26、台高0.16米；第⑨层台阶长0.46、宽0.34、台高0.12米；第⑩层台阶残长0.26、宽0.26、台高0.10米；第

⑪层台阶长 0.50、宽 0.28、台高 0.06 米；第⑫层台阶长 0.50、宽 0.22、台高 0.06 米；第⑬层台阶长 0.56、宽 0.28、台高 0.18 米。

填土共分八层。第①层厚 0.50～0.80 米，土质软，土色黑灰。在本层北部有一残人骨架，仅有胸部以上，胸部以下缺失，骨骼残断处有明显的砍痕，故判断此人应是被胸斩后埋入的。第②层厚 0.50～0.60 米，土质软，土色浅灰。第③层厚 0.50～0.55 米，土质软，土色绿灰。第④层厚 0.50～0.70 米，土质软，土色褐灰。第⑤层厚 0.50～0.70 米，土质软，土色深灰。第⑥层厚 0.40～0.45 米，土质软，土色黄灰。第⑦层厚 0.20 米，土质松软，土色褐灰。第⑧层厚 0.50 米，土质硬，土色深灰。各层均出土大量陶片和兽骨，陶器可辨器形有鬲、盆、簋、罐、甗、壶、瓮、钵、筒形圈足尊等，可复原陶甗、簋、人头罐各 1 件（图一○八）。另有卜骨 4 件，陶弹丸、骨锥、陶箕形器、骨笄、骨镞各 1 件。

原为储物窖穴，废弃后作生活垃圾坑。填土中有人骨，可能为简单的祭祀现象（彩版一二，4）。

此坑时代属殷墟四期早段。

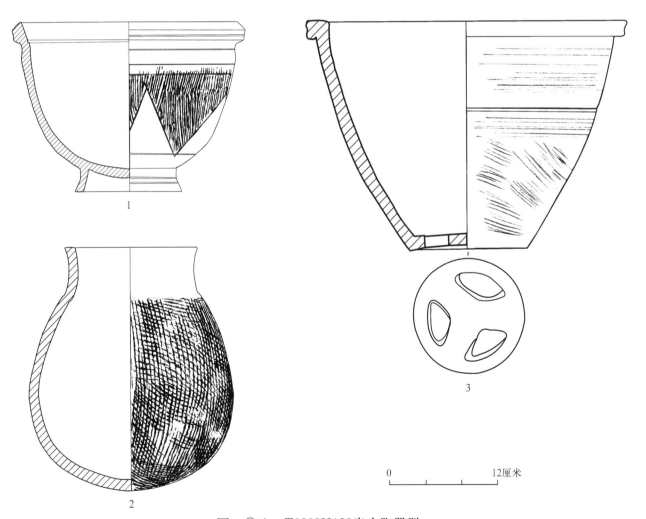

图一○八 T0308H128出土陶器群

1. 陶簋H128：6 2. 陶罐H128：7 3. 陶甗H128：5

4．T0308H142

位于 A 区 T0308 西北角（图一〇九），向北进入 T0309，向西进入 T0208 内。未完全发掘。

口距地表 1.20 米。开口于③B 层下。已清理部分平面为 1/4 圆形，坑口东西长不小于 2.74、南北不小于 2.46 米，坑底东西长不小于 2.60、南北不小于 2.40、坑深 6.90 米。口大底小，壁面较垂直向下，规则光滑整齐，明显修整过，经钻探坑底平整。

填土东高西低、南高北低，已清理七层堆积：第①层厚 0.10～0.60 米，土质软，土色深灰；第②层厚 0.20～0.40 米，土质软，土色黑灰；第③层厚 0.30～0.50 米，土质软，土色浅灰；第④层厚 0.30～1.50 米，土质软，土色深灰；第⑤层厚 0.50～0.60 米，土质软，土色浅灰；第⑥层厚 0.50～0.70 米，土质稍硬，土色浅灰；第⑦层厚 0.50～0.80 米，土质硬，土色深灰。其下尚有数层灰土堆积，由于此次只清理位于本探方东北角的 1/4，大部分延伸至探方外，发掘至距地表 4.60 米时由于无法出土，且考虑到发掘人员的安全，第⑦层以下的约 2.30 米仅用钻探取得数据，并未全部清理。已清理的各层堆积均出土大量陶片和兽骨，陶器可辨器形有圈足尊、小口罐、鬲、器盖、

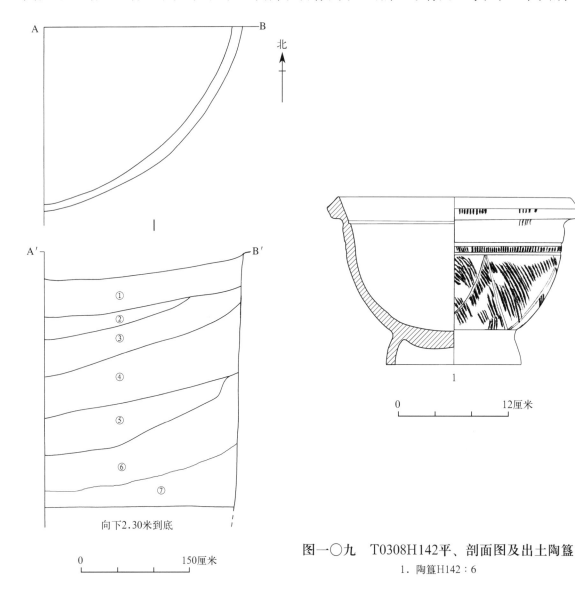

图一〇九　T0308H142平、剖面图及出土陶簋

1. 陶簋 H142：6

红陶罐、簋、豆、盆、甑、瓮等，可复原陶簋、器盖各1件。另有箕形器、卜骨、骨锥、石器各1件。

　　原为储藏窖穴，废弃后作为生活垃圾坑使用。

　　根据出土陶片器形推断，H142时代属殷墟四期早段。

5．T0903H278

　　位于D区T0903中（图一一〇；彩版一三，1）。

　　口距地表2.20米。开口于③层下，打破M216、M217、H396。平面形状近似椭圆形，坑口东西长径2.20、南北短径1.60米，坑底东西长径2.10、南北短径1.60、坑深0.36米。坑壁斜，规则整齐。底面较为平整。

　　填土不分层，土质松软，土色深灰色。出土陶罐1件、蚌泡6件。填土内有部分陶片及兽骨，还有2具人骨。A为成人，居B北侧，头向西，面向北，倾向男性，上半身和下半身脱离。髋骨、股骨、胫骨、脚骨连接紧密，右胫骨和股骨呈180°急折，无颈椎、脊椎、肋骨等。B为孩童，头向西，面向南，脊椎骨和髋骨、股骨连接紧密，仰身姿势，缺肱骨、一只手掌骨及部分脚掌骨。从2具人

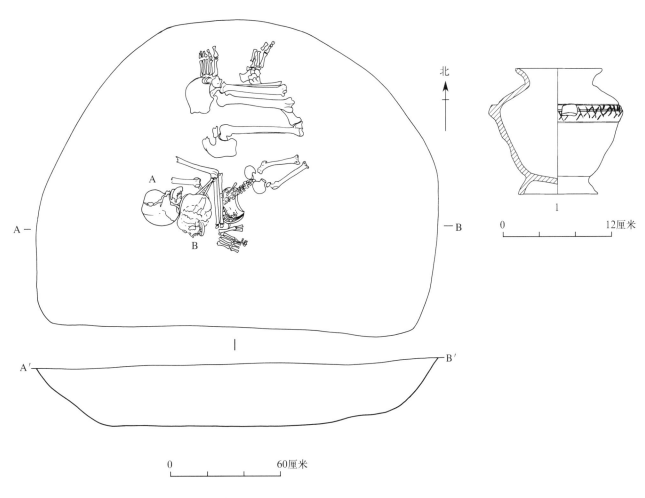

图一一〇　T0903H278平、剖面图、人骨情况及出土陶尊

A、B．人骨架　1．陶尊H278：7

骨的姿态判断，似乎小孩被成人搂抱在怀内。两者是何种关系，尚需进行相关鉴定。陶片中可辨器形有罐、鬲、盆、簋等，纹饰以绳纹为主，弦纹较少，有少量素面陶。

H278填土内出有2具不完整骨架，均非正常死亡。有可能被截肢，或为某种刑罚的遗存。

此坑时代属殷墟四期早段。

6. T0528H316

位于B区T0528中（图一一一；彩版一三，3）。

口距地表0.20米。开口于④层下，打破F50。平面呈椭圆形，坑口南北长径2.16、东西短径1.80、坑深0.50米。坑壁斜，规则整齐。坑底略平，东面大半部铺有一层鸡蛋大小的鹅卵石，靠西边有一块夯土，坑底中间有一夯墩柱底。

填土不分层，土质松软，土色浅灰色泛红。出土少量陶片及兽骨。陶器可辨器形有鬲、簋、罐等。

此坑修造规整，建在F50房基中心部位，应与F50有关。坑底铺有石子，且坑中部立柱。据这些特殊现象判断，此坑应有某种特殊的用途，很可能与某种祭祀活动有关。相似的石子坑，在本次发掘中共清理了4例。

此坑时代属殷墟四期早段。

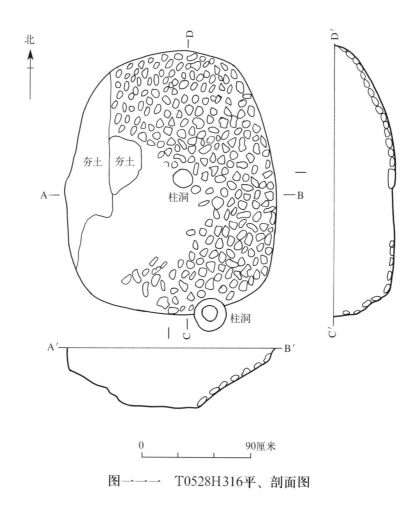

图一一一　T0528H316平、剖面图

7．T0808H333

位于 D 区 T0808 中（图一一二；彩版一三，2）。

口距地表 1.20 米。开口于③层下，被 M318 打破，打破 H378、H391 和 F45。H333 由两部分组成，上半部平面形状不规则，坑口南北长 4.90、东西宽 4.30、深 9.60 米。坑西壁 1.40 米有一宽 0.60 米的台，其他三壁较垂直。距坑口 3.80 米处也有一平台。下半部位于东南角，平面呈较规则长方形。该长方形坑南北长 2.00、东西宽 1.24、坑底长 1.80、宽 0.82 米。坑壁较垂直，壁面光滑整齐。发掘至 5.30 米出水，下面经钻探还有 4.30 米到底。

填土可分两大部分。上半部分为大坑，可分两层：上层厚 2.00 米，土质松软，土色深灰；下层厚 1.90 米，土质稍硬，土色杂灰。下半部分为长方形坑，也可分两层：上层厚 1.70 米，土质稍硬，土色杂灰；下层厚 4.20 米，土质松软，土色深灰。各层都出土大量陶片和兽骨，陶器可辨器形有罐、鬲、簋、盆、瓮、甗、水管、钵、豆等，可复原鬲 1 件、簋 4 件、甗 1 件、盆 3 件（图一一三）。另有骨镞 6 件、骨锥 3 件、石镰 1 件、卜骨 1 件。

此坑的形制与本次发掘的 H276 非常相似，也是上部为一大坑，坑底有一长方形坑，长方形坑垂直向下，深及地下水面。其功能大致相同，也应是具有冷藏功能的窖穴。

此坑时代属殷墟四期早段。

8．T0427H361

位于 B 区 T0427 中（图一一四）。

口距地表 2.40 米。开口于 H322 下，被 H321、H325 打破，打破 H388、H390、M420。平面形状近似圆角长方形，坑口东西长 4.20、南北宽 1.70～1.80 米。

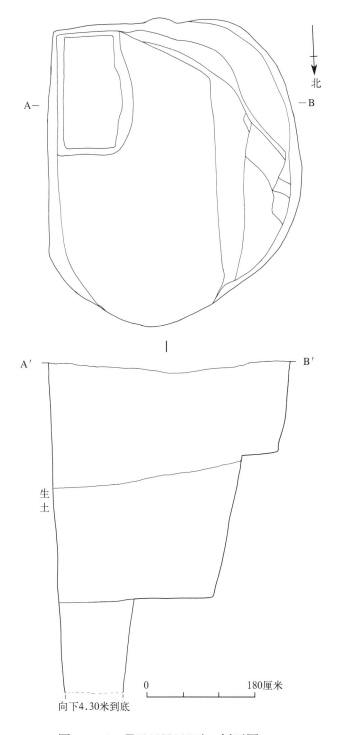

图一一二 T0808H333平、剖面图

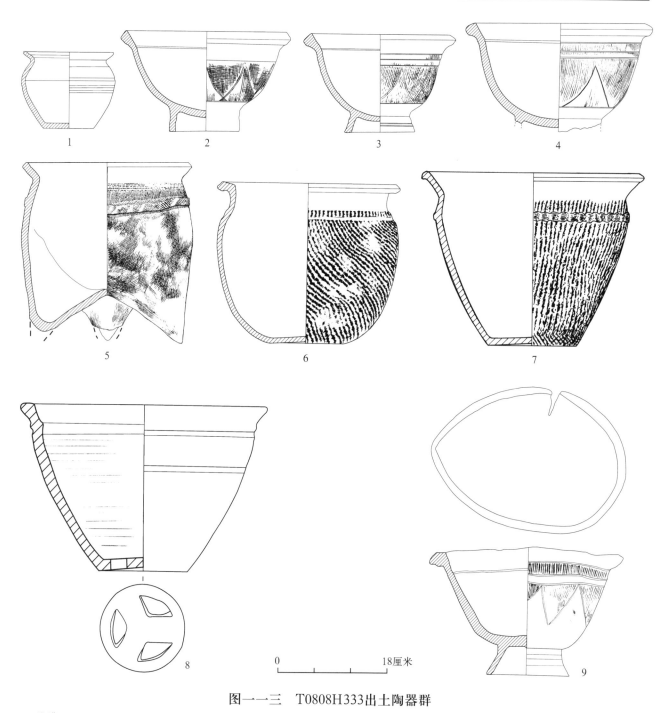

图一一三　T0808H333出土陶器群

1. 陶罐H333：20　2～4、9. 陶簋H333：16、H333：14、H333：13、H333：15　5. 陶鬲H333：4　6、7. 陶盆H333：19、H333：18　8. 陶甑H333：17

坑底平面不规则，平面近似靴形。坑底长4.10、宽0.80～2.10、坑深2.60米。东壁垂直，其他三壁均有不同程度外斜。坑四壁有明显铲形工具痕迹，宽度有0.06～0.08米、0.07～0.09米几种，竖向排列，平头铲状。位于底面中间偏南有一直径0.15米的柱洞，下无础石，仅有夯墩。该柱洞是整个坑室的中心立柱，说明该窖穴是一个有着顶棚设置的储物窖穴或居住址。原坑口上面保存较差，没有发现侧立柱。底面较平整。

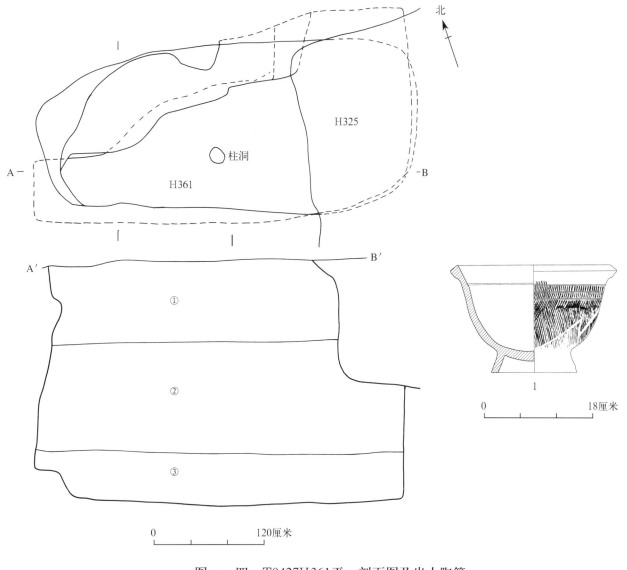

图一一四　T0427H361平、剖面图及出土陶簋

1. 陶簋H361∶5

填土共分三层：第①层厚0.82～0.86米，土质疏松，土色深灰，间杂黄土颗粒和木炭颗粒，兽骨较多，有马肩胛骨和牛骨等，均匀分布于坑内；第②层厚1.12～1.24米，土质疏松，呈黄灰褐绿色，间杂少量黄土颗粒和木炭颗粒，有少量马骨和牛骨等；第③层厚0.52～0.56米，土质疏松，土色深灰褐绿色，含较多木炭颗粒，出有少量马骨（下颌骨）。坑内出土大量陶片，以泥质灰陶为主，有少量红陶。第①层可辨器形有鬲、簋、罐、盆、甑、瓮、豆、瓿等，其中鬲、甑，罐、簋、盆较多；第②层可辨器形有大型鬲、柱足鬲、簋、罐、盆、甑等，其中以簋、罐为主；第③层可辨器形有簋、罐、鬲，其中以罐为主，可复原陶簋1件。另有陶弹丸2件、骨镞1件、陶塑牛首箕形器柄1件。

原为储藏窖穴，也不排除作居址的可能，废弃后为主要生活垃圾坑。

此坑时代属殷墟四期早段。

9．T0803H250

位于 D 区 T0803 中（图一一五）。

口距地表 1.00 米。开口于③层下，打破 H251。平面形状近似圆形，坑口长 1.20、东西宽 1.06、坑深 1.40 米。坑壁陡直。

填土不分层，土质较软，土色灰黄色。出土有陶片及兽骨，陶片中可辨器形有罐、鬲、盆、簋等，纹饰以绳纹为多数，弦纹较少，另有素面陶。在坑的底部还有 1 具不完整并且较散乱的人骨，保存有颅骨、颈椎、肋骨、肱骨、髋骨及股骨，没有脊椎、腰椎、胫骨和脚骨，年龄及性别不详。

H250 原为储藏窖穴，废弃后可能用于某种祭祀活动。

此坑时代属殷墟四期早段。

10．T1417H226

位于 C 区 T1417 中（图一一六）。

口距地表 2.30 米。开口于 F23 上下层夯土之间。平面呈长方形，坑口东西长 2.00、南北宽 1.60、坑底长 1.90、宽 1.60、坑深 4.00 米。口大底小状，坑壁斜直向下，规则整齐，底面平整。

填土为黄花夯土，夯层在 0.1 米左右，夯窝直径 0.05～0.08 米，土质较硬，少见陶片，出土贝 1 件。

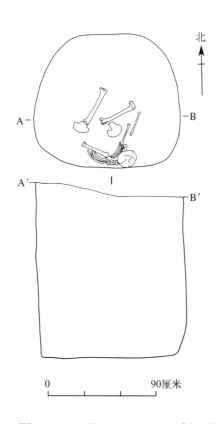

图一一五　T0803H250平、剖面图

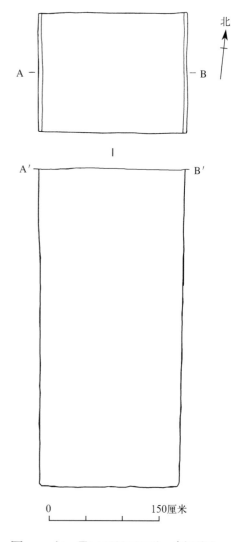

图一一六　T1417H226平、剖面图

　　此坑平面形状非常规整，内填极其坚硬的纯净夯土，可能与 F23 建筑有关。这样的夯土坑在 F23 上下层夯土之间尚有多处。在殷墟遗址的其他区域也时有发现，多见于夯土建筑基址附近，其作用可能与加强建筑基址的牢固程度有关。

　　此坑时代属殷墟四期。

11．T0527H299

　　位于 B 区 T0427 和 T0527 中（图一一七；彩版一四，1）。

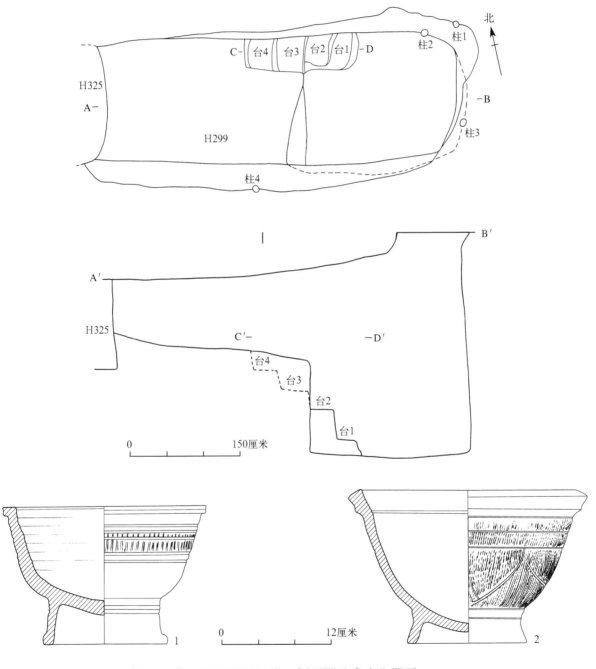

图一一七　T0527H299平、剖面图及出土陶器群

1、2．陶簋H299：5、H299：4

口距地表0.40米。开口于④层下。平面形状呈圆角长方形，坑口东西长5.00、南北宽1.50～1.80、坑深1.30～1.80米。

口部因坍塌不太整齐，西壁被破坏，其余壁基本平整。在东半部的坑口边缘处发现有4个柱洞，洞口直径约8、深10～15厘米。北壁内侧，东、西部上下层结合处共有4个台阶，东部坑底2个台阶靠北壁建于坑底之上，西部坑底2个台阶靠北壁而隐于坑底之下。第一级台阶距坑底高0.20、台面宽0.26、长0.50米；第二级台阶高0.40、台面宽0.32、长0.40米；第三级台阶高0.24、台面宽0.34、长0.48米；第四级台阶高0.26、台面宽0.32、长0.40米。第四级台阶向上0.22米为H299上下出入的一平台。

填土总体为浅灰色，土质松软，多处局部有深灰、黄灰等不同土色的堆积杂于浅灰土之中，但形不成层次。坑内出土大量陶片及兽骨，陶器可辨器形有鬲、簋、罐、盆、尊、罍等，以灰陶和绳纹为主，可复原陶簋2件、小陶罐1件。兽骨有牛骨、牛角、马骨等。另出土陶箕形器、骨笄各1件。

H299修造规范，靠北壁有供人上下的台阶，推断为一长方形窖穴或临时居所。由坑口边缘的柱洞判断，原来该窖穴坑口上应搭建有棚屋。该窖废弃后填生活垃圾。

此坑时代属殷墟四期晚段。

12．T0427H325

位于B区T0427中（图一一八）。

口距地表1.70米。开口于G9下，被H322、H323打破，打破H299、H361、H388。平面形状不规则（原可能为较规则长方形），坑口东西长5.50、南北宽3.10米，坑底东西长3.50、南北宽1.00～1.60、坑深2.20米。坑壁上部斜，距坑口0.40米处。平面近似长方形。坑北壁和东南壁略外斜，其他壁垂直，规则整齐。台阶位于西南角，共三级，至坑底。第一级台阶台面宽0.44、长0.44、台高0.18米；第二级台阶台面宽0.28、长0.42、台高0.24米；第三级台阶台面宽0.40、长0.60、台高0.30米。底略斜倾，西浅东深相差0.16米。

填土可分三层：第①层厚0.34～0.40米，土质疏松，土色呈灰褐色，含木炭颗粒、烧土颗粒和草木灰，出有少量陶片，可辨器形有鬲、簋、罐、盆；第②层厚0.48～0.80米，土质疏松，土色呈灰绿褐色，含较多木炭颗粒、少量烧土颗粒，出大量兽骨及陶片，兽骨中有牛角、羊角、马骨等，陶片可辨器形有鬲、簋、罐、盆、甑；第③层厚0.52～1.06米，土质疏松，土色呈深灰褐色略发绿，含较多木炭颗粒，出土有马腿骨、人上肢骨及大量陶片，陶片可辨器形有鬲、簋、罐、盆等，可复原陶簋2件、小罐1件。另有卜骨2件，绥贝、蚌镰、陶塑牛头、龟壳、鹿角各1件。

H325原为人类起居活动场所或储藏室，废弃后为生活垃圾坑。

此坑时代属殷墟四期晚段。

13．T0428H387

位于B区T0428、T0528中（图一一九；彩版一四，2）。

口距地表2.20米。开口于④层下，打破F56、H315。平面形状近似椭圆形，坑口南北长径1.40、

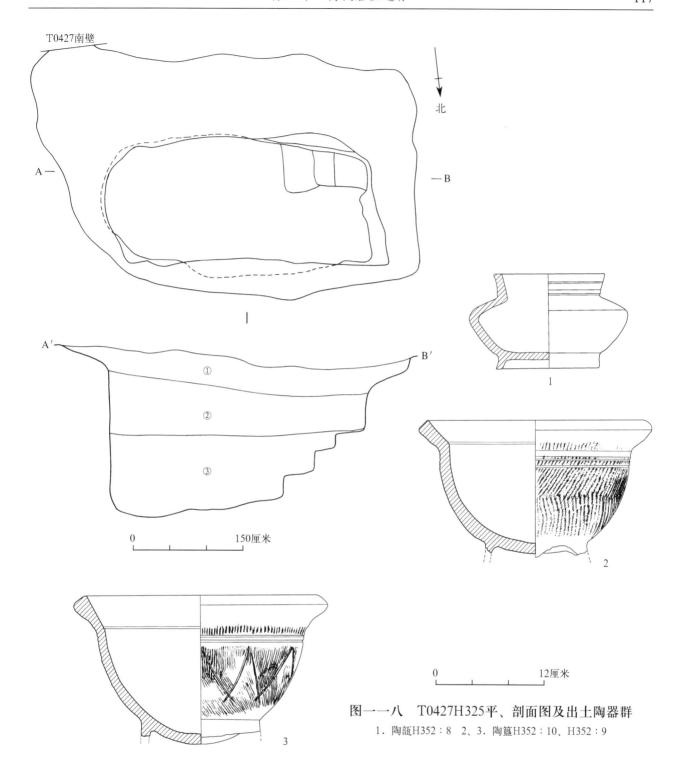

图一一八　T0427H325平、剖面图及出土陶器群
1. 陶瓿H352：8　2、3. 陶簋H352：10、H352：9

东西短径 1.30 米，坑底南北长径 1.50、东西短径 1.30、坑深 0.90 米。坑室除西北边略向外斜，其他坑壁均垂直，较规则整齐，底东部略浅，中部以西较为平整。坑室底部有 1 匹完整的马骨架，头向西北，嘴向西南，脊背向北，前肢向后略蜷曲，后肢则斜直放于腹中部南侧位置。

填土不分层，土质较致密，无明显夯打痕迹。土色浅红褐灰色，含木炭颗粒。出土少许兽骨及陶片。

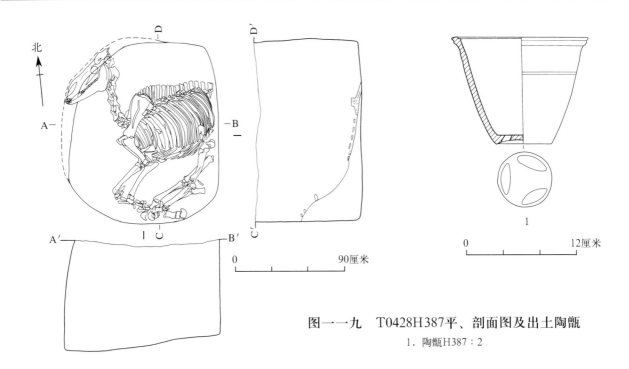

图一一九　T0428H387平、剖面图及出土陶甑

1. 陶甑H387：2

陶器可辨器形有鬲、罐、簋、甑等，可复原陶甑1件。另出土骨镞1件。

此坑原应为一普通窖穴，废弃后作为葬马坑使用。

此坑时代属殷墟四期。

二　出土遗物

除建筑基址院落内的陶器和与之相关的瓮棺葬具等遗物外，其他生活居住址中，共发现陶器、瓷器、铜器、石器、骨器、角器、牙器、蚌器、贝器、卜骨与卜甲等各类遗物1269件。

（一）陶器

陶器是大司空遗址数量最多的遗物。本次发掘共缀合修复各类陶器513件，炊器以鬲为主，另有甑、甗。食器类以簋为主，还有豆、盘、钵、盂等。存贮器类以各种罐为主，另有少量的大、中型瓮；酒器有罍、尊、瓿、贯耳壶等。另有圆饼形器、箕形器、网坠、瓶、球、陶板、陶垫等。在居住类遗迹中没有发现陶觚和爵。

陶质以夹砂灰陶和泥质灰陶最为常见，其次为泥质红陶和夹砂红褐陶，偶可见到泥质黑陶和泥质黑皮陶。纹饰以各种粗细不一的绳纹为大宗，另有弦纹、三角划纹、附加堆纹、压印纹、刻划纹等。

由于殷墟科学发掘已80余年，对陶器的分类研究已有比较成熟的认识。因此，本报告采纳郑振香先生的观点，主要根据可复原的陶器进行型式分析，如果陶片中有形制非常特殊的也可采用，未能复原的陶器一般不用作标本[1]。

---

[1]　中国社会科学院考古研究所编著：《安阳小屯》第87页，世界图书出版社公司，2004年。

居址中出土的陶器和墓葬随葬陶器有其共性，如陶鬲、陶簋、陶豆和 B 型陶罐等都大致相同，在型式分类上本文采用大致相同的型式，但两者之间也有明显的差异，如陶瓬、陶爵、陶三节罐等基本不见于居址中，居址中常见的陶人头罐、红陶圜底罐、陶甑和陶甗也基本不出于墓葬中。因此，在型式分析中，居址和墓葬均常见的器类，采取相同的型式，非共同常见的器类，则分别进行型式分析。

1. 陶鬲

106 件。根据形体特征分十一型。

A 型　65 件。形体较大，是殷墟最常见的鬲种。根据腹部不同分两亚型。

Aa 型　1 件。腹部较直，整个器体呈直筒形。

标本 T0607H384：2，夹砂灰陶。纵长方体。折沿，方唇，腹下部略鼓，裆与三实足较高。腹饰竖中粗绳纹，分裆两侧饰斜绳纹。口径 22.2、高 23.2、裆高 6.0 厘米（图一二〇，1）。

Ab 型　64 件。可分八式。

Ab 型 I 式　11 件。纵长方体，分裆较高，高实足尖。

标本 T0902H331：21，夹砂灰陶。敞口，折沿，双唇，沿面较斜直，内侧有一周凹槽，腹微鼓，三袋足肥硕，最大腹径位于下部，高裆。通体饰粗绳纹。口径 23.6、腹径 27.5、高 26.2、裆高 8.3 厘米（图一二〇，2）。

标本 T0601H357：3，夹砂褐陶。敛口，沿上翘，双唇，矮颈近直，腹中部微鼓。表面有竖绳纹，分裆两侧有横斜绳纹。口径 16.6、腹径 17.5、高 17.2、裆高 3.8 厘米（图一二〇，3）。

标本 T0902H331：1，夹砂灰陶。侈口，平沿，内有一周凹棱，束颈较矮，腹下部微鼓。腹部饰竖绳纹，裆两侧有绳纹。口径 17.8、腹径 20.5、高 20.6、裆高 5.8 厘米（图一二〇，4）。

标本 T0601H357：9，夹砂灰陶。敞口，尖唇，矮颈，腹中部鼓。表面饰竖绳纹，分裆两侧有斜绳纹。口径 17.0、腹径 20.4、高 19.4、裆高 4.6 厘米（图一二〇，5）。

标本 T0601H357：8，夹砂红褐陶。侈口，尖唇，矮颈，腹下部微鼓，裆较高，三实心足。表面饰竖中粗绳纹，分裆两侧饰斜绳纹。口径 21.4、腹径 21.6、高 21.6、裆高 6.2 厘米（图一二〇，6）。

标本 T0601H357：1，夹砂灰陶。侈口，折沿，沿面斜直，腹略直。表面饰粗绳纹。口径 25.3、腹径 27.3、高 29.6、裆高 7.4 厘米（图一二〇，7；彩版一五，1）。

标本 T0601H357：4，夹砂灰陶。侈口，沿上翘，方唇，沿内有一周凹棱，颈下饰有一周弦纹。鼓腹。腹饰竖绳纹，分裆两侧饰斜绳纹。口径 13.9、腹径 17.2、高 15.7、裆高 4.0 厘米（图一二一，1）。

标本 T0902H331：26，夹砂灰陶。侈口，方唇，腹下部鼓。腹饰竖绳纹，分裆两侧有斜绳纹。口径 12.8、腹径 20.8、高 19.0、裆高 6.1 厘米（图一二一，2）。

标本 T0601H357：20，夹砂灰陶。侈口，折沿，双唇，腹略鼓，三实心足。颈下饰竖中粗绳纹，裆两侧有斜绳纹。口径 28.8、腹径 29.0、高 31.0、裆高 6.4 厘米（图一二一，7；图版一，1）。

Ab 型 II 式　11 件。纵长方体，裆和实足尖较 I 式略矮。

标本 T0601H357：5，夹砂灰陶。侈口，沿上翘，方唇，矮颈，腹下部微鼓，实足略残。腹部饰

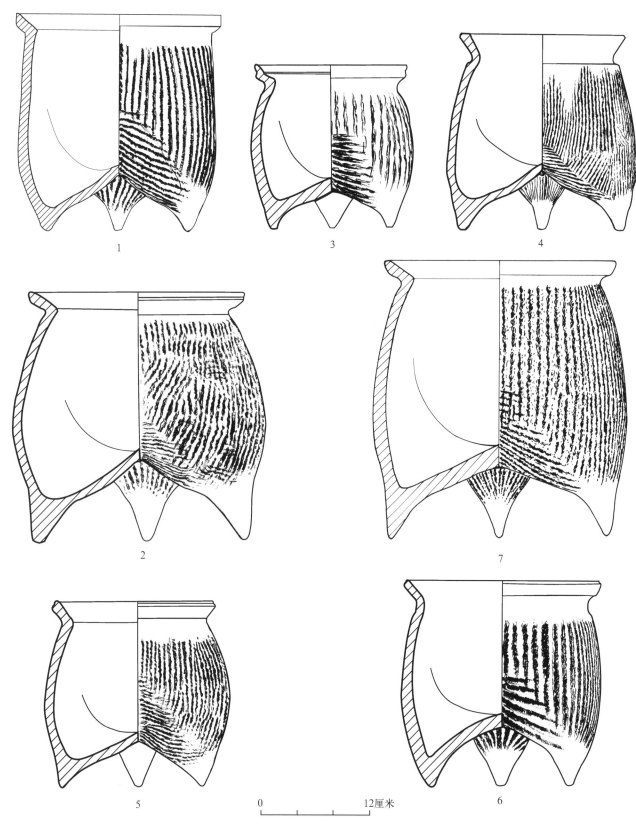

图一二〇　大司空遗址出土商代陶鬲

1．Aa型T0607H384：2　　2～7．Ab型Ⅰ式T0902H331：21、T0601H357：3、T0902H331：1、T0601H357：9、T0601H357：8、
T0601H357：1

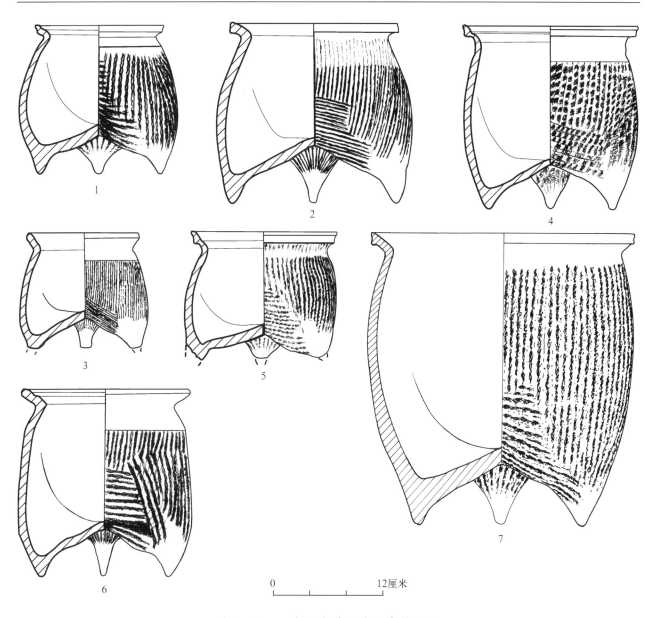

图一二一　大司空遗址出土商代陶鬲

1、2、7. Ab型Ⅰ式T0601H357：4、T0902H331：26、T0601H357：20　3～6. Ab型Ⅱ式T0601H357：5、T0606⑥：1、T1513H178：
1、T0527H98：1

细绳纹，裆两侧有斜绳纹。口径 11.8、高 12.2、裆高 3.2 厘米（图一二一，3）。

　　标本 T0606⑥：1，夹砂灰陶。侈口，沿上翘，方唇，沿内有一周凹棱，矮束颈，鼓腹，裆与实足跟较高，腹部饰竖绳纹，裆两侧有斜绳纹。口径 18.7、腹径 18.5、高 19.4、裆高 4.8 厘米（图一二一，4；彩版一五，2）。

　　标本 T1513H178：1，夹砂红陶。方唇，侈口，矮颈，腹中部微鼓，实足跟稍残。腹部饰中粗竖绳纹，裆两侧饰横绳纹。口径 15.8、腹径 16.3、残高 13.3、裆残高 2.6 厘米（图一二一，5）。

　　标本 T0527H98：1，夹砂红褐陶。侈口，沿上翘，尖圆唇，矮颈，腹下部略鼓。腹饰中粗竖绳纹，裆两侧有横绳纹。口径 18.2、腹径 18.8、高 19.8、裆高 5.0 厘米（图一二一，6；彩版一五，3）。

标本 T0902H331：27，夹砂灰陶。侈口，沿上翘，方唇，鼓腹，三实足尖残。表面饰竖绳纹，分裆两侧饰横绳纹。口径 16.0、腹径 18.4、残高 15.5、裆残高 2.6 厘米（图一二二，1；图版一，2）。

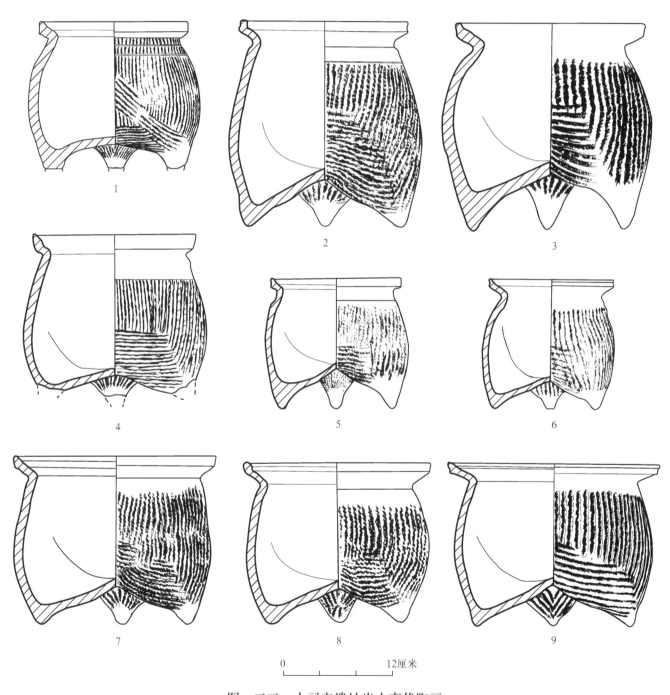

图一二二　大司空遗址出土商代陶鬲

1、2、4. Ab 型 II 式 T0902H331：27、T1613H176：4、T0808H392：1　　3、5、6. Ab 型 III 式 T0425H431②：1、T0425H431②：2、T1412H234：3　　7~9. Ab 型 IV 式 T0707H349：7、T0408H126：13、T0624H30：19

标本 T1613H176：4，夹砂灰陶。侈口，沿上翘，方唇，口沿内有两周凹棱。颈下有一周弦纹，裆与三实足较高。腹饰竖绳纹，分裆两侧饰斜绳纹。口径 18.3、腹径 20.7、高 21.5、裆高 4.7 厘米（图一二二，2）。

标本 T0808H392：1，夹砂灰陶。侈口，折沿，尖唇，沿面内侧略凹，腹略鼓，最大腹径位于下部，实足尖残。通体饰中粗绳纹。口径 16.4、腹径 20.0、残高 16.2、裆残高 2.1 厘米（图一二二，4）。

Ab 型Ⅲ式　3 件。近方体，裆和实足尖较Ⅱ式矮。

标本 T0425H431 ②：1，夹砂灰陶。侈口，沿上翘，圆唇，矮颈，鼓腹，裆与三实足较高。腹饰竖绳纹，裆两侧饰斜绳纹。口径 20.5、腹径 22.2、高 21.8、裆高 5.6 厘米（图一二二，3）。

标本 T0425H431 ②：2，夹砂灰陶。近方体，侈口，沿上翘，沿面内有凹棱一周，方唇，矮颈，略鼓腹，裆与实足跟较高。饰有竖绳纹，裆两侧饰横绳纹。口径 14.0、腹径 15.5、高 13.8、裆高 4.2 厘米（图一二二，5）。

标本 T1412H234：3，夹砂灰陶。侈口，口沿上翘，沿内有凹棱一周，尖唇，腹下部微鼓，裆与实足跟较高，有三个实足尖。腹部饰竖绳纹，裆两侧饰斜绳纹。口径 13.5、高 13.7、裆高 2.8 厘米（图一二二，6；彩版一五，4）。

Ab 型Ⅳ式　6 件。略呈扁方体，裆和实足尖更矮。

标本 T0707H349：7，夹砂灰陶。侈口，沿上翘，方唇，鼓腹，裆与三足较高。表面饰竖中粗绳纹，分裆两侧饰斜绳纹。口径 22.0、腹径 21.2、高 17.5、裆高 3.8 厘米（图一二二，7）。

标本 T0408H126：13，夹砂灰陶。侈口，沿上翘，方唇，矮颈，腹下部略鼓，裆部略高，三足有实足尖。腹部饰竖绳纹，裆两侧有斜绳纹。口径 20.3、腹径 20.0、高 16.7、裆高 3.5 厘米（图一二二，8）。

标本 T0624H30：19，夹砂灰褐陶。侈口，沿上翘，方唇，鼓腹，有三实足尖。腹饰竖绳纹，分裆两侧有斜绳纹。口径 22.2、高 15.0、裆高 4.4 厘米（图一二二，9；彩版一五，5）。

Ab 型Ⅴ式　9 件。最大腹径普遍大于器高，略呈扁方体。裆和实足尖均变矮。

标本 T0803H277：2，夹砂灰陶。侈口，折沿，双唇，沿面较宽且平，内有数周凹槽，腹略鼓，实心足，裆略高，口径明显大于腹径。颈部以下饰中粗绳纹。口径 23.9、腹径 21.8、高 18.3、裆高 4.2 厘米（图一二三，1；图版一，3）。

标本 T0902H305：11，夹砂灰陶。侈口，沿上翘，尖唇，矮颈，腹下部鼓，裆略高，三足有实足尖。表面饰竖直中粗绳纹，分裆两侧饰横斜绳纹。口径 22.9、腹径 24.7、高 18.8、裆高 3.4 厘米（图一二三，2）。

标本 T0608H373：1，夹砂灰陶。侈口，沿上翘，方唇，矮颈，腹下部鼓，裆较高，三袋足下有实足尖。腹饰竖绳纹，分裆两侧有斜绳纹。口径 15.4、高 13.1、裆高 3.0 厘米（图一二三，3）。

标本 T0606H417：2，泥质灰陶。侈口，沿上翘，方唇，矮颈，鼓腹，裆略高，袋足下有实足。腹部饰细竖绳纹，裆两侧饰斜绳纹。口径 14.0、高 11.8、裆高 2.7 厘米（图一二三，4）。

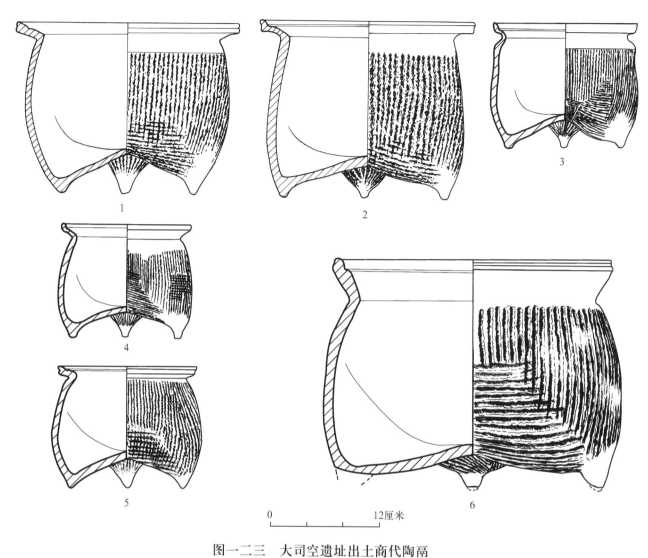

图一二三　大司空遗址出土商代陶鬲

1～6. Ab型Ⅴ式T0803H277：2、T0902H305：11、T0608H373：1、T0606H417：2、T0903H369：8、T0608H374：1

标本 T0903H369：8，泥质灰陶。侈口，口沿内有凹棱一周，方唇，唇部内有凹棱一周，腹部下部微鼓，裆与实足跟较高。腹饰竖绳纹，裆两侧有横绳纹。口径 15.1、高 12.8、裆高 3.2 厘米（图一二三，5）。

标本 T0608H374：1，夹砂灰褐陶。体形肥大。敞口，方唇，沿内有宽 0.5 厘米的凹棱一周，腹部略鼓，腹径大于口径，三袋状足，实足尖残。腹饰竖粗绳纹，裆两侧饰横粗绳纹。口径 30.0、最大腹径 31.9、残高 24.0、残裆高 3.6 厘米（图一二三，6；彩版一五，6）。

Ab 型Ⅵ式　12 件。整器呈扁方体。裆更矮，三足仍有小实足尖。

标本 T0528H428：6，夹砂灰陶。侈口，方唇，口沿上翘，内有一周凹棱，鼓腹。腹部饰中粗竖绳纹，裆两侧有横绳纹。口径 20.5、腹径 21.0、高 14.5、裆高 3.4 厘米（图一二四，1）。

标本 T0902H305：15，夹砂灰陶。侈口，方唇，口沿内有一周凹弦纹，束颈，腹部微鼓，低裆。颈部以下饰竖粗绳纹，裆部饰横粗绳纹。口径 20.0、腹径 20.6、高 13.4、裆高 2.9 厘米（图

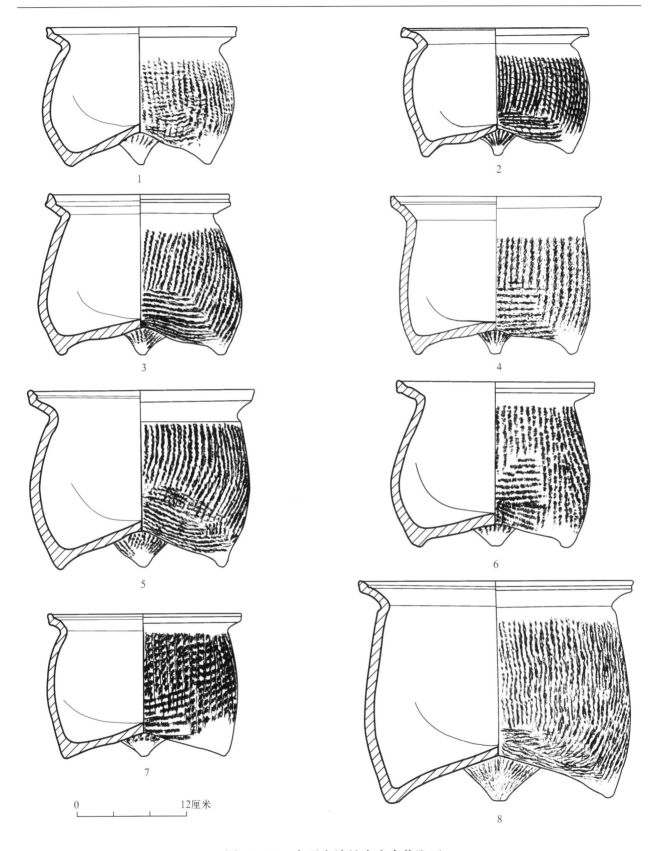

0 　　　　　　12厘米

图一二四 大司空遗址出土商代陶鬲

1～8. Ａb型Ⅵ式T0528H428：6、T0902H305：15、T0902H305：14、T0401H21：2、T0902H305：12、T0401H21：3、T0902H305：13、T0406H3：11

一二四，2）。

标本 T0902H305：14，夹砂灰陶。侈口，双唇，口沿内有一周凹棱，矮颈，腹下部鼓，裆略高。表面饰竖绳纹，分裆两侧饰横绳纹。口径19.8、腹径21.9、残高16.9、裆残高2.7厘米（图一二四，3）。

标本 T0401H21：2，夹砂灰陶。侈口，沿上翘，方唇，矮颈，腹部鼓，矮裆。表面饰竖绳纹，分裆两侧有横绳纹。口径23.0、腹径20.6、高16.8、裆高2.6厘米（图一二四，4）。

标本 T0902H305：12，夹砂灰陶。侈口，沿上翘，尖唇，矮颈，腹部鼓，裆较高，袋足。表面饰中粗竖绳纹，分裆两侧有横绳纹。口径24.3、腹径23.0、高18.6、裆高3.8厘米（图一二四，5；图版一，4）。

标本 T0401H21：3，夹砂灰陶。侈口，沿上翘，方唇，鼓腹，矮裆。表面饰竖中粗绳纹，分裆两侧饰横绳纹。口径21.6、腹径21.8、高17.5、裆高2.4厘米（图一二四，6）。

标本 T0902H305：13，夹砂灰陶。侈口，沿上翘，方唇，沿内侧有凹棱一周，唇内有凹棱一周，腹中部微鼓，裆略高。腹饰竖绳纹，裆两侧有横绳纹。口径21.0、腹径20.5、高15.1、裆高2.6厘米（图一二四，7；彩版一六，1）。

标本 T0406H3：11，夹砂灰陶。侈口，双唇，沿面内侧有凹槽一周，折沿，上腹较直，下部略鼓，裆略高，三袋足。腹饰中粗绳纹，颈部有一周凸棱。口径30.0、腹径28.7、高23.0、裆高4.6厘米（图一二四，8）。

Ab 型Ⅶ式　8件。明显呈扁方体，裆更矮，实足尖基本消失。

标本 T0527④：1，夹砂灰陶。敛口，沿上翘，方唇，沿内有一周凹棱，腹下部外鼓，矮裆。表面饰竖中粗绳纹，分裆两侧饰横斜绳纹。口径21、腹径21.4、高15.9、裆高1.6厘米（图一二五，1；彩版一六，2）。

标本 T0305④A：8，夹砂灰陶。侈口，沿上翘，方唇，矮颈，腹下部鼓，矮裆，三足外侈。腹饰竖中粗绳纹，分裆两侧饰斜绳纹。口径20.2、腹径20.2、高15.8、裆高1.6厘米（图一二五，2）。

标本 T1513H123：2，夹砂灰陶。侈口，折沿，双唇，沿面较宽，内有凹槽一周，腹下部鼓，最大腹位于下部，三袋足肥硕。表面饰绳纹，分裆两侧有横斜绳纹。口径略大于腹径。口径23.3、腹径23.2、高18、裆高1.2厘米（图一二五，3）。

标本 T1512H137：1，夹砂灰陶。侈口，折沿，方唇，沿面内侧有数周凹槽，腹较直，三袋足，矮裆。口径大于腹径。颈部以下饰粗绳纹。口径23.8、最大腹径22.0、高16.9、裆高2.3厘米（图一二五，4）。

标本 T0527H33：1，夹砂灰陶。侈口，口沿上翘，方唇，腹下部鼓，矮裆，袋足肥硕。腹部饰竖绳纹，裆部为横绳纹。口径19.2、腹径19.2、高13.9、裆高2.0厘米（图一二五，5；图版一，5）。

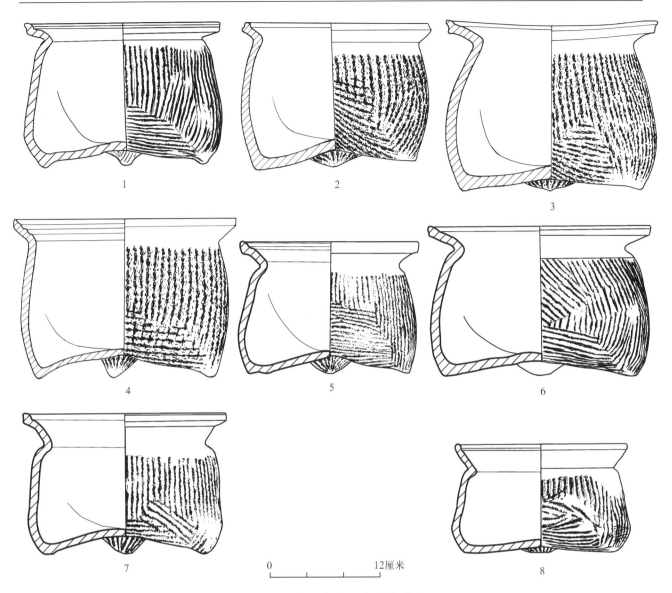

图一二五　大司空遗址出土商代陶鬲

1~6. Ab型Ⅶ式T0527④：1、T0305④A：8、T1513H123：2、T1512H137：1、T0527H33：1、T0705②：1　7、8. Ab型Ⅷ式 T0304④：8、T0304②：3

标本 T0705 ②：1，夹砂灰陶。侈口，方唇，腹外鼓，矮裆，三袋足。表面饰竖粗绳纹，分裆两侧饰横绳纹。口径 24.2、高 15.9、裆高 1.6 厘米（图一二五，6）。

Ab 型Ⅷ式　4件。裆部近平，实足尖消失不见。

标本 T0304 ④：8，夹砂灰陶。侈口，方唇，矮颈，腹下部鼓，矮裆，三足外侈。表面饰竖中粗绳纹，分裆两侧饰横、斜绳纹。口径 20.2、腹径 20.2、高 15.8、裆高 1.6 厘米（图一二五，7）。

标本 T0304 ②：3，夹砂灰陶。侈口，圆唇，腹下部鼓，裆极矮，三袋足外侈。表面饰竖中粗绳纹，分裆两侧有横绳纹。口径 18.8、腹径 19.3、高 11.7、裆高 0.6 厘米（图一二五，8；图版一，6）。

B型　3件。腹部带圆络纹的小型鬲，根据腹、足的变化分两式。

B型Ⅰ式　2件。下腹肥鼓，裆较高，圆络纹隆起较高且规整。

标本T0601H357：6，泥质灰陶。侈口，方唇，颈下饰有一周附加堆纹，腹部鼓，裆略高，有三个实足尖。腹饰交错细绳纹，每个足两侧及中部饰附加堆纹。口径12.8、腹径16.0、高13.9、裆高3.3厘米（图一二六，1）。

标本T0601H357：10，夹砂灰陶。侈口，方唇，矮颈，颈下饰一周附加堆纹，鼓腹，袋足肥硕，实足跟残断。腹饰交错细绳纹，两侧及中部饰附加堆纹。口径13.6、腹径17.3、残高13.8、裆残高1.8厘米（图一二六，2；彩版一六，3）。

B型Ⅱ式　1件。最大腹径上移至中腹，裆较矮，实足尖变小。

标本T0401H75：2，泥质灰褐陶。侈口，尖唇，腹部鼓，裆略高，有三个实足尖。腹部饰交错绳纹，颈下有一周附加堆纹，足腹部两侧及中部饰附加堆纹。口径14.8、腹径17.2、高14.6、裆高3.1厘米（图一二六，3；彩版一六，4）。

C型　10件。长颈。根据腹、足差异分三式。

C型Ⅰ式　1件。分裆较高，三实足尖，口径大于腹径。

标本T0903H267：9，泥质灰陶。敞口，沿上翘，方唇，束颈略高，腹部微鼓，矮裆，三足有实足尖。腹饰竖细绳纹，裆两侧有斜绳纹。口径17.3、腹径15.3、高14.8、裆高2.8厘米（图一二七，1；彩版一六，5）。

C型Ⅱ式　8件。裆部变矮，腹部肥鼓，三实足尖变小，口径小于腹径。

标本T0304H91⑥：2，泥质灰陶。敛口，沿上翘，方唇，矮颈，腹部鼓，腹饰细竖绳纹，裆两侧有斜绳纹。口径12.9、高10.7、裆高1.8厘米（图一二七，2）。

标本T0305H48：1，泥质灰陶。侈口，折沿，方唇，唇内有凹棱一周，矮束颈，鼓腹。腹饰有

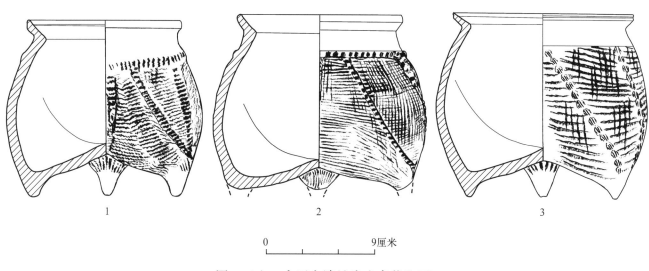

```
0              9厘米
```

图一二六　大司空遗址出土商代陶鬲

1、2. B型Ⅰ式T0601H357：6、T0601H357：10　3. B型Ⅱ式T0401H75：2

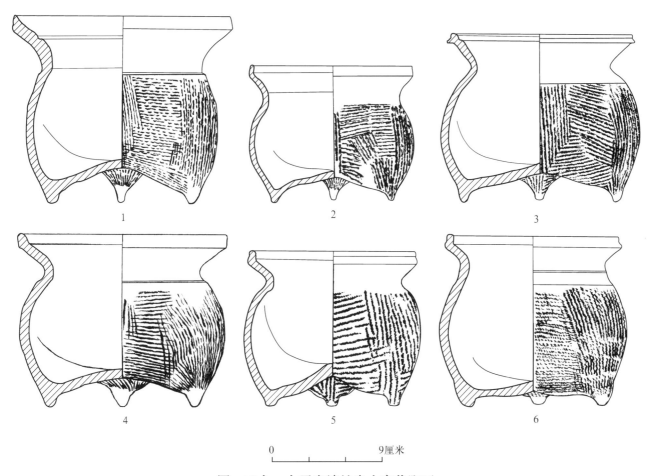

0 ⊢————⊣ 9厘米

图一二七 大司空遗址出土商代陶鬲

1. C型I式T0903H267：9 2～5. C型II式T0304H91⑥：2、T0305H48：1、T0305H48：3、T1313J3：9 6. C型III式T0527H33：2

中粗绳纹。口径15.6、高13.2、裆高2.3厘米（图一二七，3）。

标本T0305H48：3，泥质灰陶。侈口，方唇，束颈较矮，腹中部鼓。腹部表面饰竖绳纹，分裆两侧饰斜绳纹。口径17.1、高13.6、裆高2.2厘米（图一二七，4）。

标本T1313J3：9，泥质红陶。敛口，折沿，方唇，沿内有凹棱一周，矮颈，腹中部略鼓，矮裆。腹饰中粗绳纹。口径13.8、高12.0、裆高2.2厘米（图一二七，5；彩版一六，6）。

C型III式 1件。腹部更肥鼓，裆近平，实足尖退化成小乳凸。

标本T0527H33：2，泥质灰陶。敛口，折沿，腹微鼓，裆底呈略内凹的三角形，裆两侧略鼓，三足下捏出实足尖。腹部表面饰竖绳纹，分裆两侧饰横绳纹。口径14.4、腹径15.4、高13.2、裆高1.0厘米（图一二七，6）。

D型 13件。相对A型大体型鬲来说，该型鬲形体较矮小。根据腹、足部不同分三式。

D型I式 4件。最大腹径在中腹以下，细绳纹。

标本T0528H314：11，夹砂灰陶。近方体，侈口，方唇，矮颈，腹部鼓，裆较高，三实足尖较高。表面饰竖绳纹，分裆两侧有斜绳纹。口径16.8、腹径19.8、高14.7、裆高4.4厘米（图一二八，1；彩版一七，1）。

标本 T0606H417：3，泥质灰陶。扁方体，侈口，折沿，方唇，口沿有凹棱一周，腹部微鼓，有三个实足尖。腹饰竖绳纹，分裆两侧饰斜绳纹。口径 15.1、腹径 15.4、高 12.0、裆高 3.2 厘米（图一二八，3）。

D 型 II 式　7 件。最大腹径上移至中腹以上，绳纹变粗。

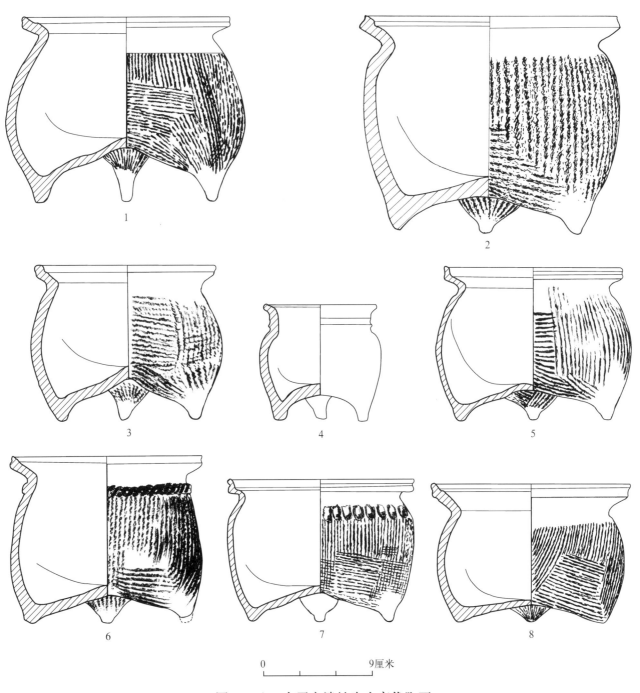

0　　　　　　　9厘米

图一二八　大司空遗址出土商代陶鬲

1、3. D 型 I 式 T0528H314：11、T0606H417：3　2、5～7. D 型 II 式 T0408H126：9、T0401H68：1、T1412④：3、T0605⑤：12　4. E 型 T0305④B：4　8. D 型 III 式 T0902H249：1

标本 T0408H126：9，夹砂灰陶。侈口，折沿上翘，沿内下部有凹槽一周，腹略鼓，裆略高，三实足尖稍高。表面饰绳纹。口径 21.0、腹径 20.6、高 17.2、裆高 2.8 厘米（图一二八，2）。

标本 T1412 ④：3，夹砂灰陶。近方体，侈口，沿上翘，方唇，矮颈，颈下有一周附加堆纹，腹下部鼓，裆略高，三足有实足尖。表面饰竖绳纹，分裆两侧有横绳纹。口径 16.1、腹径 15.8、高 13.2、裆高 2.2 厘米（图一二八，6；彩版一七，2）。

标本 T0401H68：1，泥质灰陶。近方体，沿上翘，方唇，唇内有一周凹棱，矮颈，腹部略鼓，腹径大于口径，裆与实足较高。腹饰中绳纹。口径 14.4、高 12.1、裆高 2.3 厘米（图一二八，5）。

标本 T0605 ⑤：12，泥质灰陶。侈口，沿上翘，方唇，唇内有一周凹棱，腹部微鼓，三足有实足尖。颈下有一周附加堆纹，腹部饰竖绳纹，裆两侧有斜绳纹。口径 15.0、高 11.3、裆高 2.2 厘米（图一二八，7）。

D 型Ⅲ式　2 件。最大腹径在中腹以上，裆较矮，三实足尖消失。

标本 T0902H249：1，夹砂灰陶。唇口，口沿上翘，双唇，唇内一周凹棱，矮颈，腹部微鼓，矮裆，无足跟。腹部饰斜绳纹，裆两侧饰斜绳纹。口径 16.0、高 10.9、裆高 1.4 厘米（图一二八，8）。

E 型　2 件。泥质素面小鬲。该型鬲数量较少，常见于殷墟文化三、四期。

标本 T0305 ④ B：4，泥质灰陶。正方体，侈口，尖圆唇，口沿内有凹棱一周，矮颈近直，略鼓腹，实足跟较高。口径 9.1、高 9.1、裆高 2.1 厘米（图一二八，4）。

F 型　4 件。瘪裆，无实足尖。

标本 T0808H333：4，夹砂灰陶。整器呈长方体，较厚重。侈口，短沿，方唇，腹略直，空心袋足较瘦高，高裆。通体饰细绳纹，颈下饰附加堆纹带一周，上有绳纹，应起加固器体的作用。腹部以下有烟炱。口径 27.5、最大腹径 27.9、残高 28.7、裆残高 7.7 厘米（图一二九，1；图版二，1）。

标本 T0528H314：12，夹砂红陶。侈口，沿略上翘，方唇，矮颈，腹部近平，矮裆，有实足尖。腹部饰斜绳纹。口径 19.2、高 17.7、裆高 3.2 厘米（图一二九，2；彩版一七，3）。

标本 T0601 ③：12，夹砂灰褐陶。近方体，侈口，方唇，矮颈，腹部鼓，裆较高，三实足尖。表面饰竖绳纹，分裆两侧有横绳纹。口径 17.4、腹径 19.4、高 15.6、裆高 3.6 厘米（图一二九，3）。

标本 T0406H3：12，夹砂灰陶。体形较大。敛口，折沿，短沿面，斜直腹，三袋足，高裆。颈下部饰附加堆纹一周，上有分段滚压的绳纹，通体饰中粗绳纹。腹部以下有烟炱。口径 31.8、腹径 31.2、高 28.0、裆高 6.6 厘米（图一二九，4）。

G 型　1 件。宽方唇，腹饰粗绳纹，整体厚重，陶胎多数为灰褐或红褐色。

标本 采：2，夹砂灰褐陶。直口，平沿，尖圆唇，直颈略矮，鼓腹，高裆，三实足尖。表面饰竖绳纹，分裆两侧饰斜绳纹。口径 13.0、腹径 14.9、高 12.7、裆高 3.7 厘米（图一二九，5；彩版一七，4）。

H 型　2 件。柱足鬲。

标本 T0304H91 ④：1，夹砂灰陶。敛口，沿上翘，方唇，沿内有一周凹棱。腹部微鼓，高裆，三袋足下有柱状足。颈下饰有一周附加堆纹，表面饰竖直绳纹，分裆两侧饰横斜绳纹。口径 26.0、腹径26.4、高18.0、裆高4.6厘米（图一二九，6）。

Ⅰ型　3件。大敞口，宽折沿，颈部平折出台。

标本T0305H48：2，夹砂灰陶。方体，敞口，方唇，束颈近直，颈下有一周附加堆纹，腹外鼓，裆高，三足有实足根，呈柱状。表面饰绳纹，分裆两侧饰横斜绳纹。口径16.9、腹径19.1、高17.2、裆高3.9厘米（图一三〇，1；彩版一七，5）。

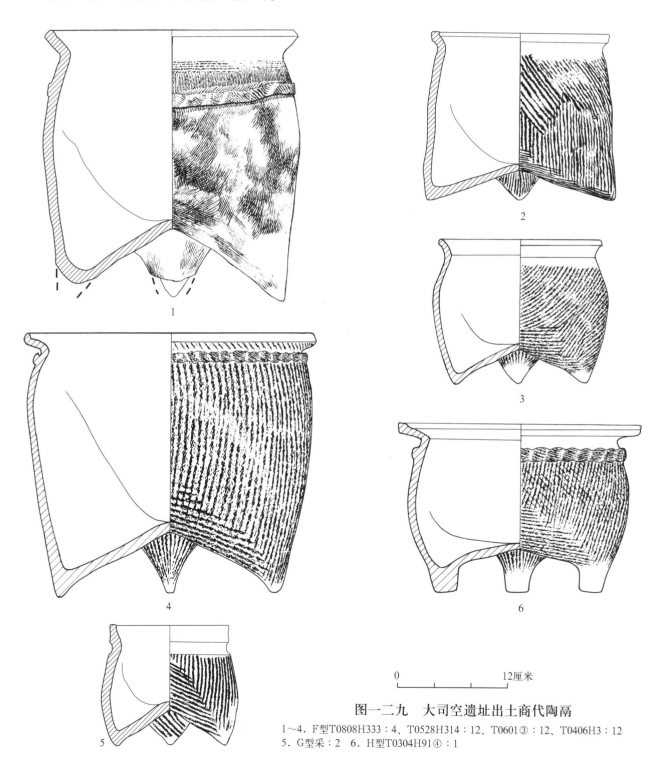

0 ————————— 12厘米

图一二九　大司空遗址出土商代陶鬲

1～4. F型T0808H333：4、T0528H314：12、T0601③：12、T0406H3：12
5. G型采：2　6. H型T0304H91④：1

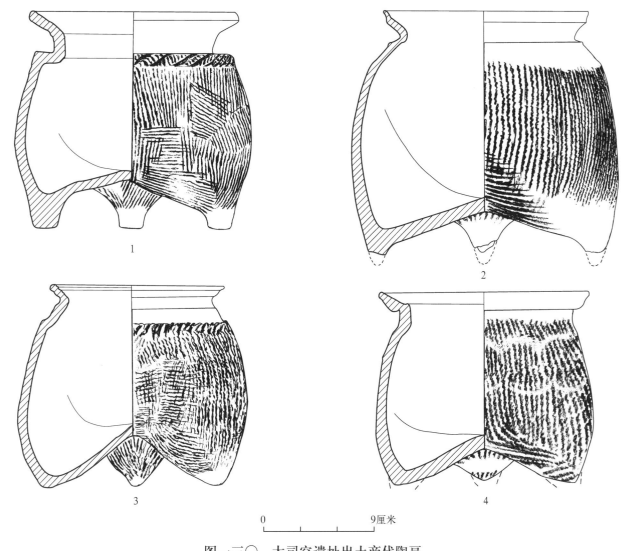

0　　　　　　　　9厘米

图一三〇　大司空遗址出土商代陶鬲

1. I 型T0305H48：2　2、3. J型T0607H384：6、采：9　4. K型T1316H172：1

J 型　2 件。大袋足，腹部肥鼓。

标本 T0607H384：6，夹砂灰陶。近方体，侈口，沿上翘，尖唇，矮颈，腹部微鼓，裆与三实足较高，足尖稍残。表面饰有竖绳纹，分裆两侧饰斜绳纹。口径 16.8、腹径 21.6、残高 19.2、残裆高 2.7 厘米（图一三〇，2；彩版一七，6）。

标本采：9，夹砂灰褐陶。侈口，尖圆唇，束颈较矮，腹部鼓，高裆，三袋足肥硕，实足尖残断。颈下饰一周附加堆纹，腹饰竖绳纹，裆两侧有斜绳纹。口径 14.0、腹径 18.6、残高 15.6、裆高 3.7 厘米（图一三〇，3；图版二，2）。

K 型　1 件。

标本 T1316H172：1，夹砂灰褐陶。侈口，沿斜上翘，尖唇，腹下部略鼓，三实足尖较高。腹饰中粗绳纹。口径 17.0、腹径 17.8、残高 15.0、残裆高 2.5 厘米（图一三〇，4）。

2．陶甗

2件。根据形制不同分两式。

Ⅰ式　1件。分裆较高，袋足较瘦，三实足尖较高。

标本T0601H357：12，夹砂灰褐陶。甑部似敞口盆，尖唇，折沿，外沿高内沿低，形成母口以承盖。腹斜直内收，束腰，鬲部为，三袋足。上下体饰中粗绳纹，腰部抹光一周。腰壁内为圆孔，直径12.7厘米。孔周与器物壁之间呈弧形，略外凸，可放置甗箅。口径31.6、高40.5、裆高7.5厘米（图一三一，1；彩版一八，1）。

Ⅱ式　1件。分裆低矮，袋足肥鼓，实足尖消失。

标本T0605H352：1，夹砂灰陶。甑部似敞口盆，方唇，折沿，沿面较宽，腹上部略鼓，下部内收，束腰；鬲部为三袋足较鼓，矮裆。上下饰中粗绳纹，鬲上部有抹光一周。腰壁内为圆孔，直径11.6厘米。孔周与器物壁之间呈弧形，略外凸，可放置甗箅。口径32.3、高39.4、裆高3.1厘米（图一三一，2；彩版一八，2）。

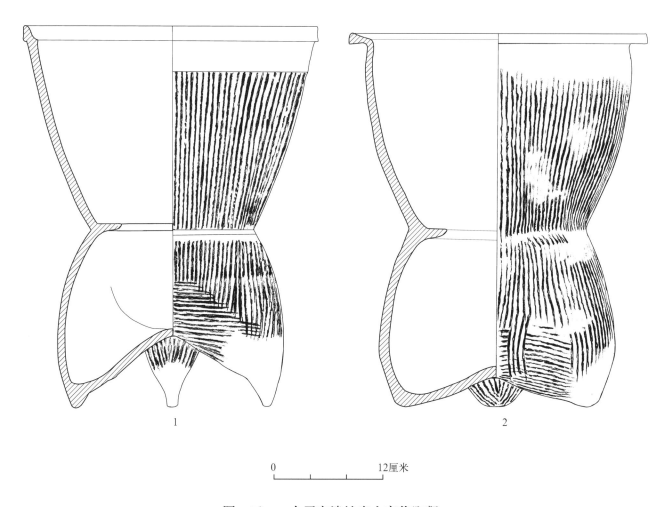

1　　　　　　　　　　　　　　　　　2

0　　　　　　　　12厘米

图一三一　大司空遗址出土商代陶甗

1．Ⅰ式T0601H357：12　2．Ⅱ式T0605H352：1

3．陶甑

28件。根据器形特征不同分三型。

A型　26件。根据甑腹不同分七式。

A型I式　2件。腹壁直，近底内收，底径较大，底部甑孔较大。

标本T1512H198：1，泥质灰黑陶。敞口，方唇，沿面外高内低，形成承盖槽，腹较直，平底，底部有三个扇形孔。腹部有三周弦纹并饰绳纹，口径29.2、底径12.5、高24.0厘米（图一三二，1；图版二，3）。

标本T0528H314：13，泥质深灰陶。敞口，短沿，尖唇，腹部略鼓，平底有三个扇形孔。腹饰竖绳纹，口径30.0、底径11.3、高22.7厘米（图一三二，2；彩版一八，3）。

A型II式　2件。腹稍浅，整体呈盆状。

标本T0305H48：5，泥质灰陶。敞口，斜沿，双唇，平底有三个扇形孔。腹略鼓，口下有一周弦纹，腹饰一周弦纹和竖绳纹。口径29.6、底径11.2、高19.4厘米（图一三二，3）。

A型III式　2件。腹壁斜直，下腹内收，底径变小。

标本T0902H331：31，泥质灰陶。敞口，方唇，底内凹，有三个扇形孔。口沿内有一周弦纹，上腹有两周弦纹，口径30.0、底径11.0、高23.3厘米（图一三二，4）。

标本T0303H4：1，泥质灰褐陶。敞口，沿略斜，方唇，口沿内有一周弦纹，略鼓腹，平底有三个扇形孔。腹饰数周弦纹。口径31.9、底径12.8、高23.0厘米（图一三二，5）。

A型IV式　13件。下腹内收明显，底径更小，外沿面加高，承盖的母口台面变深。

标本T0708H402：1，泥质浅灰陶。敞口，斜沿，方唇，腹部略鼓，平底有三个扇形孔。上腹饰多周弦纹，下腹部有划纹。口径33.6、底径12.6、高25.2厘米（图一三三，1；图版二，4）。

标本T0527H33：3，泥质灰陶。敞口，平沿，尖唇，沿内出台以承盖，上腹略鼓，平底有三个扇形孔。腹饰两周弦纹。口径34.7、底径13.0、高23.9厘米（图一三三，2）。

标本采：18，泥质灰陶。敞口，斜沿，尖唇，平底有三个扇形孔。腹饰有一周弦纹。口径35.0、底径11.5、高25.9厘米（图一三三，3）。

A型V式　3件。平折沿，厚方唇，底径更小，内腹壁偶可见瓦棱纹。

标本T0604H281：3，泥质灰陶。敞口，双唇，上腹微鼓，中腹以下急内收，平底有三个扇形孔。腹部有三周弦纹。口径38.9、底径13.5、高27.2厘米（图一三三，4）。

标本T0428H387：2，泥质浅灰陶。敞口，方唇，沿面有一周凹槽以承盖，斜腹，平底有三个扇形孔。腹饰一周弦纹。口径28.5、底径11.6、高22.8厘米（图一三三，5）。

标本T0903③：3，泥质灰陶。敞口，沿略平，双唇，上腹鼓，平底略内凹，底部有四个扇形孔和一个中心圆孔。腹饰有一周弦纹，内腹壁稍显瓦棱状泥条盘筑痕。口径38.4、底径14.8、高27.6厘米（图一三三，6；图版二，5）。

A型VI式　3件。腹壁斜直，小平底，内外腹壁都有瓦棱状制陶痕迹。

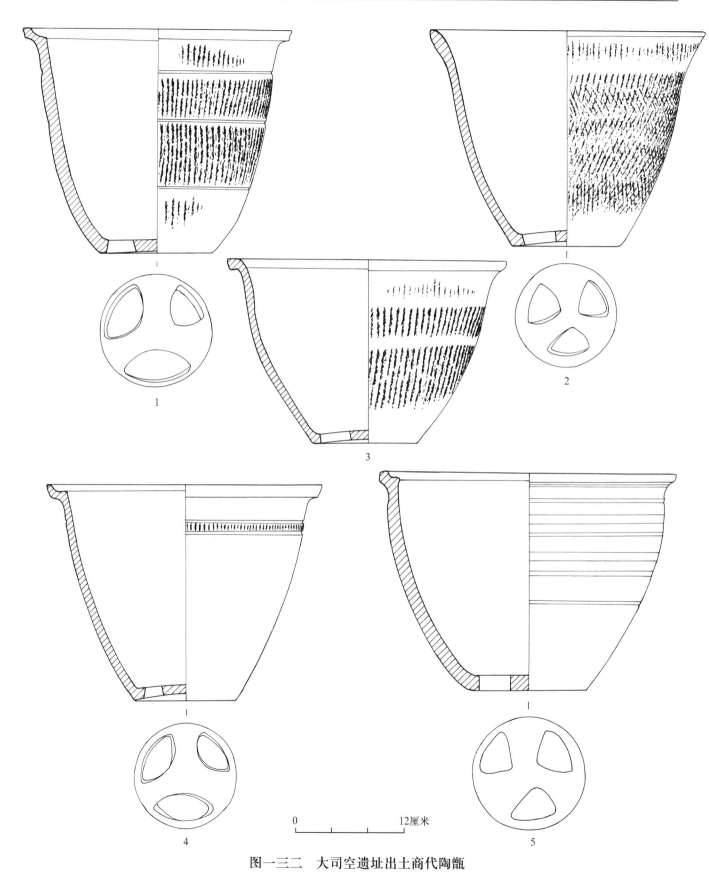

0　　　　　　　　　　12厘米

图一三二　大司空遗址出土商代陶甑

1、2. A型 I 式T1512H198：1、T0528H314：13　3. A型 II 式T0305H48：5　4、5. A型Ⅲ式T0902H331：31、T0303H4：1

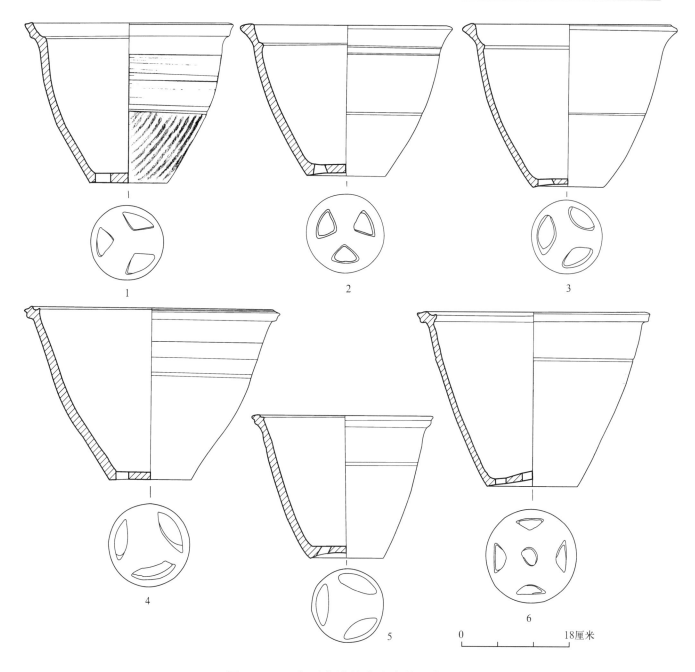

图一三三　大司空遗址出土商代陶甑

1～3. A型Ⅳ式T0708H402：1、T0527H33：3、采：18　4～6. A型Ⅴ式T0604H281：3、T0428H387：2、T0903③：3

标本T0308H128：5，泥质灰陶。敞口，平沿，双唇，口沿内有一周弦纹，上腹略鼓，腹部有一周弦纹，平底，底部有三个扇形孔。口径35.6、底径12.9、高24.6厘米（图一三四，1；彩版一八，4）。

A型Ⅶ式　1件。大口小底，内外腹壁都有明显的瓦棱纹。

标本T0428H315：5，泥质灰陶。敞口，沿略斜，双唇，口沿内有一周弦纹，斜腹，并饰有多周弦纹，平底，底部有三个扇形孔。口径32.8、底径13.0、高24.8厘米（图一三四，2）。

B型　1件。整体似折沿束颈盆，但底部有孔。

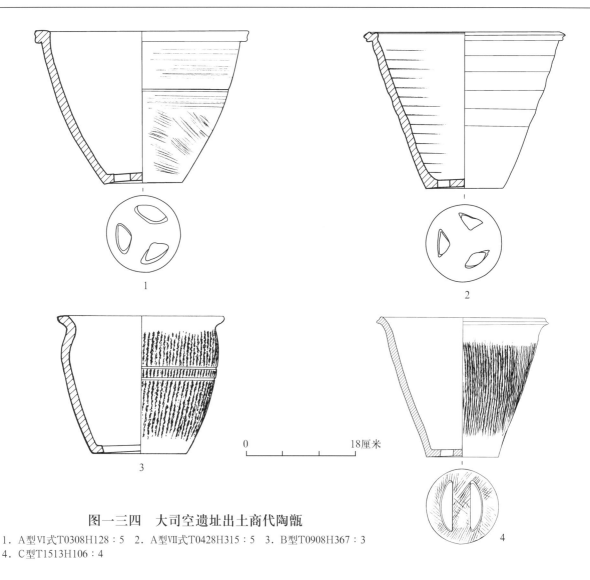

图一三四　大司空遗址出土商代陶甑

1. A型Ⅵ式T0308H128：5　2. A型Ⅶ式T0428H315：5　3. B型T0908H367：3
4. C型T1513H106：4

标本T0908H367：3，泥质灰陶。敞口，平沿，尖圆唇，略鼓腹，大平底，底部甑孔残。腹饰两周弦纹和竖绳纹。口径27.2、底径15.8、高22.2厘米（图一三四，3；彩版一八，5）。

C型　1件。大敞口，斜直腹壁，小平底。

标本T1513H106：4，敞口，短平沿，尖唇，束颈，平底，底部有两个半圆形孔。腹部饰有绳纹。口径28.0、底径11.7、高22.0厘米（图一三四，4；图版二，6）。

4. 陶豆

11件。根据器形不同分四型。

A型　8件。斜沿，浅盘。可分四式。

A型Ⅰ式　2件。大豆盘，盘底较平。

标本T0902H331：32，泥质灰陶。尖唇略宽，平沿外倾，敛腹，底座较高，束腰，呈喇叭形。束腰部饰弦纹数周。口径14.6、圈足径10.6、高7.2厘米（图一三五，1）。

标本T0305H67：1，泥质褐陶。敛口，圆唇，沿面略鼓，束颈，腹略鼓，高圈足宽且竖直。圈

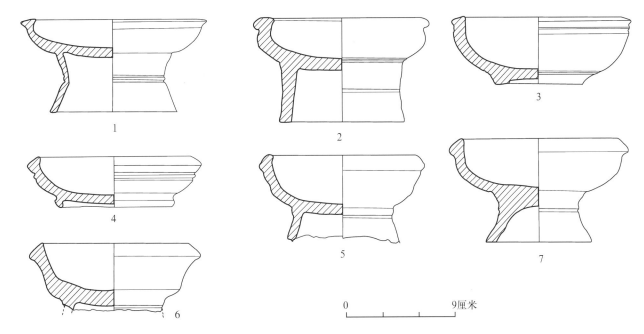

图一三五　大司空遗址出土商代陶豆

1、2. A型Ⅰ式T0902H331：32、T0305H67：1　3、4. A型Ⅱ式T0803H277：5、T0601H357：19　5. A型Ⅲ式T0601H357：17　6、7. A型Ⅳ式采：19、T0902H331：33

足部饰弦纹数周。口径14.3、圈足径10.4、高8.3厘米（图一三五，2；图版三，1）。

A型Ⅱ式　3件。盘壁内斜，底中部较平。

标本T0803H277：5，泥质灰陶。方唇，平沿略外倾，直壁，圜底，圈足残。口径14.6、圈足径6.2、残高5.4厘米（图一三五，3）。

标本T0601H357：19，泥质灰陶。尖厚唇，平沿外倾，直壁，圜底较平，极矮圈足，与盘相似。口径14.0、圈足径9.0、高4.0厘米（图一三五，4；图版三，2）。

A型Ⅲ式　1件。敛口，圜底，底中部稍平。

标本T0601H357：17，泥质灰陶。盘较深，腹稍直，圈足残。口径13.5、残高7.0厘米（图一三五，5；图版三，3）。

A型Ⅳ式　2件。敞口，沿面外斜，底近平。

标本采：19，泥质灰陶。尖唇外侈，宽沿外倾，斜直壁内收，平底，圈足残。器身轮旋纹明显。口径14.1、残高5.5厘米（图一三五，6）。

标本T0902H331：33，泥质灰陶。尖唇，沿面外倾，直壁，底较平，喇叭底座较高。口径14.7、圈足径8.6、高8.2厘米（图一三五，7；图版三，4）。

B型　1件。大型豆。

标本T0428H427：1，泥质灰陶。盘较大，尖唇，平沿略外倾，浅腹，圜底较平，圈足高宽且直，中部有折棱一周。口径24.2、圈足径13.7、高11.3厘米（图一三六，1；图版三，5）。

C型　1件。平沿，浅盘。

标本T0605⑤：14，泥质灰陶。方唇，宽平沿，鼓腹，圜底较平，底座高直外侈。圈足饰弦纹数周。

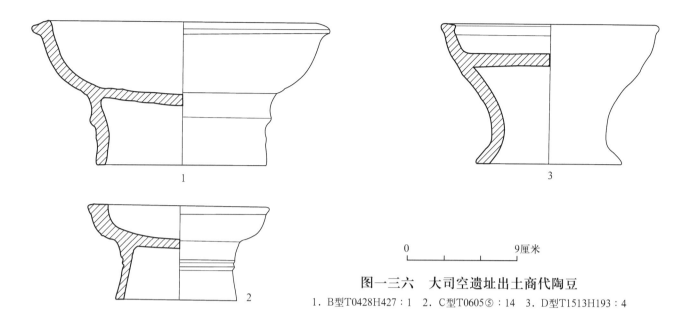

图一三六　大司空遗址出土商代陶豆
1. B型T0428H427：1　2. C型T0605⑤：14　3. D型T1513H193：4

口径14.8、圈足径9.6、高7.4厘米（图一三六，2）。

D型　1件。假腹豆。

标本T1513H193：4，泥质灰陶。敛口，尖唇，沿面内倾，浅盘，直腹，平底，圈足与腹壁相接，呈假腹状，盘座束腰，较高，圈足底外侈，呈喇叭状。口径17.8、圈足径11.9、高11.1厘米（图一三六，3；图版三，6）。

5．陶簋

65件。根据器形特征和装饰风格的差异分七型。

A型　18件。可分五式。

A型Ⅰ式　4件。口沿断面呈T字形，腹壁较直，矮圈足。

标本T0601H357：14，泥质灰陶。敞口，圆唇，沿面外斜略鼓，圜底，矮宽圈足外侈。腹部饰凹弦纹数周。口径27.2、圈足径15.0、高17.2厘米（图一三七，1；图版四，1）。

标本T0601H357：13，泥质灰陶。敞口，沿略宽，沿面略鼓，圜底较平，矮圈足外撇。颈部饰弦纹数周，圈足底部有少量绳纹。口径25.8、圈足径14.6、高15.6厘米（图一三七，2；彩版一九，1）。

标本T0601H357：16，泥质灰陶。敞口，圆唇，面略鼓，圜底较平，矮宽圈外撇。器表饰弦纹数周，圈足底部有被打磨过的绳纹。口径21.7、圈足径13.6、高14.1厘米（图一三七，3；图版四，2）。

A型Ⅱ式　8件。口沿断面仍呈T字形，腹壁内收，圈足较Ⅰ式略高。

标本T0425H431②：12，泥质灰陶。敞口，平沿，尖圆唇，沿中部略鼓，圜底，矮圈足外撇呈喇叭形。颈部及腹部饰弦纹数周。口径26.0、圈足径13.2、高18.1厘米（图一三七，4）。

标本T1515H210：8，泥质灰陶。敞口，尖圆唇，沿面圆鼓，圜底较平，矮圈足。腹部有数周弦纹。口径 25.9、圈足径 13.3、高 17.5 厘米（图一三七，5；图版四，3）。

A 型Ⅲ式　3 件。口沿内侧出现一周凹弦纹。

标本 T0524H53：1，泥质灰陶。敞口，圆唇，弧腹，圜底，圈足略高。器腹饰数周弦纹。口径 23.8、圈足径 15.0、高 15.6 厘米（图一三八，1；图版四，4）。

标本 T0601H357：15，泥质灰陶。方唇，平沿，沿面略外斜，腹上部较竖直，下部斜内收，圜底，矮圈足外侈。颈及腹部饰弦纹数周，圈足部饰弦纹一周。口径 20.0、圈足径 10.8、高 12.4 厘米（图一三八，2）。

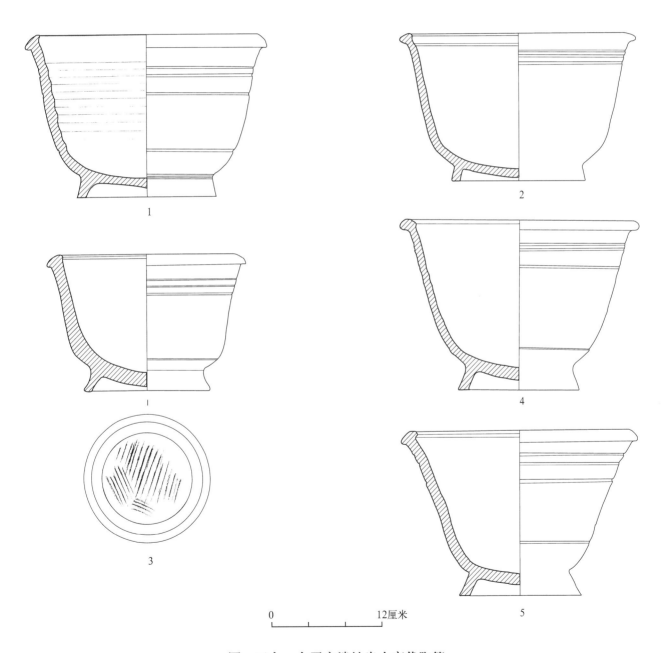

0　　　　　　　12厘米

图一三七　大司空遗址出土商代陶簋

1～3. A 型Ⅰ式 T0601H357：14、T0601H357：13、T0601H357：16　4、5. A 型Ⅱ式 T0425H431②：12、T1515H210：8

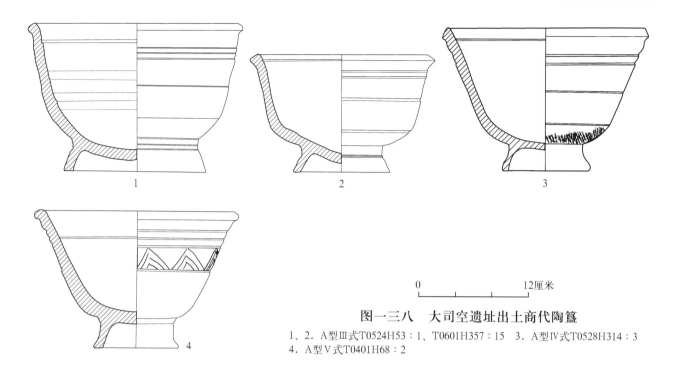

0　　　　　　　　12厘米

图一三八　大司空遗址出土商代陶簋

1、2. A型Ⅲ式T0524H53：1、T0601H357：15　3. A型Ⅳ式T0528H314：3
4. A型Ⅴ式T0401H68：2

A型Ⅳ式　2件。口沿内侧有一周凹弦纹，下腹近圈足处出现绳纹。

标本T0528H314：3，泥质灰陶。敞口，尖唇，沿面略鼓，腹急收，圜底，矮圈足外侈。上中腹饰数周弦纹，下腹近底处饰稀疏绳纹。口径22.5、圈足径9.8、高15.1厘米（图一三八，3；图版四，5）。

A型Ⅴ式　1件。口沿内侧凹弦纹下移，上腹部有三角划纹。

标本T0401H68：2，泥质灰陶。敞口，尖圆唇，下腹斜内收，圜底，小圈足高而外撇。腹上部刻划三重三角纹，其上下各饰数周弦纹。口径22.2、圈足径9.3、高14.4厘米（图一三八，4；图版四，6）。

B型　39件。厚方唇，腹饰绳纹和三角划纹。根据形制和装饰风格的变化分八式。

B型Ⅰ式　4件。厚唇，深腹，上、下腹分别饰一周小、大三角纹，其间以弦纹分隔，三角内填以绳纹，整体制作非常规整。

标本T0607H399：1，泥质灰陶。敞口，圆唇，腹内收，圜底，高圈足外撇。沿下内壁有一周弦纹，腹饰弦纹、三角划纹和绳纹。口径24.5、圈足径11.7、高16.4厘米（图一三九，1）。

标本T0304H130：1，泥质灰陶。敞口，方唇，沿面外倾，圜底，高圈足外撇。沿下内壁有弦纹一周，圈足上饰数周弦纹。口径28.8、圈足径13.4、高20.4厘米（图一三九，2；图版五，1）。

标本T0902H305：16，泥质灰陶。敞口，尖圆唇，折沿，沿略外倾，圜底较平，高圈足较直。沿内侧有一周弦纹，圈足饰数周弦纹。口径28.8、圈足径15.4、高20.5厘米（图一三九，3）。

标本T0408H126：11，泥质黑灰陶。敞口，厚圆唇，圜底，圈足残。沿下内壁饰一周弦纹，在上腹刻划小三角纹带内有一对兽首。口径28.8、残高17.6厘米（图一三九，4；彩版一九，2）。

B型Ⅱ式　2件。厚唇，上腹部小三角纹消失，仅余对称兽首饰，下腹饰多重刻划三角纹。

标本 T1315H213：3，泥质灰陶。敞口，方唇，束颈，圜底，高圈足，圈足近底盘座外折。腹饰多重刻划大三角纹和数周弦纹，其间填以绳纹。口径26.0、圈足径15.2、高18.2厘米（图一三九，5；彩版一九，3）。

标本 T0903H267：14，泥质灰陶。敞口，方唇，高圈足，足底部略内折。沿内侧饰一周弦纹，口沿最外部饰细密绳纹，颈部饰稀疏绳纹，上腹部均匀贴塑三兽首，下腹饰二重三角划纹，双重刻

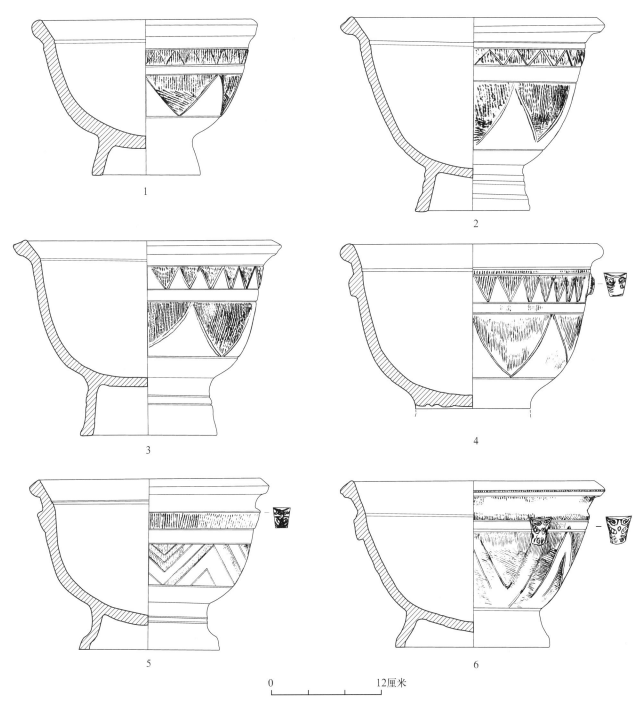

0   12厘米

图一三九　大司空遗址出土商代陶簋

1～4. B型Ⅰ式T0607H399：1、T0304H130：1、T0902H305：16、T0408H126：11　5、6. B型Ⅱ式T1315H213：3、T0903H267：14

划纹之间素面磨光，其余均饰细绳纹。口径29.2、圈足径16.8、高17.6厘米（图一三九，6；图版五，2）。

B型Ⅲ式　3件。厚唇，中腹以下刻划大三角纹，三角纹内做磨光处理，不见绳纹痕迹。

标本T0308H128：6，泥质灰陶。敞口，方唇，沿下内壁有一周弦纹，束颈，腹内收，圜底较平，矮圈足外撇。口径25.6、圈足径11.0、高17.6厘米（图一四〇，1；图版五，3）。

B型Ⅳ式　6件。腹部大三角纹内虽做磨光处理，但磨光草率，绳纹痕迹犹存。

标本T1512H137：2，泥质灰陶。敞口，双唇，口沿下外壁有一周凸棱，内壁有弦纹一周。腹内收，圜底，圈足外撇。口径27.6、圈足径14.5、高18.6厘米（图一四〇，2）。

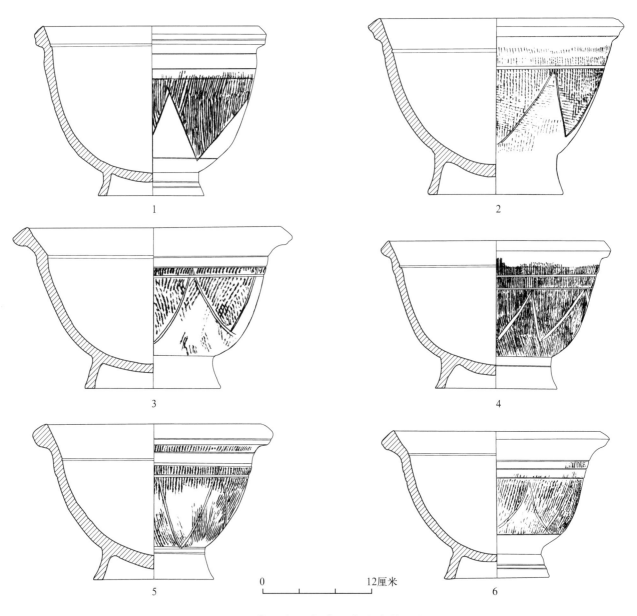

0　　　　　　　12厘米

图一四〇　大司空遗址出土商代陶簋

1. B型Ⅲ式T0308H128：6　2、3. B型Ⅳ式T1512H137：2、T1516③：3　4～6. B型Ⅴ式T0602H231：2、T0604H281：5、T0808H333：14

标本 T1516 ③：3，泥质灰陶。敞口，尖圆唇，沿外倾，沿内有一周凹弦纹，略束颈，腹渐内收，圜底，圈足外撇。口径 30.4、圈足径 15.0、高 16.8 厘米（图一四〇，3；彩版一九，4）。

B 型 V 式　　11 件。腹部先做绳纹，再在绳纹上刻划大三角纹，三角纹内的绳纹不再磨去，或者简单打磨部分，大部分绳纹犹存，刻划三角纹也不如以前规整。

标本 T0602H231：2，泥质灰陶。敞口，尖圆唇，腹稍内收，圜底，圈足外撇。腹部刻划三角纹内绳纹未做打磨。口径 25.4、圈足径 13.1、高 15.6 厘米（图一四〇，4；图版五，4）。

标本 T0604H281：5，泥质灰陶。敞口，肥厚方唇，微束颈，腹缓内收，圜底，高圈足外撇。腹饰弦纹、细绳纹和刻划三角纹，三角纹内绳纹未全部抹去。口径 26.6、圈足径 13.2、高 16.6 厘米（图一四〇，5）。

标本 T0808H333：14，泥质灰陶。侈口，方唇，腹内收，圜底，高圈足外撇。腹部刻划弧线三角纹。口径 24.6、圈足径 11.4、高 15.3 厘米（图一四〇，6；彩版一九，5）。

标本 T0304H91 ①：6，泥质灰陶。敞口，方唇，沿面外倾。束颈，腹内收，圜底，高圈足外撇。腹部刻划大三角纹直到圈足，整个腹部全饰细绳纹。口径 28.8、圈足径 14.4、高 19.4 厘米（图一四一，1）。

标本 T0308H142：6，泥质灰陶。敞口，厚方唇，沿面外倾，腹内收，圜底。腹下部饰凌乱大三角划纹。口径 27.8、圈足径 14.4、高 17.8 厘米（图一四一，2）。

标本 T0604H281：6，泥质灰陶。敞口，厚方唇，腹内收，圜底，矮圈足外撇。上腹部饰竖绳纹，上下兼饰弦纹，下腹部饰交错细绳纹，并简单刻划大三角纹。口径 23.6、圈足径 12.3、高 14.6 厘米（图一四一，3）。

B 型 VI 式　　6 件。器腹变浅，腹部所饰刻划三角纹较为凌乱。

标本 T0527H299：4，泥质灰陶。敞口，双唇，沿面略外倾。口径 26.0、圈足径 13.2、高 16.0 厘米（图一四一，4；图版五，5）。

标本 T0605 ④：7，泥质灰陶。敞口，厚方唇，沿面外倾，颈微束，下腹急内收。腹饰竖绳纹和刻划三角纹。口径 29.0、圈足径 14.0、高 17.2 厘米（图一四一，5）。

标本 T1512 ②：1，泥质灰陶。敞口，尖圆唇，沿略外倾，束颈，收腹，圜底，矮圈足。腹饰凌乱刻划三角纹，通体饰细绳纹。口径 25.3、圈足径 13.0、高 16.5 厘米（图一四一，6；图版五，6）。

B 型 VII 式　　4 件。器腹变浅，腹部刻划三角纹更为简化，有的成为简单的连续"之"字纹。

标本 T0527 ③：1，泥质灰陶。敞口，沿面外倾，腹略内收，圜底，矮圈足。通体饰细绳纹，颈部饰弦纹数周，腹部饰凌乱大三角划纹。口径 29.1、圈足径 15.8、高 17.2 厘米（图一四二，1）。

标本 T0427H361：5，泥质灰陶。敞口，尖唇加厚，沿面外撇，腹内收，圜底，矮圈足。腹部通体饰细绳纹，其上刻划连续"之"字纹。口径 27.5、圈足径 13.8、高 17.2 厘米（图一四二，2；图版六，1）。

B 型 VIII 式　　3 件。腹部通体饰绳纹，该型常见的刻划三角纹退化殆尽。

标本 T0528 ②：1，泥质灰陶。体形较小，敞口，尖圆厚唇，腹内收，圜底，圈足外撇。腹饰弦

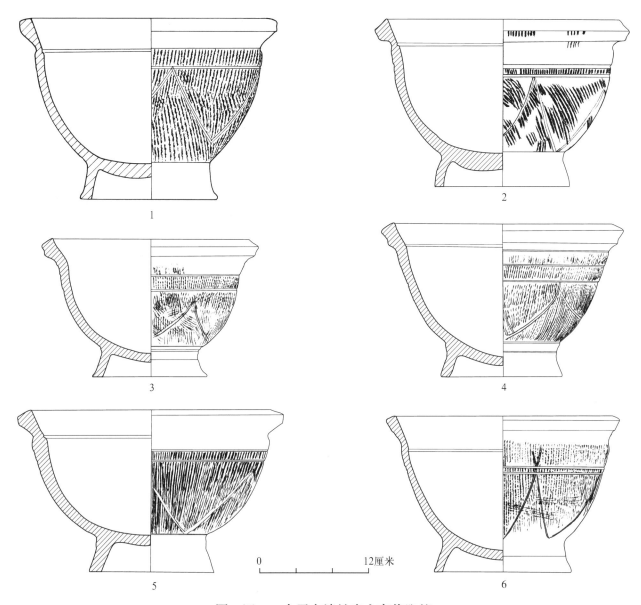

0   12厘米

图一四一　大司空遗址出土商代陶簋

1~3. B型V式T0304H91①：6、T0308H142：6、T0604H281：6　4~6. B型Ⅵ式T0527H299：4、T0605④：7、T1512②：1

纹和绳纹。口径18.0、圈足径9.6、高10.5厘米（图一四二，3；图版六，2）。

标本T0903H267：15，泥质灰陶。侈口，方唇，腹内收，高圈足较直。腹饰数周弦纹，弦纹间饰竖直细绳纹。口径24.0、圈足径11.3、高16.9厘米（图一四二，4）。

C型　3件。敞口，圆唇，颈微束，腹稍外鼓，圜底，高圈足外撇。

标本T0528H416：8，泥质灰陶。仅腹部饰数周弦纹，余均素面磨光。口径25.8、圈足径13.5、高19.7厘米（图一四二，5；彩版一九，6）。

D型　1件。方唇，平沿，腹壁较直，圜底较平，高圈足，底座口部外凸。

标本T0527H299：5，泥质灰陶。腹部和圈足各饰数周弦纹，其中上腹部两弦纹间填竖线纹。口径22.0、圈足径13.7、高14.6厘米（图一四二，7；图版六，3）。

E 型　2 件。形体较小，侈口，束颈，折肩，鼓腹，矮圈足呈喇叭形。

标本 T0406H56：1，泥质灰陶。方唇，下腹斜内收，圜底。仅颈部饰数周弦纹。口径 11.2、圈足径 6.6、高 8.6 厘米（图一四二，6；图版六，4）。

F 型　1 件。敞口，浅腹，矮圈足。

标本 T0425H431 ②：15，泥质灰陶。平沿略鼓，腹缓慢内收成圜底。腹下饰一周弦纹。口径 27.4、圈足径 15.9、高 12.6 厘米（图一四二，8；图版六，5）。

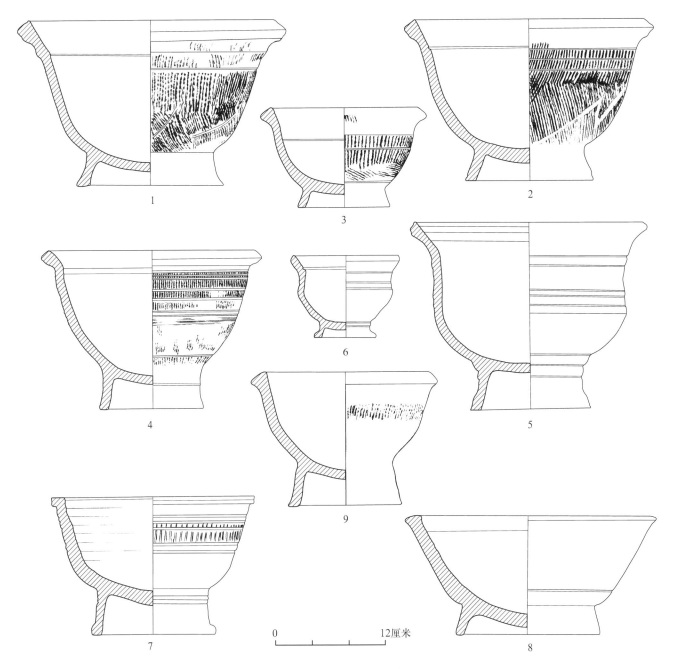

图一四二　大司空遗址出土商代陶簋

1、2. B 型Ⅶ式 T0527③：1、T0427H361：5　　3、4. B 型Ⅷ式 T0528②：1、T0903H267：15　　5. C 型 T0528H416：8　　6. E 型 T0406H56：1　　7. D 型 T0527H299：5　　8. F 型 T0425H431②：15　　9. G 型 T1516③：4

G型　1件。侈口，尖唇，高圈足略外撇。

标本 T1516 ③：4，泥质灰陶，腹部饰细绳纹一周。口径 20.0、圈足径 12.2、高 14.0 厘米（图一四二，9；图版六，6）。

6. 陶盆

52件。根据器形特征不同分九型。

A型　29件。根据口沿和腹、底变化分六式。

A型Ⅰ式　3件。口沿圆折或窄折沿，上腹圆鼓，下腹内收，大平底略内凹。

标本 T0601H357：21，泥质灰陶。敞口，短沿圆折，尖唇。腹饰弦断绳纹。口径 29.8、底径 13.8、高 21.8 厘米（图一四三，1；彩版二〇，1）。

标本 T0601H357：22，泥质灰褐陶。敞口，窄折沿，尖唇。中腹饰弦断绳纹，下腹素面。口径 26.4、底径 10.2、高 19.0 厘米（图一四三，2；图版七，1）。

标本 T0902H331：30，泥质深灰陶。敞口，窄折沿，尖唇，沿面外倾。中腹饰弦断绳纹，肩部和下腹部均素面。口径 28.7、底径 13.0、高 19.9 厘米（图一四三，3；图版七，2）。

A型Ⅱ式　7件。折沿加宽，大平底略内凹。

标本 T1512H198：2，泥质灰陶。敞口，折沿，方唇，腹下部内收。中腹饰弦断绳纹，肩部饰数周弦纹，下腹素面。口径 26.0、底径 13.2、高 19.2 厘米（图一四三，4）。

标本 T1515H210：12，泥质灰陶。敞口，斜折沿，方唇，腹部略鼓。腹饰两周凹弦纹，余均素面。口径 25.1、底径 12.0、高 18.4 厘米（图一四三，5；图版七，3）。

A型Ⅲ式　9件。厚唇，折沿加宽，器腹内沿下出现一周凸棱，底径与口径之比变小。

标本 T1513H187：1，泥质灰陶。敞口，宽折沿，沿面外倾，厚方唇。腹部仅饰一周弦纹。口径 31.2、底径 12.6、高 21.8 厘米（图一四三，6）。

A型Ⅳ式　5件。大宽折沿，厚唇。器腹内沿下凸棱更加突出，腹向外突出更甚，底径与口径之比更小。

标本 T0608H374：4，泥质灰陶。敞口，宽平折沿，双唇。中腹以上饰弦断绳纹，下腹素面。口径 37.1、底径 14.0、高 24.4 厘米（图一四四，1）。

标本 T0607H406：3，泥质灰陶。敞口，宽平沿，方唇，上腹略鼓。腹饰弦断绳纹，下腹素面。口径 41.9、底径 15.4、高 30.7 厘米（图一四四，2；图版七，4）。

A型Ⅴ式　3件。平沿，沿内壁出台以承盖，中腹以下急内收，底径与口径之比更小，底内凹。

标本 T0304H120：1，泥质灰陶。敞口，平沿，尖圆唇。整器素面。口径 42.9、底径 15.2、高 27.1 厘米（图一四四，3；图版七，5）。

A型Ⅵ式　2件。宽平沿，沿内壁出台加宽，斜直腹，小平底，器腹内外出现瓦棱状制陶痕迹。

标本 T0605 ⑤：16，敞口，平沿，尖唇。腹饰数周弦纹。口径 25.0、底径 8.9、高 17.8 厘米（图一四四，4；图版七，6）。

B型　7件。大口卷沿盆。根据器形不同分三亚型。

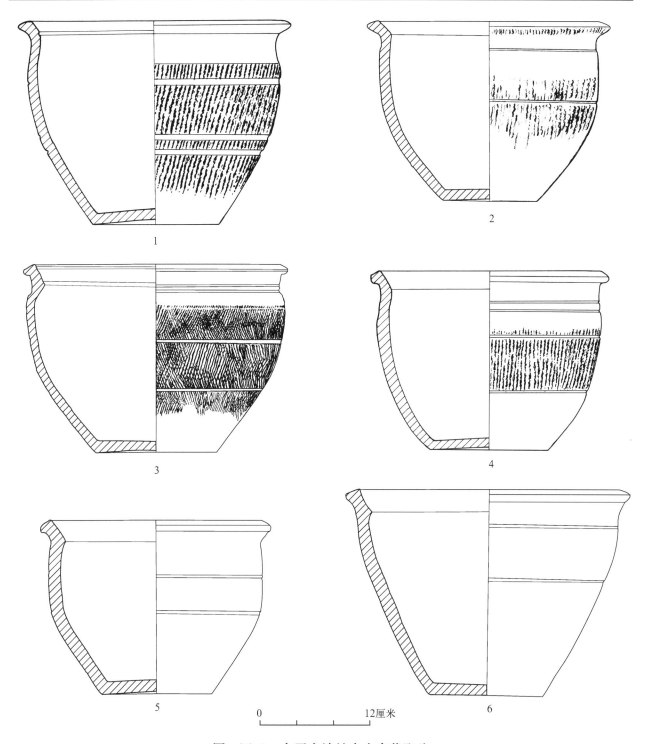

图一四三　大司空遗址出土商代陶盆

1~3. A型Ⅰ式T0601H357：21、T0601H357：22、T0902H331：30　　4、5. A型Ⅱ式T1512H198：2、T1515H210：12　　6. A型Ⅲ式 T1513H187：1

　　Ba型　2件。大敞口，卷沿，深腹，小平底。

　　标本T0902H305：2，泥质灰陶。斜沿，方唇，上腹略鼓，平底略内凹。腹饰交错绳纹。口径 34.0、底径15.3、高27.0厘米（图一四四，5；彩版二〇，2）。

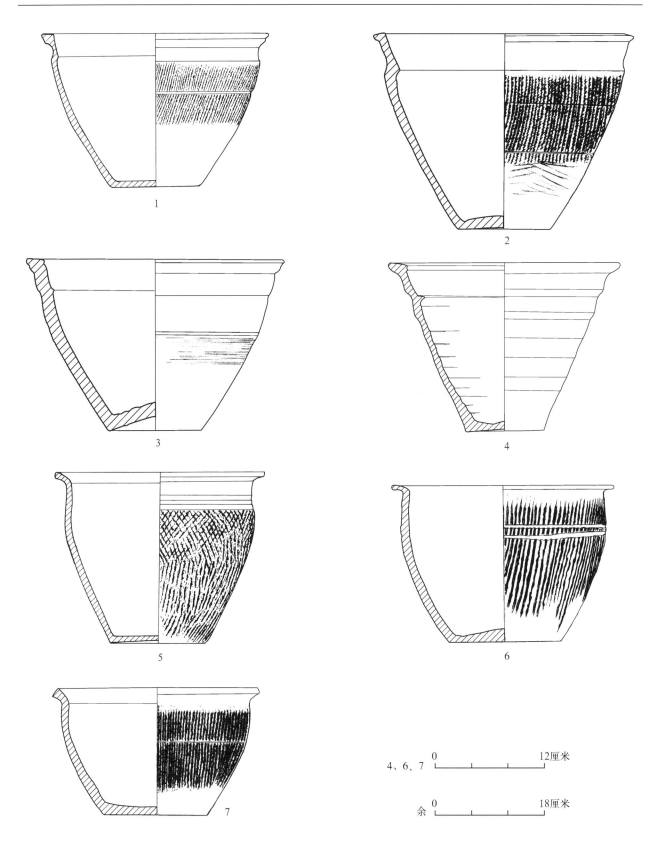

4、6、7 ├─────────┤
0　　　　　12厘米

余 ├─────────┤
0　　　　　18厘米

图一四四　大司空遗址出土商代陶盆

1、2. A型Ⅳ式T0608H374：4、T0607H406：3　3. A型Ⅴ式T0304H120：1　4. A型Ⅵ式T0605⑤：16　5、6. Ba型T0902H305：2、T0403H81：1　7. Bb型T0528H428：7

标本 T0403H81：1，泥质红陶。方唇，上腹略鼓。腹饰弦断绳纹。口径 24.2、底径 12.1、高 16.5 厘米（图一四四，6）。

Bb 型　4件。卷沿，束颈，腹较浅，大平底。

标本 T0528H428：7，泥质灰陶。敞口，方唇，腹略鼓，下腹内收。腹饰竖绳纹，中腹绳纹被抹去一周。口径 22.8、底径 11.3、高 13.5 厘米（图一四四，7；图版八，1）。

Bc 型　1件。大敞口，卷沿，深腹，大平底。

标本 T1515H210：11，方唇，腹壁较直。腹饰斜绳纹。口径 30.5、底径 13.8、高 21.0 厘米（图一四五，1；图版八，2）。

C 型　3件。均为泥质红陶。折沿，束颈，鼓腹，底内凹。

标本 T0808H333：19，敞口，平沿，方唇。口沿下有一周附加堆纹，腹饰交错绳纹。口径 29.8、底径 12.0、高 25.4 厘米（图一四五，2；彩版二〇，3）。

D 型　3件。折沿盆。根据器形特征不同分二式。

D 型 I 式　2件。

标本 T1412H234：5，泥质灰陶。敞口，尖唇，大平底。肩饰两周凹弦纹，腹饰绳纹，近底部素面。口径 28.0、底径 13.7、高 22.4 厘米（图一四五，3；图版八，3）。

D 型 II 式　1件。

标本 T0605 ⑤：15，敞口，沿外斜，沿面略内凹，腹内收。器表饰数周弦纹。口径 28.8、底径 10.8、高 19.4 厘米（图一四五，4；图版八，4）。

E 型　1件。敛口，卷沿，小平底。

标本 T0307H159：2，泥质灰陶。敞口，斜沿，尖唇。腹饰不规则绳纹。口径 33.4、底径 12.0、高 23.3 厘米（图一四五，5；彩版二〇，4）。

F 型　3件。束颈小型盆。

标本 T0603H253：16，泥质灰陶。敞口，折沿，双唇，鼓腹，圜底近平。腹饰绳纹。口径 17.0、高 13.2 厘米（图一四五，6）。

标本 T0406H3：13，泥质红陶。敞口，方唇，浅腹微鼓，小平底。口沿下饰弦断绳纹。口径 18.2、底径 8.3、高 10.4 厘米（图一四五，7；彩版二〇，5）。

G 型　3件。大敞口，浅腹，平底。

标本 T0902H331：24，泥质红陶。宽折沿，斜直腹。腹部饰竖绳纹。口径 34.4、底径 13.6、高 14.5 厘米（图一四六，1；彩版二〇，6）。

标本 T0521H426：1，夹砂灰陶。方唇，斜直腹。口沿以下饰竖绳纹。口径 21.0、底径 9.1、高 11.1 厘米（图一四六，3）。

H 型　2件。形体较大，浅腹圜底盆。根据器形特征不同分两式。

H 型 I 式　1件。宽折沿，腹较 II 式深。

标本 T0601H340：4，泥质灰陶。敞口，斜沿，尖唇。腹饰弦断绳纹。口径 35.0、高 14.0 厘米（图

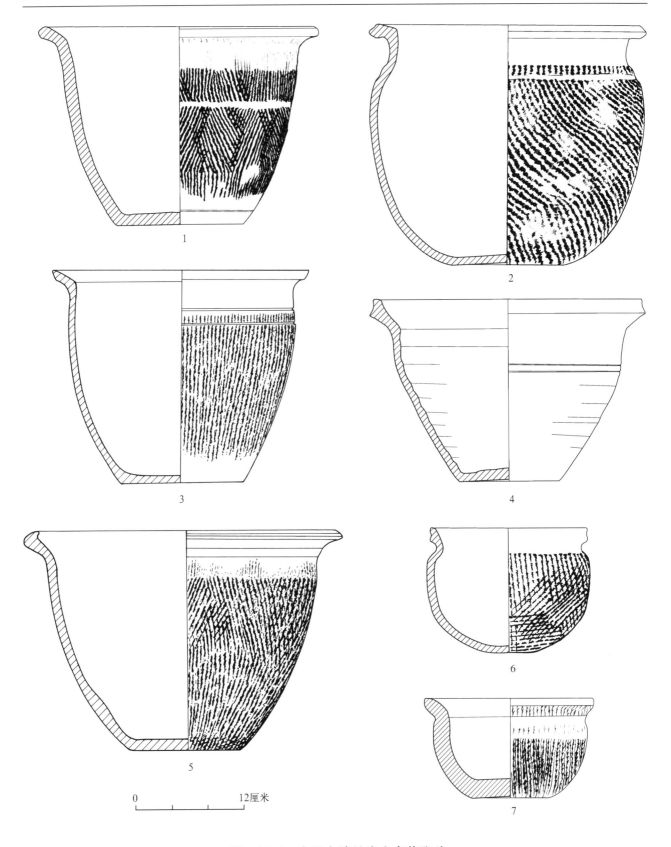

图一四五　大司空遗址出土商代陶盆

1. Bc型T1515H210：11　2. C型T0808H333：19　3. D型 I 式T1412H234：5　4. D型 II 式T0605⑤：15　5. E型T0307H159：2　6、
7. F型T0603H253：16、T0406H3：13

一四六，2；图版八，5）。

H型Ⅱ式　1件。腹较浅。

标本T1413H156：2，泥质灰陶。宽平沿外倾，尖唇，腹壁较直，圜底。颈部饰数周弦纹，底部饰稀疏细绳纹。口径35.4、高9.4厘米（图一四六，4）。

Ⅰ型　1件。束颈深腹盆。

标本T0903H267：16，泥质灰褐陶。敞口，卷沿，尖圆唇，肩腹间出一凸棱，腹略鼓，小平底。整器素面。口径25.4、底径8.6、高17.0厘米（图一四六，5；图版八，6）。

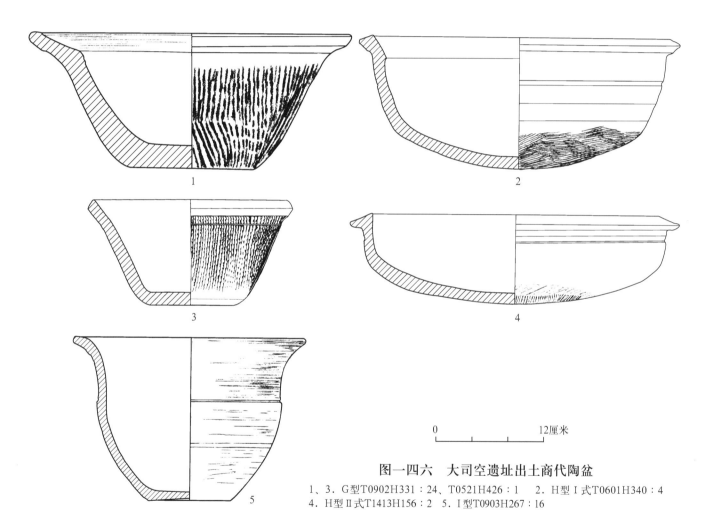

0 ——————— 12厘米

图一四六　大司空遗址出土商代陶盆

1、3. G型T0902H331：24、T0521H426：1　2. H型Ⅰ式T0601H340：4
4. H型Ⅱ式T1413H156：2　5. Ⅰ型T0903H267：16

7. 陶罐

97件。根据器形特征变化分十一型。

A型　28件。圜底罐，因其整体形状似人头，俗称"人头罐"。根据颈部长短不同分两亚型。

Aa型　24件。长颈，圜底。根据颈、腹变化分五式。

Aa型Ⅰ式　2件。颈稍短，腹肥鼓，颈腹分界明显。

标本 T0528 ②：2，泥质灰陶。侈口，平沿，尖唇，沿面有一周凹槽，长颈微束。腹饰交错绳纹。口径 14.3、最大腹径 20.2、高 20.5 厘米（图一四七，1；图版九，1）。

标本 T1412 ④：4，泥质灰陶。侈口，短平沿，尖唇，颈较短，最大腹径在中腹。饰交错绳纹。口径 16.7、最大腹径 20.4、高 20.1 厘米（图一四七，2）。

Aa 型 II 式　6 件。颈略有加长，颈腹分界仍然明显，最大腹径下移。

标本 T0903H382：1，泥质灰陶。侈口，平沿，尖唇，高颈，最大径在腹部下方。腹饰交错绳纹。口径 15.4、最大腹径 21.0、高 20.3 厘米（图一四七，3）。

标本 T0908H367：5，泥质灰陶。侈口，短斜沿，尖唇，长颈略直，鼓腹，最大腹径在中腹以下。腹饰交错绳纹。口径 15.5、最大腹径 21.1、高 22.8 厘米（图一四七，4；图版九，3）。

标本 T0902H331：25，泥质灰陶。侈口，平沿，尖唇，束颈，鼓腹，最大径下移至中腹下。腹饰交错绳纹。口径 13.3、最大腹径 19.6、高 19.5 厘米（图一四七，5；图版九，2）。

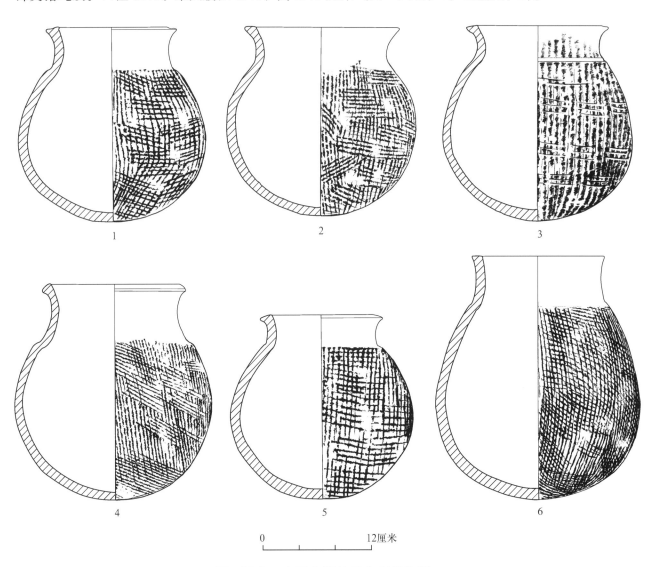

0　　　　　　　12厘米

图一四七　大司空遗址出土商代陶罐

1、2. Aa型 I 式T0528②：2、T1412④：4　3～5. Aa型 II 式T0903H382：1、T0908H367：5、T0902H331：25　6. Aa型 III 式T0308H128：7

Aa 型Ⅲ式　1 件。腹下垂，最大径进一步下移。

标本 T0308H128：7，泥质灰陶。侈口，平沿，尖唇，颈部高直，圆鼓腹，最大腹径在中腹以下。腹饰交错绳纹。口径 14.5、最大腹径 22.1、高 25.7 厘米（图一四七，6）。

Aa 型Ⅳ式　5 件。颈腹分界不明显，最大径移至下腹部。

标本 T0606H410：2，泥质灰陶。侈口，平沿，尖唇，长颈，鼓腹。腹饰交错绳纹。口径 14.4、最大腹径 20.1、高 21.2 厘米（图一四八，1；图版九，4）。

标本 T0608H374：5，泥质灰陶。侈口，斜沿，尖唇，束颈略高。腹饰交错绳纹。口径 15.0、最大腹径 20.8、高 26.1 厘米（图一四八，2）。

Aa 型Ⅴ式　10 件。颈更长，颈腹分界不明显，腹部也由圆鼓变成上下椭圆形，最大腹径移至下腹部。

标本 T1512 ④：6，侈口，宽沿，尖圆唇，长束颈。腹饰竖绳纹。口径 15.8、最大腹径 21.4、高 27.6 厘米（图一四八，3）。

标本 T0903H369：9，泥质灰陶。侈口，斜沿，尖圆唇，长束颈。肩和腹部饰竖绳纹。口径 14.8、最大腹径 21.2、高 24.9 厘米（图一四八，4；图版九，6）。

标本 T0304H91 ①：8，泥质灰陶。侈口，平沿，尖圆唇，颈部高直。腹饰竖绳纹。口径 14.9、最大腹径 20.8、高 28.6 厘米（图一四八，5；图版九，5）。

Ab 型　4 件。短颈圜底罐。可分两式。

Ab 型Ⅰ式　2 件。形体较小，卵形腹。

标本 T0601H357：24，泥质灰陶。侈口，短沿，尖圆唇，束颈，鼓腹。腹饰竖绳纹。口径 13.8、最大腹径 16.0、高 17.6 厘米（图一四八，7）。

Ab 型Ⅱ式　2 件。腹部圆鼓。

标本 T0603H253：15，泥质灰陶。侈口，短平沿，尖圆唇，短束颈，圆鼓腹，最大径在中腹偏下。腹饰交错弦断绳纹。口径 17.3、最大腹径 22.0、高 20.9 厘米（图一四八，6；彩版二一，1）。

B 型　27 件。形体较大，口径约是器高的 1/2，俗称“中口罐”。根据器形特征不同分四亚型。

Ba 型　11 件。矮领，溜肩，鼓腹，平底。根据腹部最大径的位置变化分两式。

Ba 型Ⅰ式　7 件。最大腹径在肩部。

标本 T0605H280：29，泥质灰陶。侈口，平沿，尖唇，短颈略束。腹饰弦断绳纹。口径 15.2、底径 11.8、高 35.5 厘米（图一四九，1；图版一〇，1）。

标本 T0608H374：7，泥质灰陶。矮直领，口沿外撇，尖圆唇，平底内凹。腹饰交错绳纹。口径 15.8、底径 13.8、高 30.8 厘米（图一四九，2）。

Ba 型Ⅱ式　4 件。溜肩，最大径下移。

标本 T0902H305：20，泥质灰陶。侈口，平沿，尖唇，束颈，鼓肩，平底略内凹。腹饰交错绳纹。口径 17.6、底径 13.7、高 34.2 厘米（图一四九，3）。

标本 T0506 ③：2，泥质灰陶。矮领微侈，尖圆唇，鼓肩。腹饰交错绳纹。口径 12.0、底径

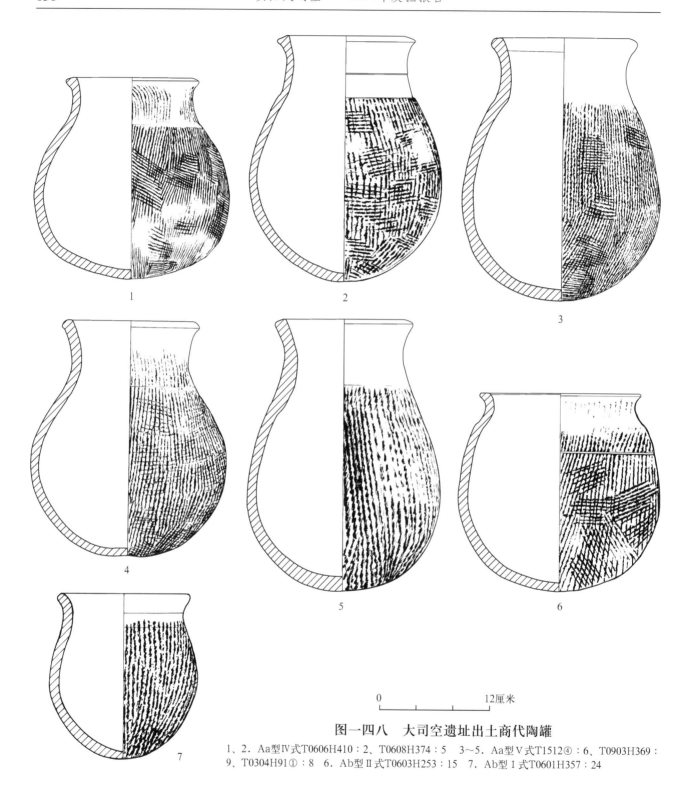

0 ——————— 12厘米

图一四八　大司空遗址出土商代陶罐

1、2. Aa型Ⅳ式T0606H410：2、T0608H374：5　3～5. Aa型Ⅴ式T1512④：6、T0903H369：
9、T0304H91①：8　6. Ab型Ⅱ式T0603H253：15　7. Ab型Ⅰ式T0601H357：24

11.0、高24.2厘米（图一四九，4；图版一〇，2）。

　　Bb型　10件。高领，圆鼓腹。

　　标本T0528H416：11，泥质灰陶。侈口，方唇，高领外侈，平底略内凹。腹部饰三周弦纹和绳纹。
口径17.4、底径11.0、高33.3厘米（图一四九，5）。

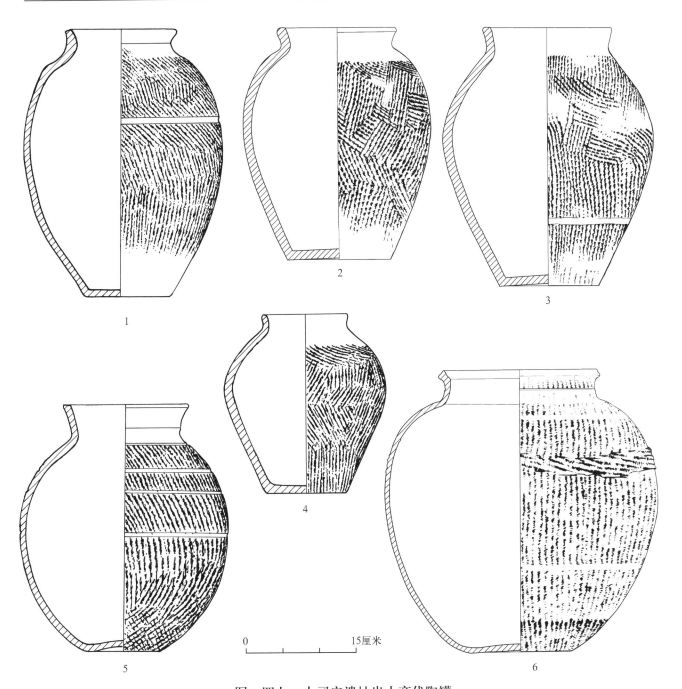

图一四九　大司空遗址出土商代陶罐

1、2. Ba型Ⅰ式T0605H280：29、T0608H374：7　3、4. Ba型Ⅱ式T0902H305：20、T0506③：2　5、6. Bb型T0528H416：11、T1217③：1

标本 T1217 ③：1，泥质灰陶。高领，圆折沿，平底略内凹。腹饰绳纹和一周附加堆纹。口径22.1、底径13.6、高37.6厘米（图一四九，6；图版一〇，3）。

Bc 型　4件。短束颈，广溜肩。可分两式。

Bc 型Ⅰ式　2件。最大径在肩部。

标本 T0605H280：30，泥质灰陶。斜沿，方唇，短颈，平底略内凹。腹饰绳纹和一周捺窝纹。口径18.0、底径12.8、高43.5厘米（图一五〇，1；图版一〇，4）。

Bc 型 Ⅱ式　2件。最大径下移，整器略显肥矮。

标本 T0401 ③ B：3，泥质灰陶。平沿，尖唇，颈部较短，溜肩。腹饰绳纹。口径 14.4、底径 11.6、高 24.8 厘米（图一五〇，2；图版一〇，5）。

标本 T0526H138：11，泥质灰陶。平沿略卷，尖唇，短颈，溜肩，鼓腹，平底略内凹。腹饰弦断绳纹。口径 17.4、底径 14.2、高 29.6 厘米（图一五〇，3；彩版二一，2）。

Bd 型　2件。素面高领罐。可分两式。

Bd 型 Ⅰ式　1件。

标本 T0425H431 ②：16，泥质灰陶。侈口，卷沿，尖圆唇，溜肩，上腹略鼓，腹壁直内收，平底略内凹。腹饰两周弦纹，其余均素面。口径 12.1、底径 10.6、高 17.8 厘米（图一五〇，4；图版一〇，6）。

Bd 型 Ⅱ式　1件。

标本 T1412H203：1，泥质灰陶。平沿，尖唇，颈部较直，溜肩，上腹较鼓，向下内收，平底。

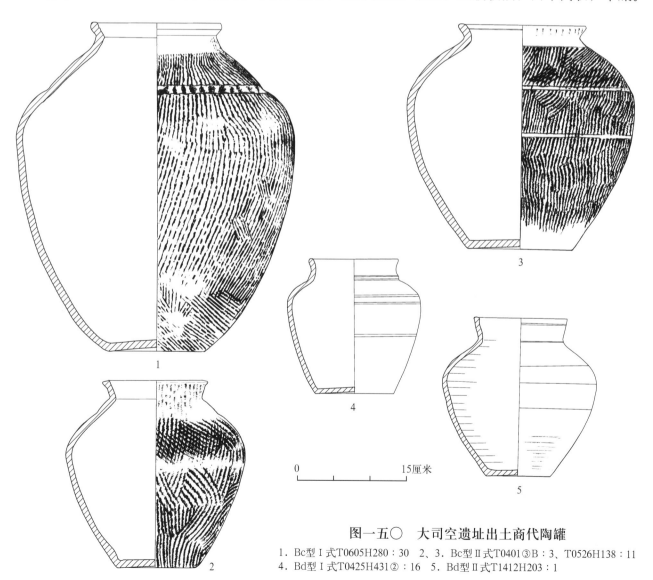

图一五〇　大司空遗址出土商代陶罐

1. Bc型Ⅰ式T0605H280：30　2、3. Bc型Ⅱ式T0401③B：3、T0526H138：11
4. Bd型Ⅰ式T0425H431②：16　5. Bd型Ⅱ式T1412H203：1

肩饰一周弦纹，内腹壁有瓦棱状制陶痕迹。口径12.6、底径8.8、高20.8厘米（图一五〇，5；彩版二一，3）。

C型　18件。泥质红陶圜底罐，始见于殷墟二期晚段，常见于殷墟三、四期。根据肩部变化分五式。

C型Ⅰ式　1件。肩部素面。

标本T0601H345：2，侈口，尖圆唇，束颈略高，鼓腹，平底略内凹。肩部和腹部饰弦断绳纹。口径15.0、底径10.0、高23.6厘米（图一五一，1；图版一一，1）。

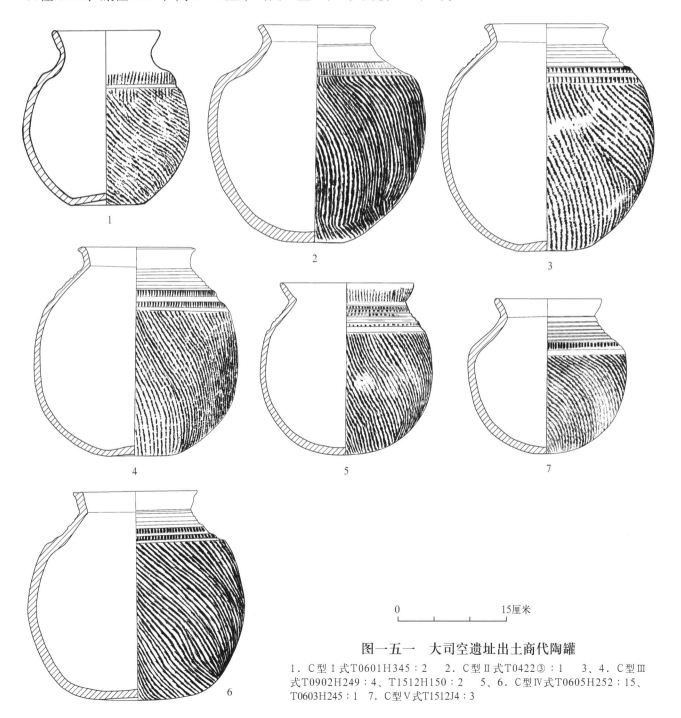

0　　　　　　15厘米

图一五一　大司空遗址出土商代陶罐

1. C型Ⅰ式T0601H345：2　2. C型Ⅱ式T0422③：1　3、4. C型Ⅲ式T0902H249：4、T1512H150：2　5、6. C型Ⅳ式T0605H252：15、T0603H245：1　7. C型Ⅴ式T1512J4：3

C 型 II 式　2 件。上肩部仍素面，下肩部出现两周弦断竖线纹。

标本 T0422 ③：1，斜沿，尖唇，束颈略短，溜肩，鼓腹，圜底内凹。腹饰绳纹。口径 15.8、最大腹径 29.6、高 28.9 厘米（图一五一，2；图版一一，2）。

C 型 III 式　9 件。肩部除弦断竖线纹外，增加多周较浅的瓦棱状纹。

标本 T0902H249：4，平沿外倾，尖圆唇，短颈，溜肩，鼓腹，小圆底。腹饰绳纹。口径 16.8、最大腹径 28.8、高 30.0 厘米（图一五一，3）。

标本 T1512H150：2，形制与前者相似。口径 15.8、最大腹径 27.4、底径 8.4、高 27.4 厘米（图一五一，4；图版一一，3）。

C 型 IV 式　5 件。肩部加宽，所饰瓦棱状纹较深。

标本 T0605H252：15，折沿，圆唇，束颈略高，溜肩，鼓腹，圜底。腹部饰绳纹。口径 17.8、最大腹径 23.2、高 22.6 厘米（图一五一，5；图版一一，4）。

标本 T0603H245：1，形制与前者相似。口径 16.8、最大腹径 29.4、高 27.6 厘米（图一五一，6）。

C 型 V 式　1 件。肩部加长，瓦棱纹深且周数增多。

标本 T1512J4：3，斜沿，尖圆唇，束颈，溜肩微折，鼓腹，圜底。腹饰绳纹。口径 14.3、最大腹径 21.4、高 20.5 厘米（图一五一，7；彩版二一，4）。

D 型　11 件。口径较大，俗称"大口罐"。根据器形特征不同分四亚型。

Da 型　4 件。短领，束颈，有肩，大平底。

标本 T0607H384：8，泥质灰陶。敞口，卷沿，方唇，腹略鼓。腹饰两周弦纹和绳纹。口径 25.9、底径 16.0、高 22.2 厘米（图一五二，1；彩版二一，5）。

标本 T0527H98：2，泥质灰陶。侈口，卷沿，方唇，上腹圆鼓，下腹内收，平底略内凹。腹饰绳纹。口径 16.0、底径 11.7、高 19.9 厘米（图一五二，2）。

标本 T0606H381：1，泥质灰陶。卷沿，尖圆唇，短颈，鼓腹，平底略内凹。腹饰绳纹。口径 15.8、底径 11.4、高 18.4 厘米（图一五二，3）。

标本 T0304 ⑤：1，泥质灰陶。卷沿，尖唇，短颈略直，鼓腹，平底略内凹。腹饰绳纹。口径 15.3、底径 12.1、高 22.0 厘米（图一五二，4）。

Db 型　4 件。大口，无肩。

标本 T0902H331：34，泥质灰陶。折沿，尖唇，鼓腹，小平底。腹、底均饰绳纹。口径 13.2、底径 8.0、高 18.2 厘米（图一五三，1）。

标本 T0403H81：2，泥质灰陶。折沿，方唇，鼓腹，平底略内凹。腹饰弦断绳纹。口径 19.1、底径 12.2、高 20.7 厘米（图一五三，2）。

标本 T0527H98：4，泥质红陶。侈口，斜沿，方唇，短束颈，圆鼓腹，平底略内凹。腹饰绳纹。口径 15.6、底径 9.0、高 16.4 厘米（图一五三，3）。

Dc 型　2 件。大口，折沿，鼓腹。根据口沿和腹部变化分两式。

Dc 型 I 式　1 件。短折沿。

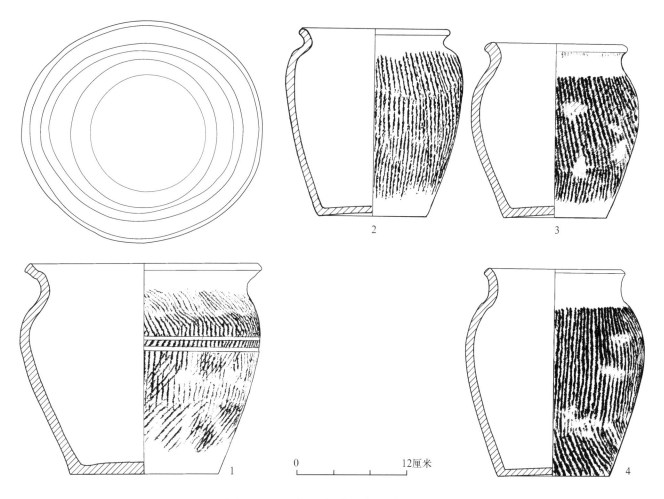

图一五二　大司空遗址出土商代陶罐

1～4. Da型T0607H384：8、T0527H98：2、T0606H381：1、T0304⑤：1

标本 T0403H83：4，泥质灰陶，平底，腹饰绳纹。口径 15.0、底径 9.8、高 17.4 厘米（图一五三，4）。

Dc 型Ⅱ式　1 件。宽折沿。

标本 T0305H13：2，泥质灰陶。腹肥鼓，平底。腹饰绳纹。口径 11.9、底径 7.0、高 14.0 厘米（图一五三，5）。

Dd 型　1 件。

标本 T1515H210：10，泥质灰陶。敞口，斜沿，方唇，束颈，鼓肩，下腹内收，平底。口径 24.5、底径 12.1、高 18.9 厘米（图一五三，6）。

E 型　6 件。中口，广肩圆折，腹饰三角划纹。可分四式。

E 型Ⅰ式　2 件。最大腹径在上腹。

标本 T0605 ③：4，泥质灰陶。卷沿，尖圆唇，鼓腹，小平底。口径 11.6、底径 7.6、高 16.4 厘米（图一五四，1）。

E 型Ⅱ式　2 件。最大腹径在上腹，下腹较瘦。

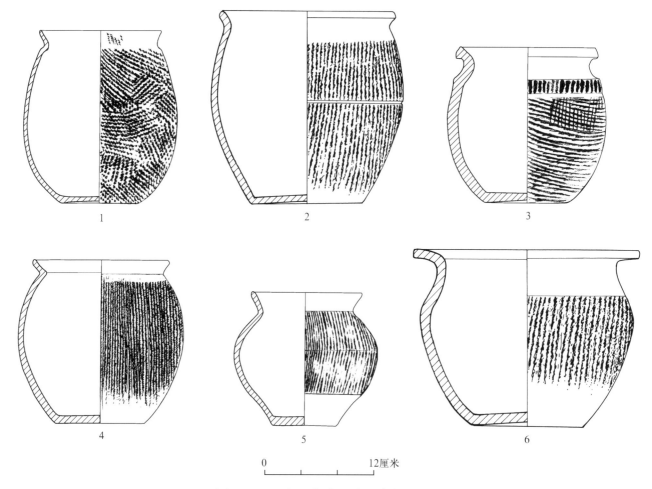

图一五三　大司空遗址出土商代陶罐

1~3. Db型T0902H331：34、T0403H81：2、T0527H98：4　4. Dc型Ⅰ式T0403H83：4　5. Dc型Ⅱ式T0305H13：2　6. Dd型T1515H210：10

标本 T0624 ⑤：13，泥质灰陶。侈口，尖唇，高颈，上腹微鼓，下腹内收，小平底。口径 8.0、底径 5.6、高 11.1 厘米（图一五四，2）。

E 型Ⅲ式　1件。最大腹径下移，腹部下垂，底径较大。

标本 T0604H281：1，泥质灰陶。侈口，尖圆唇。腹饰三角划纹和绳纹。口径 11.4、底径 12.4、高 20.0 厘米（图一五四，3）。

E 型Ⅳ式　1件。最大腹径在中腹，腹部明显下垂，大平底。

标本 T0305H48：6，泥质灰陶。侈口，尖唇，束颈，平底。腹饰弦纹、三角划纹和绳纹。口径 17.4、底径 15.4、高 20.0 厘米（图一五四，4）。

F 型　1件。

标本 T1413H156：1，泥质灰陶。侈口，尖唇，颈微束，圆鼓腹，大平底略内凹。素面。口径 13.0、底径 11.4、高 12.7 厘米（图一五四，5）。

G 型　2件。大口素面小罐。

标本 T0304H58：3，泥质灰陶。侈口，圆唇，高颈，短肩，腹部斜直，平底略内凹。口径 10.9、底径7.9、高14.1厘米（图一五四，6）。

标本T1412H191：3，泥质灰陶。侈口，卷沿，方唇，高束颈，溜肩，鼓腹，平底略内凹。口径11.1、底径6.9、高15.5厘米（图一五四，7）。

H型　1件。泥质红陶，下腹器壁厚。

标本T0609J10：1，侈口，平沿，尖唇，直颈，折肩，最大径在上腹部，腹斜直内收，平底。腹饰交错绳纹。口径13.2、底径11.5、高21.7厘米（图一五五，1；图版一一，5）。

I型　1件。小口，广肩圆折，鼓腹，小平底。

标本T0425H431 ②：8，泥质灰褐陶。侈口，尖圆唇，短颈略直。腹和底均饰交错绳纹。口径10.0、底径15.7、高28.6厘米（图一五五，2；彩版二一，6）。

J型　1件。垂腹，大平底罐。

标本T0421 ③：1，夹砂红陶。侈口，圆唇，短颈，鼓腹。腹饰绳纹。口径10.6、底径12.0、高19厘米（图一五五，3；图版一一，6）。

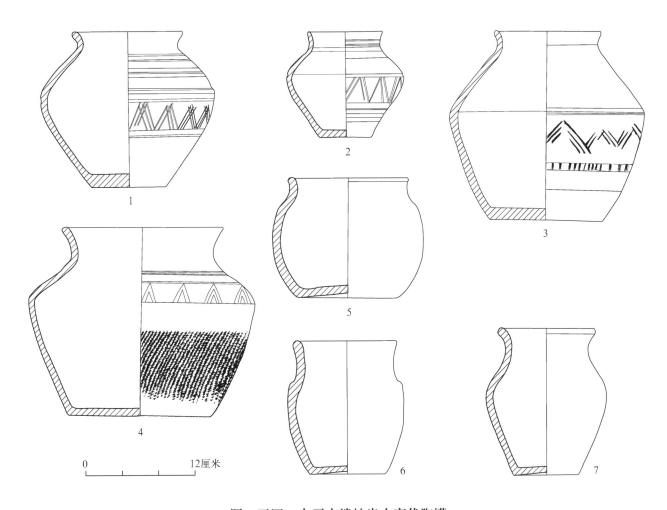

图一五四　大司空遗址出土商代陶罐

1. E型I式T0605③：4　2. E型II式T0624⑤：13　3. E型III式T0604H281：1　4. E型IV式T0305H48：6　5. F型T1413H156：1　6、7. G型T0304H58：3、T1412H191：3

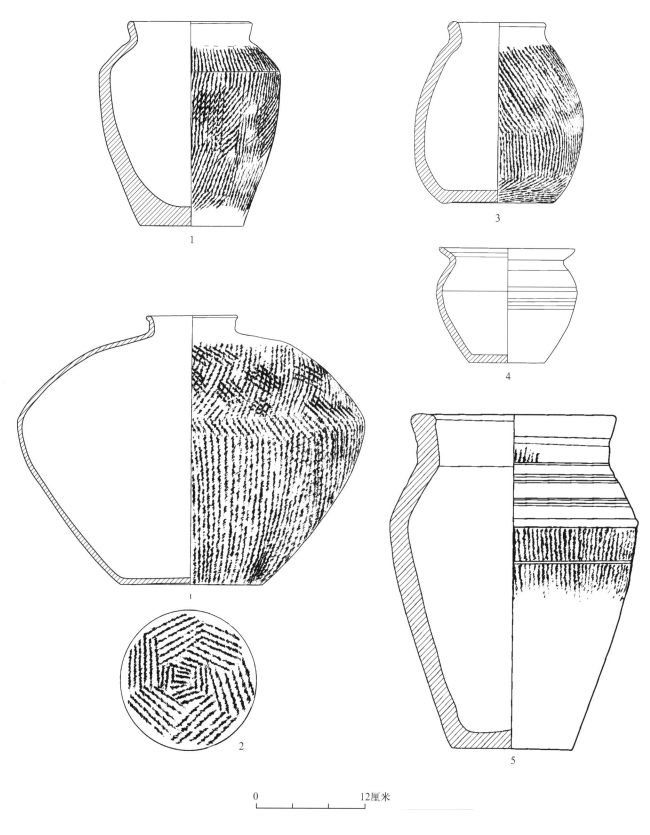

0 ————————— 12厘米

图一五五　大司空遗址出土商代陶器

1．H型陶罐T0609J10：1　2．I型陶罐T0425H431②：8　3．J型陶罐T0421③：1　4．K型陶罐T0808H333：20　5．陶瓮T0601H338：1

K 型　1件。卷沿束颈罐。

标本 T0808H333：20，泥质灰陶。侈口，卷沿，尖圆唇，鼓腹，平底。腹饰数周弦纹。口径 14.5、底径 8.1、高 12.0 厘米（图一五五，4）。

8．陶瓮

3件。形体较大，厚胎。

标本 T0601H338：1，泥质灰陶。侈口，平沿，圆唇，高直领，溜肩，斜直腹，平底。肩饰四周弦纹，上腹部饰弦断绳纹，下腹素面，器腹内布满大麻点。口径 22.0、底径 13.3、高 35.7 厘米（图一五五，5；彩版二二，1）。

9．陶罍

9件。根据器形特征差异，可分三型。

A 型　3件。短颈，溜肩，鼓腹。

标本 T0908H367：4，泥质深灰陶。平沿，尖唇，直领，弧腹，平底。肩部置对称泥条圆形鋬，下腹部置一圆形鋬。腹饰绳纹。口径 14.0、底径 15.2、高 25.4 厘米（图一五六，1；彩版二二，2）。

B 型　1件。高直领，圆肩微折，平底内凹。

标本 T0605 ⑤：17，泥质灰陶。尖圆唇，上腹略鼓，下腹内收。肩部置两个对称半圆形鋬，内有一小圆穿。肩饰多重三角划纹，腹饰弦纹和稀疏绳纹。口径 11.8、底径 12.0、高 26.0 厘米（图一五六，2；彩版二二，3）。

C 型　5件。形体较小，侈口，广折肩，小平底。

标本 T0304 ⑤：8，泥质灰陶。长颈略束，上腹较鼓，下腹急内收。肩置两对称小耳，耳上无穿。肩饰两周弦纹，腹饰双重三角划纹。口径 10.4、底径 7.1、高 15.3 厘米（图一五六，3；彩版二二，4）。

10．陶圈足尊

4件。根据肩部特征差异分两型。

A 型　2件。折肩尊。

标本 T0303H19：1，泥质灰陶。大敞口，尖圆唇，沿面略平，束颈，下腹内收，圜底，矮圈足外撇。颈部饰数周凹弦纹，腹部饰弦纹和交错浅绳纹。口径 23.7、圈足径 11.3、高 19.4 厘米（图一五六，4；彩版二二，5）。

标本 T0903H278：7，泥质灰陶。侈口，圆唇，束颈，腹内收，平底，圈足外撇。肩部饰方格划纹一周，上下兼饰弦纹，方格划纹带上等距分置四个半圆形无穿鋬。口径 9.2、圈足径 8.6、高 13.2 厘米（图一五六，5）。

B 型　2件。筒形尊。

标本 T0406H3：16，泥质灰陶。大口，腹部略鼓，平底，高圈足。腹部饰数周弦纹。口径 18.8、圈足径 9.8、高 23.4 厘米（图一五六，6；图版一二，1）。

标本 T0903H267：17，泥质灰陶。大口，尖唇，沿面有一周凹槽，束腰，鼓腹略下垂，圜底，高圈足外撇。肩部和鼓腹部各饰竖划纹一周，上下兼饰弦纹二周，竖划纹带上分别置三组简化兽面纹。

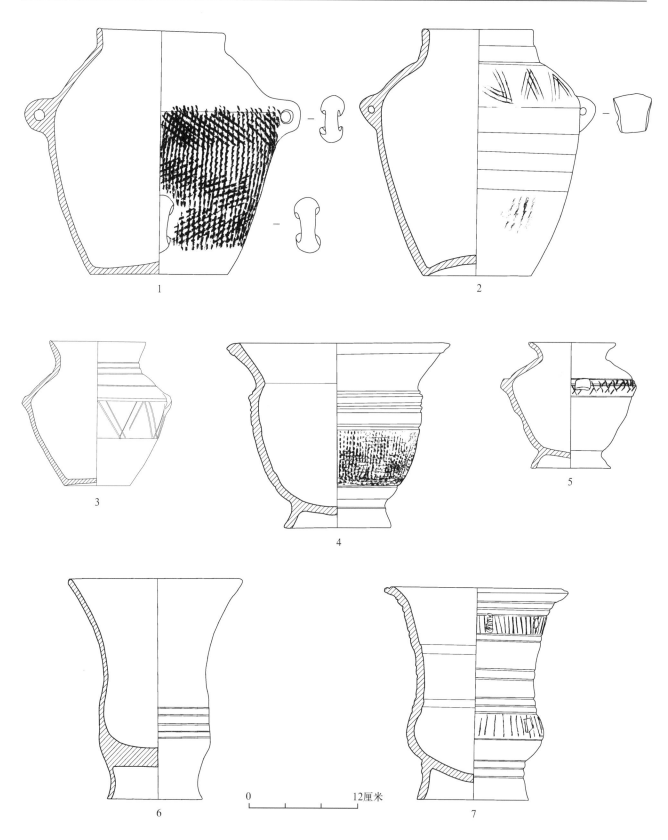

图一五六　大司空遗址出土商代陶器

1．A型陶罍T0908H367：4　　2．B型陶罍T0605⑤：17　　3．C型陶罍T0304⑤：8　　4、5．A型陶圈足尊T0303H19：1、T0903H278：7
6、7．B型陶圈足尊T0406H3：16、T0903H267：17

口径 19.7、圈足径 11.2、高 22.2 厘米（图一五六，7；彩版二二，6）。

11．陶瓿

3 件。根据器形变化分两式。

Ⅰ式　1 件。直口，短直领，广折肩，鼓腹。

标本 T0527H99：1，泥质灰陶。下腹缓收，圜底，喇叭形矮圈足。肩部均匀分布二个为一组的扁圆乳丁四组，肩、腹各饰弦纹数周。口径 13.2、圈足径 13.9、高 22.1 厘米（图一五七，1；图版一二，2）。

Ⅱ式　2 件。高领略外侈，广折肩，腹急内收，平底，矮圈足。

标本 T0427H325：8，泥质灰陶。平沿，颈饰数周弦纹。口径 11.9、圈足径 11.6、高 10.0 厘米（图一五七，2）。

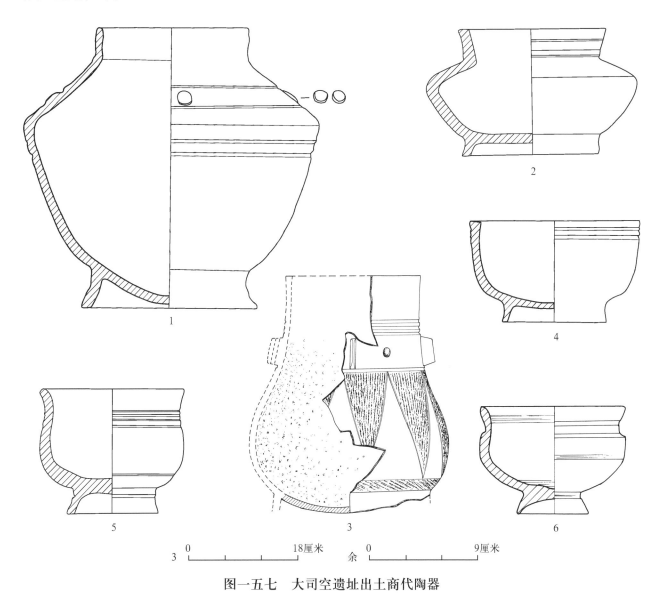

图一五七　大司空遗址出土商代陶器

1．Ⅰ式陶瓿 T0527H99：1　2．Ⅱ式陶瓿 T0427H325：8　3．陶贯耳壶 T1413H232：1　4．Ⅰ式陶盂 T0527⑤：1　5、6．Ⅱ式陶盂 T0608H373：2、T0528H416：1

12．陶贯耳壶

仅有 1 件。

标本 T1413H232：1，泥质浅灰陶。平沿，直口，高颈，圆鼓腹下垂，圜底，大圈足残。颈部置对称贯耳。贯耳上方的颈部饰三周凹弦纹，两贯耳之间饰两组简化兽面纹，腹饰倒三角纹，三角纹内饰竖绳纹，其余部分素面磨光。内腹壁密布中麻点。口径 22.0、最大腹径 33.0、残高 38.0 厘米（图一五七，3）。

13．陶盂

5 件。形体较小。根据器形变化分两式。

Ⅰ式　3 件。平沿，直腹，下腹内收成圜底，矮圈足。

标本 T0527 ⑤：1，泥质灰陶。口沿下饰数周弦纹，余部素面。口径 13.8、圈足径 8.6、高 8.0 厘米（图一五七，4）。

Ⅱ式　2 件。口微侈，鼓腹，矮圈足外撇。

标本 T0608H373：2，泥质灰陶。尖唇，敞口。腹饰数周弦纹。口径 11.6、圈足径 7.6、高 9.8 厘米（图一五七，5）。

标本 T0528H416：1，体小。敞口，尖圆唇，束颈，腹上部略竖直，下部内收，圜底，矮小圈足。器表轮旋纹明显。口径 11.4、圈足径 5.9、高 8.5 厘米（图一五七，6）。

14．陶坩埚

又称"将军盔"。 1 件。

标本 T0425H431 ②：17，夹粗砂红陶。侈口，尖唇，上腹较直，下腹急收成漏斗状，底端为圆形小平底。颈部饰二周凸棱，凸棱间可见抹光细绳纹，腹部饰拍打的斜方格纹，尾端饰竖直细绳纹，底面饰交错绳纹。口径 27.0、底径 5.0、高 31.6 厘米（图一五八，1）。

15．陶圜底钵

11 件。根据器形变化分四式。

Ⅰ式　3 件。腹肥鼓。

标本 T0601H357：25，泥质灰陶。敞口，圆唇，斜折肩，半圆球腹。肩腹分界处有折棱一周，上腹饰横向细绳纹，下腹饰竖向细绳纹。口径 10.6、高 9.8 厘米（图一五八，2）。

Ⅱ式　4 件。短颈，弧肩，鼓腹。

标本 T0605 ④：8，泥质灰陶。口微敛，上腹略鼓，下腹内收。肩、腹各饰数周弦纹。口径 6.0、高 7.2 厘米（图一五八，3）。

Ⅲ式　2 件。短颈微侈，弧肩，1/3 球腹。

标本 T0607H384：9，泥质灰陶。肩腹分界处有折棱一周，圜底饰细绳纹。口径 8.3、高 6.7 厘米（图一五八，4）。

Ⅳ式　2 件。折肩，折腹，棱角分明。

标本 T0403H20：5，泥质灰陶。尖唇，直领，斜直肩，上腹较直，折腹以下急收，圜底。肩、

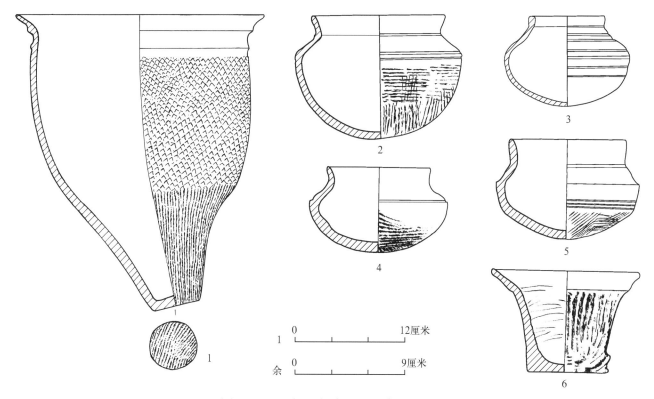

图一五八　大司空遗址出土商代陶器

1. 坩埚T0425H431②：17　2. Ⅰ式陶圜底钵T0601H357：25　3. Ⅱ式陶圜底钵T0605④：8　4. Ⅲ式陶圜底钵T0607H384：9　5. Ⅳ
式陶圜底钵T0403H20：5　6. 陶杯T0605H363：1

腹各饰数周弦纹，折腹以下饰细绳纹。口径9.6、高7.9厘米（图一五八，5）。

16．陶杯

1件。

标本T0605H363：1，泥质褐陶。喇叭口，尖唇，斜直壁，平底。颈部有一周凸棱，腹壁饰竖粗绳纹。口径12.0、底径5.9、高7.8厘米（图一五八，6）。

17．陶器盖

12件。根据器形特征不同分四型。

A型　7件。盖体较深，为母口盖。根据器形变化分两式。

A型Ⅰ式　2件。形体较大。菌状钮，圆弧盖面，平直口。

标本T0603H253：17，泥质灰陶。尖圆唇，盖沿外撇。沿内有折棱一周，盖面饰数周弦纹。口径34.3、高15.6厘米（图一五九，1）。

标本T1413H235：5，泥质灰陶。尖圆唇，盖沿外撇，盖周壁略直。盖面饰数周弦纹。口径33.8、高16.6厘米（图一六〇，1）。

A型Ⅱ式　5件。形体较小。菌状钮，盖面圆折。

标本T1413H246：1，泥质灰陶。尖圆唇，盖顶较平，中部微隆起，周壁较直。盖面饰数周弦纹。口径15.1、高9.0厘米（图一五九，3；图版一二，3）。

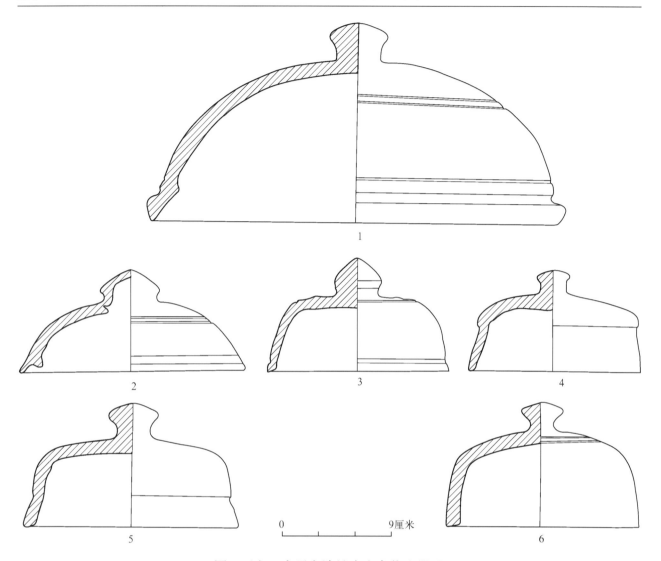

图一五九　大司空遗址出土商代陶器盖

1．A型Ⅰ式T0603H253：17　2．B型T1413H235：4　3～6．A型Ⅱ式T1413H246：1、T0305H57：1、T1515H196：1、T0303H36：2

标本T0305H57：1，泥质灰陶。圆唇，盖顶略平，器壁略直。盖面饰一周弦纹。口径14.1、高8.2厘米（图一五九，4）。

标本T1515H196：1，泥质灰陶。尖圆唇，顶盖较平，盖腹上直下外撇。盖面饰一周弦纹。口径17.6、高9.9厘米（图一五九，5）。

标本T0303H36：2，泥质灰陶。盖顶较平，中部微隆起，周壁较直。盖面饰凹弦纹两周。口径16.0、高9.8厘米（图一五九，6）。

B型　2件。菌钮，圆弧盖面，子母口。

标本T1413H235：4，泥质灰陶，子口较小，盖面饰数周弦纹。口径18.7、高8.1厘米（图一五九，2）。

标本T0601H357：26，夹砂灰陶，子口与母口平齐，盖面饰数周弦纹。口径13.6、高4.6厘米（图一六〇，2；图版一二，4）。

C 型　2 件。泥质红陶，整器呈斗笠状。常见于殷墟三、四期。

标本 T1315H213：4，锥体中空圆钮，口沿呈双唇状。素面。口径 23.1、高 7.5 厘米（图一六〇，3）。

标本 T0304H91 ④：2，盖面较平，中部隆起，呈圆锥状，中空。盖面近口部饰一周弦纹，弦纹以上饰细绳纹。口径 23.5、高 9.9 厘米（图一六〇，4；图版一二，5）。

D 型　1 件。捉手盖钮，整器呈覆钵形。

标本 T0403 ③：2，泥质灰陶。盖面斜直，子母口，子口较短。盖面饰数周弦纹。口径 18.4、高 7.5 厘米（图一六〇，5；图版一二，6）。

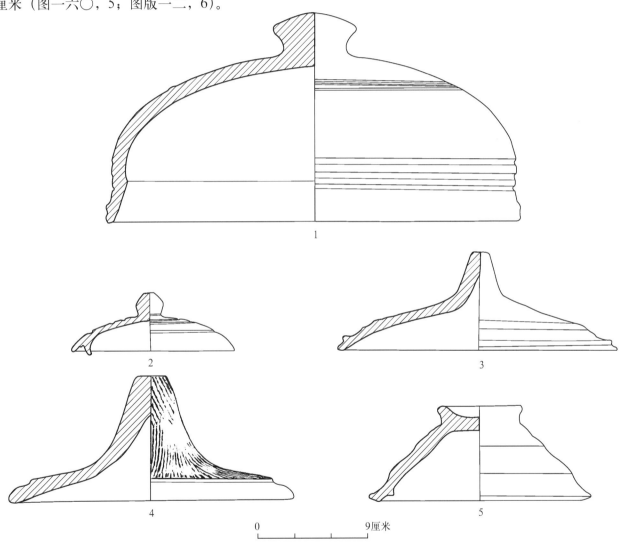

0　　　　　　　9厘米

图一六〇　大司空遗址出土商代陶器盖

1．A型Ⅰ式T1413H235：5　2．B型T0601H357：26　3、4．C型T1315H213：4、T0304H91④：2　5．D型T0403③：2

18．陶圆饼形器

31 件。有报告称其为"纺轮"。我们认为该形制陶器的用途尚不能定论，故暂定为"圆饼形器"为宜。可分两型。

A 型　21 件。为直接烧制成型，烧前穿孔。根据形态差异分二亚型。

Aa型　9件。整体呈鼓形，中部外鼓较甚。

标本 T1512H173：1，泥质灰陶。似算盘珠状，两边缘中腰处聚成凸脊，两面平整光滑，中部有一圆形穿孔。直径5.8、孔径1.1厘米（图一六一，1；彩版二三，1）。

标本 T1412H209：3，泥质灰陶。两边缘中腰处聚成凸脊，脊两侧均有压印纹，两端略向内凹，形成一周凹槽，中部有一圆形穿孔。直径5.4、孔径1.0厘米（图一六一，2）。

标本 T0304H130：10，泥质灰陶。中部略鼓，两侧有两周弦纹，两面平整光滑，且直径大小不同，直径略小平面上有两周弦纹，中部有一圆形穿孔。直径3.6、孔径0.4厘米（图一六一，3）。

标本 T0806H141：5，泥质灰陶。似鼓状，两边缘中部聚成凸脊，两面磨制光滑，中部有一圆形穿孔。直径5.6、孔径0.9厘米（图一六一，4）。

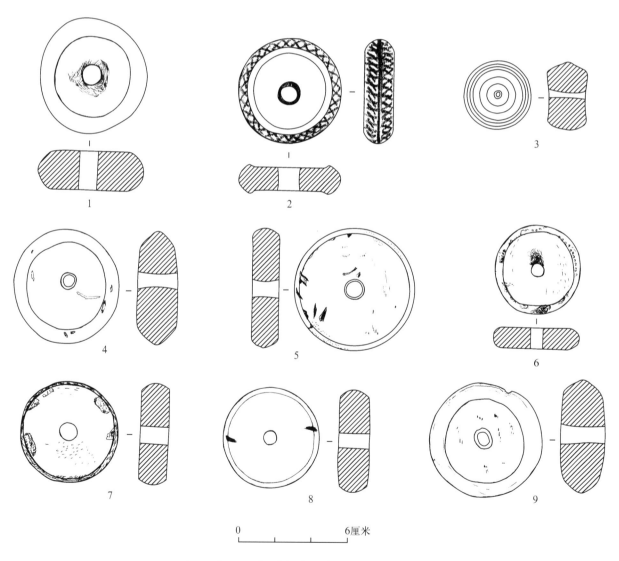

0　　　　　　　　6厘米

图一六一　大司空遗址出土陶圆饼形器

1～4、9. Aa型T1512H173：1、T1412H209：3、T0304H130：10、T0806H141：5、T0527③：1　　5～8. Ab型T1512H173：2、T0902H305：1、T0428④：1、T0328④：1

标本 T0527 ③：1，泥质灰陶。中部稍鼓，两边略薄，中部有一不规则圆形穿孔。直径 6.2、孔最大径 1.0 厘米（图一六一，9）。

Ab 型　12 件。整体呈圆柱体，中部稍外鼓。

标本 T1512H173：2，泥质灰陶。两面平整光滑，中部有一圆形穿孔。直径 6.2、孔径 0.9 厘米（图一六一，5）。

标本 T0902H305：1，泥质灰陶。两面平整光滑，中部有一圆形穿孔。直径 4.6、孔径 0.7 厘米（图一六一，6；彩版二三，2）。

标本 T0428 ④：1，泥质灰陶。磨制规整，两面光滑，有一圆形穿孔。直径 5.2、孔径 1.05 厘米（图一六一，7）。

标本 T0328 ④：1，泥质灰陶。两面平整光滑，有一圆形穿孔。直径 5.4、孔径 0.7 厘米（图一六一，8）。

B 型　10 件。均用绳纹陶片改制而成。可分二亚型。

Ba 型　8 件。中心有穿孔。

标本 T0527 ④：3，泥质灰陶。圆形，一面凹，一面凸，磨制光滑。表面布满细绳纹，中心有一圆形穿孔，直径 5.2、孔径 0.9 厘米（图一六二，1；彩版二三，3 右）。

标本 T0525H135 ②：4，夹砂灰陶。不规则圆形，磨制粗糙，一面有绳纹，中心位置有一周弦纹，应用陶器残片改造而成，外轮修整补齐，形状不甚规整。中部有一圆形穿孔，孔正面小，反面大。最大径 4.8、孔径 0.5～0.8 厘米（图一六二，2；彩版二三，3 左）。

Bb 型　2 件。中心无穿孔。

标本 T0605 ③：1，泥质灰陶。不规则椭圆形，制作粗糙。一面饰有绳纹，一面素面。最大直径为 5.5 厘米（图一六二，3；彩版二三，4）。

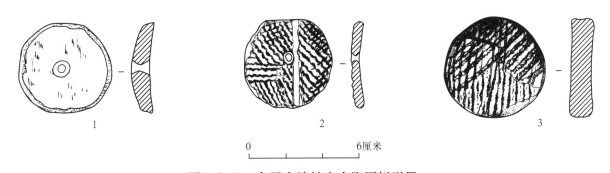

0　　　　　　6厘米

图一六二　大司空遗址出土陶圆饼形器

1、2. Ba型T0527④：3、T0525H135②：4　3. Bb型T0605③：1

19. 陶箕形器

24 件。其中保存较好的有 9 件。另有 15 件残断，仅余兽首柄。

标本 T0306H105：1，泥质灰陶。保存较完整，一足残。座盘三侧有较低的栏，前端有柄，柄上端塑狗首，眼睛突出，嘴部及鼻孔制作规整。长 11.2、宽 8.4、箕面长 6.2、箕面宽 4.5、栏高 1.5、柄高 10.8 厘米（图一六三，1；彩版二三，5）。

标本 T0605 ④：1，泥质灰陶。座盘保存完整，四侧均有较低的栏，中部留有箕口，前端似有把手，残。长 6.8、宽 6.5、箕面长 5.4、宽 4.4、栏高 1.1 厘米（图一六三，2；彩版二三，6）。

标本 T0327 ④：1，泥质灰陶。座盘高，残，余有三足，三侧栏较低，挡板处饰有细绳纹。把手前端塑一个兽头，似鸟首，喙部稍残，两只眼睛突出，背对箕口。长 11.2、宽 8.3、箕面长 6.3、宽 5.3、栏高 0.7～1.2、通高 9.1 厘米（图一六三，3；彩版二三，7）

标本 T0401 ③B：1，泥质灰陶。整体平面略呈梯形。座盘下四足较低，箕面呈梯形，中部刻有一"十"字，四侧栏略高，后端有一缺口，前端有竖向凹槽，且上窄下宽。长 7.5、通高 4.2 厘米（图一六三，4）。

标本 T0328 ⑤：1，泥质灰陶。箕部残存三宽短足，栏低。三侧挡板处有斜线符号三周。前端有把手，上塑造一牛头，略残，留一耳，两眼内凹，嘴部粗糙。长 11.4、宽 8.2、箕面长 5.8、宽 6.9、栏高 0.9、

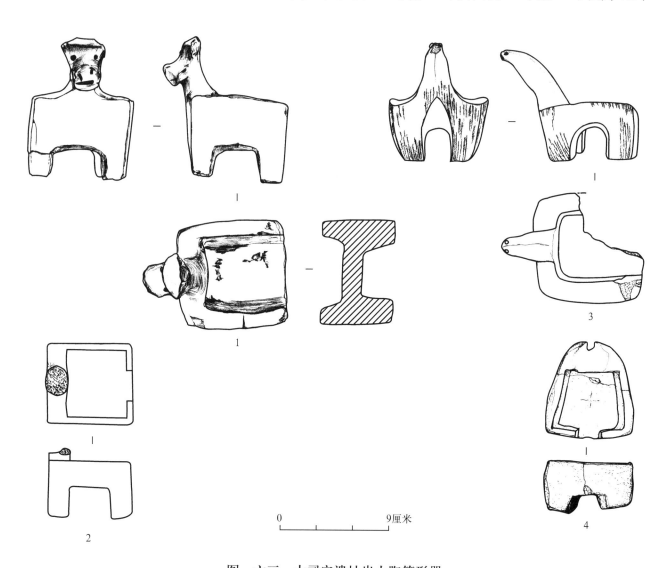

0　　　　　　　　　9厘米

图一六三　大司空遗址出土陶箕形器

1. T0306H105：1　2. T0605④：1　3. T0327④：1　4. T0401③B：1

通高 8.8 厘米（图一六四，1）。

标本 T0608F47 夯土层：8，泥质灰陶。残，座盘下有两足，两足上部饰一周弦纹，栏较低，前端塑有一个鸟首状的把手，两只眼睛突出。残长 6.8、宽 7.7、栏高 1.1、通高 9.8 厘米（图一六四，2；彩版二三，8）。

标本 T0908F45 夯土层：14，泥质灰陶。三侧栏较低，把手残。长 7.2、宽 6.9、箕面长 5.6、箕面宽 4.8、通高 3.0 厘米（图一六四，3）。

标本 T0308H142：1，泥质灰陶。平底，栏较高，前端似塑有一兽首，残。长 8.6、宽 6.6、箕面长 5.7、通高 7.1 厘米（图一六四，4）。

此外，还有 15 件仅余兽首的残陶箕形器。根据兽首柄动物种类的不同，可分如下八类。

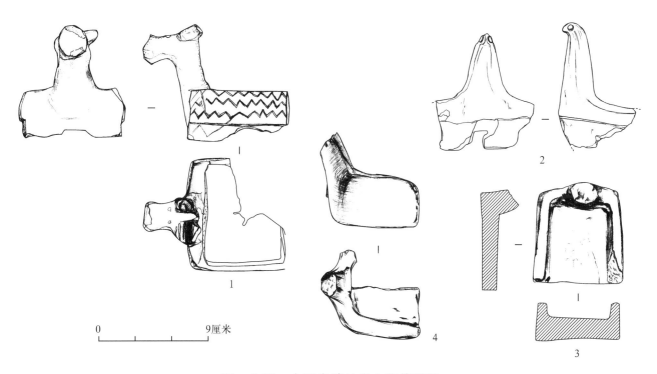

0　　　　　　　9厘米

图一六四　大司空遗址出土陶箕形器
1. T0328⑤：1　2. T0608F47夯土层：8　3. T0908F45夯土层：14　4. T0308H142：1

陶牛首柄　5 件。均为水牛的形状，犄角断面呈三角形。

标本 T0427H361：3，泥质灰陶。牛的两耳向上弯卷，略残，面部上有竖凹槽，两眼突出，嘴部较粗长。长 4.4、两耳宽 3.3 厘米（图一六五，1）。

标本 T0308 采：1，泥质灰陶。箕部残，近存两足，把手保存完整，上塑一牛头，两耳上竖，两眼内凹，嘴部及鼻部呈椭圆形，用两道弦纹表示嘴部，两鼻孔内凹。残长 11.8、最宽处 6.8 厘米（图一六五，2）。

陶羊首柄　1 件。

标本 T0304 ⑤：1，泥质灰陶。羊两犄角呈弧形内卷，上有四条弧形纹，两眼呈圆形并向外突出，

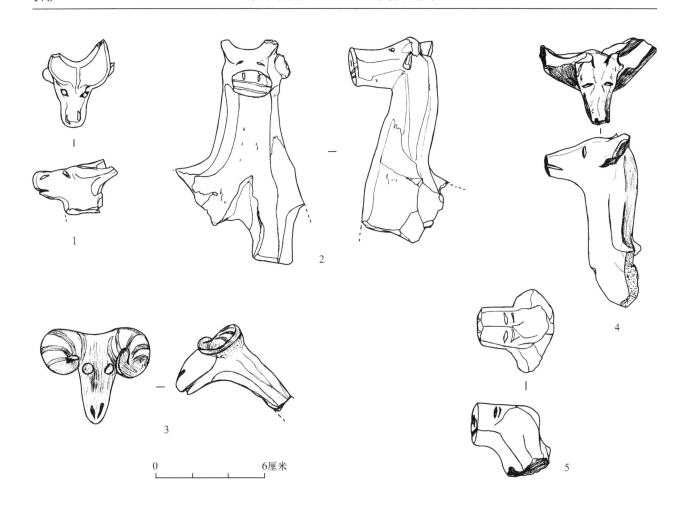

图一六五　大司空遗址出土陶兽首柄

1、2．陶牛首柄T0427H361：3、T0308采：1　3．陶羊首柄T0304⑤：1　4．陶狗首柄T1412F39垫土层：1　5．陶猪首柄T0903H369：6

羊鼻孔呈斜条形，嘴部微张。羊首长6.6、两耳宽6.1厘米（图一六五，3；彩版二四，1）。

　　陶狗首柄　1件。

　　标本T1412F39垫土层：1，泥质灰陶。箕部残，柄部塑一狗首，一耳残，另一耳向上竖，两眼睛向内凹，嘴部及鼻部制作较粗，应背着箕部。残长9.7、最宽6.4厘米（图一六五，4）。

　　陶猪首柄　1件。

　　标本T0903H369：6，泥质灰陶。仅剩柄首，塑造成猪头形，两眼内凹呈扁椭圆形，上有两弯眉，嘴部及鼻部呈不规则圆形，两鼻孔内凹，嘴粗长呈半弧状。长4.1厘米（图一六五，5）。

　　陶鸭首柄　1件。

　　标本T0307H134：1，泥质灰陶，平面呈"7"形，鸭首细部均未刻画。长6.8、宽4.7厘米（图一六六，1）。

　　陶蛇首柄　1件。

　　标本T0401 ⑤ A：1，泥质灰陶。箕部残甚，但能推断出无足部。蛇把手保存完整，形象夸张，紧贴在箕部上,并饰有夸张的耳,一耳缺,一耳呈半圆形,两眼大而圆,且向外凸,无嘴部。蛇首长3.6、最宽7.2厘米(图一六六,2)。

陶鸟首柄　4件。

标本 T0304 ⑤:2,泥质灰陶。箕部残,有两足,把手塑造成鸟形,前额略突,两眼呈圆形,中间有内凹圈,似眼睛,嘴部制作粗糙。长9.8、最宽7.4厘米(图一六六,3;彩版二四,2)。

不知名陶兽首柄　1件。

标本 T1617 ③:1,泥质灰陶。箕部残,仅留把手,上塑一兽面,两眼突出,上有两卷耳,嘴部夸张。长8.4、嘴宽4.8厘米(图一六六,4;彩版二四,3)。

20．陶网坠

11件。根据形制不同分两型。

A 型　1件。整体呈方柱状。

标本 T0305 ④ C:1,泥质灰陶。表面打磨光滑,中间有一横向凹槽,两端各有一个竖向凹槽,凹槽可系绳。长7.6、宽2.5厘米(图一六七,1;彩版二四,4左)。

B 型　10件。整体呈圆柱体。

标本 T0708 ③:1,泥质灰陶。圆柱状,中间饰一横向凹槽,并有竖向半圆形凹槽,两端各有一

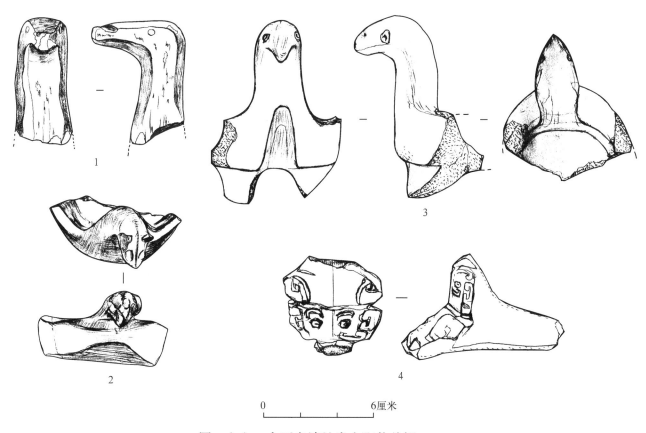

0　　　　　　　　　6厘米

图一六六　大司空遗址出土陶兽首柄

1. 陶鸭首柄T0307H134:1　2. 陶蛇首柄T0401⑤A:1　3. 陶鸟首柄T0304⑤:2　4. 不知名陶兽首柄T1617③:1

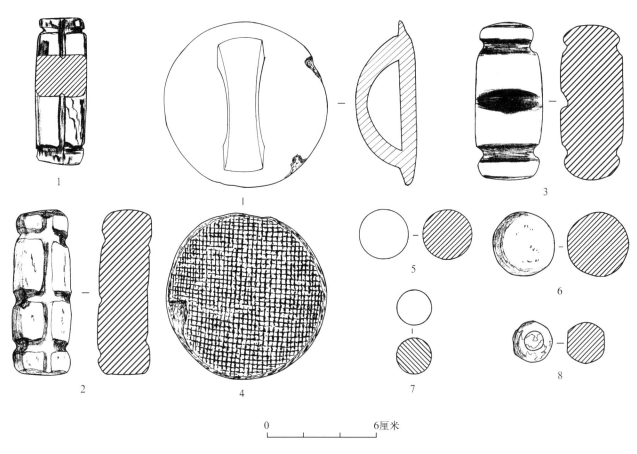

图一六七　大司空遗址出土小件陶器

1. A型陶网坠T0305④C：1　　2、3. B型陶网坠T0708③：1、T0625③：1　　4. 陶瓶T0607③：1　　5～7. A型陶球T0527④：2、
T0427H361③：4、T0327⑤：1　　8. B型陶球T1417采：1

个竖凹槽。长8.4、直径2.7厘米（图一六七，2；彩版二四，4中）。

标本T0625③：1，泥质灰陶。不规则圆柱状，中间正面有半周向半圆形凹槽，两端各有弧形竖向凹槽。长8.4、最大径3.6厘米（图一六七，3；彩版二四，4右）。

21. 陶瓶

1件。

标本T0607③：1，泥质灰陶，手制。正面圆形，似有意做成粗糙面，背面有一半环状握手。可能是一种搓洗的工具。直径8.7、高4.1厘米（图一六七，4；彩版二四，6）。

22. 陶球

31件。根据该器物的形制不同分为两型。

A型　30件。圆球形。大小不同，多数为泥质红陶，偶见泥质黑陶。

标本T0527④：2，泥质红陶。质地硬，通体磨光。直径2.2厘米（图一六七，5；彩版二四，5右2）。

标本T0427H361③：4，泥质红陶。这是本次发掘直径最大的陶球，质地硬，通体磨光。直径2.6厘米（图一六七，6；彩版二四，5右1）。

标本 T0327 ⑤：1，泥质红陶。质地硬，通体磨光。直径 1.6 厘米（图一六七，7；彩版二四，5 左 1）。

B 型　1 件。呈圆鼓形。

标本 T1417 采：1，泥质红陶。两面平整，通体磨光。直径 2.2 厘米（图一六七，8；彩版二四，5 左 2）。

23．陶板

2 件。形制各异。

标本 T0304H91 ③：15，泥质灰陶。平面为长方形，上部居中有一圆穿孔。残长 10.4、宽 9.7 厘米（图一六八，1；彩版二四，7）。

标本 T0304H58：3，泥质灰陶。长方形，上部中间有三个不规则椭圆形穿孔，边缘饰两周弦纹。残长 10.8、宽 4.5 厘米（图一六八，2）。

据研究，这些陶板应为商代的计时器具，当太阳光线穿过陶板上的小孔时，看光线投射的位置

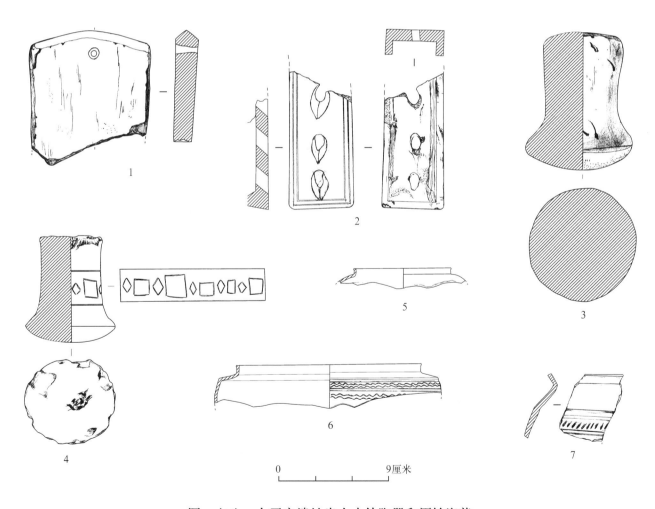

图一六八　大司空遗址出土小件陶器和原始瓷尊

1、2．陶板T0304H91③：15、T0304H58：3　3、4．陶垫T1613H176：3、T0407F7垫土层：2　5～7．原始瓷尊T0527H98：6、T0407F7垫土层：4、T0525H121①：1

判断时间[1]。

24．陶垫

2件。

标本 T1613H176：3，泥质灰陶。上部呈圆柱状，中下部渐宽，底呈弧面外鼓。顶径 6、底径 8.6、高 9.8 厘米（图一六八，3）。

标本 T0407F7 垫土层：2，泥质灰陶。顶端内凹，上部呈圆柱状，中下部渐宽，底面弧，有打拓痕迹。上部饰有两周弦纹。中间饰一周共四组方形纹和菱形纹，底径 7.5、高 8.2 厘米（图一六八，4，彩版二四，8）。

（二）原始瓷器

11件。均为原始瓷尊残片，有的带有双耳，但均无法复原。

标本 T0527H98：6，浅棕色。仅残留口沿一部分，侈口，平沿。素面。口径 8.1、残高 1.8 厘米（图一六八，5）。

标本 T0407F7 垫土层：4，棕褐色。仅存口沿部，侈口，平沿，广肩。肩下部饰四周弦纹，中间饰两周波浪纹，腹部亦饰有波浪纹。口径 15.0、残高 3.6 厘米（图一六八，6）。

标本 T0525H121 ①：1，青灰色。仅存口沿，侈口，广肩。肩下有四周弦纹，中间饰斜线刻纹。残长 5.4、宽 5.6 厘米（图一六八，7）。

（三）石器

共 64 件。有锛、斧、铲、杵、镰、磨石、刀、滑石璧、璋、磬、璧、球、凿、穿孔石器等。

1．石锛

4件。

标本 T0401H34：1，青黄色。磨制精美，光滑。上端细，刃部宽，单面刃。长 9.1、刃宽 5.1、最厚 1.2 厘米（图一六九，1）。

标本 T0327H217：6，灰黑色，通体磨光。平面呈梯形，体形较小，单面刃。长 4.3、刃宽 3.7、最厚 0.8 厘米（图一六九，2）。

标本 T0305 ④ A：1，青黑色，一面磨光。表面呈梯形，单面刃，刃部稍残。长 12.3、刃宽 6.2、最厚 2.1 厘米（图一六九，3；彩版二五，1）。

2．石斧

12件。其中 1 件保存尚好，其余残断。

标本 T0601H340：1，青灰色。保存完整，通体磨光，制作精细。平面呈梯形，顶端厚，双面刃，刃部有磨损痕迹。长 9.9、刃宽 6.8、最厚 3.3 厘米（图一六九，4；彩版二五，2）。

标本 T1616 ②：1，灰黑色。保存较好，一面磨制光滑。平面近长方形，横断面呈椭圆形，双面刃，

---

[1] 岳洪彬等：《商代计时器具初探》，《东方考古》第4集，科学出版社，2008年。

刃部稍残。长20.4、宽6.7、最厚5.8厘米（图一六九，5；彩版二五，3）。

标本T0507F7垫土层：5，青灰色。平面近梯形，顶部近平，刃部稍残，双面刃，横断面近椭圆形。长12.6、刃宽5.6、最厚3.6厘米（图一六九，6）。

标本T0908②B：1，青灰色。平面近梯形，刃部稍残，双面刃，横断面近椭圆形。长15.6、刃宽6.3、最厚4.6厘米（图一六九，7）。

标本T0421F57垫土层：2，黄褐色，一面磨制光滑。平面近倒梯形，双面刃。长20.3、刃宽3.1、最厚3.5厘米（图一六九，8）。

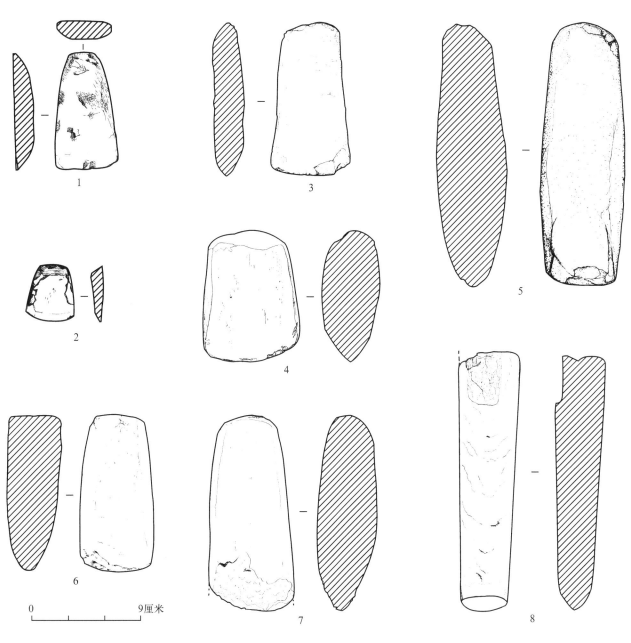

图一六九　大司空遗址出土石器

1～3.石锛T0401H34：1、T0327H217：6、T0305④A：1　4～8.石斧T0601H340：1、T1616②：1、T0507F7垫土层：5、T0908②B：1、T0421F57垫土层：2

3．石铲

4件。1件保存尚可，2件残甚，1件为半成品。

标本T0304H91③：13，浅灰色，通体磨光，较光滑。扁长方形，残。单面刃，刃部略残。残长9.8、宽8.1、厚0.6厘米（图一七〇，1）。

标本T0908H355：5，灰青色。通体磨光，较光滑。长方形，残，残长9.5、宽8.4、厚0.4厘米（图一七〇，2）。

标本T0708F48垫土层：24，青灰色，通体磨光。长方形，上厚刃薄，单面刃，刃部有凹痕，似有使用痕迹。残长11.9、宽8.8、背厚0.7厘米（图一七〇，3）。

4．石杵

1件。

标本T1414②：1，青灰色，通体磨光，正面较光滑。杵端弧，正面中部有两处凹坑，上端稍残。长13.2、宽4.3厘米（图一七〇，4；彩版二五，4）。

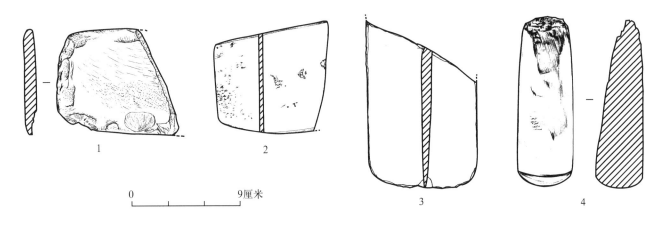

0   9厘米

图一七〇　大司空遗址出土石器

1～3．石铲T0304H91③：13、T0908H355：5、T0708F48垫土层：24　4．石杵T1414②：1

5．石镰

18件。根据形制不同分为两型。

A型　17件。一端宽而厚，一端尖而薄。单面有刃，背厚而上弧。有的似仍未使用，刃面平直，有的似为长期使用，刃部因多次砥砺而内凹。

标本T0528H314：9，青黑色。磨制光滑。头部圆钝，刃部有凹痕，似长期使用。长9.1、宽2.8、背厚0.6厘米（图一七一，1；彩版二六，1）。

标本T0602H336：4，青灰色。通体磨光。似刀形，首部较平，刃部直，有使用的痕迹。长10.6、最宽4.2、厚0.6厘米（图一七一，2；彩版二六，2）。

标本T0328H257：1，灰黑色。磨制光滑。头尖略锐，弧背，刃略直。有磨损痕迹。长14.5、最宽5.9、厚1.2厘米（图一七一，3；彩版二六，3）。

标本T0602H264：1，灰黑色。通体磨光。首、尾残。残长10.3、宽3.9、厚1.0厘米（图一七一，4；彩版二六，4）。

标本 T0603H308：4，灰黑色。磨制光滑。刃部有凹痕。 前端残失。残长 11.1、宽 5.9、背厚 1.1 厘米（图一七一，5）。

标本 T0602H336：1，灰黑色。通体磨光。平首，弓背，直刃。长 11.0、中宽 4.2、背厚 0.4 厘米（图一七一，6）。

标本 T0603H223：1，灰黑色。背上弧，刃较直，两端残。残长 11.1、宽 4.4、厚 0.8 厘米（图

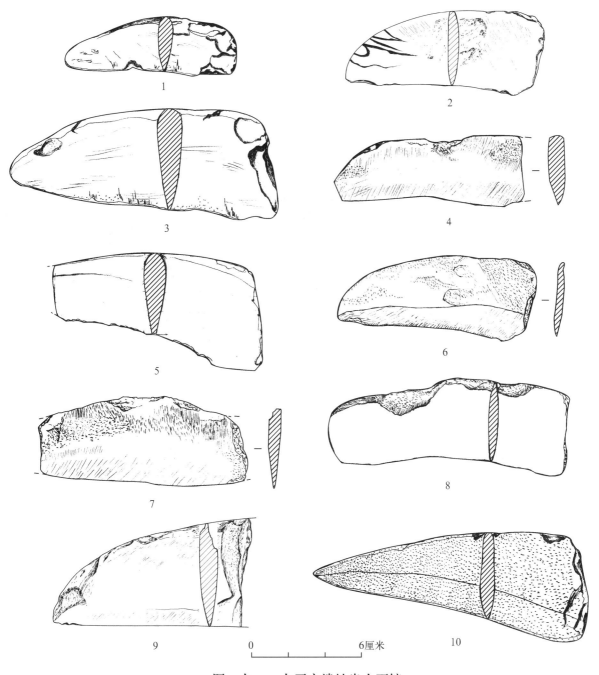

图一七一　大司空遗址出土石镰

1～9. A 型石镰 T0528H314：9、T0602H336：4、T0328H257：1、T0602H264：1、T0603H308：4、T0602H336：1、T0603H223：1、T0303H37：9、T0401⑥C：1　10. B 型石镰 T1512H166：1

一七一，7；彩版二六，5）。

标本 T0303H37：9，浅黑色，磨制光滑。正面一端泛红色。头圆钝，弯背，斜刃。长13.2、宽4.1、厚0.6厘米（图一七一，8）。

标本 T0401⑥C：1，灰青色。弧背较厚，刃较直，头部略尖，刃部较锋利，尾端残失。残长10.6、宽5.9、厚0.8厘米（图一七一，9）。

B 型　1件。整体形制略呈三角形，长边一面有圆刃（即刃部不锋利）。此器尖不锐，刃不锋，似非农具，很可能是当时医用之器砭镰。

标本 T1512H166：1，灰黑色。磨制不光滑，刃部略弧。长14.9、宽5.9、背厚0.9厘米（图一七一，10；彩版二六，6）。

6. 磨石

8件。根据形态可分为两型。

A 型　7件。长条形。

标本 T0527H71：2，青灰色。呈扁平长条形。加工规整。长7.6、宽5.0、厚1.4厘米（图一七二，1；彩版二五，5）。

标本 T0528H416：3，青灰色。呈梯状长条形，上部略窄于下部，且有斜坡，似梯状。长18.1、宽4.1、厚3.2厘米（图一七二，7；彩版二五，6）。

标本 T0527④：1，青黄色。呈长方形，加工规整，残。残长4.6、宽4.1、厚1.3厘米（图一七二，2）。

B 型　1件。形似馒头状，底面呈椭圆形，较平。

标本 T0601H225：1，青黄色。上端凸起，似半圆形。长8.8、宽6.8、厚3.1厘米（图一七二，3）。

7. 石刀

2件。平面呈长方形。

标本 T1413H235：1，青灰色。长方形，上端近平，凹刃。长15.1、宽5.6、厚0.8厘米（图一七二，8）。

8. 滑石璧

1件。

标本 T0305④E：1，浅黑色。圆形，中心有一圆形孔，旁边有一小圆形穿孔。通体磨光。直径5.2、中心孔直径1.2、小孔直径0.3、厚0.6厘米（图一七二，4；彩版二七，1）。

9. 石璋

8件。均残。

标本 T1518③：1，出土于③层，即F38北侧垫土层，应与F38有关。青灰色。扁平长条形。一端斜直，正反面都经打磨，正面光滑。残长12.3、宽5.1厘米（图一七二，6；彩版二七，2）。

标本 T1518③：2，青灰色。扁平长条状，一端斜直。正反面都经打磨，正面较反面光滑。残长9.3、宽3.2厘米（图一七二，5；彩版二七，3）。

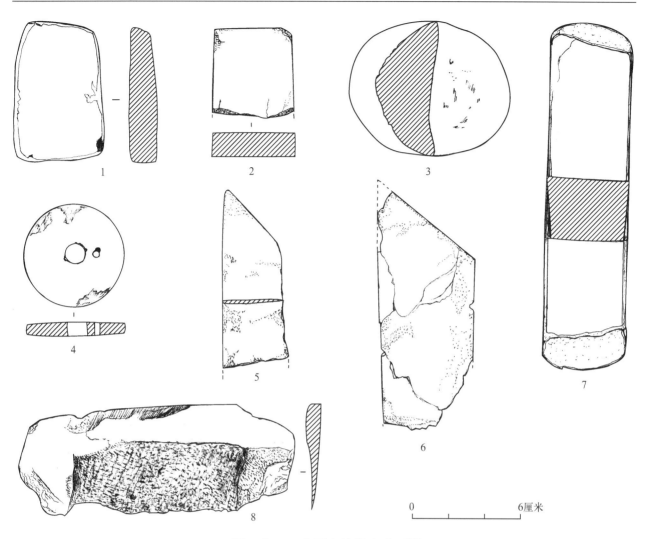

图一七二　大司空遗址出土石器

1、2、7. A型磨石T0527H71：2、T0527④：1、T0528H416：3　3. B型磨石T0601H225：1　4. 滑石璧T0305④E：1　5、6. 石璋
T1518③：2、T1518③：1　8. 石刀T1413H235：1

10．石磬

1件。

标本T0606③：1，浅青色。扁平长方形，石磬一端有一圆形穿孔。长19.3、宽15.6、孔径0.8、厚2.4厘米（图一七三，1；彩版二七，4）。

11．石璧

1件。

标本T0507F7垫土层：6，青灰色。圆形，一半残，中间有一圆形穿孔。直径6.8、孔径0.8厘米（图一七三，2）。

12．石球

1件。

标本T1414F19垫土层：1，青灰色。圆形，通体磨光。直径3.2厘米（图一七三，3；彩版二七，5）。

13．石凿

1件。

标本T1416F24垫土层：1，青灰色。平面呈梯形，上窄刃宽，上厚下薄，通体磨光，一面极光滑，单面刃，略残。长8.6、刃宽4.8、厚2.2厘米（图一七三，4）。

14．穿孔石器

2件。

标本T0605⑦：1，灰黑色，似用花岗石制成。圆形，中间有一圆形穿孔。直径5.4、孔径1.4厘米（图一七三，5；彩版二七，6）。

标本T0525F13垫土层：5，浅青灰色。长方形，中间上部有一圆形穿孔。通体磨光。长5.2、宽3.8、厚1.6、孔径1.1厘米（图一七三，6；彩版二七，7）。

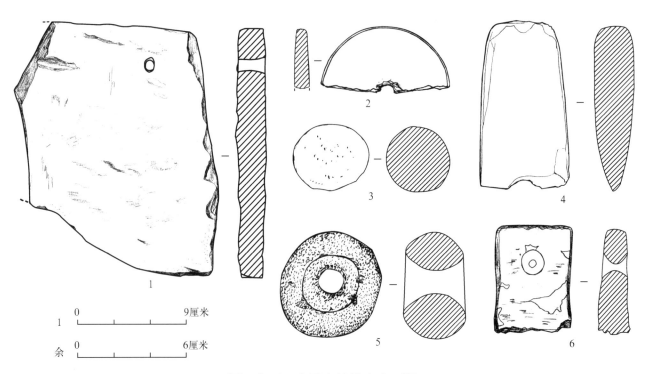

图一七三　大司空遗址出土石器

1．石磬T0606③：1　2．石璧T0507F7垫土层：6　3．石球T1414F19垫土层：1　4．石凿T1416F24垫土层：1　5、6．穿孔石器 T0605⑦：1、T0525F13垫土层：5

（四）铜器

共40件。有铜镞、铜锥、铜锛、铜刀、铜箍等。

1．铜镞

30件。根据形制不同分两型。

A型　27件。双翼式。

标本T0605⑤：1，脊较长，两翼稍宽，锋尖锐。长5.6、翼宽2.0、铤长2.6厘米（图一七四，1）。

B型　3件。无翼式，横断面呈椭圆形。

标本 T0902H305：6，体似圆锥形，尖端无锋，无翼，铤部较短。长5.2、挺长2.4厘米（图一七四，2）。

2. 铜锥

6件。

标本 T0304②：1，长条形，略弧。保存较完整，上端平，下端纤细，尖部略残。残长9.1、直径0.4厘米（图一七四，3）。

标本 T0605⑤：2，长条形，保存完整，上端较粗，下端纤细，尖端锋利。长16.8、直径0.4厘米（图一七四，6）。

标本 T0908H367：1，长条形，保存较完整，较纤细，锋锐利。长7.2、边长0.5厘米（图一七四，4）。

标本 T0625H26：1，长条形，上端粗糙，下端似有锋。长8.2、直径0.4厘米（图一七四，5）。

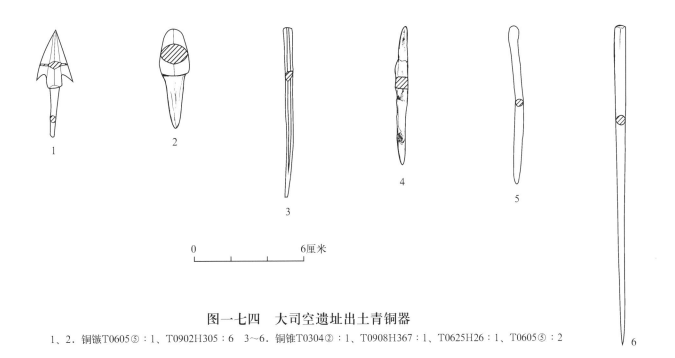

0 ————— 6厘米

图一七四　大司空遗址出土青铜器

1、2. 铜镞T0605⑤：1、T0902H305：6　3~6. 铜锥T0304②：1、T0908H367：1、T0625H26：1、T0605⑤：2

3. 铜锛

1件。

标本 T0401③：1，平面呈长方形，上端平，中间空，两侧各有一凸脊，单面刃。长9.8、刃宽4.0、厚2.4厘米（图一七五，1；彩版二八，1）。

4. 铜刀

2件。

标本 T1412③：1，保存完整。长条形，长方形柄，尖部上翘，刃部较弧，有使用痕迹。通长

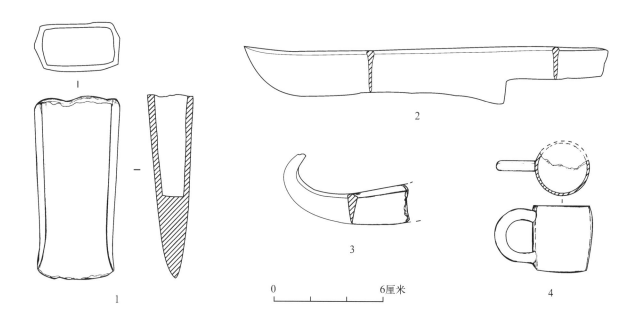

0 _____ 6厘米

图一七五　大司空遗址出土小件青铜器

1. 铜锛T0401③：1　2、3. 铜刀T1412③：1、T0908H367：2　4. 铜箍T0521H424：1

19.6、刃宽 2.3 厘米，柄长 5.5、宽 1.7 厘米。（图一七五，2；彩版二八，2）。

标本 T0908H367：2，刃头上卷。残长 6.8、刃宽 1.4 厘米（图一七五，3；彩版二八，3）。

5. 铜箍

1 件。

标本 T0521H424：1，箍残，呈圆形，上有半圆衔。箍直径约 3.2 厘米（图一七五，4）。

（五）骨器

共 292 件。有骨笄、骨锥、骨镞、骨匕、骨铲、骨凿、骨刀、骨针、骨签、鳄鱼骨板、骨兽首饰等。

1. 骨笄

135 件。根据有无帽分为两型。

A 型　50 件。带帽笄。根据带帽形制又可分七亚型。

Aa 型　24 件。锥形帽。

标本 T0903 ③：1，笄帽上端呈三角形，下端呈椭圆形，两层中间笄杆较细，笄尖部锐利。长 13.4、中径 0.7 厘米（图一七六，8；彩版二八，4）。

标本 T0602H336：1，仅存笄帽头，上层顶盖呈圆锥状，下层盖呈圆形，锥底部有圆孔，可置笄杆。笄帽头直径 2.3 厘米（图一七六，1）。

标本 T1414H214：1，浅黄色。笄帽头上顶端尖，锥底平面呈圆形，中部有圆孔，两侧有对称斜穿，圆孔可纳笄杆，斜穿可置镮。长 2.7、直径 2.5 厘米（图一七七，4）。

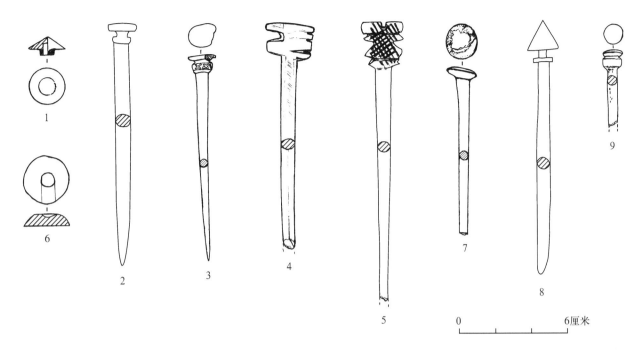

图一七六　大司空遗址出土骨笄

1、8. Aa型T0602H336：1、T0903③：1　2、3、9. Ad型T0903H369：1、T0902H331：18、T0524H118：1　4、5. Ac型T0625H26：4、T0708H395：6　6. Ab型T0606F44垫土层：5　7. Ae型T0601H340：3

Ab型　4件。三角塔式帽。

标本T0606F44垫土层：5，帽头上端向上鼓起呈伞盖形，仅残留笄帽头。直径2.6厘米（图一七六，6）。

Ac型　7件。鸟首帽。

标本T0708H395：6，双凤首。笄头为扁长方形，顶端正中刻一缺口，两侧亦刻出缺口三对。似一对凤鸟。笄头两面刻有交错的阴线纹，形成数十个小方格。笄杆下部尖细，杆中部横断面为三角形，尖端残。残长14.5、笄头长2.2、宽1.6～2.2厘米（图一七六，5；彩版二八，5左）。

标本T0625H26：4，单凤首。笄头为扁长方形，两侧刻三对缺口，似凤鸟，一侧残，笄杆下端残。残长11.7、中径0.8、笄帽长1.8、笄帽宽2.5厘米（图一七六，4；彩版二八，5右）。

Ad型　13件。笄首断面呈T字形，笄帽下凸出一周，与笄帽形成一周凹槽。

标本T0903H369：1，笄帽顶为椭圆形，杆横断面为椭圆形。磨制较精，尖部锐利。长12.5、杆中径0.9、笄帽长0.8、宽1.6厘米（图一七六，2；彩版二八，6左）。

标本T0902H331：18，笄帽上层略残，下层的边缘有不规则的刻纹，笄杆细长，尖部锋利。长10.8、笄帽长0.9厘米（图一七六，3）。

标本T0524H118：1，笄帽顶为椭圆形，下层为圆柱形，笄杆残。通体磨光。残长3.8、笄帽长0.9厘米（图一七六，9）。

Ae型　1件。圆笄帽，整体形状犹如钉子。

标本T0601H340：3，笄帽呈扁圆形，尖部残。残长8.3、中径0.5、笄帽直径1.7厘米（图一七六，7；彩版二八，6右)。

Af 型　1件。笄首纵断面为 T 字形。

标本 T0601H230：1，笄帽较小，呈扁平椭圆形，笄杆较长，尖端残。通体磨光。残长9.6、直径0.7厘米(图一七七，9)。

Ag 型　1件。梯形帽。

标本 T1512 ⑥：1，钉头状。笄帽略向外鼓。长10.3、杆直径0.6、笄帽长2.1、宽1.9厘米(图一七七，10)。

B 型　83件。无帽笄。根据形状特征分二亚型。

Ba 型　74件。无帽锥形笄。

标本 T0305H7：2，长条形，通体磨光，尖端锐利。长11.4、直径0.7厘米(图一七七，5)。

标本 T0902H249：2，长条形，尖部略圆滑，无锋。通体磨光。长18.1、直径0.6厘米(图一七七，7)。

标本 T0605 ④：5，长条形。通体磨光。两端纤细，尖部不锋利。长18.1、直径0.6厘米(图一七七，6)。

Bb 型　9件。无帽锥形，尾端有圆形穿孔。

标本 T0624 ④：4，上细下宽，下端残。残长11.7、直径0.7、孔径0.2厘米(图一七七，8)。

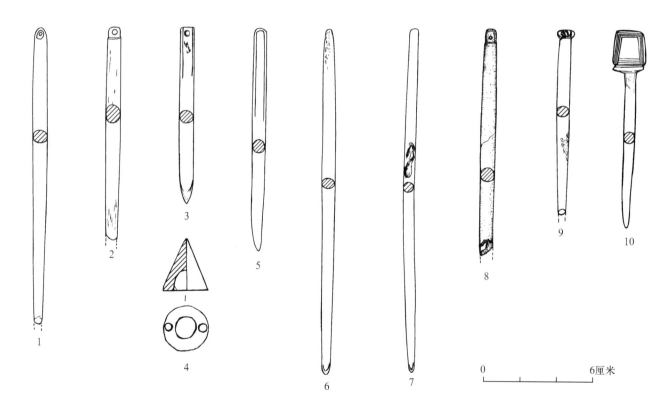

图一七七　大司空遗址出土骨笄

1、2、3、8. Bb型T0902H305：8、T0603H254：20、T0903H369：4、T0624④：4　4. 笄帽T1414H214：1　5、6、7. Ba型T0305H7：2、T0605④：5、T0902H249：2　9. Af型T0601H230：1　10. Ag型T1512⑥：1

标本 T0903H369：4，尖端锐利，通体磨光。长 9.2、直径 0.8、孔径 0.2 厘米（图一七七，3）。

标本 T0603H254：20，表面光滑，尖端残。残长 11.1、直径 0.7、孔径 0.2 厘米（图一七七，2）。

标本 T0902H305：8，尖端残。残长 15.3、直径 0.7、孔径 0.2 厘米（图一七七，1）。

另外，还有 1 件残笄帽。

2．骨锥

75 件。分为两型。

A 型　39 件。又根据形制不同分为二亚型。

Aa 型　32 件。制作精良，多为一端粗，一端细尖，断面呈圆形，少数断面呈圆角方形。有的顶端带方形帽。

标本 T0605 ⑤：6，通体磨光。顶端有一方形帽头，锥面较光滑，尖部残断，横断面呈圆形。残长 8.9 厘米（图一七八，1）。

标本 T1313 ③：1，有骨脊，通体有加工痕迹，横断面略称三角状。残长 9.2、直径 0.8 厘米（图一七八，2）。

标本 T0708 ④：4，通体磨光，尖端较锐利。长 6.2 厘米（图一七八，3）。

标本 T0608H238：1，顶端粗圆，下端尖细且锋利。长 10.8、直径 1.0 厘米（图一七八，7）。

标本 T0808H333：5，上端磨制较平，尖部锋利，通体有刻纹。长 10.8、直径 1.1 厘米（图一七八，12）。

Ab 型　7 件。较 Aa 型细长，尖部更加锐利。

标本 T0902H331：8，长条形。顶端圆，下端尖细。长 10.1、直径 0.4 厘米（图一七八，9）。

B 型　36 件。用骨片稍做加工，仅一端磨出尖锋，另一端仍保持原样。

标本 T0304 ⑤：4，用一占卜过的卜骨（即牛肩胛骨）废料改制，反面还有钻凿的痕迹。尖端略残，但仍锋利，通体磨光。长 12.6、直径 1.4 厘米（图一七八，11）。

标本 T1512 ④：4，顶部较粗糙，尖部锐利，骨片较薄。残长 12.4、直径 1.8、厚 0.2 厘米（图一七八，10）。

标本 T1315H213：1，正面上部较鼓，未加工，尖部略残。正面光滑，背面上部粗糙。长 15.1、最大径 3.5 厘米（图一七八，4）。

标本 T0408H126：7，上端弧宽，尖部锐利，通体磨光。长 9.6、最大径 2.6 厘米（图一七八，6）。

标本 T0902H331：3，正面上部鼓起，有骨脊，头顶切割较平，反面背部有烧灼的凹槽。通体磨光，尖较锋利。长 7.8 厘米（图一七八，8）。

标本 T0601H285：2，用骨片磨制而成，上端略宽，下端尖细，尖锋锐利。长 16.9、最大径 1.8

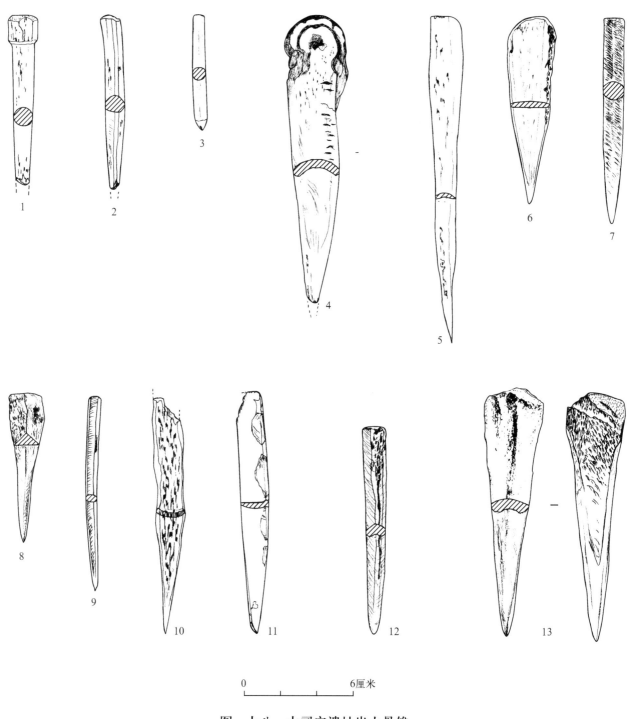

图一七八　大司空遗址出土骨锥

1~3、7、12. Aa型T0605⑤：6、T1313③：1、T0708④：4、T0608H238：1、T0808H333：5　9. Ab型T0902H331：8　4、5、6、8、10、11、13. B型T1315H213：1、T0601H285：2、T0408H126：7、T0902H331：3、T1512④：4、T0304⑤：4、T0328H219：1

厘米（图一七八，5）。

　　标本T0328H219：1，上端粗圆，下端尖，锋较锐利。长12.9、最大径3.2厘米（图一七八，13）。

3．骨镞

52件。根据该器的形制不同分为五型。

A 型　20件。该类型一边较平，另两边略弧，两端均平，无尖锋。横断面略呈三角形，其中两角为锐角，另一角圆弧。

标本 T1512 ③ A：2，通体磨光，镞身长，短铤。长9.1、铤长1.8厘米（图一七九，1；彩版二八，7右）。

标本 T0606 ⑤：7，制作较粗糙，尖端无锋，横断面略弧，略呈三角状。长10.4、翼宽1.1、铤长5.1厘米（图一七九，2）。

标本 T1512H171：1，镞身较长，短铤，上有刀削痕迹。长9.8、铤长2.8厘米（图一七九，3）。

标本 T1515H210：4，磨制粗糙，镞身长，铤较短。长9.7、铤长3.4厘米（图一七九，4；彩版二八，7左）。

B 型　29件。整体呈圆柱状，尖部呈圆锥状，不锋利。

标本 T0625 ④：6，尖端残，短铤。长7.9、铤长2.5厘米（图一七九，5）。

标本 T0808H333：10，铤短。长6.5、铤长2.1厘米（图一七九，6）。

标本 T0601H285：1，尖部较短，铤较短。残长6.9、铤长1.9厘米（图一七九，7）。

标本 T0427H324：1，尖部残，铤较短。长6.8、铤长2.4厘米（图一七九，8）。

C 型　1件。整体形状犹如矛头。

标本 T0601 ③：3，通体磨光，镞身断面呈椭圆形，铤较长。长4.3、铤长2.8厘米（图一七九，9）。

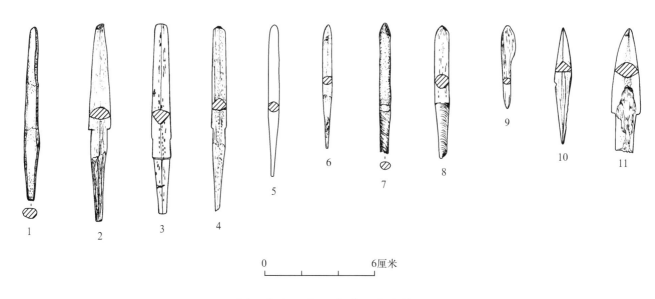

0　　　　　　6厘米

图一七九　大司空遗址出土骨镞

1～4. A型T1512③A：2、T0606⑤：7、T1512H171：1、T1515H210：4　5～8. B型T0625④：6、T0808H333：10、T0601H285：1、T0427H324：1　9. C型T0601③：3　10. D型T0605H252：12　11. E型T0101F11垫土：1

D 型　1 件。该器横断面呈三棱形。

标本 T0605H252：12，镞锋尖利，铤较长。长 6.2、脊厚 0.7、铤长 3.2 厘米（图一七九，10）。

E 型　1 件。横断面呈菱形。

标本 T0101F11 垫土：1，锋尖锐，圆柱形铤。全长 6.6、铤长 2.1、脊厚 0.7 厘米（图一七九，11；彩版二八，8）。

4. 骨匕

15 件。形制大致相同，均呈长条形，一端有刃，有的一端有穿孔。

标本 T0527 ⑥：4，宽条状略弧，一端中部有一圆形小穿孔。正面光滑，反面略显粗糙。长 8.6、中宽 1.9 厘米（图一八〇，3）。

标本 T0605 ⑤：4，宽条状，一端宽平，一端残。残长 9.6、最宽 2.2 厘米（图一八〇，2）。

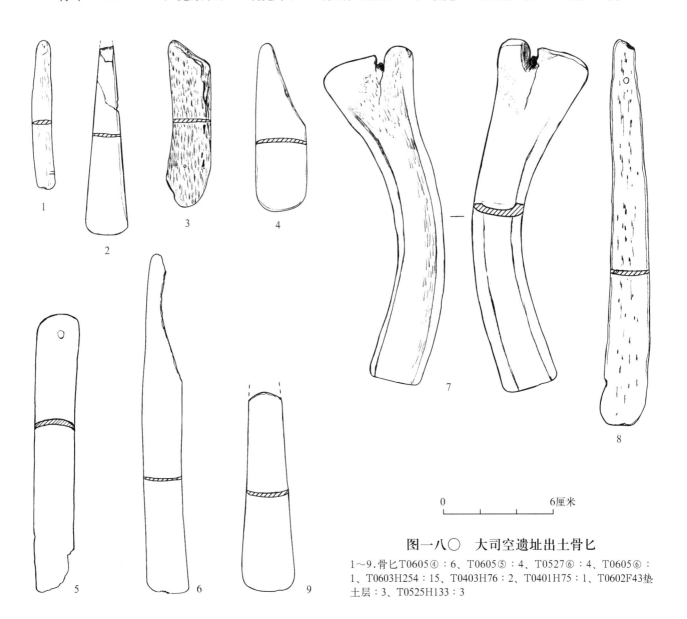

0　　　　　　　　　　6厘米

图一八〇　大司空遗址出土骨匕

1～9.骨匕T0605④：6、T0605⑤：4、T0527⑥：4、T0605⑥：1、T0603H254：15、T0403H76：2、T0401H75：1、T0602F43垫土层：3、T0525H133：3

标本 T0605 ④：6，宽条状，两端均略弧。长 7.5、宽 0.9 厘米（图一八〇，1）。

标本 T0605 ⑥：1，宽条状，一端宽平，一端残。残长 8.9、宽 2.7 厘米（图一八〇，4）。

标本 T0525H133：3，宽条状，制造精美，通体磨光，一端残，一端宽弧。残长 10.2、最宽 3.0 厘米（图一八〇，9）。

标本 T0603H254：15，一端较平滑，有一圆形穿孔，一端残，通体较光滑。长 14.6、宽 2.2、孔径 0.4 厘米（图一八〇，5）。

标本 T0403H76：2，宽条状。头部近平，一端残。长 17.9、宽 2.1 厘米（图一八〇，6）。

标本 T0602F43 垫土层：3，平顶，宽弧刃，上端中部有小圆孔，表面光滑。长 19.7、宽 2.0、孔径 0.3 厘米（图一八〇，8；彩版二八，9）。

标本 T0401H75：1，弯弧形。通体磨光，单面刃。长 17.9、最宽 4.9 厘米（图一八〇，7）。

5．骨铲

6 件。根据形制和用料的不同分两型。

A 型　3 件。用牛肢骨从中部剖开制作而成，整体呈三分之一圆形，犹如"洛阳铲"的铲头。

标本 T0304 ⑤：7，正面光滑，反面两侧均有磨制痕迹，刃面较薄。长 12.9、宽 3.9 厘米（图一八一，2）。

标本 T0304 ④：4，正面光滑，单面刃，刃部两侧经打磨。残长 8.0、宽 5.0、中厚 0.4 厘米（图一八一，8）。

标本 T0601H307：2，正面及反面都经打磨，正面极光滑，单面刃。长 8.6、宽 3.8、中厚 0.6 厘米（图一八一，1；彩版二九，1）。

B 型　3 件。用猪下颌骨制成，整体呈长方形。

标本 T0808H378：1，平面似不规则梯形，中部有一圆孔，直径约 1.4 厘米。骨面光滑，反面粗糙，单面刃。长 11.2、宽 7.9 厘米（图一八一，6；彩版二九，2）。

6．骨凿

1 件。

标本 T0624H31 ④：2，长条形，通体磨光，上端圆，单面刃。长 10.5、中径 0.7 厘米（图一八一，11；彩版二九，3）。

7．骨刀

1 件。

标本 T0304H64：3，方块形。单面刃，刃部锋利，有磨损痕迹。正面磨制光滑，反面粗糙。长 3.7、宽 2.9 厘米（图一八一，7）。

8．骨针

1 件。

标本 T0902H331：15，一端有尖锋，一端刻有槽，似可系细绳。长 13.1、直径 0.4 厘米（图一八一，9；彩版二九，4 左）。

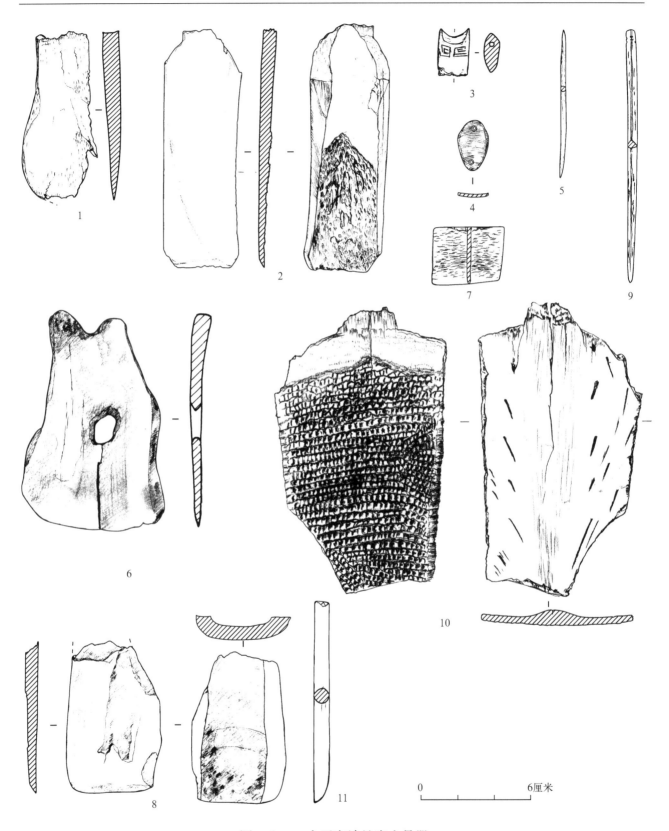

图一八一　大司空遗址出土骨器

1、2、8. A型骨铲T0601H307：2、T0304⑤：7、T0304④：4　3、4. 骨兽首饰T1516F22北坡：21、T0527④：4　5. 骨签
T0902H331：14　6. B型骨铲T0808H378：1　7. 骨刀T0304H64：3　9. 骨针T0902H331：15　10. 鳄鱼骨板T0304H91③：14
11. 骨凿T0624H31④：2

9．骨签

1件。

标本 T0902H331：14，长条形，细长，两端较尖锐。长 7.8 厘米（图一八一，5；彩版二九，4右）。

10．鳄鱼骨板

3件。

标本 T0304H91③：14，长方块状。长 14.6、宽 9.4、厚 1.4 厘米（图一八一，10）。

11．骨兽首饰

2件。

标本 T0527④：4，椭圆形，两端各有一圆形小孔。长 2.6、最宽 1.65、孔径 0.15 厘米（图一八一，4；彩版二九，5）。

标本 T1516F22北坡：21，方形，似人面具。顶端凹，正面刻一组简单兽面。上厚下薄，上端两侧有两个圆形小孔，未穿通。长 2.8、宽 1.5、厚 0.8 厘米（图一八一，3；彩版二九，6）。

（六）角、牙器

共 40 件。包括鹿角锥、羊角饰件、鹿角料和残骨角料、穿孔牙饰等。

1．鹿角锥

25 件。均为鹿角上的小枝叉切割磨制而成，形状因角而异。大多保存完整。

标本 T0303H82：1，根部横切，有两个角尖，通体磨光。长 18.2 厘米（图一八二，6；彩版二九，7）。

标本 T0601H307：1，弧形，角根部斜切，角尖未加工，通体磨光。长 15.8、直径 2.8 厘米（图一八二，5；彩版二九，8右）。

标本 T0305④D：1，保存完整。弧形，角尖未加工，通体磨光。长 23.8、直径 2.3 厘米（图一八二，4；彩版二九，8左）。

标本 T0605③：2，弧度较小，角根部横切，尖端较圆滑。长 13.4 厘米（图一八二，3）。

标本 T0605⑤：5，弧形，角根部斜切，角尖有加工痕迹。长 19.3、直径 2.2 厘米（图一八二，2；彩版二九，8中）。

标本 T0605⑤：3，保存完整，角根部有分叉，通体磨光，角尖未加工。长 18.2、直径 2.3 厘米（图一八二，1）。

标本 T0601采：2，弧形，角根部斜切，角尖部较锐利，通体磨光。长 12.1、直径 1.8 厘米（图一八二，7）。

2．羊角饰

1件。

标本 T1515H210：3，角根部有腔，原腔内应装有柄，并有辖固定。通体磨光，尖部锐利。长

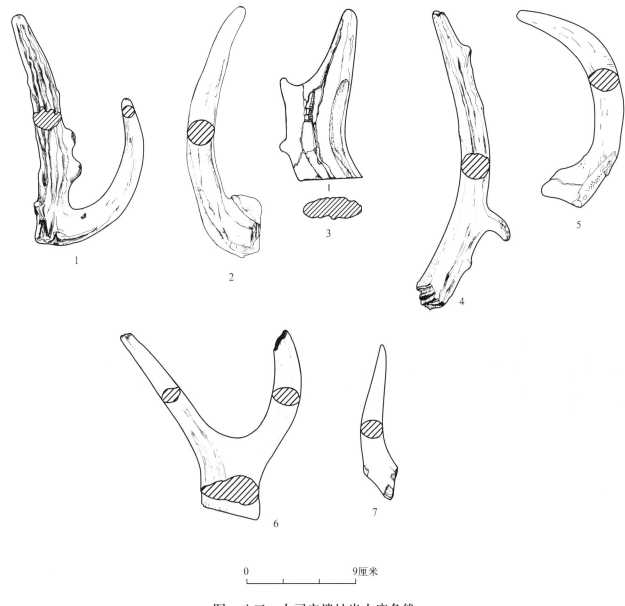

0　　　　　　　9厘米

图一八二　大司空遗址出土鹿角锥

1～7.鹿角锥T0605⑤：3、T0605⑤：5、T0605③：2、T0305④D：1、T0601H307：1、T0303H82：1、T0601采：2

11.8、长径2.4、短径2.0厘米（图一八三，1；彩版二九，9）。

3. 鹿角料与残骨角料

共13件，这类器物多为鹿角的根部或分叉处，有的是牛肢骨臼。

4. 穿孔牙饰

1件。

标本T0602F43垫土：1，长方形，中部有一小圆形穿孔，表面光滑，通体磨光。长2.2、宽1.2厘米（图一八三，2）。

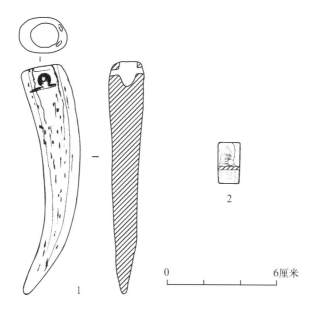

图一八三　大司空遗址出土角、牙器
1. 羊角饰T1515H210：3　2. 穿孔牙饰T0602F43垫土：1

（七）贝、螺

共 29 枚。包括货贝、阿拉伯绶贝、大贝、小贝、海螺等。

1. 货贝

9 枚。

标本 T0607H384：10，背部尾端有不规则形孔。长 2.0、宽 1.3 厘米（图一八四，1；彩版三〇，1 左）。

2. 阿拉伯绶贝

3 枚。

标本 T0528H314：2，壳面平滑光亮，上中部有一圆孔。长 5.1、宽 2.8 厘米（图一八四，5）。

3. 大贝

4 枚。

标本 T0607H384：5，背部尾端有不规则形孔。长 3.2、宽 2.1 厘米（图一八四，6；彩版三〇，1 右）。

标本 T0607H384：11，背部尾端有不规则形孔。长 2.6、宽 1.8 厘米（图一八四，4；彩版三〇，1 中）。

4. 海螺

13 枚。根据大小不同分为两型。

A 型　12 枚，小海螺。

标本 T0903H267：7，保存完整，正面隆起，孔在中部。长 2.6、宽 0.8 厘米（图一八四，3；

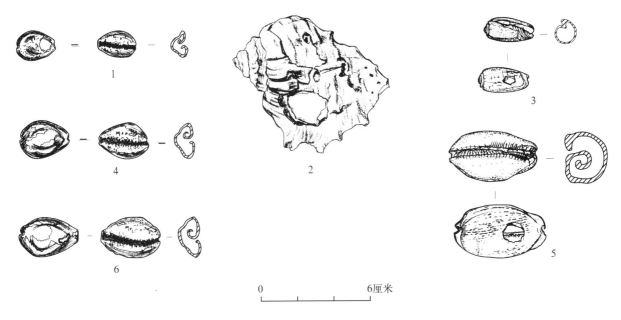

图一八四　大司空遗址出土贝类

1. 货贝T0607H384：10　　2. B型海螺T0902H305：10　　3. A型海螺T0903H267：7　　4、6. 大贝T0607H384：11、T0607H384：5　　5. 阿拉伯绶贝T0528H314：2

彩版三〇，2）。

B 型　1枚，大海螺。

标本T0902H305：10，保存完整，大而厚，壳口宽大，壳内面光滑。长8.8、宽6.2厘米（图一八四，2；彩版三〇，3）。

（八）蚌器

共31件。有蚌镰、蚌铲、饰件、蚌凿、蚌泡等。

1. 蚌镰

15件。根据刃部不同分两型。

A 型　5件。刃部呈锯齿状。

标本T1412H185：1，平首，弧背，凹刃，刃部曲度较大。通体磨光，刃部及背部均有磨损痕迹。长15.1、最宽4.4厘米（图一八五，1；彩版三〇，4）。

标本T0526H138：2，弧背，凹刃，刃部曲度较大，并有磨损痕迹，两端较弧。通体磨光。长16.5、中宽4.2厘米（图一八五，4）。

B 型　10件。刃部无锯齿。

标本T0601 ③：1，保存较完整。弧背，凹刃，两端较弧。长15.8、宽5.0厘米（图一八五，3）。

标本T1512H173：2，弧背，凹刃，头端略平滑，通体磨光。长14.4、最宽5.2厘米（图一八五，2）。

2．蚌铲

3 件。

标本 T0401 ③ A：1，切去蚌壳的尖端制成，单刃。长 11.0、最宽 7.0 厘米（图一八六，4）。

标本 T0601H344：2，单刃，有磨损痕迹。长 20.2、宽 13.4 厘米（图一八六，5；彩版三〇，5）。

3．蚌壳饰

2 件。

标本 T0903H267：8，中部有一圆孔，通体磨光，制作精美。长 2.9、宽 2.3 厘米（图一八六，3）。

标本 T1413F32 北坡：1，正面极光滑，背面及边缘有打磨痕迹，蚌壳顶端处有一圆形穿孔。长 7.7、最宽 3.9 厘米（图一八六，2）。

4．蚌凿

1 件。

标本 T0406H3 ④：9，长条形，顶端有一圆孔，略残。单刃，尖端锋利。长 12.6、最宽 2.4 厘米（图一八六，1）。

5．蚌泡

10 件。均呈圆形，一面平整，一面圆鼓。大部分蚌泡中部有圆形穿孔，少数无穿孔。

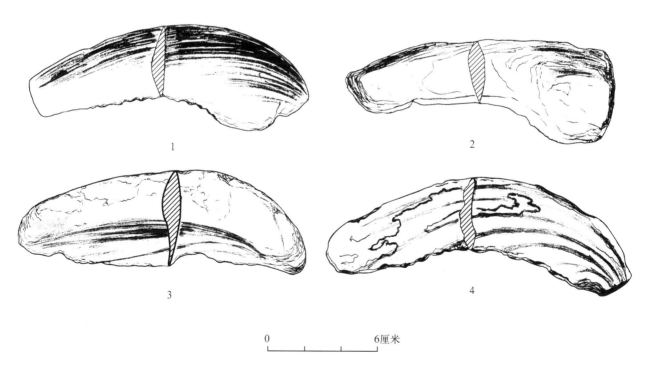

图一八五　大司空遗址出土蚌器

1、4. A型蚌镰 T1412H185：1、T0526H138：2　2、3. B型蚌镰 T0601 ③：1、T1512H173：2

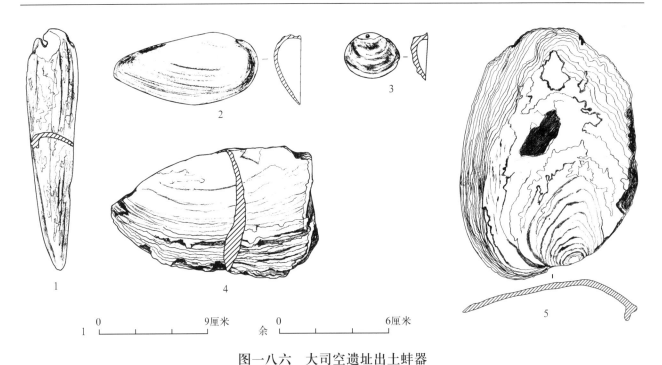

图一八六　大司空遗址出土蚌器

1. 蚌凿T0406H3④：9　2、3. T1413F32北坡：1、蚌壳饰T0903H267：8　4、5. 蚌铲T0401③A：1、T0601H344：2

（九）甲骨

共249件，有卜骨和卜甲，除1件有刻辞外，余均无刻辞。

1. 卜甲

26件。依用料位置的不同，可分为背甲和腹甲两个类型。

A型　7件。用龟背甲制作，通常从背甲的中部剖开，一分为二。有的带有圆穿。

标本T0401⑤：1，呈扇形。残长9.0、宽10.1厘米。反面有7个凿、钻、灼的痕迹，6个完整。凿长1.4～1.60、宽0.3～0.5、灼径0.6厘米（图一八七，1；彩版三〇，6）。

标本T1412H234：1，左背甲，大部分完整，局部残缺。背部无钻、凿痕，但有烧灼痕迹。长14.6、最宽6.1厘米（图一八七，3；彩版三〇，7）。

标本T0401H84：1，残。正、反面均无凿、钻、灼的痕迹。中部有一圆形穿孔，孔径0.7厘米。残长7.4、宽4.1厘米（图一八七，6）。

标本T0625H47②：1，左背甲，反面共有10个凿、钻、灼痕。长19.7、宽8.1厘米（图图一八七，5）。

B型　19件，均为小龟的腹甲，大部分残碎。

标本T0303H37：7，保存较完整，反面有16处凿、钻、烧痕，且大都完整。长13.6、宽7.8厘米（图一八七，2；彩版三一，4、5）。

标本T0902H331：16，保存较完整。20个凿、钻、灼的痕迹，且有17处完整。凿长1.4厘米左右，宽0.3～0.5、灼径0.8厘米。长17.6、宽7.3厘米。（图一八七，4；彩版三一，2、3）。

2. 卜骨

223件。依所用动物骨骼的不同，有无刻辞和钻、凿、灼的差异分四型。

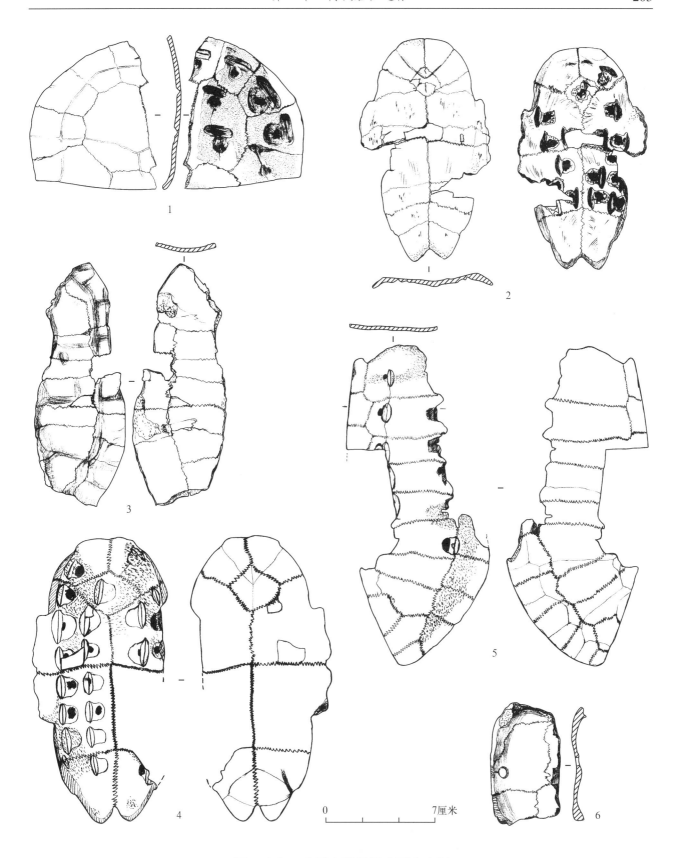

图一八七　大司空遗址出土无字卜甲

1、3、5、6. A型T0401⑤：1、T1412H234：1、T0625H47②：1、T0401H84：1　2、4. B型T0303H37：7、T0902H331：16

A 型　2件。有刻辞。

标本 T0806H141：2，牛左肩胛骨下部，上部稍残。长 27.0、宽 13.5 厘米。这是一版干支表，刻于牛肩胛骨之中下部。第 6 行与第 7 行之间有分界刻划线，第 8 行横书。此版属殷墟二期，时代约当祖庚、祖甲时期。全版应有 139 字，现存完整的字 112 字，部分残缺的字有 13 个，完全缺失的字有 14 个（图一八八、一八九；彩版三一，9、彩版三二）。卜辞考释为：

甲子、乙丑、丙寅、丁卯、戊辰、己巳、庚[午]、[辛]未、壬申、癸酉

甲戌、乙亥、丙子、丁丑、戊寅、己卯、[庚辰]、[辛]巳、壬午、癸未

甲申、乙酉、丙戌、丁亥、戊子、己丑、庚寅、辛[卯]、壬辰、癸巳

甲午、乙未、丙申、丁酉、戊戌、己[亥]、[庚子]、[辛]丑、壬寅、癸卯

甲辰、乙巳、丙午、丁未、戊申、己酉、庚[戌]、[辛]亥、壬子、癸丑

甲寅、乙卯、丙辰、丁巳、戊午、[己未]、庚申、辛酉、壬戌、癸亥

甲子、乙[丑]、丙寅、丁卯、戊辰、己巳、庚午

甲戌、乙亥、丙

标本 T0606 ④：1，牛左肩胛骨上部。正面有 2 处凿、钻、灼痕迹。凿长 1.3～1.5、宽 0.4～0.6 厘米。大约有 15 个刻字，单字有"癸"、"贞"、"卜"、"二"等，由于局部有刮削的痕迹，大部分字都模糊不清。通体残长 11.4、宽 9.5 厘米（图一九○，7、8）。

B 型　136 件。只凿、灼而无钻。

标本 T0403H76：1，牛左肩胛骨上部。反面有 8 处凿、灼痕，且 6 处保存完整，无钻痕。凿长 1.7～2.2、宽 0.5～0.9、灼径 1.1 厘米。长 18.4、宽 7.1 厘米（图一九○，2；彩版三一，7、8）。

标本 T0707H349：5，牛右肩胛骨下部，正面有 19 处凿、灼痕迹，保存完整的有 13 处，无钻痕迹；反面有 9 处凿、灼痕，其中多处只有凿而无灼，凿长 1.6～1.8、宽 0.2～0.4、灼径 0.8～1.1 厘米。残长 20.7、宽 18.2 厘米（图一九○，4；彩版三一，1）。

C 型　82 件。钻、凿、灼均有。

标本 T0303H37：6，牛左肩胛骨上部。反面有 22 处凿、钻、灼痕迹，且有 19 处保存完整。凿长 0.8～1.1、宽 0.8～1.0、灼径 0.6 厘米。长 14.5、宽 6.5 厘米（图一九○，1）。

标本 T0603H253：13，牛左肩胛骨下部。正面有 12 处凿、钻痕迹，9 处完整，凿长 1.4～1.6、宽 0.3～0.9 厘米，但无灼痕；反面有 5 处凿、钻、灼痕，且 3 处完整，灼径 0.6～0.9 厘米。残长 16.2、宽 9.2 厘米（图一九○，3；彩版三一，6）。

标本 T0601 ③：8，完整的牛右肩胛骨，臼角切除。正面无钻、凿痕迹。反面经修整打磨，有两排 15 处钻、凿、灼痕。凿长 2.1～2.6、宽 1.2～1.6 厘米。通长 36.6、最宽处 22.0 厘米（图一九○，6）。

D 型　3 件。系用牛盆骨进行钻、凿的卜骨，为以前所未见。

标本 T0401 ⑥：2,为牛盆骨的左侧。背面有 4 个钻、凿、灼痕，排为两纵列，每纵列各有 2 个，其中上部 2 个残缺。凿长 1.5～2.0、宽 0.5～0.9、残长 15.0、最宽 7.3 厘米（图一九○，5）。

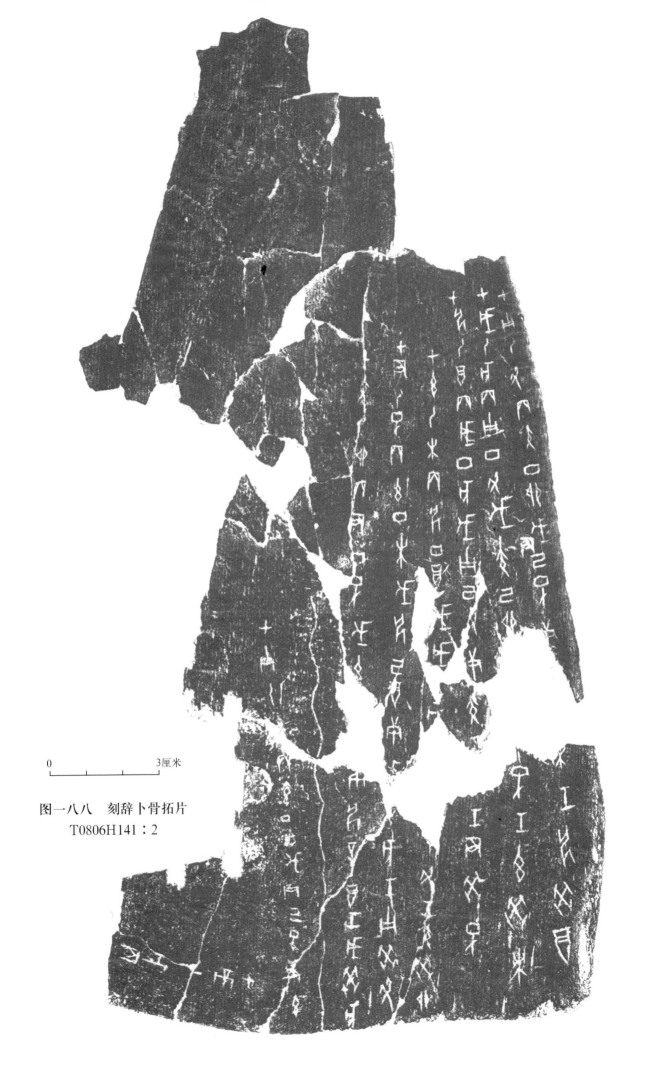

0　　　　3厘米

图一八八　刻辞卜骨拓片
T0806H141：2

图一八九 刻辞卜骨摹本
T0806H141：2

0 ____ 3厘米

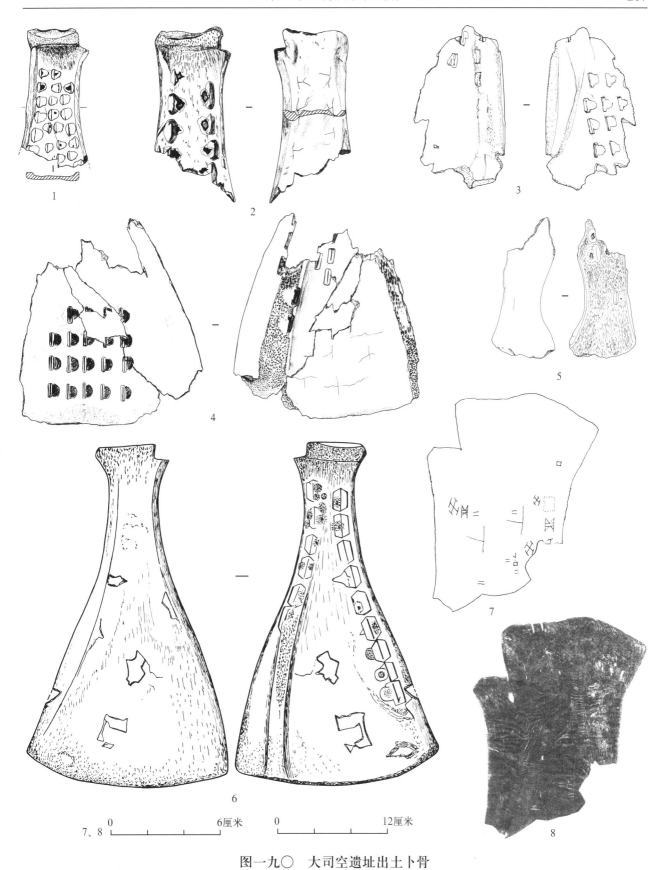

图一九〇 大司空遗址出土卜骨

1、3、6. C型T0303H37：6、T0603H253：13、T0601③：8 2、4. B型T0403H76：1、T0707H349：5 5. D型T0401⑥：2 7、8.
A型T0606④：1拓片和摹本

第三章　商代墓葬

2004 年大司空发掘墓葬共计 462 座（详见附表三）。其中，商代中小型土坑竖穴墓 354 座，瓮棺葬 86 座，车马坑 4 座，祭祀类墓葬 8 座，灰土葬 5 座，另有 3 座魏晋时期瓮棺葬，1 座规模较小的唐宋砖墓，1 座唐宋时期的瓦棺葬。规模较大的墓葬多数被盗扰，仅有 T1418M303、T0601M412、T1312M230 和 T0327M444 等少数墓葬保存完整。T1418M303 是本次发掘的规模最大、随葬品最丰富的墓葬，为了保持该墓资料的完整性，便于学者研究利用，本报告将之单列详述（见本章第九节）。非商代墓葬将另行报道，本报告仅介绍商代墓葬资料。

4 座车马坑中，有 3 座保存完整，1 座遭到后世的严重盗扰。车马坑通常被认为是墓葬的陪葬坑，因此，本报告把车马坑归入墓葬类介绍。又因车马坑具有与墓葬不同的特殊性，故在墓葬章节中又单列车马坑一节（见本章第十二节）。

另外，由于发掘区内分布着大量殷代夯土基址，与之相关的瓮棺葬也较多，共有 80 余座。其中，大多数与夯土建筑等居住遗存有关，因此本报告将瓮棺葬作为建筑基址的附属遗存介绍（详见本报告第二章第一节）。葬于灰坑中的人骨有十余具，称为"灰土葬"，将放入灰坑部分介绍（详见第二章第二节）。下面从墓葬层位和空间分布、形制、葬具、葬式、殉人和殉牲、随葬品的放置位置、随葬品种类、随葬品组合和分期等几个方面分别介绍。

第一节　墓葬层位和空间分布

由于发掘区域位于豫北纱厂居民生活区，地下文化遗存破坏很严重，发掘区内许多地方扰土层下即是商代遗存，且有的商代遗存上部分已被破坏掉。故大部分商代墓葬开口于第②层（扰土层）下，地层堆积相对较简单。

但是，大司空东南地（即现在的豫北纱厂）是殷墟时期非常重要的一个族邑，这里不仅有大量的殷代墓葬，而且还有许多商人的生活遗存，包括大面积的建筑基址、垃圾坑、窖穴、水井等遗迹（详见本报告第二章第一、二节），所以还有部分墓葬或被这些生活遗迹打破，或叠压在它们的下面。有少量较高规格的墓葬由于叠压在商代建筑基址下面而幸免被盗。如殷墟四期贵族墓葬 T1418M303 由于开口于商代房基 F38 之下而完整地保存了下来。

在空间分布上，没有较固定的分布区域，各发掘区均有较多的墓葬分布，且多数分布在居住址的周围。A 区有 111 座，B 区有 73 座，C 区 135 座，D 区 138 座。由于 C 区和 D 区有规模较大的夯土基址，因此，C 区和 D 区的墓葬中瓮棺葬的占比较高。

第二节　墓葬形制

一　墓葬规模

在近 370 座商代墓葬（不包括瓮棺葬）中，除少数为车马坑、祭祀类墓葬和灰坑葬外，354 座为长方形竖穴土坑墓。

长方形竖穴墓形制较小，墓口和墓底相差不大，或墓口稍大于墓底，或墓底稍大于墓口。墓口和墓底的平面基本上都呈长方形，少数头端稍大。

这批墓的大小（以墓底计），一般长 1.90～2.80、宽 0.80～1.50 米，少数较大型墓长 3.00 米以上，宽 1.60～2.20 米。长 3.50 米以上的墓仅有 5 座（T1316M301、T1418M303、T0707M356、T0601M412、T0327M444）。这批墓的深度（墓口至墓底），一般为 1.50～3.00 米，少数深达 4.00～7.00 米。

二　墓葬结构

（一）墓室

墓内的填土多数为黄、褐色花土，少数是灰色花土，皆经夯打。夯层厚 0.10～0.25 米，夯窝直径 0.05～0.10 米。填土一般上层较紧密，下层较松软，或因木质葬具腐朽后，引起填土下陷所致。

墓壁一般修整较光滑，有的可能曾拍打修整过，少数墓壁上保留有工具痕迹。

多数墓葬有熟土二层台。熟土二层台是由于葬具棺椁腐朽塌陷造成的，但少数墓葬有生土二层台。

多数墓葬底部有腰坑。腰坑内多殉 1 狗。腰坑通常只有 1 个，位于墓底中部，少数略偏后。腰坑的大小基本上与墓室的大小成正比；形状大多为长方形，少数为不规则的椭圆形。腰坑一般长 0.40～0.70、宽 0.30～0.40、深 0.15～0.30 米；较大的腰坑长 0.80～1.30、宽 0.40～0.60 米。较特殊的为 T1215M126，墓底有 5 个腰坑，正中 1 个，近四角各 1 个，内各殉 1 狗。

（二）壁龛

带壁龛的墓葬共计 30 座（表三），约占土坑竖穴墓总数的 8.5%，殷墟二期至四期均有发现。多数壁龛掏在墓主人头端的墓壁下部，有的在正头顶，有的在头两侧墓角处。少数掏在墓主人头侧面的墓壁上，壁龛的底面一般与二层台高度相同，也有少数高于二层台。壁龛顶大多呈弧形，少数平或不规则形。多数壁龛内放随葬陶器，少数放置兵器，有的也放置殉牲，少数葬人。

表三　带壁龛的墓葬统计表　　　　　　　　　　　（单位：厘米）

墓号	墓区	分期	部位	形状	宽×高-深	龛内遗物	备注
M3	A区	IV早	墓主人头端墓壁下部偏西	弧形	50×35-10	陶簋DⅡ，陶罐AⅣ	
M22	A区	IV早	墓主人头端墓壁下部西南角	弧形	70×33-15	陶觚AⅥ，陶爵AⅧ，陶簋G，陶罐AⅣ，兽骨	
M28	A区	IV晚	墓主人头端墓壁下部	弧形	75×35-22	陶觚AⅧ，陶爵AⅩ，陶簋FⅠ，陶盘Ⅳ，陶罐AⅢ	
M55	A区	IV早	墓主人头端墓壁下部偏南	弧形	40×30-10	陶尊AⅡ，陶簋DⅡ	
M106	C区	IV晚	墓室北壁和东壁北端下部	不规则形	127×67-55（最深处）	陶簋BⅢ，陶罐AⅣ，陶爵AⅪ，狗骨架	盗扰严重，墓主人头向不详
M112	C区	IV早	墓室北壁下部（彩版三三，4）	弧形	112×34-30	陶罐AⅢ，陶簋BⅡ、CⅡ，陶鬲CⅠ，陶爵AⅧ，兽骨	盗扰严重，墓主人头向不详
M155	C区	Ⅲ早	墓主人头端墓壁下部(彩版三四，1、2)	弧形	70×50-26	陶簋BⅠ，陶觚AⅣ，陶豆D，陶罐AⅡ，陶爵AⅥ	
M178	D区	Ⅱ晚	墓主人头端墓壁下部	弧形	88×50-25	陶簋AⅡ，陶罐CⅠ	
M190	D区	Ⅲ晚	墓主人头端墓壁下部	弧形	85×45-23	陶觚AⅤ，陶罐AⅢ，陶簋DⅡ，陶爵AⅦ	
M203	D区	Ⅲ晚	墓主人头端墓壁下部西北角	弧形	30×50-18	陶觚AⅤ，陶爵AⅧ，陶豆BⅠ，陶尊B，陶簋BⅡ	
M207	D区	Ⅱ晚	墓室东壁下部偏北近墓主人头端	弧形	60×35-25	陶簋AⅡ，陶瓿A	
M212	D区	Ⅱ早	墓主人头端墓壁下部	弧形	65×40-20	陶鬲BⅡ，陶簋AⅠ，陶瓿A，陶豆AⅢ	
M216	D区	IV早	墓主人头端墓壁下部	弧形	97×45-28	陶簋BⅡ，陶罐AⅢ	
M219	D区	IV晚	墓主人头端墓壁下部	弧形	90×56-20	陶罐AⅣ，陶簋BⅢ，兽骨	
M220	D区	Ⅱ晚	墓主人头端墓壁下部	弧形	70×70-25	陶觚AⅢ，陶爵AⅣ，陶簋AⅡ，陶罐AⅠ，兽骨	
M229	C区	IV晚	墓主人头端墓壁下部	弧形	54×31-10	陶罐	
M230	C区	IV早	墓主人头端墓壁下部	弧形	35×28-15	陶觚AⅥ，陶爵AⅧ，陶罐AⅣ	
M280	C区	IV早	墓主人头端墓壁下部	弧形	108×34-32	陶罐AⅧ，狗骨架	
M287	C区	Ⅲ早	墓主人头端墓壁下部	弧形	50×30-25	陶罐AⅡ	
M298	C区	IV早	墓室北壁下部偏东	弧形	110×55-25	陶簋EⅡ，陶瓿C，陶尊AⅡ3，铜矛Ⅲ2，狗骨架，兽骨	盗扰严重，墓主人头向不详

M305	D区	IV晚	墓主人头端墓壁下部偏西	弧形	52×66—22	无	
M338	D区	III晚	墓主人头端墓壁下部	弧形	66×45—20	陶觚AV，陶簋CIII，陶爵AVII，陶罐（残）	
M339	D区	IV早	墓主人头端墓壁下部	弧形	56×45—25	陶罍B，陶簋BII	
M341	D区	IV早	墓室北壁下部	弧形	52×40—20	陶豆BII，陶簋CIV，陶罐AIII	盗扰严重，墓主人头向不详
M351	B区	II晚	墓室北壁下部	梯形	58×40—(17—30)	殉人（小孩）	
M361	D区	II晚	墓室西壁下部	弧形	75×45—28	陶鬲AI，陶簋I型，陶豆AIV	盗扰严重，墓主人头向不详
M393	D区	IV晚	墓主人头端墓壁下部	弧形	43（残）×70—25	陶罐BII，陶簋EIV	
M394	D区	III早	墓主人头端墓壁下部偏东	长方形	43×60—25	陶罐，陶爵AVI，陶簋CI，陶觚AIV	
M435	D区	II晚	墓主人头端墓壁下部偏西	弧形	40×60—20	陶罐AI	
M442	D区	IV晚	墓主人头端墓壁下部偏西	弧形	45×30—10	陶罐2，AV、G，红陶鬲J	

注：“龛内遗物”一栏中，型式后面的阿拉伯数字代表件数，没有阿拉伯数字的均表示1件。下同。

1．T1004M207

壁龛位于墓室东壁下部偏北近墓主人头端，且高于二层台，内放陶簋、陶瓿（图一九一，左）。

2．T0303M22

壁龛位于墓主人头端墓壁下西南角，内放陶簋、陶觚、陶爵、陶罐、兽骨（图一九一，右）。

3．T0309M3

壁龛位于墓主人头端偏西墓壁下部，内放陶簋、陶罐（图一九二，左）。

4．T0304M28

壁龛位于墓主人头端墓壁下部，内放陶簋、陶觚、陶爵、陶盘、陶罐（图一九二，右）。

5．T0904M220

壁龛位于墓主人头端墓壁下部，内放陶簋、陶觚、陶爵、陶罐，陶簋内有兽骨（图一九三，左；彩版三三，1、2）。

6．T1316M298

壁龛位于墓室北壁下部偏东，内放陶簋、陶尊、硬陶瓿、铜矛、狗骨架、兽骨（图一九三，右）。

7．T0403M55

壁龛位于墓主人头端墓壁下西南角，内放陶簋、陶尊（图一九四，左；彩版三三，3）。

8．T0422M351

壁龛位于墓室北壁下部，内殉一小孩（图一九四，右）。

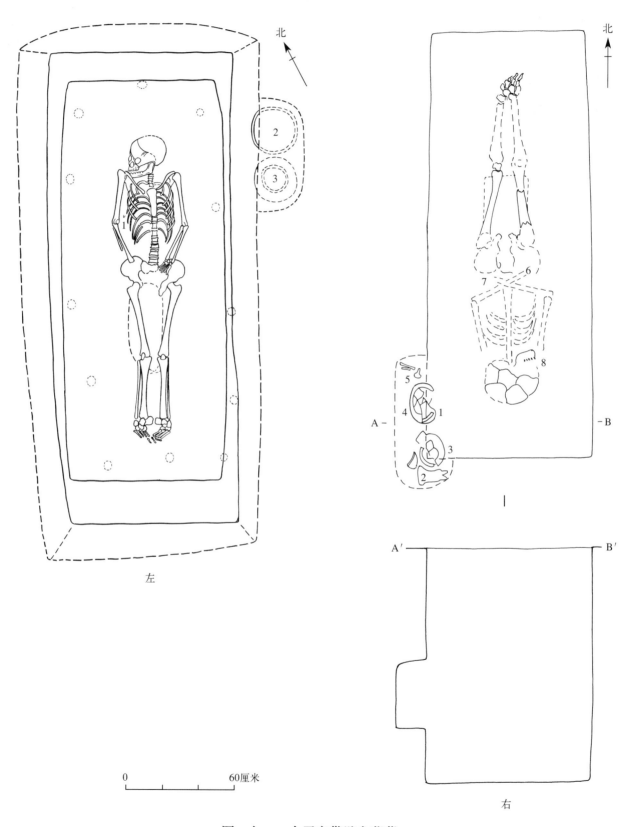

图一九一 大司空带壁龛墓葬

左：T1004M207（1. 贝 2. 陶簋 3. 陶瓿） 右：T0303M22（1. 陶瓿 2. 陶爵 3. 陶簋 4. 陶罐 5. 兽骨 6～8. 贝）

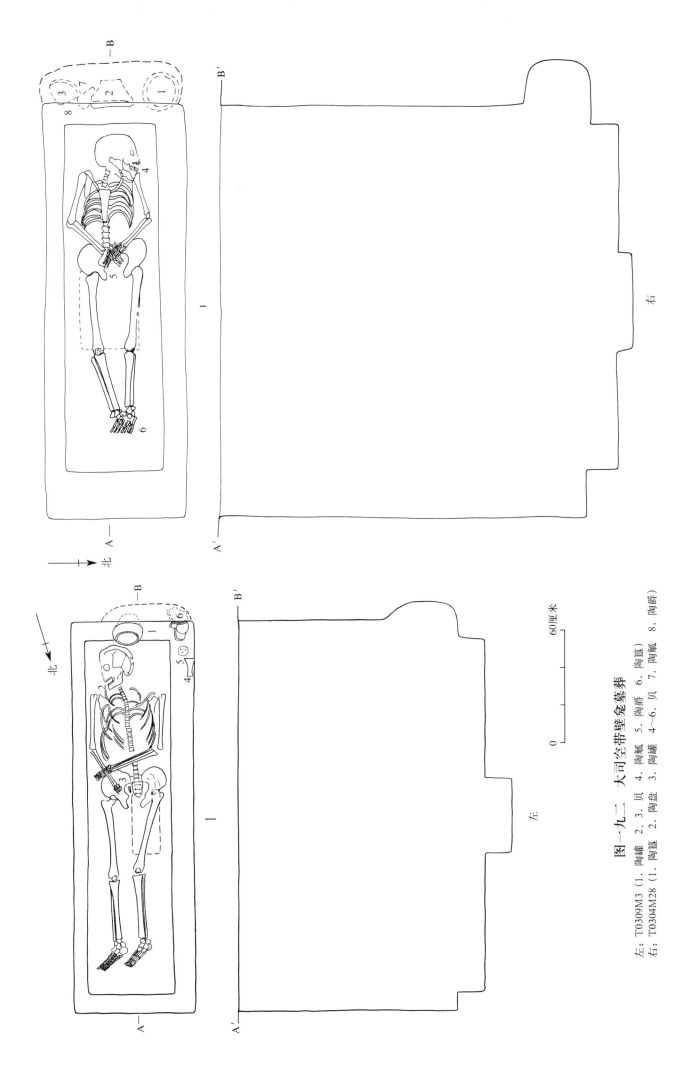

图一九二　大司空带壁龛墓葬

左：T0309M3（1. 陶罐　2、3. 贝　4. 陶觚　5. 陶爵　6. 陶豆）
右：T0304M28（1. 陶罐　2. 陶盘　3. 陶盘　4～6. 贝　7. 陶觚　8. 陶爵）

0 ⊢—————————⊣ 60厘米

左

右

0   60厘米

图一九三　大司空带壁龛墓葬

左：T0904M220（1. 陶瓿　2. 陶爵　3. 陶簋　4. 陶罐　5. 兽骨（陶簋内）　6、7. 铜戈　8. 文蛤　9. 贝）

右：T1316M298（1、13. 陶簋　2、4、5. 陶尊　3. 陶瓿　6、7. 铜矛　8. 陶豆　9. 陶瓿　10. 陶爵　11. 兽骨　12. 狗骨架）

9. T0707M394

壁龛位于墓主人头端偏东墓壁下部偏东，内放陶簋、陶瓿、陶爵、陶罐（图一九五，左）。

10. T0904M203

壁龛位于墓主人头端墓壁下部西北角，内放陶簋、陶豆、陶瓿、陶爵、陶尊（图一九五，右）。

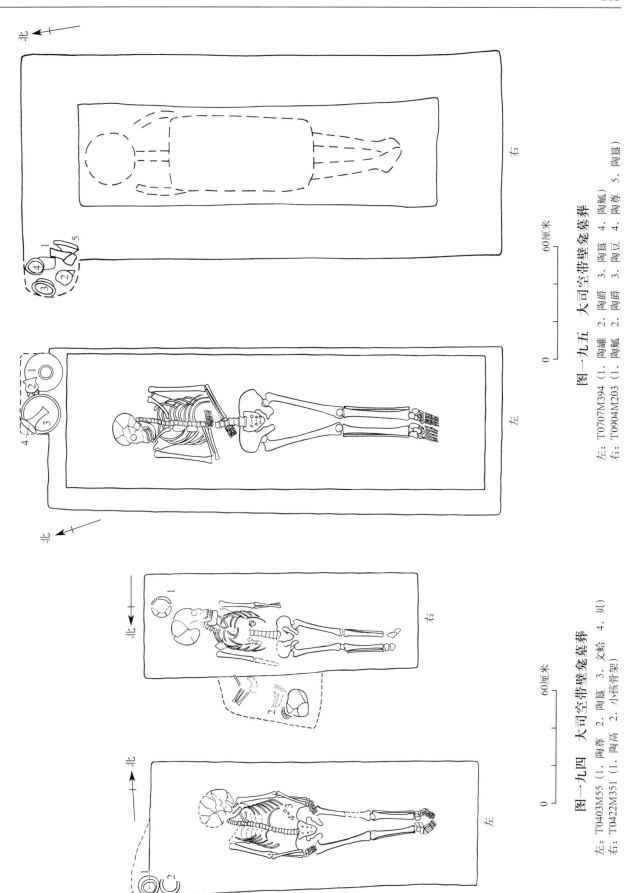

图一九五　大司空带壁龛墓墓葬

左：T0707M394（1. 陶罐　2. 陶爵　3. 陶簋　4. 陶觚　5. 陶盆）
右：T0904M203（1. 陶觚　2. 陶爵　3. 陶豆　4. 陶尊）

图一九四　大司空带壁龛墓墓葬

左：T0403M55（1. 陶尊　2. 陶簋　3. 文蛤　4. 贝）
右：T0422M351（1. 陶鬲　2. 小孩骨架）

（三）墓底孔洞（木桩）

墓底有孔洞（木桩）的墓葬计 41 座（表四），约占土坑竖穴墓总数的 11%。孔洞内多有朽木痕迹，证明洞内原插有木桩，后已朽，作孔洞状。孔洞（木桩）平面形状多呈椭圆形，还有圆形、长方形、方形、不规则形等。孔洞（木桩）直径 1～16 厘米，解剖后发现其竖截面多呈楔形，深度 7～40 厘米不等。这些木桩应当是下葬棺椁前钉在墓底的，木桩上平面与墓底平或稍微高出墓底，分布比较有规律，一般在墓底四周近墓壁处，从棺椁腐朽痕迹观察，多分布在棺椁之间，少数在椁外或棺下，且对称分布，数量不等，但多为偶数，少则 2 个，多则 22 个。殷墟一期至四期的墓葬均有发现，具体用途不详。

表四　墓底孔洞（木桩）登记表　　　　　　　　　　（单位：厘米）

墓号	墓区	分期	数量	位置	平面形状	大小和深度	备注
M2	A区	I晚	4	墓底棺下近边缘处	长方形	长8～16、宽4～5、深约1	孔内有木质朽痕
M5	A区	III早	8	墓底棺椁之间	椭圆形	孔径3～4、孔深16～25	
M6	A区	IV晚	6	墓底棺外5，棺下近边缘处1	圆形	孔径约3、孔深9～22	孔内有淤土和木质朽痕
M9	A区	III早	22	墓底棺椁间21，椁外1	圆形或椭圆形	孔径3～5、孔深16～26	孔内有淤土和木质朽痕
M21	A区	IV晚	16	墓底棺外	椭圆形	孔径2～4、孔深10～25	
M22	A区	IV早	8	墓底四壁	椭圆形	孔径1.5～4	棺不详
M33	A区	不晚于III晚	4	墓底棺下近边缘处	圆形	孔径约3.5、孔深4	
M36	B区	不早于IV期	9	墓底棺外3，棺下近边缘处6	圆形	孔径约4.5、深度9～26	
M37	B区	不晚于IV期	12	墓底棺外11，棺下近边缘处1	圆形或椭圆形	孔径2～4、孔深2～15	
M38	B区	不晚于III期	8	墓底四壁	圆形或椭圆形	孔径1.5～7、深2～26	棺不详
M39	B区	不早于IV早	3	墓底棺外	圆形	孔径3～4、孔深10～15	墓底南部被破坏
M42	B区	商	12	墓底棺外10，棺下近边缘处2（彩版三四，3）	多数长方形，少数圆形	长6、宽4、孔深10～25	孔内有木质朽痕
M43	B区	II晚	12	墓底棺外9，棺下近边缘处3	圆形或椭圆形	孔径2～5、孔深5～18	
M45	A区	不早于II期	9	墓底四壁	椭圆形	孔径3～7	墓底中部被盗扰，棺不详
M51	B区	商	9	墓底四壁	圆形或椭圆形	孔径2～4、孔深1～16	棺不详
M53	A区	不早于I晚	13	墓底四壁（彩版三五，1）	椭圆形	孔径3～5、孔深9～25	棺不详

M58	B区	IV晚	4	墓底椁外	椭圆形	孔径1.8～7、深7～15	
M69	A区	IV晚	7	墓底棺外6，棺下近边缘处1	椭圆形	孔径1.5～4、深1.5～6.5	
M73	A区	II晚	7	墓底棺外	椭圆形	孔径2～6、深17～30	
M112	C区	IV早	10	墓底四壁	椭圆形	孔径3～8	棺不详
M120	B区	商	2	墓底近西壁和南壁	椭圆形	孔径2.5～4、深21～29.5	墓室东部被M39打破
M121	A区	II早	7	墓底棺外5，棺下近边缘处2	多数椭圆形，少数长方形	孔径1.5～7、孔深5～16	
M128	A区	IV早	10	墓底棺外	椭圆形	孔径1～4	
M151	A区	III晚	6	墓底棺外3，棺内3	长方形椭圆形	孔径2～5、深16～21	东南部疑被扰去2个孔洞
M169	A区	II晚	8	墓底棺外	椭圆形或半圆形	孔径2～6、孔深4～23	
M171	A区	IV早	11	墓底椁外	椭圆形	孔径2～5、孔深6～13	
M173	A区	不早于IV期	5	墓底四壁	椭圆形	孔径2～7、孔深7～22	
M193	D区	IV晚	9	墓底棺外3，棺下近边缘处6	椭圆形或长方形	孔大小1～4、深6～22	
M207	D区	II晚	12	墓底棺椁件间3，棺下近边缘处9	圆形或椭圆形	孔径3～5、孔深10～30	
M210	D区	I晚	8	墓底棺外2，棺下近边缘处6	圆形或椭圆形	孔径2～8、孔深5～31	
M224	D区	III晚	8	墓底棺外4，棺下近边缘处4	圆形或椭圆形	孔径2～5、深10～30	
M256	C区	II、III期之间	2	墓底南端	圆形	孔径3、孔深6～8	墓底北端被M231打破
M257	C区	II晚	6	墓底棺外4，棺下近边缘处2	圆形或椭圆形	孔径2～3、孔深3～6	
M264	C区	I晚	6	墓底棺下近边缘处	圆形或椭圆形	孔径2～4、孔深7～10	
M364	B区	II晚	16	墓底棺外11，棺下近边缘处5（彩版三五，2、3）	圆形或椭圆形或长方形	孔大小2～8、孔深3.5～17	
M419	B区	III晚	21	墓底棺外17，棺下4	圆形或椭圆形或长方形	孔径1～5、孔深2～31	
M420	B区	II早	8	墓底棺外5，棺下近边缘处3	圆形或椭圆形	孔径2～6、孔深7～29	
M422	B区	不晚于II晚	11	墓底棺外10，棺下近边缘1	近圆形和长方形	孔径2～5、孔深6～27	棺西边被盗扰
M423	B区	III早	3	墓底椁外紧靠椁板	长方形或椭圆形	孔大小2～4、孔深11～13	棺不详
M452	B区	III晚	6	墓底四壁	椭圆形	孔径2～4、孔深3～14	被盗，棺不详
M461	B区	商	16	墓底棺外2，棺下近边缘处14	长方形或椭圆形或楔形	孔大小1～6、孔深2～29	

1．T0309M2

墓底有 4 个孔洞（木桩），均分布在棺下近边缘处，呈长方形。长 8.0～16.0、宽 4.0～5.0、深 1.0 厘米（图一九六，左）。

2．T0106M9

墓底有 22 个孔洞（木桩），棺椁之间 21 个，椁外 1 个，呈椭圆形或圆形，孔内有淤土和木质朽痕。直径 3.0～5.0、深 16.0～26.0 厘米（图一九六，右）。

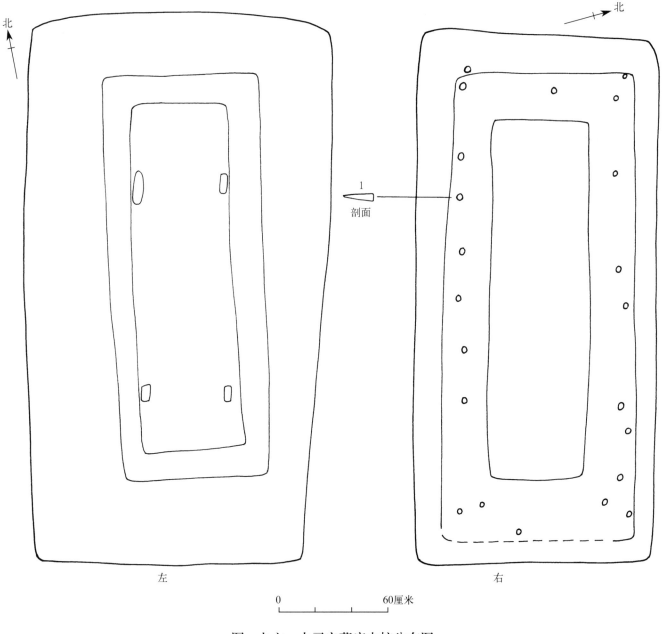

图一九六　大司空墓底木桩分布图

左．T0309M2　右．T0106M9

3. T0528M58

墓底有 4 个孔洞（木桩），均分布在椁外，呈椭圆形。长径 3.0～7.0、短径 1.8～3.5、深 7.0～15.0 厘米（图一九七，左）。

4. T0328M364

墓底有 16 个孔洞（木桩），棺外 11 个，棺下近边缘处 5 个，呈椭圆形或圆形或长方形，大小 2.0～8.0、深 3.5～17.0 厘米（图一九七，右）。

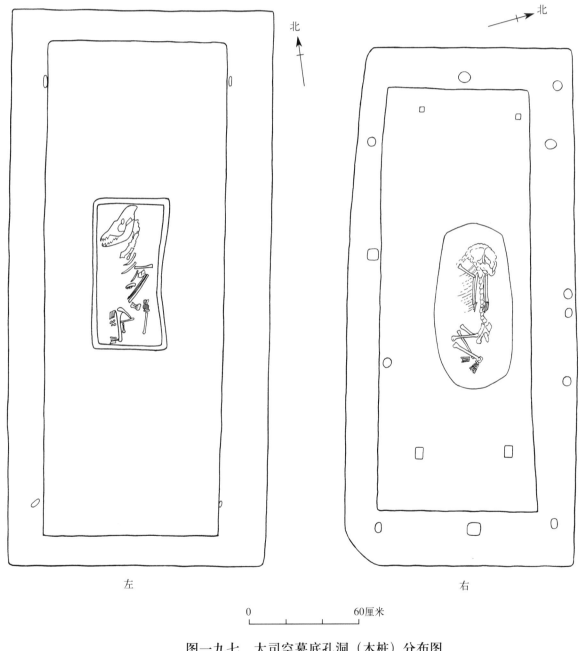

图一九七 大司空墓底孔洞（木桩）分布图

左：T0528M58 右：T0328M364

5．T0204M21

墓底有16个孔洞（木桩），均分布在棺外，呈椭圆形，直径2.0～4.0、深10.0～25.0厘米（图一九八，左）。

6．T0526M37

墓底有12个孔洞（木桩），棺外11个，棺下近边缘处1个，呈椭圆形或圆形，直径2.0～4.0、深2.0～15.0厘米（图一九八，右）。

7．T0321M452

墓底有6个孔洞（木桩），分布在四周近墓壁处，呈椭圆形，直径2.0～4.0、深3.0～14.0厘米（图一九九，左）。

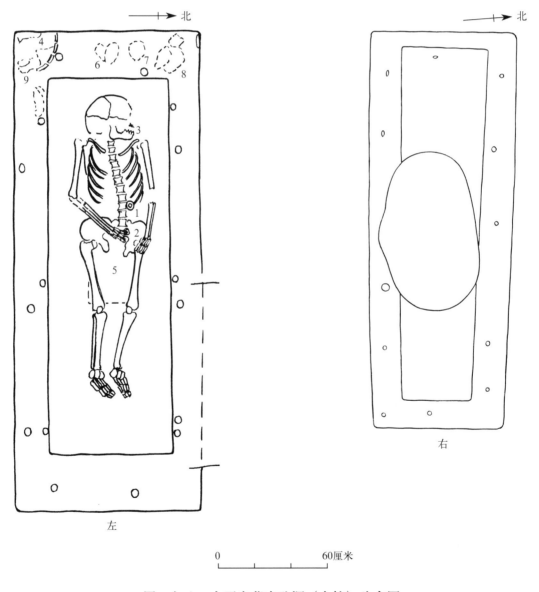

0 　　　　　　　　60厘米

图一九八　大司空墓底孔洞（木桩）分布图

左：T0204M21（1．玉饰　2、3、5．贝　4．陶盘　6．陶觚　7．陶爵　8．陶罐　9．陶簋）　右：T0526M37

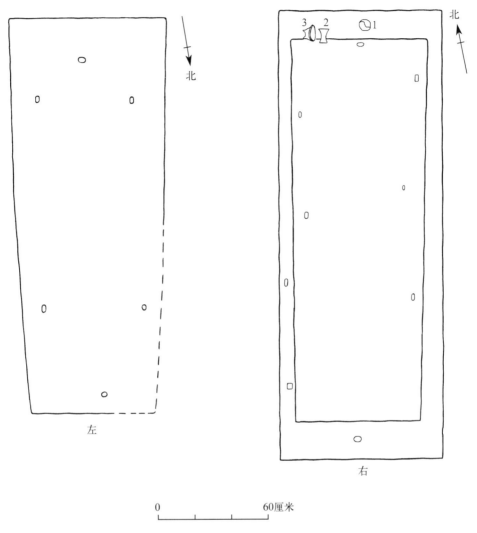

图一九九　大司空墓底孔洞（木桩）分布图
左：T0321M452　右：T0806M193（1. 陶盘　2. 陶瓴　3. 陶爵）

8．T0806M193

墓底有 9 个孔洞（木桩），棺外 3 个，棺下近边缘处 6 个，呈椭圆形或长方形，大小 1.0～4.0、深 6.0～22.0 厘米（图一九九，右）。

（四）较特殊形制的墓葬

有 2 座墓圹比较特殊的墓葬。

1．T0307M121

墓圹呈圆角长方形（图二〇〇，左）。

2．T0601M337

墓圹呈椭圆形（图二〇〇，右）。

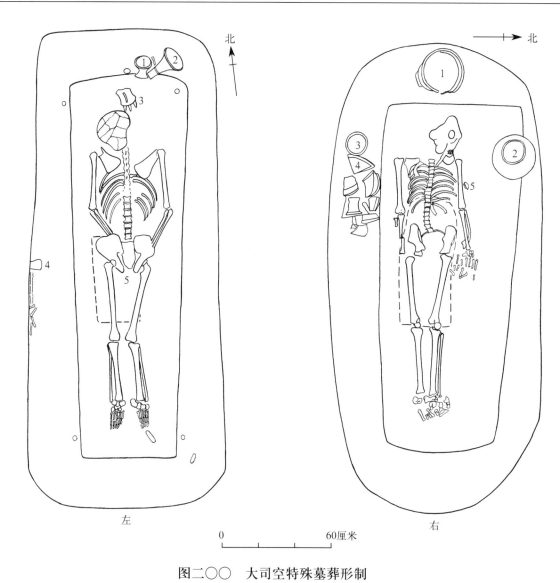

图二〇〇　大司空特殊墓葬形制

左：T0307M121（1. 陶豆　2. 陶觚　3. 陶爵　4. 狗骨架　5. 贝）　右：T0601M337（1. 陶簋　2. 陶瓿　3. 陶豆　4. 陶盘　5. 文蛤）

第三节　葬具

　　354 座墓葬中，被盗扰的有 166 座，占 46.9%；明确有葬具的墓葬 182 座，占墓葬的 51.4%，其中有棺有椁的 32 座，占墓葬总数的 9.0%；只用棺的 150 座，占墓葬总数的 42.4%。

　　棺椁为木质，皆已腐朽。根据遗留的木板灰、漆痕和彩绘痕，仍能大致辨别当时葬具的形状和大小。棺椁与墓壁之间的填土构成熟土二层台。这种熟土二层台经夯打，在紧贴棺椁的内侧面上和棺椁底部往往留有黑、白色板灰和红色漆痕，这就是木质棺椁腐朽后留下的痕迹。一般说，熟土二层台内空间的大小就应该是原棺椁的大小。但是，由于棺椁腐朽，填土下陷，引起了原来二层台高度的变化，要略低于棺椁高度。

　　在有棺的墓葬中，并不是所有墓的四壁都有熟土二层台，少数墓有一面、或两面、或三面熟土二层台。这样的墓葬一般较小，棺三面、或两面、或一面紧贴墓壁。如 T0506M162 只有南二层台，棺其他三面基本紧贴墓壁（图二〇一，左）。

木棺多数是长方匣形，两端大小、高低相似。如 T0408M128，只有一棺，棺的腐朽痕迹非常清楚，棺长 1.90、宽 0.76、侧板厚 0.05、挡板厚 0.07～0.08 米（图二〇一，右）。

少数木棺头端略宽，脚端稍窄，平面略呈梯形。如 T0307M121，木棺头端宽 0.65、脚端宽 0.55 米（图二〇〇，左）；T0601M337，木棺头端宽 0.74、脚端宽 0.60 米（图二〇〇，右）。

棺盖板一般纵向平置，底板一般也纵置平铺，均为平板。棺上一般涂红、黄色漆，有的涂数层。如 T0327M444，棺盖板由 5 块纵板组成，板宽 0.14～0.20 米，上髹红漆（图二〇二）。少数棺上还有彩绘，有红、黄、黑、白等多种颜色。彩绘的图案不甚清晰，多几何形纹饰。一般棺长 1.80～2.10、宽 0.40～0.70 米，棺板厚 0.04～0.07 米。部分墓葬的棺较大。如 T0726M43，长 2.40、宽 0.78 米；T1518M400，长 2.40、宽 0.85 米。有的棺两端下面还放置横木。如 T0204M18，棺下有两根横木，长度约 0.60 米，与棺的宽度相同，宽 0.08～0.09 米（图二〇三）。

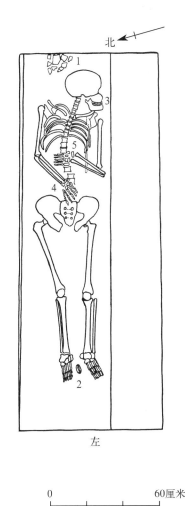
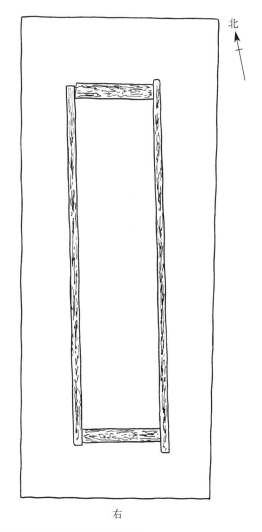

图二〇一　T0506M162平面图与T0408M128棺形制

左：T0506M162（1. 陶盘　2～5. 贝）　右：T0408M128棺

图二○二　T0327M444棺盖板及棺上随葬品

1. 铜瓿　2. 铜爵　3. 铜方彝　4、5. 铜铃　6. 漆器

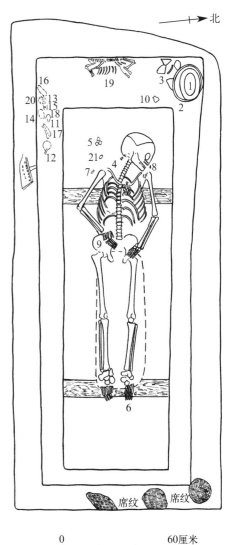

图二○三　T0204M18平面图

1. 陶盘　2. 陶簋　3. 陶罍　4、6～9. 贝　5. 蚌
10. 铜钺　11. 陶瓿　12. 陶爵　13. 螺蛳　14. 龟甲
15. 铜镞　16. 残铅器　17. 肩胛骨　18. 残骨器　19.
狗骨架　20. 铜U形器　21. 铜泡

有棺有椁的墓通常规格较高，随葬品也较丰富。椁室一般长 2.20～2.80、宽 1.00～1.50、
残高 0.40～0.80 米。有的墓葬椁室较大，如 T0706M455，椁长 3.00、宽 1.50、高 0.66 米。有
的墓葬虽有椁室，但较小，如 T0204M19，椁长 2.1、宽 0.85、高 0.45 米；T0309M2，椁长 2.15、

宽 0.85、高 0.6 米。

椁室结构多呈"井"字形。椁室四壁由厚木板叠砌而成。木板相交处用卯榫扣合。椁盖板一般横放，椁底板多为纵铺，但椁底不见垫木。椁盖板和底板均有平板和半圆形木板之分，各椁室的木板厚度和宽度不同。

T0327M444，椁盖板由 16 块横板组成，横板截面为半圆形，弧面向下，平面朝上，板长 1.40 ～ 1.60、宽 0.12 ～ 0.20、厚 0.02 ～ 0.05 米（图二〇四）。椁底板由 7 块纵平板组成，板长 2.54、宽 0.10

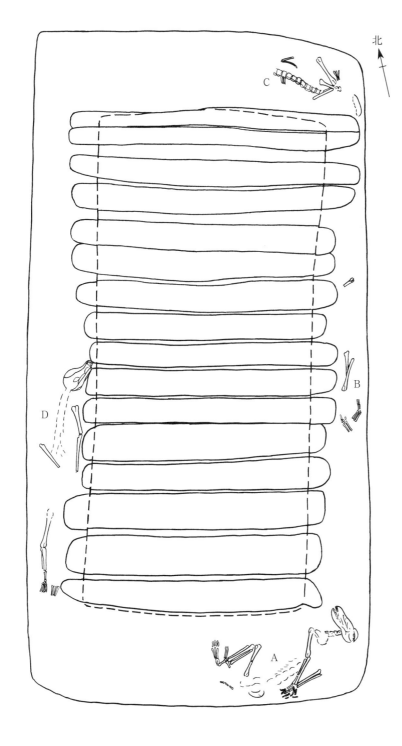

北

0　　　　60厘米

图二〇四　T0327M444椁盖板
及椁上殉狗情况

A、B、C、D. 殉狗

～0.20米，挡板厚0.07～0.10米，挡板入侧板深约0.07米（图二〇五）。

T0802M215，椁底板长约2.40、宽0.10～0.22、挡板长0.85～0.95、宽0.03～0.05米（图二〇六，左）。T1316M301，椁底板长约2.65、宽0.05～0.11米（图二〇六，右）。

也有少数墓葬，椁室不甚居中。如T0204M19，椁室偏东，只在西、南、北三面椁室外有二层台，

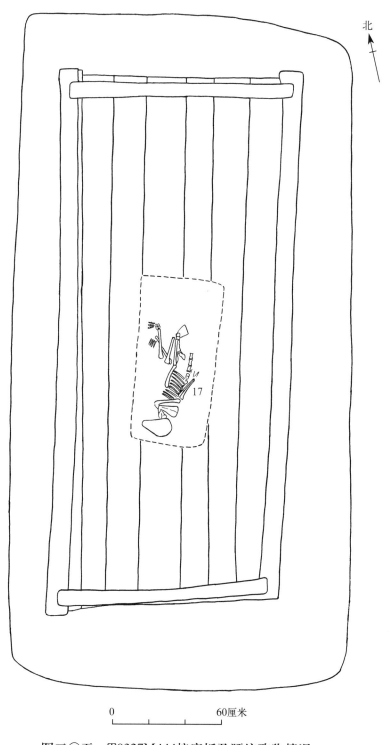

0　　　　　　　60厘米

图二〇五　T0327M444椁底板及腰坑殉狗情况

17. 贝

东面无二层台，椁室直接贴靠东墓壁。

　　椁室内放棺。棺一般居中放置，棺椁之间的空隙处放置随葬品或殉人。个别墓的棺有意后置，留出头箱，放置随葬品。如 T1613M166，木棺后移，墓主人头端的棺椁之间留有较宽空间作头箱，放置陶瓿、爵、簋、盂、罐，铜鼎、戈、矛及兽骨等随葬品和殉牲（图二〇七）。T1418M303 也是如此，在棺北侧留出足够的空间，集中放置随葬品（详见本章第九节）。

　　有不少的棺、椁上面铺有芦席，少数盖彩绘画幔，或两者都有。有的棺椁下面还垫有一层席。有的棺椁顶部铺的席子和彩绘画幔盖满了整个二层台，棺椁腐朽以后，二层台上还留有清晰的席纹和彩绘布纹痕迹。

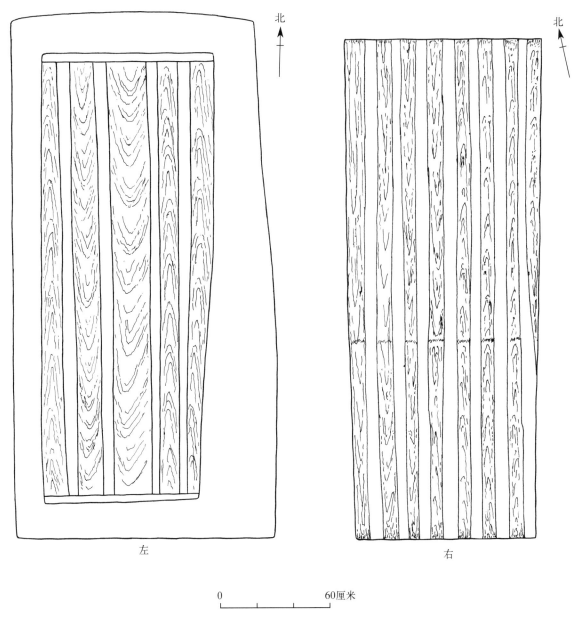

图二〇六　T0802M215、T1316M301椁底板

左：T0802M215椁底板　右：T1316M301椁底板

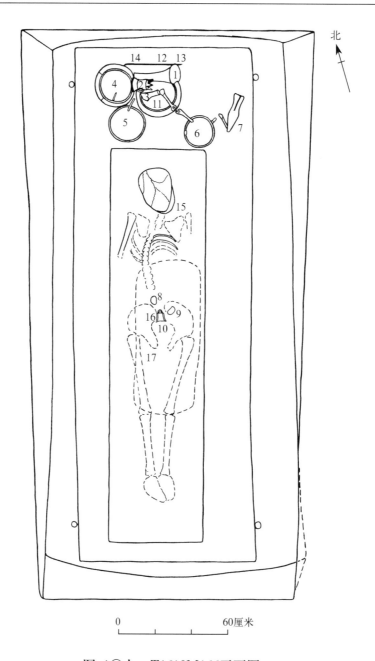

图二〇七　T1613M166平面图

1. 陶瓿　2. 陶爵　3. 兽骨　4. 陶盂　5. 陶簋　6. 铜鼎　7. 铜矛　8、9. 文蛤　10、16. 铜铃（腰坑内）　11. 陶罐　12、13. 铜戈（1号下压）　14. 骨匕　15. 贝（8枚）　17. 贝（1枚）

　　随葬品放置在棺椁顶上的，有的是先铺彩绘画幔，后放置随葬品，在随葬品上面再盖一层席。有的则是先铺一层席，在席上放置随葬品，再在随葬品上盖彩绘画幔。故不少随葬品上粘有丝织品或席子腐朽痕迹。有的画幔边缘还悬挂穿孔蚌鱼、穿孔贝蚌饰、小玉器等饰件。如T1418M225，棺上有画幔，画幔四角各悬挂一组蚌饰。有的画幔还用骨钉固定在墓壁或二层台上，如T0608M374（图二〇八）。

　　还有少数墓未发现棺椁，但有席纹痕迹，应当是以席为葬具。席子似用竹篾、芦苇或蒲草编织而成。

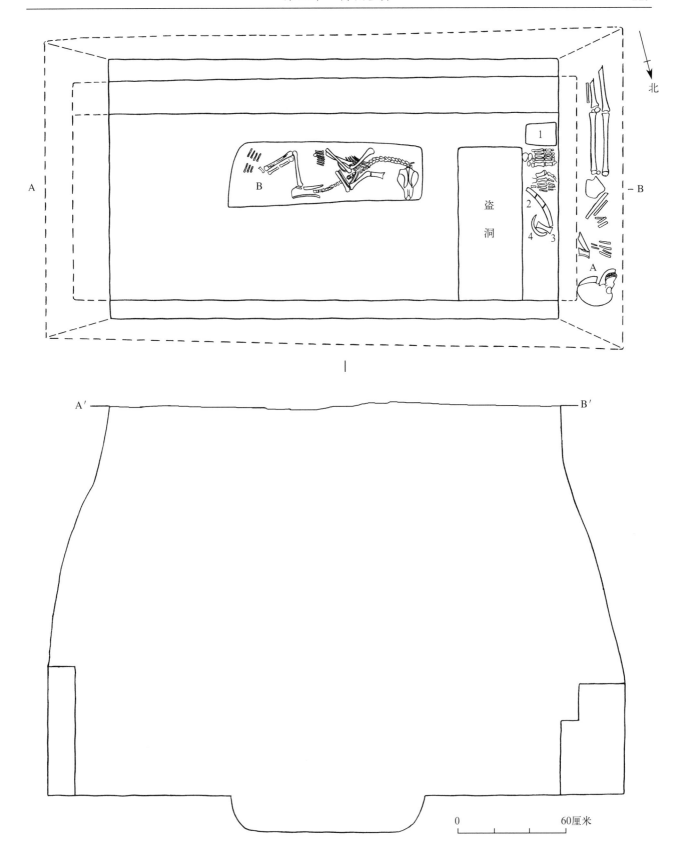

图二〇八　T0608M374平、剖面图

1. 磨石　2. 铜策　3. 骨管　4. 兽牙　5. 骨钉（盗洞内）　A. 殉人　B. 殉狗

第四节　葬式

在354座墓葬中，除有些墓葬被盗扰、或骨架朽蚀严重葬式不明外，葬式明确的墓葬有245座。其中，1座为两成人合葬墓，2座为一成人一婴儿合葬，其余均为单人葬。

一　单人葬

有多种葬式，以仰身直肢居多，俯身直肢次之，还有少量仰身屈肢、侧身直肢、侧身屈肢等葬式。

（一）仰身直肢葬

有175座墓。约占葬式明确墓葬的71.0%，是该区域最流行的葬式。人仰身平躺，面向上或向左、向右，双腿伸直。双臂的位置变化甚多，大致有如下七种放置方式。

1. 双臂伸直，平放于身体两侧。如T0303M52（图二〇九，左）、T0521M460（图二〇九，右）。

2. 双手叠压放在腹部或盆骨上或盆骨一侧。如T0304M144（图二一〇，左）、T0528M344（图

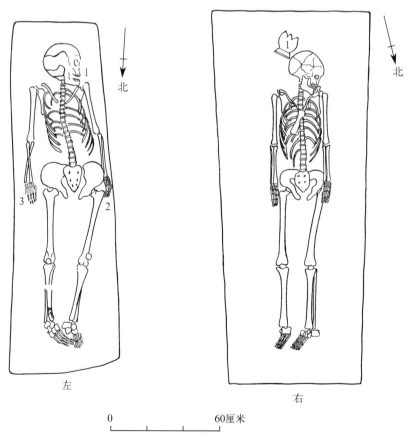

图二〇九　T0303M52、T0521M460平面图
左：T0303M52（1～3. 贝）　右：T0521M460（1. 陶鬲）

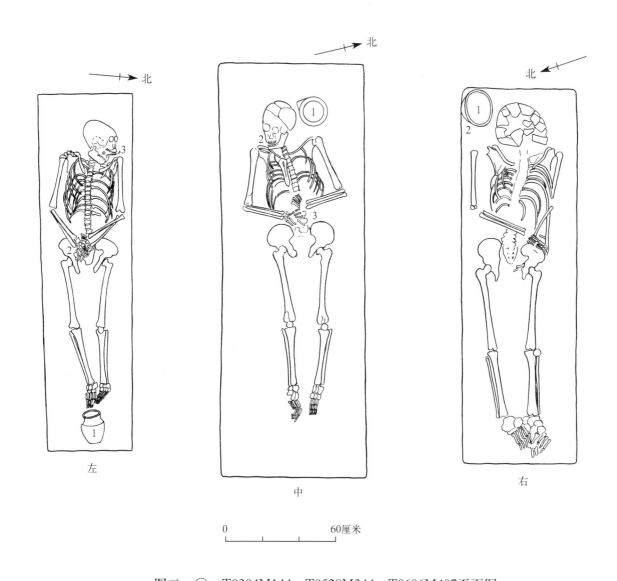

图二一〇 T0304M144、T0528M344、T0606M407平面图

左：T0304M144（1. 陶罐 2、3. 贝） 中：T0528M344（1. 陶鬲 2、3. 贝） 右：T0606M407（1. 陶簋 2. 陶鬲（1号下压））

二一〇，中）、T0606M407（图二一〇，右）。

3. 下臂并列或交叉横置于腹部。如T0304M67（图二一一，左）、T0601M340（图二一一，右）。

4. 双臂折回，双手放在腹部或胸部或肩部。如T0304M102（图二一二，左）、T0708M377（图二一二，中）、T0708M376（图二一二，右）。

5. 一只手臂放在腹部上或盆骨上，另一只手臂放在身体侧面。如T0303M49（图二一三，左）、T0401M79（图二一三，中）、T0304M97（图二一三，右）。

6. 一只手放在胸部，另一只手放在盆骨上。如T0903M431（图二一四，左）。

7. 一只手臂上折，置于肩上，另一只手臂伸直，放在盆骨侧面或腰下。如T0428M445（图二一四，中）、T0907M406（图二一四，右）。

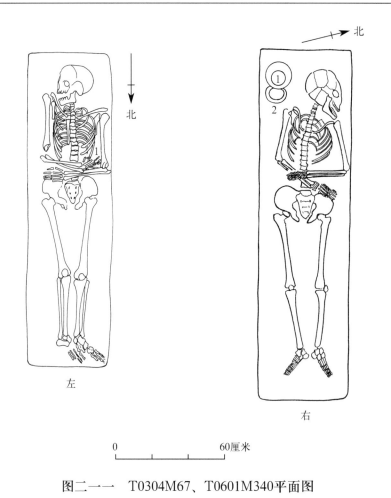

图二一一　T0304M67、T0601M340平面图

左：T0304M67（1. 贝）　右：T0601M340（1. 陶罐　2. 陶鬲）

从统计数据来看，墓主的双手放置位置并不固定。在七种放置方式中，以第2、3、4种最为常见，第1种次之，第5、6、7种较少见。不同的放置方式与随葬器组合和墓主人的性别之间也没有必然的联系。

（二）仰身屈肢葬

有4座。T0406M54，双臂回折，双手交叉置于右肩下，双腿并拢左屈（图二一五；彩版三六，1）。

（三）俯身直肢葬

有59座。约占葬式明确墓葬的24.1%，是该区域仅次于仰身直肢葬的葬式。人俯身直卧，面向下，少数偏左或偏右。双腿伸直。双手的位置变化也较多。

1. 双手放在身体两侧。如T0305M69（图二一六，左）、T0807M185（图二一六，右）。

2. 双手置于腹下。如T0401M80（图二一七，左）、T0407M174（图二一七，右）。

3. 一只手臂压在盆骨下，另一只手压在腹部或胸部。如T0406M75（图二一八，左）、T0328M365（图二一八，右）。

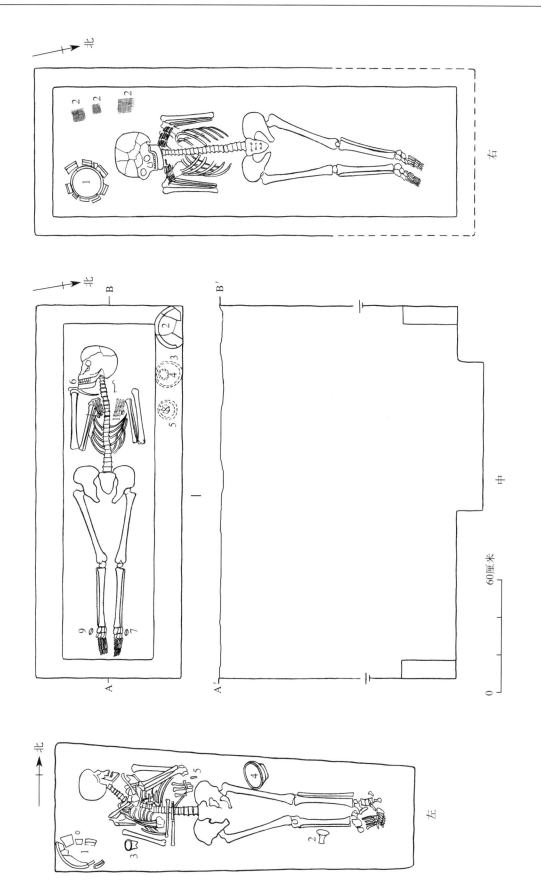

图二一二 T0304M102、T0708M377、T0708M376平、剖面图

左：T0304M102（1. 陶鬲 2. 陶瓿 3. 陶爵 4. 陶盘 5. 贝）
右：T0708M376（1. 陶鬲 2. 席纹）
中：T0708M377（1、6、7、9. 贝 2. 陶盘 3. 陶簋 4. 陶瓿 5. 陶罐 8. 陶爵）

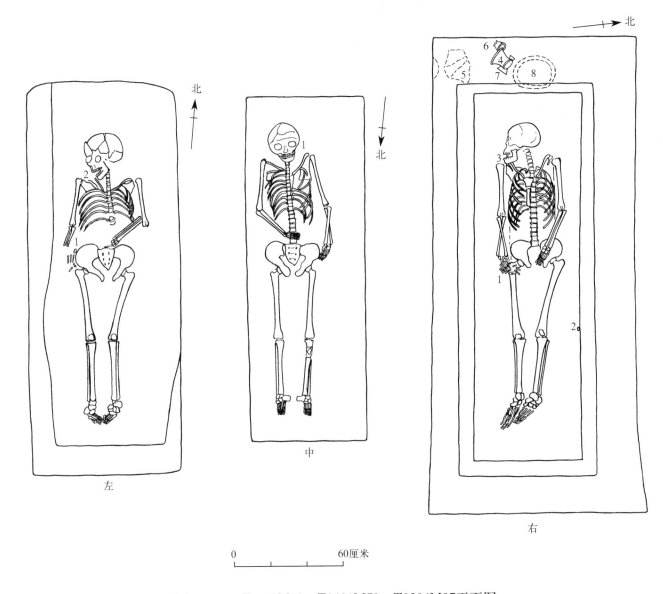

图二一三　T0303M49、T0401M79、T0304M97平面图

左: T0303M49 (1、2. 贝)　　中: T0401M79 (1. 贝)　　右: T0304M97 (1、3. 贝　2. 文蛤　4. 陶豆　5. 陶罐　6. 陶爵　7. 陶瓿　8. 陶簋)

（四）侧身直肢葬

仅1座。T0403M101，人向右侧身，左手交叉于右臂之上，一腿伸直，另一腿被扰（图二一九，左）。

（五）侧身屈肢葬

4座。T0903M417，头部被扰，向右侧身，双臂伸直，置于腹前，双腿向右弯屈，下肢残（图二一九，右）。

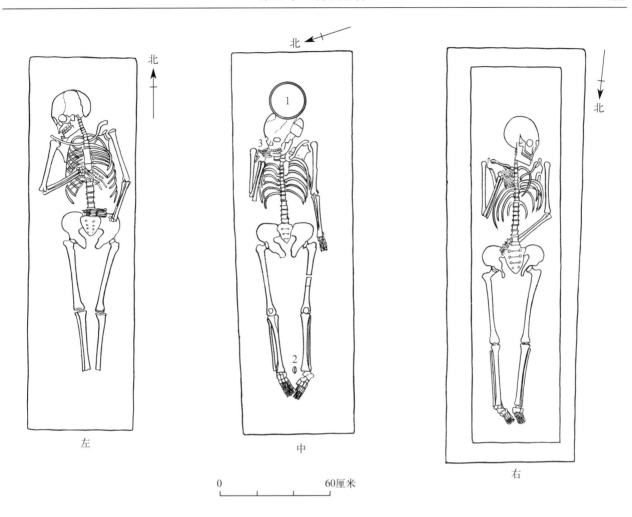

图二一四 T0903M431、T0428M445、T0907M406平面图

左：T0903M431 中：T0428M445（1. 陶簋 2、3. 贝） 右：T0907M406

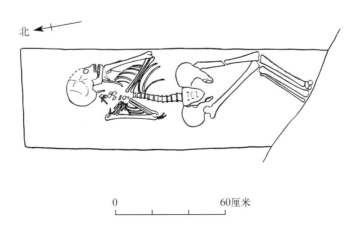

图二一五 T0406M54平面图

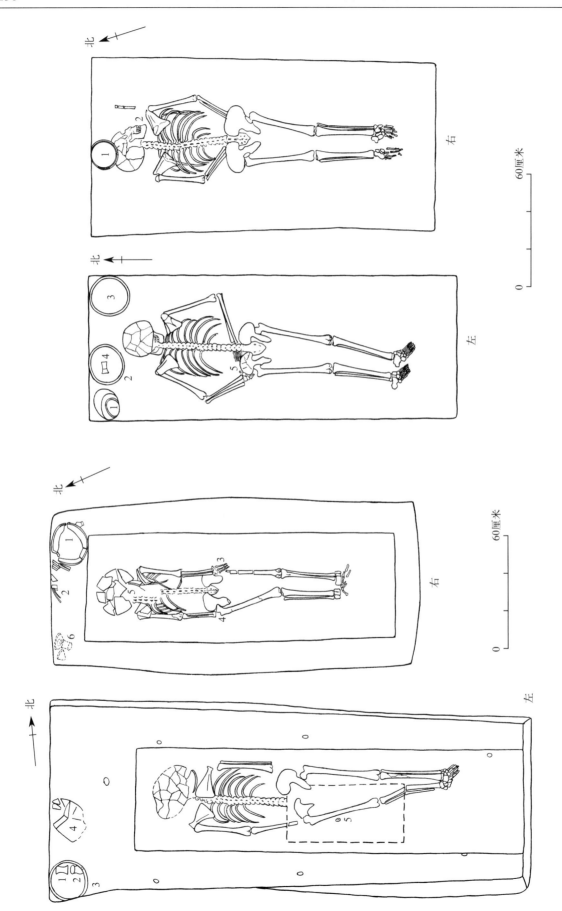

北

右

60厘米

0

左

北

图二一七　T0401M80, T0407M174平面图

左: T0401M80 (1. 陶罐　2. 陶盘　3. 陶簋　4. 陶觚　5. 贝)
右: T0407M174 (1. 陶豆　2. 贝)

北

右

60厘米

0

北

左

图二一六　T0305M69, T0807M185平面图

左: T0305M69 (1. 陶觚　2. 陶爵　3. 陶盘　4. 陶罐　5. 贝　6. 陶豆)
右: T0807M185 (1. 陶簋　2. 陶盘　3～5. 贝　6. 陶豆)

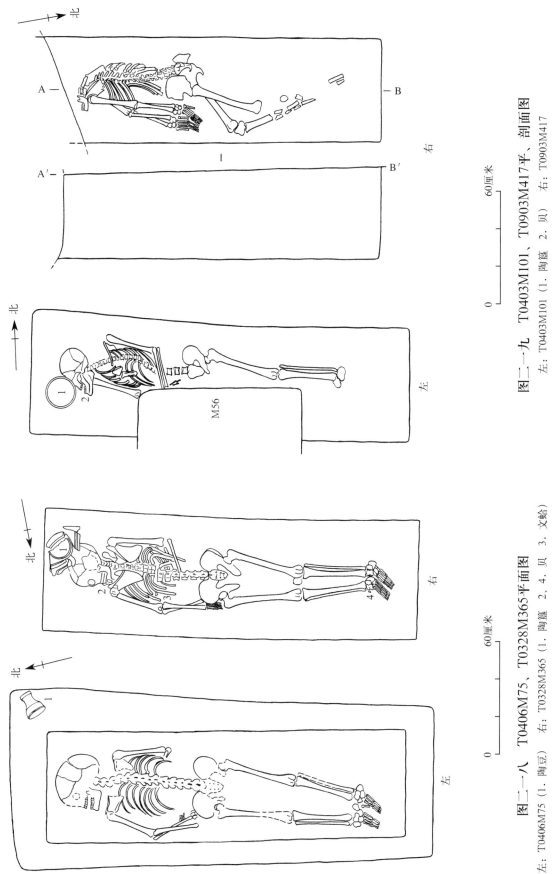

图二一九 T0403M101、T0903M417平、剖面图

左：T0403M101（1. 陶簋 2. 贝） 右：T0903M417

图二一八 T0406M75、T0328M365平面图

左：T0406M75（1. 陶豆） 右：T0328M365（1. 陶簋 2、4. 贝 3. 文蛤）

二　双人葬

仅 1 座。

T0307M186，内埋 2 人，无葬具，均仰身直肢，一高一矮，高者似男性，矮者似女性，高者左臂压在矮者右臂之上（图二二〇；彩版三六，2）。

三　特殊葬式

2 座。

T0328M308，为一成人和小孩合葬墓。无葬具。成人仰身直肢，双手放在身体两侧；小孩部分骨骼已朽，头骨位于成人盆骨之上，部分肢骨分散于成人股骨附近（图二二一，1；彩版三六，3）。

T0903M206，为一成人和婴儿的合葬墓。无葬具。成人仰身直肢，左手置于腹部，右手回折，放在胸部。婴儿

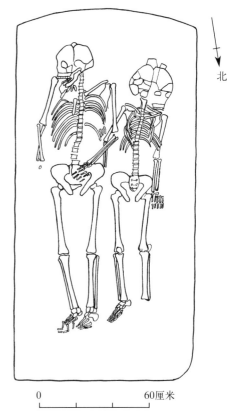

北

0　　　　　　　60厘米

图二二〇　T0307M186平面图

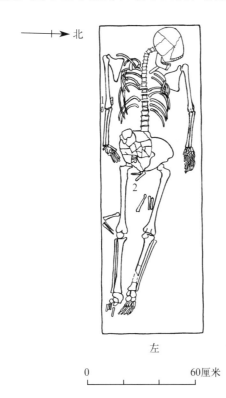

北

左

0　　　　　　　60厘米

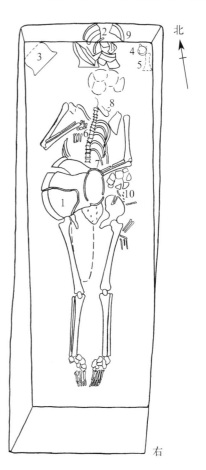

北

右

图二二一　T0328M308、T0903M206平面图

左：T0328M308（1. 贝　2. 婴儿骨架）　右：T0903M206（1. 陶甗　2. 陶罐　3. 陶簋　4. 陶爵　5. 陶瓿　6~8. 贝　9. 陶盘　10. 婴儿骨架）

位于成人左侧盆骨附近，部分骨骼已朽，似屈肢。成人腹部倒扣1件陶甗，仅余上半部，推测此甗应该是婴儿的葬具，只是位置有所偏差（图二二一，2；彩版三七，1、2）。

这2座特殊墓葬都是一成年女性和一婴儿，且婴儿的骨骼非常细小，并均位于妇人的骨盆处。推测应是难产死亡的孕妇和胎儿的墓葬。

第五节　殉人和殉牲

一　殉人

根据殷墟以前的发掘资料，殉人通常发现于规模较大的墓葬中。但本次发掘的规模相对较大的墓葬基本被盗空，发现有殉人的墓葬有4座：T1316M301、T1418M303（详见本章第九节）、T0608M374、T1518M400。

T1316M301，被盗，南二层台发现1个殉人，仰身直肢，双手放在身体两侧。北二层台上有殉牲牛腿1个，羊腿2个，腰坑内有1只殉狗（图二二二）。

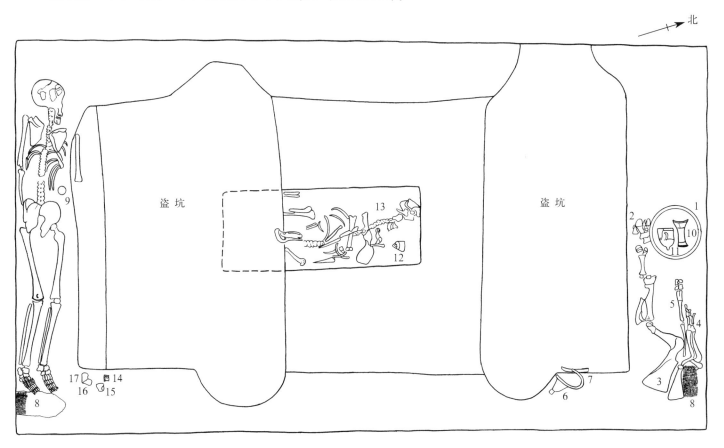

图二二二　T1316M301平面图

1. 陶簋　2、12、14～17. 铜铃　3. 牛腿　4、5. 羊腿　6. 漆豆　7. 残漆器　8. 席纹　9. 文蛤　10. 陶瓿　11. 陶爵　13. 殉狗　01. 骨笄（盗洞中）　02. 蚌泡（盗洞中）　03. 铜镞（盗洞中）

二　殉狗

明确有殉狗的墓共 76 座。这 76 座殉狗墓葬总计殉狗 103 只，其中腰坑内 62 只，约占总数 60%；棺椁上部填土中 25 只，约占总数 24%；二层台上 12 只，约占总数 11%；壁龛内 1 只，墓室底部 3 只。

一般较小的墓葬殉葬 1 只狗，多在腰坑内。较大的墓葬往往殉葬多只狗，或在腰坑内，如 T0328M364（见图一九七，右），或在椁上填土中，如 T1004M207（图二二三），或在二层台上，如 T0204M18（见图二〇三）。不少殉狗的颈部系一铜铃。

仅腰坑内殉狗的有 41 座墓，仅二层台上殉狗的有 3 座墓，仅填土中殉狗的有 9 座墓，腰坑和填土都殉狗的有 12 座墓，腰坑和二层台上都殉狗的有 5 座墓。其中，T0327M444 有 5 只殉狗，腰坑内、四周二层台上各有 1 只殉狗（见图二〇四、二〇五）；T0707M356 有 2 只殉狗，分别位于腰坑内及南椁台上（图二二四）；T1215M126 有 5 个腰坑，各殉 1 只狗，是殷墟历年来发掘中较为少见的墓例（图二二五）；T1418M303，有 4 只殉狗，腰坑内 1，椁上填土中 3 只（详见本章第九节）。

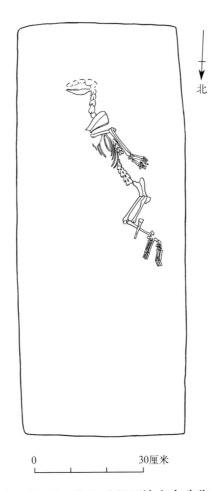

0　　　　　　　　　　30厘米

图二二三　T1004M207填土中殉狗

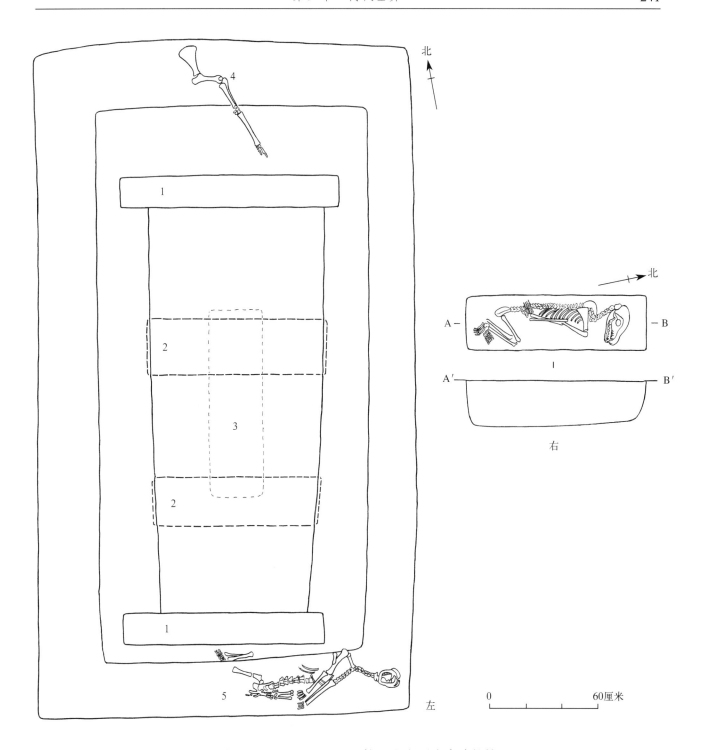

图二二四 T0707M356棺盖上和腰坑中殉牲情况
左：1.棺顶板 2.棺底垫木 3.腰坑 4.牛腿 5.殉狗 右：腰坑平、剖面及殉狗

　　无论是填土中还是腰坑内的殉狗头向多数与墓主人的头向相反。如T1312M230，墓主人头向北，腰坑内狗头向南。少数墓中的殉狗头向与墓主人的头向一致。腰坑和填土中都有殉狗的墓中，殉狗的头向一致，但仍与墓主人头向相反。也有少数墓中的二层台殉狗，其头向是相反的。T1215M126

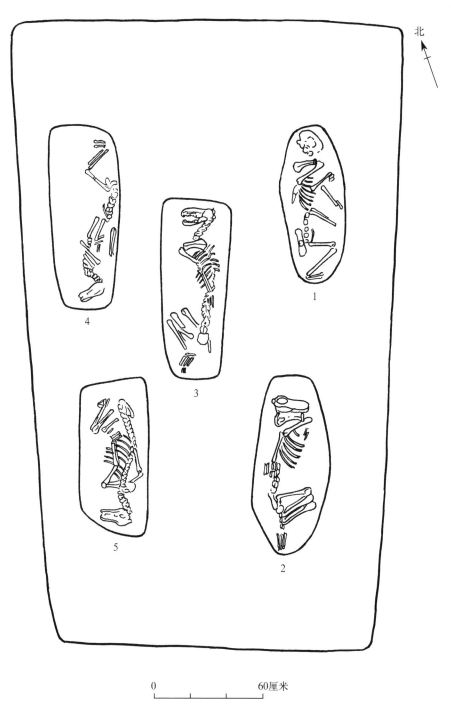

图二二五　　T1215M126腰坑中殉牲
1～5. 殉狗

的 5 个腰坑内的殉狗，其正中腰坑内和东侧 2 个腰坑内的殉狗与墓主人头向一致，均向北，西侧 2 个腰坑内殉狗头向则相反（见图二二五）。

三　殉葬其他动物

除殉狗外，还有殉葬羊头、猪头、牛头或牛腿、猪腿、羊腿、鸡腿等，以牛腿居多，羊腿次之。这些殉牲多位于二层台上，且多数在墓主人头端的二层台上，少数放在壁龛或随葬器物内。另有一些埋在接近葬具的填土中。

T0628M34，棺顶填土中葬有动物的前肢骨，看似1个羊腿和1个狗腿（图二二六）。

T1215M126，墓主人头端北二层台上殉葬1个猪腿和1只鸡骨，东二层台北端近墓主人处放置1个猪腿和1个羊腿（见图二二九，右）。

T1312M230，墓主人头端北二层台上殉葬1个牛腿和1个羊腿，另有小型动物腿1个，种类尚未判明。墓主人头端北棺椁之间有较多兽骨，腰坑内殉狗1只（见图二四七）。

T0528M58，墓主人头端南二层台上殉葬1个牛腿和1个羊腿（见图二四八）。

T1418M225，墓主人头端南二层台上殉葬1个牛腿和1个羊腿，另有小兽骨。东二层台上1殉狗（见图二四六）。

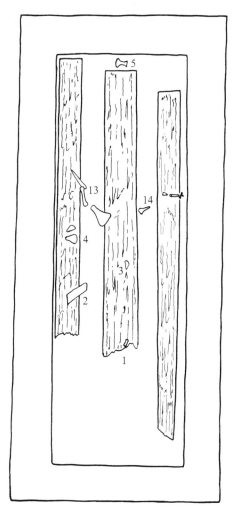

0　　　　　　　60厘米

图二二六　T0628M34棺上殉牲情况

1～3. 石璋　4. 陶爵　5. 陶觚　13、14. 动物前肢骨

T0601M412，墓主人头端南二层台上殉葬1个牛腿、1个羊腿和1个狗腿（见图二四九）。

T1516M286，南二层台上殉葬1个牛腿（见图二四一）。

T0204M19，其中1件陶豆内放置兽骨。在以前殷墟发掘的墓葬中，曾见过陶豆内放1条鱼的例子，但放置其他小型动物的情况还较少见（见图二三二）。

T1613M166，器物上面放置1条羊腿，铜鼎内有较完整的小型动物骨骼（见图二〇七）。

第六节　随葬器物放置情形

这次发掘的商代墓葬中出土的随葬器物较多，仅陶容器近600件。随葬铜容器的墓葬有10座，T0206M10、T0528M58、T0507M105、T1215M126、T1613M166、T0802M215、T1312M230、T1418M303、T0601M412、T0327M444，随葬铅容器的墓葬有1座T1418M225。

随葬品大多数放在墓主人头端。有棺椁者，则放在棺椁之间；有棺无椁者，多数放置在棺外，也有部分放置在棺内；无棺无椁者，常放置在二层台上。下面分几种情况归纳随葬品的放置特征。

一　仅随葬陶器墓葬

往往只有一棺，无椁。

（一）出土单件陶容器的墓葬

常见于殷墟早期。一般陶容器放在棺内，且多和贝组合。也有少数随葬单件陶容器放在棺外墓主人头端二层台上。列举数例如下。

T0508M4，仅随葬1件陶豆和2枚贝。陶豆位于棺内墓主人头部一侧，口含贝，腰坑内有1贝（图二二七，左）。

T0105M46，仅随葬1件陶簋和2枚贝。陶簋位于棺内墓主人头部一侧，口含贝1枚（图二二七，右）。

T0704M304，仅随葬1件陶罐和7枚贝。陶罐位于棺内墓主人头部一侧，口含贝4枚，手握贝1枚，脚蹬贝1枚（图二二八，左）。

T0808M318，仅随葬1件陶罐和1枚贝，陶罐位于棺外墓主人头端的二层台上，手握贝1枚（图二二八，右）。

（二）出土多件陶容器的墓葬

出土多件陶容器的墓葬，大多数随葬品放置在墓主人头端的二层台上，也有部分放在墓主人头端的棺椁之间。列举数例如下。

T0403M72，随葬陶瓠、陶爵、陶簋、陶罐各1件，均放在棺外墓主人头端二层台上（图二二九，左）。

T1215M126，随葬陶簋2件、陶罐3件、陶尊、陶瓠各1件，其中1件陶簋、陶罐和陶尊放在椁外墓主人头端二层台上，另1件陶簋和陶瓠放在东二层台北端近墓主人头端（图二二九，右）。

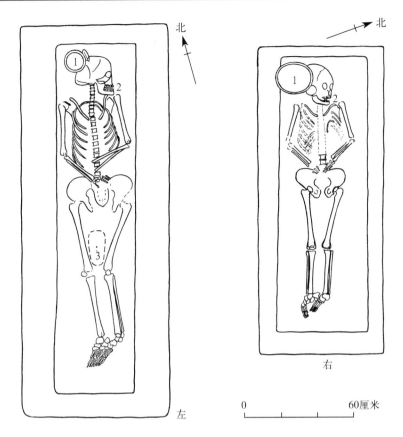

图二二七　T0508M4、T0105M46平面图

左：T0508M4（1. 陶豆　2、3. 贝）　　右：T0105M46（1. 陶簋　2. 贝）

（三）随葬品相对较多的墓葬

部分陶器放在棺内，部分放在棺外。酒器陶觚、陶爵比盛食器陶簋、陶罐放在棺内的比例高。列举数例如下。

T0401M83，随葬有陶觚、陶爵、陶盘、陶簋、陶罐等器物，其中陶觚、陶爵、陶盘放在棺内墓主人头东侧，而陶簋和陶罐则放在棺外墓主人正头端二层台上（图二三〇）。

T0408M128，随葬有陶觚、陶爵、陶簋、陶罐等器物，其中陶觚、陶爵放在棺内墓主人头端西北角，陶簋、陶罐放在棺外墓主人正头端二层台上（图二三一，左）。

T0428M446，随葬有陶觚、陶爵、陶尊等器物，其中陶觚、陶爵放在二层台的东南角，近墓主人头端，陶尊则放在棺内墓主人头端东北角（图二三一，右）。

（四）带壁龛的墓葬

随葬品通常放在壁龛内。列举数例如下。

T1004M207，随葬的陶簋、陶瓿均放在近墓主人头端的东壁龛内（见图一九一，左）。

T0303M22，随葬的陶觚、陶爵、陶簋、陶罐皆放在墓主人头端的西南角壁龛内，口含贝 1 枚，右手握贝 2 枚，左手握贝 1 枚（见图一九一，右）。

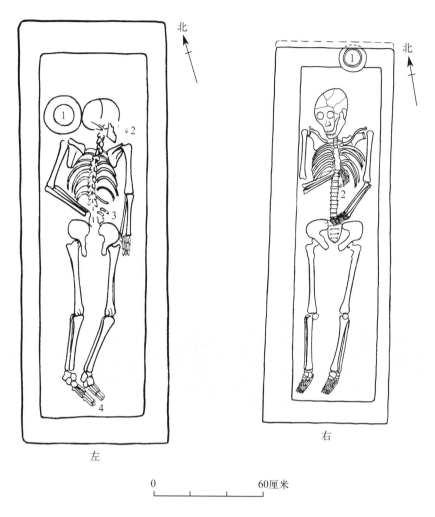

0 ⊢——————————⊣ 60厘米

图二二八　T0704M304、T0808M318平面图

左：T0704M304（1. 陶罐　2~4. 贝）　　右：T0808M318（1. 陶罐　2. 贝）

T0304M28，随葬的陶瓬、陶爵、陶簋、陶罐、陶盘皆放在墓主人头端的壁龛内，口含贝1枚，双手握贝2枚，脚蹬贝1枚（见图一九二，右）。

除上述现象外，还有少数墓葬随葬的陶器，放在墓主人头端棺椁外二层台内。列举数例如下。

T0204M19，随葬的陶瓬、陶爵、陶簋、陶豆、陶罐皆放在椁棺外墓主人头端二层台内，另有1件漆豆放在二层台东北角，口含贝4枚（图二三二）。

T0506M163，随葬的陶瓬、陶爵、陶簋、陶罐、陶盘均放在棺外墓主人头端二层台内，口含贝10枚，双手握贝6枚（图二三三）。

少数墓葬把随葬陶器放在棺内。列举数例如下。

T0703M224，随葬的陶瓬、陶爵、陶簋皆放在棺内墓主人头顶端（图二三四，左）。

T0304M74，随葬的陶豆、陶罐、陶盘放在棺内的三个角落，口含贝1枚，双手握贝2枚（图二三四，右；彩版三八，1）。

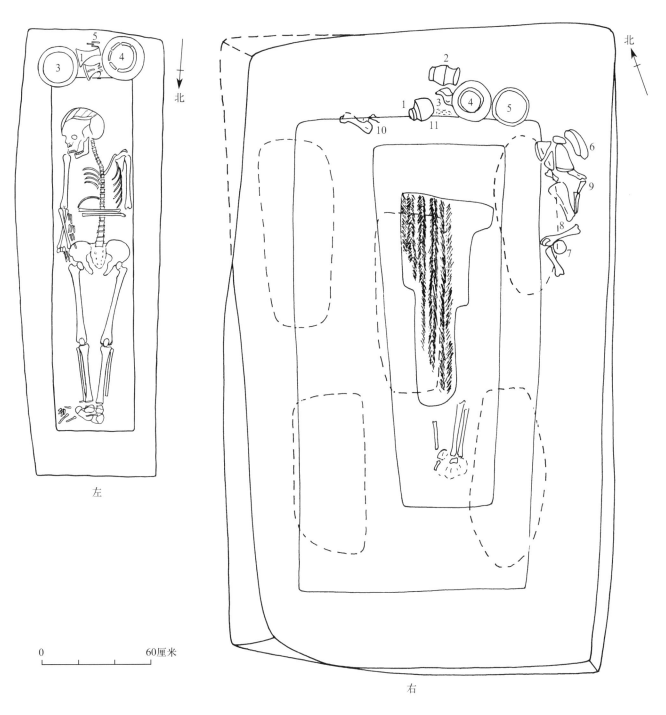

图二二九　T0403M72、T1215M126平面图

左：T0403M72（1.陶瓿　2.陶爵　3.陶簋　4.陶罐　5.兽骨）

右：T1215M126（1、3、4.陶罐　2.陶尊　5、6.陶簋　7.陶瓿　8、10.猪腿　9.羊腿　11.鸡骨）

　　偶见把部分随葬陶器放在棺上，部分放在棺内的现象。如T0628M34，随葬有陶瓿、陶爵、陶鬲、陶簋、陶罐3件、陶尊、石璋3件等器物，其中陶瓿、陶爵和石璋、兽骨放在棺上（见图二二六），而陶鬲、陶簋、陶罐3件、陶尊放在棺内墓主人头顶端，口含贝5枚（图二三五）。

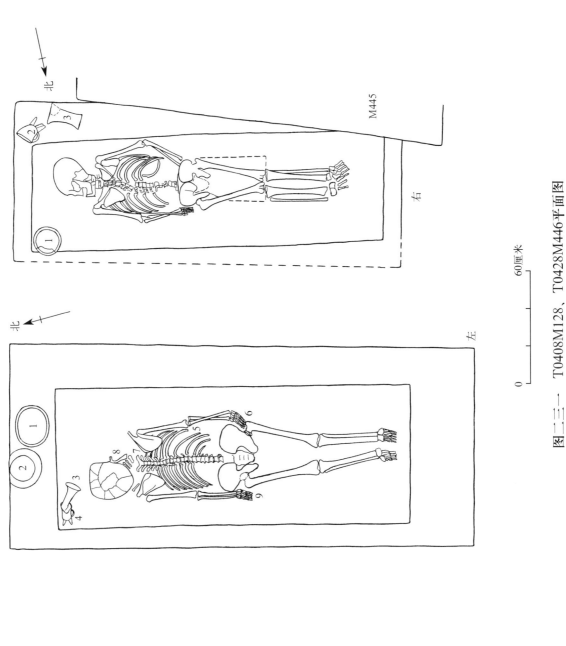

图二三一　T0408M128、T0428M446平面图

左：T0408M128（1．陶簋　2．陶罐　3．陶罐　4．陶瓢　5．骨饰　6、8、9．贝　7．文蛤）
右：T0428M446（1．陶尊　2．陶爵　3．陶瓢）

图二三〇　T0401M83平面图

1．陶罐　2．陶簋　3．陶盘　4．陶瓢　5．陶爵

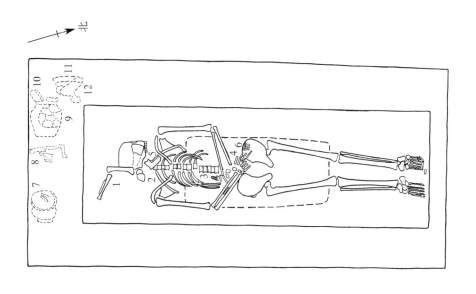

图二三三　T0506M163平面图

1、8. 兽腿　2. 文蛤　3~6. 贝　7. 陶篦　9. 陶罐　10. 陶瓿　11. 陶
盘　12. 陶爵

图二三二　T0204M19平面图

1. 贝　2. 石圭　3~5. 玉饰　6. 陶罐　7、11. 陶豆（豆内有兽骨）
8. 陶篦　9. 陶瓿　10. 陶爵　12. 石璜

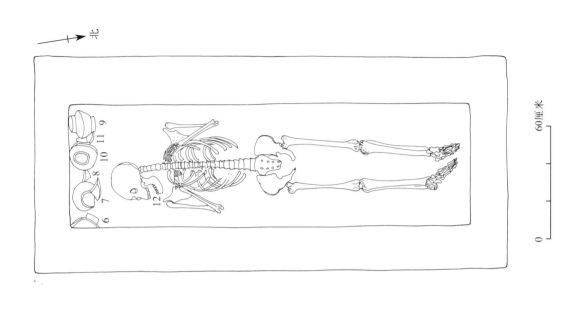

图二三五　T0628M34平面图

1～3. 石璋　4. 陶爵　5. 陶觚　6. 陶簋　7、8、10. 陶罐　9. 陶尊
11. 陶甬　12. 贝　13、14. 兽骨（1～5、13、14置棺顶板上，余在棺内）

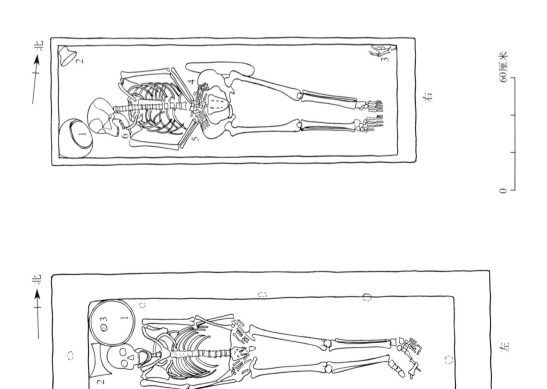

图二三四　T0703M224、T0304M74平面图

左：T0703M224（1. 陶簋　2. 陶觚　3. 陶爵）
右：T0304M74（1. 陶罐　2. 陶豆　3. 陶盘　4～6. 贝）

二　单铜兵器组合墓葬

单铜兵器组合常见于殷墟早期墓葬中，且多放在棺内。如T0303M62，仅随葬铜戈和贝，铜戈位于棺内墓主人身体附近，口含贝1枚，手握贝2枚（图二三六）。

三　铜工具组合墓葬

铜工具组合常见铜锛、铜凿、铜刀组合，多放在棺内。如T0702M182，铜锛、铜凿、铜刀放在一起，置于墓主人头侧面，口含贝3枚（图二三七）。

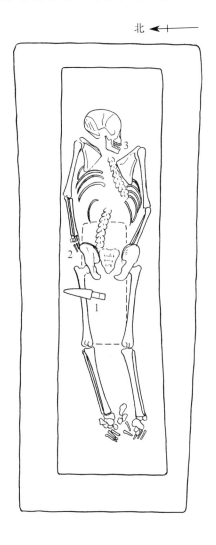

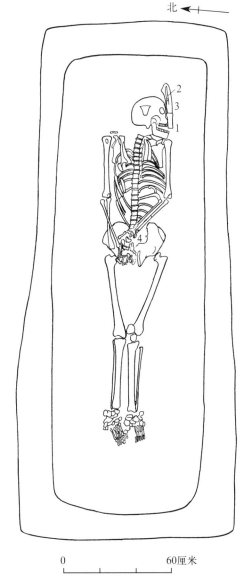

图二三六　T0303M62平面图

1. 铜戈　2、3. 贝

图二三七　T0702M182平面图

1. 铜锛　2. 铜凿　3. 铜刀　4. 贝

四　陶器和铜兵器共出墓葬

陶器一般不放在棺内，而兵器多在棺内，且多在手臂附近。列举数例如下。

T0525M108，随葬的陶觚、陶爵、陶簋、陶豆、陶罍、陶壶皆放在墓主人头端二层台上，而铜戈则放在棺内手臂附近，口含贝1枚，手握贝2枚（图二三八）。

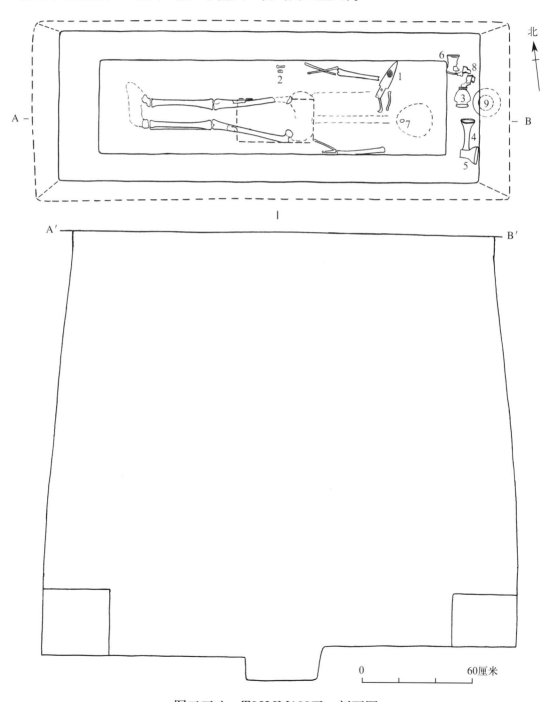

图二三八　T0525M108平、剖面图

1. 铜戈　2、7. 贝　3. 陶罍　4. 陶觚　5. 陶豆　6. 陶簋　8. 陶爵　9. 陶壶

　　T1514M278，随葬的陶觚、陶爵、陶鬲、陶簋、陶豆、陶盘均放在棺外墓主人头附近的二层台上，而铜戈、铜镞放在棺内（图二三九）。

　　T1614M279，随葬的陶觚、陶爵、陶簋、陶豆、陶罐、陶盘都放在墓主人头端棺外二层台上，而铜戈放在棺内东北角（图二四〇）。

　　T1516M286，随葬的陶觚、陶爵、陶簋、陶盘皆放在墓主人头端棺外二层台上，而铜戈放在棺底南端（图二四一）。

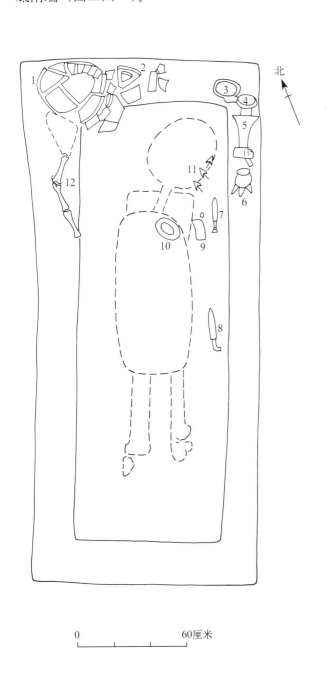

0　　　　　　　60厘米

图二三九　T1514M278平面图

1. 陶盘　2. 陶簋　3. 陶鬲　4. 陶豆　5. 陶觚　6. 陶爵
7、8. 铜戈　9. 石器　10. 玉璧　11. 铜镞　12. 兽骨

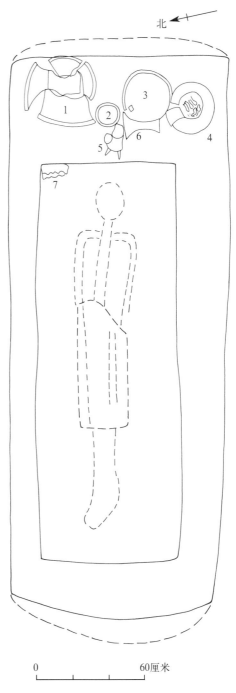

0　　　　　　　60厘米

图二四〇　T1614M279平面图

1. 陶盘　2. 陶豆　3. 陶簋　4. 陶罐　5. 陶爵　6. 陶觚　7. 铜戈

T0708M435，随葬的陶瓿、陶爵原来放在棺椁之上，后因葬具腐朽而坠落墓底，陶簋放在西北角二层台上，陶罐放在墓主人头端壁龛内，而铜戈则放在棺内（图二四二；彩版三八，2）。

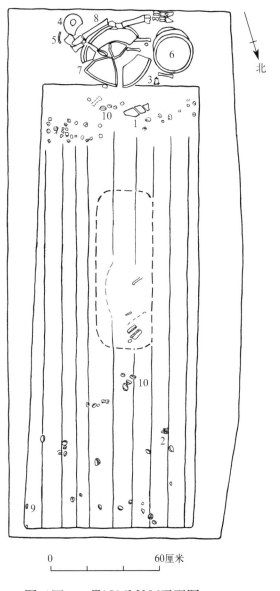

图二四一　T1516M286平面图

1. 铜戈　2. 玉管　3. 铜铃　4. 陶瓿　5. 陶爵　6. 陶簋　7. 陶盘　8. 牛腿　9. 文蛤　10. 贝

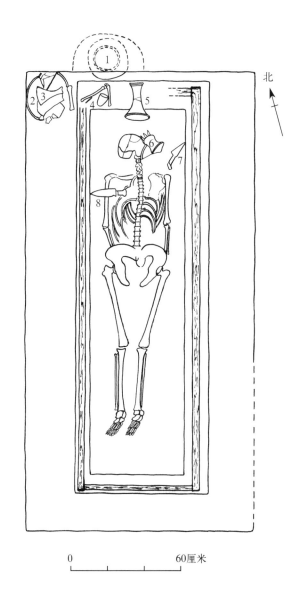

图二四二　T0708M435平面图

1. 陶罐　2. 陶簋　3. 兽骨　4. 铜铃　5. 陶瓿　6. 陶爵　7、8. 铜戈

五　陶器和铜容器共存墓葬

此类组合的墓葬，规模普遍较大，多数有棺有椁。陶器和铜器多集中放在墓主人头端的椁下棺上。如T0507M105，随葬的陶瓿、陶爵、陶簋、陶罐、陶盘和铜鼎一起放在棺上，后因葬具腐朽而坠落墓底（图二四三）。

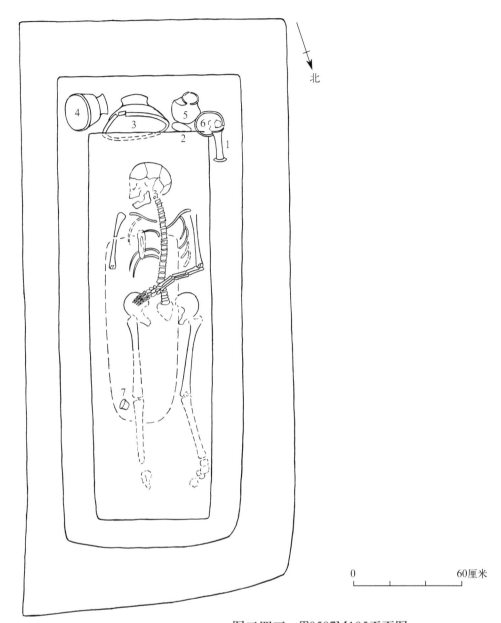

图二四三　T0507M105平面图

1. 陶瓿　2. 陶爵　3. 陶盘　4. 陶簋　5. 陶罐　6. 铜鼎　7. 铜铃

六　陶器、铜（铅）容器和铜（铅）兵器共存墓葬

此类组合的墓葬，通常规模更大，有棺有椁。

陶器多放在椁外二层台上或棺上，铜礼器多放在棺椁之间或棺上或棺内，兵器多放在棺内或棺椁之间。列举数例如下。

T0802M215，随葬的陶瓿、陶爵、陶簋、陶罐放在椁外墓主人头端二层台上，铜鼎、铜瓿、铜爵、铜簋则放在墓主人头端棺椁之间，而铜戈放在棺内（图二四四）。

T0206M10，随葬的陶瓿、陶爵和铜瓿、铜爵估计原应放在棺椁之上，后因葬具腐朽而坠落墓底，铜戈、铜矛或放在棺内，或放在棺椁之间（图二四五）。

有的墓葬部分陶器在墓主人头端椁外二层台上或壁龛内，另一部分陶器和铜（铅）礼器一起放在棺上，铜（铅）戈多放在棺内。列举数例如下。

T1418M225，随葬的陶觚、陶爵、陶簋、陶盘放在椁外墓主人头端二层台上，陶罐和铅鼎、铅觚、铅爵、铅簋、铅卣、铅尊放在墓主人头端的棺上，后因葬具腐朽而坠落墓底，而铅戈则放在棺内，铅矛放在椁外二层台上（图二四六）。

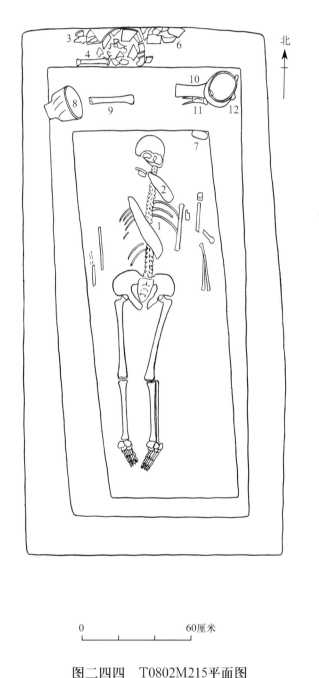

图二四四　T0802M215平面图

1、2. 铜戈　3. 陶爵　4. 陶觚　5. 陶簋　6. 陶罐　7. 残铜块　8. 铜簋　9. 兽骨　10. 铜觚　11. 铜爵　12. 铜鼎

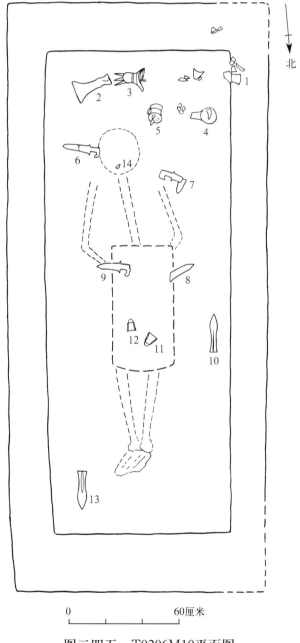

图二四五　T0206M10平面图

1. 陶豆　2. 铜觚　3. 铜爵　4. 陶觚　5. 陶爵　6~9. 铜戈　10、13. 铜矛　11、12. 铜铃　14. 玉饰

T1312M230，随葬的陶瓠、陶爵、陶罐放在椁外墓主人头端壁龛内，陶簋、陶尊、陶罐和铜鼎、铜瓠2、铜爵2、铜簋放在墓主人头端的棺椁之间，而铜戈、铜矛放在棺内（图二四七）。

T0528M58，随葬的陶瓠、陶爵和羊腿、牛腿置南二层台，陶簋、陶尊和铜鼎、铜瓠、铜爵一起放在墓主人头端棺椁之间，铜兵器则放在棺内（图二四八）。

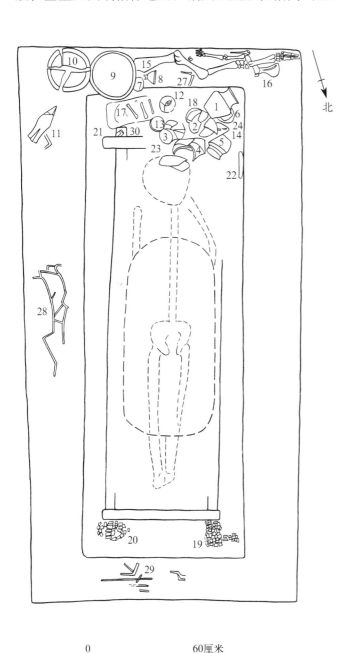

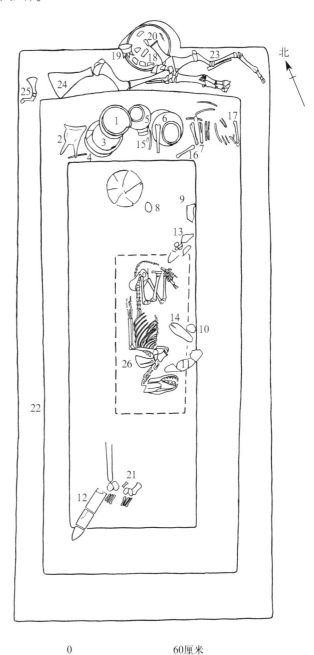

图二四六　T1418M225平面图

1～6. 陶罐　7. 陶瓠　8. 陶爵　9. 陶簋　10. 陶盘　11. 铅矛　12. 铅鼎　13. 铅簋　14. 铅卣　15. 牛腿　16. 羊腿　17、27. 兽骨　18. 铅尊（2号罐下）　19～21. 蚌片串饰件　22. 铅戈　23. 蚌饰（3号罐下）　24. 蚌饰（14号铅觯下）　25. 铅瓠（1号罐下）　26. 铅爵（1号罐下）　28、29. 画幔　30. 铜铃　01. 骨笄（填土中）　02. 骨铲（填土中）

图二四七　T1312M230平面图

1. 铜鼎　2、17. 铜爵（17号在7号兽骨下）　3. 陶簋　4、15. 铜瓠（15号在5号陶尊下）　5. 陶尊　6、20. 陶罐　7. 兽骨　8. 文蛤　9、11～13. 铜戈　10、14. 铜矛　16. 铜簋（16号在7号兽骨下）　18. 陶瓠　19. 陶爵　21、22. 蚌鱼　23. 羊腿　24. 牛腿　25. 狗腿　26. 狗骨架

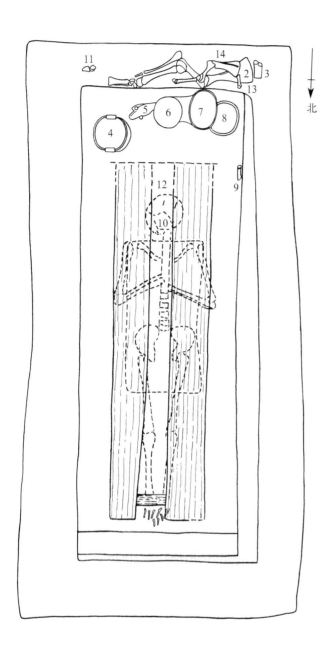

图二四八　T0528M58平面图

1. 铜铃（填土中殉狗颈下）　2. 牛腿　3. 陶瓿　4. 铜鼎
5. 铜爵　6. 铜觚　7. 陶尊　8. 陶簋　9. 铜戈　10.
贝　11. 陶爵　12. 骨弓末饰　13. 铜刀　14. 羊腿　15.
铜锛（填土中）　16. 骨镞（填土中）

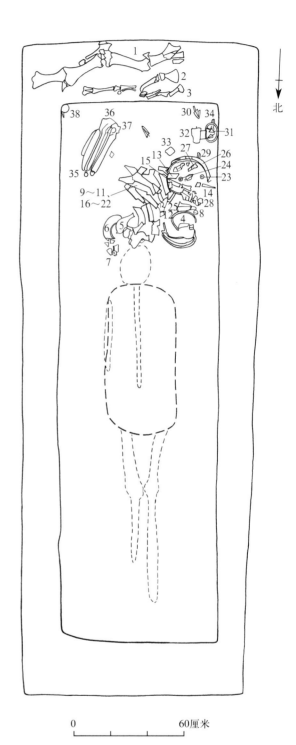

图二四九　T0601M412平面图

1. 牛腿　2. 羊腿　3. 狗腿　4. 铜卣　5. 铜罞　6、34、
36. 陶罍　7. 铜器　8. 骨饰　9～11、16～22、27. 铜矛
12. 铜觚　13. 铜刀　14. 铜凿　15. 骨器　23、24. 蚌泡
25. 铜簋　26. 陶簋　28、29. 铜爵　30. 铜镞　31. 骨镞
32、38. 铜鼎　33. 文蛤　35. 铜戈　37. 铜锛　39. 铜铃
（填土中殉狗颈下）　01. 骨笄　02. 陶圆饼形器　03. 铜渣
（01～03均出自填土中）

有的墓葬棺在一端，在墓主人头端的棺椁之间形成类似头箱一样的空间，集中放置器物。如T0601M412，虽然棺不甚清楚、墓主人骨骼已朽，但是从墓主人的骨末分布情况来看，人整体下移，头顶部棺椁之间就形成了头箱，所有陶器（簋、罍等）、铜礼器（鼎2、觚、爵2、簋、尊、斝等）、铜兵器（戈、矛、镞等）、铜工具（锛、凿、刀等）、骨器（笄、镞等）、蚌器（文蛤、蚌泡等）均放在头箱内（图二四九）。出现类似头箱这样的墓葬，多见于殷墟四期。

七　其他

玉、石礼器多放在墓主人胸部。小玉饰和石饰有的含在墓主人口中，有的佩在身上，有的握在手中。列举数例如下。

T1514M278，随葬的玉璧放在墓主人胸上（见图二三九）。

T1412M297，随葬的虫形玉饰放在墓主人右胸上（图二五○）。

T0327M444，随葬的玉环压在墓主人胸下（见图二○二、二五一）。

T0204M19，随葬的石圭放在墓主人腹部，1件玉饰含在墓主人口中，另1件玉饰佩在身上，还有1件握在手中（见图二三二）。

T0206M10，墓主人口含1件玉饰（见图二四五）。

T0327M444，墓主人口含1件绿松石管（见图二五一）。

骨器多出土于棺内墓主人身体附近。列举如下。

T0802M213，随葬的骨匕、骨管、骨签均出土于墓主人双手附近（图二五二）。

T0304M151，随葬的骨"琴拨"被握在墓主人手中（图二五三）。

蚌饰类的文蛤，多出土2扇，且两扇可以扣合，多放在墓主人头部两侧。在殷墟以前的发掘中，也曾见过两扇文蛤中还含有数量不等的螺蛳壳的现象。列举如下。

T0506M163，随葬的2扇文蛤出土于墓主人头右侧（见图二三三）。

T1312M230，随葬的2扇文蛤出土于墓主人头左侧（见图二四七）。

T1516M286，出土上百扇文蛤，体较小，散落在棺内南北两端（见图二四一；彩版三八，3）。

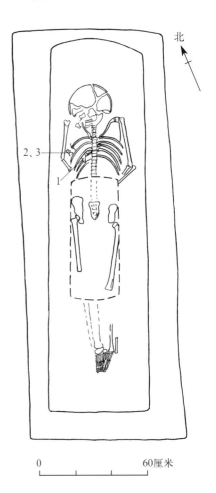

图二五○　T1412M297平面图

1. 蚌饰　2、3. 玉饰

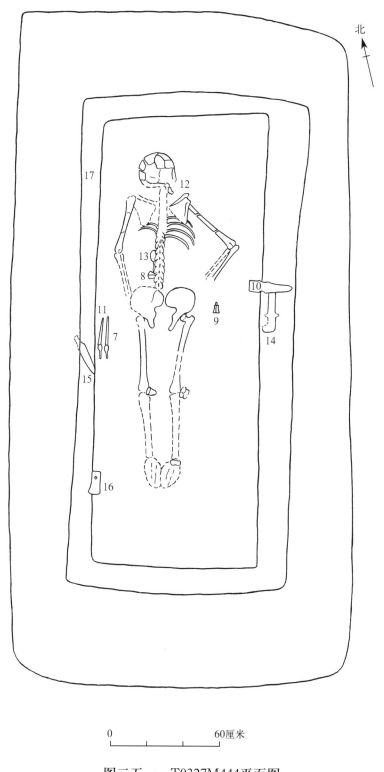

北

图二五一　T0327M444平面图

7、10、11、14、15. 铜戈　8、9. 铜铃　12. 绿松石管饰　13. 玉环　16. 石铲　17. 贝（1～6位于棺顶板上，详见图二〇二）

　　蚌鱼、蚌片多发现于棺椁四角或边缘，原来可能悬挂在覆盖于棺椁之上的画幔的四角。如T1418M225，棺的四角均出土有较多蚌鱼和蚌片，且均与1件铜铃共存。推测应是蚌饰与铜铃集束

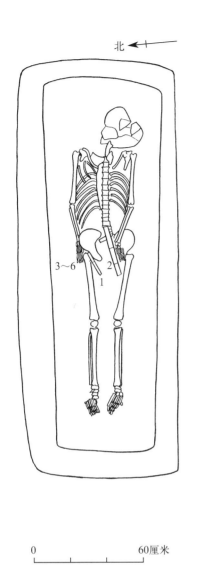

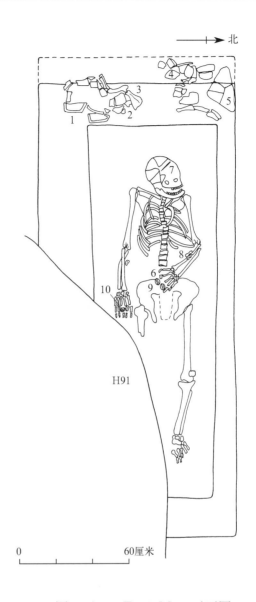

图二五二　T0802M213平面图

1. 骨管　2. 骨匕　3～6. 骨签

图二五三　T0304M151平面图

1. 陶簋　2. 陶豆　3. 兽腿　4. 陶罍　5. 陶盘　6. 骨"琴拨"　7. 象牙笄　8. 玉环　9、10. 贝

在一起悬挂于画幔四角，作为装饰物使用（见图二四六）。

贝或含在口内，或握在手中，或放在脚下，或置于腰坑内，也有集中放在棺内一处的。如T0408M128，口含贝，双手握贝，脚下放贝（见图二三一，左）。

第七节　墓葬举例

本节挑选保存状况较好，出土随葬器物相对较丰富的典型墓葬，其中包括9座出土青铜容器的墓葬、1座出土铅容器的墓葬和数十座随葬不同陶容器组合的墓葬加以介绍。

一　出土青铜容器墓葬

计 10 座。有 T0327M444、T1613M166、T1215M126、T1312M230、T0507M105、T0206M10、T0802M215、T0601M412、T0528M58、T1418M303。大司空发掘的铜器墓较少，下面详细介绍除 T1418M303 外的其他 9 座铜容器墓。

1. T0327M444

位于 B 区 T0327 东北角（见图二〇二、二〇四、二〇五、二五一），部分进入 T0427。开口于 T0327H326 下，被 T0328H360、T0327H389、T0327H390 打破。

该墓为长方形竖穴土坑墓，保存完好。方向 13°。墓口距地表深 3.05 米。口长 3.60、宽 1.83～1.86 米。墓壁垂直、平整，似经拍打加工。近底部有明显工具痕迹，竖向排列，多数相互叠压，宽度有 0.04 米和 0.08～0.09 米两种痕迹。墓底平整，略小于口，距墓口深 2.70、底长 3.60、宽 1.80～1.85 米。填土为深褐色花夯土，结构致密，夯窝明显。夯窝直径 0.09～0.11 米。夹杂少量黄土，含水锈和木炭颗粒。

墓室四周有两重熟土二层台，这是木质棺椁腐朽塌陷所致，外为椁台，内为棺台。椁台现存高度 0.74、北宽 0.42、东宽 0.30、南宽 0.50、西宽 0.37 米；棺台现存高度 0.42、北宽 0.13、东宽 0.23、南宽 0.14、西宽 0.13 米。墓底中部有腰坑，略呈长方形，壁垂直，光滑，底平整。腰坑长 0.90、宽 0.40～0.46、深 0.35 米。

墓室内置一棺一椁，均木质，已朽。椁置于墓室中部，四周椁台较宽，便于放置殉牲。椁长 2.54、宽 1.06、现存高度 0.74 米；椁盖板痕迹明显，由 16 块横向木板并列组成，木板宽 0.16～0.20、长 1.42～1.60 米。从木板的截面观察，椁盖板为半圆形，弧面向下，平面朝上，现保存厚度 0.02～0.05 米。椁底板痕迹亦保存较好，由 7 块纵向木板组成，平板，宽 0.13～0.20 米；南北两端有挡板，挡板长 1.16～1.24、宽 0.07～0.10 米，挡板入侧帮 0.04～0.07 米，挡板与侧帮以卯榫结构扣合，侧帮上开卯口。棺置于椁内中部稍偏西，棺椁间距小。棺长 2.40、宽 0.94、现存高度 0.42 米。棺盖板痕迹保存亦较好，由 5 块竖木板并列组成，平板，宽 0.14～0.20 米。棺上髹红漆。棺底有席纹。

墓主人位于棺内中部，男性，成年，身高约 1.65 米。俯身直肢，头北面东，双臂弯曲，双手置于腹下。墓主人全身有红漆，应是棺板红漆塌落附着所致。骨骼保存较差，大部分已朽。

腰坑内和四周椁台上各有 1 只殉狗，大部分骨骼已朽，南椁台上和腰坑内的 2 只狗骨保存较好，两前肢均交错置于身后，两后肢相互叠压于身前，似被捆缚后埋入。距墓口 1.70 米深处墓室北端填土中出土 1 个兽腿。

无陶器随葬。铜觚、铜爵、铜方彝放在南端棺盖上；3 件铜戈原放在棺上，棺椁腐朽，落在东西棺椁之间。另有 2 件铜戈并排放在棺内；2 件铜铃放在棺上，另 2 件铜铃放在棺内；墓主人口含绿松石管，玉环垫压在墓主人胸下；石铲放在棺内近墓主人脚端；贝放在腰坑内狗骨下。

该墓时代为殷墟二期偏晚阶段。

2．T1613M166

位于 C 区 T1613 中部（见图二〇七）。开口于 T1613 ③ A 层下，被 T1613H144 打破。

该墓为竖穴土坑墓，保存完好，方向 15°。墓口距地表深 1.80 米，平面略呈梯形，口长 3.05、北宽 1.60、南宽 1.40 米。墓壁略内收。墓底平整，略小于口，距墓口深 3.80、底长 3.44、北宽 1.26、南宽 1.43 米。填土为黄花夯土，结构致密。

墓室四周有两重熟土二层台，这是木质棺椁腐朽塌陷所致，外为椁台，内为棺台，椁台现存高度为 0.45、北宽 0.07、东宽 0.27、南宽 0.08、西宽 0.20 米；棺台现存高度为 0.10、北宽 0.54、东宽 0.25、南宽 0.10、西宽 0.20 米。墓底中部有腰坑，略呈圆角长方形，壁垂直、光滑、底平整，腰坑长 0.82、宽 0.35、深 0.26 米。墓底四角各有 1 木桩，紧靠椁的外侧，木桩已朽，形成孔洞。

墓室内置一棺一椁。均为木质，已朽。椁置于墓室中部，椁长 2.75、宽 0.98、现存高度 0.45 米。棺置于椁内，偏南，即偏向墓主人脚端，这样墓主人头端的棺椁间距较大，便于放置随葬品。棺长 2.10、宽 0.50、现存高度 0.10 米。棺上髹红漆。

墓主人位于棺内，身高约 1.60 米。俯身直肢，头北面下。骨骼已朽成粉末状，无法判断年龄和性别。

腰坑内有 1 只殉狗，狗头朝南，两前肢均交错置于身后，两后肢相互叠压于身前，似被捆缚。骨骼保存较好。1 个兽腿和陶器一起放在墓主人头端的棺椁之间。

陶瓠、陶爵、陶簋、陶盂、陶罐和铜鼎、铜戈 2、铜矛以及骨匕，均放在墓主人头端的棺椁之间；1 件铜铃位于棺内墓主人腰部，1 件在腰坑内；2 件文蛤为一对，放在棺内墓主人腰部；墓主人口含 8 枚贝，另 1 枚贝位于腰坑内。

该墓时代为殷墟三期偏早段。

3．T1215M126

位于 C 区 T1215 东北角（见图二二五、二二九；彩版三九，1）。开口于 F21 东侧垫土下，被 T1215H112 打破。

该墓为长方形竖穴土坑墓，被盗扰，方向 20°。墓口距地表深 1.45 米。口长 3.40、北宽 1.96、南宽 2.00 米。墓壁垂直，平整。墓底距墓口深 4.60 米，平整。填土为黄花夯土，结构致密。

墓室四周有两重熟土二层台，这是木质棺椁腐朽塌陷所致，外为椁台，内为棺台。椁台现存高度为 0.60、北宽 0.50、东宽 0.40、南宽 0.42、西宽 0.20～0.40 米；棺台现存高度为 0.35、北宽 0.16、东宽 0.20、南宽 0.24、西宽 0.40～0.54 米。墓底有 5 个腰坑，中部和四角各 1 个，分别编号 1～5。3 号腰坑略呈长方形，长 0.95、宽 0.40、深 0.15 米；1 号腰坑略呈椭圆形，长径 0.85、短径 0.35、深 0.15 米；2 号腰坑略呈椭圆形，长径 0.95、短径 0.40、深 0.15 米；5 号腰坑略呈梯形，长 0.65～0.85、宽 0.40、深 0.15 米；4 号腰坑略呈圆角长方形，长 0.95、宽 0.40、深 0.15 米。腰坑口略大于底，壁不规整，底不平。

墓室内置一棺一椁。棺椁间距较大。均为木质，已朽，有黑板灰、白漆和红漆。椁置于墓室中部，稍偏西、偏南，便于北、东椁台放置随葬品。椁长 2.50、宽 1.30、现存高度 0.60 米。棺置于椁内，偏北、偏东。棺呈长方梯形，墓主人头端宽，脚端窄，棺长 1.90、北宽 0.70、南宽 0.50 米，现存高度 0.35

米。棺上髹红漆。棺底铺有席子。

墓主人位于棺内，成年，直肢，头向北。骨骼大部分已朽，仅存两腿下段，无法准确判断性别，从肢骨粗壮程度推测，疑为男性。

5个腰坑内各殉1只狗，骨骼保存皆较好（彩版三九，2）。3号和1号腰坑内的狗为雄性，头朝北；4号腰坑内的狗为雄性，头朝南；2号腰坑内的为雌性，头朝北；5号腰坑内的为雌性，头朝南。5只狗似均被捆缚埋入。羊腿、猪腿和鸡骨与陶器一起放在东、北椁台上。

陶觚、陶簋2、陶罐、陶尊与兽骨一起放在东、北椁台上；铜爵（残）、铜觚（残）、铜刀、铜镞、玉器（残）和贝等出土于盗坑内。

该墓时代为殷墟四期偏早阶段。

4．T1312M230

位于C区T1312东部（见图二四七；彩版四〇，1），少许进入T1412。开口于T1312②层下，被T1312M229打破，其下打破T1312M276。

该墓为长方形竖穴土坑墓，保存完好，方向22°。墓口距地表深0.50米。口长2.70、宽1.35米。墓壁垂直、平整。墓底大小与墓口基本相同，距墓口深5米。填土为黄灰花夯土，结构致密。棺下有一层淤土。这层淤土的形成有两种可能：一种是墓室挖成之后埋葬之前曾下过雨，另一种是棺埋入时下面有木质支垫，棺被垫起一定的空间，后期形成淤土层。

墓室四周有两重熟土二层台，这是木质棺椁腐朽塌陷所致，外为椁台，内为棺台。椁台现存高度为0.65、北宽0.26、东宽0.20、南宽0.25、西宽0.15米；棺台现存高度为0.2米，北宽0.38、东宽0.25、南宽0.25、西宽0.15米。墓底中部有腰坑，呈长方形，壁垂直、光滑、平底。腰坑长0.85、宽0.38、深0.22米。墓主人头端墓壁上有一弧形壁龛，壁龛长0.35、高0.21、进深0.10米。

墓室内置一棺一椁，均为木质，已朽。椁置于墓室中部，椁长2.56、宽1.10、现存高度0.65米。椁盖板横向排列，由半圆形木板组成，直径0.10米。棺置于椁内，稍偏南，即偏向墓主人脚端。这样使得墓主人头端的棺椁间距较大，便于放置随葬品。棺长1.96、宽0.70、现存高度0.20米。棺上髹红漆。

墓主人位于棺内，仰身直肢，头北，年龄35～40岁，身高约1.74米，骨骼大部分已朽成粉末，无法判断性别。

腰坑内有1只殉狗，头朝南，两前肢并置于身后，两后肢相互叠压于身前，似被捆缚。骨骼保存较好。1个牛腿、1个羊腿及1个狗腿放在墓主人头端的椁台上，另1个兽骨放在棺椁之间的东北角。

陶觚、陶爵、陶罐放在墓主人头端壁龛内；铜鼎、2件铜觚、2件铜爵、铜簋和陶簋、陶尊、陶罐放在墓主人头端的棺椁之间；铜戈、铜矛和文蛤放在棺内，其中文蛤位于墓主人头部附近；1件蚌鱼在椁外，另1件在棺内。

该墓时代为殷墟四期偏早阶段。

5．T0507M105

位于A区T0507东部略偏北（见图二四三；彩版四〇，2）。开口于T0507③层下，打破F7、M170。

该墓为长方形竖穴土坑墓，保存完好。方向200°。墓口距地表深1.00米。口长3.10、宽1.45米。墓壁垂直、平整。墓底与墓口大小基本相同，距墓口深3.70米。填土为黄花夯土，结构致密。

墓室四周有两重熟土二层台，这是木质棺椁腐朽塌陷所致，外为椁台，内为棺台。椁台现存高度为0.68、北宽0.30、东宽0.28、南宽0.30、西宽0.20米；棺台现存高度为0.20、北宽0.30、东宽0.18、南宽0.15、西宽0.15米。墓底中部有腰坑，呈圆角长方形，壁垂直，平底。腰坑长1.00、宽0.40、深0.15米。

墓室内置一棺一椁，均为木质，已朽，有黑板灰、黄漆和红漆。椁置于墓室中部，椁长2.45、宽1.00、现存高度0.68米。椁内置棺，棺稍偏北，即偏向墓主人脚端，使得墓主人头端棺椁间空间较大，便于放置随葬品。棺长2.05、宽0.65、现存高度0.20米。棺上髹红漆。

墓主人位于棺内，男性，仰身直肢，头南面东，年龄30岁左右，身高约1.70米，骨骼部分已朽。

腰坑内有1只殉狗，狗头朝北，骨骼已朽。

陶觚、陶爵、陶簋、陶罐、陶盘和铜鼎放在墓主人头端的棺椁之间，即南棺台上；铜铃放在腰坑内狗头附近。

该墓时代为殷墟三期偏晚阶段。

6. T0206M10

位于A区T0206西南角（见图二四五；彩版四〇，3）。开口于T0206②层下，墓室西南角被一现代坑扰，打破生土。

该墓为长方形竖穴土坑墓，部分被扰。方向185°。墓口距地表深1.00米。口长3.12、宽1.45米。墓壁垂直、平整。墓底与墓口大小基本相同，距墓口深3.20米。填土为黄花夯土，结构致密。

墓室四周有熟土二层台，这是木质棺腐朽塌陷所致，即棺台。棺台现存高度0.65米，北宽0.25、东宽0.20、南宽0.30、西宽0.20米。墓底中部有腰坑，呈长方形，壁垂直，平底。腰坑长0.65、宽0.33、深0.16米。

墓室内置一棺，为木质，已朽，有黑板灰。棺置于墓室中部，棺长2.57、宽1.00、现存高度0.65米。

墓主人位于棺内，直肢，头南脚北，骨骼已朽成粉末，无法判断年龄和性别。

腰坑内有1只殉狗，骨骼已朽。

陶豆放在西二层台南端，陶觚、陶爵和铜觚、铜爵放在墓主人头上端棺上，后因棺木腐朽而坠落棺内；铜戈、铜矛放在墓主人身上或两侧；铜铃放在腰坑内；墓主人口含1件玉饰。

该墓时代为殷墟三期偏早阶段。

7. T0802M215

位于D区T0802西部偏南（见图二〇六，左、二四四；彩版四一，1、2）。开口于T0802②层下，打破T0802M214。

该墓为长方形土圹竖穴墓，南部被盗扰。方向358°。墓口距地表1.35米，口长2.80米，北端略窄于南端，北宽1.35、南宽1.42米。墓壁垂直、平整。墓底与墓口大小基本相同，距墓口深3.82

米。填土为灰花夯土，土质较硬。

墓室四周有两重熟土二层台，这是木质棺椁腐朽塌陷所致，外为椁台，内为棺台。椁台现存高度为0.72、南、北宽约0.20、东宽0.13～0.23、西宽0.14～0.25米；棺台现存高度为0.37、北宽0.34、东宽0.06～0.18、南宽0.10、西宽0.13～0.22米。墓底中部有腰坑。

墓室内置一棺一椁，均为木质，已朽，有黑板灰。椁置于墓室中部，椁长2.40、宽1.08、现存高度0.72米。椁底板腐朽痕迹明显，由5块纵向木板组成，板宽0.06～0.23米；南北两端有挡板，挡板长0.85～0.95、宽0.03～0.05米（彩版四一，3）。椁内置棺，棺偏南，即偏向墓主人脚端，使得墓主人头端棺椁间空间较大，便于放置随葬品。棺长1.95、宽0.70～0.74、现存高度0.37米。棺上髹红漆。

墓主人位于棺底部中央，女，成年，身高1.68米。俯身直肢，头北面下。骨骼保存较差，大部分已朽成粉末。

陶爵、陶觚、陶簋、陶罐均放在墓主人头端的椁台上，铜簋、铜觚、铜爵、铜鼎均放在墓主人头端的棺椁之间。铜戈2件放在棺内，1件压在墓主人颈部，另1件压在胸部。兽骨与铜容器一起放在墓主人头端的棺椁之间。

该墓时代为殷墟三期偏晚阶段。

8. T0601M412

位于D区T0601内（见图二四九；彩版四二，1）。开口于T0601③层下，打破T0601H344。

该墓为长方形竖穴土坑墓，方向175°。墓口距地表约1.50、长3.50、宽1.28米。墓室较规整，墓壁较平直。墓底距墓口深6.20米，大小与墓口基本相同。填土为黄花夯土，质较硬。

墓室四周有熟土二层台，这是木质棺腐朽塌陷所致，即棺台。棺台现存高度0.50、北宽约0.33、东、西宽约0.20、南宽约0.30米。墓底中部有腰坑，平面呈长方形，长0.80、宽0.38、深0.30米。

墓室中部放置一棺，为木质，已朽，有红漆和木板灰。棺长2.88、宽0.85米。

墓主人位于棺内，头南脚北。因墓主人骨架已全部朽为粉末，无法判断年龄和性别。

墓室棺上填土中和腰坑内各殉1只狗。填土中的狗骨架，头朝南，背朝东，部分骨骼已朽，颈下发现1件铜铃。腰坑内狗骨架已全部朽掉。牛腿、羊腿、狗腿均放在南二层台上。

随葬品中除了铜铃、陶圆饼形器和骨笄出土于棺上填土中外，其他的陶器（簋、罍）、铜器（鼎2、铜觚2、铜爵2、铜簋、铜卣、铜尊、铜斝、铜戈11、铜矛12、铜镞、铜刀、铜凿、铜锛）、骨器及蚌器等均放在棺内墓主人头端上部（彩版四二，2）。大部分铜器较薄，已破碎。

该墓时代为殷墟四期偏晚阶段。

9. T0528M58

位于B区T0528西北部（见图一九七，左、二四八；彩版四二，4）。开口于T0528④层下，被T0528M35打破，打破H428、H431。

该墓为长方形土坑竖穴墓，方向194°。口距地表1.40、长3.10、宽1.40米。墓底距墓口2.80、底长2.95、宽1.50～1.55米。填土为黄色，夹杂较多黑斑及淡黄色黄斑，土质坚硬致密，夯窝明显，两种夯窝，一种直径约 0.05 米，一种直径约 0.10 米。在填土内发现 1 个殉狗，但仅有头部，面向东。狗头下有 1 件铜铃。

墓室四周有熟土二层台，这是木质椁腐朽塌陷所致，即椁台。椁台北宽 0.30、南宽 0.24、西宽 0.20、东宽 0.25 米。二层台的西北角发现一片席纹，黑色，席纹较粗，压在一片布幔之上。布幔上以宽约 4 毫米的黑线勾画出长条形的"回"字纹饰。每个"回"字纹框内均为四个黑色长方形线框相套合，线内空间从外向内分别为红、黄、白色漆着色，线框保留不清楚，布幔残长 0.26、残宽 0.14 米。

墓室有一棺一椁。椁底由七块半圆木组成，纵向排列，直径 0.09～0.13 米不等，已朽为黑色，局部有红或白色漆，宽 0.94～0.98、长 2.64 米。椁内置棺，棺长 1.95、宽 0.77 米。棺顶板板可见两块，已朽，呈黑色，有红漆、白漆。

墓室中部设腰坑，呈长方形，长 0.80、宽 0.42、高 0.30 米。腰坑内殉一大一小两条狗。大狗头北面西，保存较好；小狗在大狗腹部，仅有下颌骨。

在二层台下的墓底生土面上，有四个小柱洞，呈椭圆形，大小、深浅不一，两两对称分布，长径 0.03～0.07、短径 0.02～0.04、深 0.07～0.15 米。经解剖，发现其断面为楔形，内填土疏松，有朽木痕。

墓主人位于棺内正中，25～30 岁，身高 1.65 米，仰身直肢，头南面上。双手交叉于腹部，骨骼已朽为粉末，仅牙、手、足保存较好，无法判断性别。

随葬品中陶觚、陶爵放在墓主人头端二层台上（彩版四二，3）。铜鼎、铜爵、铜觚、陶尊、陶簋均放在墓主人头部的棺椁之间。铜戈、骨镞、骨弓末饰等均放在棺内。墓主人口含多枚贝。牛腿、羊腿等牺牲放在墓主人头端的二层台上。

该墓时代为殷墟四期偏晚阶段。

二　出土铅容器墓葬

仅 1 座，T1418M225（见图二四六；彩版四三，1）。殷墟随葬铅容器的墓葬较少，多见于殷墟四期。

T1418M225

位于 C 区 T1418 西南部。开口于 F23 北侧和 F38 西侧垫土下，打破 J7。

该墓为长方形竖穴土坑墓，方向 196°。墓口距地表深 2.50 米。口长 2.93、南宽 1.55、北宽 1.45 米。墓室较规整，墓壁较平直。墓底大小与墓口基本相同，墓底距墓口深 5.60 米。填土为黄花夯土，质较硬。

墓室四周有熟土二层台，这是木质椁腐朽塌陷所致，即椁台。椁台南、北宽约 0.20、东西宽约 0.30、台高约 0.55 米。椁台上四周铺画幔，画幔纹路呈黑色，衬白底，红麻布覆盖，图案不甚清楚。

墓室内有一棺一椁，椁侧板为半圆木，直径约 0.10 米，髹白漆。椁内置棺，棺平面呈"井"字形，四角均向外延出 0.06 米左右。四角纵板上饰蚌片图形，底板纵向排列，两端有横挡板，棺髹红漆。

墓室中部设腰坑，呈长方形。长1.05、宽0.50、深0.20米。

墓主人位于棺室中间，直肢，头朝南，身高约1.70米，骨骼已朽成粉状，年龄、性别不详。

随葬品中铅鼎、铅簋、铅尊、铅觚、铅爵、铅尊、铅觯、陶罐及部分牺牲原应放在墓主人头端的棺椁之间或放在墓主人头端的棺上或椁上，随着棺椁腐朽塌陷而落入棺内（彩版四三，2）。陶觚、陶爵、陶簋、陶盘放在墓主人头端的椁台上，铅戈放在墓主人头部西侧棺椁之间，铅矛放东二层台南部，4组蚌饰位于棺木四角纵板末端（彩版四三，3），牛腿、羊腿及部分兽骨均放在墓主人头端的南二层台上。

该墓时代为殷墟四期偏晚阶段。

三　陶器组合墓葬

（一）单鬲组合

计17座，其中殷墟一期4座，殷墟二期4座，殷墟三期3座，殷墟四期6座。下面以T0507M170为例介绍。

T0507M170

位于A区T0507中部略偏东（图二五四）。开口于T0507③层下，打破F7。

该墓为长方形土坑竖穴墓，保存完好。方向196°。墓口距地表深0.95米。口长1.90、宽0.90米。墓壁较垂直，墓底距墓口深2.45米。底略大于口，底长2.00、宽0.90米。填土为灰褐色花土，土质较致密，略施夯，没有发现明显的夯窝。

墓室四周有熟土二层台，即棺台。棺台南宽0.10、西宽0.20、北宽0.07、东宽0.19、残高0.10米。

墓室底部有一棺，木质，已朽。棺室长1.83、宽0.50～0.55、现存高度0.10米。

墓室底部无腰坑，但发现一周长方形凹槽，内有木痕。长1.92、宽0.47、深0.02～0.03米。该凹槽不在棺木正下方，略偏东，可能为支垫棺木的设施。

墓主人位于棺室内，女性，成年，身高约1.55米。仰身直肢，头南面上。双臂平直放置，贴于身体两侧，右手掌骨略压在盆骨上，双腿骨并拢，脚骨略倾向西北部。骨质较好，头骨碎裂，骨架完整。

在墓室西北角二层台上放置1件陶鬲。墓主人口含贝1枚。

该墓时代为殷墟三期偏早阶段。

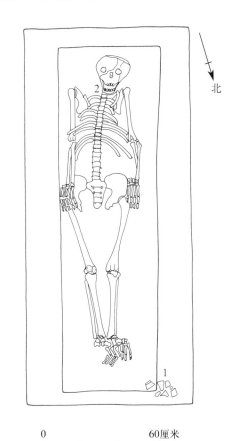

0　　　　　　　60厘米

图二五四　T0507M170平面图

1. 陶鬲　2. 贝（口含）

（二）单簋组合

计 9 座，其中殷墟一期 1 座，殷墟二期 1 座，殷墟三期 1 座，殷墟四期 6 座。以 T0309M2 为例。

T0309M2

位于 A 区 T0309 南边（图二五五；彩版四四，1）。开口于 T0309 ③ 层下，打破生土。

该墓为长方形土坑竖穴墓，被盗，盗坑位于墓室东北角，未扰乱棺室。方向 15°。墓口距地表深 1.05 米。口长 2.55、南宽 1.15、北宽 1.30 米。墓壁不甚规整。墓底较平，距墓口深 2.72 米。底略大于口，底长 2.90、南宽 1.43、北宽 1.65 米。墓室填土为黄花夯土，质较致密。填土中发现 1 只殉狗，头向西北，骨架保存较好，似被绑缚。

墓室四周有两重熟土台。外层为木质椁腐朽塌陷所形成的椁台，高约 0.60 米；内层为木质棺腐朽塌陷所形成的棺台，高 0.12 米。

墓室内置一棺一椁，椁长 2.15、宽 0.85、现存高度 0.60 米，髹白漆，盖板呈东西向，板宽 0.15 米。棺置于椁内，棺长 1.80、宽 0.50、现存高度 0.12 米，髹红漆。

墓底发现 4 个长方形孔洞（见图一九六，左）。

腰坑位于墓室中部，呈不规则形。长 0.68、宽 0.50、深 0.28 米。腰坑内有 1 只殉狗，狗头向北，已朽成粉末。

墓主人位于棺内中部，身高约 1.60 米。直肢，头北脚南，骨已朽成粉末。仅采集 2 枚牙齿，年龄和性别不易判断。

随葬的陶簋放在墓主人头端的北椁台上，2 件铜戈放在棺内，其中 1 件位于腰坑内，另 1 件铜戈放在腰坑东南外侧。腰坑底部出土 1 枚贝。羊腿放在墓主人头端的椁台西北角。

该墓时代为殷墟一期偏晚阶段。

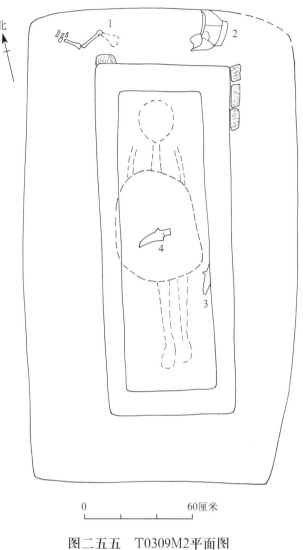

图二五五 T0309M2平面图
1. 羊腿 2. 陶簋 3、4. 铜戈

（三）单豆组合

计 19 座，其中殷墟一期 3 座，殷墟二期 9 座，殷墟三期 4 座，殷墟四期 3 座。以 T0522M349 为例。

T0522M349

位于 B 区 T0522 西北角（图二五六；彩版四四，2）。开口于 T0522 ④层下。

该墓为长方形土坑竖穴墓，方向 103°。墓口距地表深 1.70 米。口长 2.55、宽 1.15～1.20 米。墓室较规整，墓壁较平直。墓底距墓口深 2.35 米，墓底大小与墓口基本相同。填土为浅灰色花夯土，土质较硬，夯层不明显。墓室中部填土中埋 1 只殉狗，距墓口深 1.95 米，狗头向西，北向北，骨架保存较好。

墓室四周有两重熟土二层台，外为椁台，内为棺台。椁台现保存高度 0.30、东宽 0.14、西宽 0.12、北宽 0.11～0.17、南宽 0.10～0.22 米；棺台现保存高度 0.05、东宽 0.11、西宽 0.17、北宽 0.20～0.23、南宽 0.07～0.15 米。

腰坑位于墓室中部略偏西处，呈长方形，直壁，平底。腰坑长 0.72、宽 0.35、深 0.20 米，直壁，平底。内殉一狗，骨骼保存极差，已为粉末，只显其形，头西背北。

墓室内置一椁一棺，木质，已朽。根据板灰痕迹测量：椁长 2.28、宽 0.81～0.88、残高 0.30 米；棺长 2.00、宽 0.50～0.54、残高 0.05 米。

墓主人位于棺室中部略偏东，女性，成年，身高 1.50 米。仰身直肢，头东面南，双臂弯曲，右手放于胸部，左手放于腹下，双腿平行，趾尖向前，大部分骨骼已朽为粉末，部分肢骨保存较好。

随葬陶豆位于东北角棺台上。墓主人口含 2 枚贝。

该墓时代为殷墟四期偏早阶段。

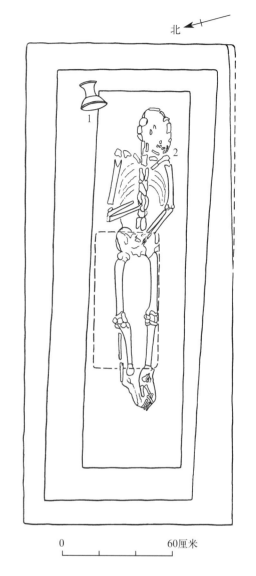

图二五六　T0522M349平面图
1. 陶豆　2. 贝

（四）单罐组合

计 8 座，其中殷墟二期 4 座，殷墟四期 3 座，不易精准判定期别的墓葬 1 座。以 T0704M304 为例。

T0704M304

位于 D 区 T0704（见图二二八，左）。开口于 T0704 ②层下。

该墓为长方形竖穴土坑墓，方向 16°。墓口距地表深 1.00 米。口长 2.25、宽 0.80 米，墓壁较平直，墓底距墓口深 2.45 米，大小与墓口相同。填土为灰花夯土。

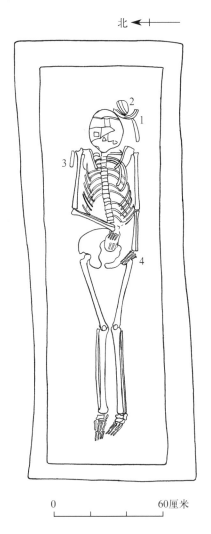

北 ←——

0 ————— 60厘米

图二五七　T0701M187平面图

1. 铜刀　2. 陶盂　3. 铜锛　4. 贝

墓室四周有熟土二层台，南台宽约0.15、北台宽0.18、东、西台宽约0.10米，现保存高度0.13米。

墓室中部置一棺，木质，已朽，有木板灰。棺长1.90、宽0.60、残高0.13米。

墓主人位于棺室中部略偏南。男性，年龄约30岁，身高约1.50米。俯身直肢，头北脚南，左臂弯曲，左手置于腹部，右臂自然下垂。骨骼保存较好。

随葬陶罐位于棺内墓主人脑后，墓主人左右手、脚部各有贝1枚、口含贝3枚。

该墓为殷墟时期，不易精准判断其期别。

（五）单盂组合

仅发现1座。

T0701M187

位于D区T0701（图二五七）。开口于T0701③层下。

该墓为长方形土坑竖穴墓，方向92°。墓口距地表深1.5米。口长2.35、宽0.92米，墓壁不甚规整，墓底距墓口深1.8米，底部大小与口相同。填土为黄花夯土，土质较硬。

墓室四周有熟土二层台，东台宽0.15、南台宽0.10～0.15、西台宽0.09、北台宽0.06～0.14、现保存高度0.40米。

墓室中部置一棺，木质，已朽。棺长2.10、宽0.65、残高0.40米。

墓主人位于棺室中部。男性，年龄为17～18岁，身高约1.63米。仰身直肢，头东面上，右臂弯曲，右手置于腹上，左臂自然下垂。骨骼保存较好。

随葬品均放在棺内，陶盂和铜刀位于墓主人头部东南侧，铜锛位于墓主人右肩外，墓主人左手中有1枚贝。

该墓时代为殷墟三期偏早阶段。

（六）单尊组合

计2座，均为殷墟四期。以T0807M443为例。

T0807M443

位于D区T0807东北部（图二五八）。开口于T0807②层下，其下打破T0808M449、F45。

该墓为长方形竖穴土坑墓。方向5°。墓口距地表1.20米，口长1.70、宽0.67米，墓壁较平直，墓底距墓口深1.20米，底部大小与口相同。填土为黄花夯土。

墓室内没有发现棺椁，但根据墓底有木板灰判断，墓底应铺有木板。

墓主人位于墓室居中。女性，年龄在45～50岁，身高1.50米。俯身，下肢稍弯曲，头北面下，两臂回折，双手置于肩下。骨骼保存较好。

仅随葬1件陶尊，位于墓主人头骨东侧。

（七）瓿、爵组合

计4座，其中殷墟二期1座，殷墟三期3座。以T0527M373为例。

T0527M373

位于B区T0527西北部（图二五九；彩版四四，3）。开口于T0527④层下，被T0527H299打破。

该墓为长方形土坑竖穴墓，方向295°。墓口因被T0527H299破坏，西高东低，距地表深1.60～2.00米。口长2.25、口宽0.80米，墓壁不甚规整，东西两端略外弧，墓底距口深0.65～0.80米。填土为黄褐色花夯土，土质较硬，夯层不明显。

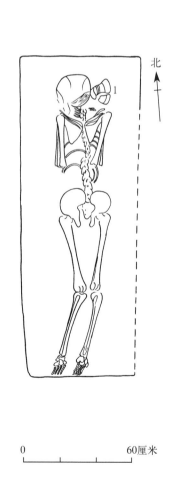

图二五八　T0807M443平面图

1. 陶尊

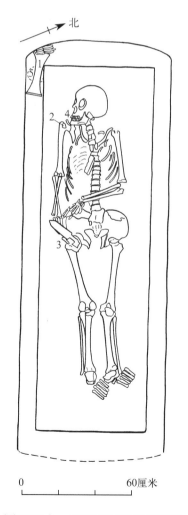

图二五九　T0527M373平面图

1. 陶瓿　2. 文蛤　3. 铅戈　4. 贝　5. 陶爵

墓室四周有熟土二层台，西台宽 0.14、东台宽 0.16、南、北台宽 0.10、现存高 0.42 米。

墓室中部放置一棺，木质，已朽，底部有黑板灰，棺长 1.95、宽 0.60 米，现存高度 0.42 米，实际高度不详。

墓主人位于棺室中部。女性，年龄在 45～50 岁，身高 1.60 米，仰身直肢，头西面南。左臂弯曲，手抚于右腹部。右臂直伸，右手放于股骨外侧。双膝双脚并拢，趾尖向北。骨骼保存较好。

随葬陶瓡放在西南角二层台上，陶爵放在西南角二层台内。墓主人面前有一对文蛤，右手上有 1 把铅戈，口内含 1 枚贝。

该墓时代为殷墟三期偏早阶段。

（八）簋、瓿组合

仅发现 1 座。

T1004M207

位于 D 区 T1004 北部（见图一九一，左、二二三；图版一三，1），部分进入 T1003。开口于 T1004 ② 层下。

该墓为长方形竖穴土坑墓，方向 23°。墓口距地表深约 1.40 米。口长 2.50、宽 1.00 米。墓壁不甚规整，东壁北部下端近二层台处有一壁龛，宽 0.60、高 0.35、进深 0.25 米。墓壁上发现有工具痕迹，呈长方形，方刃，刃宽 0.10 米。墓底大于墓口，底部北端略外弧，墓底距墓口深 1.80 米，底长 2.83、底宽 1.28 米。填土为黄花夯土。距墓口深 0.70 米处的填土中有 1 只殉狗，头南背西，前腿置于背后，后腿蜷曲，似做绑缚状。骨骼保存较好。

墓室四周有熟土二层台，北台宽 0.17～0.30、东台宽 0.17～0.20、南台宽 0.33～0.43、西台宽 0.18～0.28、现存高 0.40 米。

墓室底部棺底四周分布着基本对称的小孔洞，计 12 个。它们略呈圆形，直径 0.03～0.05、深 0.6～0.37 米不等，孔内有朽木痕迹。

腰坑位于墓室中部略偏南。长 0.60、宽 0.20、深 0.10 米。

墓室内置一棺，较大，木质，已朽，残留有木板灰痕及红漆。棺长 2.12、宽 0.90、残高 0.40 米。

墓主人位于棺内居中。女性，年龄 30 岁左右，身高约 1.50 米，仰身直肢，头北面西。下部稍内折，两手置于腹部。骨骼保存较好。

随葬的陶簋和陶瓿都放在壁龛内。墓主人的右胸外侧发现 1 枚贝。

该墓时代为殷墟二期偏晚阶段。

（九）簋、豆组合

仅发现 1 座。

T0905M209

位于 D 区 T0905 东部（图二六○；彩版四五，1；图版一三，2）。开口于 T0905 ③ 层下，东部被一灰坑打破，灰坑未发掘。

该墓为长方形竖穴土坑墓，方向95°。墓口距地表深0.80米。口长2.40、东宽1.05、西宽1.02米，墓壁较平整，墓底距墓口深2.30米，墓底大小与墓口相同。填土为黄花夯土。填土中有1只殉狗，头西背北，前腿置于背后，后腿蜷曲于腹前，似做绑缚状。骨骼保存较好。

墓室四周有熟土二层台，东台宽0.30、南台宽0.21～0.27、西台宽0.15、北台宽0.26、现存高0.50米。

腰坑位于墓室中部偏西，内有1只殉狗，狗头向西，腰坑长0.70、宽0.30、深0.25米。

墓室内置一棺，木质，已朽，残留有木板灰痕及红漆。棺长1.95、宽0.55、残高0.50米。

墓主人位于棺内居中。男性，25岁左右，身高1.63米，俯身直肢，头东面南。骨架保存较好。

随葬陶簋位于二层台东南角，陶豆位于二层台东北角，右手握有一对文蛤。

该墓时代为殷墟二期偏晚阶段。

（一○）簋、罐组合

计9座，其中殷墟二期3座，殷墟四期6座。以T0307M118为例。

T0307M118

位于A区T0307北部（图二六一；图版一三，3）。开口于T0307③层下，打破T0307H134和F30。

该墓为长方形竖穴土坑墓，方向105°。墓口距地表深1.20米。口长2.35、宽0.85米，墓底距墓口深2.30、底长2.35、宽0.90米。填土为灰花夯土。

墓室四周有熟土二层台，东台宽0.12、南台宽0.18～0.22、西台宽0.20、北台宽0.15～0.20、现存高0.30米。

腰坑位于墓室正中。长0.70、宽0.40、深0.15米。

墓室内置一棺，木质，已朽。棺长2.00、宽0.55、残高0.30米。

墓主人位于棺内正中，女性，年龄在40～45岁，身高约1.65米，仰身直肢，头东面上。身上

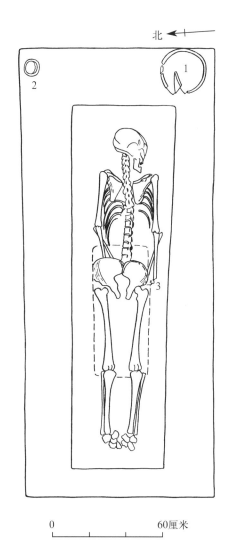

北

0　　　　　　　　　60厘米

图二六○　T0905M209平面图

1. 陶簋　2. 陶豆　3. 文蛤　01. 鹿角（填土中）　02. 骨铲（填土中）

撒有朱砂。骨骼保存一般。

随葬品中陶簋放在棺上，陶罐放在南二层台东端。

该墓时代为殷墟四期偏早阶段。

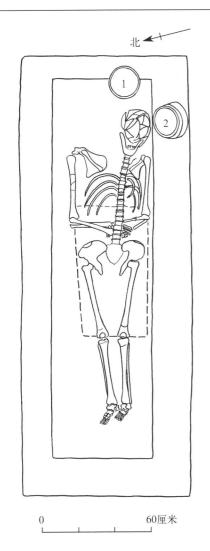

图二六一　T0307M118平面图
1. 陶簋　2. 陶罐

（一一）簋、瓿、豆组合

仅发现1座。

T0427M420

位于B区T0427中部偏西（图二六二；彩版四五，2；图版一四，1）。开口于T0427H386下，北部被T0427H361打破。

该墓为长方形土坑竖穴墓，方向185°。墓口距地表约2.70米。口长2.40、宽0.96～1.06米。墓底平整，中部略凹。墓底距墓口1.32米。墓壁垂直光滑，无明显工具痕迹。填土为黄褐色花夯土，土质致密。

墓室四周有熟土二层台，东台宽0.16、南台宽0.18、西台宽0.17、北台宽0.20、现保存高度0.11～0.23米。

墓室内置一棺，木质，已朽。棺长2.02、宽0.66、残高0.23米。

腰坑位于墓底中部，呈不规则长方形。长0.73、宽0.22～0.41、深0.39米。内有1只殉狗，狗骨腐朽严重，模糊不清，狗头似朝北（彩版四五，3）。

墓室底部发现8个木桩，对称分布于棺室周围，平面有圆形、椭圆形、近方形，剖面为楔状，垂直向下，深0.07～0.25米。

墓主人位于棺室中间偏东，女性，年龄在25～30岁，身高1.47米，仰身直肢，头南面上，双臂弯曲，双手放于胸部，双腿并拢伸直。其中从胸椎偏下至膑骨均落入腰坑内。

随葬品中，陶簋、陶瓿、陶豆均放在墓主人头端南二层台上，陶簋内有兽骨，墓主人口含1枚贝。

该墓时代为殷墟二期偏早阶段。

（一二）簋、豆、罐组合

计4座，其中殷墟二期2座，殷墟三期1座，殷墟四期1座。以T0808M436为例。

T0808M436

位于D区T0808西部（图二六三；彩版四六，1、2；图版一四，2）。开口于F45下，打破T0808H378。

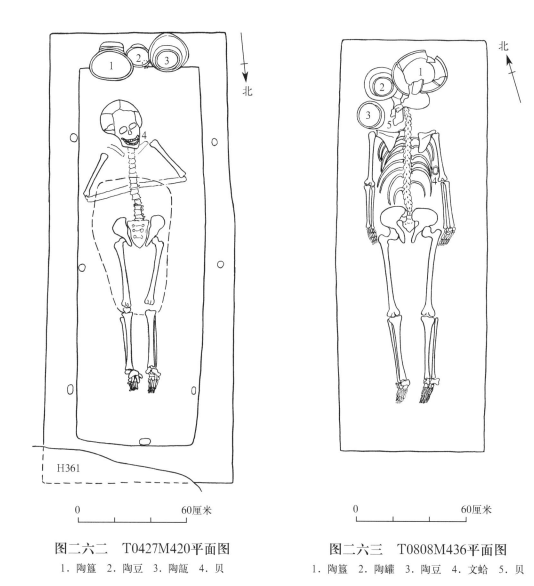

图二六二　T0427M420平面图
1. 陶簋　2. 陶豆　3. 陶瓿　4. 贝

图二六三　T0808M436平面图
1. 陶簋　2. 陶罐　3. 陶豆　4. 文蛤　5. 贝

该墓为长方形竖穴土坑墓，方向 5°。墓口距地表约 1.40 米。口长 2.20、宽 0.80 米。四壁不甚整齐。墓底距墓口约 1.20 米，大小与墓口基本相同。填土为灰夯土。

无棺。墓主人位于墓室正中，男性，成年，身高约 1.62 米，俯身直肢，双臂自然下垂于身体两侧，头北面西。骨骼保存良好。

随葬品中，陶簋、陶豆、陶罐放在墓主人头端，文蛤放在墓主人右臂内侧，墓主人口含 1 枚贝。该墓时代为殷墟三期偏早阶段。

（一三）觚、爵、簋、罐组合

计 13 座，其中殷墟二期 1 座，殷墟三期 7 座，殷墟四期 5 座。以 T0706M195 为例。

T0706M195

位于 D 区 T0706 北部（图二六四，左；图版一四，3）。开口于 T0706 ②层下，墓葬上部被一殷

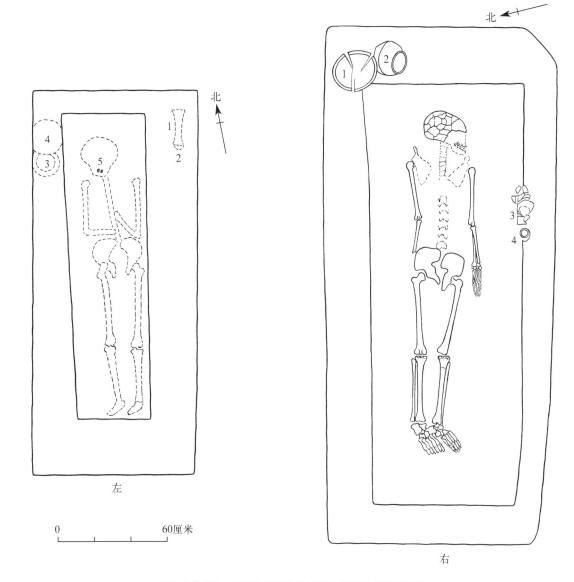

图二六四　T0706M195和T0328M364平面图

左：T0706M195（1.陶瓠　2.陶爵　3.陶罐　4.陶簋　5.贝）　右：T0328M364（1.陶簋　2.陶罍　3.陶爵　4.陶瓠）

代灰坑打破，灰坑未发掘，无编号。

　　该墓为长方形土坑竖穴墓，方向12°。墓口距地表约0.90米。口长2.05、宽0.90米，墓壁垂直整齐，墓底平整，墓底距墓口深2.80米，底部大小与墓口相同。填土为浅黄褐色花土，略施夯，无明显夯窝。

　　墓室四周设有熟土二层台，东台宽0.28、南台宽0.30、西台宽0.20、北台宽0.12、现存高度0.50米。

　　墓室内置一棺，木质，已朽，髹红、黄、黑、白漆。棺头端略宽于脚端，棺长1.63、宽0.40～0.47、残高0.50米。

　　墓主人位于棺室中间，身高约1.40米，头朝北。骨骼已朽为粉末，仅采集人牙数颗，性别和年龄无法判断。

随葬品中，陶簋、陶罐放在西二层台北端填土内，陶簋内有兽骨。陶觚、陶爵放在东二层台北端下部。墓主人口含贝2枚。

该墓时代为殷墟三期偏晚阶段。

（一四）觚、爵、簋、罍组合

计2座，其中殷墟二期1座，殷墟四期1座。以T0328M364为例。

T0328M364

位于B区T0328南部中间（见图一九七，右、二六四，右；彩版四六，2）。被T0328H295叠压和打破，其下打破生土。

该墓为长方形土坑竖穴墓，方向105°。墓口距地表2.35米。口长2.75、宽1.24米。墓室四壁较垂直，平整，但不光滑，局部有明显工具痕迹，工具痕迹竖向排列，宽度为0.04～0.07米。墓底距墓口2.46米，宽度略小于墓口，底长2.75、宽1.14米。墓室底部东西两端较平，中间略凹0.03～0.04米。填土为红褐色花夯土，夯层厚0.15米左右，土质致密，纯净，东段土质较松软。距墓口1.92米处的填土中有1只殉狗，狗骨架有点散乱，狗头朝西，上颌和脊骨连接紧密，嘴朝南，但一下颌骨却向北，狗腿也较散乱放置，狗骨架附近的填土没有被盗洞扰到，推测可能是被肢解后放入的。

墓底四周有熟土二层台，东台宽0.31、南台宽0.18、西台宽0.21、北台宽0.25、现存高度0.12～0.14米。

没有发现椁，但墓室底部铺有一层木板，然后再放置木棺，已朽，有板灰，从痕迹观察，棺底板由6块纵向木板组成，板宽约0.15米。棺头端略窄于脚端，棺长2.24、宽0.80～0.90、残高0.14米。

腰坑位于墓室正中，平面呈椭圆形。长0.88、宽0.35～0.44、深0.22米。内有1只殉狗，头西背北，头弯曲呈回头状，前肢置于背后，后肢弯曲呈侧卧姿式，似被绑缚后埋入。

墓底发现16个木桩孔洞，分为两组：第一组围墓底四周均在棺室外二层台下，对称分布，计6对12个；第二组在棺室东西两端下方，对称分布，计2对4个。形状分别呈椭圆、圆形、长方形等，方向垂直向下，截面呈锥状，深度0.035～0.17米不等。初步判断，第一组木桩是用来加固墓底的木板或支撑棺帮，而第二组是用来支撑棺室的（彩版四六，3）。

墓主人位于棺室中部。男性，年龄在25～30岁，身高1.65米。侧身屈肢，头东面南，双臂下垂，置于身体两侧，左手压在盆骨下，双腿并拢直伸。墓主身上有红漆，身下置有席子，另外在小腿骨处发现残存的白色布幔痕迹，应是墓主人的衣物类。骨骼保存较差。

随葬品中，陶簋、陶罍放在二层台上东北角处，陶爵、陶觚放在南二层台填土内，可能是打碎后放入的。

该墓时代为殷墟二期偏晚阶段。

（一五）鬲、簋、瓿、豆组合

仅发现 1 座。

T0904M212

位于 D 区 T0904 东部（图二六五）。开口于 T0904 ③层下，打破生土。

该墓为长方形竖穴土坑墓。方向103°。墓口距地表约1.55米。口长2.60、宽1.40米。墓壁较平直，东、西两端略外弧。东壁下部有一壁龛，底部与椁台平，宽0.65、高0.40、进深0.20米。墓底距墓口深约1.80米，大小与墓口基本相同。填土为黄花夯土，土质较硬。

墓室有两重熟土二层台，外层为椁台，东台宽约0.20、南台宽约0.13～0.20、西台宽0.06～0.20、北台宽0.14～0.20、现存高度0.64米；内层为棺台，东台宽约0.15、南台宽约0.23～0.29、西台宽0.16～0.20、北台宽0.16～0.22、现存高度0.28米。

墓室内置一棺一椁，均为木质，已朽，有板灰。椁长2.25、宽1.20、残高0.64米；棺长1.90、宽0.65、残高0.28米。棺上髹红漆。

腰坑位于墓室正中，呈圆角长方形，较窄长。长0.65、宽0.20、深0.26米。

墓主人置于棺内居中，身高约1.50米。头朝东，骨骼已朽成粉状。仅采集2颗牙齿，年龄和性别不详。

随葬品中，陶鬲、陶簋、陶瓿、陶豆放在东壁壁龛内，陶豆在陶鬲中。在腰坑内发现1枚贝。

该墓时代为殷墟二期偏早阶段。

（一六）簋、瓿、豆、盘组合

仅发现 1 座。

T0601M337

位于 D 区 T0601 北部、T0602 南部（见图二〇〇，右；彩版四七，1；图版一五，1）。开口于 T0602H264 下，打破 T0602M336 及生土。

该墓形制较特殊，为椭圆形竖穴土坑墓。方向约270°。墓口距地表约2.10米。口长2.50、宽1.15、墓底距墓口深2.45米。棺上填土中有1只殉狗，狗骨架散乱。

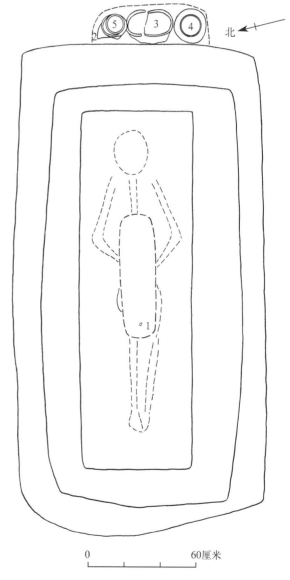

图二六五 T0904M212平面图

1. 贝 2. 陶鬲 3. 陶簋 4. 陶瓿 5. 陶豆（陶鬲内）

墓底四周有熟土二层台，东台宽0.28～0.32、南台宽0.22～0.28、西台宽0.14～0.32、北台宽0.06～0.23、现存高度0.36米。

墓室内置一棺，木质，已朽，有木板灰。棺头宽于棺尾，棺长1.86、宽0.60～0.74、残高0.36米。

腰坑位于墓室中部，平面呈长方形。长0.68、宽0.30、深0.25米。腰坑内殉一狗，骨架已朽为粉末。

墓主人位于棺内略偏南，女性，成年，身高约1.54米，仰身直肢，头西面北，墓主人左臂上和左胸肋骨上有红漆。骨骼保存较差。

随葬品中，陶簋放在西二层台上，陶瓿放在北二层台西端，陶豆、陶盘放在南二层台西端，它们均靠近墓主人头端。在墓主人的左上臂两侧置一对文蛤。

该墓为殷墟二期偏晚阶段。

（一七）觚、爵、簋、豆、罐、盘组合

仅发现1座。

T1614M279

位于C区T1614西南角（见图二四〇；图版一五，2）。开口于F19下，被T1614M280打破。

该墓为长方形土坑竖穴墓。方向110°。墓口距地表约1.77米。口长3.00、东宽1.20、西宽1.10米。东、西两壁下部外弧约0.10米。墓底距墓口2.00、底长3.20米，宽度与墓口相同。填土为黄花夯土，土质较硬。

墓底四周有熟土二层台，东台宽0.66、南台宽0.20～0.30、西台宽0.42、北台宽0.12～0.20、现存高度0.18米。

腰坑位于墓室中部偏西，平面呈不规则长方形。长0.50～0.80、宽0.25、深0.20米。

墓室内置一棺，木质，已朽，有木板灰。棺长2.15、宽0.70、残高0.18米。

墓主人位于棺底中部偏西，头向东。骨骼已朽为粉末，年龄和性别不详。

随葬品中，陶觚、陶爵、陶簋、陶豆、陶罐、陶盘等放在墓主人头端的东二层台上，铜戈放棺内东北角底部。

该墓为殷墟二期偏晚阶段。

（一八）豆、罐组合

仅发现1座。

T0601M327

位于D区T0601南部（图二六六；彩版四七，2；图版一五，3）。开口于T0601②层下，打破F49。

图二六六　T0601M327平面图

1. 陶罐　2、3. 陶豆　4. 贝

该墓为长方形竖穴土坑墓。方向175°。墓口距地表约1.15米。口长1.80、宽0.74米。墓壁较垂直、平整。墓底距墓口深1.53米，大小与墓口相同。填土为黄花夯土。

墓底四周有熟土二层台，东台宽0.05～0.13、南台宽0.07、西台宽0.08～0.12、北台宽0.08、现存高度0.05米。

腰坑位于墓室中部稍偏北，平面呈长方形。长0.53、宽0.35、深0.20米。

墓室内置一棺，木质，已朽。棺长1.65、宽0.55、残高0.05米。

墓主人位于棺底中部偏北。性别不详，年龄约8岁，身高1.17米。俯身直肢，头南脚北，面向西。骨骼保存较好。

随葬品中，陶豆、陶罐放在棺室内墓主人头上端。在墓主人盆骨下方发现3枚贝，原应握在手中。

该墓为殷墟三期偏早阶段。

（一九）盂、盆组合

仅发现1座。

T0607M426

位于D区T0607西南部（图二六七；图版一六，1）。开口于F48下，被T0607H400打破，其下打破T0607H380。

该墓为长方形土坑竖穴墓，方向352°。墓口距地表约1.40米。口长2.12、宽0.78～0.86米。南、北两壁下部外弧。墓底距墓口约1.10、底长2.25米，宽度与墓口相同。填土为浅灰土，泛黄，施夯，土质略硬。

墓底四周有熟土二层台，东台宽0.09、南台宽0.10、西台宽0.08、北台宽0.20、现存高度0.10米。

墓室有一棺，木质，已朽，有木板灰。棺头端略宽于脚端。长1.95、宽0.60～0.70、残高0.10米。

墓主人位于棺室中部略偏北，女性，年龄在25岁左右，身高1.67米，仰身直肢，头北面东，双手自然垂放身体两侧，双腿并拢伸直。骨骼保存较好。

随葬的陶盂、陶盆均放在棺外墓主人头东侧，陶盂放在陶盆内。在填土中出土有残石器、残石镰、残骨镞，这些不是墓葬的随葬品，应是被墓葬打破的早期遗迹内的遗物。

该墓为殷墟二期偏晚阶段。

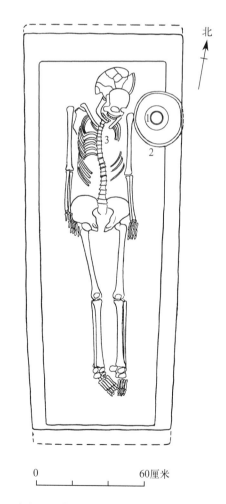

图二六七　T0607M426平面图

1. 陶盂　2. 陶盆　3. 石刀

（二〇）觚、爵、鬲组合

仅发现1座。

T0428M423

位于 B 区 T0428 中部偏西（图二六八；图版一六，2）。开口于现代渣土层下，被 T0428H220（唐宋时期）打破，其下打破 T0428H427。

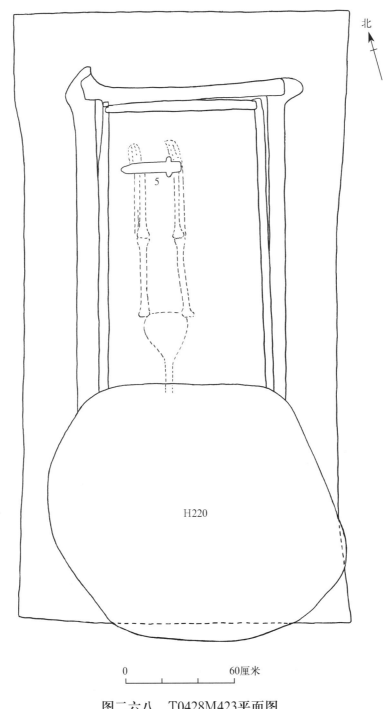

图二六八　T0428M423平面图

1. 陶爵　2. 陶觚　3. 陶鬲　4. 铜铃　5. 铜戈（其中1、2、3、5均出自盗坑中，4出自填土中殉狗颈下）

该墓为长方形土坑竖穴墓，方向195°。墓口距地表约1.70米。口长3.20、宽1.76米。墓壁光滑垂直。墓底略大于墓口，距墓口深4.60、底长3.25、宽1.86米。填土为黄花夯土，夹杂红土颗粒，含少许木炭、烧土颗粒及料礓石，施夯，土质致密，夯窝明显。填土中距墓口3.20米处有1只殉狗，头北背东，前腿置于背后，后腿压在一起，呈趴卧状，似被绑缚后埋入。

墓室底部四周有两层熟土二层台，外为椁台，东台宽0.28、西台宽0.30、北台宽0.40米，南台因被H220扰而不详，现存高度0.70米。内为棺台，紧靠椁台，宽度约0.05米，现存高度0.35米。其中西台中部偏南处残留有布幔痕迹，髹红、黄、白漆。

墓室内置一椁一棺，椁盖板采用半圆木横向放置，平面向上，弧面朝下，直径0.10～0.25米不等。椁底板似由7块纵向木板组成，厚约0.05米。椁宽1.16、残长1.64、实际长度因被T0428H220破坏而不详，残高0.70米；椁内有一棺，棺盖上髹红漆，棺底板似由5块纵向木板组成，厚约0.02米。棺内也有少许红漆，棺室底部铺一席子。棺宽0.92、残长1.52、实际长度因被T0428H220破坏而不详，残高0.35米。从解剖情况看，棺椁结构均是挡板以卯榫形式插入侧板内。

墓底中间设一长方形腰坑，腰坑距墓北壁1.15、长0.80、宽0.28～0.34、深0.20米。内殉一狗，狗头朝北，脊背朝东，前肢向后拉直，后肢蜷曲，狗呈趴卧侧身姿式，似被绑缚后埋入。

墓室底部平面上发现3个木桩孔洞，分布于墓葬北部两侧，其中北端两个对称，平面呈长方形，剖面呈锥状，深度0.11～0.13米。

墓主人位于棺室中间稍偏西，成年，身高约1.60米，似俯身直肢，头向南，仅残留两腿骨末，性别不详。

陶觚、陶爵、陶鬲出于盗洞内，填土中殉狗颈下系有1个铜铃。铜戈放在棺内墓主双足上。腰坑内狗颈下有1枚贝。

该墓为殷墟三期偏早阶段。

（二一）觚、爵、簋组合

计3座，殷墟三期1座，殷墟四期2座。以T0703M224为例。

T0703M224

位于D区T0703西南部（见图二三四，左；彩版四七，3；图版一六，3）。开口于T0703②层下，打破生土。

该墓为长方形竖穴土坑墓，方向270°。墓口距地表约1.20米。口长2.43、宽0.86米，墓底距墓口约1.90米，大小与口相同。

墓底四周有熟土二层台，东、西台宽0.20、南台宽0.15、北台宽0.14、现存高度约0.17米。

墓室内置一棺，木质，已朽，有木板灰。棺长2.03、宽0.60、残高约0.17米。

墓室底部发现8个木桩孔洞。两两对称分布于棺底内外四周。孔洞平面基本呈椭圆形。长0.02～0.05、宽0.02～0.04、深0.10～0.30米。

墓主人位于棺室中央，男性，年龄在40～45岁，身高约1.60米，仰身直肢，头西脚东，面向上，下臂稍内曲,双手置于盆骨上,双腿并拢伸直。骨骼保存较好。

随葬品中陶觚、陶爵、陶簋均放在棺内墓主人头端,陶觚位于墓主人头顶部,陶爵、陶簋位于墓主人头左侧,其中爵放在簋内。

该墓为殷墟三期偏晚阶段。

(二二) 觚、爵、豆组合

共计4座,均为殷墟二期、三期各2座。以T0408M127为例。

T0408M127

位于A区T0408东南部(图二六九;彩版四八,1;图版一七,1)。开口于T0408③层下,打破F29。

该墓为长方形竖穴土坑墓,方向25°。墓口距地表约0.80米。口长2.50、宽1.05米,墓底距墓口深约1.70米,大小与墓口基本相同。填土为灰花夯土。

墓底四周有熟土二层台,东台宽约0.22、南台宽约0.15、西台宽0.15~0.25、北台宽约0.20、现存高度0.10米。

墓室内置一棺,居中,木质,已朽,髹有红、白漆,还有黑色木板灰。棺头端略宽于脚端。长2.15、宽0.55~0.65、残高0.10米。

腰坑位于墓底中部略偏南,平面略呈长方形。长0.70、宽0.35~0.45、深0.15米。内殉一狗,头南背向东,前腿置于背后,后腿弯曲于腹前,似被绑缚后埋入。

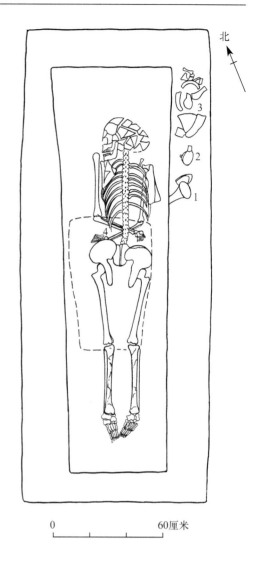

图二六九　T0408M127平面图
1. 陶觚　2. 陶爵　3. 陶豆　4. 贝

墓主人位于棺室中部稍偏南,男性,年龄在45岁左右,身高约1.6米,俯身直肢,头北面西,下臂内折交叉,双手置于腹下,双腿并拢直伸。骨骼保存一般。

随葬品中陶觚、陶爵、陶豆均放在东二层台北部,腰坑中发现1枚贝,可能原握在右手中。

该墓为殷墟三期偏早阶段。

(二三) 觚、爵、罐组合

计3座,其中殷墟三期2座,殷墟四期1座。以T0509M5为例。

T0509M5

位于A区T0509东南角处(图二七〇)。开口于T0509②层下,北壁中部被一现代井扰乱,其下打破生土。

该墓为长方形竖穴土坑墓,方向290°。墓口距地表约1.00米。口长3.20、口宽1.30～1.40米。墓壁不甚规整,但较直,墓室北壁及北二层台被一现代井扰。墓底距墓口3.7米,墓底大小与墓口基本相同。填土为黄花夯土。

墓室设有两重熟土二层台,外为椁台,东台宽0.13～0.34、南台宽0.03～0.15、西台宽0.22～0.30、北台宽0.03～0.12、现存高度0.55米;内为棺台,东台宽约0.28、南台宽约0.35、西台宽约0.48、北台宽0.20～0.27、现存高度0.35米。

墓室内置一椁一棺,均为木质,已朽。椁长2.74、宽1.20、残高0.55米。棺长2.00、宽0.60、残高0.35米。棺上髹红漆,有木板灰痕。墓主人头端的棺椁之间发现一头箱,木质,已朽,平面呈长方形,南北长约1.00、东西宽约0.40米。内放陶器和兽骨。

腰坑位于墓底中部,平面略呈长方形。长0.75、宽0.33、深0.18米。内有1只殉狗,头东背北,前腿置于背后,后腿并拢弯曲,呈侧卧式,似被绑缚后埋入。骨架保存较好。

墓室底部棺椁之间发现8个孔洞,分布不甚对称,平面形状多呈椭圆形,少数为长方形,剖面呈楔形,孔径0.03～0.04、孔深0.16～0.25米。

墓主人置于棺内居中,成年,身高约1.70米,仰身直肢,头西面北。骨架大部分已朽为粉末,性别不详。

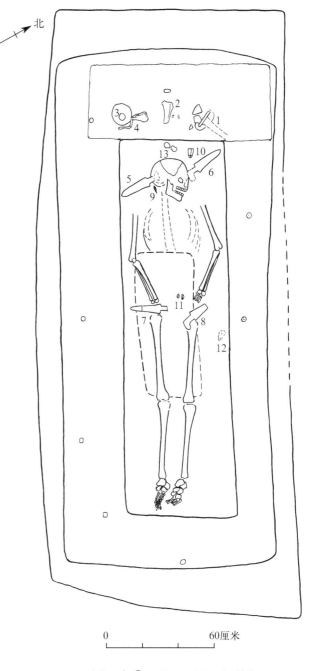

图二七〇 T0509M5平面图

1. 陶觚 2. 陶爵 3. 陶罐 4. 兽腿 5～8. 铜戈 9. 骨镞 10、12. 铜铃 11. 贝 13. 文蛤

随葬品中陶觚、陶爵、陶罐放头箱内。铜戈4件、铜铃2件、骨镞、文蛤均放在棺内,其中2件铜戈位于墓主人头骨南北两侧,另2件铜戈位于腰坑上墓主人盆骨处,1件铜铃和一对文蛤位于墓主人头顶部,另1件铜铃位于棺室中部北侧,骨镞位于墓主人脑后。2枚贝位于腰坑内,原来可能握在手中。

该墓为殷墟三期偏早阶段。

（二四）瓿、爵、尊组合

仅发现 1 座。

T0428M446

位于 B 区 T0428 南部偏西（见图二三一，右；图版一七，2）。开口于 T0428M363 下，且被 T0428M445、H413 打破。

该墓为长方形土坑竖穴墓，方向 103°。墓口距地表约 2.10 米。口长 2.15 米、宽 0.85 米。墓壁较垂直，墓底较平整，墓底距墓口 0.70 米。填土为红褐色花土，间杂黄土颗粒，略施夯，土质较致密。

墓室内设熟土二层台一周，东台宽 0.10、南台宽 0.20、西台宽 0.10、北台宽 0.06～0.14、现存高度 0.25 米。

墓室内置一棺，木质，已朽。棺长 1.95、宽 0.58、残高 0.25 米。

墓底中间有一腰坑，腰坑距墓室东壁 0.90 米，略呈长方形。长 0.50、宽 0.16～0.24、深 0.20 米。内埋 1 只殉狗，狗头朝西。骨架较小，且腐朽严重，未采集。

墓主人位于棺室中部，男性，年龄在 23～25 岁，身高约 1.52 米，俯身直肢，头东面北，双臂略弯曲，双手压于盆骨下，脊椎骨略扭曲，连接不是很紧密，双腿、双膝并拢直放，双脚骨倾向西南，其中墓主人盆骨至大腿落入腰坑内。骨骼保存较差。

随葬品中陶瓿、陶爵放在墓主人头端的二层台上东南角处。陶尊出土时位于棺内东北角，原来应放在棺上东北角，后随着棺木腐朽塌陷而落入棺内。

该墓为殷墟三期偏晚阶段。

（二五）瓿、爵、鬲、尊组合

仅发现 1 座。

T0608M360

位于 D 区 T0608 西部偏北（图二七一；图版一七，3）。开口于 T0608 ③层下，上层部分被一扰土沟破坏，其下打破生土。

0　　　　　　　　60厘米

图二七一　T0608M360平面图

1. 陶瓿　2. 陶爵　3. 陶鬲　4. 陶尊　5. 狗腿　6. 贝

该墓为长方形土坑竖穴墓,方向197°。口长2.40米,北端略宽于南端,宽1.10～1.20米。墓底距墓口深2.30米,底部大于口部,底长2.70、宽1.20～1.48米。填土为褐黄色花土,施夯。

墓室内设熟土二层台一周,东台宽0.13～0.15、南台宽0.35、西台宽0.28～0.48、北台宽0.18米,现存高度0.25～0.40米。

墓室内置一木棺,棺略偏东北,已朽。棺头端略宽于脚端,棺长约2.15、宽0.80～0.85、残高0.40米。

墓主人位于棺室中部略偏南,成年,身高约1.68米,仰身直肢,头南面东。骨骼已朽为粉末,性别不详。

随葬品中陶觚、陶爵、陶鬲、陶尊、狗腿骨均放在墓主人头端的南二层台上。墓主人口含2枚贝。

该墓为殷墟三期偏晚阶段。

(二六) 鬲、簋、豆、壶组合

仅发现1座。

T0902M221

位于D区T0902南边偏东(图二七二;图版一八,1)。开口于T0902②层下,打破T0902H279、H330。

该墓为长方形竖穴土坑墓,方向285°。墓口距地表1.40米。口长2.70、宽0.95米。墓壁较平整垂直。墓底距口深2.30米,大小与口相同。填土为黄花夯土。

墓室内设熟土二层台一周,东台宽约0.15、南台宽约0.10、西台宽约0.52、北台宽0.27、现存高度0.40米。

墓室内置一棺,棺偏东南,已朽,有木板灰。棺长2.00、宽0.55、残高0.40米。

墓主人位于棺室中央,男性,年龄在30岁左右,身高1.70米,俯身直肢,头西面下。双臂稍弯曲,左臂垂在身体侧面,右手压在骨盆下。部分骨骼已朽。

随葬品陶鬲、陶簋、陶豆、陶壶均放在墓主人头端的西二层台上,其中陶鬲位于二层台的西南角,而陶簋、陶豆、陶壶位于墓主人头顶部。

该墓为殷墟三期偏早阶段。

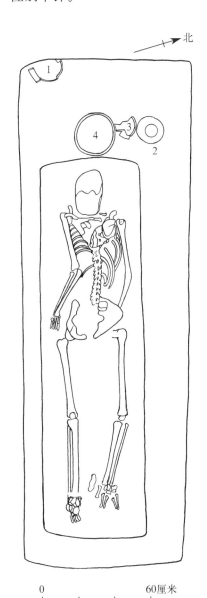

北

0　　　　60厘米

图二七二　T0902M221平面图
1. 陶鬲　2. 陶壶　3. 陶豆　4. 陶簋

（二七）簋、豆、盘、罍组合

仅发现 1 座。

T0304M151

位于 A 区 T0304 中部偏北（见图二五三；彩版四八，2）。开口于 T0304 ⑤ 层下，被 T0304H91 打破，其下打破生土。

该墓为长方形土坑竖穴墓，方向 270°。墓口距地表 0.70 米。口长 2.42、宽 1.08 米。墓壁西壁近底部外弧，其他三壁均较垂直，平整，且有明显工具痕迹。工具痕迹竖向排列，宽 0.07～0.08 米。墓底距墓口深 2.30、底长 2.55、宽 1.08 米。填土为黄花夯土。

墓室内设熟土二层台一周，东宽 0.20、南宽 0.30、西宽 0.36、北宽 0.10、现存高度 0.30 米。

墓室中部放置一棺，木质，已朽，有木板灰，髹红漆。棺长 2.00、宽 0.72、残高 0.30 米。棺底铺一席子。

墓室底部中间有一不规则形腰坑。长 0.55、宽 0.05～0.11、深 0.04 米。

墓室底部平面上发现 6 个木桩孔洞，分布于棺底四周内外两侧，平面有方形、圆形、椭圆等，剖面为楔形。深度 0.16～0.21 米不等。

墓主人位于棺室正中，疑似为男性，成年，身高约 1.56 米，仰身直肢，头西面北。右臂贴身放置，左臂肘部弯曲，左手置于腹上。右腿被 H91 扰掉。左腿平直放置。骨骼保存较好。

随葬品陶簋、陶豆、陶盘、陶罍以及兽腿均放在墓主人头端的西二层台上，陶器似打碎后散乱放置。象牙笄插在墓主头部正下方，骨"琴拨"握在墓主人左手内。墓主人左小臂下压 2 个玉饰。12 枚贝分别握在墓主左、右手中。

该墓为殷墟三期偏晚阶段。

（二八）觚、爵、簋、豆、罐组合

共计 5 座，其中殷墟三期 1 座，殷墟四期 4 期。以 T0903M216 为例。

T0903M216

位于 D 区 T0903 西北角（图二七三；彩版四八，3；图版一八，2）。开口于 T0903 ③ 层下，被 T0903H278 打破，其下打破 T0903M217。

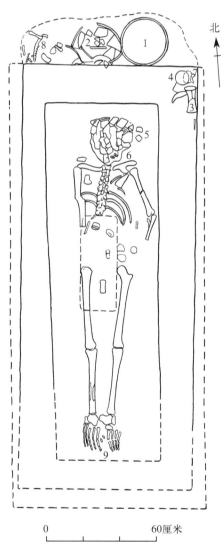

图二七三　T0903M216平面图

1. 陶簋　2. 陶罐　3. 陶觚　4. 陶豆　5. 文蛤
6、9. 贝　7. 陶爵　8. 兽骨

该墓为长方形竖穴土坑墓,方向5°。墓口距地表约1.05米。口长2.25、宽0.97米。墓室北壁下部近二层台处掏一壁龛,宽0.96、高0.51、进深0.28米。墓底距墓口深3.50米,底略大于口,底长2.35、宽1.07米。

墓室内设熟土二层台一周,东宽0.25、南宽0.25、西宽0.19~0.23、北宽0.20、现存高度0.15米。

墓室中部放置一棺,木质,已朽,有木板灰。棺头端略宽于脚端。长1.90、宽0.57~0.62、残高0.15米。

腰坑位于墓底中部略偏北,平面呈长方形。长0.50、宽0.20、深0.20米,内殉一狗,头朝南,骨架已朽。

墓主人位于棺室中部略偏东,年龄在30岁左右,身高1.70米,俯身直肢,头北面下。骨骼大部分已朽为粉末,性别无法判断。

随葬品中陶簋、陶罐、兽骨放在墓主人头端壁龛内,陶觚、陶豆、陶爵放在二层台东北角,一对文蛤放在墓主人头东部,在墓主人口内发现贝2枚,脚上贝1枚。兽骨放在墓主人头端壁龛内。

该墓为殷墟四期偏早阶段。

(二九)觚、爵、簋、豆、尊组合

仅发现1座。

T0904M203

位于D区T0904南部(见图一九五,右;图版一八,3)。开口于T0904②层下,打破东部一灰坑,灰坑未发掘,无编号。

该墓为长方形竖穴土坑墓,方向10°。墓口距地表约1.20米。口长2.60、宽1.10米。墓室西北角与二层台近平处有一壁龛,龛宽0.30、高0.50、进深0.18米。墓底距墓口深2.35米,大小与墓口相同。填土为黄花夯土。土质较硬。

墓室内设熟土二层台一周,东宽0.25、南宽0.36、西宽0.30、北宽0.30、现存高度0.15米。

墓室正中置有一棺,木质,已朽,有木板灰,髹红漆。棺长1.95、宽0.55、残高0.15米。

腰坑设在墓底中部略偏北。长0.80、宽0.40、深0.20米。内有一殉狗,头向南,骨骼已朽为粉末。

墓主人位于棺内居中,性别不详,身高1.55米,直肢,头朝北。骨骼已朽成粉末。

随葬品中陶觚、陶爵、陶豆、陶簋、陶尊都放在墓壁西北角的壁龛内。

该墓为殷墟三期偏晚阶段。

(三〇)觚、爵、簋、盘、罐组合

计13座,其中殷墟二期1座、三期1座、四期11座。以T0107M6为例。

T0107M6

位于A区T0107南部(图二七四)。开口于T0107②层下,打破生土。

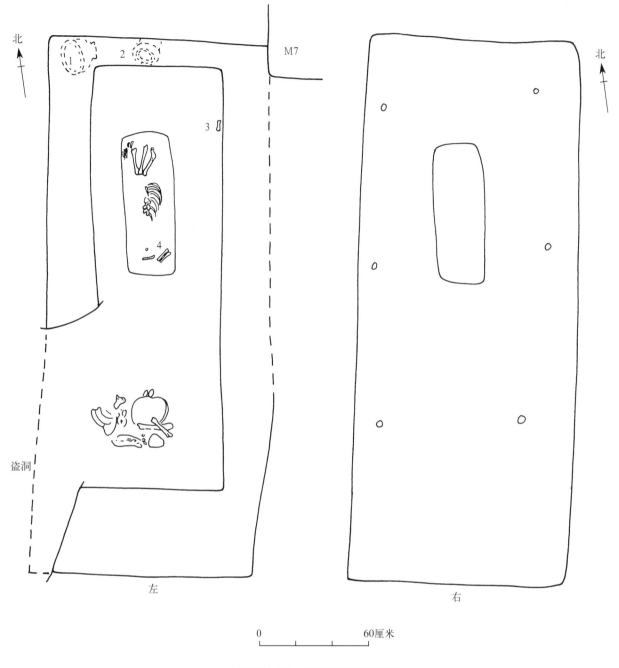

0　　　　　　　　　60厘米

图二七四　T0107M6平面图

左：墓室平面图　右：墓室底部木桩分布情况　1.陶簋　2.陶罐　3.陶爵　4.贝　5.陶瓯（盗洞中）　6.陶盘（盗洞中）

　　该墓为长方形竖穴土坑墓，方向10°。被盗，盗坑位于墓室西南角，东西向长方形，宽约0.50米。墓口距地表约1.10米。口长2.88、宽1.20米。墓室北壁下半部向外弧，其他壁较直。墓底距墓口深2.85米，口小底大。填土为黄花夯土。

　　墓室内设熟土二层台一周，部分被盗坑扰乱，东宽0.20～0.30、南宽0.46、西宽0.25、北宽0.15、现存高度0.28米。

　　墓室中部略偏北置有一棺，木质，已朽，有木板灰。棺长约2.25、宽约0.7、残高0.28米。

腰坑设在墓底中部偏北，平面呈长方形。长 0.76、宽 0.25、深 0.20 米。内有 1 只殉狗，头南，狗头被扰至棺室南部。

墓底发现 6 个孔洞，东、西对称分布于棺底内外两侧，孔洞平面略呈圆形，直径约 0.03 米，剖面呈锥形，洞深 0.09 ～ 0.22 米不等。洞内有淤土和木质朽痕。

墓主人骨骼不完整，部分在盗坑内，部分与狗头一起被盗至棺室南部。

随葬品中陶觚、陶盘发现于盗坑填土内，陶簋、陶罐放在北二层台内，陶爵放在棺内东北部，腰坑内出土 1 枚贝。

该墓为殷墟四期偏晚阶段。

（三一）觚、爵、鬲、簋、豆、盘组合

仅发现 1 座。

T1514M278

位于 C 区 T1514 南部偏东（见图二三九；彩版四九，1；图版一九，1）。开口于 F19 下，打破生土。

该墓为长方形土坑竖穴墓，方向 23°。墓口距地表 1.70 米。北端略宽于南端，口长 2.80、宽 1.24 ～ 1.32 米。墓壁较直。墓底距墓口深 3.07 米，大小与口基本相同。填土为黄花夯土，土质较硬。

墓室内设熟土二层台一周，东宽 0.16 ～ 0.20、南宽 0.24、西宽 0.24 ～ 0.34、北宽 0.22、现存高度 0.55 米。

墓室中部放置一棺，木质，已朽，有木板灰。棺长约 2.35、宽约 0.80、残高 0.55 米。

腰坑设在墓底中部略偏北，平面呈圆角长方形。长 0.88、宽 0.44、深 0.25 米。

墓主人位于棺底中央，成年，头朝北。骨骼已腐朽为粉末，性别无法判断。

随葬品中陶器放在墓主人头端棺外二层台上，其中陶觚、陶爵位于东二层台北端，陶盘位于二层台西北角，陶簋位于北二层台上，陶鬲、陶豆位于二层台东北角。其他随葬品均放在棺内，其中 2 把铜戈、石器位于棺内东侧；玉璧原放在墓主人胸部，后掉入腰坑北端；3 枚铜镞位于墓主人头部东侧；兽腿放在西二层台北端。

该墓为殷墟三期偏早阶段。

（三二）觚、爵、甗、簋、罐、盘组合

仅发现 1 座。

T0903M206

位于 D 区 T0903 南部偏东（见图二二一，右）。开口于 T0903 ② 层下，打破 T0903H267、T0903H370。

该墓为长方形竖穴土坑墓，方向 10°。墓口距地表约 1.40 米。口长 2.30、宽 0.77 米。墓底距墓口深 2.05 米，平底，口大底小，底长 1.95、宽 0.65 米。填土为灰花夯土。

墓室四周没有二层台，但底部有木板灰痕和红漆，应有一棺，推测其大小应与墓底尺寸接近。

腰坑设在墓底中部。长 0.66、宽 0.10、深 0.05 米。

墓主人置于棺内居中，女性，年龄在 20 ～ 25 岁，身高 1.55 米，仰身直肢，头北面东。右臂回折，右手置于右胸部，左臂折成钝角，左手置于右腹部。在墓主人骨盆左侧，发现一婴儿，头北脚南。两者骨骼保存均较好。从婴儿颅骨非常薄且尚未长牙齿判断，应是尚未出生的胎儿，此墓主人很可能死于难产。

随葬品中陶甗放在墓主人腹上，陶觚、陶爵、陶簋、陶盘、陶罐均放在墓主人头顶端，贝分别放在墓主人左、右手中及口内。

该墓为殷墟三期偏晚阶段。

（三三）鬲、簋组合

仅发现 1 座。

T0606M407

位于 D 区 T0606 西南角（见图二一〇，右；图版一九，2）。开口于 T0606 ②层下，打破 F44 和 T0606M424、H379。

该墓为长方形竖穴土坑墓。方向 110°。墓口距地表 2.25 米。口长 2.00、宽 0.61 米。墓底距墓口深 1.20 米。墓底大小与口相同。填土为黄花夯土。

无二层台，无棺，无腰坑。

墓主人位于墓底中部。男性，年龄在 17 ～ 18 岁，身高 1.69 米。仰身直肢，头东面南。右手成钝角放于左盆骨上，左手放于右手下。骨骼保存一般。

随葬品中陶簋、陶鬲放在墓室东北角，位于墓主人脑后，鬲压在簋下。

该墓为殷墟四期偏晚阶段。

（三四）鬲、罐组合

计 3 座，均为殷墟四期。以 T0605M329 为例。

T0605M329

位于 D 区 T0605 内偏东南（图二七五）。开口于 T0605 ⑤层下。

该墓为长方形竖穴土坑墓。方向 195°。墓口距地表约 2.50 米。墓室一端被扰，口残长 1.20、宽 0.55 米，墓底距墓口深 0.50 米，大小与口相同。填土为灰土。

无二层台，无棺，无腰坑。

墓主人位于墓室居中，女性，年龄在 25 岁左右，仰身，头南面东，膝盖以下被扰缺失，上肢弯曲交叉，上躯稍侧向左。骨骼保存较好。

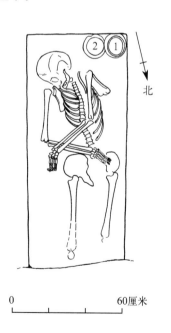

图二七五　T0605M329平面图
1. 陶罐　2. 陶鬲

随葬品中陶鬲、陶罐放在墓室西南角，位于墓主人脑后。

该墓为灰坑葬，时代为殷墟四期偏晚阶段。

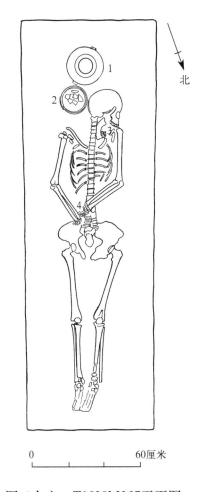

图二七六　T0528M357平面图

1. 陶罍　2. 陶鬲　3、4. 贝

（三五）鬲、罍组合

仅发现 1 座。

T0528M357

位于 B 区 T0528 中部（图二七六；彩版四九，2；图版一九，3）。开口于 T0528 ③层下，打破 T0528F50 和 T0528H314。

该墓为长方形土坑竖穴墓。方向 200°。墓口距地表约 0.20 米。墓室头端略宽于脚端，口长 2.20、宽 0.70～0.75 米。底部南高北低，距墓口深 1.75～2.00 米。填土为浅灰色夯土，土质较硬，夯层不明显。

无二层台，无棺，无腰坑。但墓底铺有苇席，保存不好，陶器下面席子痕较清晰。

墓主人位于墓室中部，女性，年龄在 25～30 岁，身高 1.60 米，仰身直肢，头南面西。下颌骨脱位，嘴巴大张，两臂弯曲，双手左上右下交叉于腹部，双脚并拢，趾尖向前。骨骼保存较好。

随葬品中陶鬲、陶罍放在墓室南端，位于墓主人的脑后和头顶处。墓主人口含 2 枚贝，双手各握 1 枚贝。

该墓时代为殷墟四期偏晚阶段。

（三六）鬲、尊组合

仅发现 1 座。

T0602M379

位于 D 区 T0602 中部偏南（图二七七；图版二○，1）。开口于 T0602 ②层下，打破 H304。

该墓为长方形竖穴土坑墓，方向 267°。墓口距地表约 1.10 米。口长 1.36、宽 0.51 米，墓底距墓口深 0.45 米。

无二层台，无棺，无腰坑。

墓主人位于墓室底部略偏北。年龄在 10 岁左右，身高 0.95 米，仰身直肢，头西，面上。骨骼保存一般，不易判断性别。

随葬品陶鬲、陶尊放在墓底西端，位于墓主人头顶。

该墓时代为殷墟四期偏早阶段。

（三七）簋、罍组合

共计 5 座。均为殷墟四期。以 T0707M355 为例。

T0707M355

位于 D 区 T0707 南边偏东（图二七八；彩版四九，3；图版二〇，2）。开口于 T0707 ③层（晚期路土）下，打破 T0707M356。

该墓为长方形土坑竖穴墓，方向 15°。由于口部受晚期路土的破坏，口部距地表深浅不同，墓口距地表 1.20～1.80 米。口长 2.00、宽 0.75 米，墓壁垂直，墓底平整，墓底距墓口深 2.60 米，大小与墓口相同。填土为黄色花夯土。

墓室四周设有熟土二层台，东台宽 0.15～0.20、南、北台宽 0.05、西台宽 0.10～0.12、现存台高 0.05～0.10 米。

墓底中部略偏西处放置一棺，木质，已朽，有木板灰。棺长 1.90、宽 0.48、残高 0.10 米。

墓主人位于墓室正中，男性，年龄在 40～45 岁，身高 1.70 米，俯身直肢，头北面东，双手内屈，压在腹下。双脚并拢，趾尖向前。骨骼保存较好。

随葬品中陶簋、陶罍均放在东二层台北端，位于墓主人头端。墓主人口含 1 枚贝。

该墓时代为殷墟四期偏早阶段。

（三八）簋、盘组合

仅发现 1 座。

T0605M396

位于 D 区 T0605 西北角（图二七九；图版二〇，3）。开口于 T0605 ③层下。打破 F44 和 T0605H353。

该墓为长方形竖穴土坑墓，方向 95°。墓口距地表约 1.20 米。口长 2.02、宽 0.68 米，墓壁较直，墓底较平整，墓底距墓口深约 1.60 米，大小与墓口基本相同。填土为

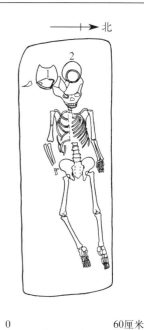

图二七七　T0602M379平面图

1. 陶鬲　2. 陶尊

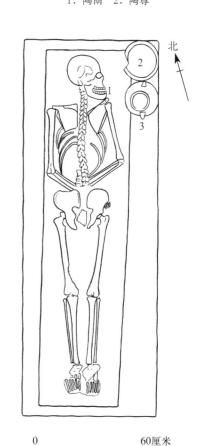

图二七八　T0707M355平面图

1. 贝　2. 陶簋　3. 陶罍

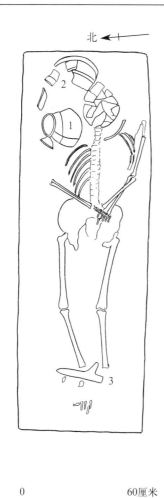

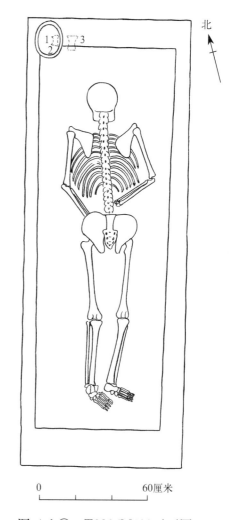

图二七九　T0605M396平面图
1. 陶盘　2. 陶簋　3. 铜戈

图二八〇　T0806M193平面图
1. 陶盘　2. 陶爵　3. 陶觚

黄花夯土，土质较硬。

无二层台，无棺，无腰坑。

墓主人位于墓室居中，性别不详，仰身直肢，头朝东，面向上，两臂内曲，两手叠压于腹上。骨骼保存一般。

随葬品中陶簋、陶盘放在墓底东端，位于墓主人头顶和右侧。铜戈压在墓主人脚上。

该墓时代为殷墟四期偏早阶段。

（三九）觚、爵、盘组合

计 2 座，均为殷墟四期。以 T0806M193 为例。

T0806M193

位于 D 区 T0806 西南部（图二八〇，另见图一九九，右；图版二一，1）。开口于 T0806 ③层下，打破一个商代灰土坑，未发掘。

　　该墓为长方形土坑竖穴墓。方向12°。墓口距地表1.30米。口长2.40、宽0.90米。墓壁垂直规整，墓底较平整，墓底距墓口1.58米。填土为灰褐色花土，间杂红土颗粒，含木炭颗粒，填土内出土少许泥质灰陶片。

　　墓底四周有熟土二层台，东台宽0.08～0.13、南台宽0.20、西台宽0.07～0.08、北台宽0.16、现存高度0.10米。

　　墓室中部放置一棺，木质，已朽，有木板灰。棺头端略宽于脚端。长2.05、宽0.70～0.75、残高0.10米。墓室底面铺有一席子。

　　墓底发现9个木桩楔孔。基本对称分布于棺底四周内外。平面有椭圆形、长方形、方形等，剖面呈锥状，深度0.06～0.22米不等。

　　墓主人位于棺室中部略偏南，男性，年龄在35～40岁，身高1.62米，俯身直肢，头向北，面向下，双臂弯曲，左手压在盆骨下，右手压在腹下，双腿并拢伸直，脚趾骨向东南倾斜。墓主人上半身下部施有朱砂。骨骼保存较好。

　　随葬品中陶盘放在西北角二层台上，盘内有兽骨。陶觚、陶爵放在西北角二层台下、席子上面。

　　该墓时代为殷墟四期偏晚阶段。

（四〇）簋、罐、罍组合

仅发现1座。

T1314M261

　　位于C区T1314东部（图二八一；彩版五〇，1、2；图版二一，2）。开口于T1314②层下，打破F19。

　　该墓为长方形土坑竖穴墓，平面不甚规整。方向23°。墓口距地表0.96米。口长2.20、北宽0.87、南宽0.95米。墓壁较直，墓底距墓口深0.78米。填土为黄花夯土，土质较硬。

　　墓底四周有熟土二层台，东台宽0.17～0.21、南台宽0.05～0.13、西台宽约0.15、北台宽约0.12、现存高度0.12米。

　　墓室中部放置一棺，木质，已朽，有木板灰。棺长约2.05、宽约0.6、残高0.12米。

　　腰坑位于墓底略偏南处，平面呈椭圆形。长径0.51、短径0.25、深0.21米。内殉1只狗，头北背东。

　　墓主人位于棺底中部略偏北，性别不详，身高1.55米，仰身直肢，头北面西。双臂弯曲，双手放在盆骨上，双腿并拢伸直，没有发现脚骨。骨骼保存较好。

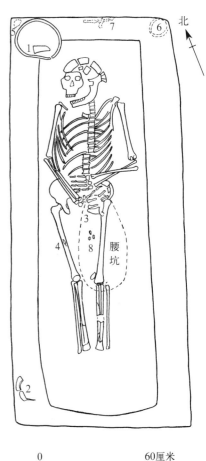

图二八一　T1314M261平面图

1. 陶簋　2. 陶罐　3、8. 贝　4. 铜镞　5. 蚌饰　6. 陶罍　7. 兽骨

随葬品中陶簋放在西北角二层台上，陶罐放在西南角二层台上，陶罍放在东北角二层台下，铜镞压在墓主人右腿下，文蛤放在西北角二层台上。腰坑内发现贝3枚，墓主人右手握贝4枚。兽骨放在墓主人头端北二层台上。

该墓时代为殷墟四期偏晚阶段。

（四一）豆、罐、盘组合

仅发现1座。

T0304M74

位于A区T0304中部偏北（见图二三四，右；图版二一，3）。开口于T0304 ⑤ 层下，被T0304H41、T0304H45打破，其下打破T0304H55和T0304H86。

该墓为长方形竖穴土坑墓，方向265°。墓口距地表1.10米。口长2.04、宽0.68米。墓底距墓口深2.00米，口大底小，底长1.90、宽0.60米。填土为黄花夯土。

墓底没有发现二层台，但有木板灰。推测应有一棺，棺的大小可能与墓底相近，棺的立板紧贴墓壁而没有形成二层台。

腰坑位于墓室中部偏北，平面呈不规则形，较窄长。长0.39、宽0.08、深0.04米。

墓主人位于棺内中部略偏东南，女性，年龄在40～45岁，身高1.55米，仰身直肢，头西面南。下臂内曲，双手交叉置于盆骨上，双腿并拢直伸，脚趾向东。骨骼保存较好。

随葬品中陶豆、陶罐、陶盘分别放在墓底的西北角、西南角、东北角，墓主人双手中和口中各有1枚贝。

该墓的时代为殷墟四期偏早阶段。

（四二）瓿、爵、鬲、盘组合

仅发现1座。

T0304M102

位于A区T0304西部（见图二一二，左；彩版五〇，3；图版二二，1）。开口于T0304 ③ 层下，被T0304H10打破，其下打破T0304M145及生土。

该墓为长方形竖穴土坑墓，方向270°。墓室西端宽于东端，墓口距地表0.90米。口长2.00、西宽0.68、东宽0.52米。墓壁垂直，墓底距墓口深0.35米。大小与墓口相同。填土为黄灰花夯土。

无二层台，无棺，无腰坑。

墓主人位于墓室中央，女性，年龄在20～25岁，仰身直肢，身高1.65米，头西面北。左下臂回折，左手放在胸上；右下臂内曲，右手置于腹上。骨骼保存一般。

随葬品中陶鬲放在墓底的西南角，陶爵放在墓主人右上臂外侧，陶瓿放在墓主人右小腿外，陶盘放在墓主人左股骨外，墓主人右手握贝2枚。

该墓的时代为殷墟四期偏晚阶段。

（四三）觚、爵、簋、豆组合

仅发现 1 座。

T1214M91

位于 C 区 T1214（图二八二）。开口于 T1214 ③层下，打破生土。

该墓为长方形竖穴土坑墓。方向 15°。墓口距地表 1.20 米。口长 3.85、宽 1.30 米，墓壁较平直，墓底距墓口深 4.62 米，大小与墓口基本相同。填土为黄花夯土，土质致密。

墓室内设两重熟土二层台，外为椁台，没发现东台，南台宽约 0.25、西台宽约 0.16、北台宽约 0.30 米，现存台高 0.80 米，因北椁台上放有随葬品和牺牲，故现椁台的高度应接近椁的高度；内为棺台，没发现东台和南台，西台宽约 0.10、北台宽约 0.20、现存台高 0.35 米。

墓室内置一棺一椁，木质，已朽，有木板灰。椁上髹白漆。椁长 3.30、宽 1.10、高 0.80 米，棺长 3.00、宽 1.00、残高 0.35 米。

棺椁被盗严重，没有发现墓主人的骨骼。

随葬品中陶觚、陶爵、陶簋、陶豆放在西北角椁台上，铜矛放在西椁台北端，盗洞中发现 1 只铜铃。牛腿、羊腿放北椁台上。

该墓的时代为殷墟四期偏早阶段。

（四四）觚、爵、簋、盘组合

仅发现 1 座。T1516M286。

T1516M286

位于 C 区 T1516 西部（见图二四一）。开口 T1516 ②层下，打破 F23 南侧垫土。

该墓为长方形竖穴土坑墓。方向 195°。墓口距地表 1.00 米。口长 2.80、宽 1.20～1.30 米，墓底距墓口 4.90 米。填土为黄花夯土，土质较硬。

墓室四周设有熟土二层台，东台宽 0.08～0.20、南台宽 0.40、西台宽 0.15～0.25、北

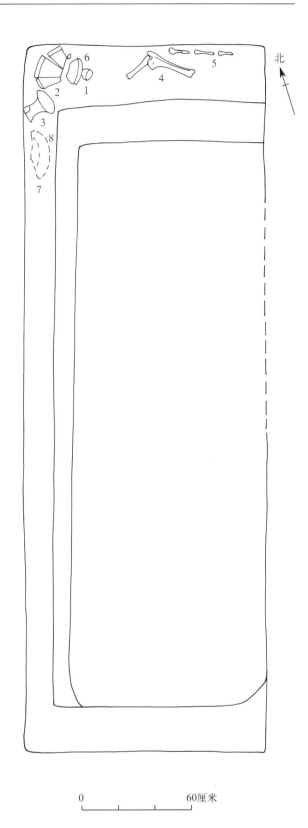

图二八二　T1214M91平面图

1. 陶爵　2. 陶簋　3. 陶豆　4. 牛腿　5. 羊腿　6. 陶觚　7、8. 铜矛　9. 铜铃（盗洞中）

台宽约 0.05、现存高 0.60 米，因南台上放有随葬品和牺牲，故现棺台的高度应接近棺的高度。

墓室内置一棺，木质，已朽，有木板灰，髹红、黑漆。棺木北端略宽于南端，棺长 2.35、宽 0.87～0.95、高 0.60 米。棺底由 8 块纵向木板组成。

棺室被盗扰严重，没有发现墓主人的骨骼。

腰坑设在墓底正中，平面呈圆角长方形。长 0.85、宽 0.30、深 0.20 米。腰坑内有 1 只殉狗，头朝北，已朽。

随葬品中陶觚、陶爵、陶簋、陶盘、铜铃等放在南二层台上。铜戈、玉管、贝等放在棺内，其中铜戈位于棺室南端，蚌片、贝位于棺室东南部，玉管位于棺室西北部，另棺底南北两端放有许多文蛤。牛腿、兽骨（可能为羊腿）与陶器一起放在南二层台上。

该墓的时代为殷墟四期偏早阶段。

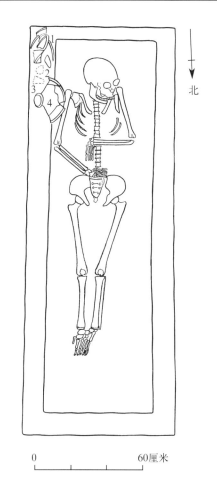

图二八三　T0607M427平面图
1. 陶罐　2. 陶爵　3. 陶觚　4. 陶盘

（四五）觚、爵、罐、盘组合

计 4 座，均为殷墟四期。以 T0607M427 为例。

T0607M427

位于 D 区 T0607 东南角（图二八三；图版二二，2）。开口于 T0607 ③ 层，打破 F48、T0607H350、T0607H383 和 T0607H399。

该墓为长方形土坑竖穴墓，方向 197°。墓口距地表 0.9 米。口长 2.20、宽 0.80～0.84 米。墓底距墓口深 2.60 米，大小与墓口相同。填土为黄灰色花土，土质略硬。

墓室内设熟土二层台，东台宽 0.12、南台宽 0.07、西台宽 0.10～0.13、北台宽 0.12、现存台高 0.15 米。

墓室内置一棺，木质，已朽。棺长 2.00、宽 0.60、残高 0.15 米。

墓主人位于棺室中部偏东南，女性，年龄在 35 岁左右，身高 1.55 米，仰身直肢，头南面西，双手弯曲，左手放在腹部，右手放在盆骨上，双脚并拢，脚趾向北。骨骼保存一般。

随葬品陶觚、陶爵、陶罐、陶盘均放在东二层台北端，位于墓主人头端右侧。

该墓的时代为殷墟四期偏晚阶段。

（四六）觚、簋、罐、盘组合

计 3 座，均为殷墟四期。以 T0401M80 为例。

T0401M80

位于 A 区 T0401 西北角（见图二一七，左；图版二二，3）。开口于 T0401 ②层下，打破 F4。

该墓为长方形竖穴土坑墓，方向 0°。墓口距地表 0.70 米。口长 2.18、宽 0.80 米，墓底距墓口 0.70 米。底略小于口，底长 2.05、宽 0.78 米。

无二层台，无棺，无腰坑。

墓主人位于墓室正中，为男性，年龄在 17～18 岁，身高 1.55 米，俯身直肢，头北面下。双臂弯曲，双手置于腹下和盆骨下，双腿平行伸直，脚趾朝向东南。骨骼保存良好。

随葬品中陶觚、陶簋、陶罐、陶盘均放在墓室北端底部墓主人头顶处，其中觚放在盘内。墓主人左手握 1 枚贝。

该墓的时代为殷墟四期偏晚阶段。

（四七）觚、爵、簋、罍、盘组合

仅发现 1 座。

T0204M18

位于 A 区 T0204 中部（见图二〇三；图版二三，1）。开口于 T0204 ②层下，打破生土。

该墓为长方形竖穴土坑墓，平面形状不甚规整，西壁较斜。方向 276°。墓口距地表 0.80 米。口长 2.40～2.60、宽 1.15 米，墓底距墓口深 3.60 米。填土为黄花夯土。

墓室内设两重熟土二层台，外为椁台，东台宽约 0.13、南台宽 0.12～0.16、西台宽 0.05～0.20、北台宽 0.07～0.17、现存台高 0.53 米。椁台上有画幔、布纹及席纹痕迹。内为棺台，东台宽约 0.08、南台宽 0.12～0.15、西台宽约 0.27、北台宽约 0.10～0.16、现存台高 0.25 米。

墓室内置一棺一椁，木质，已朽，有木板灰。椁室西端略宽于东端。长 2.27、宽 0.83～0.93、残高 0.53 米。棺长 1.93、宽 0.60、残高 0.25 米。棺底有两根横向枕木朽痕，枕木置于生土内，枕木宽 0.08～0.09 米。

腰坑设在墓底中部偏东，平面呈圆角长方形。长 0.75、宽 0.26、深 0.15 米。内葬 1 只殉狗，狗头向东，骨骼已朽。

墓主人位于棺内中部偏西，性别不详，年龄在 12～15 岁，身高 1.35 米，仰身直肢，头西面北。双臂弯曲，双手置于盆骨上，双腿平行伸直，脚趾朝东。骨骼保存一般。

随葬品中陶簋、陶罍、陶盘及小铜钺放在西北角棺台上。陶觚、陶爵、铜镞、铜 U 形器、铜泡、铅器、骨器、螺蛳、龟甲、肩胛骨等均位于南棺台内西端。蚌片和贝放在棺室内，蚌片在墓主人头南侧，贝位于墓主人的双手、左脚、口内及胸部上。西棺台上和腰坑内各有 1 只殉狗。

该墓的时代为殷墟四期偏晚阶段。

（四八）鬲、簋、罐、罍、盘组合

仅发现 1 座。

T0807M442

位于 D 区 T0807 中部偏西（图二八四；图版二三，2）。
开口于 T0807 ② B 层下，打破生土。

该墓为长方形竖穴土坑墓，方向 185°。墓口距地表
约 1.20 米。口长 2.40、宽 0.95 米。墓室南壁西端下部近
二层台处掏一壁龛，龛宽 0.45、高 0.30、进深 0.10 米，
墓底距墓口深 1.96 米。填土为黄花夯土，土质较硬。

墓室内设熟土二层台，东台宽约 0.18、南台宽约 0.20、
西台宽 0.23 ～ 0.28、北台宽约 0.30、现存台高 0.33 米。

墓室内置一棺，木质，已朽，有木板灰痕。棺长 1.90、
宽 0.55、残高 0.33 米。

腰坑设在墓底正中，平面呈长方形。长 0.70、宽 0.28、
深 0.17 米。

墓主人位于棺内，性别不详，直肢，头朝南。骨骼已
朽成粉末。

随葬品中陶簋放在南二层台上，陶罍、蚌泡放在东二
层台南端内，红陶鬲、陶罐放在壁龛内，陶盘放在西二层
台上偏南处。玉饰放在棺内墓主人肩部外侧。墓主人口含
贝 1 枚。

该墓的时代为殷墟四期偏晚阶段。

（四九）觚、爵、鬲、簋、尊、盘组合
仅发现 1 座。

T1412M111

位于 C 区 T1412 南部（图二八五；图版二三，3）。开口于 T1412 ② 层下，打破 T1412H185 和
T1412H265。

该墓为长方形竖穴土坑墓。方向 15°。墓口距地表约 1.15 米。口长 3.00、宽 1.34 米，墓底距
墓口深 3.22 米。填土为黄花夯土，土质较硬。距墓口约 2.60 米处的填土中发现 1 只殉狗，头北背东，
骨架较零乱。

墓室内设两重熟土二层台，外为椁台，东台宽 0.15 ～ 0.25、南台宽 0.16 ～ 0.20、西台宽 0.08
～ 0.18、北台宽 0.41、现存台高 0.32 ～ 0.52 米。内为棺台，东台宽 0.13 ～ 0.20、南台宽约 0.17、
西台宽 0.10 ～ 0.20、北台宽约 0.09、现存台高 0.10 米。

墓室内置一棺一椁，木质，已朽，有木板灰。椁长 2.40、宽 0.96、残高 0.53 米。棺长 2.13、宽 0.63、
残高 0.10 米。

腰坑被盗扰，尺寸不详。内葬 1 只殉狗，狗骨架被扰，所剩无几。

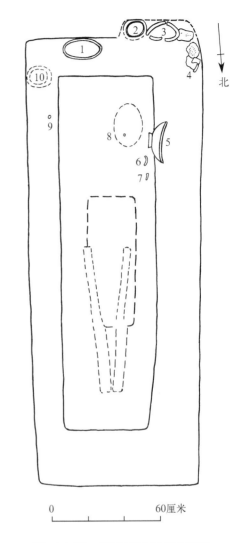

北

0　　　　　　　　　　60厘米

图二八四　T0807M442平面图

1. 陶簋　2、4. 陶罐　3. 陶鬲　5. 陶盘　6、
7. 玉饰　8. 贝　9. 蚌泡　10. 陶罍

图二八五　T1412M111平、剖面图

1、4、5.陶簋　2.陶尊　3.陶鬲　6.兽骨　7.陶盘　8.陶觚　9.陶爵

　　棺椁内盗扰严重，没有发现墓主人的骨骼。

　　随葬品中陶鬲、陶簋、陶尊、兽骨等放在北椁台上，陶觚、陶爵放在东椁台北端内，陶盘可能原来放在棺上，后随棺木腐朽坍塌落在东棺椁间及棺室内。

　　该墓的时代为殷墟四期偏晚阶段。

（五〇）瓿、爵、鬲、簋、罐、尊组合

仅发现1座。

T0628M34

位于B区T0628的东北角（见图二二六、二三五；图版二四，1）。开口于T0628④层下，打破生土。

该墓为长方形竖穴土坑墓。方向198°。墓口距地表约1.58米。口长2.58、宽1.10米。墓底距墓口深1.70米。口小底大，底长2.60、宽1.14米。填土为暗红色夹杂黄斑的花夯土，土质致密坚硬。

墓室内设熟土二层台一周，东、西台宽0.25、南、北台宽0.20、现存台高0.23米。

墓室居中放置一棺，木质，已朽，可辨出3块纵向放置的棺顶板，板宽0.14～0.23米，表面髹漆有红、白、黄、黑等四种颜色。棺长2.18、宽0.65、残高0.23米。棺下有一垫板，长宽略与墓底等大。垫板上至少髹黑、黄、褐等三种颜色漆。垫板上铺有菱形纹席。垫板下有6道木条痕迹，宽0.02～0.03米，分为南、北两组，每组呈"凹"字形。

腰坑位于墓底中部稍偏北，平面略呈梯形。长0.77、宽0.16～0.30、深0.20米。内葬1只殉狗，头向北，与墓主人头向相反。骨骼保存较好。

墓主人位于棺内中部偏北，男性，年龄在35～39岁，身高1.82米，仰身直肢，头南面东。头部完整，下臂回折，双手放在颈部，双腿平行直伸，脚趾朝北。骨骼保存较好。

随葬品中陶瓿、陶爵、石璋3件分别放在棺顶，陶簋、陶鬲、陶罐、陶尊皆放在棺内墓主人头顶部。墓主人口含5枚贝，2件动物前腿放在棺顶中部。

该墓的时代为殷墟四期偏晚阶段。

（五一）瓿、爵、簋、瓿、豆、尊组合

仅发现1座。

T1316M298

位于C区T1316东北部（见图一九三，右；彩版五一，1；图版二四，2）。开口于C区建筑群西配院垫土下，打破生土。

该墓为长方形竖穴土坑墓。方向20°。墓口距地表约0.95米。口长3.00、宽1.35米。墓壁平整、垂直，西壁有一宽0.75米的盗沟，北壁下部与二层台平行处掏一壁龛，宽1.06、高0.55、进深0.25米。墓底距墓口深3.40米，大小与墓口相同。填土为黄花夯土。结构致密。

墓室盗扰非常严重，仅东、南、北发现熟土二层台，西二层台被盗扰，此三面二层台应为椁台，棺台已被盗扰。东台宽约0.17、南台宽0.17～0.30、北台宽约0.15、现存台高0.50米。

墓室原来应该内置一棺一椁，但棺室和椁室已被严重盗扰，他们的大小、结构均已不清楚，仅残留有木板灰。

腰坑位于墓底中部稍偏南，平面呈长方形。长0.75、宽0.30、深0.15米。内殉1只狗，头朝南，骨已朽。

由于棺椁内盗扰严重，没有发现墓主人的骨骼。

　　随葬品中陶簋、陶尊、陶瓿、铜矛等放在北壁壁龛内，陶豆、陶觚、陶爵等放在东北角二层台上，另1件陶簋放在东二层台南端（彩版五一，2）。兽骨放在壁龛内，1只殉狗位于壁龛内，另1只殉狗置腰坑内。

　　该墓的时代为殷墟四期偏早阶段。

第八节　随葬器物

　　可分为陶器、铜器、铅器、玉石器、骨牙器、蚌器及其他等七大类。由于T1418M303和4座车马坑的资料均分节单述，故这里的随葬器物不包括T1418M303和4座车马坑所出遗物。

一　陶器

　　共581件。这些陶容器有一部分是明器，部分是实用器物，如陶觚和陶爵在墓葬内最为常见，然而居住遗迹内罕见，应该是专门制作，作为明器随葬的。部分陶鬲腹部有烟炱，应该是实用器。

　　陶质以泥质灰陶最多，占94.2%；夹砂灰陶次之，占4.7%；也有少量的泥质和夹砂红（褐）陶，不足1%。另有部分磨光黑陶。大部分陶器的火候较高，有的实用器如鬲、簋等陶质很硬。少部分明器化的器物火候极低，表面多呈灰褐或灰黑色，胎呈浅褐色，从墓中取出时有的已成小碎片。

　　陶器制作往往采用多种手法来完成。从陶器上残留的制作痕迹观察，绝大多数器物为手制。手制多采用捏制、泥条盘筑和慢轮修整的手法来成型。大、中型器物（如盆、罐等）多采用泥条盘筑兼慢轮修整完成，有的器物内壁有明显的泥条盘筑痕迹，而器物表面保留有多道慢轮修整的痕迹；小型器物有的采用泥条盘筑兼慢轮修整，有的采用捏制兼慢轮修整，有的三种手法结合起来完成，这些器物内壁多保留有轮修时留下的手指纹路。圈足器的圈足、三足器的三足、以及一些附件（鋬、耳、穿等）均是制作好后接上去的。夹砂陶鬲的实足跟也是后接上的。为了接合更牢固，安装前在器身上欲安装的位置刻划许多不规整的斜向条纹。另有一些弧度变化较大的器物，可能采用先分段制作再接合的办法来完成。

　　纹饰较简单，以绳纹为主，还有弦纹、刻划纹、附加堆纹、兽头、镂孔等。绳纹大部分是用绳子滚压上的，有粗有细，如鬲和瓿。少数器物的绳纹是用绳纹模拍印的，如器形较大、胎壁较厚的罐、瓮等。有的器物部分绳纹在修整时被抹去，只留下痕迹。弦纹多数是轮制时有意留下的，少数为刻划。刻划纹是用尖状工具划出的大、小三角纹、网纹、"人"字纹、弦纹等，常见于簋、罐、罍、尊、壶上。附加堆纹有绳形、圆饼和兽面等，绳形堆纹一般施于鬲的颈部和腹部，圆饼和兽面常见于簋的颈部、罐、罍的肩部。镂孔较少，有圆孔和"十"字形两种，圆形镂空见于硬陶瓿的圈足上，"十"字形镂孔见于豆的圈足上。

　　器类有陶鬲、瓿、簋、瓶、盂、豆、觚、爵、盘、罐、罍、尊、壶、盆等，其中以簋、罐、觚、爵居多，约占陶器总数的66.4%。

1．陶鬲

40件。其中3件已碎，不辨型式，其余可分为十型。

A型　11件。出土最多。夹砂灰陶。根据裆、足变化可分为五式。

A型I式　4件。长方体。高裆，高足。

标本T0602M361：1，侈口，圆唇，折沿，沿面较平，内侧有凹槽，腹略鼓。通体饰中粗绳纹。口径15.7、高14.8厘米（图二八六，1；图版二五，1）。

标本T1512M255：1，侈口，双唇，折沿上翘，沿面内有凹槽，腹较直。通体饰绳纹。口径14.1、高14.1厘米（图二八六，2；彩版五二，1）。

A型II式　2件。方体。裆、足较A I式矮。

标本T0428M423：3，侈口，圆唇，折沿，沿面内侧有凹槽一周，腹较直。通体饰绳纹。口径16.3、高14.5厘米（图二八六，3；图版二五，2）。

标本T0507M170：1，侈口，圆唇，折沿，沿面内侧有凹槽，腹略鼓，有实足跟。通体饰绳纹，腹部底及口沿下有烟炱。口径15.7、高13.8厘米（图二八六，4；彩版五二，2）。

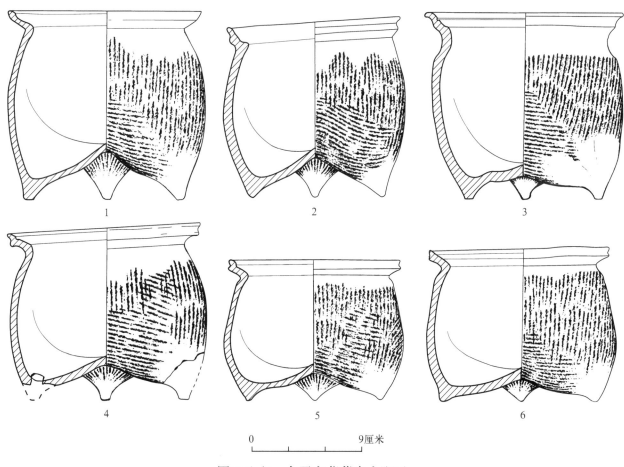

图二八六　大司空墓葬出土陶鬲

1、2．A型I式T0602M361：1、T1512M255：1　3、4．A型II式T0428M423：3、T0507M170：1　5、6．A型III式T1514M278：3、T0708M415：1

A 型Ⅲ式　2件。扁方体。裆、足更矮。

标本 T1514M278：3，侈口，尖唇，折沿上翘，沿面内侧有凹槽，下腹部较鼓。通体饰中粗绳纹，口沿下及侧腹部处有烟炱。口径 13.9、高 10.9 厘米（图二八六，5；彩版五二，3）。

标本 T0708M415：1，侈口，双唇，折沿，沿面内侧有凹槽，下腹部略鼓。通体饰绳纹。口径 14.7、通高 12.1 厘米（图二八六，6；图版二五，3）。

A 型Ⅳ式　1件。扁体，矮裆，只有足尖，无足跟。

标本 T0708M376：1，侈口，尖唇，折沿上翘，宽沿，沿面内侧有凹槽一圈，腹略鼓。通体饰粗绳纹。口径 24.5、通高 18.2 厘米（图二八七，1；彩版五二，4）。

A 型Ⅴ式　2件。扁体。裆近平，无足。

标本 T0304M102：1，侈口，双唇，折沿，沿面内侧有凹槽，鼓腹。通体饰绳纹。侧腹部及底部有烟炱。口径 15.7、高 10.5 厘米（图二八七，2；图版二五，4）。

标本 T0528M357：2，侈口，双唇，宽折沿，沿面内沿斜直无凹槽，直腹。通体饰绳纹。口径 17.2、高 12.2 厘米（图二八七，4）。

B 型　4件。夹砂灰陶。体丰满，饰圜络纹。可分为两式。

B 型Ⅰ式　3件。高裆，高足，足尖较细。

标本 T1512M254：1，长方体。侈口，尖唇，短折沿，短颈，沿内面内侧斜直无凹槽，腹略鼓，有实足跟。颈下及与三足相对应处饰圜络纹，腹部饰细绳纹。口径 12.5、通高 14.3 厘米（图二八七，3；图版二五，5）。

标本 T0902M438：1，呈方体。侈口，尖唇，短折沿，沿内面内侧斜直无凹槽，鼓腹，高实足，颈下及与三足相对应处饰圜络纹，腹部饰细绳纹。口径 13.2、高 13.2 厘米（图二八七，5；彩版五二，5）。

B 型Ⅱ式　1件。体略高。

标本 T0904M212：2，呈长方体。侈口，双唇，短折沿，沿面较平，内侧无凹槽，鼓腹，与三足相对应饰圜络纹，腹部饰细绳纹。口径 13.7、高 15.6 厘米（图二八七，6；彩版五二，6）。

C 型　2件。薄胎。大敞口，高颈。可分为两式。

C 型Ⅰ式　1件。尖唇，宽折沿，裆稍高，有足跟。

标本 T1412M112：4，夹砂浅灰陶。扁方体，沿面内侧有凹槽，鼓腹。颈部绳纹被抹，留有痕迹，颈下部饰凹弦纹一圈，腹部饰细绳纹。口径 17.2、高 13.6 厘米（图二八八，1；彩版五三，1）。

C 型Ⅱ式　1件。矮裆，无足跟，有足尖。

标本 T0708M430：1，夹砂灰陶。方体，沿面斜，无凹槽，腹略鼓。颈部绳纹、弦纹被抹，留有痕迹，腹部饰绳纹。口径 17.1、高 12.2 厘米（图二八八，2；彩版五三，2）。

D 型　6件。泥质灰陶。体较小。可分为三式。

D 型Ⅰ式　1件。裆稍高，颈较短，颈下无台。

标本 T0607M448：2，侈口，圆唇，折沿上翘，沿面较宽，内侧有凹槽，颈较长，腹略鼓，小实足跟。通体饰绳纹。口径12.3、高11.6厘米（图二八八，3；彩版五三，3）。

D型Ⅱ式　3件。侈口，尖唇，折沿上翘，颈较长，矮裆，无足跟，有小足尖。

标本T1314M259：2，口沿较厚，内侧有凹槽，颈下出台，鼓腹。腹部饰细绳纹。口径13.3、高10.9厘米（图二八八，4；彩版五三，4）。

标本T0528M35：1，沿面较宽，内侧有凹槽，颈下出台，腹较直。颈部饰凹弦纹，腹部饰粗绳纹。

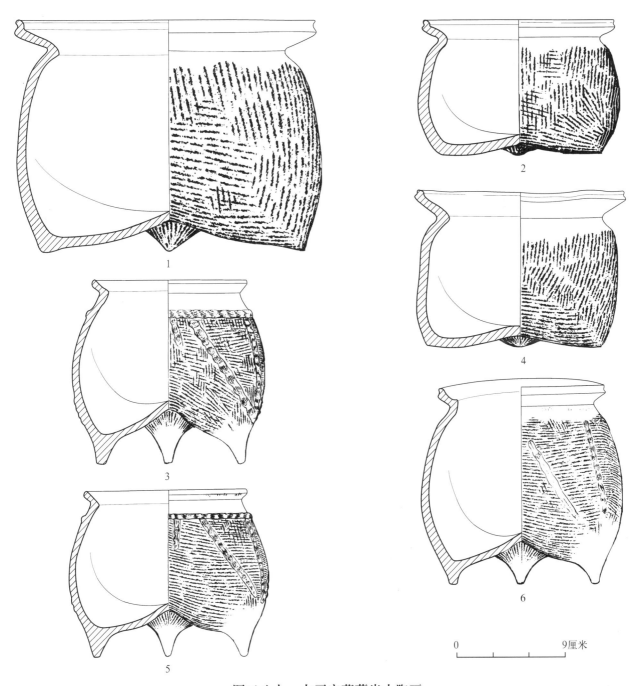

图二八七　大司空墓葬出土陶鬲

1. A型Ⅳ式T0708M376：1　2、4. A型Ⅴ式T0304M102：1、T0528M357：2　3、5. B型Ⅰ式T1512M254：1、T0902M438：1　6. B型Ⅱ式T0904M212：2

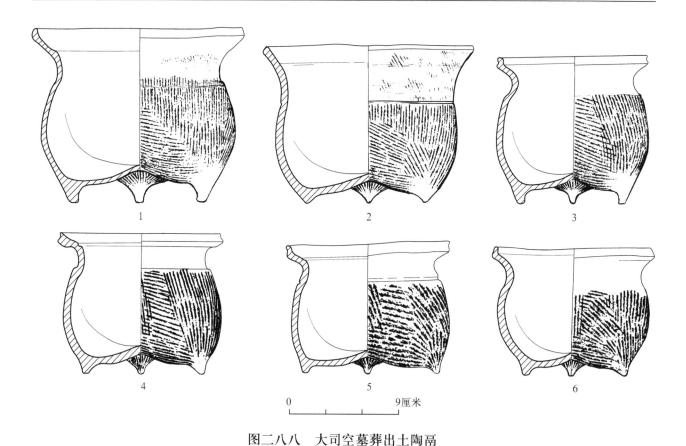

图二八八　大司空墓葬出土陶鬲

1. C型Ⅰ式T1412M112：4　2. C型Ⅱ式T0708M430：1　3. D型Ⅰ式T0607M448：2　4~6. D型Ⅱ式T1314M259：2、T0528M35：1、
T1210M88：3

口径13.2、高11.3厘米（图二八八，5；图版二五，6）。

标本T1210M88：3，沿面较宽，内侧有凹槽。通体饰绳纹。口径13.1、高9.9厘米（图二八八，6；彩版五三，5）。

D型Ⅲ式　2件。体很小。侈口，长颈，矮裆，无足跟，有小足尖。

标本T1513M243：1，圆唇，折沿上翘，沿面内侧有凹槽。颈部饰一圈凹弦纹，腹部饰细绳纹。口径9.8、高7.7厘米（图二八九，1；彩版五三，6）。

标本T0601M340：2，尖唇，折沿上翘，沿面较宽较平，内侧有凹槽两圈，腹较直。颈部饰凹弦纹，腹部饰绳纹，底部有烟炱。口径9.7、高7.9厘米（图二八九，2；图版二六，1）。

E型　7件。泥质灰陶，体小。素面。可分为三式。

E型Ⅰ式　3件。侈口，圆唇，折沿，裆、足较高。

标本T1313M90：3，沿面内侧有凹槽二圈，上腹部较鼓，弧形裆，有实足跟。颈部饰两圈凹弦纹。口径11.5、高10.0厘米（图二八九，3；图版二六，2）。

标本T0521M460：1，短沿，沿面较平，内侧有一周凹槽和一周凸棱，颈较长，上腹部略鼓，弧形裆，小实足跟。颈部和腹部上侧饰凹弦纹。口径10.1、高9.2厘米（图二八九，4；彩版五四，1）。

E型Ⅱ式　3件。侈口，短折沿，连裆较矮，足尖略呈小柱足。

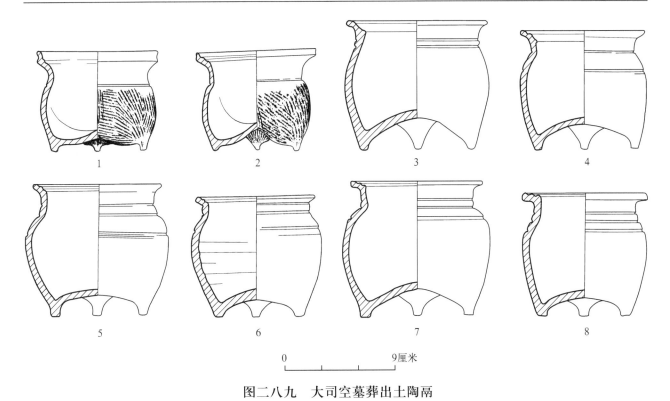

图二八九　大司空墓葬出土陶鬲

1、2. D型Ⅲ式T1513M243：1、T0601M340：2　3、4. E型Ⅰ式T1313M90：3、T0521M460：1　5～7. E型Ⅱ式T0608M360：3、T0606M407：2、T0602M379：1　8. E型Ⅲ式T0605M329：2

标本 T0608M360：3，圆唇，沿面内侧有凹槽两圈，长颈，上腹部略鼓，颈部及上腹部饰有凹弦纹。口径10.4、高10.2厘米（图二八九，5；图版二六，3）。

标本 T0606M407：2，圆唇，沿面较平，内侧有凹槽两圈，颈较长，上腹部略鼓，颈部及上腹部饰凹弦纹。口径9.7、高9.5厘米（图二八九，6）。

标本 T0602M379：1，方唇，沿面近平，内侧有凹槽两圈，长颈，上腹部较鼓，颈部及腹部上侧有凹弦纹。口径10.7、高10.5厘米（图二八九，7）。

E 型Ⅲ式　1件。

标本 T0605M329：2，侈口，方唇，折沿，沿面平，沿面上有两圈凹槽，长颈，上腹部略鼓，连裆，柱形实足尖且内勾。颈部上饰有三圈凹弦纹。口径10.2、高9.3厘米（图二八九，8；彩版五四，2）。

F 型　3件。夹砂灰陶。侈口，尖唇，袋足外侈。可分为三式。

F 型Ⅰ式　1件。

标本 T0806M211：1，呈扁方体。宽折沿，沿面斜直，内侧有凹槽一圈，鼓腹，高裆，有实足尖。颈部饰一圈凸弦纹，腹部饰细绳纹，颈部绳纹被抹掉，留有痕迹。口径14.1、高12.8厘米（图二九○，1；彩版五四，3）。

F 型Ⅱ式　1件。

标本 T1615M281：1，呈方体，略高。沿部平，短折沿，沿面内侧有凸棱，长颈，腹略鼓，有实足跟，通体饰交错绳纹。口径13.1、高14.5厘米（图二九〇，2；图版二六，4）。

F型Ⅲ式　1件。

标本T0422M348：2，扁方体。折沿，沿较平，沿面内有凹槽，颈较长，腹较直，有实足跟。通体饰绳纹。口径17.2、高13.6厘米（图二九〇，3；图版二六，5）。

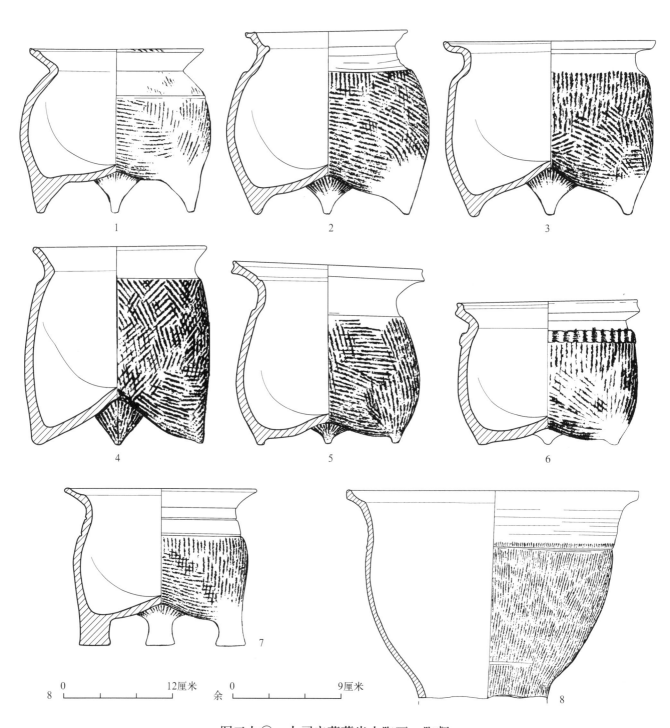

图二九〇　大司空墓葬出土陶鬲、陶甗

1. F型Ⅰ式陶鬲T0806M211：1　2. F型Ⅱ式陶鬲T1615M281：1　3. F型Ⅲ式鬲T0422M348：2　4. G型陶鬲T1412M111：3　5. H型陶鬲T0628M34：11　6. Ⅰ型陶鬲T0528M344：1　7. J型陶鬲T0807M442：3　8. 陶甗T0903M206：1

G 型 1 件。

标本 T1412M111：3，夹砂灰陶，局部泛红。呈长方体。侈口，圆唇，折沿，沿面较宽，内侧斜直无凹槽，直腹，瘪裆。通体饰交错绳纹。口径 14.1、高 15.4 厘米（图二九〇，4；图版二六，6）。

H 型 1 件。

标本 T0628M34：11，夹砂灰陶，局部泛红。呈方体。敞口，尖唇，折沿，沿面较宽，内侧有凹槽一圈，长直颈，腹较鼓，矮裆，无足跟，有小足尖。腹部饰绳纹，颈下部饰一圈弦纹。口径 15.7、高 14.2 厘米（图二九〇，5；彩版五四，4）。

I 型 1 件。

标本 T0528M344：1，夹砂灰陶。呈扁方体。侈口，圆唇，折沿上翘，沿面较宽，内侧有凹槽一周，鼓腹，矮裆。颈部饰附加堆纹，腹部饰中粗绳纹。口径 14.9、高 11.3 厘米（图二九〇，6；彩版五四，5）。

J 型 1 件。

标本 T0807M442：3，夹砂红陶。呈方体。侈口，圆唇，宽折沿，沿面较平，长颈，上腹部略鼓，高裆，柱形实足。颈部饰两圈凹弦纹，腹部饰细绳纹。侧腹部及底部有烟炱。口径 15.8、高 12.2 厘米（图二九〇，7；彩版五四，6）。

2. 陶甗

1 件。

标本 T0903M206：1，夹砂浅灰陶。体形大，胎薄。敞口，圆唇，束颈，腹微鼓，束腰，鬲部残。颈下饰一周凹弦纹，腹部饰细绳纹。口径 31.6、残底径 14.0、壁厚 0.6～0.8、残高 22.2 厘米（图二九〇，8）。

3. 陶簋

116 件。其中 5 件已碎，其余可分为十一型。

A 型 21 件。泥质灰陶。可分为四式。

A 型 I 式 2 件。T 字形口，深腹，矮圈足。

标本 T0904M212：3，敞口，尖圆唇，口沿至下腹部渐收，圜底，圈足外侈。腹部下侧饰凹弦纹三周，腹下部绳纹被抹，留有痕迹，内壁不平，底部有麻点。口径 22.8、圈足径 9.7、高 15 厘米（图二九一，1；图版二七，1）。

标本 T0309M2：2，敞口，圆唇，下腹略鼓，圜底，圈足微内收。腹部和颈部饰凹弦纹，下腹部饰绳纹。口径 25.9、圈足径 12.3、高 17.3 厘米（图二九一，2；彩版五五，1）。

A 型 II 式 17 件。T 字形口，口内有凹弦纹。

标本 T0904M220：3，敞口，圆唇，口部微敛，下腹略鼓，圜底，高圈足较直，足底微外侈。表面饰凹弦纹数周，下腹部饰绳纹，内底有麻点。口径 24.5、圈足径 11.6、高 18.0 厘米（图二九一，3；图版二七，2）。

标本 T0601M337：1，敞口，圆唇，唇起棱，口沿至下腹部渐收，深腹，圜底，圈足矮，略外

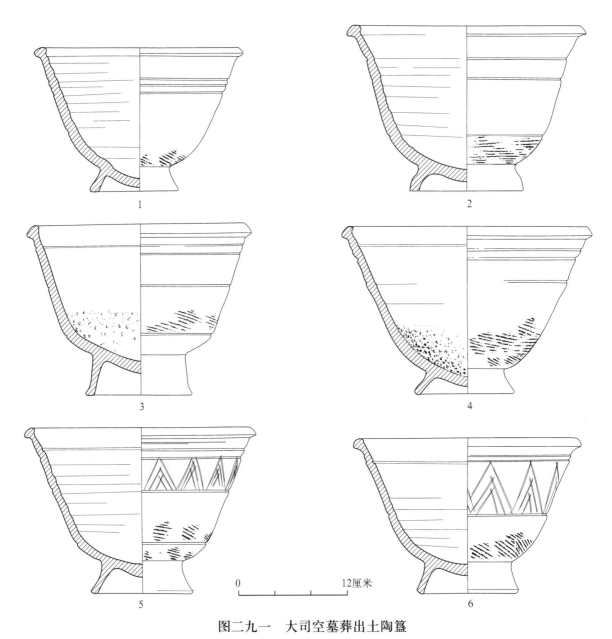

图二九一　大司空墓葬出土陶簋

1、2．A型Ⅰ式T0904M212：3、T0309M2：2　3～6．A型Ⅱ式T0904M220：3、T0601M337：1、T0708M435：2、T1514M278：2

侈。腹上部饰凹弦纹三周，下腹部饰绳纹，内底有麻点。口径27.1、圈足径10.8、高17.5厘米（图二九一，4；图版二七，3）。

标本T0708M435：2，敞口，尖唇，斜沿，口沿至下腹部渐内收，下部略鼓，矮圈足外侈。口沿下饰三角划纹一周，上下兼饰凹弦纹，下腹部饰绳纹和一周凹弦纹。口径25.3、圈足径11.2、高17.3厘米（图二九一，5；彩版五五，2）。

标本T1514M278：2，敞口，圆唇，内壁不平，泥条盘筑痕迹明显，深腹，下腹略鼓，圜底，圈足外侈。腹部饰三重大三角划纹，上下兼饰凹弦纹，下腹部饰绳纹。口径24.7、圈足径11.0、高16.4厘米（图二九一，6）。

A 型Ⅲ式　1 件。

标本 T0507M105：4，口较直，尖唇，腹较直，下部略鼓，圜底，高圈足微外侈。口沿下饰凹弦纹一周，下腹部有拍印的细绳纹。口径 18.9、圈足径 10.6、高 15.0 厘米（图二九二，1；图版二七，4）。

A 型Ⅳ式　1 件。

标本 T0703M432：2，敞口，方唇，沿较平，沿内有凹弦纹一周，腹呈弧形内收，圜底，高圈足较直，足底外侈，下有座。口沿下饰菱形刻划纹一周，上下兼饰凹弦纹，腹部饰凹弦纹两周，底部饰绳纹，圈足上饰凹弦纹一周。口径 25.3、圈足径 14.4、高 17.2 厘米（图二九二，2；彩版五五，3）。

B 型　30 件。泥质灰陶。厚唇。常见饰绳纹兼三角划纹。可分为七式。

B 型Ⅰ式　2 件。敞口，沿外斜，口内有凹弦纹一周，鼓腹。颈饰小三角划纹，下腹饰大三角划纹兼绳纹，三角划纹内的绳纹被抹光，纹饰制作规整。

标本 T1512M155：1，尖圆唇，半球形腹，圜底，圈足微外侈。口沿下饰兽头三个，似用同一陶模翻出，圈足上饰弦纹。口径 24.0、圈足径 11.7、高 16.2 厘米（图二九二，4；图版二七，5）。

标本 T0703M224：1，腹较直，高圈足微外侈。口沿下饰小三角划纹和竖细绳纹一周，上下兼饰凹弦纹。腹内光滑。口径 25.2、圈足径 13.0、高 17.9 厘米（图二九二，5；彩版五五，4）。

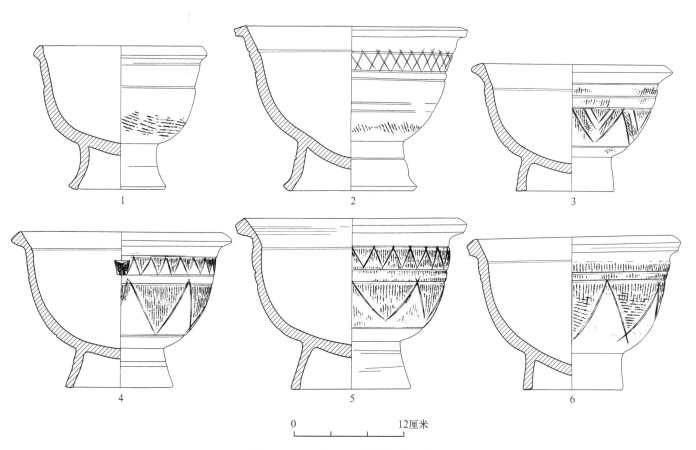

1　　　　　　2　　　　　　3

4　　　　　　5　　　　　　6

0　　　　　12厘米

图二九二　大司空墓葬出土陶簋

1. A 型Ⅲ式 T0507M105：4　2. A 型Ⅳ式 T0703M432：2　3、6. B 型Ⅱ式 T1412M112：2、T1614M280：1　4、5. B 型Ⅰ式 T1512M155：1、T0703M224：1

B型Ⅱ式　8件。敞口，圜底。口内有凹弦纹一周，颈饰凹弦纹，腹饰大三角划纹兼绳纹，弦纹和三角划纹内的绳纹被抹光，纹饰制作较规整。

标本 T1412M112：2，圆唇，腹较直，圈足高直。颈部饰凹弦纹两周和绳纹，部分绳纹被抹，留有痕迹。腹部饰三重三角划纹和绳纹，一重和二重之间绳纹被抹光，三角划纹内绳纹被抹，腹下部饰弦纹一周，底部有绳纹痕迹。口径22.0、圈足径10.7、高13.2厘米（图二九二，3）。

标本 T1614M280：1，方唇，腹较直，下部略鼓，圈足高直。口径23.4、圈足径10.9、高16.4厘米（图二九二，6；彩版五五，5）。

B型Ⅲ式　10件。敞口，圜底，沿内有凹弦纹一周，弦纹下移。纹饰制作较潦草。

标本 T1412M111：5，体形较小。厚方唇，口沿至下腹部渐内收，圈足较高直。腹部饰绳纹和大三角划纹，划纹内绳纹被抹光。口径21.4、圈足径11.8、高14.2厘米（图二九三，1）。

标本 T1418M225：9，腹较直，下部略鼓，圈足较直。腹部饰大三角划纹和绳纹，颈部饰弦纹和绳纹，三角划纹内绳纹被抹，留有痕迹。口径26.0、圈足径13.0、高15.6厘米（图二九三，2；图版二七，6）。

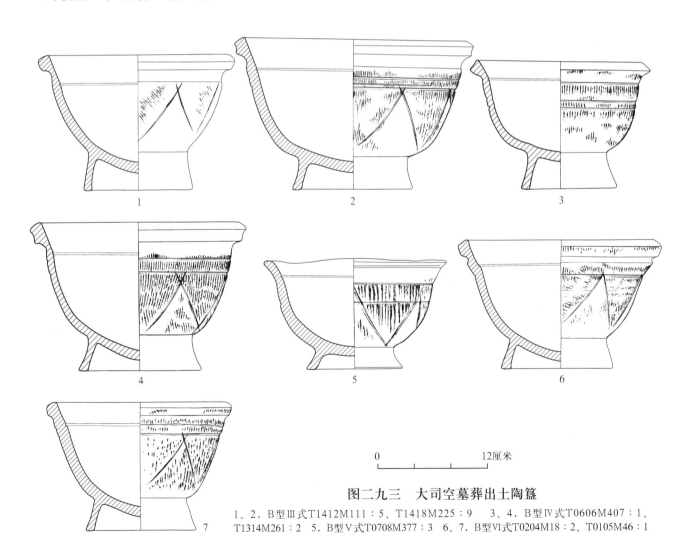

图二九三　大司空墓葬出土陶簋

1、2．B型Ⅲ式 T1412M111：5、T1418M225：9　　3、4．B型Ⅳ式 T0606M407：1、T1314M261：2　5．B型Ⅴ式 T0708M377：3　6、7．B型Ⅵ式 T0204M18：2、T0105M46：1

B型Ⅳ式　5件。敞口，斜沿，腹下部略鼓，圜底，沿内有凹弦纹一周，下移至腹上部。纹饰制作较潦草。

标本T1314M261：2，厚方唇，深腹，圈足外侈。腹部饰满细绳纹，口沿下绳纹被抹，留有痕迹，腹上部饰弦纹两周，下腹饰三角划纹，三角划纹内绳纹被抹，留有痕迹。口径23.6、圈足径13.9、高15.6厘米（图二九三，4；图版二八，1）。

标本T0606M407：1，尖圆唇，腹较直，高圈足微外侈。口沿下饰绳纹和凹弦纹一周，腹部饰绳纹和凹弦两周，下腹绳纹被抹，部分留有痕迹。口径18.8、圈足径10.4、高12.6厘米（图二九三，3；彩版五五，6）。

B型Ⅴ式　1件。

标本T0708M377：3，敞口，腹下部急收，矮圈足。腹上饰凹弦纹和三角划纹，较潦草。口径20.0、圈足径10.4、高11.7厘米（图二九三，5；图版二八，2）。

B型Ⅵ式　3件。敞口，厚方唇，圜底。口内有凹弦纹一周，下移至腹上部，纹饰制作较潦草。

标本T0204M18：2，斜沿，腹弧形内收，圈足外侈。口沿上饰细绳纹，口沿下有凹槽一周，表面饰满绳纹，腹部上饰弦纹一周，腹部饰大三角划纹，划纹内绳纹被抹，留有痕迹，内壁光滑。口径22.2、圈足径12.2、高13.5厘米（图二九三，6）。

标本T0105M46：1，体形较小，胎厚，口沿至下腹部渐内收，圈足微外侈。表面布满绳纹，口沿下饰凹弦纹两周，腹部饰大三角划纹。口径20.2、圈足径12.0、高13.4厘米（图二九三，7；图版二八，3）。

B型Ⅶ式　1件。

标本T0807M442：1，敞口，斜沿，厚唇，浅腹，矮圈足。沿内壁有一周凹弦纹，沿下两周凹弦纹，腹部饰绳纹，潦草。口径21.5、圈足径11.2、高11.9厘米（图二九四，1；图版二八，4）。

C型　24件。泥质灰陶，可分为四式。

C型Ⅰ式　2件。侈口，颈微束，圜底，圈足外侈。

标本T0525M108：6，斜沿，腹上部较直，下部内收，高圈足外侈。口沿下饰一周凹弦纹，上腹部饰三角划纹，下腹近底部饰绳纹，部分抹掉。口径21.2、圈足径10.5、高14.3厘米（图二九四，2；图版二八，5）。

标本T0707M394：3，方唇，短平沿，沿面上有凸棱一周，直腹，下部呈弧形内收，矮圈足外侈。腹部饰大三角划纹，三重划线，顶尖处饰凹弦纹两周，三角中部和腹底部各饰凹弦纹一周，腹下部饰绳纹。口径21.8、圈足径9.7、高14.8厘米（图二九四，3；彩版五六，1）。

C型Ⅱ式　8件。敞口，束颈，腹较鼓，圜底，沿内有凹弦纹一周。

标本T1312M230：3，尖圆唇，短沿，直腹，下部略鼓，圈足外侈。腹部饰凹弦纹两周，表面光滑。口径20.0、圈足径11.6、高14.9厘米（图二九四，4）。

标本T0802M215：5，圆唇，矮圈足微外侈。颈部饰凹弦纹两周，腹部饰弦纹和绳纹。口径22.4、圈足径12.4、高14.8厘米（图二九四，5；图版二八，6）。

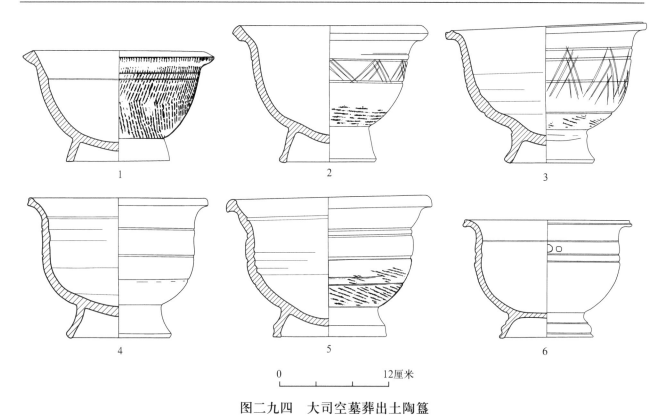

图二九四　大司空墓葬出土陶簋

1. B型Ⅶ式T0807M442：1　2、3. C型Ⅰ式T0525M108：6、T0707M394：3　4～6. C型Ⅱ式T1312M230：3、T0802M215：5、T1412M112：5

标本T1412M112：5，圆唇，敞口，束颈，微鼓腹，覆钵形圈足。口沿内腹壁、外腹壁和圈足上均饰凹弦纹，颈下有两组用3个乳丁表示的简化兽面纹。口径16.2、圈足径10.4、高12.4厘米（图二九四，6；彩版五六，2）。

C型Ⅲ式　10件。束颈下移，腹较浅。

标本T1215M126：5，敞口，方唇，内壁靠近口沿处有凹弦纹一周，直腹，上部略鼓，圜底，高圈足外侈。颈部与腹部饰凹弦纹，圈足上饰凹弦纹一周。口径20.4、圈足径11.5、高15.5厘米（图二九五，1；图版二九，1）。

标本T0804M222：1，敞口，方唇，沿内有凹弦纹一周，直腹，下部鼓，圜底，高圈足外侈。腹部饰凹弦纹三周。口径21.7、圈足径12.2、高15.3厘米（图二九五，2；图版二九，2）。

C型Ⅳ式　4件。束颈下移，浅腹。

标本T0304M97：8，局部泛红。敞口，平沿，厚方唇，唇部外侧上有凹槽一周，沿内靠下有凹弦纹一周，下腹部略鼓，圜底，圈足外侈。上腹部饰凹弦纹两周。口径24.0、圈足径10.5、高14.8厘米（图二九五，3；图版二九，3）。

标本T0807M185：1，敞口，平沿，尖圆唇，沿面上有凹槽两周，沿内有凹弦纹一周，长颈，鼓腹，圜底，器底小，高圈足外侈，圈足下有盘座外折。颈部和腹部饰凹弦纹数周，圈足上饰凹弦纹两周。口径22.4、圈足径11.0、高16.0厘米（图二九五，4；彩版五六，3）。

D型　9件。泥质灰陶。束颈，鼓腹。可分为三式。

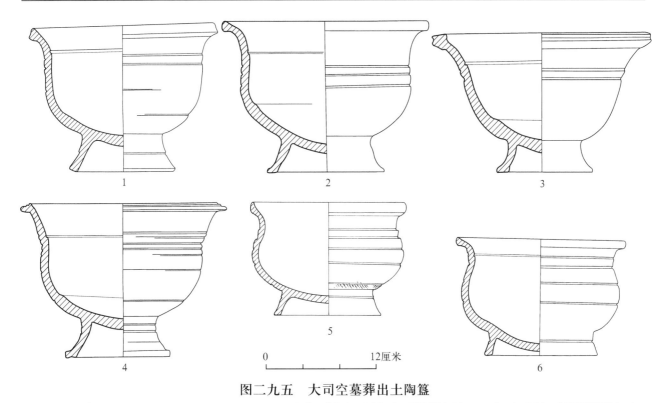

图二九五　大司空墓葬出土陶簋

1、2. C型Ⅲ式T1215M126：5、T0804M222：1　　3、4. C型Ⅳ式T0304M97：8、T0807M185：1　　5、6. D型Ⅰ式T0903M206：3、T0705M218：4

D型Ⅰ式　3件。体矮胖，矮圈足。

标本T0903M206：3，胎薄，敞口，尖唇，长颈，鼓腹，底部残。腹部饰凹弦纹四周，底部饰绳纹。口径16.0、残高8.7厘米（图二九五，5；图版二九，4）。

标本T0705M218：4，敞口，尖圆唇，短折沿，沿内有凹弦纹一周，束颈，鼓腹，矮圈足，上部直，下部外侈。颈部、腹部饰凹弦纹，圈足上饰凹弦纹一周。形似铜簋。口径18.6、圈足径12.3、高12.0厘米（图二九五，6；彩版五六，4）。

D型Ⅱ式　5件。体较高，圈足较高。

标本T0403M55：2，体小，敞口，双唇，沿面内有凹弦纹一周，颈较长，鼓腹，圜底近平，圈足外侈。颈部饰凹弦纹两周，腹部饰凹弦纹一周。口径12.0、圈足径7.8、高9.2厘米（图二九六，1；图版二九，5）。

标本T1315M172：3，呈扁平方体，敞口，尖唇，沿内有凹弦纹一周，长颈，鼓腹，圜底，高圈足外侈。颈部饰三角划纹，上下兼饰凹弦纹，腹部饰凹弦纹一周，圈足上饰凸弦纹一周。口径16.9、圈足径11.7、高12.2厘米（图二九六，2；彩版五六，5）。

D型Ⅲ式　1件。体高，腹瘦，高圈足。

标本T0506M163：7，呈浅灰色。体形较小，敞口，方唇，沿内有凹弦纹一周，内壁有凹槽，束颈，鼓腹，圜底，圈足外侈。颈部饰有三角划纹，刻划潦草，上下兼饰凹弦纹。口径16.0、圈足径8.7、高11.8厘米（图二九六，3；彩版五六，6）。

E型　16件。泥质灰陶，高圈足。可分为五式。

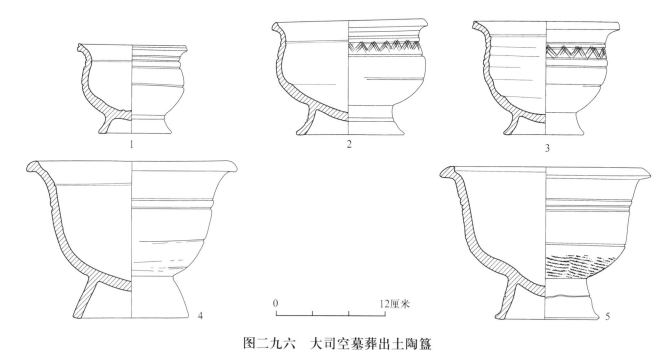

图二九六　大司空墓葬出土陶簋

1、2. D型Ⅱ式T0403M55：2、T1315M172：3　3. D型Ⅲ式T0506M163：7　4、5. E型Ⅰ式T0408M128：1、T0906M179：3

E 型Ⅰ式　2件。沿外斜，似 A 型沿。

标本 T0408M128：1，敞口，尖圆唇，沿内有凹弦纹一周，腹较直，下部略鼓，圜底，高圈足外侈。颈部饰凹弦纹两周，腹下部饰一周凹弦纹和绳纹，绳纹被抹光。口径23.0、圈足径12.6、高16.5厘米（图二九六，4；彩版五七，1）。

标本 T0906M179：3，敞口，尖唇，口沿内有凹槽一周，直腹，下部鼓，圜底，高圈足微外侈。腹部饰凹弦纹三周，下腹部饰弦纹和绳纹，圈足上饰不规则凹弦纹一周。口径23.0、圈足径11.3、高 16.1 厘米（图二九六，5；图版二九，6）。

E 型Ⅱ式　6件。沿外斜，似 C 型沿。

标本 T1412M154：2，敞口，方唇，唇部上侧有凸棱一周，沿内有凹弦纹一周，直腹，下部略鼓，圜底，高圈足外侈，圈足底盘座外折。上腹部饰凹弦纹三周，下腹部和圈足上各饰凹弦纹一周。口径21.9、圈足径10.6、高15.1厘米（图二九七，1）。

标本 T1316M298：1，敞口，双唇，斜沿，沿内有凹弦纹一周，直腹，下部略鼓，圜底，圈足外侈，下有盘座。腹上部饰大三角划纹一周，上下兼饰凹弦纹，腹下部饰凹弦纹，圈足上饰凹弦纹。口径23.4、圈足径12.1、高 16.0 厘米（图二九七，2；图版三〇，1）。

E 型Ⅲ式　5件。敞口，方唇，平沿，沿面上有凹槽一周。

标本 T0204M21：9，沿内有凹弦纹一周，下腹鼓，圜底，圈足微外侈，圈足下有盘座。上腹部饰小三角划纹一周，上下兼饰凹弦纹，腹部下侧饰凹弦纹两周，圈足上饰两圈凹弦纹。口径24.0、圈足径11.2、高14.7厘米（图二九七，3；图版三〇，2）。

标本 T1214M91：2，沿内有凹弦纹一周，直腹，下部略鼓，圜底，高圈足外侈，有座。口沿下、腹部各均饰两周凹弦纹。口径19.4、圈足径9.9、高12.9厘米（图二九七，4；图版三〇，3）。

标本T0601M412：26，沿内有凹弦纹一周，内壁近底部有凹槽一周，应为底部与腹部接缝，腹较直，下部呈弧形内收，圜底，高圈足外侈。腹部饰三角划纹，二重划线上下兼饰凹弦纹。口径23.3、圈足径10.3、高15.2厘米（图二九七，5；图版三〇，4）。

E型Ⅳ式　2件。敞口，腹略鼓。

标本T0904M305：2，体形较小。方唇，沿内有凹弦纹一周，微束颈，腹微鼓，下部急收，高圈足外侈。口沿下和腹部各饰凹弦纹，中间饰三角划纹。口径17.9、圈足径10.7、高11.7厘米（图二九七，6；图版三〇，5）。

标本T0601M393：2，尖圆唇，斜沿，沿内有凹弦纹一周，圜底，圈足稍残。颈部饰刻划网纹一周，上下兼饰凹弦纹，下腹饰凹弦纹一周，圈足上饰有凸棱。口径22.3、圈足径8.3、残高14.0厘米（图二九七，7；彩版五七，2）。

E型Ⅴ式　1件。

标本T0428M445：1，厚方唇，敞口，口沿外有凸棱一周，沿内有凹弦纹一周，腹部直，下部鼓，

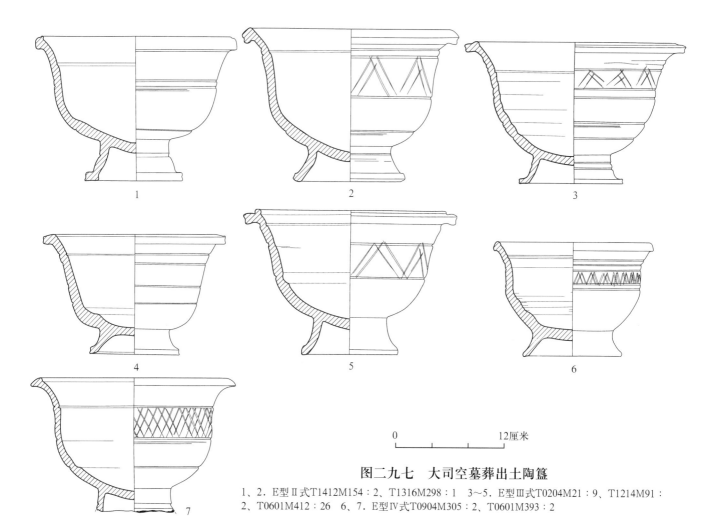

图二九七　大司空墓葬出土陶簋

1、2. E型Ⅱ式T1412M154：2、T1316M298：1　3～5. E型Ⅲ式T0204M21：9、T1214M91：2、T0601M412：26　6、7. E型Ⅳ式T0904M305：2、T0601M393：2

圜底，圈足外撇，有座，座外沿上有凸棱一周。腹上部饰三角划纹兼饰凹弦纹，刻划潦草，腹下部绳纹被抹，留有痕迹。口径 19.9、圈足径 10.4、高 12.9 厘米（图二九八，1；图版三〇，6）。

F 型　3 件。泥质灰陶。可分为三式。

F 型 I 式　1 件。

标本 T0304M28：1，敞口，厚方唇，平沿，唇部外侧有凹弦纹一周，沿内有凹凹弦纹一周，直腹，下部鼓，圜底，高圈足较直，有座。腹部上侧饰小方格网状纹一周，上下兼饰凹弦纹各两周，腹部和圈足上饰凹弦纹。口径 22.0、圈足径 12.5、高 15.5 厘米（图二九八，2；彩版五七，3）。

F 型 II 式　1 件。

标本 T0628M34：6，直口，方唇，平沿，腹较直，腹下部略鼓，圜底，圈足较矮直，有座。口沿下饰竖线刻纹一周，上下兼饰凹弦纹，腹部饰凹线刻纹一周，下部绳纹被抹，留有痕迹。口径 18.9、圈足径 11.4、高 12.2 厘米（图二九八，3；图版三一，1）。

F 型 III 式　1 件。

标本 T0306M176：4，敞口，厚方唇，平沿，腹较直，下部略鼓，圜底近平，圈足较高，下有座，且外折。颈部有刻划网纹一周，上下兼饰凹弦纹。口径 16.5、圈足径 9.0、高 11.1 厘米（图二九八，4；图版三一，2）。

G 型　2 件。双耳簋。泥质灰陶。

标本 T0303M22：3，敞口，尖唇，沿内有凹弦纹一周，双耳，束颈，腹较浅，腹部较直，下部

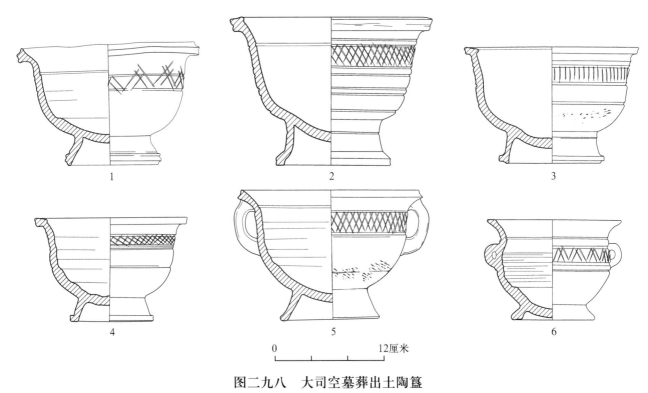

图二九八　大司空墓葬出土陶簋

1. E 型 V 式 T0428M445：1　2. F 型 I 式 T0304M28：1　3. F 型 II 式 T0628M34：6　4. F 型 III 式 T0306M176：4　5、6. G 型 T0303M22：3、T0307M118：1

略鼓，圜底，高圈足外侈。颈部有刻划网纹一周，上下兼饰凹弦纹，下腹部饰绳纹。口径20.1、圈足径10.8、高13.4厘米（图二九八，5；彩版五七，4）。

标本T0307M118：1，敞口，尖唇，平沿，沿内有凹弦纹一周，双耳，鼓腹，圜底，矮圈足外侈。腹部饰三角划纹一周，上下兼饰凹弦纹各两周。内壁不平，有为泥条盘筑所留痕迹。口径14.5、圈足径9.0、耳宽14.8、高10.4厘米（图二九八，6；图版三一，3）。

H型　2件。体大，敞口，长颈。

标本T0421M456：1，泥质红褐陶。方唇，平沿，深腹较直，下部略鼓，圜底近平，圈足残。腹部饰凹弦纹三周，圈足上部饰一周凹弦纹。口径26.7、残圈足径12.3、残高17.5厘米（图二九九，1；图版三一，4）。

I型　1件。

标本T0602M361：2，泥质灰陶。敞口，尖圆唇，短折沿，沿内有凹弦纹一周，鼓腹较浅，圜底近平，圈足特高，微外侈。下腹部饰小三角划纹一周和绳纹，三角划纹内绳纹被抹光，部分留有痕迹，上下兼饰凹弦纹，圈足上饰凹弦纹一周。口径19.0、圈足径13.2、高14.9厘米（图二九九，2；图版三一，5）。

J型　1件。

标本T1613M166：5，泥质灰陶。敞口，尖圆唇，短折沿，沿内有凹弦纹一周，圆鼓腹，内壁有凹弦纹一周，圜底，喇叭形圈足。颈部饰凹弦纹两周，腹部上下各饰弦纹一周，圈足上饰凹弦纹一周。

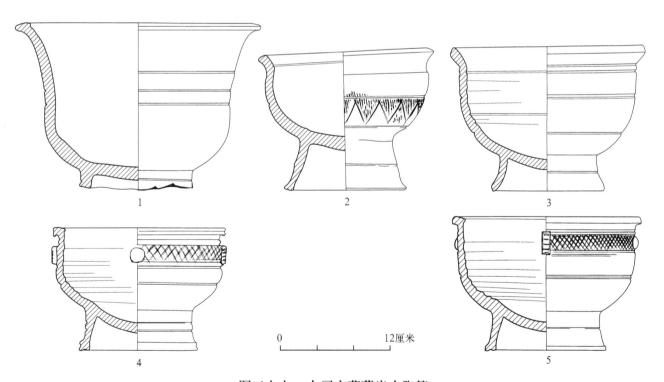

0　　　　　　12厘米

图二九九　大司空墓葬出土陶簋

1. H型T0421M456：1　2. I型T0602M361：2　3. J型T1613M166：5　4、5. K型T0528M58：8、T0903M205：2

口径21.3、圈足径12.4、高15.2厘米（图二九九，3；图版三一，6）。

K 型　2件。仿铜陶簋。

标本T0528M58：8，泥质灰陶。直口，双唇，平沿，直腹，高圈足较直。内壁不平，为泥条盘筑所留痕迹。口沿下和腹部上有凹弦纹，中间为网格划纹，上有对称的长方鼻和乳丁各两个，圈足上饰凹弦纹两周。口径18.6、圈足径12.7、高13.0厘米（图二九九，4；彩版五七，5）。

标本T0903M205：2，泥质灰陶。斜沿，方唇，直腹，圜底，高圈足较直，有座。颈部饰刻划小方格网状纹一周以及对称的长方鼻和乳丁各两个，上下兼饰凹弦纹，腹部和圈足上饰弦纹，内壁凹凸不平。口径20.4、圈足径13.1、高13.7厘米（图二九九，5；彩版五七，6）。

4．陶瓿

6件。可分为三型。

A 型　4件。泥质灰陶，胎体厚重。

标本T0904M212：4，体形较大。侈口，短颈，溜肩，圆腹，腹下部渐收，圜底较平，矮圈足外侈。肩、腹分界处有凸棱一周，肩部有弦纹数周，腹下部为拍印绳纹，较零乱，上饰弦纹。口径11.9、腹径18.9、圈足径12.8、高18.3厘米（图三〇〇，1）。

标本T0601M337：2，体形大。侈口略直，广肩，圆腹渐内收，圜底，矮圈足。颈、肩饰弦纹数周，腹下端饰浅疏斜向绳纹一周，中部饰弦纹一周，腹上部有刮痕。口径13.6、腹径22.8、圈足径12.8、高20.4厘米（图三〇〇，2；彩版五八，1）。

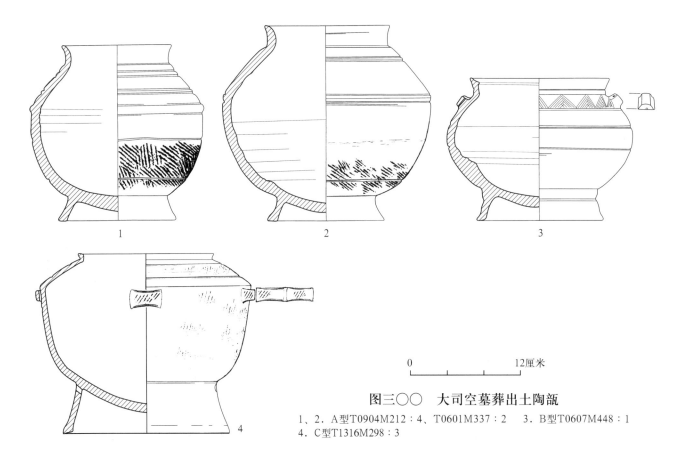

图三〇〇　大司空墓葬出土陶瓿

1、2. A型T0904M212：4、T0601M337：2　3. B型T0607M448：1
4. C型T1316M298：3

B 型　1 件。

标本 T0607M448：1，泥质灰陶。侈口，尖唇，斜沿，微溜肩，圆鼓腹，圜底，高圈足外侈。肩部饰三角划纹，并有对称竖穿，上下部饰凹弦纹，圈足上有凹弦纹。口径 14.9、腹径 19.6、圈足径 13.8、高 14.6 厘米（图三○○，3；彩版五八，2）。

C 型　1 件。硬陶瓿。

标本 T1316M298：3，红褐陶。窄沿，短颈，广肩，肩腹分界处有折棱，为最大径，腹上部鼓，下部缓内收，圜底，高圈足，圈足较大且外侈。腹上部有对称的穿孔单耳和穿孔双耳，与相对称的双连耳对应的圈足部位各有一单孔。肩部饰绳纹，上下饰弦纹，腹部饰不甚清晰的绳纹。口径 14.8、腹径 23.2、圈足径 18.2、高 18.8 厘米（图三○○，4；彩版五八，3）。

5．陶盂

3 件。可分为两型。

A 型　2 件。泥质灰陶，体小。

标本 T0701M187：2，直口，圆唇，短折沿，鼓腹，圜底近平，矮圈足外侈。口沿下饰两周凹弦纹，腹部饰一周凹弦纹。口径 10.2、腹径 11.2、圈足径 6.6、高 8.8 厘米（图三○一，1；彩版五八，4）。

标本 T0607M426：1，侈口，折沿，直腹，平底。沿内有泥条盘筑痕迹，腹部有一周凹弦纹和绳纹，绳纹被抹，留有痕迹。口径 11.9、腹径 12.4、圈足径 7.5、高 9.5 厘米（图三○一，2；彩版五八，5）。

B 型　1 件。

标本 T1613M166：4，泥质黑陶，局部泛红。敛口，圆鼓腹，圜底，矮圈足。表面磨光，饰数周凹弦纹。口径 18.2、腹径 22.8、圈足径 12.8、高 15.6 厘米（图三○一，3；彩版五八，6）。

6．陶豆

53 件，其中 3 件已碎。泥质灰陶。可分为六型。

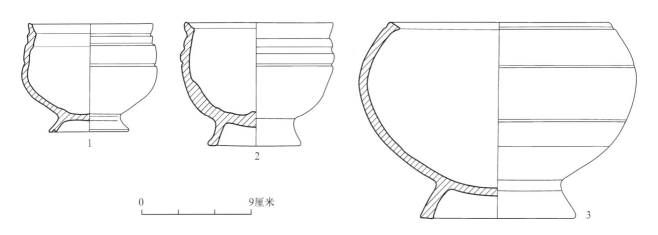

0　　　　　　9厘米

图三○一　大司空墓葬出土陶盂

1、2．A型T0701M187：2、T0607M426：1　3．B型T1613M166：4

A 型　22 件。可分为五式。

A 型 I 式　1 件。

标本 T1613M264：1，敞口，沿面外倾，浅盘，圜底较平，粗圈足较矮。圈足上部饰弦纹二周。口径 15.6、圈足径 10.0、高 7.8 厘米（图三〇二，1；彩版五九，1）。

A 型 II 式　2 件。盘较 A 型 I 式略深。

标本 T1415M302：1，敞口，尖唇，沿面外倾，浅盘，圈足粗矮。口径 13.7、圈足径 9.2、高 7.0 厘米（图三〇二，2；图版三二，1）。

标本 T0807M210：1，直口，尖唇，沿面外倾，圜底平整，粗圈足，较短。口径 14.0、圈足径 8.9、高 8.2 厘米（图三〇二，3；图版三二，2）。

A 型 III 式　5 件。盘较深，壁斜收。

标本 T0307M121：1，胎体较厚。敛口，圆唇，沿面外倾，中部略鼓，盘较深，圈足外侈。口径 13.7、圈足径 8.6、高 8.6 厘米（图三〇二，4）。

标本 T0904M212：5，直口，尖唇，盘较深，高粗圈足。口径 14.0、圈足径 8.3、高 8.6 厘米（图三〇二，5；图版三二，3）。

A 型 IV 式　7 件。盘较深，壁斜收。

标本 T0601M337：3，直口，口沿外倾，深盘，腹上部略束，圜底较平，矮圈足外侈。口径

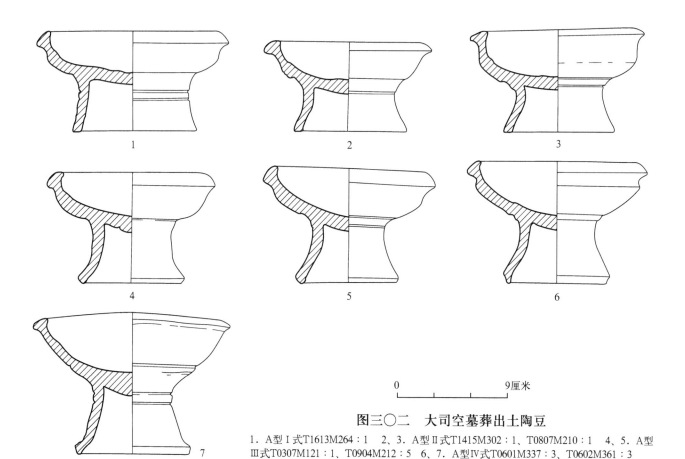

0 ———————————— 9厘米

图三〇二　大司空墓葬出土陶豆

1. A型 I 式T1613M264：1　2、3. A型 II 式T1415M302：1、T0807M210：1　4、5. A型 III式T0307M121：1、T0904M212：5　6、7. A型 IV式T0601M337：3、T0602M361：3

14.6、圈足径8.6、高9.5厘米（图三〇二，6；图版三二，4）。

标本T0602M361：3，敞口，尖唇，沿面斜直外倾，腹较急内收，圜底较平，粗高圈足外侈。腹、圈足饰弦纹数周。口径16.1、圈足径9.4、高10.4厘米（图三〇二，7；图版三二，5）。

A型Ⅴ式　7件。深盘，壁急收。

标本T0525M108：5，敛口，圆唇，斜沿，深盘，盘腹收，圈足较细较高，圜底。盘、圈足上饰凹弦纹数周。口径15.8、圈足径10.1、高12.6厘米（图三〇三，1；彩版五九，2）。

标本T0601M327：3，敛口，圆唇，深盘，圈足较斜直且高。腹部有凹弦纹一周，底与圈足分界处有三周折棱。口径15.3、圈足径8.8、高13.0厘米（图三〇三，2；图版三二，6）。

B型　22件。敛口。可分为三式。

B型Ⅰ式　13件。无沿，深盘，腹部呈弧形内收，高圈足。

标本T1614M279：2，敛口，尖圆唇，腹渐内收，豆盘较深，高圈足。盘腹饰二周弦纹，圈足部饰三周弦纹。口径12.8、圈足径8.2、高11.1厘米（图三〇三，3；图版三三，1）。

标本T1514M278：4，敛口，尖圆唇，豆盘较深，圈足瘦高。腹和圈足各饰二周弦纹。口径

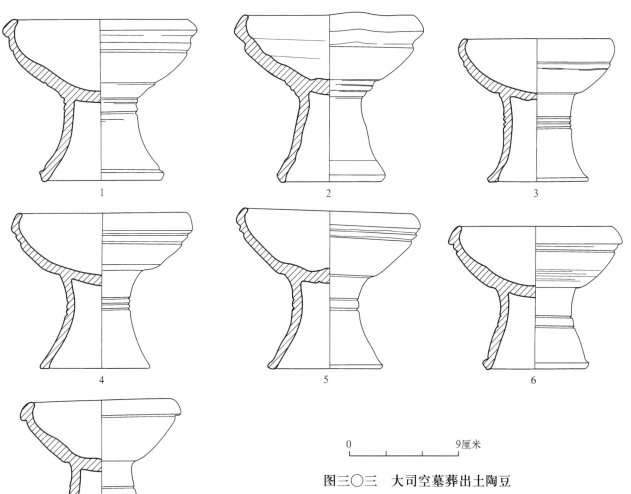

图三〇三　大司空墓葬出土陶豆

1、2. A型Ⅴ式T0525M108：5、T0601M327：3　3、4. B型Ⅰ式T1614M279：2、
T1514M278：4　5～7. B型Ⅱ式T0204M19：11、T0906M179：1、T1316M298：8

14.7、圈足径9.0、高12.2厘米（图三〇三，4；图版三三，2）。

B型Ⅱ式　8件。沿面外倾。

标本T0204M19：11，敛口，圆唇，腹急收，豆盘较深，圈足较高。盘腹与圈足分别饰两周弦纹。口径14.9、圈足径9.3、高12.1厘米（图三〇三，5）。

标本T0906M179：1，敛口，尖圆唇，沿面较宽且外倾，盘较深，粗高圈足，中部略束。腹及圈足部饰弦纹数周。口径14.2、圈足径8.7、高11.1厘米（图三〇三，6；彩版五九，3）。

标本T1316M298：8，敛口，唇较圆钝，沿面外倾，盘腹略深，圈足。口径13.2、圈足径7.0、高9.3厘米（图三〇三，7；图版三三，3）。

B型Ⅲ式　1件。

标本T0304M97：4，敛口，沿面外倾，下腹急内收，深盘，矮圈足外撇。口径13.0、圈足径7.8、高8.1厘米（图三〇四，1；图版三三，4）。

C型　2件。直口，圆唇，平沿，深腹，下腹渐内收，圜底较平，圈足较矮且外撇。

标本T0427M420：2，圈足中部略束，腹及圈足部饰弦纹数周。口径13.4、圈足径9.1、高9.3厘米（图三〇四，2；彩版五九，4）。

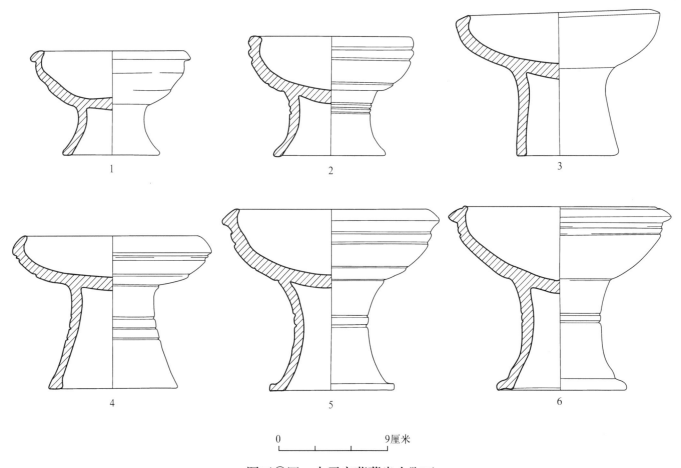

图三〇四　大司空墓葬出土陶豆

1．B型Ⅲ式T0304M97：4　2．C型T0427M420：2　3．D型T1512M155：3　4、5．E型T0207M8：2、T0707M405：1　6．F型T0204M19：7

D 型　1 件。

标本 T1512M155：3，敛口，斜沿外倾，浅盘，圜底，粗高圈足较直。素面。口径 16.6、圈足径 8.3、高 11.4 厘米（图三〇四，3；图版三三，5）。

E 型　2 件。

标本 T0207M8：2，敛口，浅盘，高圈足较粗且外侈。盘腹及圈足部饰弦纹数周。口径 16.2、圈足径 10.5、高 11.9 厘米（图三〇四，4；图版三三，6）。

标本 T0707M405：1，敛口，尖唇，盘略深，腹渐内收，高瘦圈足，中部束，下部外撇。腹及圈足部饰弦纹数周。口径 17.7、圈足径 10.2、高 14.0 厘米（图三〇四，5；彩版五九，5）。

F 型　1 件。

标本 T0204M19：7，敛口，尖唇，盘较深，高束圈足。腹及圈足部饰弦纹数周。口径 18.0、圈足径 10.5、高 14.3 厘米（图三〇四，6；彩版五九，6）。

7．陶觚

91 件。泥质灰陶。其中 4 件已碎，其余可分为两型。

A 型　86 件。可分为十式。

A 型 I 式　3 件。粗体，长颈，腹部有箍。

标本 T0307M121：2，体形高大，大口，圆唇，粗腹，腹中部外鼓，高圈足。腹下部饰弦纹三周，口沿和圈足上有明显的轮制痕迹。口径 15.0、圈足径 8.2、高 17.9 厘米（图三〇五，1；图版三四，1）。

标本 T1614M279：6，体形高大，大口，圆唇，粗腹，腹较直，腹中部外鼓，高圈足外侈，下有座。腹下部饰弦纹两周。口径 13.5、圈足径 9.4、高 16.8 厘米（图三〇五，2；彩版六〇，1）。

A 型 II 式　4 件。粗体，颈较 A 型 I 式稍短，腹较 A 型 I 式略深。

标本 T1313M90：1，体形高大，敞口，圆唇，粗腹，高圈足。圈足下部有凹槽一周，腹中部饰凹弦纹一周，腹下部饰凹弦纹两周。口径 14.9、圈足径 8.5、高 20.2 厘米（图三〇五，3）。

标本 T0525M108：4，灰褐陶。敞口，圆唇较厚，粗直腹，圈足较高且外侈，圈足下有座。腹部饰凹弦纹三周，口沿外轮制痕迹明显。口径 15.4、圈足径 8.2、高 18.4 厘米（图三〇五，4；彩版六〇，2）。

A 型 III 式　4 件。体较粗，腹较深且直。

标本 T0904M220：1，敞口，厚圆唇，粗腹近直，高圈足，圈足下有座。腹下部饰凹弦纹三周，弦纹较粗。口径 14.4、圈足径 7.4、高 19.8 厘米（图三〇五，5；图版三四，2）。

标本 T0708M435：5，敞口，厚圆唇，腹粗直腹，矮圈足外侈，圈足下有座。腹部饰凹弦纹三周，弦纹较粗。口径 14.5、圈足径 7.5、高 17.4 厘米（图三〇五，6；彩版六〇，3）。

A 型 IV 式　13 件。体细高，腹深直。

标本 T0206M10：4，敞口，圆唇，瘦腹较直，高圈足。腹下部饰凹弦纹三周，圈足上有凹弦纹一周。口径 13.8、圈足径 8.5、高 20.0 厘米（图三〇六，1；图版三四，3）。

标本 T1613M166：1，敞口，圆唇，瘦腹近直，高圈足外侈。腹部饰凹弦纹三周，圈足上饰一周凹弦纹，口沿下有明显刮痕。口径 15.8、圈足径 8.6、高 20.8 厘米（图三〇六，2）。

标本 T1514M278：5，局部泛褐。敞口，圆唇，瘦腹呈直筒形，高圈足外侈。腹部饰凹弦纹四周，圈足上饰凹弦纹一周。口径 13.7、圈足径 7.7、高 19.6 厘米（图三〇六，3；图版三四，4）。

标本 T0428M423：2，敞口，尖圆唇，瘦腹呈直筒形，高圈足外侈。腹部饰凹弦纹一周，圈足上饰凹弦纹一周。口径 15.1、圈足径 8.1、高 22.3 厘米（图三〇六，4；彩版六〇，4）。

A 型 V 式　11 件。体细，较 A 型 IV 式矮，深直腹。

标本 T0507M105：1，敞口，圆唇，瘦腹呈直筒形，圈足较矮外侈。腹下部饰凹弦纹三周，口沿

图三〇五　大司空墓葬出土陶觚

1、2. A型 I 式T0307M121：2、T1614M279：6　　3、4. A型 II 式T1313M90：1、T0525M108：4　　5、6. A型 III 式T0904M220：1、T0708M435：5

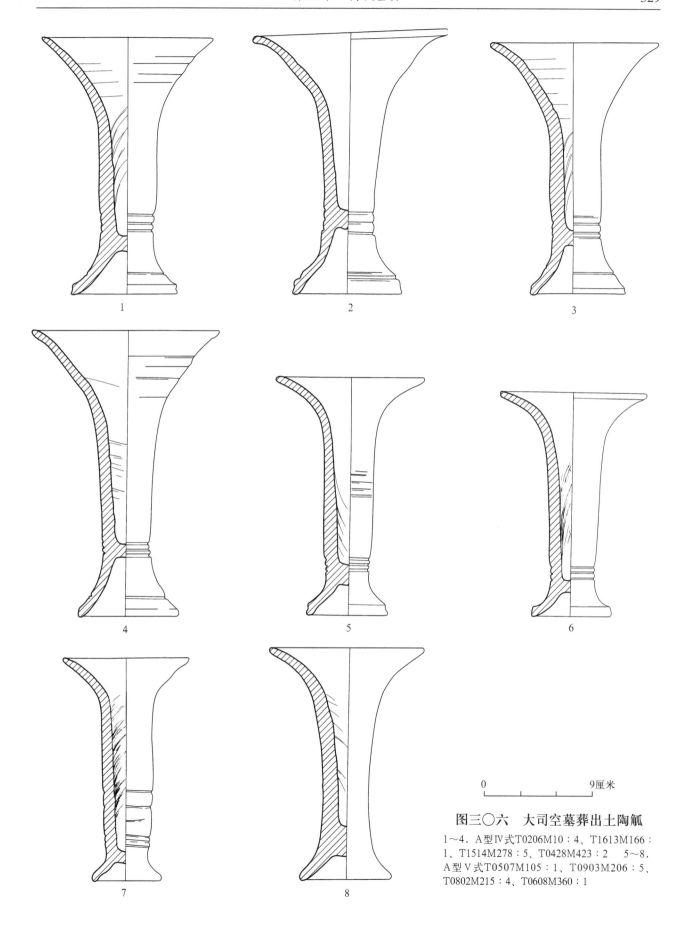

图三〇六　大司空墓葬出土陶觚

1～4. A型Ⅳ式T0206M10：4、T1613M166：1、T1514M278：5、T0428M423：2　5～8. A型Ⅴ式T0507M105：1、T0903M206：5、T0802M215：4、T0608M360：1

与圈足上有轮制痕迹。口径12.0、圈足径6.5、高18.6厘米（图三○六，5；图版三四，5）。

标本T0903M206：5，局部泛褐。敞口，圆唇，瘦腹近直筒形，矮圈足外侈。腹下部饰凹弦纹三周，口沿与圈足上有轮制痕迹。口径12.0、圈足径6.5、高17.5厘米（图三○六，6；图版三四，6）。

标本T0802M215：4，敞口，圆唇，瘦腹较直，腹下部略鼓，矮圈足。腹下部饰凹弦纹。口径10.2、圈足径5.6、高17.4厘米（图三○六，7）。

标本T0608M360：1，敞口，圆唇，瘦腹近直，矮圈足外侈。素面。口径12.4、圈足径7.3、高18.1厘米（图三○六，8；彩版六○，5）。

A型Ⅵ式　9件。体细，较A型Ⅴ式矮。

标本T0303M22：1，敞口，圆唇，直腹，矮圈足外侈。下腹部饰凹弦纹两周，口沿处有明显的轮制痕迹。口径9.6、圈足径5.5、高14.2厘米（图三○七，1）。

标本T1412M112：7，敞口，圆唇，直腹较粗，矮圈足。下腹部饰凹弦纹三周，口沿处有轮制痕迹。口径9.6、圈足径5.6、高14.4厘米（图三○七，2；图版三五，1）。

标本T0204M19：9，局部泛褐。敞口，圆唇，直腹，矮圈足。腹下部有凹弦纹一周。口径9.8、

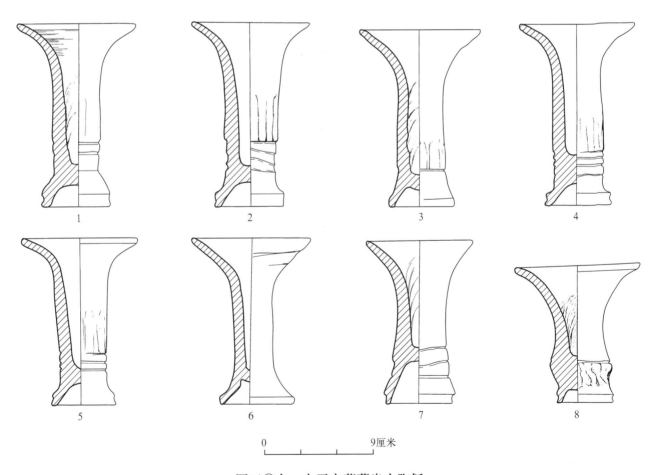

图三○七　大司空墓葬出土陶觚

1～4. A型Ⅵ式T0303M22：1、T1412M112：7、T0204M19：9、T1312M230：18　5～8. A型Ⅶ式T1215M126：7、T1412M154：5、T1316M301：10、T0422M348：4

圈足径 5.2、高 13.8 厘米（图三〇七，3）。

标本 T1312M230：18，敞口，圆唇，直腹，矮圈足外侈。圈足下部有不明显凹槽一周，腹下部饰凹弦纹三周。口径 9.3、圈足径 5.3、高 14.1 厘米（图三〇七，4；彩版六〇，6）。

A 型Ⅶ式　11 件。器形较小，体细，较 A 型Ⅵ式矮。

标本 T1215M126：7，敞口，圆唇，腹近直，矮圈足。腹下部饰凹弦纹三周。口径 9.4、圈足径 5.2、高 13.0 厘米（图三〇七，5；图版三五，2）。

标本 T1412M154：5，敞口，圆唇，瘦腹呈直筒形，矮圈足外侈。素面，口沿上有明显轮制痕迹。口径 9.8、圈足径 6.1、高 12.9 厘米（图三〇七，6；彩版六〇，7）。

标本 T1316M301：10，敞口，圆唇，腹较粗直，高圈足，圈足下部内收。下腹部饰凹弦纹三周。口径 8.6、圈足径 5.3、高 12.7 厘米（图三〇七，7）。

标本 T0422M348：4，敞口，圆唇，腹较粗，腹下部鼓，圈足上有凹槽一周，圈足极矮。下腹部饰凹弦纹一周。口径 10.1、圈足径 4.3、高 10.9 厘米（图三〇七，8）。

A 型Ⅷ式　12 件。器形很小，很矮。

标本 T0204M21：6，局部泛褐。大口，圆唇，腹下部外折竖直向下到底部，凹底，矮圈足。素面。口径 9.1、圈足径 4.4、高 7.1 厘米（图三〇八，1）。

标本 T0304M28：7，敞口，圆唇，腹下部有凸棱和凹槽各一周，足微外侈，器底下微内敛，凹底，矮圈足。素面。口径 8.0、圈足径 3.7～4.4、高 8.5 厘米（图三〇八，2；彩版六〇，8）。

标本 T0528M58：3，敞口，体矮胖，下腹有凸棱，矮圈足。口径 8.2、圈足径 6.0、高 9.3 厘米（图三〇八，3）。

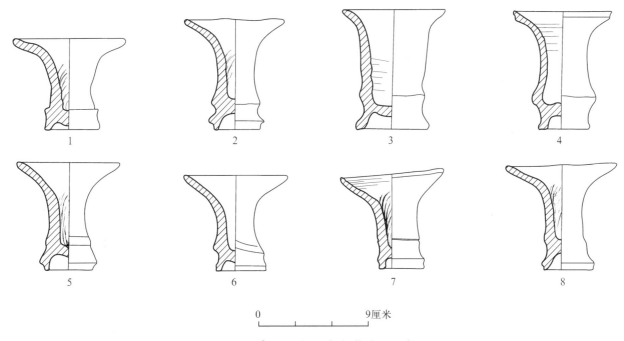

0　　　　　9厘米

图三〇八　大司空墓葬出土陶觚

1～4．A 型Ⅷ式 T0204M21：6、T0304M28：7、T0528M58：3、T0903M205：4　　5～8．A 型Ⅸ式 T1412M111：8、T1412M136：2、T1418M225：7、T0706M455：5

标本T0903M205：4，敞口，尖唇，腹较粗，腹下部有凸棱一周，凹底，圈足。素面。口径8.0、圈足径4.1、高9.2厘米（图三〇八，4；图版三五，3）。

A型Ⅸ式　8件。器形很小，体较A型Ⅷ式更矮。

标本T1412M111：8，敞口，圆唇，腹较直，腹下部有凸棱一周，足外侈，器底下微内收，凹底，圈足。素面。口径8.3、圈足径4.6、高8.3厘米（图三〇八，5；彩版六〇，9）。

标本T1412M136：2，大口，圆唇，腹下部有凸棱和凹槽一周，且凹槽和凸棱斜向上，凹底，圈足。素面。口径8.4、圈足径4.0、高7.4厘米（图三〇八，6）。

标本T1418M225：7，浅灰色。敞口，圆唇，腹较直，器底上有凹槽一周，凹底，圈足。腹部上饰有细的凹弦纹一周，口沿处有明显轮制痕迹。口径8.4、圈足径3.6、高7.7厘米（图三〇八，7）。

标本T0706M455：5，敞口，圆唇，腹较直，腹下部有不明显凸棱一周，足微外侈，器底下微内收，凹底。素面。口径9.0、圈足径4.2、高8.3厘米（图三〇八，8）。

A型Ⅹ式　11件。体最小，最矮，圈足近消失。

标本T0204M18：11，局部泛褐。敞口，圆唇，近直腹，器底部有不明显凹槽一周，凹底，矮圈足。素面。口径6.3、圈足径3.4、高5.8厘米（图三〇九，1）。

标本T0628M34：5，敞口，圆唇，腹近直，凹底，圈足。素面。口径5.2、圈足径2.7、高6.1厘米（图三〇九，2）。

标本T0401M83：4，敞口，圆唇，近直腹，器底部有凹槽一周，凹底，矮圈足。素面。口径6.3、圈足径3.3、高5.3厘米（图三〇九，3；图版三五，4）。

标本T0304M102：2，极小。敞口，圆唇，近直腹，底微凹，圈足基本消失。素面。口径5.6、圈足径2.8、高5厘米（图三〇九，4；图版三五，5）。

B型　1件。

标本T0428M446：3，体粗，圆唇，粗腹较直，矮圈足外侈。素面，器表削刮痕迹明显。口径11.7、圈足径7.3、高16.3厘米（图三〇九，5；图版三五，6）。

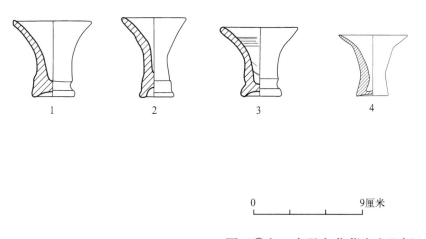
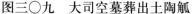
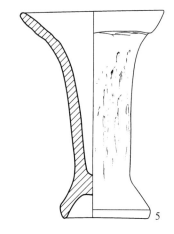

图三〇九　大司空墓葬出土陶觚

1～4. A型Ⅹ式T0204M18：11、T0628M34：5、T0401M83：4、T0304M102：2　5. B型T0428M446：3

8．陶爵

82 件。其中 7 件已碎。泥质灰陶。其余可分为三型。

A 型　73 件。可分为十二式。

A 型 I 式　2 件。体高胖，束颈。

标本 T0307M121：3，大口，有流，流旁有小泥饼，鼓腹，有鋬，三锥足。腰部饰凹弦纹二周。口径 12.5、高 12.9 厘米（图三一〇，1；图版三六，1）。

标本 T0305M132：2，大口，有流，流旁有小泥饼，球形腹，有鋬，三锥足。腰部饰凹弦纹两周。口径 10.1、高 11 厘米（图三一〇，2；彩版六一，1）。

A 型 II 式　1 件。体形大，体较 A 型 I 式瘦高，束颈下移。

标本 T1614M279：5，大口，有流，流旁有小泥饼，球形腹，有鋬，三锥足外侈。腰部饰有凹弦纹两周，口沿内有明显的轮制痕迹。口径 10.2、高 12.6 厘米（图三一〇，3；彩版六一，2）。

A 型 III 式　3 件。体形大，腹微鼓，较 A 型 I 式、A 型 II 式收敛。

标本 T1313M90：2，大口，有流，球形腹，有鋬，三锥足。腰部有凹弦纹二周。口径 8.8、高 12.0 厘米（图三一〇，4；图版三六，2）。

标本 T0525M108：8，大口，有流，球形腹，有鋬，三锥足。腰部饰凹弦纹两周。口径 10.8、高 12.8 厘米（图三一〇，5）。

A 型 IV 式　2 件。体形大，腹微鼓，较浅，束颈下移。

标本 T0904M220：2，大口，有流，束颈，鼓腹，有鋬，三锥足略外侈。腰部饰凹弦纹两周。口径 10.8、高 12.4 厘米（图三一〇，6；图版三六，3）。

标本 T0708M435：6，大口，有流，球形腹稍瘦，有鋬，三锥足略外侈。腰部饰凹弦纹两周。口径 11.2、高 12.4 厘米（图三一〇，7；彩版六一，3）。

A 型 V 式　3 件。体形稍瘦高，束颈下移，腹更浅。

标本 T1514M278：6，大口，有流，流旁有小泥饼，球形腹，有鋬，三锥足外侈。腰部饰凹弦纹两周。口径 10.4、高 13.3 厘米（图三一一，1；彩版六一，4）。

标本 T0408M127：2，大口，有流，近底处稍外鼓，外鼓处略尖，口径大于腹径，有鋬，三锥足。腰部饰凹弦纹两周，口沿处轮制痕迹明显。口径 10.8、高 12.8 厘米（图三一一，2；图版三六，4）。

A 型 VI 式　9 件。体瘦，束颈下移，腹更浅，腹中部有凸棱。

标本 T0206M10：5，体高，大口，有流，流旁有小泥饼，瘦腹，有鋬，三锥足。腰部饰凹弦纹两周。口径 10.6、高 13.2 厘米（图三一一，3；图版三六，5）。

标本 T0428M423：1，体高，大口，有流，瘦腹较直，有鋬，圜底，三锥足。腰部饰凹弦纹两周。口径 9.6、高 13.1 厘米（图三一一，4；图版三六，6）。

标本 T1613M166：2，体高，大口，有流，瘦腹，口径大于腹径，有鋬，三锥足。腰部饰凹弦纹两周。口径 9.6、高 12.5 厘米（图三一一，5）。

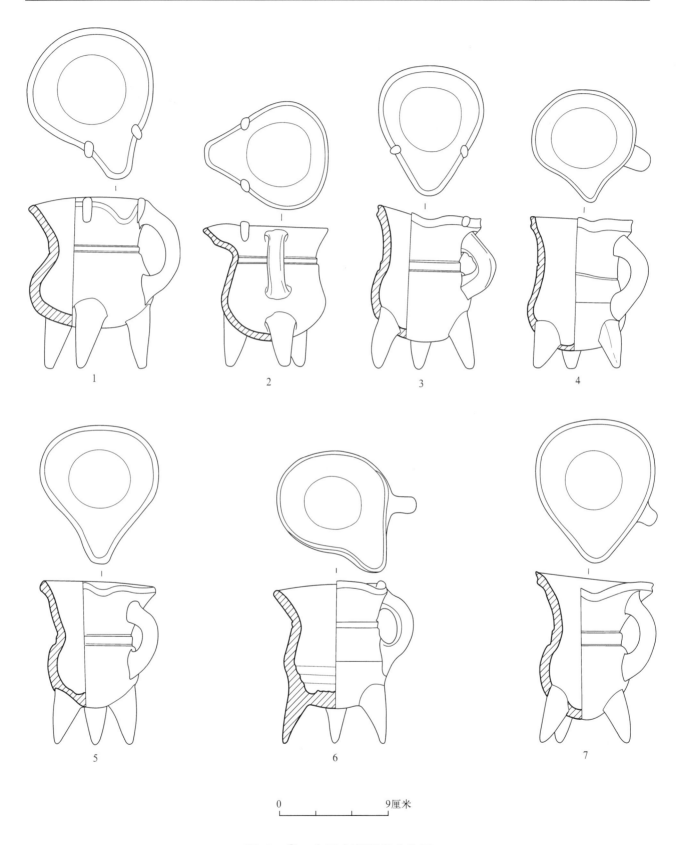

0 ——————— 9厘米

图三一○　大司空墓葬出土陶爵

1、2. A型Ⅰ式T0307M121：3、T0305M132：2　3. A型Ⅱ式T1614M279：5　4、5. A型Ⅲ式T1313M90：2、T0525M108：8　6、7. A型Ⅳ式T0904M220：2、T0708M435：6

A型Ⅶ式 7件。体瘦高，束颈下移，腹更浅，腹中部凸棱下移近底部。

标本T0507M105：2，体略高，大口，有流，腹斜直，有鋬，三锥足较高。素面。口径10.6、高13.2厘米（图三一二，1；彩版六一，5）。

标本T0903M206：4，体略高，大口，有流，腹斜直，有鋬，三锥足较高。腰部有凹弦纹两周。口径10.0、高11.2厘米（图三一二，2；图版三七，1）。

标本T0802M215：3，体形较小，大口，有流，口沿下腹部斜直，底部微鼓，有鋬，三矮锥足。

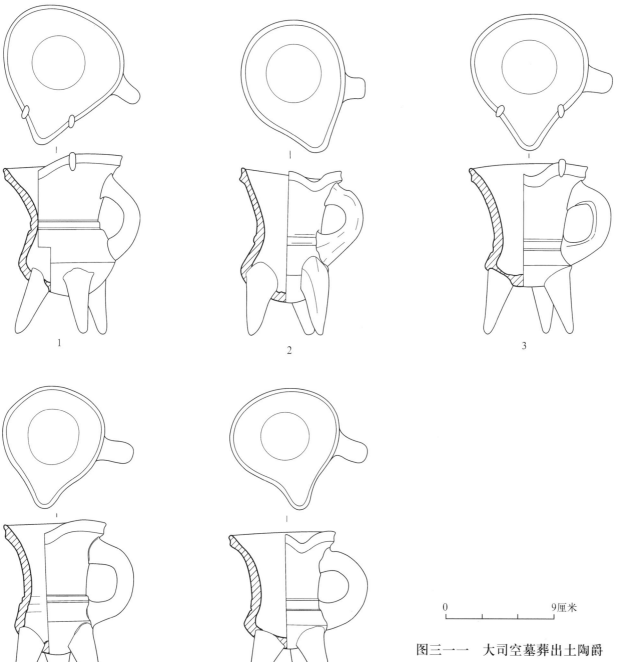

0   9厘米

图三一一 大司空墓葬出土陶爵

1、2．A型Ⅴ式T1514M278：6、T0408M127：2
3～5．A型Ⅵ式T0206M10：5、T0428M423：1、
T1613M166：2

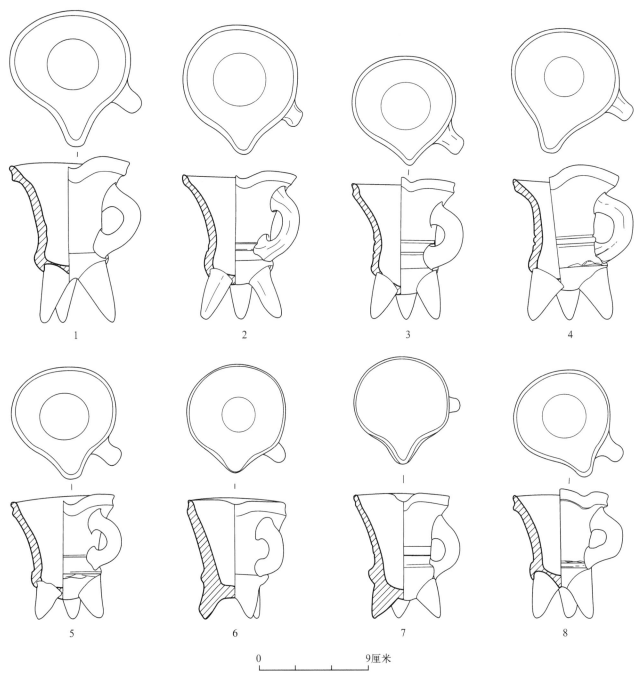

图三一二　大司空墓葬出土陶爵

1～4．A型Ⅶ式T0507M105：2、T0903M206：4、T0802M215：3、T0608M360：2　　5～8．A型Ⅷ式T0303M22：2、T1412M112：6、T0906M179：4、T1312M230：19

腰部饰凹弦纹。口径8.6、高10.6厘米（图三一二，3；彩版六一，6）。

标本T0608M360：2，体形较小，大口，有流，微束颈，腹近底部略鼓，有鋬，三矮锥足。腰部饰凹弦纹两周。口径9.8、高12.0厘米（图三一二，4）。

A型Ⅷ式　12件。体形小，束颈下移与腹凸在近底处重合。

标本T0303M22：2，大口，有流，腹斜直，有半圆形鋬，矮三锥足。底部饰有凹弦纹两周。口径8.8、高9.5厘米（图三一二，5）。

标本T1412M112：6，大口，有流，腹斜直，近底部外鼓，有鋬，三锥足较矮。素面。口径8.5、高9.4厘米（图三一二，6）。

标本T0906M179：4，大口，有流，腹斜直，近底部外鼓，有鋬，三锥足较矮。腰部饰凹弦纹两周。口径8.4、高9.9厘米（图三一二，7；图版三七，2）。

标本T1312M230：19，局部泛褐。大口，有流，腹斜直，底部微凸，有鋬，三矮锥足。底部饰有凹弦纹。口径8.7、高10.4厘米（图三一二，8；图版三七，3）。

A型Ⅸ式 7件。体形小，腹底略有凸棱，三足较矮。

标本T1214M91：1，局部泛褐。大口，有流，腹斜直，呈漏斗状，有鋬，三锥足极矮。素面。口径9.1、高8.7厘米（图三一三，1；图版三七，4）。

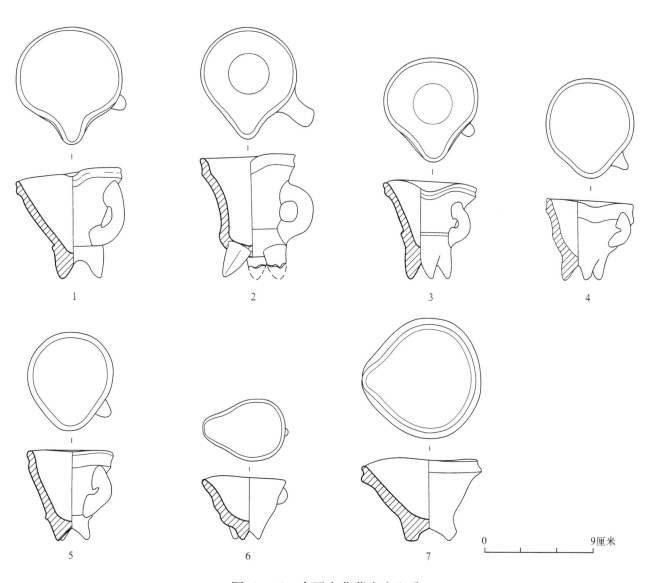

图三一三 大司空墓葬出土陶爵

1～3．A型Ⅸ式T1214M91：1、T1412M154：4、T0804M222：3 4～7．A型Ⅹ式T0204M21：7、T0304M28：8、T0528M58：11、T0903M205：5

标本 T1412M154：4，大口，有流，直腹内收，似漏斗状，三矮锥足，有錾。素面。口径8.8、高9.1厘米（图三一三，2；图版三七，5）。

标本 T0804M222：3，大口，有流，腹斜直，有錾，三锥足极矮。腰部饰凹弦纹一周。口径8.1、高7.7厘米（图三一三，3；彩版六二，1）。

A 型Ⅹ式　6件。器形很小，无凸棱，颈腹无分界，三足更矮。

标本 T0204M21：7，口沿下有凸棱一周，流微露，有小泥条錾，尖底，三足为手捏的小实足尖。素面。口径7.9、高6.3厘米（图三一三，4；图版三七，6）。

标本 T0304M28：8，大口，圆唇，流微露，有小泥条錾，腹斜直，三锥足极矮。素面，三足上有手捏痕迹。口径7.7、高7.1厘米（图三一三，5；图版三八，1）。

标本 T0528M58：11，大口，有流，圆唇，有小泥条錾，腹略鼓，三锥足极矮。素面。口径6.7、高4.9厘米（图三一三，6）。

标本 T0903M205：5，体较胖，大口，有流，口沿上折，腹微鼓，三矮锥足。素面。口径9.8、高6.5厘米（图三一三，7）。

A 型Ⅺ式　11件。体形很小，无錾，口至底急收。

标本 T1412M111：9，口沿上折内收，尖唇，流微露，腹斜直，尖底，三小锥足外侈。素面，手捏和轮修痕迹明显。口径7.8、高6.4厘米（图三一四，1；彩版六二，2）。

标本 T1412M136：3，口沿上折内收，尖唇，有流，体形似倒立三角锥体。素面。口径8.4、高6.2厘米（图三一四，2；图版三八，2）。

标本 T1418M225：8，口沿上折内收，大口，尖唇，有流，腹斜直，尖底，三个小实足跟。素面。口径8.1、高6.2厘米（图三一四，3；图版三八，3）。

标本 T0706M455：1，口微内敛，腹斜直，体形似倒三角锥体，三个明显的小足尖。素面。口径7.3、高6.3厘米（图三一四，4；彩版六二，3）。

A 型Ⅻ式　10件。体形最小，无錾，口至底急收。

标本 T0204M18：12，流明显，口沿上折内收，尖唇，体形似倒立的三角锥体，三足为手捏小乳足。素面。口径7.0、高4.6厘米（图三一四，5；图版三八，4）。

标本 T0628M34：4，体形似倒立的三角锥形，有流，三足为手捏小乳足。口沿下饰凹弦纹一周。口径6.5、高4.8厘米（图三一四，6；图版三八，5）。

标本 T0401M83：5，口沿上折，流较明显，体形似倒立三角锥体。三足为手捏的小泥钉。口沿处有轮修痕迹。口径5.8、高4.0厘米（图三一四，7；彩版六二，4）。

标本 T0304M102：3，敞口，圆唇，近直腹，底微凹。素面。口径4.7、高3.1厘米（图三一四，8；图版三八，6）。

B 型　1件。

标本 T0428M446：2，体胖，大口，有流，口沿处稍残，筒形腹，有錾，三锥足。表面有明显削刮痕迹。残高12.0厘米（图三一五，1；彩版六二，5）。

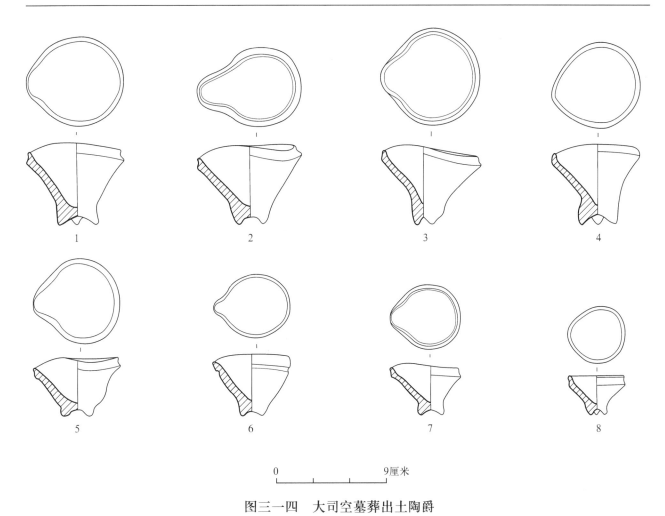

图三一四　大司空墓葬出土陶爵

1～4. A型Ⅺ式T1412M111：9、T1412M136：3、T1418M225：8、T0706M455：1　　5～8. A型Ⅻ式T0204M18：12、T0628M34：4、T0401M83：5、T0304M102：3

C型　1件。

标本T1316M301：11，局部泛褐。体胖，尖唇，有流，微束颈，半球形腹，有鋬，三锥足。口沿下和腰部各饰凹弦纹一周。口径9.8、高11.2厘米（图三一五，2；彩版六二，6）。

9. 陶盘

45件。其中2件已碎。泥质灰陶。其余可分为六式。

Ⅰ式　2件。体形大，大敞口，折沿，浅盘，大圈足。

标本T0601M337：4，方唇，浅腹，逐渐内收，圜底，高圈足大且外侈。器身外壁及圈足部饰凹弦纹，其余素面。口径33.6、圈足径18.4、高12.0厘米（图三一六，1；彩版六三，1）。

标本T1614M279：1，尖唇，宽沿略外撇，口沿至下腹缓收，腹较浅，圜底较平，高圈足大且较直。器内外壁各饰数条凹弦纹。口径32.3、圈足径15.9、高11.8厘米（图三一六，2；图版三九，1）。

Ⅱ式　1件。

标本T1514M278：1，体形较大，大敞口，尖唇，宽沿内勾，弧腹，圜底，高圈足大且略直。

内外壁各饰一周凹弦纹。口径33.7、圈足径17.9、高13.5厘米（图三一六，3；彩版六三，2）。

Ⅲ式　3件。体形较大，大敞口，尖唇，圈足稍小。

标本T0903M206：9，沿面内侧有一周浅凹槽，腹上部稍直，下部缓收，深腹，圜底，较平，圈足稍高。内壁饰弦纹一周。口径32.0、圈足径12.4、高12.7厘米（图三一六，4；图版三九，2）。

标本T0507M105：3，沿外撇，内侧有一周凹槽，腹缓收，圜底较平，高圈足。腹内外壁及圈足饰有数周凹弦纹。口径32.8、圈足径14.3、高12.9厘米（图三一六，5；彩版六三，3）。

Ⅳ式　7件。体形较小，大敞口，沿面有凹槽，深盘，小圈足。

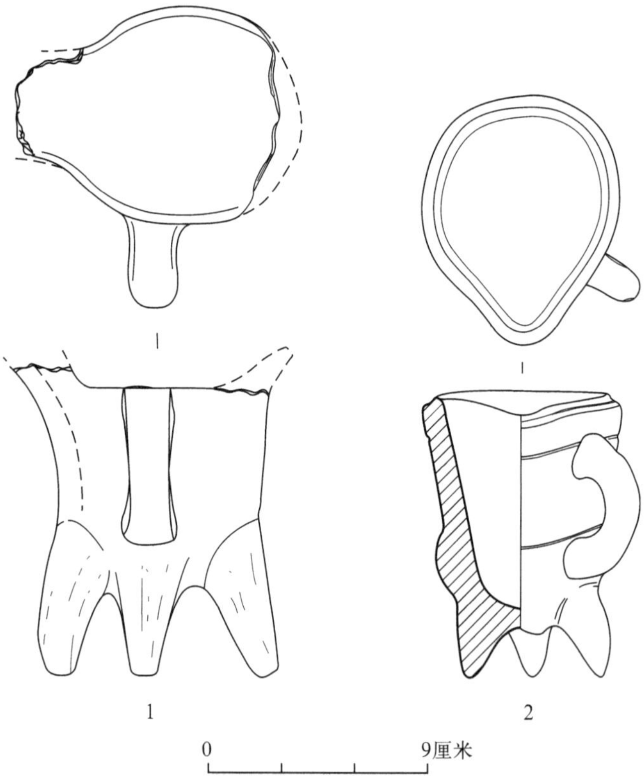

标本T0304M28：2，圆唇，宽沿略

图三一五　大司空墓葬出土陶爵
1. B型T0428M446：2　2. C型T1316M301：11

鼓，腹缓收，圜底，圈足外撇。器内壁有数周凹弦纹。口径25.6、圈足径10.3、高10.5厘米（图三一六，6；彩版六三，4）。

标本T0422M348：8，尖圆唇，沿面中部微鼓，内侧有一周浅凹槽，深腹微鼓，圜底，圈足外侈。内壁饰一周凹弦纹。口径28.0、圈足径11.1、高10.9厘米（图三一六，7；图版三九，3）。

Ⅴ式　16件。体形小，大敞口，沿面凹槽加宽，小圈足。

标本T0204M21：4，尖圆唇，沿面略外撇，内侧有一浅凹槽，腹缓慢内收，浅腹，圜底，不甚平整，矮圈足外侈。腹外壁有数周凹弦纹。口径22.6、圈足径9.8、高8.0厘米（图三一七，1；图版三九，4）。

标本T0903M205：3，圆唇，沿面略外撇，内侧有一周凹弦纹，深腹缓收。圈足，素面。口径23.6、圈足径10.5、高9.5厘米（图三一七，2；图版三九，5）。

标本T1418M225：10，尖圆唇，沿面中部突起，斜腹内收，圜底不甚平整，矮圈足外侈。内壁有数周凹弦纹，轮修痕迹明显，盘底为泥条盘筑后经慢轮制修整。口径22.4、圈足径8.2、高8.1厘米（图三一七，4；彩版六三，5）。

Ⅵ式　14件。体形最小，似器盖。敞口，沿面凹槽加宽且下移，圈足矮小似捉手。

标本T0204M18：1，圆唇，口沿下、腹上部有一周折棱，腹下部内收，器壁薄厚不均，圜底，圈足外侈。素面。口径19.4、圈足径7.5、高7.9厘米（图三一七，5；彩版六三，6）。

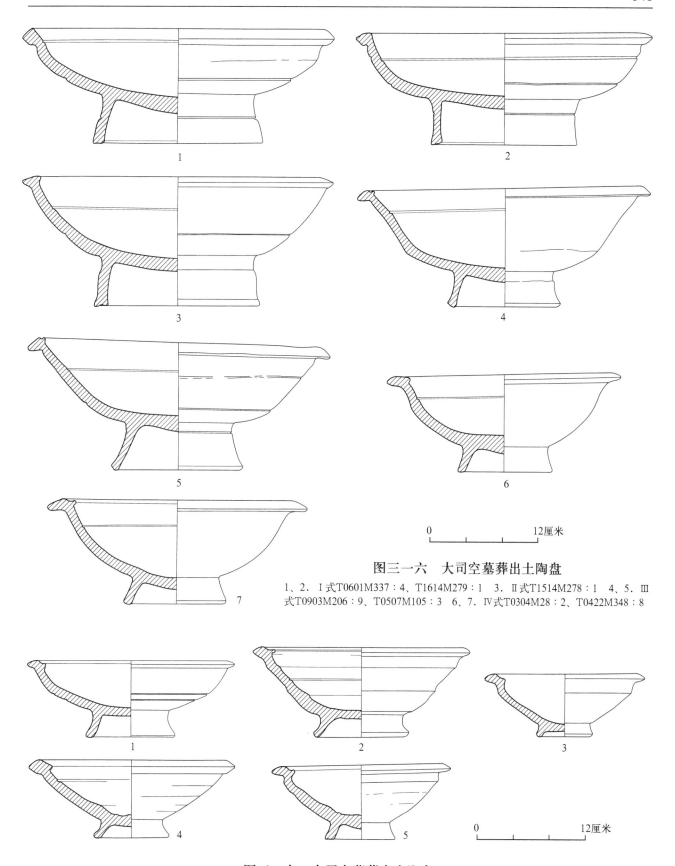

0 ———————————— 12厘米

图三一六　大司空墓葬出土陶盘

1、2. Ⅰ式T0601M337：4、T1614M279：1　3. Ⅱ式T1514M278：1　4、5. Ⅲ
式T0903M206：9、T0507M105：3　6、7. Ⅳ式T0304M28：2、T0422M348：8

0 ———————————— 12厘米

图三一七　大司空墓葬出土陶盘

1、2、4. Ⅴ式T0204M21：4、T0903M205：3、T1418M225：10　3、5. Ⅵ式T0401M83：3、T0204M18：1

标本 T0401M83：3，尖圆唇，深腹缓收，圜底，圈足外侈。腹上部有一条折棱，其余素面。口径 12.6、圈足径 6.1、高 6.6 厘米（图三一七，3；图版三九，6）。

10．陶罐

97 件，其中 12 已碎。其余可分为十一型。

A 型　57 件。泥质灰陶。肩较广，上腹略鼓，下腹收，肩、上腹、下腹明显分为三节，俗称"三节罐"，是殷墟墓葬中常见的随葬品。可分为两个亚型。

Aa 型　55 件。可分五式。

Aa 型 I 式　7 件。体形大。

标本 T1313M90：5，侈口，短颈，圆肩，腹上部微鼓，下部内收。腹上部饰三重大三角划纹，较规整，上下兼饰弦纹，表面饰弦纹数周。口径 16.0、腹径 25.3、底径 10.7、高 25.4 厘米（图三一八，1）。

标本 T0708M435：1，窄沿，短颈，广肩，腹上部略鼓，下部内收，平底略内凹。腹部饰两周相较浅交细绳纹，上下兼饰弦纹，颈、肩饰弦纹，肩部有三个扁圆乳丁，器壁上薄下厚，腹上部内壁有明显泥条盘筑痕迹。口径 14.4、腹径 23.3、底径 11.0、高 25.6 厘米（图三一八，2；彩版六四，1）。

标本 T0904M220：4，侈口，平沿，短颈，广肩，腹上部较竖，下部斜内收，平底。腹上部饰四重三角划纹一周，上下兼饰凹弦纹，肩部饰弦纹一周。口径 15.8、腹径 24.8、底径 10.9、高 24.4 厘米（图三一八，3；图版四〇，1）。

Aa 型 II 式　8 件。体形较大。

标本 T1613M166：11，侈口，圆唇，短颈，广肩，腹上部微鼓，下部内收，平底略内凹。腹上部为纹饰带，纹饰带上部分为交错绳纹，下部分为竖向绳纹，上下兼饰弦纹，肩饰弦纹三周，另肩部有两个扁圆乳丁。口径 16.7、腹径 23.0、底径 11.1、高 23.3 厘米（图三一八，4；彩版六四，2）。

标本 T1512M155：4，侈口，圆唇，圆肩，腹上部略鼓，下部内收，最大径位于腹部，平底略内凹。腹部饰交错绳纹一周，上下兼饰弦纹，颈、肩部饰弦纹数周，肩均匀分布着三个扁圆乳丁。口径 17.3、腹径 23.0、底径 11.6、高 23.2 厘米（图三一八，5；图版四〇，2）。

标本 T0903M206：2，侈口，方唇，短颈，弧肩，腹上部较鼓，下部内收，平底。腹上部饰斜向中粗绳纹，上下兼饰弦纹。肩部弦纹三周，胎体厚重，肩部均匀分布三个扁圆乳丁。口径 17.6、腹径 24.4、底径 11.1、高 24.8 厘米（图三一八，6；图版四〇，3）。

Aa 型 III 式　14 件。体形较 Aa I、Aa 型 II 式小。

标本 T0807M190：2，侈口，直颈，溜肩，腹上部微直，下部内收，平底。颈、肩均饰凹弦纹数周，腹部有数周凹弦纹和绳纹。口径 13.6、腹径 22.8、底径 11.6、高 22.2 厘米（图三一九，1；图版四〇，4）。

标本 T1412M112：1，侈口，短沿，圆唇，折肩，腹上部较直，下腹斜直内收成小平底。腹部饰拍打而成的交错绳纹，腹下部有划痕，肩、腹各饰数周弦纹，肩部另饰有三个扁圆乳丁。口径 13.7、

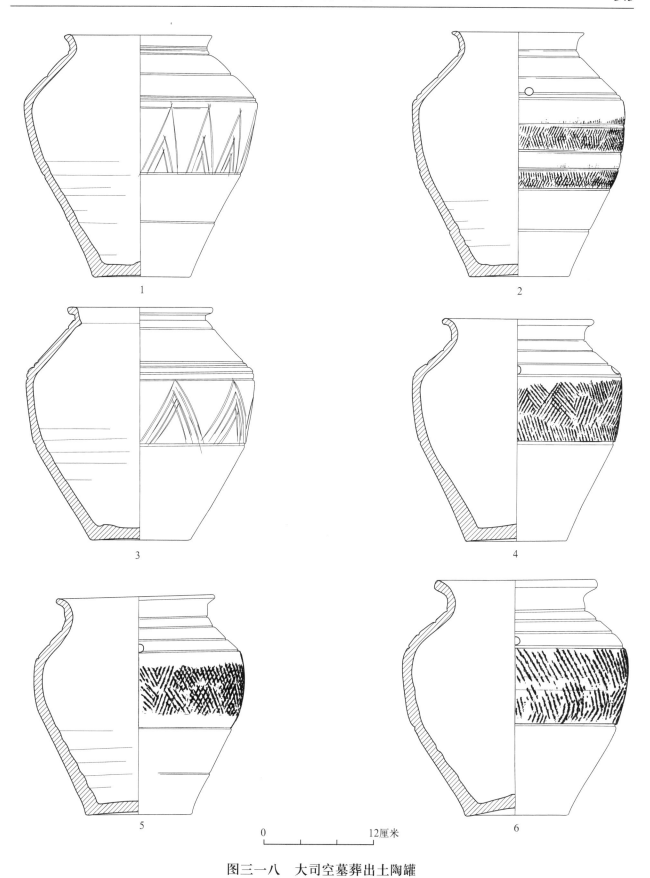

图三一八 大司空墓葬出土陶罐

1～3. Aa型 I 式T1313M90：5、T0708M435：1、T0904M220：4 4～6. Aa型 II 式T1613M166：11、T1512M155：4、T0903M206：2

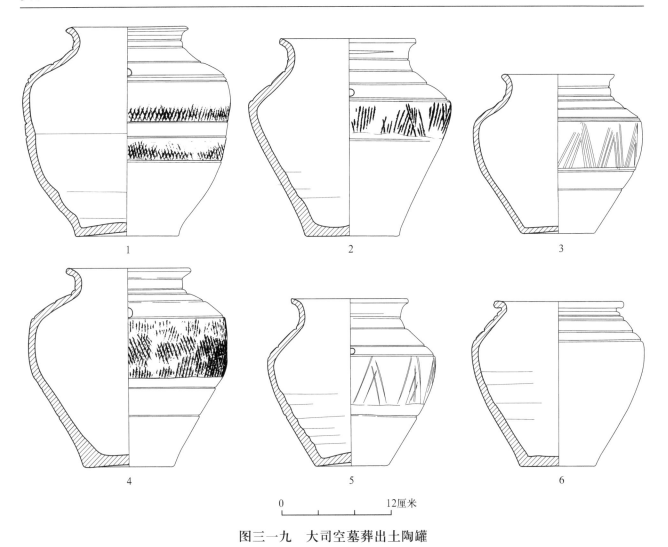

图三一九　大司空墓葬出土陶罐

1、2、4. Aa型Ⅲ式T0807M190：2、T0906M179：2、T1412M112：1　　3、5、6. Aa型Ⅳ式T1312M230：6、T0303M22：4、
T0706M455：8

腹径21.9、底径9.9、高20.8厘米（图三一九，4；彩版六四，3）。

标本 T0906M179：2，侈口，高颈，溜肩，肩、腹分界处有一周折棱，下腹急收，平底。腹饰稀疏且零乱绳纹，上下兼饰弦纹，颈肩饰弦纹。口径14.8、腹径22.0、底径10.2、高20.7厘米（图三一九，2；图版四〇，5）。

Aa 型Ⅳ式　15件。体形 Aa 型Ⅲ式小，大部分下腹内收较急，小平底。

标本 T0303M22：4，侈口，高颈，广肩，腹逐渐内收，平底内凹。肩、颈饰弦纹，腹部饰二重三角划纹一周，上下兼饰弦纹，较潦草，腹下部内壁泥条盘筑痕迹明显，器壁薄厚不均，肩部一扁圆乳丁。烧制火候不均，腹下部呈红褐色。口径12.7、腹径18.3、底径7.9、高17.5厘米（图三一九，5；图版四〇，6）。

标本 T1312M230：6，窄沿，圆唇较厚，短颈，溜肩，腹内收，平底。颈下部饰一条凹弦纹，腹部饰数条凹弦纹，腹上部饰一周三重三角划纹。口径12.2、腹径18.4、底径8.0、高16.8厘米（图三一九，3；彩版六四，4）。

标本 T0706M455：8，窄平沿，厚圆唇，短颈，溜肩，腹内收，平底。肩饰四周弦纹。口径14.1、腹径18.7、底径8.2、高17.2厘米（图三一九，6；图版四一，1）。

Aa 型Ⅴ式　11 件。体小，显得瘦高，上、下腹分节不甚明显，多数下腹急收，小平底。

标本 T0628M34：8，侈口，方唇，短颈，斜直腹，小平底略内凹。肩、腹分界处有抹光弦纹一周，器壁内有轮旋痕。口径10.1、腹径14.2、底径5.8、高15.0厘米（图三二〇，1）。

标本 T0401M83：1，侈口，圆唇，短颈，略弧肩，腹上部微鼓，下部缓收，小平底。肩、腹分界处有一周凹弦纹。器表有轮旋纹，腹下部尤为明显，未经磨光。口径14、腹径20.3、底径7.5、高20.5厘米（图三二〇，2；图版四一，2）。

标本 T0807M442：2，胎体较厚。窄平沿，短颈，弧肩，腹上部略鼓，下部内收，小平底。肩腹分界处有折棱一周，器底有少量绳纹。口径10.4、腹径14.5、底径5.8、高15.5厘米（图三二〇，3；彩版六四，5）。

Ab 型　2 件。侈口，广肩。

标本 T0624M41：2，肩腹分界明显，腹上部略鼓，下部内收，平底略内凹。肩饰弦纹数周，腹上部饰规整的四重大三角划纹，器壁内轮旋痕迹明显。口径10.6、腹径17.4、底径6.7、高15.5厘米（图三二〇，4；图版四一，3）。

标本 T0808M436：2，圆唇，短颈，腹上部略鼓，下部急收，平底。肩饰弦纹一周，肩腹分界处有一周凸棱，上下兼饰弦纹，腹上部饰较工整的二重大三角划纹，器表轮旋痕迹明显。口径10.3、腹径16.3、底径7.1、高15.2厘米（图三二〇，5；彩版六四，6）。

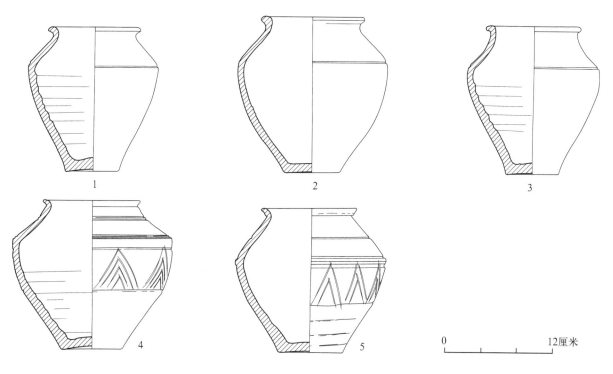

图三二〇　大司空墓葬出土陶罐

1～3. Aa型Ⅴ式T0628M34：8、T0401M83：1、T0807M442：2　4、5. Ab型T0624M41：2、T0808M436：2

B 型　4件。泥质灰陶。体较胖，腹部不分节。可分为三式。

B 型 I 式　2件。圆鼓腹，小平底。

标本 T0507M105：5，口略侈，圆肩，腹下渐内收，平底。肩饰弦纹一周，腹部有弦纹数周。口径9.6、腹径16.1、底径8.5、高16.3厘米（图三二一，1；图版四一，4）。

标本 T0321M457：1，器身胎体厚重。侈口，矮颈，弧肩，平底。肩饰弦纹数周，腹肩分界处有数周凸棱。出土时带有器盖。口径11.0、腹径19.6、底径9.2、带盖高23.4厘米（图三二一，2；彩版六五，1）。

B 型 II 式　1件。

标本 T0601M393：1，侈口，平沿，短颈，圆肩，圆腹，底内凹。腹下部及底饰细绳纹，底部绳纹部分抹光，肩饰四周弦纹。口径12.7、腹径19.6、底径7.7、高20.4厘米（图三二一，3；图版

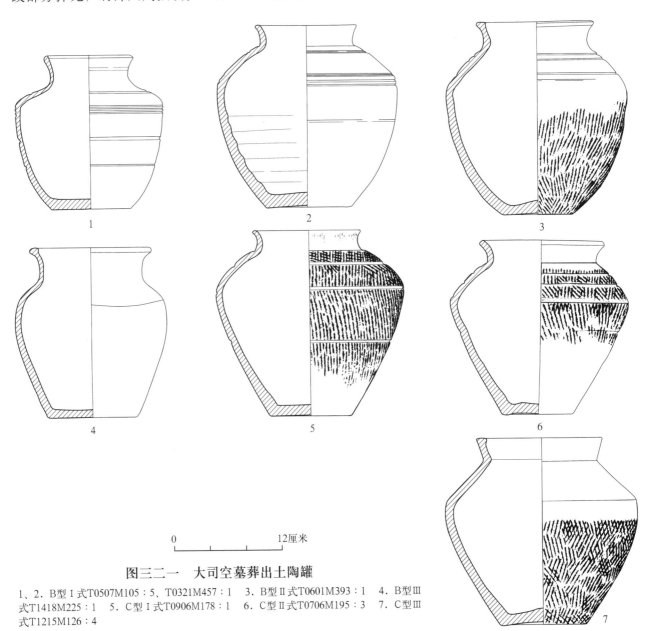

0　　　　　　　12厘米

图三二一　大司空墓葬出土陶罐

1、2. B型 I 式T0507M105：5、T0321M457：1　3. B型 II 式T0601M393：1　4. B型 III 式T1418M225：1　5. C型 I 式T0906M178：1　6. C型 II 式T0706M195：3　7. C型 III 式T1215M126：4

四一，5）。

B 型Ⅲ式　1 件。

标本 T1418M225：1，窄平沿，厚唇，直颈较高，短肩，腹上部鼓，下渐内收，平底。素面。口径 13.3、腹径 16.6、底径 9.7、高 17.9 厘米（图三二一，4；图版四一，6）。

C 型　3 件。泥质灰陶。可分为三式。

C 型Ⅰ式　1 件。体形较胖。

标本 T0906M178：1，侈口，短颈，广肩，腹渐内收，平底。中粗绳纹几乎布满器身，肩部上端绳纹相互交错，腹下部有少许绳纹被抹光，绳纹较深，抹光绳纹分别位于肩中部、肩腹分界处与腹中部。口径 11.8、腹径 20.5、底径 9.0、高 19.4 厘米（图三二一，5；彩版六五，2）。

C 型Ⅱ式　1 件。

标本 T0706M195：3，侈口，方唇，束颈，广肩，腹下急收，小平底。肩、腹分界处有折棱一周，肩、腹上部饰绳纹，其间饰弦纹。口径 13.5、腹径 19.3、底径 7.7、高 18.3 厘米（图三二一，6；彩版六五，3）。

C 型Ⅲ式　1 件。

标本 T1215M126：4，平口略内倾，斜直颈，广肩，肩、腹分界处有折棱，上腹微鼓，下腹内收，小平底内凹。腹饰交错中粗绳纹，底有绳纹，但被抹平，器物肩及内壁经磨光。口径 13.6、腹径 20.9、底径 9.4、高 19.6 厘米（图三二一，7；图版四二，1）。

D 型　6 件。泥质灰陶。体小，矮胖。

标本 T1418M225：5，胎体较厚。侈口，圆唇，广肩，鼓腹，腹下部渐内收，平底。口径 9.6、腹径 12.9、底径 7.5、高 10.3 厘米（图三二二，1）。

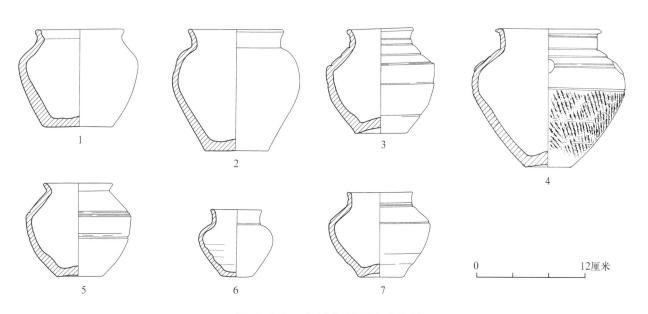

图三二二　大司空墓葬出土陶罐

1、2、6．D 型 T1418M225：5、T1314M261：6、T0628M34：10　3、5、7．E 型 T1215M126：1、T0508M169：2、T0601M327：1　4．F 型 T0204M20：2

标本 T1314M261：6，侈口，短颈，圆肩，圆腹，腹下部内收，平底，最大径位于上腹部。素面。口径 10.4、腹径 13.9、底径 6.9、高 12.7 厘米（图三二二，2；彩版六五，4）。

标本 T0628M34：10，侈口，高直颈，溜肩，弧腹，平底，最大径位于肩腹分界处。器内壁轮旋痕迹明显。口径 5.5、腹径 8.1、底径 3.4、高 7.0 厘米（图三二二，6；图版四二，2）。

E 型　5 件。泥质灰陶。体小，下腹内收，小平底。

标本 T1215M126：1，侈口，短颈，肩较斜，弧腹，平底内凹。器表饰弦纹数周。口径 7.2、腹径 11.8、底径 5.6、高 11.0 厘米（图三二二，3）。

标本 T0508M169：2，侈口，弧腹，平底内凹。肩、腹分界处有弦纹二周，腹中部有弦纹一周，器身轮旋痕迹明显。口径 7.5、腹径 11.5、底径 5.0、高 9.7 厘米（图三二二，5；彩版六五，5）。

标本 T0601M327：1，直颈，广肩，略鼓腹，平底内凹。颈、肩分界处饰弦纹二周，肩腹分界处有弦纹一周，腹下部有两条较残的折棱，应为轮旋所留。口径 7.1、腹径 11.0、底径 4.8、高 8.9 厘米（图三二二，7；图版四二，3）。

F 型　1 件。

标本 T0204M20：2，泥质灰陶。侈口，圆唇，短颈，圆肩，腹下内收，小平底。腹饰斜向粗绳纹，肩部有对称的扁圆乳丁四个，另饰弦纹四周，底部绳纹抹平。口径 14.1、腹径 20.1、底径 9.6、高 20.8 厘米（图三二二，4；彩版六五，6）。

G 型　5 件。泥质灰陶，胎稍厚。

标本 T0703M432：1，胎较厚。侈口，圆唇，颈略高，广肩，肩腹分界处折棱明显。腹上部微直，下部内收，平底。素面。口径 12.4、腹径 16.4、底径 9.3、高 15.8 厘米（图三二三，1；图版四二，4）。

标本 T0807M442：4，侈口，平沿略内斜，短颈，斜直腹。肩饰二周较宽弦纹，肩、腹分界处有折棱一周，颈部留有被抹后的绳纹。口径 10.8、腹径 15.8、底径 8.3、高 13.7 厘米（图

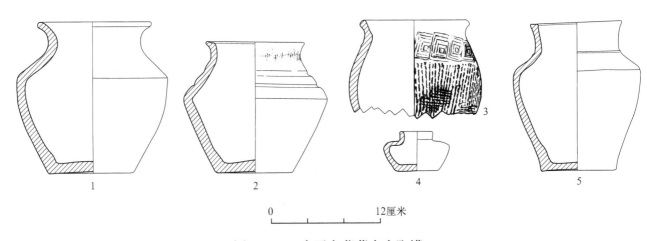

0　　　　　　　　12厘米

图三二三　大司空墓葬出土陶罐

1、2. G型 T0703M432：1、T0807M442：4　3. H型 T0624M41：3　4. J型 T0904M305：4　5. I型 T0808M318：1

三二三，2；图版四二，5）。

H 型　1件。

标本 T0624M41∶3，泥质灰陶。圆唇，侈口，束颈，圆鼓腹，下腹残失。颈部饰一周四重压印"回"字纹，腹饰细绳纹。口径 12.0、腹径 14.3、残高 10.1 厘米（图三二三，3）。

Ｉ型　1件。

标本 T0808M318∶1，泥质灰陶。窄平沿略内倾，高直颈，广肩，腹渐内收，平底。肩饰弦纹一周，器壁包器底。素面。口径 9.9、腹径 13.5、底径 8.2、高 15.7 厘米（图三二三，5）。

J 型　1件。

标本 T0904M305∶4，泥质灰陶。直口，广肩，肩面较平，斜腹，平底。明器。口径 1.8、腹径 3.6、底径 2.4、高 2.1 厘米（图三二三，4；图版四二，6）。

K 型　1件。

标本 T0421M456∶2，残，无法复原。泥质红陶。削肩，圆鼓腹，底略内凹。颈饰数周凹弦纹，以下饰绳纹，肩部有两道抹痕。此类红陶罐常见于居住址中，且多作瓮棺葬具使用，墓葬中少见。

11．陶罍

24 件。其中 2 件已碎。泥质灰陶。其余可分为二型。

A 型　19 件。肩、上腹、下腹分为三节，形似"三节罐"。可分为四式。

A 型Ⅰ式　2件。侈口，广肩。

标本 T0525M108∶3，体形较小，胎体较厚。高颈，腹内收，平底略内凹。颈部、肩部和腹部均饰弦纹数周，肩腹分界处有折棱一周。残口径 8.2、腹径 14.4、底径 8.1、残高 15.2 厘米（图三二四，1）。

标本 T0328M364∶2，高直颈，肩略鼓，腹分上下两部分，上部渐内收，下部急收，小平底。颈部、肩部和腹部均饰弦纹数周，肩两侧对称分布半圆横耳，无穿，腹下部有明显的削刮痕迹。腹内壁凸凹不平，泥条盘筑痕迹明显。口径 9.8、腹径 18.1、底径 6.8、高 19.2 厘米（图三二四，2；彩版六六，1）。

A 型Ⅱ式　10 件。侈口，高颈。

标本 T1412M154∶9，溜肩，腹上部微鼓，下部内收，小平底。腹上部饰三重三角划纹，较潦草，上下兼饰弦纹，肩部饰三周弦纹。肩部有对称的半圆形横耳，无穿。下腹内壁凸凹不平，泥条盘筑痕迹明显。口径 11.1、腹径 18.4、底径 8.3、高 19.1 厘米（图三二四，3；图版四三，1）。

标本 T1413M158∶7，带盖，盖呈覆钵形，顶部隆起，菌形钮，钮顶部较高，盖下周缘较平，口沿宽平，中部略凹。顶饰凹弦纹三周。盖径 14、高 6 厘米。器身胎体厚重。尖唇，高颈，广肩，腹上部略鼓，下内收，平底略内凹。肩两侧对称分布两个半圆形耳，有穿孔。腹上部饰规整三角划纹，上下兼饰绳纹，颈肩饰弦纹。腹内壁凸凹不平，泥条盘筑痕迹明显。口径 13.5、腹径 24.6、底径 10.9、高 26.4 厘米（图三二四，4；彩版六六，2）。

A 型Ⅲ式　2件。体形较小，下腹部急收，小平底。

标本T1509M87：1，侈口，颈较高，广肩，腹上部微鼓。颈、肩部饰弦纹数周，腹上部饰较深二重三角划纹，上下兼饰弦纹，肩两侧对称分布一对长方形半圆状耳，无穿，器底中心有明显轮制所致的同心圆。腹内壁凸凹不平，泥条盘筑痕迹明显。器上带蘑菇钮器盖。口径9.6、腹径14.8、底径6.5、带盖高18.7厘米（图三二四，5；图版四三，2）。

标本T0528M357：1，侈口，高颈，圆肩，腹上部略鼓，下部内收，平底略内凹。颈、肩饰弦纹数周，肩左右对称分布两个三角形耳，无穿。腹上部饰二重大三角划纹，较粗糙，上下兼饰弦纹。腹内壁凸凹不平，泥条盘筑痕迹明显。口径11.6、腹径18.0、底径7.7、高18.0厘米（图三二四，6）。

A型Ⅳ式　5件。体形矮小。

标本T0601M412：34，侈口，短颈，溜肩，腹上部微鼓，下部内收，小平底。颈、肩部饰弦纹数周，肩部两侧对称分布长方形半圆形横耳，无穿，腹上部饰潦草的三重三角划纹，上下兼饰弦纹。口径7.8、腹径11.0、底径5.4、高9.7厘米（图三二五，1；彩版六六，3）。

标本T0807M442：10，侈口，颈较高，广肩，腹上部微鼓，下部内收，平底。颈、肩部饰弦纹数周，腹上部饰潦草的二重三角划纹。肩部两侧有对称的方形弧状横耳，无穿。口径9.2、腹径12.6、底径6.9、高12.5厘米（图三二五，2；图版四三，3）。

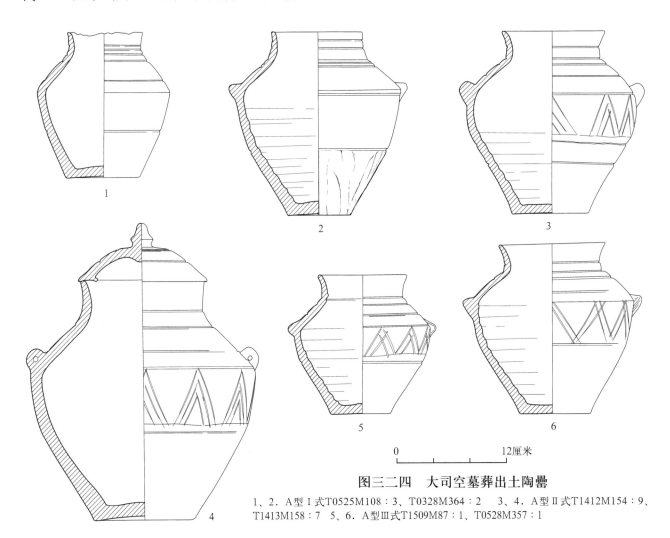

图三二四　大司空墓葬出土陶罍

1、2．A型Ⅰ式T0525M108：3、T0328M364：2　　3、4．A型Ⅱ式T1412M154：9、T1413M158：7　5、6．A型Ⅲ式T1509M87：1、T0528M357：1

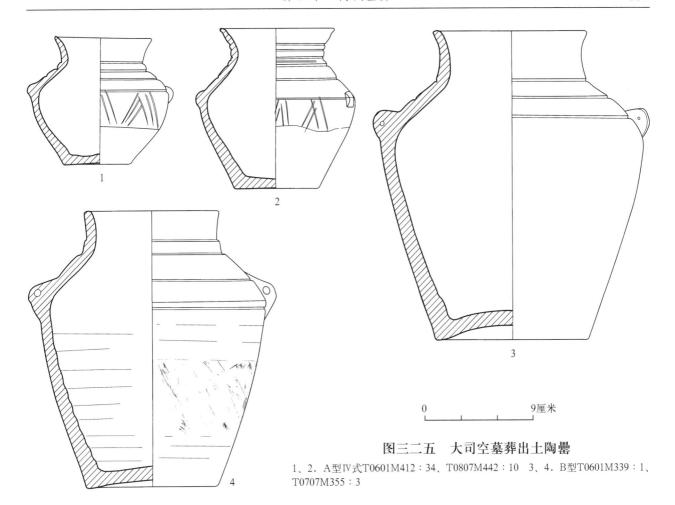

图三二五　大司空墓葬出土陶罍

1、2. A型Ⅳ式T0601M412：34、T0807M442：10　3、4. B型T0601M339：1、T0707M355：3

B型　3件。上、下腹不分节。

标本T0601M339：1，胎体厚重。侈口，圆唇，高直颈，弧肩，腹部内收，大平底内凹。肩部饰三周凹弦纹，两侧对称分布半圆状耳，有穿。口径12.5、腹径21.4、底径12.6、高24.2厘米（图三二五，3；彩版六六，4）。

标本T0707M355：3，体形较大，侈口，高直颈斜，腹逐渐内收，平底略内凹。肩部两侧有半圆形横耳，有穿。颈、肩部饰弦纹数同。腹内壁凸凹不平，泥条盘筑痕迹明显。口径11.0、腹径18.2、底径10.6、高21.6厘米（图三二五，4；图版四三，4）。

12．陶尊

18件。其中2件已碎，可分为五型。

A型　10件。可分为三式。

A型Ⅰ式　4件。泥质灰陶。体矮，圆鼓腹。

标本T0608M360：4，侈口，短沿，沿内侧有上下两条棱，短颈，溜肩，肩腹分界处有浅棱一周，腹逐渐内收，圜底，短圈足外侈。肩、颈处饰弦纹数周，腹部饰平行划纹一周，较稀疏。肩部饰长方弧形耳一对，无穿孔。底部与圈足有裂痕，应为接缝处。口径9.1、腹径12.2、圈足径7.3、高11.4厘米（图三二六，1；图版四四，1）。

　　标本 T0602M379：2，侈口，短沿，沿内侧有一周凹线，圆肩，鼓腹，下逐渐内收，圜底，矮圈足。肩两侧有长方弧形耳，无穿，两耳上各有两个圆形泥饼。颈、肩部饰弦纹，腹部饰三重三角划纹，刻划潦草，圈足饰弦纹一周，底较厚，腹下部经磨光，有零散的手指印痕迹。口径8.2、腹径11.8、圈足径7.6、高10.0厘米（图三二六，2；彩版六六，5）。

　　A 型Ⅱ式　4件。泥质灰陶。体较高。

　　标本 T1312M230：5，侈口，尖唇，口内侧有两周凹弦纹，直颈略高，圆肩，鼓腹，圜底，圈足较高且外撇。肩部两侧对称分布两个半圆形耳，无穿孔。器壁内部有轮旋痕迹，器底较厚，凹凸不平，泥条盘筑痕迹明显。颈、肩部饰数周凹弦纹，腹部饰潦草的二重三角划纹一周。器表经磨光。口径9.2、腹径13.4、圈足径8.4、高12.5厘米（图三二六，3）。

　　标本 T1316M298：2，体形小。侈口，平窄沿，短颈，圆肩，圆腹，圜底，矮圈足。颈、肩部饰数周弦纹。腹内壁有数周泥条盘筑痕迹。口径8.1、腹径10.4、圈足径7.3、高9.8厘米（图三二六，4，图版四四，2）。

　　标本 T1316M298：5，平窄沿，溜肩，最大径位于肩腹分界处，腹内收，圜底，矮圈足略外侈。颈、肩饰数周凹弦纹，器壁表面有轮旋痕迹，器底凹凸不平。口径8.1、腹径11.2、圈足径6.6、高

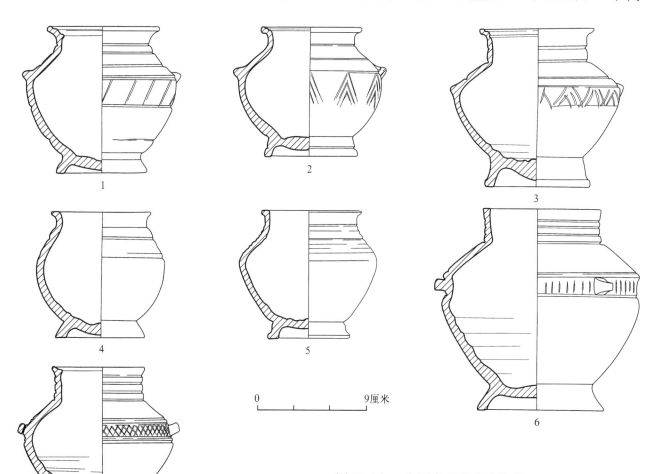

图三二六　大司空墓葬出土陶尊

1、2．A型Ⅰ式T0608M360：4、T0602M379：2　　3～5．A型Ⅱ式T1312M230：5、
T1316M298：2、T1316M298：5　6、7．A型Ⅲ式T0628M34：9、T0807M443：1

10.0 厘米（图三二六，5）。

A 型Ⅲ式　2 件。体较瘦高。

标本 T0628M34：9，泥质灰陶。体形较大。侈口，高直颈，溜肩，鼓腹，下腹内收，平底，矮圈足。颈部饰弦纹数周，肩、腹分界处有较宽的凹槽，内饰竖向平行刻划纹。肩部均匀分布三个角状横耳，无穿孔。腹部经轮修，腹内壁泥条盘筑痕迹明显。口径 9.5、腹径 16.0、圈足径 10.2、高 15.7 厘米（图三二六，6；彩版六六，6）。

标本 T0807M443：1，泥质灰陶。口沿内斜，沿内有一道凸棱，高直颈，圆肩，鼓腹，腹下部内收，圜底，圈足外侈。肩部有两个对称的三角形耳。肩下饰带状菱形划纹一周，上下兼饰弦纹，颈部、圈足均饰数周弦纹。腹内壁有轮旋痕迹。口径 7.6、腹径 12.4、圈足径 6.7、高 11.9 厘米（图三二六，7；图版四四，3）。

B 型　2 件。泥质灰陶。侈口，体瘦高，高颈。

标本 T1215M126：2，体形较小，折肩，腹逐渐内收，最大径位于肩腹分界处，圜底，矮圈足外侈。颈、腹部饰凹弦纹数周。口径 8.8、腹径 10.6、圈足径 6.7、高 12.4 厘米（图三二七，1；图版四四，4）。

标本 T0904M203：4，体形较矮胖，窄弧肩，最大径在腹上部，上腹较直，向下逐渐内收，圜底，圈足外侈。颈、肩饰凹弦纹五周，腹饰长短不一的刻划斜线纹，上下兼饰凹弦纹。肩部有对称的竖耳，无穿。口径 9.3、腹径 11.3、圈足径 7.2、高 12.2 厘米（图三二七，2）。

C 型　1 件。

标本 T1412M111：2，泥质灰陶。体形较小，敞口，高颈，弧肩，肩腹分界处有折棱，下腹急收，小平底。颈、肩和腹饰凹弦纹数周，下腹内壁轮旋痕迹明显。整体形制与 B 型尊相似，唯不同的是没有圈足。口径 11.4、腹径 11.5、底径 5.5、高 12.8 厘米（图三二七，3；彩版六七，1）。

D 型　1 件。

标本 T0428M446：1，泥质灰陶。敞口，圆唇，束颈，腹部鼓，肩腹处有折棱一周，下腹急内收，圜底，高圈足上部较直，下部外侈。肩上有凹弦纹一周。口径 15.9、圈足径 9.1、高 11.7 厘米（图三二七，4；彩版六七，2）。

E 型　2 件。泥质黑陶。仿铜器。侈口，腰微束，筒形深腹，下腹外鼓，高圈足外撇。通体饰凹弦纹数周，颈、腹部各饰一周竖向平行刻划纹，通体磨光。

标本 T0706M455：7，体较矮胖，圆唇。颈部刻划纹上饰两个短扉棱，腹部刻划纹上饰一个短扉棱和两个小圆形乳丁，扉棱和乳丁分布不甚均匀，但颈部的扉棱和腹部的乳丁竖向对应，颈部乳丁和腹部的扉棱亦竖向对应。腹内壁泥条盘筑痕迹明显。口径 19.8、圈足径 14.1、高 22.5 厘米（图三二七，5；图版四五，1）。

标本 T0528M58：7，体较瘦高，尖唇。颈部刻划纹上饰两个短扉棱和一个小圆形乳丁，腹部刻划纹上饰一个短扉棱和两个小圆形乳丁，扉棱和乳丁分布不均匀，但颈部的扉棱和腹部的乳丁竖向对应，颈部的乳丁和腹部的扉棱亦竖向对应。腹内壁泥条盘筑痕迹明显。口径 19.9、圈足径 14.2、高 25.8 厘米（图三二七，6；彩版六七，3）。

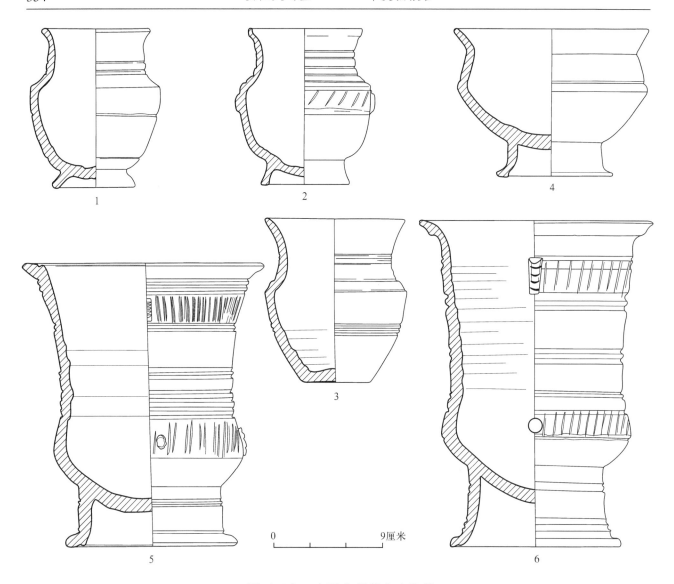

图三二七　大司空墓葬出土陶尊

1、2. B型T1215M126：2、T0904M203：4　3. C型T1412M111：2　4. D型T0428M446：1　5、6. E型T0706M455：7、T0528M58：7

13. 陶壶

3件。泥质灰陶。可分为三式。

I式　1件。

标本T0525M108：9，小直口，短颈，广肩，垂腹，最大径位于下腹部，圜底，高圈足。肩、下腹和圈足上各饰一周凹弦纹，上腹部有较浅且潦草的三重三角划纹，并有对称长方体弧形竖耳，有穿，竖耳两侧分别有两个贴塑小乳丁，组成简化兽面纹。口径6.5、腹径10.8、圈足径7.0、高11.8厘米（图三二八，1；彩版六七，4）。

II式　1件。

标本T0902M221：2，体形较小，胎较厚。侈口，尖唇，沿面向内斜，短颈，圆肩，圆腹，肩腹分界不明显，最大径位于腹部，圜底，内底中部凸，圈足残。颈、肩、腹及圈足饰弦纹数周，上腹部两周弦纹之间饰四重三角划纹，较潦草。肩部有半圆形竖耳，有穿。腹部为泥条盘筑面成，器壁薄厚不均。口径9.2、腹径15.4、残圈足径8.3、残高14.0厘米（图三二八，2；图版四五，2）。

Ⅲ式　1件。

标本T0804M222：5，直口，平沿，高直颈，溜肩，肩腹分界不明显，腹下部外鼓，最大径在下腹部，圜底，高圈足外侈。肩部有对称的半圆形竖耳，有穿，耳下的圈足上部对应有一孔。颈、肩、腹和圈足饰数周弦纹，上腹部两周弦纹之间饰较规整三重三角划纹。口径13.2、腹径19.5、圈足径12.5、高22.0厘米（图三二八，3）。

14．陶盆

2件。泥质灰陶。可分为两式。

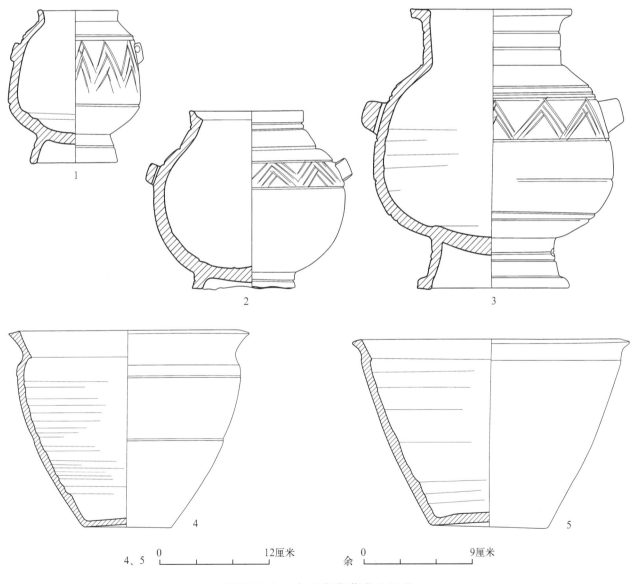

图三二八　大司空墓葬出土陶器

1．Ⅰ式陶壶T0525M108：9　2．Ⅱ式陶壶T0902M221：2　3．Ⅲ式陶壶T0804M222：5　4．Ⅰ式陶盆T1316M168：1　5．Ⅱ式陶盆
T0607M426：2

Ⅰ式 1件。

标本 T1316M168：1，局部呈深灰色。敞口，沿内略内凹，折沿，微束颈，上腹微鼓，深腹，平底。沿内有数周泥条盘筑痕迹，腹部有凹弦纹两周。口径26.4、底径8.8、高20.8厘米（图三二八，4；图版四五，3）。

Ⅱ式 1件。

标本 T0607M426：2，敞口，折沿，斜腹，平底。沿内有泥条盘筑痕迹，腹部有一周凹弦纹和绳纹，绳纹被抹，留有痕迹。口径30.8、底径13.2、高19.6厘米（图三二八，5；图版四五，4）。

二 铜器

（一）铜容器

铜容器的种类较多，有铜圆鼎、铜方鼎、铜甗、铜簋、铜瓿、铜爵、铜方彝、铜尊、铜卣、铜斝、铜罍、铜觯、铜壶、铜盘等。其中多数都出在 T1418M303 中（详见本章第九节，本节中的统计数据未包含 T1418M303 出土遗物）。

1．铜鼎

7件。均为圆鼎，根据其形制可分为三型。

A 型 2件。立耳，口微敛，折沿，方唇，腹部微鼓，圆底，柱足。腹部饰复杂的兽面纹。

标本 T0528M58：4，腹部有六条扉棱，扉棱两侧饰三组兽面纹，三条扉棱作为兽面纹之鼻，另三条扉棱作为三组兽面纹之分界，每组兽面纹外侧各有一对倒立夔龙纹，整体以云雷纹作地。三足上部饰云纹，其下饰蕉叶纹。器腹内壁有一字铭文。出土于棺椁之间。口径18.5、壁厚0.3～0.8、通高24.4厘米，重4.17千克（图三二九，1；图三三〇；彩版六八，1）。

标本 T0802M215：12，锈蚀特别严重，纹饰模糊。腹部有三条扉棱，饰三组兽面纹，以云雷纹作地。腹内壁有二字铭文。出土于棺二层台东北角。口径15.6、通高20.0厘米，重2.21千克（图三二九，2；图三三六，1；彩版六八，2）。

B 型 4件。腹部大部分为素面，仅有简化兽面纹。可分为二式。

B 型 Ⅰ式 1件。腹部较深。

标本 T1613M166：6，直耳，口微敛，折沿，方唇，直腹较深，三柱形足，柱足内侧有凹槽。腹上部有两周凸弦纹，弦纹内有三条扉棱和六个乳丁，组成三组简化兽面纹。鼎内有兽骨。出土于棺北二层台上。口径15.9、壁厚0.4、通高19.1厘米，重1.59千克（图三二九，3；彩版六八，3、4）。

B 型 Ⅱ式 3件。其中2件碎，无法复原。腹部较浅。

标本 T0507M105：6，双立耳稍外斜，口微敛，折沿，方唇，直腹较浅，腹部近底内收，底略平，三柱足较高，足内侧有凹槽。腹上部有一周带状凸起，上有三条扉棱和六个乳凸，组成三组简化兽

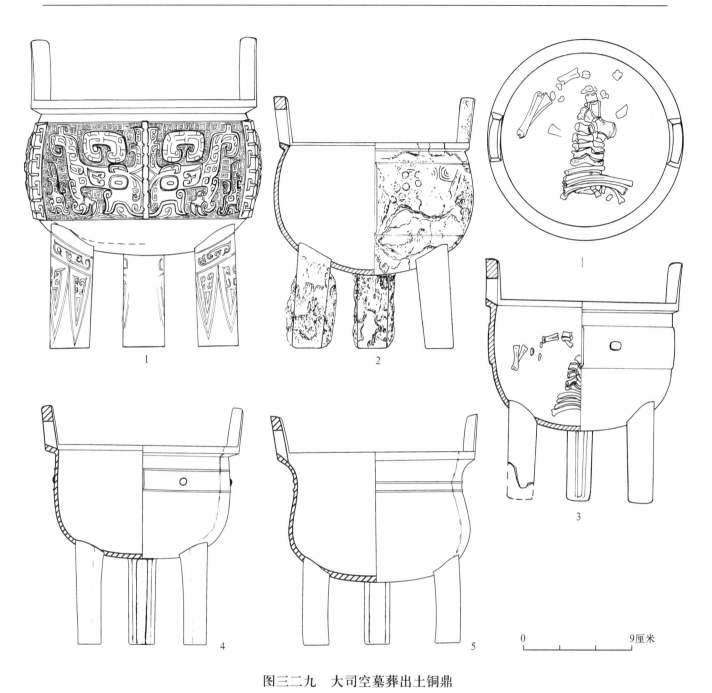

图三二九　大司空墓葬出土铜鼎

1、2. A型T0528M58：4、T0802M215：12　3. B型Ⅰ式T1613M166：6　4. B型Ⅱ式T0507M105：6　5. C型T1312M230：1

面纹。器壁薄，整器范线明显，未做打磨处理。口径15.8、壁厚0.3、通高18.5厘米，重1.21千克（图三二九，4；彩版六九，1）。

C型　1件。

标本T1312M230：1，立耳稍外斜，侈口，卷沿，方唇，束颈，腹较深，下腹微鼓，圆底略平，三柱状足稍内勾，足内侧有凹槽。颈部有两周凸弦纹。器壁较薄，整器范线明显，未做打磨处理。口径16.1、壁厚0.2、通高17.8厘米，重1.23千克（图三二九，5；彩版六九，2）。

0   3厘米

图三三〇　大司空墓葬出土A型铜鼎全形拓本T0528M58：4

2. 铜簋

3件。根据其形制可分为两型。

A型　2件。形制相似，均为无耳簋。侈口，方唇，束颈，下腹微鼓。

标本T0802M215：8，锈蚀严重。高圈足外侈，有座。素面，器表有席纹和布纹。出土于棺二层台西北角内。口径17.5、圈足径11.5、壁厚0.5、高11.7厘米，重1.08千克（图三三一，1；彩版六九，3）。

标本T1312M230：16，锈蚀较严重。矮圈足较直。素面。颈部有绳子捆绑痕迹，推测原来应有布封口。出土时被7号兽骨叠压。口径15.7、圈足径9.2、厚0.7、高8.6厘米。重0.74千克（图三三一，2；彩版六九，4）。

B型　1件。双耳簋。已碎，无法复原。

标本T0601M412：25，残片。质薄，铸造粗糙。侈口，卷沿，有对称双鋬，高圆足外撇。颈饰二道凸弦纹，内填简化兽面纹。

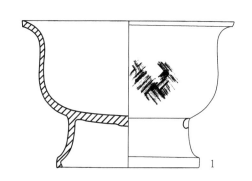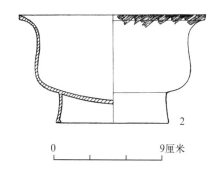

图三三一　大司空墓葬出土铜簋
1、2. A型T0802M215：8、T1312M230：16

3. 铜觚

10件。1件残甚，不辨形制。其他9件觚根据高矮不同分两型。

A型　4件。体高，又可分为二式。

A型I式　2件。体略粗。

标本T0327M444：1，锈蚀严重，喇叭口，颈较粗，腹较直，高圈足，圈足底座较高，圈足上端有十字镂孔。颈上部饰蕉叶纹，内填云雷纹，颈下部饰一周云雷纹，腹、圈足各有四条扉棱，扉棱间饰兽面纹，以云雷纹作地纹，圈足上部有两道凸弦纹。出土于棺南端，口向西，水平放置。口径17.8、圈足径9.5、壁厚0.7、高28.2厘米，重1.79千克（图三三二，1）。

标本T0807M191：1，喇叭口，颈较细，腹微鼓，高圈足，有底座。颈部饰蕉叶纹，内填云雷纹，颈下部饰一周云雷纹，腹、足均有四条扉棱，各饰两组兽面纹，圈足中上部饰一周横向蝉纹，均以云雷纹作地纹，圈足上端饰二周凸弦纹，另有两个十字镂孔。出土于墓主人西侧小腿上。口径16.7、圈足径9.3、壁厚0.6、高28.5厘米，重1.36千克（图三三二，2；彩版七〇，1）。

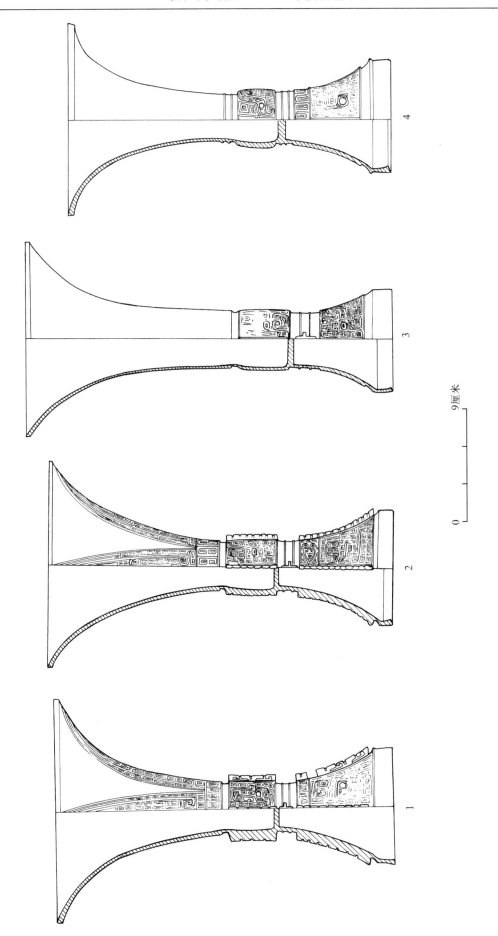

图三三　大司空墓葬出土铜觚

1、2. A型 I 式T0327M444：1，T0807M191：1　3、4. A型 II 式T0802M215：10，T0528M58：6

A 型 II 式　2 件。体稍细。

标本 T0802M215：10，锈蚀较严重。喇叭口，颈较细直，腹较直，平底，高圈足，底座较高。圈足上端有十字形镂孔，腹部有四条扉棱，腹、圈足饰兽面纹，以云雷纹衬地，腹、足间饰二周凸弦纹。出土于棺二层台东北角内。口径 15.6、圈足径 8.1、壁厚 0.7、高 30.1 厘米。重 0.99 千克（图三三二，3，彩版七〇，2）。

标本 T0528M58：6，喇叭口，颈较粗，腹微鼓，高圈足，底座较高。腹、足均饰兽面纹，以云雷纹衬地，腹上有两条扉棱，腹上下各有两道凸弦纹。出土于南部棺椁之间。口径 16.7、圈足径 9.0、壁厚 0.5、高 28.2 厘米，重 1.1 千克（图三三二，4；彩版七〇，3）。

B 型　5 件。体矮，又可分为二式。

B 型 I 式　1 件。

标本 T0206M10：2，喇叭口，颈较细，鼓腹，平底，圈足较矮，有座。除颈下部有一周凸弦纹外，余均素面。出土于棺南端。口径 13.6、圈足径 7.8、壁厚 0.5、高 21.1 厘米，重 0.87 千克（图三三三，1；彩版七〇，4）。

B 型 II 式　4 件。2 件残甚，无法复原。

标本 T1312M230：15，锈蚀严重。体形较小，喇叭口，腹微鼓，圜底，圈足较矮，有底座。素面。出土时被压于 6 号陶罐下。口径 11.9、圈足径 7.1、壁厚 0.6、高 18 厘米，重 0.6 千克（图三三三，2；彩版七〇，5）。

标本 T1312M230：4，锈蚀较严重。体形矮，喇叭口，颈较细，腹外鼓，平底，圈足较低，有座。素面。出土于棺椁之间。口径 12.4、圈足径 7.2、厚 0.6、高 19.5 厘米，重 0.44 千克（图三三三，3；彩版七〇，6）。

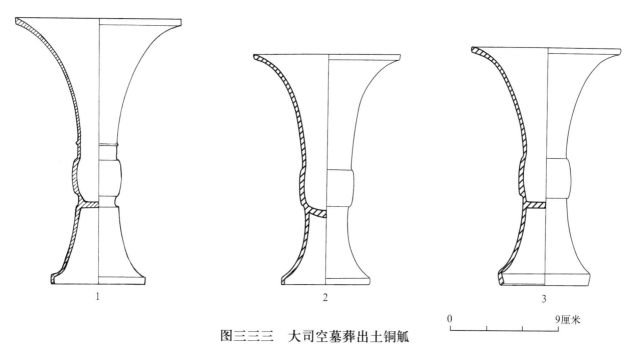

图三三三　大司空墓葬出土铜觚

1. B 型 I 式 T0206M10：2　　2、3. B 型 II 式 T1312M230：15、T1312M230：4

4．铜爵

10件。1件残甚，不辨形制。其他9件根据其形制可分三型。

A型　5件。器形厚重。可分为三式。

A型I式　1件。

标本T0807M191：2，短流，三角形尾上翘，菌状钮，双柱靠近流折处，卵圆形底，半圆形錾，三棱形锥足。柱帽顶部饰圆涡纹，口下饰三角纹，尾下饰蕉叶纹，腹部有三条扉棱，腹饰兽面纹，均以云雷纹填空或作地纹。出土于墓主人小腿骨上。流尾宽17.4、通高20.5厘米，重0.95千克（图三三四，1；彩版七一，1）。

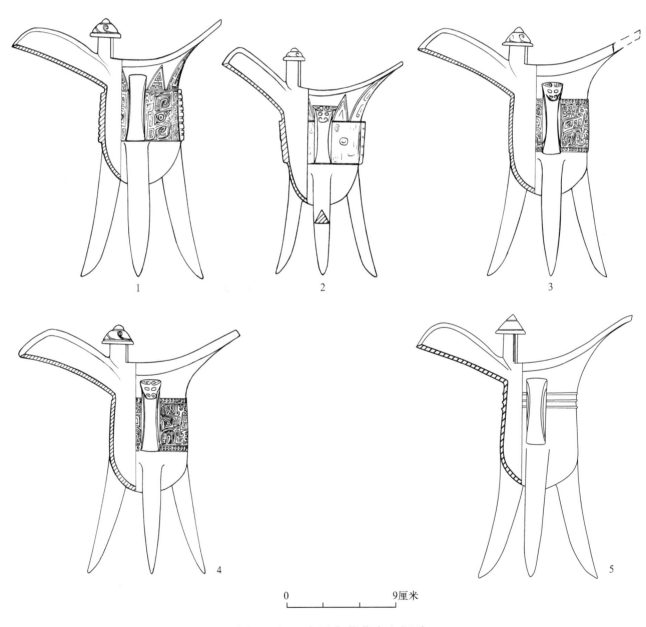

0　　　　　　　　　　9厘米

图三三四　大司空墓葬出土铜爵

1．A型I式T0807M191：2　2．A型II式T0802M215：11　3～5．A型III式T1312M230：2、T1312M230：17、T0528M58：5

A 型 Ⅱ式　1件。

标本 T0802M215：11，锈蚀较严重，纹饰较模糊。流、尾宽短，上翘，菌状柱距流较远，卵形腹，圜底略收，半圆形鋬，三棱形锥足外撇。柱帽顶部饰圆涡纹，鋬上有兽头，口下饰三角纹，尾下饰蕉叶纹，腹部有三条扉棱，腹饰兽面纹，以云雷纹为地纹。出土于棺二层台里。流尾长 14.8、壁厚 0.4、通高 17.9 厘米，重 0.58 千克（图三三四，2；彩版七一，2）。

A 型 Ⅲ式　3件。

标本 T1312M230：2，宽流，宽尾，均上翘，尾末端残，菌状柱距流较远，卵形腹较直，三个锥状足，腹部一侧有一半圆形鋬，另一侧有一条扉棱。鋬上有兽头，腹部饰兽面纹，其上下各饰一周重环纹，以云雷纹衬地。鋬下有铭文二字，锈蚀严重，无法辨识。出土于 7 号兽骨下。流尾残宽 17.0、壁厚 0.7、通高 20.5 厘米，重 0.89 千克（图三三四，3）。

标本 T1312M230：17，锈蚀严重，纹饰较模糊。与 M230：2 形制、纹饰相同，出土于棺椁之间。鋬内有二字铭文。流尾宽 18.4、壁厚 0.5、通高 20.3 厘米，重 0.89 千克（图三三四，4、三三五、三三六，2；彩版七一，3）。

标本 T0528M58：5，短宽流，宽尾上翘，菌状柱帽，柱距流较远，卵形腹，圜底，三棱形锥足，半圆形鋬。腹部饰三周凸弦纹，柱帽顶部饰圆涡纹。流尾宽 17.6、壁厚 0.6、通高 21.0 厘米，重 0.76 千克（图三三四，5；彩版七一，4）。

B 型　3件。质薄，体小。可分为二式。

B 型 Ⅰ式　1件。

标本 T0206M10：3，短宽流，宽尾，流、尾均上翘，菌状柱帽，双柱立于口沿上，距流较远，卵形腹，圜底，三锥状足稍外撇，足较矮，半圆形鋬。腹部饰三周凸弦纹。出土于棺南端。流尾宽 14.4、壁厚 0.5、通高 17.5 厘米，重 0.51 千克（图三三七，1；彩版七一，5）。

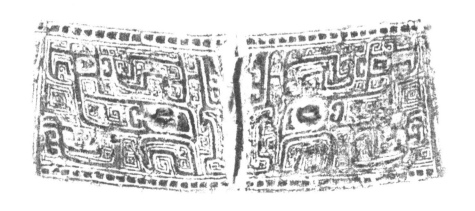

0　　　　　3厘米

图三三五　大司空墓葬出土铜爵 T1312M230：17纹饰拓本

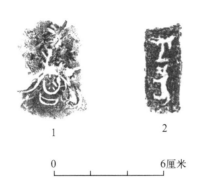

图三三六　大司空墓葬出土铜器铭文拓本
1. T0802M215：12　2. T1312M230：17

B型Ⅱ式　2件。

标本T0601M412：28，短流，尾较平，菌状柱帽，双柱远离流折处，卵形腹较浅，三个锥状足较高，腹部置一半圆形鋬。柱帽顶部饰圆涡纹，腹部饰三周凸弦纹。制作粗糙。流尾宽16.6、壁厚0.5、通高17.5厘米，重0.46千克（图三三七，2；彩版七一，6）。

标本T0601M412：29，宽短流，短尾，菌状柱帽，双柱靠近流折处，卵形腹，圜底，三棱形锥足外撇，半圆形鋬。腹部饰三周凸弦纹，柱帽顶部饰圆涡纹。制作粗糙。流尾宽15.4、壁厚0.6、通高18.6厘米，重0.46千克（图三三七，3）。

C型　1件。

标本T0327M444：2，较厚重，制作精细。流、尾均上翘，菌状柱帽，双柱近流折处，腹部圆鼓，较浅，圜底，三棱形锥足较高且外撇，半圆形鋬。腹部有一周带状凸起，其上饰五组圆涡纹，柱帽顶部也饰圆涡纹。流尾宽20.8、壁厚0.5、通高22.4厘米，重1.42千克（图三三八）。

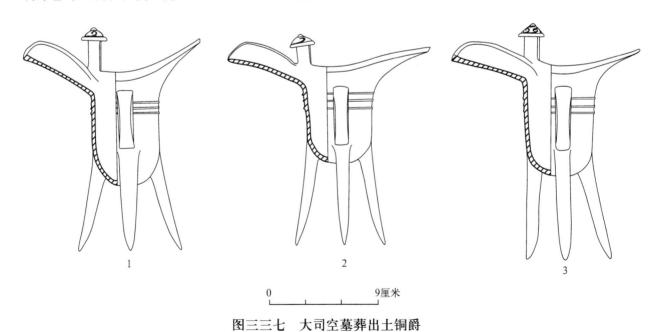

图三三七　大司空墓葬出土铜爵
1. B型Ⅰ式T0206M10：3　2、3. B型Ⅱ式T0601M412：28、T0601M412：29

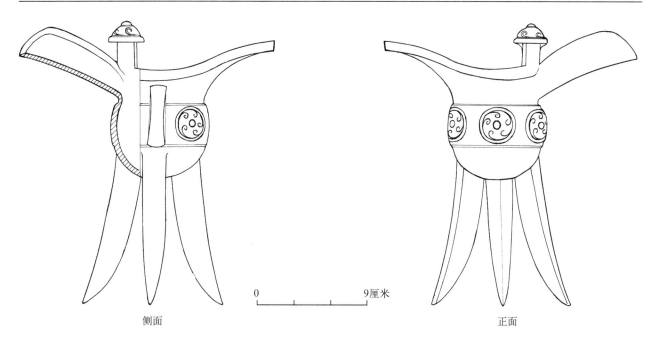

侧面　　　　　　　　　0　　　　　9厘米　　　　　　　　　正面

图三三八　大司空墓葬出土铜爵T0327M444：2

5．铜方彝

1件。

标本 T0327M444：3，体瘦高，无盖，长方形口，平沿，斜腹，平底微凹，长方形圈足，足四面中部各有一缺口。腹、足均有扉棱，口下饰对称鸟纹，腹部饰独立兽面纹，圈足饰夔龙纹，均以云雷纹为地纹。出土于铜觚圈足北侧，口向上。口长 10.2、宽 8.2、壁厚 0.6、圈足长 9.8、宽 7.9、高 13.8 厘米，重 1.45 千克（图三三九、三四〇；彩版七二，1）。

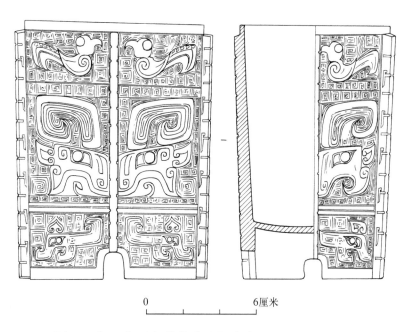

0　　　　　　6厘米

图三三九　大司空墓葬出土铜方彝T0327M444：3

6．铜卣

1件。

标本T0601M412：4，已碎，无法复原。质薄，铸造粗糙。有盖，菌状钮，绹索状提梁。椭圆体，平底，圈足外撇，有座。盖饰二道凸弦纹，内填简化兽面纹。

7．铜尊

1件。

标本T0601M412：40，已碎，无法复原。质薄，铸造粗糙。圆体，敞口，鼓腹，平底，圈足外撇，且有较高圈足座。颈下部和圈足上部各饰一道凸弦纹，腹部饰两组简化兽面纹。

8．铜斝

1件。

标本T0601M412：5，已碎，无法复原。质薄，体瘦，束腰，分裆，三袋足瘦高，足中部较细。

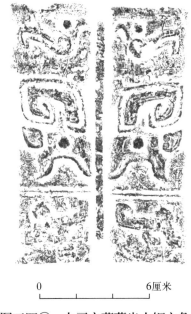

图三四〇　大司空墓葬出土铜方彝
T0327M444：3纹饰拓本

（二）铜兵器

176件。有铜钺、铜戣、铜戈、铜矛、铜镞等，铜戈的数量远多于铜矛。

1．铜钺

1件。

标本T0204M18：10，锈蚀严重，体小，正中有一圆孔，柄部有木朽痕。明器。长6.0、宽2.4～4.5、孔径0.4厘米，重33克（图三四一，1；彩版七二，2）。

2．铜戣

1件。

标本T1615M281：6，锈蚀比较严重。援呈舌状，其上有一圆穿，有中脊，直内，由援本中部挺出，内上有穿。援底部饰兽面纹，以云雷纹作地纹，内后边缘有阴线纹，内填云雷纹。长22.4厘米，重340克（图三四一，2、三四二，1；彩版七二，3）。

3．铜戈

57件。以内的不同分为三型。

A型　10件。直内。以有、无阑又可分为两个亚型。

Aa型　8件。有阑，以阑部变化分五式。

Aa型Ⅰ式　1件。

标本T0309M2：4，完整。三角形直援，较宽短，有上、下阑，长方形内。素面。长22.0厘米，重198克（图三四一，3；彩版七三，1）。

Aa 型 II 式　2 件。形制相似。援较短，下援微弧，有上、下阑，内后有刺，内上有秘朽痕。

标本 T1316M285：1，完整。内前端有秘槽，内后边缘有阴线纹。出土于墓主人头部。长 22.8 厘米，重 268 克（图三四一，4；彩版七三，2）。

标本 T0309M2：3，内末端稍残，锈蚀较严重。出土于腰坑内。长 20.6、援宽 4.6 厘米，重 167 克。

Aa 型 III 式　2 件。形制相似。三角形援较长，下援稍弧，只有下阑，长方形内，内上移近上援。

标本 T1613M166：13，援头残，素面。残长 23.1 厘米，重 179.8 克（图三四一，5；彩版七三，3）。

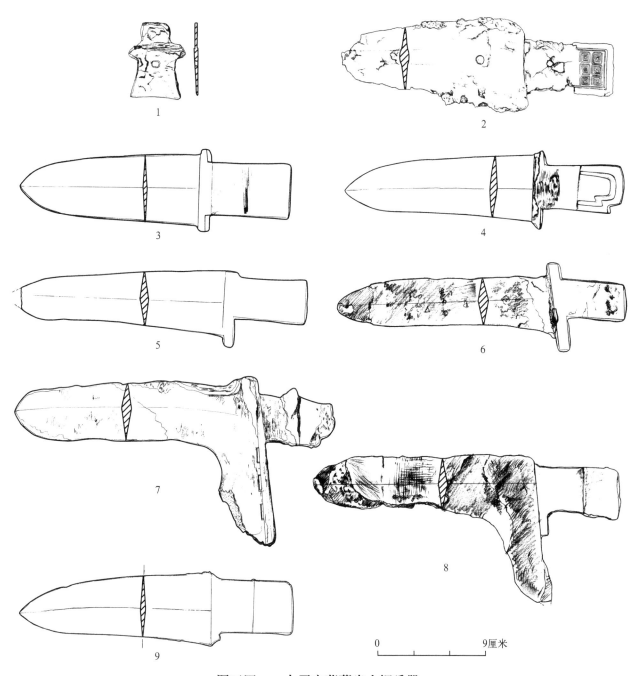

图三四一　大司空墓葬出土铜兵器

1. 铜钺T0204M18：10　2. 铜戣T1615M281：6　3. Aa型 I 式铜戈T0309M2：4　4. Aa型 II 式铜戈T1316M285：1　5. Aa型III式铜戈 T1613M166：13　6. Aa型IV式铜戈T1412M136：1　7、8. Aa型 V 式铜戈T0528M58：9、T0428M423：5　9. Ab型铜戈T0707M356：4

Aa 型Ⅳ式　1 件。

标本 T1412M136：1，完整。三角形援细长，短胡，斜阑，阑上有一穿，内上移至上援，内末端微垂。素面。长 23.7 厘米，重 257.5 克（图三四一，6；彩版七三，4）。

Aa 型Ⅴ式　2 件。长援，有胡，内前端有秘槽，内末端微垂。

标本 T0528M58：9，完整。锈蚀比较严重。胡上有二穿，有上、下阑，内槽内有秘杇痕。通长 26.5、胡长 7.2 厘米，重 327 克（图三四一，7）。

标本 T0428M423：5，完整。胡上有一穿，已残，长方形内，援上有布纹杇痕。出土于棺内墓主人脚上。通长 25.1、胡长 6.4 厘米，重 298 克（图三四一，8；彩版七三，5）。

Ab 型　2 件。形制相似。三角形援，下援微弧，无阑，长方形内，内前有秘痕。

标本 T0707M356：4，完整。长 22.4 厘米，重 187 克（图三四一，9；彩版七三，6）。

标本 T0608M374：3，完整。锈蚀严重，援较宽，内前端有秘槽，秘槽内有杇木。出土于盗坑内。通长 20.8、援宽 5.1 厘米，重 156 克。

B 型　36 件。曲内。以内的不同形制可分为两个亚型。

Ba 型　3 件。内呈弧形弯曲。又可分为二式。

Ba 型Ⅰ式　2 件。形制相似。三角形直援，有上、下阑。内部饰有瑰丽的纹饰。

标本 T0707M356：1，完整。援较宽短，弧形内，内前端有一孔。出土于墓主人头东侧。通长 23.9 厘米，重 214 克（图三四二，2、三四三，1；彩版七三，7）。

标本 T0327M444：14，完整。内前端直，后端弧，有秘槽，秘槽上有一孔，秘槽内有秘杇痕。通长 27.9 厘米，重 353 克（图三四二，3、三四三，2；彩版七三，8）。

Ba 型Ⅱ式　1 件。

标本 T1312M230：12，完整。锈蚀较严重，三角形援较长，下援稍弧，无阑，内前端直，后端弧。素面。残长 31.0 厘米，重 334 克（图三四三，3；彩版七四，1）。

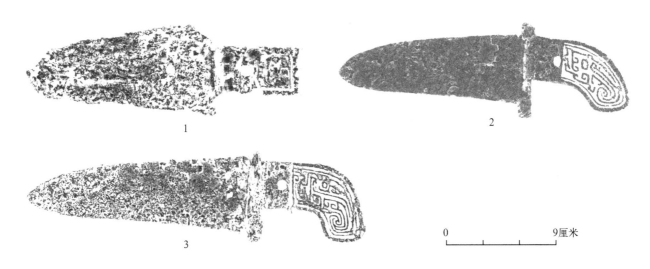

0　　　　　　　　9厘米

图三四二　大司空墓葬出土铜兵器拓本

1. 铜戣T1615M281：6　2、3. Ba型Ⅰ式铜戈T0707M356：1、T0327M444：14

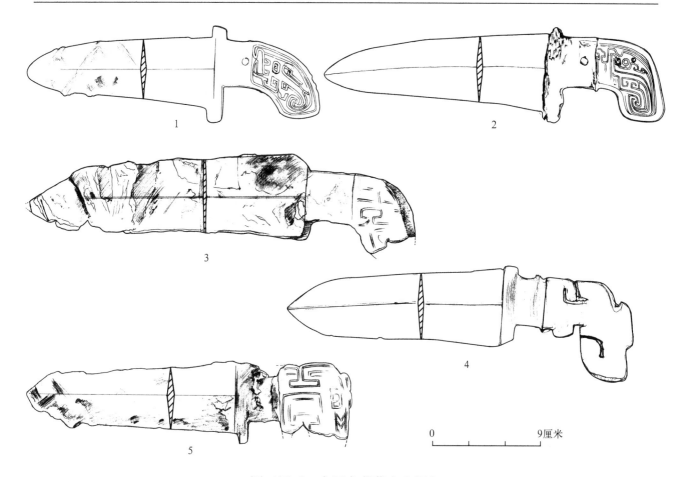

图三四三 大司空墓葬出土铜戈

1、2. Ba型Ⅰ式T0707M356：1、T0327M444：14 3. Ba型Ⅱ式T1312M230：12 4~5. Bb型Ⅰ式T1615M281：3、T1312M230：13

Bb型 33件。歧冠戈。又可分为三式。

Bb型Ⅰ式 3件。体大，且厚重。长援，有上、下阑，内前端有柲槽，后端作鸟冠形。实用器。

标本T1615M281：3，完整，锈蚀比较严重。通长28.2厘米，重332.8克（图三四三，4）。

标本T1615M281：8，援中部残。锈蚀严重，纹饰模糊。残长16.0厘米，重287.4克。

标本T1312M230：13，完整。锈蚀比较严重。柲槽内有柲朽痕，援上有布纹痕。通长26.4厘米，重273克（图三四三，5）。

Bb型Ⅱ式 18件。形制相似。体小，质较轻薄，铸造较粗糙。援尖呈三角形，内呈方钩形，上、下出阑。素面。明器。

标本T0206M10：9，完整。通长22.3厘米，重76.5克（图三四四，1；彩版七四，2）。

标本T1313M85：1，完整。通长22.3、援宽4.4厘米，重77.8克。

标本T1514M278：7，完整。通长22.7厘米，重87.3克（图三四四，2）。

标本T1514M278：8，完整，出土于腰坑东侧。通长22.8厘米，重83克。

标本T1614M279：7，完整。通长22.7厘米，重80.7克（图三四四，3；彩版七四，3）。

Bb型Ⅲ式 12件。形制相似。体较大，质轻薄，铸造粗糙。为明器。三角形援较长，无阑，内

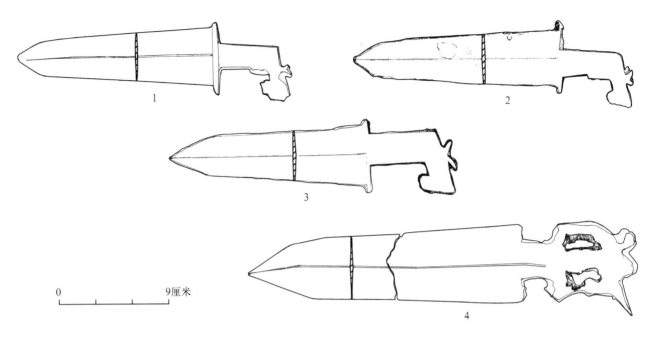

0　　　　　　9厘米

图三四四　大司空墓葬出土铜戈

1～3. Bb型Ⅱ式T0206M10：9、T1514M278：7、T1614M279：7　4. Bb型Ⅲ式T0601M412：35A

后端作鸟首形。

标本T0802M215：1，完整，锈蚀较严重。出土于墓主人胸部。通长31.9厘米，重109克。

标本T0601M412：35A，完整。鸟尖喙，援上有中脊。通长30.8厘米，重136.6克（图三四四，4；彩版七四，4）。

标本T0601M412：35B，稍残，援上有中脊。残长32.0厘米，重133克。

标本T0601M412：35C，尖部残，援上有中脊。残长31.0厘米，重138.9克。

标本T0601M412：35D，稍残，援上有中脊。残长31.0厘米，重133.8克。

C型　11件。銎内戈，均为实用器。可分为二式。

C型Ⅰ式　10件。体厚重。三角形直援较宽短，内前部有銎，銎口呈椭圆形，銎和援上有中脊，内后端直，銎内常见有朽木痕。

标本T0321M457：3，完整，出土于脚旁。銎口径1.8～2.6、通长19.8厘米，重248.5克（图三四五，1；彩版七四，5）。

标本T0327M444：11，完整，锈蚀较严重，銎上端有铜帽。铜帽高1.6、帽径1.8～2.6、銎口径1.7～3.0、通长20.4厘米，重287.5克（图三四五，2）。

标本T0303M62：1，完整。援局部有席纹，出土于墓主人左股骨上。銎口径1.8～2.6、通长21.5厘米，重306.3克（图三四五，3）。

标本T0525M108：1，完整，锈蚀较严重。通长20.7、援宽5.1、銎口径1.8～2.8厘米，重308克（彩版七四，6）。

标本T0904M220：6，通长20.2、援宽5.0、銎口径2.7～2.3厘米，重332克（彩版七四，7）。

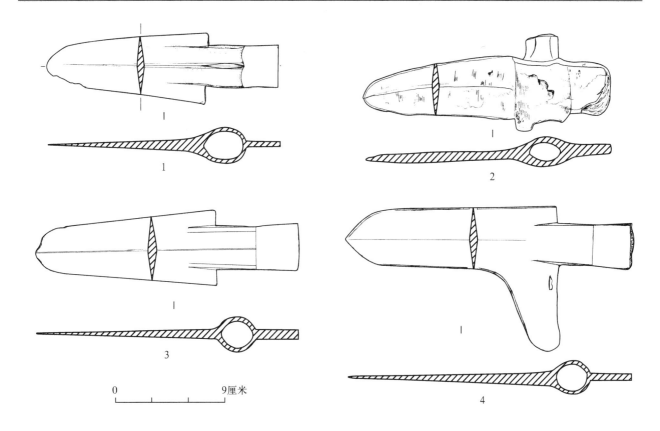

0 ——————— 9厘米

图三四五　大司空墓葬出土铜戈

1～3. C型Ⅰ式T0321M457：3、T0327M444：11、T0303M62：1　4. C型Ⅱ式T0605M396：3

标本 T0327M444：15，锈蚀严重，銎表面有席纹朽痕。出土于棺内西侧中部。通长 24.0、援宽 5.9、銎口径 1.4～2.2 厘米，重 267.4 克。

标本 T0327M444：7，锈蚀严重，出土于棺内。通长 27.0、援宽 6.5、銎口径 1.5～2.2 厘米，重 349.8 克。

C型Ⅱ式　1件。

标本 T0605M396：3，完整。三角形援，有胡，胡上一穿，有銎，内略呈梯形，前窄后宽。素面。出土于墓主人脚上。胡长 5.9、銎口径 1.6～2.4、通长 23.6 厘米，重 333 克（图三四五，4；彩版七四，8）。

4．铜矛

30件。可分为三式。

Ⅰ式　2件。完整。形制相似。质较厚重。骹口呈菱形，骹部较长，矛叶呈亚腰形，叶底有双孔，叶面上有圆角三角形内凹。素面。

标本 T0206M10：10，骹口宽 2.0～2.3、通长 20.4 厘米，重 167 克（图三四六，5；彩版七五，1）。

标本 T0206M10：13，尖部卷起。骹口宽 2.2～3.5、通长 20.0 厘米，重 158 克。

Ⅱ式　2件。形制相似，骹口呈菱形，骹部较短，骹下无内凹。矛叶呈亚腰形，叶底有双孔。素面。

标本 T1613M166：7，完整。骹口宽 1.6～1.7、通长 21.5 厘米，重 129.4 克（图三四六，4；

彩版七五，2）。

Ⅲ式　26件。形制相似。质较轻薄，铸造粗糙，骹口呈椭圆形，短骹，矛叶呈亚腰形，叶底有双孔。素面。明器。

标本T1312M230：14，完整，锈蚀严重。素面。残长18.6厘米，重88.7克。

标本T1316M298：6，完整，体小。骹口径0.7～1.5、通长14.3厘米，重45克（彩版七五，3）。

标本T1316M298：7，体小，矛尖残。骹口径1.1～2.2、残长11.8厘米，重43克（图三四六，6）。

标本T0706M455：3，完整，体较长。骹口径1.1～1.9、通长23.9厘米，重127克（图三四六，7）。

5. 铜镞

87件。形制相似，双翼形。大小略异。

标本T0608M374：10，完整。较大，挺部有朽木痕。通长7.1厘米，重23克（图三四六，1）。

标本T1514M278：11，完整。体小，长挺，翼较宽。通长5.4厘米，重5克（图三四六，2）

标本T0601M412：30，完整。体小，质薄，短挺，翼较宽。通长5.0厘米，重5克（图三四六，3）。

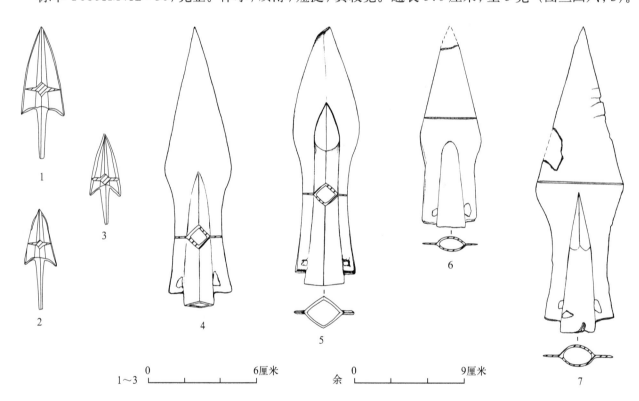

1　　　　3　　　　2　　　　4　　　　5　　　　6　　　　7

0　　　　　6厘米
1～3

0　　　　　9厘米
余

图三四六　大司空墓葬出土铜矛与铜镞

1～3. 铜镞T0608M374：10、T1514M278：11、T0601M412：30　4. Ⅱ式铜矛T1613M166：7　5. Ⅰ式铜矛T0206M10：10　6、7. Ⅲ式铜矛T1316M298：7、T0706M455：3

（三）铜工具

18件。有铜刀、铜铲、铜锛、铜凿等。

1. 铜刀

7件。其中1件只有刀柄部，根据不同形制可分三型。

A 型　2 件。形制相似，拱背，弧刃。

标本 T0702M182：3，完整。刃宽 2.4、柄长 5.7、通长 17.7 厘米，重 47 克（图三四七，1；彩版七五，4）。

标本 T0701M187：1，柄残。刃宽 2.0、残长 11.7 厘米，重 29 克（图三四七，2）。

B 型　1 件。

标本 T0528M58：13，背微拱，环首，直刃，直柄。刃宽 2.4、通长 18.2 厘米，重 59 克（图三四七，3；彩版七五，5）。

C 型　3 件。背微拱，环首，直柄，直刃，翘尖。

标本 T0601M412：13，刃宽 2.8、通长 18.4 厘米，重 63 克（图三四七，4；彩版七五，6）。

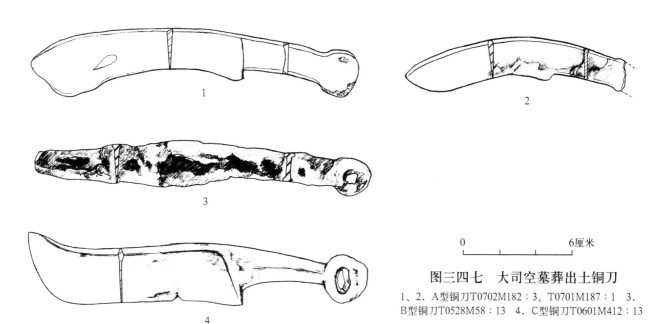

图三四七　大司空墓葬出土铜刀

1、2. A 型铜刀 T0702M182：3、T0701M187：1　3. B 型铜刀 T0528M58：13　4. C 型铜刀 T0601M412：13

2．铜铲

1 件。

标本 T1518M400：25，锈蚀比较严重。铲身近梯形，平刃，长直柄，长方形銎，銎口有箍。柄銎口长 4.0、銎口宽 2.1、刃宽 8.8、通长 12.2 厘米，重 129 克（图三四八，1；彩版七五，7）。

3．铜锛

7 件。根据不同形制为三型。

A 型　1 件。

标本 T1316M294：1，銎呈椭圆形，銎口外有二条箍，双面弧刃，刃宽于銎。銎口长 1.8～3.25、刃宽 4.7、通长 9.2 厘米，重 173 克（图三四八，2；彩版七六，1）。

B 型　1 件。

标本 T1518M400∶26，銎呈半椭圆形，銎口外有一条箍，箍下有二个斜刺，其一残。正面弧，反面平，单面弧刃，刃宽于銎。表面上部饰兽面纹，其下有一道凸弦纹，再下为三角纹。銎口长 5.3、銎口高 1.2、刃宽 6.95、通长 12.9 厘米，重 233 克（图三四八，3、三四九；彩版七六，2）。

C 型　5 件。形制相似，大小略异。扁长方形，銎略呈梯形，有的銎内有朽木，单面平刃。

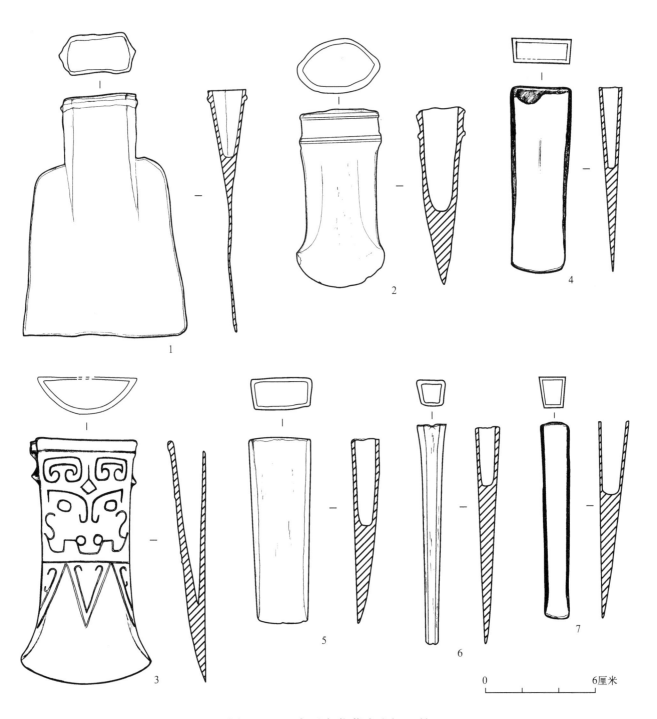

图三四八　大司空墓葬出土铜工具

1．铜铲T1518M400∶25　　2．A型铜锛T1316M294∶1　　3．B型铜锛T1518M400∶26　　4、5．C型铜锛T0603M314∶1、T0601M412∶37
6．A型Ⅰ式铜凿T0603M314∶4　　7．A型Ⅱ式铜凿T0601M412∶14

标本 T0603M314：1，表面饰简化兽面纹。銎口长 3.2、銎口宽 1.4、刃宽 2.8、通长 9.6 厘米，重 118 克（图三四八，4；彩版七六，3）

标本 T0601M412：37，銎口长 3.1～3.3、銎口宽 1.7、刃宽 2.7、通长 9.8 厘米，重 104 克（图三四八，5；彩版七六，4）。

4．铜凿

3 件。其形制与车马坑内出土的 A 型铜凿相似。可分两式。

A 型 I 式　1 件。

标本 T0603M314：4，体细长，銎呈梯形，单面刃较窄。銎口长 1.4、銎口宽 1.1～1.5、刃宽 0.7、通长 11.7 厘米，重 42 千克（图三四八，6；彩版七六，5）。

A 型 II 式　2 件。体较短，銎呈梯形，单面刃较宽。

标本 T0601M412：14，銎上端一侧有一长方形孔，插辖固定凿柄。銎口长 1.7、銎口宽 1.1～1.4、刃宽 1.25、通长 10.2 厘米，重 58 千克（图三四八，7；彩版七六，6）。

（四）铜车马器

566 件。有铜策、铜 U 形器、铜泡等。

1．铜策

1 件。

标本 T0608M374：2，锈蚀较严重，圆形，长管状。长 22.7、管径 1.4 厘米，重 122.4 克（图三五〇，1；彩版七六，7）。

2．铜U形器

1 件。

标本 T0204M18：20，只残存 U 形器一小段，上有一方孔和一长钉齿。残长 2.3、宽 1.8、钉齿高 2.6 厘米，重 12.4 克（图

图三四九　大司空墓葬出土铜锛
T1518M400：26纹饰拓本

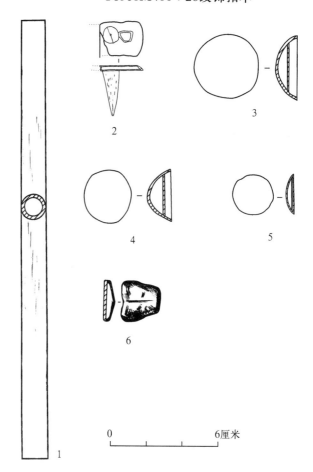

图三五〇　大司空墓葬出土铜车马器

1．铜策T0608M374：2　2．铜U形器T0204M18：20　3～5．A型铜泡T0204M18：19、T0204M18：22、T0101M31：8　6．B型铜泡T0101M31：9

三五〇, 2)。

3. 铜泡

564枚。可分两型。

A型　555枚。形制相似,大小不同,圆形,正面弧,背面有一穿。

标本 T0204M18：19,体较大,正面弧起较高。直径3.5厘米,重13.4克(图三五〇,3；彩版七六,8左1)。

标本 T0204M18：22,体较小,正面弧起较高。直径2.6厘米,重13克(图三五〇,4；彩版七六,8左2)。

标本 T0101M31：8,体小,正面拱起低,近平。直径2.1厘米,重2.2克(图三五〇,5；彩版七六,8右2)。

B型　9枚。形制相似,大小略异,兽面形。

标本 T0101M31：9,高2.0、宽1.3～2.1厘米,重5克(图三五〇,6；彩版七六,8右1)。

(五) 其他

铜铃

38件。铃身作扁筒状,铃口呈椭圆形。根据有无扉棱分为两型。

A型　11件。无扉棱,鼻下封顶,有铃舌。

标本 T0528M58：1,锈蚀严重,铃身较长。出土于殉狗头骨下。口径3.6～5.0、高7.6厘米,重99克(图三五一,1)。

标本 T1518M400：23,铃身较小,铃口呈弧形。口径3.4～5.0、高6.0厘米,重47.8克(图三五一,2；彩版七七,1)。

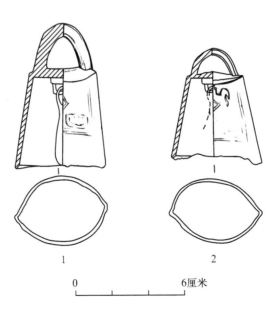

0　　　　　　　　　6厘米

图三五一　大司空墓葬出土A型铜铃

1. T0528M58：1　2. T1518M400：23

标本 T1418M225：21，稍残，体较细长，锈蚀严重。顶内侧有一环，内衔铃舌。出土于墓葬填土内。口径 2.7～3.7、通高 5.6 厘米，重 43 克。

标本 T1316M301：2，器体较大，锈蚀严重。铃身残。出土于墓室二层台上。重 183 克。

标本 T1518M400：21，稍残，顶内侧有一环，内衔铃舌。器身表面有一圆孔。径口 3.1～4.4、通高 6.1 厘米，重 48.7 克。

标本 T1518M400：22，锈蚀较严重。顶内侧有一环，内衔棒槌形铃舌。素面。口径 3.1～4.5、通高 5.7 厘米，重 43.5 克（彩版七七，2、3）。

标本 T0601M412：2，锈蚀严重，表面粘有布纹。出土于墓葬填土中。口径 2.6～4.0、通高 6.2 厘米，重 63.7 克。

标本 T0623M423：4，锈蚀严重，顶内侧有一环，内衔铃舌。口径 3.4～4.1、通高 5.7 厘米，重 64.9 克。

标本 T0706M455：01，体细长，锈蚀严重，底边较平，顶内侧有一环，内衔铃舌。出自盗土中。口径 2.9～3.5、通高 6.4 厘米，重 58.8 克。

B 型　27 件。铃两侧有扉，扉尖外侈，鼻下不封顶，部分铃舌为木质，用绳子挂于鼻上。

标本 T0327M444：4，锈蚀严重，铃身较长。口径 3.2～4.0、通高 6.1 厘米，重 78 克（图三五二，1）。

标本 T1516M286：3，铃身较短。口径 2.4～4.0、通高 5.1 厘米，重 31.4 克（图三五二，2；彩版七七，4）。

标本 T0206M10：11，锈蚀严重。铃口变形。出土于墓葬腰坑内。重 68.4 克。

标本 T0206M10：12，稍残，器身较厚重，较肥胖。铃体两侧扉棱较短，铃舌上端有一圆孔，便于栓绳，悬挂于铃鼻上。素面。出土于腰坑内。口径 3.1～4.9、通高 6.8 厘米，重 79.7 克（彩版七七，5 左 1）。

标本 T1313M85：01，体较大，锈蚀严重。铃舌上端有一圆孔，便于拴绳，悬挂于铃鼻上。素面。

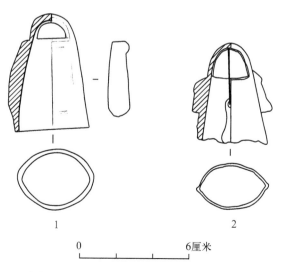

图三五二　大司空墓葬出土 B 型铜铃
1. T0327M444：4　2. T1516M286：3

口径3.3～4.8、通高6.4厘米，重63.2克（彩版七七，5右2）。

标本T1316M168：2，体较大，稍残，锈蚀严重。鼻顶端有绳子绑缚朽痕。口径4～4.9、通高6.9厘米，重78.5克（彩版七七，5左2）。

标本T1315M172：5，身短，鼻高，鼻顶端有绳子绑缚朽痕，素面。出土于墓葬北二层台上。口径2.5～3.3、通高4.4厘米，重18.7克（彩版七七，5右1）。

标本T1316M294：02，锈蚀严重，器身残。出土于墓葬填土中。重79.8克。

标本T1316M301：12，体形较小，素面。出土于墓葬腰坑内。口径3.1～3.9、通高5.0厘米，重26.4克。

三　铅器

10件。有铅容器、铅兵器等。

（一）铅容器

6件。有铅鼎、簋、瓠、爵、尊、卣等，均出自T1418M225。质薄，铸造粗糙。皆碎，无法复原。仅能根据碎片的特征来判断其器形，但无法确知其具体器形特征。

1．铅鼎

标本T1418M225：12，仅辨认出2只鼎耳。直耳，呈倒U形。

2．铅簋

标本T1418M225：13，仅辨认出1鋬。半环形，内侧有泥芯。

3．铅瓠

标本T1418M225：25，仅辨认出瓠的腹底部。腹较粗，平底。

4．铅爵

标本T1418M225：26，仅辨认出2只足。足截面呈三棱形。

5．铅尊

标本T1418M225：18，仅辨认出尊的腹部一小段。腹微鼓，平底。腹部饰2组兽面纹。器底有明显的垫片痕迹（彩版七八，1、2）。

6．铅卣

标本T1418M225：14，仅辨认出卣盖及肩部两耳。椭圆形盖，顶有菌状钮，两耳为半环形。

（二）铅兵器

4件。有铅戈、铅矛等。

1．铅戈

3件。1件残甚，不辨型式。另2件形制相似，大小不同，形制同青铜戈的Bb型Ⅱ式相近。

标本 T0527M373：3，援有中脊。通长 21.5 厘米，重 110 克（图三五三，1；彩版七八，3）。

标本 T1512M155：6，体细长，质薄，援中脊简化为一道凸弦纹。骹部饰对称夔纹。通长 16.5 厘米，重 18.7 克（图三五三，2；彩版七八，4）。

2．铅矛

1 件。

标本 T1418M225：11，体较宽，质薄，铸造粗糙，形制同青铜矛的第Ⅲ式。通长 18.6 厘米，重 18.8 克（图三五三，3；彩版七八，5）。

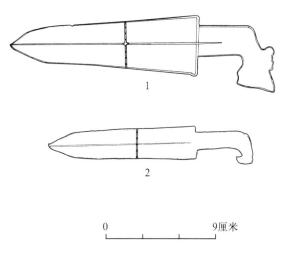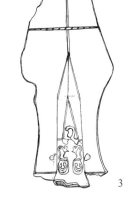

0 _____ 9厘米

图三五三　大司空墓葬出土铅戈、铅矛

1、2. 铅戈T0527M373：3、T1512M155：6　3. 铅矛T1418M225：11

四　玉、石器

（一）玉器

15 件。有玉璧、玉环、玉钺、玉管、玉饰等。

1．玉璧

2 件。

标本 T1514M278：10，青绿色。扁平，边缘稍残。素面。出土于腰坑内。直径 10.1、孔径 4.6、厚 0.55 厘米（图三五四，1、三五五，1；彩版七九，1）。

标本 T0204M21：1，墨绿色，扁平，边缘稍残，较厚。素面。出土于墓主人左腰部。直径 4.5、孔径 1.1、厚 0.5 厘米（图三五四，2、三五五，3；彩版七九，2）。

2．玉环

1 件。

标本 T0327M444：13，亚白泛青灰色。十分规整，研磨精细，孔缘两面有领，器表及孔壁留有纤细的旋切同心圆痕迹。出土于墓主人右腹下，平置。直径9.3、孔径5.9、领高0.6、厚0.2厘米（图三五四，3、三五五，2；彩版七九，3）。

3. 玉钺

1件。

标本T1215M126：01，较透明，墨绿色。长方形，下端有刃。长5.3、宽3.3、厚0.4厘米（图

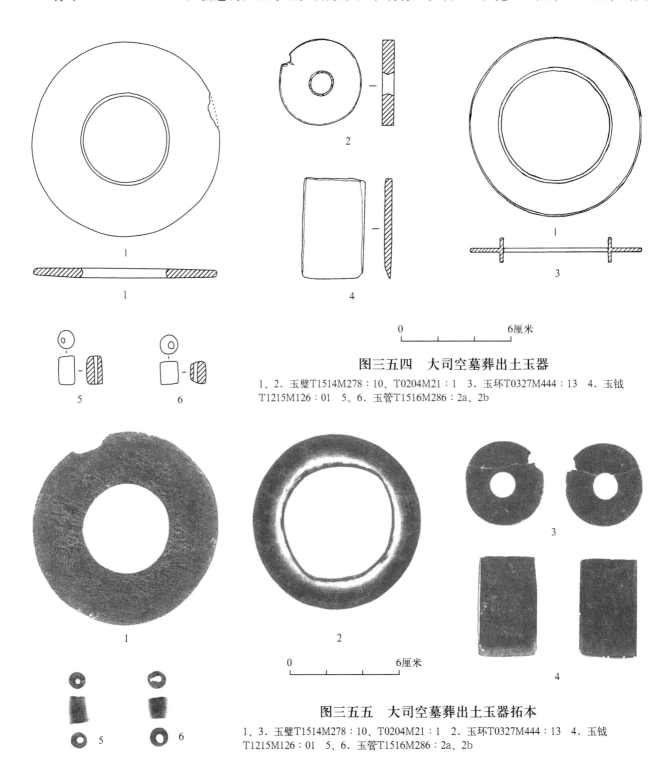

0　　　　　　　6厘米

图三五四　大司空墓葬出土玉器

1、2. 玉璧T1514M278：10、T0204M21：1　3. 玉环T0327M444：13　4. 玉钺
T1215M126：01　5、6. 玉管T1516M286：2a、2b

0　　　　　　　6厘米

图三五五　大司空墓葬出土玉器拓本

1、3. 玉璧T1514M278：10、T0204M21：1　2. 玉环T0327M444：13　4. 玉钺
T1215M126：01　5、6. 玉管T1516M286：2a、2b

三五四，4、三五五，4；彩版七九，4）。

4．玉管

2件。均为灰白色，圆柱形。

标本T1516M286：2a，较长，圆柱两端不平，圆孔纵贯器体中部。素面。长1.5、直径0.9厘米（图三五四，5、三五五，5；彩版七九，5左）。标本T1516M286：2b，较短，中间有孔。长1.1、直径1.0厘米（图三五四，6、三五五，6；彩版七九，5右）。

5．玉饰

9件。

标本T0204M19：5，青灰色泛白，扁圆状。出土于墓主人口内，应是口含类器物。直径2.9～3.2、高0.9厘米（图三五六，1；彩版八〇，1）。

标本T0204M19：3，脆绿色，圆柱体。直径2.6、高2.9厘米（图三五六，2；彩版八〇，2）。

标本T0605M447：1，青绿色，泛白。长条形，一棱成弧状，表面有打磨痕迹。素面。出土于墓主口内。长4.0、宽1.0、高1.4厘米（图三五六，3；彩版八〇，3）。

标本T0807M442：7，墨绿色，微泛白。鱼形，片状，一端有一小圆孔。长4.1厘米（图三五六，4、三五七，1；彩版八〇，4）。

标本T0807M442：6，亚白色，局部泛青灰色。呈半圆形，一端有两小孔。长5.3、宽1.4厘米（图三五六，5、三五七，3；彩版八〇，5）。

标本T1412M297：2和T1412M297：3，可拼接在一起。亚白色。扁平，虫形，其下有数条足，头与虫身中部各有一孔。出土于墓主人右胸上，应是佩饰。原应是1件，断裂后改制成2件佩饰使用。通长8.5、宽1.4、厚0.2厘米（图三五六，6、7、三五七，4、5；彩版八〇，6）。

标本T0204M19：4，绿色。圆柱形，中部有钻孔，未透。长1.4、孔径0.5厘米（图

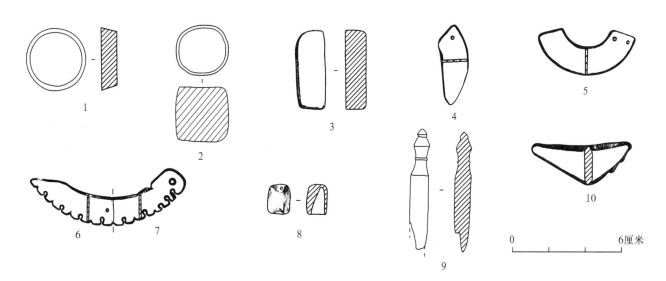

图三五六　大司空墓葬出土玉器

1～10．玉饰T0204M19：5、T0204M19：3、T0605M447：1、T0807M442：7、T0807M442：6、T1412M297：2和T1412M297：3、T0204M19：4、T1417M235：1、T0206M10：14

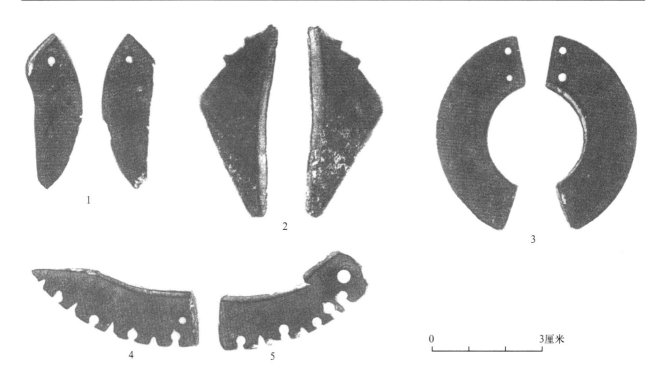

图三五七　大司空墓葬出土玉器拓本

1～5．T0807M442：7、T0206M10：14、T0807M442：6、T1412M297：2和T1412M297：3

三五六，8；彩版八〇，7）。

　　标本 T1417M235：1，灰白色。呈圆锥形，下部残，上部似一大一小菌状钮叠加而成，束颈。颈中有一条凸弦纹。出土于墓主人口内。长 6.3、直径 0.9 厘米（图三五六，9；彩版八〇，8）。

　　标本 T0206M10：14，白色泛墨绿。片状成直角三角形，一角边出两个台。出土于墓主人口内，应为口含。通长 5.2 厘米（图三五六，10、三五七，2；彩版八〇，9）。

　　（二）石器

　　36 件。有石璋、石圭、石璜、石铲、石刀、石磨石、石饰等。

　　1．石璋

　　共 25 件。其中 T0628M34 出土 3 件，T1518M400 出土 22 件。均由大理石磨制而成。形制相似，呈长条状，中脊厚，边缘薄，前端有尖，后端多有一小孔，有的后端略收。

　　标本 T1518M400：02，亚白色。体窄，较厚，后端稍残。残长 15.2、宽 3.0 厘米（图三五八，1；彩版八一，1）。

　　标本 T1518M400：03，亚白色泛黄。后端残，体窄长。残长 12.7、宽 2.4 厘米（图三五八，2；彩版八一，2）。

　　标本 T1518M400：04，灰色，局部泛白。完整，体窄，较薄，后端中部有一圆孔。长 14.2、宽 3.0 厘米（图三五八，3；彩版八一，3）。

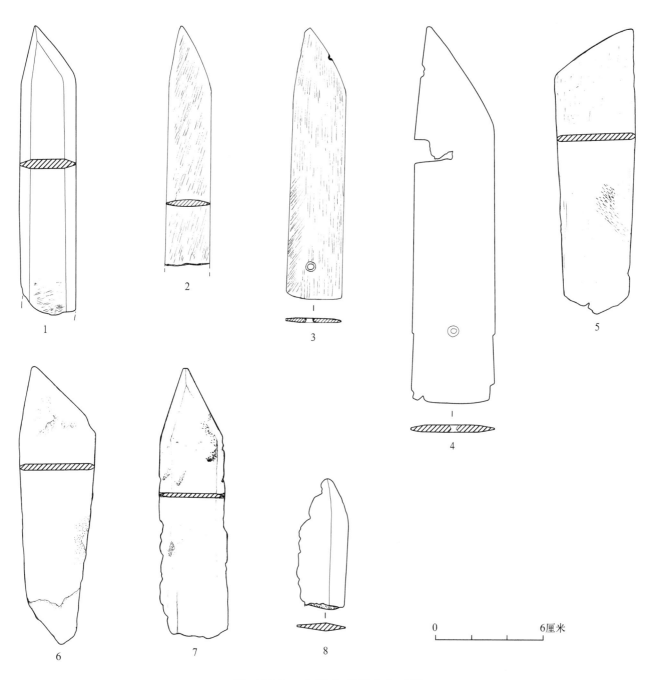

图三五八　大司空墓葬出土石器

1～6. 石璋T1518M400：02、T1518M400：03、T1518M400：04、T1518M400：09、T0628M34：1、T0628M34：2　7、8. 石圭T0204M19：2、T1412M154：6

标本 T1518M400：09，亚白色泛黄。稍残，体宽，后端出台，现内部，内中部有一两面钻圆孔。长 20.0、宽 4.5 厘米（图三五八，4）。

标本 T0628M34：1，亚白色。前宽后窄，后端残。长 14.6、宽 4.1 厘米（图三五八，5；彩版八一，4）。

标本 T0628M34：2，亚白色。前宽后窄，较厚，后端残。长 15.1、宽 3.5～4.3 厘米（图三五八，6；彩版八一，5）。

2．石圭

共2件。由大理岩磨制而成，呈长条薄片状。

标本T0204M19：2，亚白色，杂质较大。前端有尖，中部略厚，边缘开刃。长14.1、宽3.4厘米（图三五八，7；彩版八一，6）。

标本T1412M154：6，亚白色。前端有尖，中部起脊，边缘开刃。长6.7、宽2.5厘米（图三五八，8；彩版八一，7）。

3．石璜

1件。由大理石磨制而成。

标本T0204M19：12。亚白色。两端有孔，一孔残。长6.9、宽2.4、厚0.3厘米（图三五九，1；彩版八一，8）。

4．石铲

2件。出自T0327M444、T0607M426。由大理石磨制而成。

标本T0327M444：16，黑色。略呈扁平梯形，上端稍窄，有孔，孔为两面钻，下端稍宽，有刃，刃为两面磨制而成。长12.3、宽5.4～6.1、孔直径0.5～1.5、厚2.0厘米（图三五九，2）。

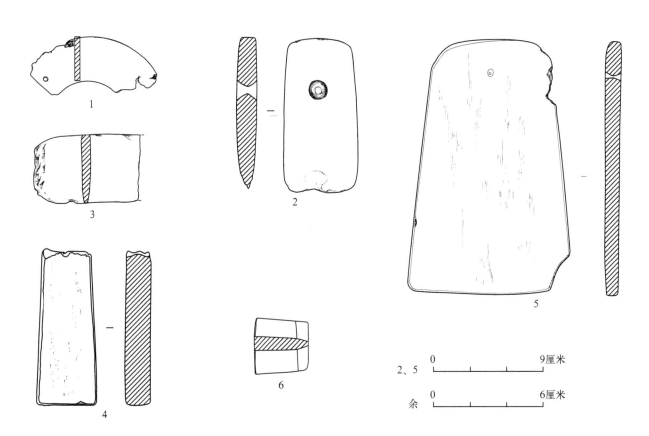

图三五九　大司空墓葬出土石器

1. 石璜T0204M19：12　2. 石铲T0327M444：16　3. 石刀T0607M426：3　4. A型磨石T0706M455：6　5. B型磨石T0608M374：1
6. 石饰T1518M400：1

5．石刀

1 件。

标本 T0607M426：3，黑灰色。残，由大理石磨制而成，扁平长方形，两面刃。残长 5.7、宽 3.8、厚 0.7 厘米（图三五九，3）。

6．磨石

4 件。T1518M400、T0528M309、T0706M455、T0608M374 各出 1 件。由砂岩磨制而成，可分两型。

A 型 3 件。均残，长条状，上端略窄于下端，有的上端有孔。

标本 T0706M455：6，浅褐色。上端有两面对钻孔。残长 8.1、宽 2.6～3.2、厚 1.2 厘米（图三五九，4）。

B 型 1 件。

标本 T0608M374：1，深褐色。稍残，体大，呈扁平梯形，上端两角呈圆弧状，上端有两面对钻孔，与铜策（M374：2）共出，当为车马器。长 20.2、宽 10.0～13.1、厚 1.4、孔径 0.4 厘米（图三五九，5）。

7．石饰

1 件。由大理岩磨制而成。

标本 T1518M400：1，亚白泛黄。扁平梯形，一端磨制较薄，但无刃，似嵌入另一物体中。与石璋共出，用途不详。长 2.8、宽 3.0、厚 0.7 厘米（图三五九，6）。

五 骨、牙器

（一）骨器

51 件。有骨匕、骨管、骨签、骨"琴拨"、骨钉、骨镞、骨弓末饰、骨片饰、骨饰等。

1．骨匕

4 件。T0707M356、T1415M302、T1613M166、T0802M213 各出 1 件。

标本 T1415M302：4，用大型动物腿骨制成。略呈片状长方形，两端较宽，束腰。表面髹红漆，通体光滑。长 21.5、宽 4.4～6.7 厘米（图三六〇，1；彩版八二，1）。

标本 T1613M166：14，用牛或马的肋骨制成。略呈片状长条形，下端残。通体光滑，表面髹红漆。长 32.1、宽 2.2～2.8 厘米（图三六〇，2；彩版八二，2）。

标本 T0802M213：2，用牛或马的肋骨制成。呈片状长条形，上端有一圆孔，可穿绳。通体光滑。长 21.3、宽 2.7～4.0 厘米（图三六〇，3；彩版八二，3）。

2．骨管

1 件。

标本 T0802M213：1，圆形，中空，稍弯。表面刻划菱形雷纹。与多根骨签共出，很可能就是盛装骨签的用具。长 11.0、孔径 1.6～1.8 厘米（图三六〇，4；彩版八二，4）。

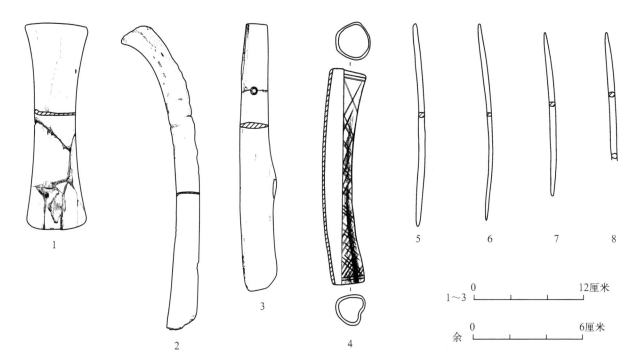

图三六〇　大司空墓葬出土骨器

1～3. 骨匕T1415M302：4、T1613M166：14、T0802M213：2　4. 骨管T0802M213：1　5～8. 骨签T0802M213：6、T0802M213：5、T0802M213：4、T0802M213：3

3. 骨签

4件。均出自T0802M213，细长，两端均有尖。

标本T0802M213：3，残长6.5厘米（图三六〇，8；彩版八二，5右1）。

标本T0802M213：4，长8.5厘米（图三六〇，7；彩版八二，5右2）。

标本T0802M213：5，长10.3厘米（图三六〇，6；彩版八二，5左2）。

标本T0802M213：6，长10.5厘米（图三六〇，5；彩版八二，5左1）。

4. 骨"琴拨"

2件。T0304M151、T0408M128各出1件。扁片状，中间厚，边缘薄，其中边缘的两端削为尖状，表面光滑。

标本T0304M151：6，中间较厚处钻有一小圆孔。出土于墓主人手内，应是手持物品。长2.0、宽1.7～2.1厘米（图三六一，1；彩版八二，6）。

5. 骨钉

6件。似骨锥，表面有削痕。位于墓底，或为棺钉。以前发掘发现有的钉在墓壁上，似起固定画幔的作用。

标本T0608M374：5，长10.9、直径0.7厘米（图三六一，2）。

6. 骨镞

26件。出自T0601M412、T0509M5、T0528M58，其中T0601M412出土18件。可分三型。

A 型　20 件。仿铜镞。

标本 T0509M5：9，铤较长，翼较窄。长 7.2、翼宽 1.6、铤长 4.1 厘米（图三六一，3；彩版八二，7）。

标本 T0601M412：31，短铤，宽翼。与铜器接触，表面呈绿色。长 4.7、翼宽 1.8、铤长 1.6 厘米（图三六一，4）。

B 型　5 件。圆柱体，有尖，铤部有削磨痕。

标本 T0528M58：10，通体光滑，镞尖磨制，铤削制。长 6.3、直径 0.6、铤长 2.5 厘米（图三六一，5）。

C 型　1 件。无镞尖，平头，铤部较粗。

7. 骨弓末饰

5 件。即以前报告中的"叉形器"。其中 T1518M400 出土 4 件，T0528M58 出土 1 件。形制相似，有柄，拱背，束腰，表面有削痕，一端分叉，便于嵌于弓的末端。

标本 T0528M58：6，宽 2.0、厚 1.0、通长 4.3 厘米（图三六一，6；彩版八二，8 左）。

标本 T1518M400：12，宽 1.2～2.0、厚 0.8、通长 4.4 厘米（图三六一，7；彩版八二，8 右）。

8. 骨片饰

2 件。形制相似，大小有别。扁片状，中空，边缘被削成八边形。与铜器接触，局部呈绿色。

标本 T0204M18：18A，2 件。较大。长 2.4、厚 1.8、孔径 0.9 厘米（图三六一，8）。标本 T0204M18：18B，较小。长 2.2、厚 0.5、孔径 0.6 厘米（图三六一，9）。

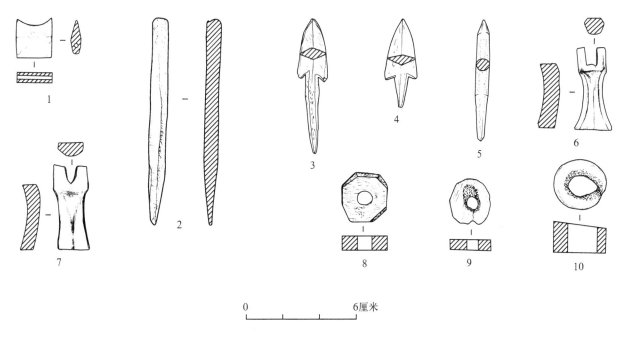

0　　　　　　　6厘米

图三六一　大司空墓葬出土骨器

1. 骨"琴拨" T0304M151：6　　2. 骨钉 T0608M374：5　　3、4. A 型骨镞 T0509M5：9、T0601M412：31　　5. B 型骨镞 T0528M58：10　　6、7. 骨弓帽 T0528M58：6、T1518M400：12　　8、9. 骨片饰 T0204M18：18A、18B　　10. 骨管饰 T0601M412：8

9．骨管饰

1件。

标本 T0601M412：8，圆柱状，中空。表面光滑，局部与铜器接触，呈绿色。直径2.9、高1.7、孔径1.4厘米（图三六一，10；彩版八二，9）。

（二）象牙器

3件。有象牙觽、象牙管饰、象牙笄等。

1．象牙觽

1件。

标本 T0601M412：15，稍残，鱼形，头端钻一孔，与鱼嘴相通，便于穿绳，中部有数道凹槽，下部似刀，有刃，尾部微翘。通体磨制光滑。长12.3厘米（图三六二，1；彩版八三，1）。

2．象牙管饰

1件。

标本 T0608M374：3，残，圆柱体，中空，末端较粗且起棱，表面中部有二道凹弦纹。与磨石、铜策共出，当为一组车马器。因与铜器接触，局部泛青。残长7.6厘米（图三六二，2；彩版八三，2）。

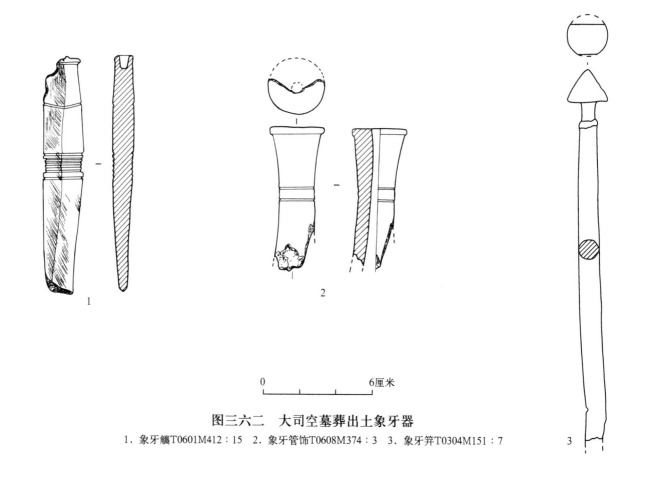

0　　　　　　　6厘米

图三六二　大司空墓葬出土象牙器

1．象牙觽T0601M412：15　2．象牙管饰T0608M374：3　3．象牙笄T0304M151：7

3．象牙笄

1 件。

标本 T0304M151：7，残，体长，较粗，伞状帽。残长 19.4 厘米（图三六二，3；彩版八三，3）。

六　蚌器

有贝、文蛤、蚌片、蚌泡、蚌项饰、螺蛳等。

1．贝壳

430 枚。形制相似，背部较窄端有一孔，便于穿绳。除 42 枚残甚不能分型外，其余根据体形大小可分为特大、大、中、小、特小（蝉贝）五类。墓葬内随葬多枚贝时，常见大小不一。估计贝当时作为货币单位，不但在数量上，而且在大小上也存着不同的计量。

特大贝　仅 1 枚。

标本 T0204M21：5，长 4.6、宽 2.7 厘米（图三六三，1；彩版八三，4 左 1）。

大贝　99 枚。

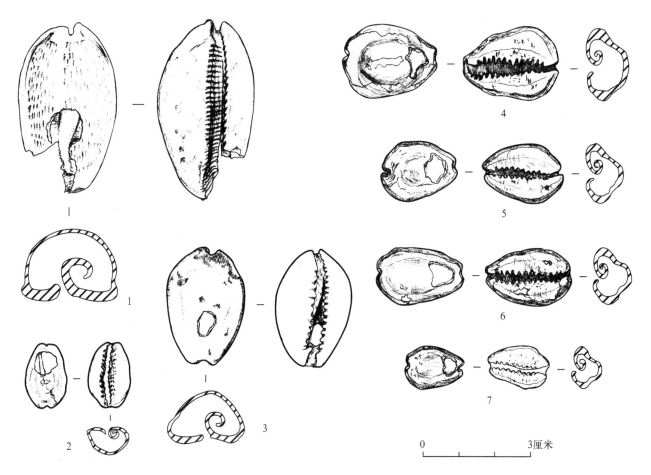

0　　　　　　3厘米

图三六三　大司空墓葬出土贝

1．特大贝T0204M21：5　2、7．小贝T0406M77：1、T0307M142：1　3、4．大贝T0403M101：2、T0704M304：3　5、6．中贝T0408M128：6、T0204M18：6

标本 T0704M304：3，长2.5、宽2.0厘米（图三六三，4；彩版八三，4左3）。

标本 T0403M101：2，长3.2、宽2.1厘米（图三六三，3；彩版八三，4左2）。

中贝　157 枚。

标本 T0408M128：6，长2.2、宽1.5厘米（图三六三，5；彩版八三，4右2）。

标本 T0204M18：6，长2.4、宽1.4厘米（图三六三，6）。

小贝　105 枚。

标本 T0307M142：1，长1.6、宽1.1厘米（图三六三，7）。

标本 T0406M77：1，长1.7、宽1.1厘米（图三六三，2；彩版八三，4右1）。

蝉贝　计 26 枚。

均出自 T0607M428 墓主人的颈部。呈圆锥体，头位于下部，背部自带弦纹，盘旋至顶，且自带彩，闪闪发光，非常漂亮。背部边缘处钻一孔，与头孔相通，便于穿绳，可能为项饰（彩版八四，1）。

2. 文蛤

200 个。其中 T1516M286 出土 167 个，其余墓葬多以成对出现，实为 1 个文蛤的两扇。形制相似，但大小不一。顶部有小孔便于穿绳，背部纹路不甚相同，有波折纹、瓦纹等。

标本 T0905M209：3，成对，可扣合。扇长4.4、宽5.3厘米（图三六四，1；彩版八三，5）。

标本 MT0506M163：2，成对，可扣合。扇长5.0、宽5.7厘米（图三六四，2）。

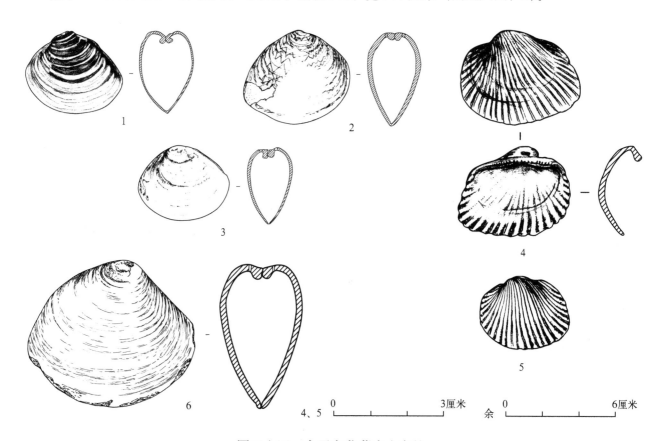

图三六四　大司空墓葬出土文蛤

1～6. T0905M209：3、MT0506M163：2、T0527M373：2、T1516M286：11A、T1516M286：11B、T0707M356：2

标本 T0527M373：2，成对，可扣合。扇长 4.1、宽 5.0 厘米（图三六四，3；彩版八三，7）。

标本 T1516M286：11A，较大。扇长 2.5、宽 3.2 厘米（图三六四，4；彩版八三，6 右）。

标本 T1516M286：11B，较小。扇长 2.0、宽 2.4 厘米（图三六四，5；彩版八三，6 左）。

标本 T0707M356：2，成对，可扣合。扇长 7.6、宽 8.8 厘米（图三六四，6）。

3．蚌片

较小，多残碎，具体数量不易统计。出自 T0204M18、T1418M225、T1412M297、T1516M286、T1312M230、T0603M314、T1518M400 等墓。其中 T1418M225 出土 5 组，分别位于棺的四角及中部，可能为棺幔上的缀饰。有鱼形、柄形等。

标本 T1412M297：1，鱼形，片状。长 5.3、宽 1.8 厘米（图三六五，1）。

标本 T1516M286：9，柄形饰形。长 3.6、宽 0.9～1.2 厘米（图三六五，2）。

标本 T1312M230：22，鱼形。长 3.2、宽 0.9 厘米（图三六五，3）。

4．蚌泡

34 件。出自 T1412M136、T0807M442、T0601M412、T0101M31、T1316M294、T1518M400、T1614M307 等墓，其中 T0101M31 出土 22 件。圆形片状，上弧下平，有的中间有孔，少数有二孔。形制相似，大小不一。

标本 T1316M294：3，中部有孔。直径 3.0、孔径 0.4 厘米（图三六五，4）。

标本 T0101M31：2A，较大，中部有 2 孔。直径 3.0、孔径 0.6 厘米（图三六五，7）。

标本 T0101M31：2B，中型，无孔。直径 2.5 厘米（图三六五，6）。

标本 T0101M31：2C，较小，无孔。直径 2.0 厘米（图三六五，5）。

标本 T0807M442：9，中部有孔。直径 2.2、孔径 0.4 厘米（图三六五，8）。

5．蚌项链

1 组，234 件。

标本 T0606M409：1，出自墓主人的颈部。由蚌磨制而成，呈圆形片状，中部钻圆孔，用绳串起（彩版八四，2）。

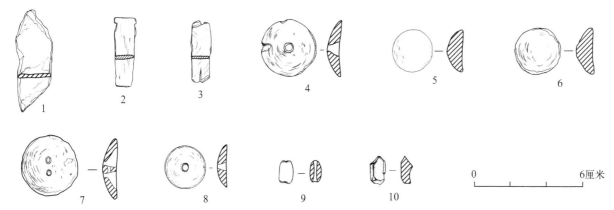

图三六五　大司空墓葬出土遗物

1～3．蚌片饰 T1412M297：1、T1516M286：9、T1312M230：22　　4～8．蚌泡 T1316M294：3、T0101M31：2C、T0101M31：2B、T0101M31：2A、T0807M442：9　9．绿松石管 T0327M444：12　10．水晶 T0904M305：6

6．螺蛳

出自 T0204M18。由于一部分塞入一龟腹腔内，数量不详。圆锥状，表面自带弦纹盘旋至顶，下部钻一孔，可与头孔相通，便于用绳串起。有大小之分（图三六六；彩版八四，3）。

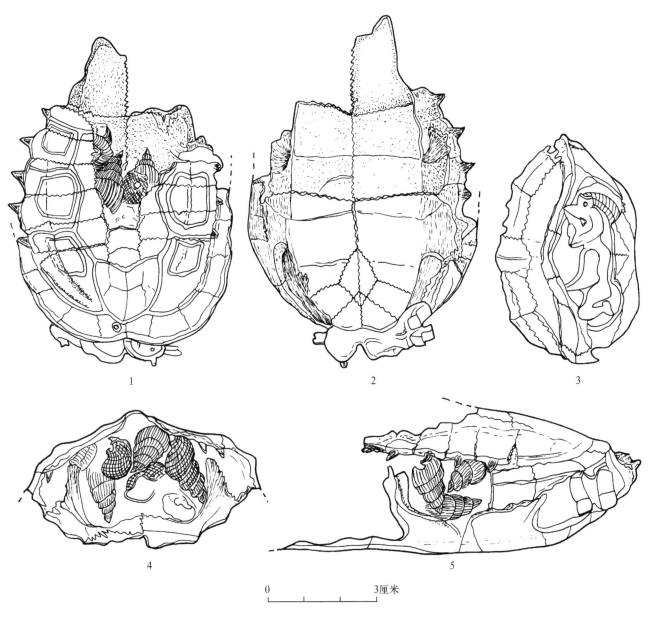

0　　　　　　　3厘米

图三六六　大司空墓葬出土龟 T0204M18：14
1．背部　2．腹部　3．头部　4．尾部　5．侧面

七　其他

1．绿松石管

1件。

标本 T0327M444：12，椭圆体，中间钻孔。出自墓主人口内，应为口含。直径 0.6～0.8、高 1.1

厘米（图三六五，9；彩版八四，4）。

2．水晶

1件。

标本 T0904M305：6，棱角分明，通体透亮。长1.5厘米（图三六五，10；彩版八四，5）。

3．龟

1件。

标本 T0204M18：14，体小，尾残，体内填满螺蛳，口衔1件玉人，龟盖前端钻一小圆孔。出土于棺椁西南角之间填土内。玉人呈跪立状，前身为亚白色，背身为灰黑色，面略呈三角形，头顶有冠，冠上一穿（图三六六；彩版八五，1～4）。

八　填土内出土遗物

这些遗物应是在建造墓时扰动周围其他遗迹内的遗物，即失去原单位，与盗洞中遗物一样，均在编号前加"0"。有陶圆饼形器、陶弹丸、绿松石泡、骨铲、骨笄、鹿角、卜骨等。

1．陶圆饼形器

4件。形制相似，小圆饼状，中间有一圆孔，表面光滑。

标本 T0804M222：01，青灰色。孔较大，轮壁上下各压印一周小联珠纹，似鼓形。直径4.5～5.0、中孔直径0.8、厚1.9厘米（图三六七，1）。

标本 T0601M412：02，黑灰色。较厚，轮壁中部起棱。直径3、孔径0.6、厚2.1厘米（图三六七，3）。

2．陶弹丸

1件。小圆球状，浅红色，实心。

标本 T1513M243：01，直径1.8厘米（图三六七，2）。

3．绿松石泡

1件。

标本 T1215M126：04，椭圆片状，背凸底凹。表面饰数道弦纹。直径2.0～2.6、厚0.5厘米（图三六七，4）。

4．骨铲

3件。

标本 T1418M225：02，稍残，用牛的下颌骨制成。下端开刃，中部有圆孔，两面钻，表面有修整痕。长11.2、宽7.0、孔径0.7厘米（图三六七，5）。

标本 T1314M259：02，残，用动物的肩胛骨制成。略呈扇形，下端有刃，上端有一圆孔，两面钻。长14.0、宽7.1、孔径0.4厘米（图三六七，6）。

标本 T0905M209：02，用动物的腿骨制成。骨壁较厚，上端呈半圆形，中空，下端削出刃部，

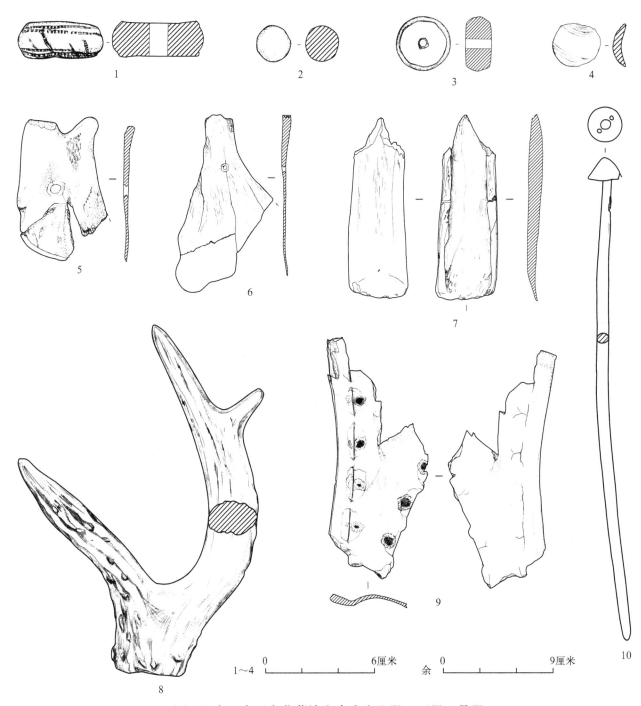

图三六七　大司空墓葬填土中出土陶器、石器、骨器

1、3. 陶圆饼形器T0804M222∶01、T0601M412∶02　2. 陶弹丸T1513M243∶01　4. 绿松石泡T1215M126∶04　5～7. 骨铲1418M225∶02、T1314M259∶02、T0905M209∶02　8. 鹿角T1413M158∶01　9. 卜骨T0101M31∶01　10. 骨笄T0408M124∶02

两面刃。长14.5、宽4.7厘米（图三六七，7）。

5. 骨笄

11件。有平头、歧冠、伞状笄帽之分。

标本 T0408M124∶02，体长，截面呈椭圆形，伞状帽。长37.7厘米（图三六七，10）。

6．鹿角

4件。

标本 T1413M158：01，鹿角分叉，角尖光滑，似经过磨制或长期使用，表面有一道较深的锯痕。长 27.6 厘米（图三六七，8）。

7．卜骨

10件。皆为牛肩胛骨。无字，多背面有凿、灼，无钻，正面有兆纹。

标本 T0101M31：01，残，骨质好，背面发现 11 个凿眼，部分残，凿内侧面有灼痕，正面与之对应有兆纹，兆纹清晰。长 19.1、宽 7.4 厘米（图三六七，9）。

第九节　T1418M303[1]

T1418M303 是本次发掘中清理的保存完整、出土遗物最为丰富的一座墓葬。在此对 T1418M303 单列一节，做重点介绍。

一　发现情况

本次发掘分 A、B、C、D 四个区。其中 C 区是本次发掘的重点，主要目的是清理已探知的商代夯土建筑、数十座商代中小型墓葬和车马坑，而 T1418M303 是在即将结束 C 区发掘时被发现的。C 区发现的商代夯土建筑分为上、下两层，两层建筑之间叠压着一批商代墓葬。开始发掘最上层建筑基址时，发现一条早年发掘过的探沟，东西宽 1.50、南北长 10.00、深 2.30 米。探沟不仅挖破了上层夯土建筑，把下层建筑也挖破了 1.00 米多深。在探沟底部有一眼水井，超过三分之二井口延伸到探沟西壁外，探沟内所余部分清理深 0.80 米，可能因当时水位太高没有继续向下发掘。值得注意的是，在探沟的南部东剖面上有一座商代墓葬，墓口被上层建筑叠压，直接打破下层建筑。由于受发掘技术的限制，当年的发掘者虽已将此墓挖去 1.00 米左右，但并没有发现此墓。该墓编号为 2004AST1418M225（详见上述墓葬部分）。

据安阳队保存的 20 世纪 50 年代以来的档案资料，此探沟不是 1949 年后发掘的。从探沟的四壁剖面上没有划地层堆积线的情况判断，此探沟可能是 1949 年前发掘者留下的。由于 30 年代中国现代考古学诞生之始，发掘技术和研究水平处于不断完善和提高阶段，故此漏掉了 M225。

根据多年来殷墟的发掘和研究，大司空地区的商代墓葬常成组出现，学术界称之为"异穴并葬"墓[2]。由此推测，M225 附近很可能还有一座墓葬。当清理完 M225 后，C 区发掘基本接近尾声，在 M225 周围进行了大面积的钻探，仍无结果。后来知道，T1418M303 其实就在 M225 东侧 2.00 米处，探不到它的原因是 T1418M303 中填的是夯土，而其周围的土是被其打破的下层建筑的夯土，两种夯土通过钻探很难区分。而 T1418M303 的墓室深达地面以下 8.00 米左右，钻探用的探铲不易打到如

---

[1]　原载于《考古学报》2008年第3期。

[2]　安阳市博物馆：《殷墟梅园庄几座殉人墓葬的发掘》，《中原文物》1986年第3期；孟宪武：《试析殷墟墓地"异穴并葬"墓的性质——附论殷商社会的婚姻形态》，《安阳殷墟考古研究》，第51～58页，中州古籍出版社，2003年。

此深度。通常田野考古发掘中的偶然性和必然性是相关联的。在发掘完夯土建筑基址时，往往要进行解剖，以便了解夯土建筑的纵向结构和建筑方式。因此，在对叠压 M225 的上层建筑进行解剖时，把解剖沟的位置选择在 M225 的东侧约 2.00 米处。在解剖沟清理到上、下层夯土建筑之间时，发现下层建筑的夯土面上有一块夯土与周围夯土不同，为商代墓葬常见的五花夯土。于是，扩大此处解剖沟的面积，逐渐露出墓口，上层夯土建筑的一排柱础正好打在墓葬填土中，且柱础排列方向与墓葬方向一致。从墓口情况判断，该墓保存完好，没有被盗的痕迹。此墓编号为 2004AST1418M303（以下简称 T1418M303）。

二　层位关系

T1418M303 墓口以上的地层堆积可分三层（图三六八；彩版八六，1、2）。

第①层：表土层，深 0.30～0.50 米。大部分为旧房拆除后的建筑垃圾和晚期垫土。此层下发现战争年代留下的战壕和成堆的射击后的炮壳。

第②层：黄土层，深 0.30～0.90、厚约 0.50 米。黄土质细稍硬，偶有白瓷片和残陶片出土。时代应不晚于宋元时期。

第③层：商代夯土建筑 F38，深 0.80～1.50、厚约 0.70 米，夯层厚 7.0～10.0 厘米。平面呈长方形，方向应朝东，南北向排列的柱础石打在墓葬填土中。F38 南与 F23 相连，应都是同时夯筑的同一座大型夯土建筑群的一部分。

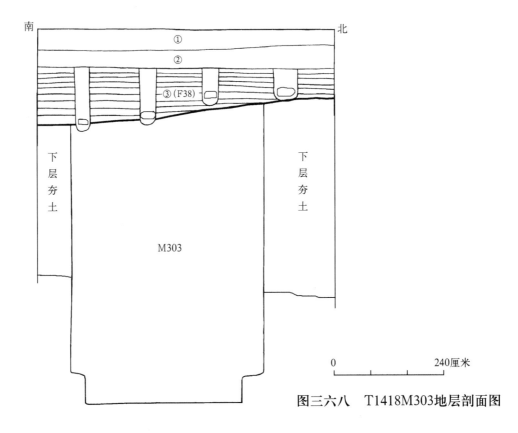

图三六八　T1418M303地层剖面图

第③层下有多座商代晚期的墓葬，如 M225、T1418M303、M335 和 M342 等。另外，20 世纪五、六十年代在此区域发掘的多数墓葬也均应为第③层下的遗存[1]。

三　墓葬结构

（一）墓葬形制

T1418M303 为长方形竖穴墓（图三六九；彩版八七，2）。方向 15°。墓口距地表 1.50、南北

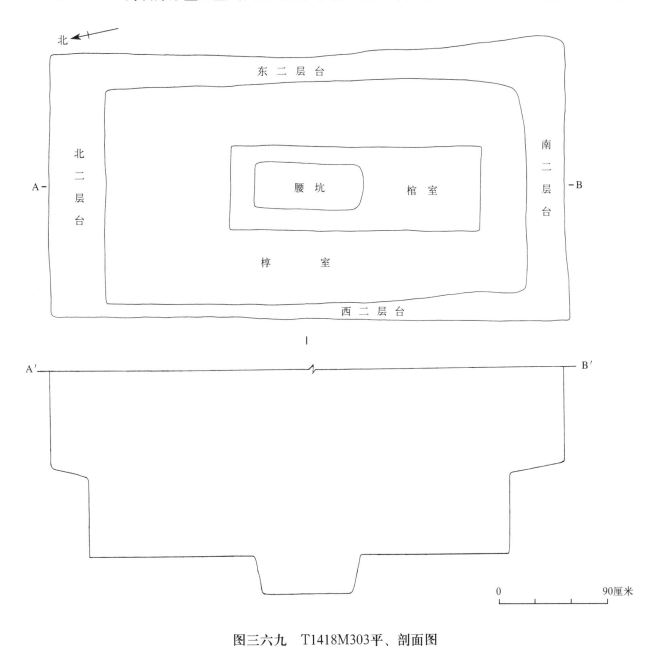

图三六九　T1418M303平、剖面图

[1] 河南省文化局文物工作队：《1958年春安阳大司空村殷代墓葬发掘简报》，《考古通讯》1958年第10期。中国社会科学院考古研究所：《殷墟发掘报告（1958～1961年）》，第70～84页，文物出版社，1987年。

长 4.25、北宽 2.05、南宽 2.25 米。墓圹四壁规整，用细泥质黄土粉刷，由于四壁上半部为被墓葬打破的下层夯土建筑，且受墓葬填土夯打的挤压，四壁显得非常光滑、坚硬。墓底距地表深 8.14、墓底长 4.25、南宽 2.25、北宽 2.08 米。

墓底四周有经过夯打的熟土二层台，四边宽度不同。北边宽 0.47、南边宽 0.32～0.38、东边宽 0.20～0.27、西边宽 0.11～0.22、高约 0.64 米。二层台近四角处较高，东北角、西南角和东南角均高 0.72 米。

墓底中部有一腰坑，呈长方形，口大底小。口长 0.90、宽 0.35 米；腰坑较浅，底部距地表 8.44 米，底部略圆，长 0.75、宽 0.30 米。坑内有殉狗 1 只。墓圹内自墓口至椁顶均填黄褐色带灰白点的花夯土，分层夯打，非常坚硬。每层夯土厚约 0.09、夯窝直径 0.04、深 0.015～0.02 米。

（二）葬具

葬具有椁和棺。

椁出土时已腐朽，椁顶板塌陷下沉，但椁板的木条痕迹非常清晰（图三七○；彩版八七，1）。椁盖板有横木 17 根。每根横木宽 0.08～0.16、厚 0.05～0.07、长 1.70 米左右。椁四周立板的宽度和厚度均与盖板相同，共有 8 根，北挡板长 1.70、南挡板长 1.60、西挡板长 3.47、东挡板长 3.40 米。

椁底由 12 根纵板和 2 根横板组成（图三七一）。纵板宽 0.07～0.11、长 3.80 米左右，厚度因朽甚不明。横板宽 0.10、长 1.93～2.00 米，厚度不明。横板在纵板上，可能起固定纵板的作用。

椁盖板上铺席，席上有红、黑色彩绘画幔，因椁盖板塌陷，大部分画幔已损毁，北二层台上虽留有残余，但已看不清彩绘内容。盖板局部可见黄漆，立板和底板不见彩绘和涂漆现象。

棺位于椁室中部偏南，北边距椁 1.25、南边距椁 0.58、东边距椁 0.53、西边距椁 0.57 米。棺形制较小，朽甚。根据朽痕和漆皮观察，棺盖板由 6 根纵板组成，每块板宽 0.10、长约 2.07 米，厚度不明；棺立板和底板朽甚不清。棺木髹漆十余层，以红漆为主，偶间以黑漆，厚达 1.0 厘米左右（彩版八八，1）。棺木上原应覆盖有织物，其上缀有大量的饰件。

墓主人位于棺木中部，头向北，直肢，骨骼均已成粉状，无法判断葬式。

（三）殉人与殉狗

墓内发现殉人 4 个，殉狗 4 只（图三七二）。

殉人分别位于二层台上和棺、椁之间。其中，东、西二层台的南部分别放置殉人 1 个，头均朝北，骨骼腐朽殆尽，仅存牙齿。从地面骨粉的分布状况和牙齿判断，其中 2 个殉人身高不足 1.60 米，年龄均不足 20 岁，性别无法判断。另 2 个殉人位于棺椁之间，分别置于棺的左、右两侧。头均向北，仰身直肢，右手处都有 1 把带木柄的铜戈，戈与木柄由某种树皮捆绑。骨骼朽蚀成粉状，仅从牙齿判断为约 20 岁的成人。

殉狗分置于椁上填土中和腰坑中。椁上填土中殉狗 3 只，编号为 XG1、XG2 和 XG3，其中 XG1 距墓口约 4.95 米，头南尾北，背朝西，保存完整；XG2 距墓口 5.25 米，头南尾北，背朝东，

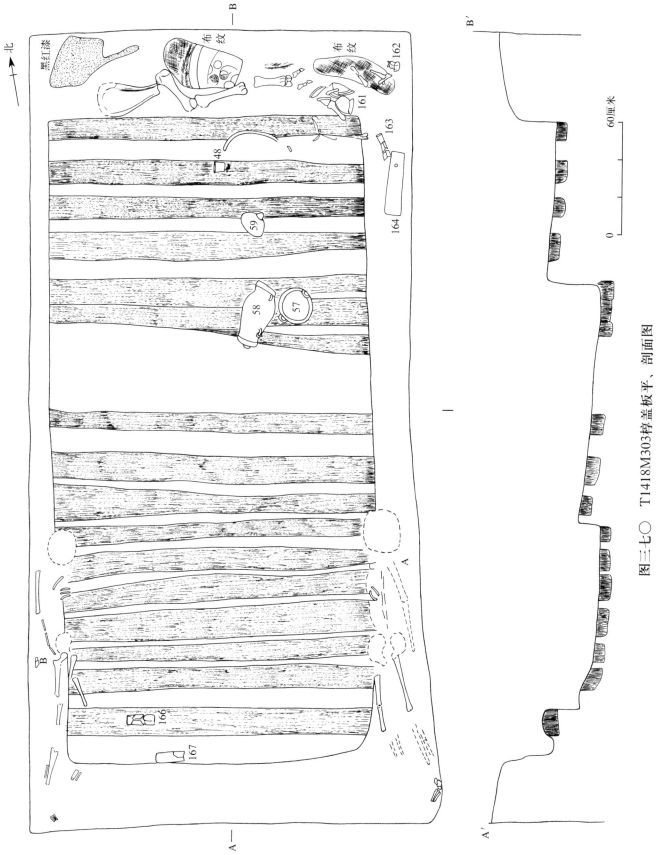

图三七○ T1418M303椁盖板平、剖面图

48. 铜铃　57. 铜瓶　58. 铜壶　59. 铜罍　（48、57~59均在椁盖板下，因椁板塌陷而暴露在椁板上）
161. 陶簋　162. 陶爵　163. 陶瓿　164. 石铲　166、167. 铜车書　A、B. 殉人

图三七一　T1418M303椁底板

骨骼腐朽严重，颈下挂铜铃1件；XG3距墓口5.9米，头南尾北，背朝东，保存完整，颈下挂铜铃1件。填土中的3只殉狗，当是落葬过程中的三次祭祀活动。腰坑中殉狗1只，编号XG4，头南尾北，背朝东，骨骼朽蚀成粉状。

（四）随葬品陈放位置

随葬品主要置于二层台上和棺内（图三七三；彩版八七，2）。

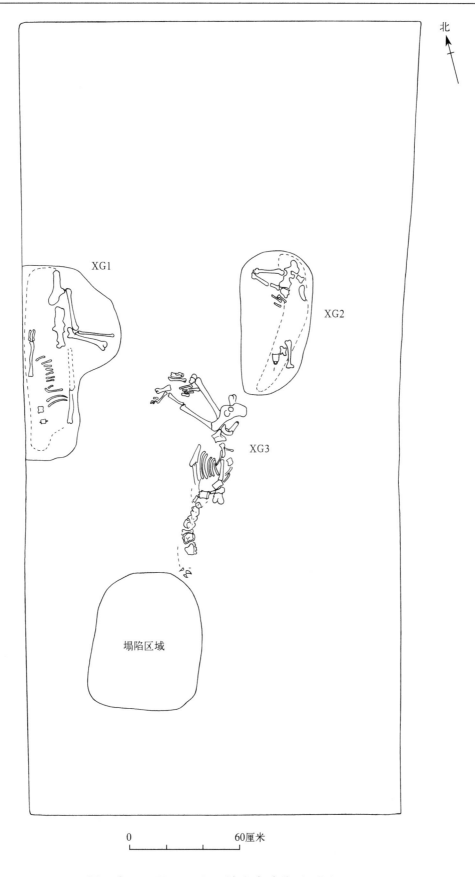

北

XG1

XG2

XG3

塌陷区域

0   60厘米

图三七二　T1418M303填土中殉狗平面图

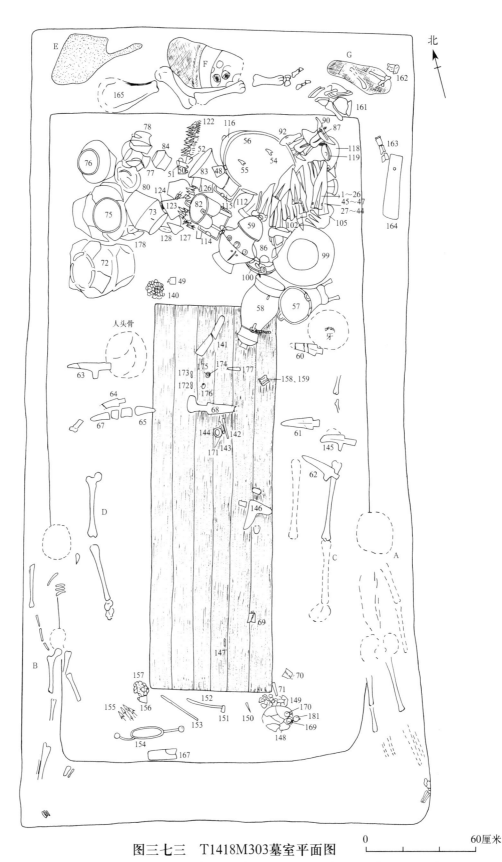

图三七三　T1418M303墓室平面图

1~26、45~47．铜矛　27~44、61、68．铜戈　48~53（50、51下）、69、70、129（50~53下）、156．铜铃　54、55．骨弓末饰
56．铜盘　57．铜瓢　58．铜壶　59．铜罍　60、62~67（65下）、103、145、146．铜穿胡戈（散置）　71．磨石　72、75、78、126
~128．陶罍　73、76、77、80、84．陶罐　74（73下）、86．陶尊　82．铜分裆鼎　83．铜筒形尊　87、142、143、171．玉柄形饰
88．玉条形饰（90内）　89．蚌饰（90内）　90、92．铜爵　99．铜折肩尊　100．铜扁足鼎　101．食物痕（100下）　102、105．铜
瓿　116．铜圆鼎　118．铜斝　119．铜卣　122、155．铜镞　123~125（82下）．铜铙　140、149、157．蚌鱼和文蛤　141、152．金饰
144．玉环　147．玉刻刀　148、182（148下）、183（182下）．铜圆形器　150、151、168．玉戈（155下）　153．铜策　154．铜弓形
器　158、159．玉鸟　161．陶簋　162．陶爵　163．陶瓢　164．石铲　165．牛腿骨　166（椁盖板上）、167．铜车軎　169、170、
181．铜箍形器　172、173．玉螳螂　174．石泡　175．石块　176．石坠　177．磨石　178．陶瓿形器（75下）　179．玉龙（118内）
180．铜斗（83内）　184．铜觯（99内）　A、B、C、D．殉人　E．黑红漆痕　F、G．布纹

　　二层台上的随葬品主要分布于南、北两端。北端正中有牛腿骨1只，东北角处有羊腿骨1只，陶瓠、陶爵、陶簋各1件；东二层台北端有体形较大的长方形石铲1件（彩版八八，2）。这些随葬品都放置在彩绘画幔之上（彩版八八，3）。南端椁上有1对铜车軎，棺椁塌陷后1件掉落棺内。

　　椁内棺北侧是主要随葬品放置区，包括所有的青铜容礼器、大部分青铜兵器和大批陶器。其中大部分青铜容礼器放在棺东北一隅，器物的摆放没有严格考虑其方向性，但有明显的放入顺序。从器物目前的放置位置看，是先把铜圆鼎、盘、罸和一对卣放在椁室的东北角，在其南侧依次放置一对方鼎、分裆鼎、盂、罍、折肩尊（腹内有1件铜觯）、提梁壶、瓹等，之后在罸、卣和盂之上散置7件瓠和10件爵（图三七四；彩版八九，1、2、九〇，1、2），2件方鼎上分置筒形尊和分裆鼎各1件，在瓠、爵之上放置数十件铜矛和戈。在方鼎的西侧有铜铙3件和铜铃4件，自北向南依次排列，其上放置两束铜镞。

　　值得一提的，折肩尊出土时木质器盖已朽，木盖上用大量植物叶子或花瓣平铺覆盖，这些植物标本出土时保存完好，呈浅褐色，茎脉清晰可见，质感柔软如初，均无炭化（彩版九一，1、2）。

　　在棺西北隅有两层器物，下层有铜簋2件，南北并列，原用织物封口，簋颈处有绳子束扎，腹内无遗物，估计原应盛有汤水类食物。上层放置大量陶罐、陶罍和陶尊等，内无遗物。

　　棺北侧正中有长方形金箔片1件，四角有穿孔，可能原镶在棺木上（彩版九〇，1）。棺南侧主要随葬车器1套，有铜圆形器、铜箍、铜策、铜弓形器，另外还有铜镞、金饰、玉饰、磨石等，其中金饰应是镶在棺木上的装饰件，与棺北端的金箔片南北对称。

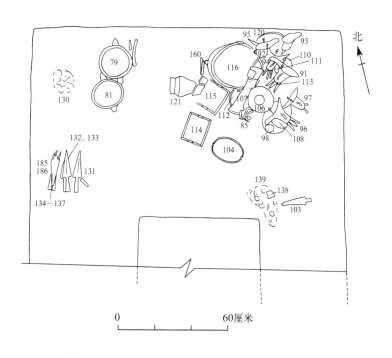

图三七四　T1418M303第二层器物图

79、81. 铜簋　85、121. 陶尊　91~97、109（108内）、113. 铜爵　98. 铜斗　103. 铜戈　104. 铜分裆鼎　106、107、110、111. 铜瓠　108. 铜罸　112. 铜扁足鼎　114、115. 铜方鼎　116. 铜圆鼎　117. 铜盂（91、94下）　120. 铜卣　130. 陶瓿形器　131~137、185、186. 铜矛　138. 铜铃　139. 蚌鱼　160. 牛肋骨

棺东、西两侧 C、D 殉人附近随葬多件实用的铜戈、铜矛。

值得注意的是，棺木四角外侧各有一组遗物，均由数十件穿孔小蚌鱼、穿孔贝饰和 1 件铜铃组成，可能是悬挂在棺木或覆盖棺木的织物上的饰件。棺南侧出土的一些玉饰有可能是覆盖棺木的织物上的物品。棺内主要是一些饰品，如玉鸟、几何形玉片、蚌泡、石饰件等。

四　随葬品

各类遗物共 200 余件。有陶器、铜器、金器、玉器、石器、骨牙器、蚌器等。

（一）陶器

20 件。有陶觚、陶爵、陶簋、陶罐、陶罍、陶尊、瓿形器等。均为泥质灰陶。

1．陶觚

1 件。

标本 T1418M303：163，尖圆唇，侈口，喇叭形圈足。口径 9.0、圈足径 4.6、复原高 11.0 厘米（图三七五，1）。

2．陶爵

1 件。

标本 T1418M303：162，有流无尾，圆唇，圜底，三锥足，单鋬。口径 7.8、高 9.1 厘米（图三七五，2）。

3．陶簋

1 件。

标本 T1418M303：161，敞口，厚方唇，鼓腹，高圈足微外侈。口沿内侧近腹部有一道凹弦纹，口沿下饰二道弦纹，腹部饰绳纹兼大三角纹，三角纹内的绳纹被抹去，纹饰较潦草。口径 23.4、圈足径 10.9、高 15.0 厘米（图三七五，3；彩版九二，1）。

4．陶罐

5 件。根据器形大小不同分二型。

A 型　2 件。体形较大。尖圆唇，束颈，广折肩，鼓腹下部斜收，小平底。

标本 T1418M303：76，肩饰二周凹弦纹，器腹素面。口径 14.5、底径 9.8、高 21.4 厘米（图三七五，4；彩版九二，2）。

标本 T1418M303：73，口径 15.1、底径 10.1、高 21.9 厘米（图三七五，5）。

B 型　3 件。体形较小。方唇，束颈，广折肩，下腹弧内收，小平底。

标本 T1418M303：77，肩、腹饰四周凹弦纹，上腹饰刻划三角纹。口径 11.8、底径 7.5、高 14 厘米（图三七五，6；彩版九二，3）。

标本 T1418M303：80，肩、腹饰四周凹弦纹。口径 10.4、底径 6.8、高 11.8 厘米（图三七五，7）。

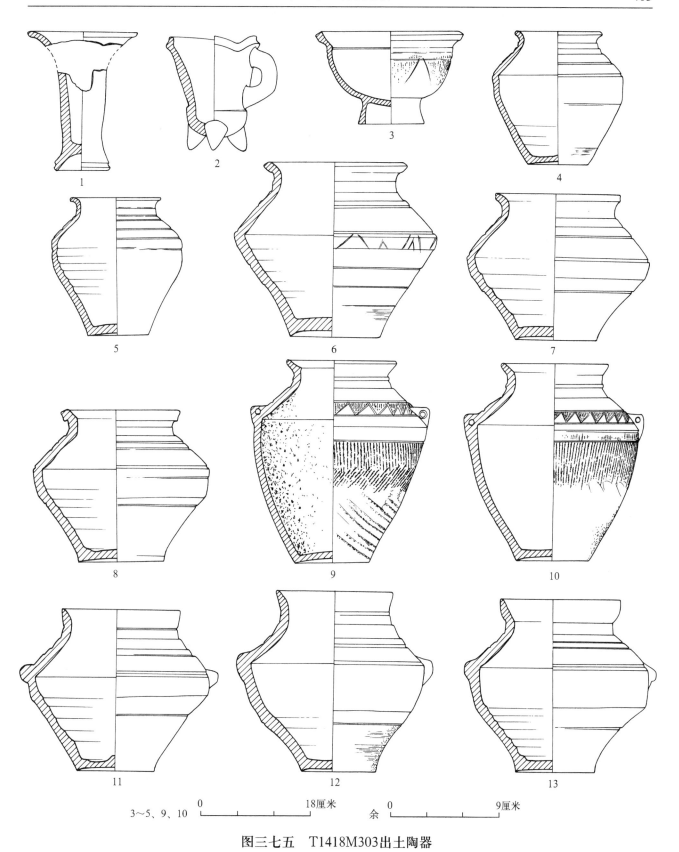

图三七五　T1418M303出土陶器

1. 陶觚T1418M303：163　2. 陶爵T1418M303：162　3. 陶簋T1418M303：161　4、5. A型陶罐T1418M303：76、T1418M303：73　6～
8. B型陶罐T1418M303：77、T1418M303：80、T1418M303：84　9、10. A型陶罍T1418M303：72、T1418M303：75　11～13. B型陶罍
T1418M303：127、T1418M303：78、T1418M303：126

标本 T1418M303：84，肩、腹饰五周凹弦纹。口径 9.8、底径 7.0、高 12.2 厘米（图三七五，8；彩版九二，4）。

5. 陶罍

6件。根据器形大小不同分二型。

A 型　2件。体形较大。圆唇，斜折沿，束颈，广折肩，斜收腹，小平底稍内凹，折肩处有对称双耳。

标本 T1418M303：72，颈部上、下分别饰一周凸弦纹和一周凹弦纹，肩部饰倒三角纹，内填绳纹，腹部饰中绳纹，下腹绳纹被刮去，腹内壁印满麻点。口径 18.0、底径 12.4、高 32.4 厘米（图三七五，9；彩版九二，5）。

标本 T1418M303：75，纹饰与 T1418M303：72 相同，内壁平滑无麻点，应与制陶方式不同有关。口径 17.6、底径 12.0、高 31.8 厘米（图三七五，10）。

B 型　4件。体形较小。尖圆唇，束颈，广折肩，下腹内收，小平底，折肩处有对称双鋬。

标本 T1418M303：128，颈、肩和腹部饰七周凹弦纹，上腹部饰三角刻划纹。口径 10.6、底径 9.2、高 14.0 厘米（彩版九三，1）。

标本 T1418M303：127，颈、肩和腹部饰五周凹弦纹。口径 9.9、底径 6.5、高 13.0 厘米（图三七五，11；彩版九三，2）。

标本 T1418M303：78，颈、肩和腹部饰四周凹弦纹，上腹部饰三角刻划纹。口径 9.5、底径 6.2、高 14.4 厘米（图三七五，12）。

标本 T1418M303：126，颈、肩和腹部饰四周凹弦纹。口径 10.0、底径 6.6、高 13.9 厘米（图三七五，13；彩版九三，3）。

6. 陶尊

4件。尖圆唇，束颈，鼓腹，最大腹径在中腹，下腹内收，喇叭形矮圈足。腹饰三至五周凹弦纹。

标本 T1418M303：74，口径 9.3、足径 6.7、高 12.6 厘米（图三七六，1）。

标本 T1418M303：86，口径 9.2、足径 7.1、高 12.6 厘米（图三七六，2；彩版九三，4）。

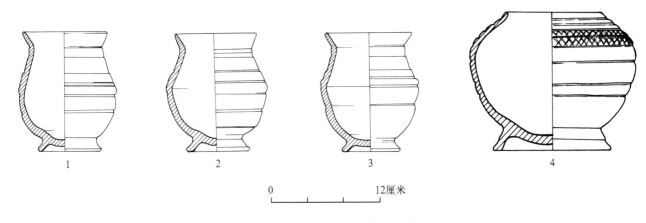

图三七六　T1418M303出土陶器

1～3. 陶尊 T1418M303：74、T1418M303：86、T1418M303：121　4. A型陶瓿形器 T1418M303：178

标本 T1418M303：121，口径 9.6、足径 6.5、高 12.8 厘米（图三七六，3；彩版九三，5）。

7．陶瓿形器

2件。根据器形大小不同，可分二型。

A 型　1件。

标本 T1418M303：178，体形较大。敛口，尖圆唇，圆肩，鼓腹，最大径在肩部，矮圈足外侈。肩饰斜方格纹两周，上下饰八道凹弦纹。口径 10.5、足径 13.0、高 15.4 厘米（图三七六，4；彩版九三，6）。

B 型　1件。

标本 T1418M303：130，体形较小，残甚，无法复原。侈口，尖圆唇，圆肩，鼓腹，最大径在肩部，矮圈足。通体饰六道凹弦纹。残高 8.7 厘米。

（二）铜器

有铜容器、铜乐器、铜车马器、铜兵器。

铜容器

39 件。器形有铜鼎、铜簋、铜甗、铜觚、铜爵、铜斝、铜折肩尊、铜筒形尊、铜卣、铜提梁壶、铜三足盉、铜觯、铜盘、铜斗等（彩版九四，1）。这批容器有一个明显特点是器表以绿锈为主，但局部或多或少有褐色锈斑。

铜鼎　7件。有方鼎、圆鼎、分裆鼎、扁足鼎四种。

1．铜方鼎

2件。形制相同，应为一对。双立耳外斜。长方形口，方唇，折沿，腹壁平直稍外斜，腹体四角有扉棱，平底微下垂，四柱足较高。腹饰三层纹饰，云雷地纹。整个纹饰分上、下两部分，上部为对称钩喙夔纹，下部为一首双躯兽面纹。两鼎长边内腹壁分别铸有 2 字铭文。

标本 T1418M303：114，上口长 16.7、宽 13.3 厘米，下口长 14.0、宽 10.7 厘米，足高 9.2、带耳高 21.6 厘米，重 2.8 千克（图三七七，1、三七八，1；彩版九五，右）。

标本 T1418M303：115，鼎内有兽骨。上口长 16.5、宽 13.2 厘米，下口长 14.0、宽 10.8 厘米，足高 9.4、带耳高 21.7 厘米，重 2.65 千克（图三七七，2、三七八，2、三七九，1、2；彩版九五，左）。

2．铜圆鼎

1件。

标本 T1418M303：116，双立耳，圆口微敛，方唇，折沿，腹壁微鼓，圜底，三柱足较高。上腹部饰一周三组"线条对夔兽面纹"，尾部不但上卷而且下钩，云雷地纹。鼎内有许多兽骨，有的骨头为蓝色。鼎腹内有铭文 2 字。口径 27.3、足高 10.0、耳高 34.4 厘米，重 6.75 千克（图三八二，1、三七八，3、三七九，3；彩版九四，2、3）。

3．分裆铜鼎

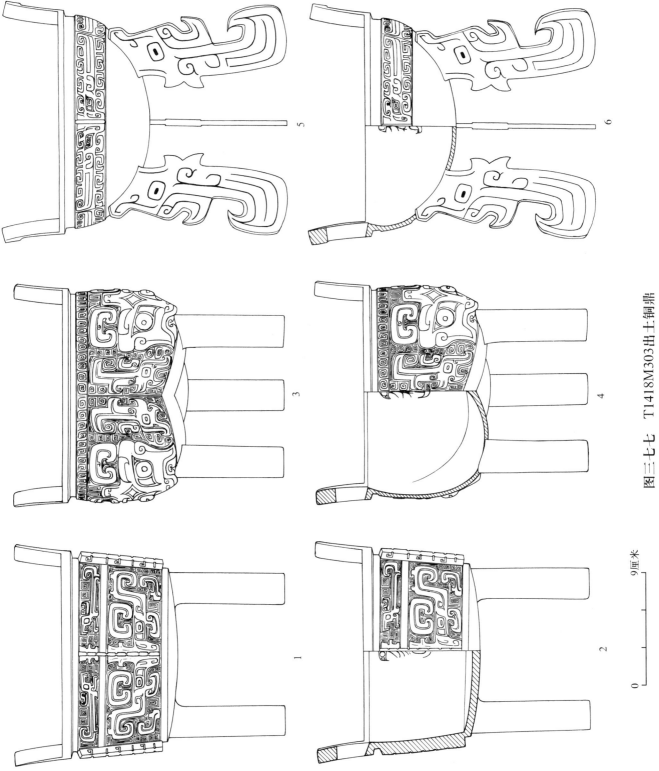

图三七七　T1418M303出土铜鼎

1、2. 铜方鼎T1418M303：114、T1418M303：115　3、4. 分档铜鼎T1418M303：82、T1418M303：104　5、6. 扁足铜鼎T1418M303：100、T1418M303：112

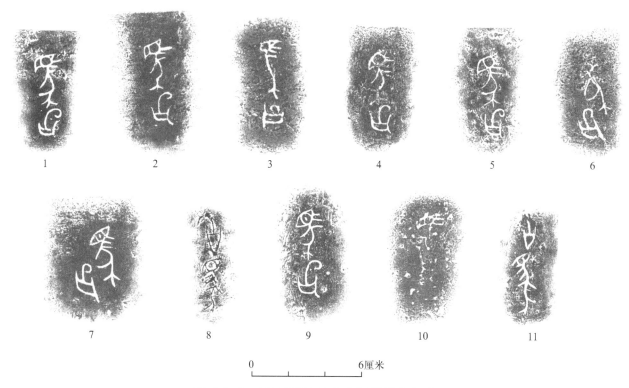

图三七八 T1418M303出土铜器铭文拓本

1、2. 铜方鼎T1418M303：114、T1418M303：115 3. 铜圆鼎T1418M303：116 4、5. 分裆铜鼎T1418M303：104、T1418M303：
82 6、7. 扁足铜鼎T1418M303：100、T1418M303：112 8、11. 铜瓤T1418M303：110、T1418M303：111 9. 铜簋T1418M303：79
10. 铜甗T1418M303：57

2件。形制相同，应为一对。双立耳稍外侈，圆口微敛，方唇，折沿，腹微鼓，分裆较低，三柱足较高。口沿下饰一周云雷纹，腹部以分裆线为界各饰一组纹饰，中为独立兽面纹，兽口正对鼎足，犹如衔咬鼎足之势，两侧各置对称倒立夔纹，云雷纹为地。两鼎内腹壁均有阴文铭文2字，阴线较细浅，与一足对应。

标本 T1418M303：82，口径17.2、腹深8.7、足高8.3、带耳高21.7厘米，重2.6千克（图三七七，3、三七八，5、三七九，4；彩版九六，右）。

标本 T1418M303：104，鼎内有兽骨。口径16.9、腹深8.5、足高8.5、带耳高21.9厘米，重2.65千克（图三七七，4、三七八，4、三八〇；彩版九六，左）。

4. 铜扁足鼎

2件。形制相同，应为一对。双立耳微外侈，敞口，方唇，平折沿，浅腹，圜底，三夔形扁足。足上夔首向上，夔尾平折着地，中腹饰一周纹饰带，分饰三组线条对夔兽面纹，云雷地纹。两鼎内腹壁均有阴文铭文2字，阴线较粗深。

标本 T1418M303：100，保存完好。口径18.1、腹深6.1、带耳高23.5厘米，重2.0千克（图三七七，5、三七八，6、三八一；彩版九七，右）。

标本 T1418M303：112，内有兽骨。口径18.2、腹深6.5、带耳高23.6厘米，重1.85千克（图三七七，6、三七八，7、三七九，5～7；彩版九七，左）。

图三七九　T1418M303出土铜器纹饰拓本

1、2. 铜方鼎T1418M303：115　3. 铜圆鼎T1418M303：116　4. 分裆铜鼎T1418M303：82　5～7. 扁足铜鼎T1418M303：112

5. 铜簋

2件。形制相同，应为一对。方唇，侈口，束颈，鼓腹，半环形兽首双耳，高圈足。腹部满饰花纹，以双耳为界将器体纹饰分为两部分，中腹饰对称夔纹组成的兽面纹，云雷地纹；上腹近颈部为小兽头居中，两侧对称分布有双钩喙夔，云雷地纹；圈足饰对称夔纹。口沿下有丝麻织品和草绳捆绑的腐朽痕迹。两簋内腹底中部均有2个阴文铭文。

标本T1418M303：79，口径18.0、底径15.1、高12.5厘米，重2.65千克（图三七八，9、三八二，2、三八三，1～3；彩版九八，1）。

0   3厘米

图三八〇　铜分裆鼎全形拓本T1418M303：104

0   3厘米

图三八一　铜扁足鼎全形拓本T1418M303：100

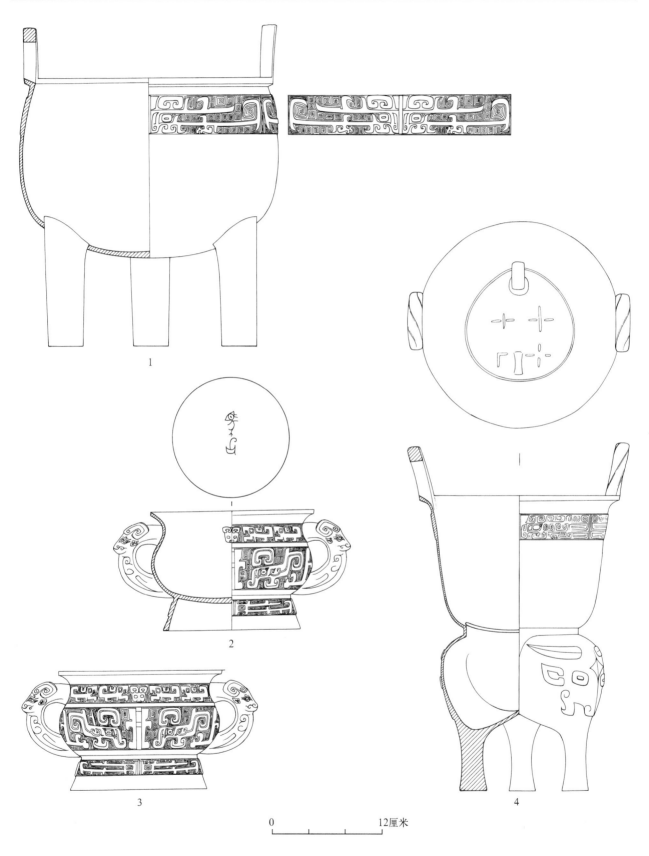

0　　　　　　　　12厘米

图三八二　T1418M303出土铜器

1. 铜圆鼎T1418M303：116　　2、3. 铜簋T1418M303：79、T1418M303：81　　4. 铜瓿T1418M303：57

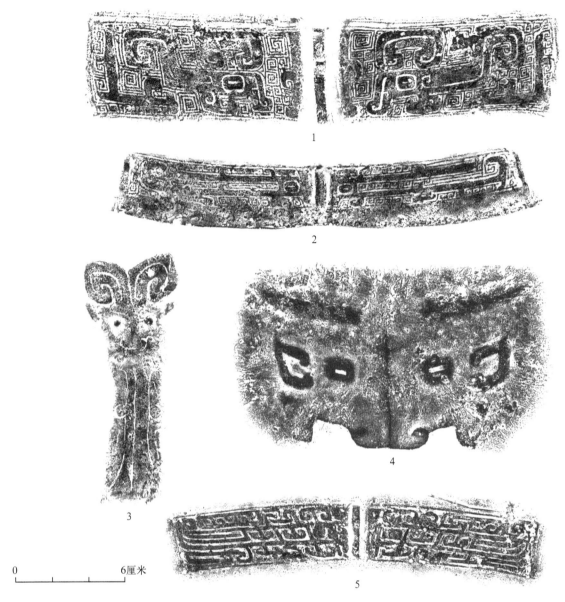

0   6厘米

图三八三　T1418M303出土铜簋、铜甗纹饰拓本

1~3. 铜簋T1418M303：79　4、5. 铜甗T1418M303：57

标本 T1418M303：81，口径18.1、圈足径15.1、高12.7厘米，重2.6千克（图三八二，3；彩版九八，2、九九，1）。

6. 铜甗

1件。

标本 T1418M303：57，绚索状双耳外侈较甚，方唇，侈口，腹壁斜直下内收，鬲部分裆较高，三柱状蹄足。甑部下底有铜箅子与鬲相隔，一端有穿与甑底所嵌铜环相扣，一端有半圆形环，可上、下活动箅子，箅上有4个“十”字形镂孔。器体大部分为素面，仅鬲部三袋足饰粗线条象纹，上腹部饰三组一首双躯兽面纹。上腹内壁有2字铭文，因锈蚀严重，仅能看清一“马”字。口径22.2、足径14.1、耳高37.2厘米，重4.5千克（图三七八，10、三八二，4、三八三，4、5；彩版九九，2、3)。

7. 铜觚

6 件。形制、纹饰基本相同（表五）。方唇，侈口，喇叭形圈足，切地座盘较高，整体细高。器体纹饰分上、中、下三部分。上部饰正向三角纹，内填变形夔纹，其下为一周四组共目双尾怪异兽面纹；中部饰对称倒夔解体兽面纹；下部饰两周纹饰，下为对称解体夔纹组成的兽面纹，上为一周四组共目双尾怪异兽面纹。圈足内壁均铸有 2 个铭文，有的为阴文，有的为阳文。

标本 T1418M303：102，阴文铭文。口径 16.3、圈足径 9.2、高 27.1 厘米，重 1.1 千克（图三八六，1；彩版一〇〇，1)。

标本 T1418M303：110，阳文铭文。口径 16.2、圈足径 9.2、高 27.1 厘米，重 1.0 千克（图三七八，8、三八四，4、三八六，2；彩版一〇〇，2)。

标本 T1418M303：107，阴文铭文。口径 16.2、圈足径 9.4、高 27.1 厘米，重 1.05 千克（图三八六，3；彩版一〇〇，3)。

标本 T1418M303：111，阴文铭文。口径 16.2、圈足径 9.2、高 27.5 厘米，重 1.15 千克（图三七八，11、三八四，5、6；彩版一〇〇，4)。

8. 铜爵

10 件。形制、纹饰基本相同（表六）。流、尾上翘，卵形腹微鼓，三棱足外撇，蘑菇形双柱较高，靠近流根部有半圆形鋬。腹饰对称解体倒夔兽面纹，鋬上饰小牛首。器体均较厚重，无烟炱痕迹，三足棱刃锋利，似为铸成后未经使用即埋入。除 T1418M303：96 无铭文外，其余 9 件鋬下均有 2 字阳文或阴文。

标本 T1418M303：96，流尾距 17.9、腹径 6.3、通高 20.7 厘米，重 0.9 千克（图三八四，3、三八八，2；彩版一〇一，1)。

标本 T1418M303：90，阴文铭文。流尾距 18.3、腹径 6.4、通高 20.4 厘米，重 0.85 千克（图三八四，1、三八七，1、三八八，3、三八九；彩版一〇一，2)。

标本 T1418M303：113，阳文铭文。流尾距 18.6、腹径 6.4、高 20.3 厘米，重 0.7 千克（图三八四，2、三八七，2；彩版一〇一，3)。

标本 T1418M303：93，阳文铭文。流尾距 18.1、腹径 6.3、高 20.3 厘米，重 0.7 千克（彩版一〇一，4)。

9. 铜斝

2 件。根据是否分档分二型。

A 型　1 件。

标本 T1418M303：118，尊式斝。对称蘑菇形双柱置于沿上，侈口，方唇，尊式器腹，下腹外鼓，器底而略下垂，三棱足外撇，断面呈 T 字形，半圆形鋬。上腹素面，中腹饰二周凸弦纹，下腹饰一周三组兽面纹，云雷地纹，蘑菇形柱帽上饰涡纹。内腹底中部铸有阴文铭文 2 字。口径 21.7、通高 36.7 厘米，重 4.85 千克（图三八七，3、三八八，1、三九〇，1；彩版一〇二，1)。腹内有

1件玉夔龙。

B型　1件。

标本T1418M303：108，分裆斝。对称蘑菇形双柱立于沿面，侈口，方唇，鼓腹，三柱状蹄足，

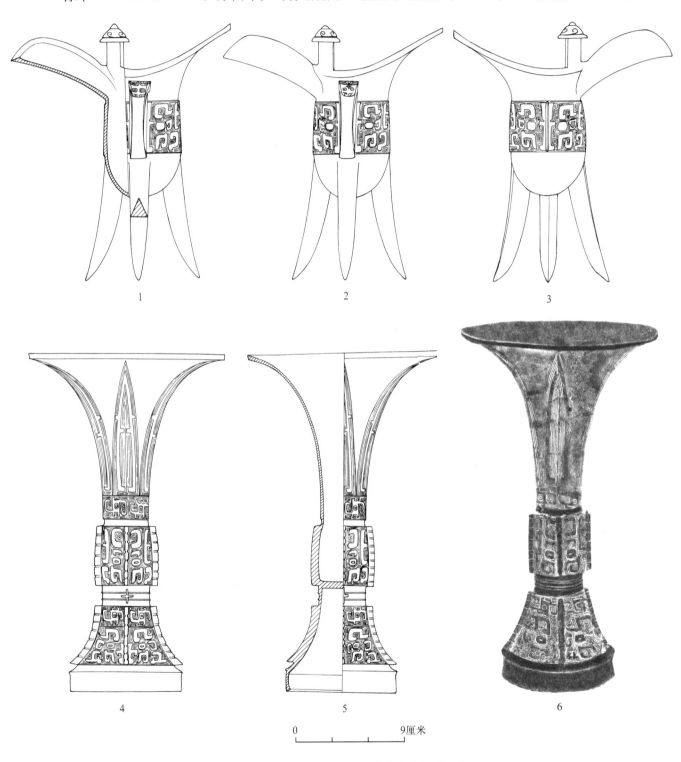

图三八四　T1418M303出土铜觚、铜爵

1~3.铜爵T1418M303：90、T1418M303：113、T1418M303：96　4、5.铜觚T1418M303：110、T1418M303：111　6.铜觚T1418M303：111全形拓本

牛首鋬。腹饰"人"形凸弦纹，柱帽饰涡纹。下铸有 2 个阴文铭文。口径 18.4、带耳高 34.3 厘米，重 5.4 千克（图三八七，4、三八八，5、三九〇，2；彩版一〇二，2）。

10．铜折肩尊

1 件。

标本 T1418M303：99，出土时有大量植物叶子（经鉴定为一种中药材，学名短梗南蛇藤）覆盖在器口部，叶子上有圆形木盖子的朽痕。侈口，方唇，长颈，广折肩，直腹下内收，高圈足。肩部置三组牛首饰，将肩部区域三等分，分别饰三组兽面纹；与牛首饰对应的腹部各饰一组兽面纹；颈部和圈足部各饰两道凸弦纹。由于器内有植物标本覆盖，不知器底是否有铭文。口径 32.5、圈足径 20.9、高 36.1 厘米，重量 10.5 千克（图三八八，4、6、三九〇，3；彩版一〇三，1）。腹内有 1 件铜觯。

11．铜筒形尊

1 件。

标本 T1418M303：83，方唇，敞口，直腹微鼓，喇叭形圈足。中腹饰分解的独立兽面纹，两侧以对称的钩喙夔纹补空，云雷地纹，上、下各有一周同心圆圈纹；中腹上、下均饰二周凸弦纹；圈足上饰四组变形夔纹。圈足内壁铸有阴文铭文 2 字。口径 20.5、圈足径 14.2、高 25.1 厘米，重 1.8 千克（图三八五，1、三八七，5、三九一，1、2、三九二；彩版一〇三，2）。

12．铜卣

2 件。形制、纹饰均相同，唯尺寸不同，一大一小。整体呈扁圆形。直口，平沿内折，断面呈倒 L 形，鼓腹下垂，最大径在下腹部，上腹置对称半圆形耳，内套圆角方形的索提梁，瓜棱钮器盖，喇叭形圈足较高。上腹双耳处饰一周菱形云雷纹，上、下界以同心圆圈纹，中间置小牛首饰；器盖凸面上所饰纹饰与腹部相同；圈足上饰二周凸弦纹。

标本 T1418M303：120，内腹底部和盖内壁各有铭文 2 字。口长径 13.8、短径 10.7 厘米，腹长径 21.8、短径 16.8 厘米，圈足长径 16.9、短径 3.6、高 26.0 厘米，重 3.8 千克（图三八五，3、三八七，6、7、三九一，3、4；彩版一〇四，1）。

标本 T1418M303：119，内腹底中部和器盖内壁各铸有阴文铭文 2 字。口长径 9、短径 7 厘米，腹长径 13.8、短径 10.2 厘米，圈足长径 10.5、短径 8.1、高 17.3 厘米，重 1.55 千克（图三八五，2、三八七，8、9、三九一，5、6；彩版一〇四，2）。

13．铜提梁壶

1 件。

标本 T1418M303：58，圆形。直口，平沿内折，断面呈倒 L 形，鼓腹下垂，最大径在下腹部，上、下腹对应位置分装对称半圆形耳，上腹双耳内套圆角方形绚索提梁，捉手钮母口器盖，喇叭形圈足。沿下饰一周纹饰带，中间置小牛首饰，两侧饰对称相向钩喙双夔，云雷地纹，上、下界以同心圆圈纹；器盖弧面边缘饰一周纹饰带，两组八夔，云雷地纹；圈足饰三组线条对夔兽面纹，云雷地纹。通体几乎全部为褐色锈斑。器盖内壁铸有阴文铭文 2 字。口径 10.1、腹径 22.2、圈足径 16.2、通高

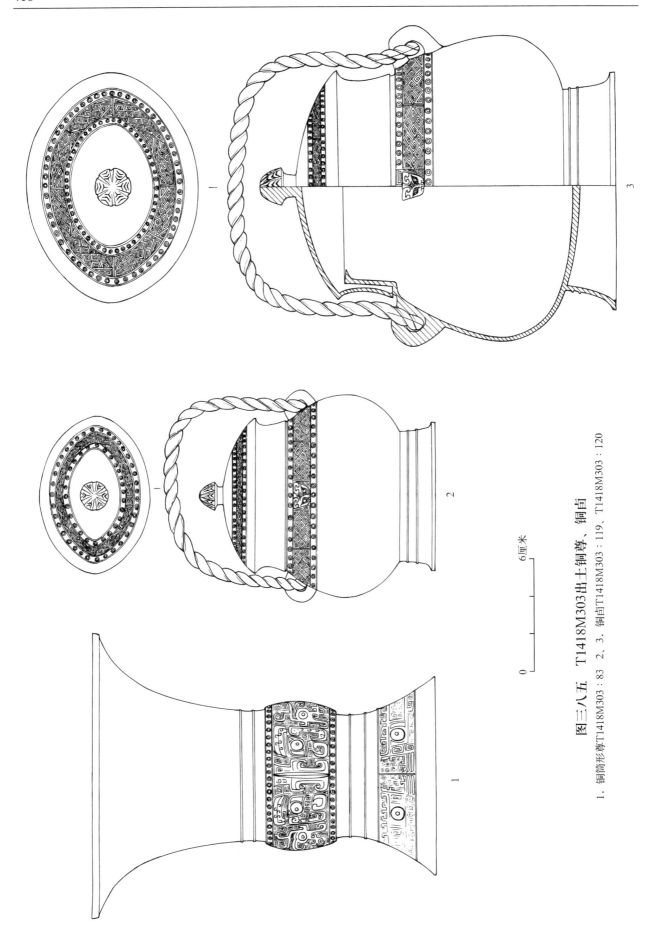

图三八五　T1418M303出土铜尊、铜卣

1. 铜筒形尊T1418M303：83　2、3. 铜卣T1418M303：119、T1418M303：120

6厘米

0

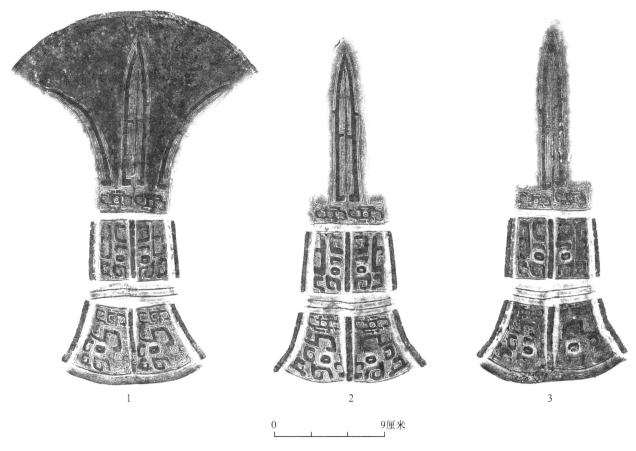

1　　　　　　　　　　　　2　　　　　　　　　　　　3

0 ⊢———⊢———⊣ 9厘米

图三八六　T1418M303出土铜觚纹饰拓本
1. T1418M303：102　2. T1418M303：110　3. T1418M303：107

38.4厘米，重5.8千克（图三八七，10、三九一，7～9、三九三，1；彩版一〇五，1）。

14. 铜三足盉

1件。

标本T1418M303：117，微侈口，方唇，束颈，鼓腹，圜底，最大径在下腹部，三足外撇，断面呈T字形，一足上置牛首鋬，与鋬对应位置斜置管状流。颈部饰三周凸弦纹。口径10.5、腹径15.7、带流高23.6厘米，重2.2千克（图三九〇，4；彩版一〇六，1）。

15. 铜罍

1件。

标本T1418M303：59，侈口，方唇，束颈，鼓腹，最大径在上腹部，下腹斜内收，腹底内凹，喇叭形高圈足，肩部置对称兽首耳，内衔断面呈扁圆形环，一侧下腹置牛首鋬，瓜棱钮子口器盖。整器满饰花纹，颈饰二周凸弦纹，肩部饰八夔六涡相间纹，其中夔纹两两相向布列，中腹饰三组一首双躯兽面纹，下腹饰六组对夔蕉叶纹；器盖弧面饰四夔四涡相间纹，夔纹同向布列；圈足饰六组共目双尾怪异兽面纹。器盖内壁铸有阴文铭文2字。口径15.9、腹径26.8、圈足径15.8、高42.5厘米，重8.35千克（图三八七，11、三九三，2、三九四；彩版一〇五，2）。出土时器内盛有大量液体，估计应是酒类。

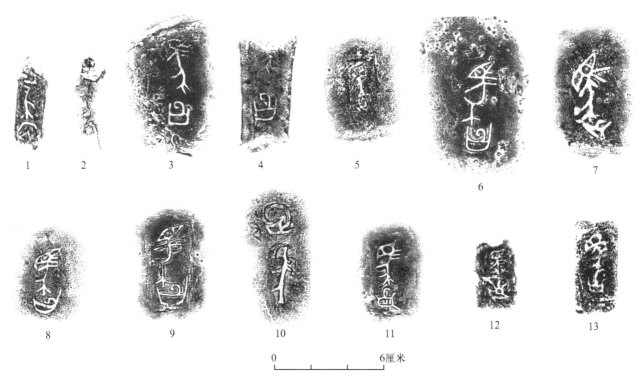

图三八七　T1418M303出土铜器铭文拓本

1、2. 铜爵T1418M303∶90、T1418M303∶113　3. A型铜斝T1418M303∶118　4. B型铜斝T1418M303∶108　5. 筒形铜尊T1418M303∶83　6、7. 铜卣T1418M303∶120（盖内和器底）　8、9. 铜卣T1418M303∶119（盖内和器底）　10. 铜提梁壶T1418M303∶58　11. 铜罍T1418M303∶59　12、13. 铜觯T1418M303∶184（盖内和器底）

16. 铜觯

1件。

标本T1418M303∶184，整体呈扁圆形。蘑菇形钮盖。侈口，小方唇，束颈，鼓腹，高圈足。盖面和颈部均饰一周网格纹，上、下各界一周联珠纹。盖内和器底分别有2个阴文铭文。出土时在折肩尊内，估计长期被尊内液体浸泡，整器被深蓝锈所覆盖。口径8.5、底径7.8、通高17.5厘米，重0.71千克（图三八七，12、13、三九五，1；彩版一〇六，2）。

17. 铜盘

1件。

标本T1418M303∶56，敞口，方唇，宽平沿，浅腹，平底，喇叭形高圈足。中腹饰三组纹饰，每组均由一牛首和四夔组成，牛首居中，四夔分置两侧，相向布列，云雷地纹，上、下分别界以同心圆圈纹；圈足上饰三组线条对夔兽面纹，云雷地纹，仅在纹饰带的上缘界以同心圆圈纹。口径34.3、足径20.2、高12.9厘米，重3.2千克（图三九五，2；彩版一〇六，3）。

18. 铜斗

2件。形制相似。斗体呈圆形，平底内凹，曲柄置于斗体中腹偏下处。

标本T1418M303∶98，子口，腹壁较直，柄尾稍残断。与斗体相接处的曲柄上饰兽面纹，余均素面。斗体口径4.5、斗体深6.8、残长19.6厘米，重0.11千克（图三九五，3；彩版一〇七，1）。

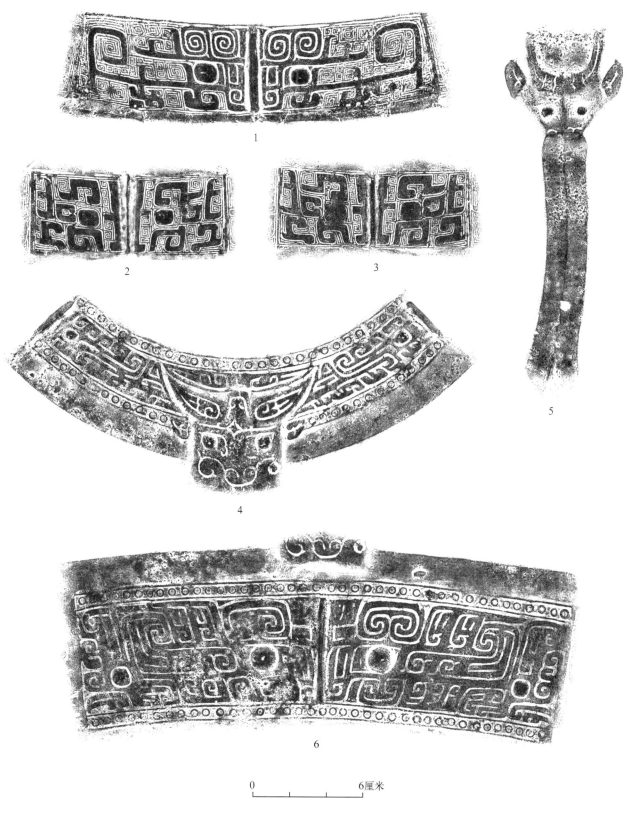

图三八八　T1418M303出土铜器纹饰拓本

1. A型铜斝T1418M303：118（腹部）　2. 铜爵T1418M303：96（腹部）　3. 铜爵T1418M303：90（腹部）　4、6. 铜折肩尊
T1418M303：99（肩部和腹部）　5. B型铜斝T1418M303：108（鋬）

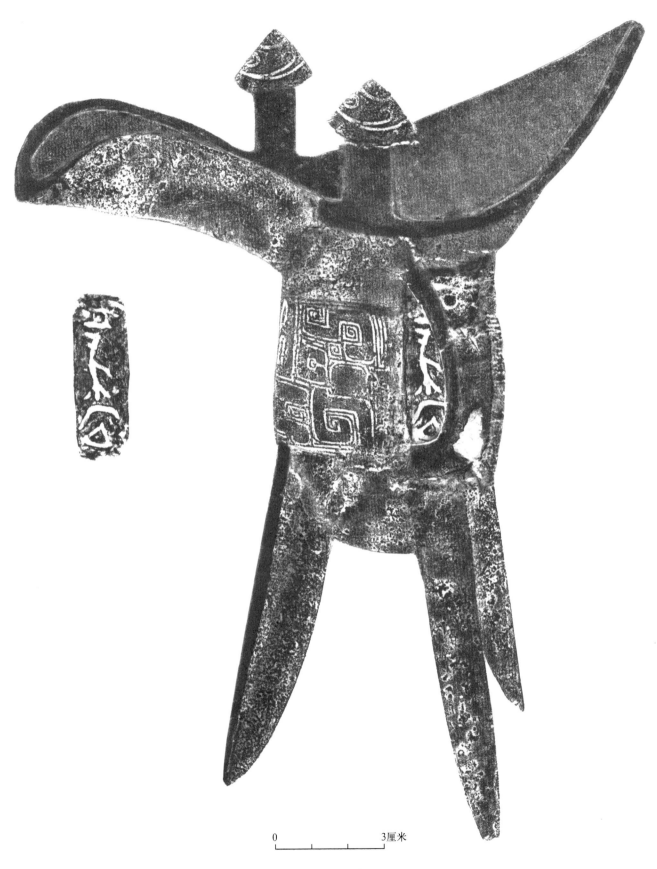

0   3厘米

图三八九　铜爵全形拓本T1418M303：90

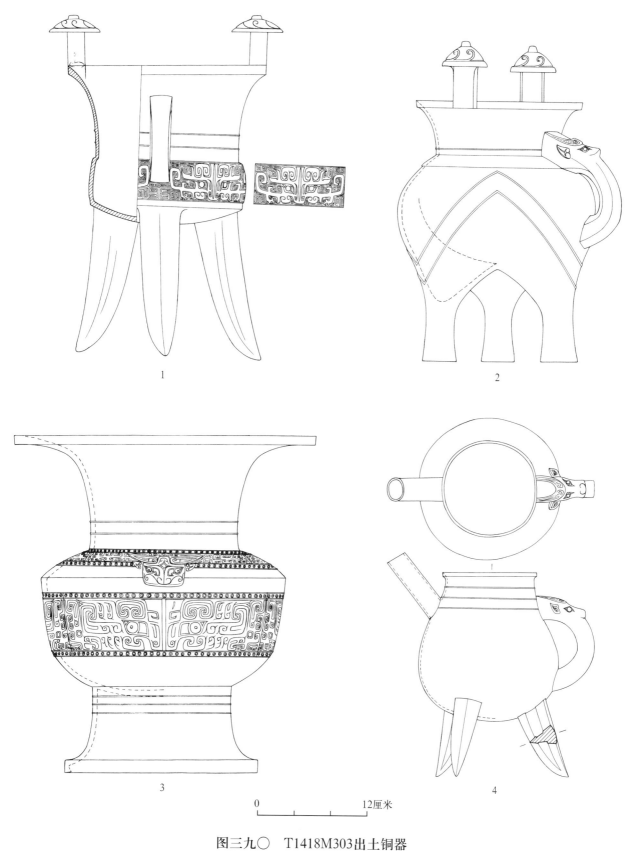

图三九〇　T1418M303出土铜器

1. A型铜斝T1418M303：118　2. B型铜斝T1418M303：108　3. 铜折肩尊T1418M303：99　4. 铜盉T1418M303：117

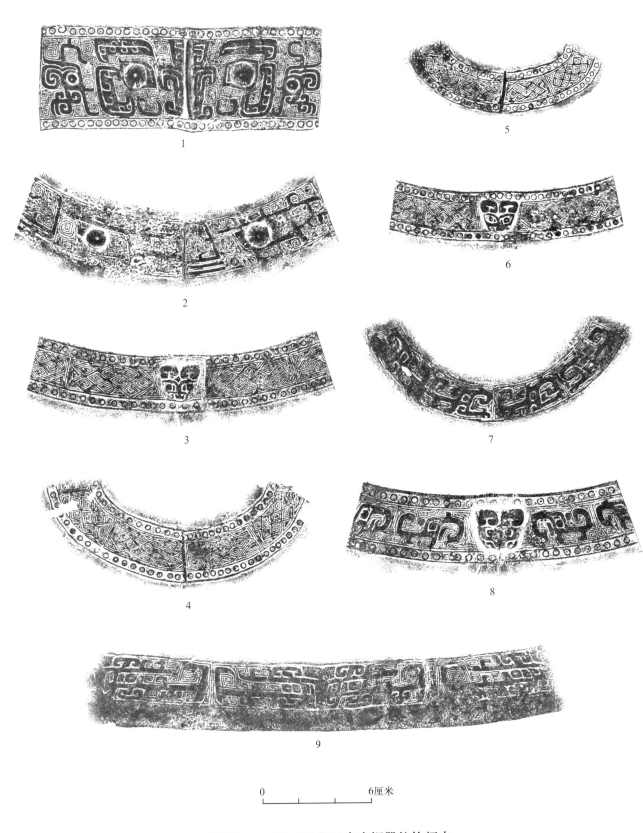

0　　　　　　　6厘米

图三九一　T1418M303出土铜器纹饰拓本

1、2. 筒形铜尊T1418M303：83（腹部和圈足）　　3、4. 铜卣T1418M303：120（器腹和盖面）　　5、6. 铜卣T1418M303：119（盖面和器腹）　　7~9. 铜提梁壶T1418M303：58（盖面、颈部和圈足）

0 ⊢——⊢——⊢ 6厘米

图三九二　铜筒形尊全形拓本T1418M303：83

　　标本T1418M303：180，子口微敛，器体均素面。斗体口径2.9、深4.2、长18.0厘米，重0.1千克（图三九五，4；彩版一〇七，2）。

　　19．铜铙

　　3件。形制、纹饰、铭文均相同，大、小依次相递。体呈扁圆形，口内呈凹弧形，平顶，顶较口稍窄。顶中部有管状甬，上端较细，下端较粗，甬、钲相通。钲两面均饰独立兽面纹，纹饰高出钲体平面。

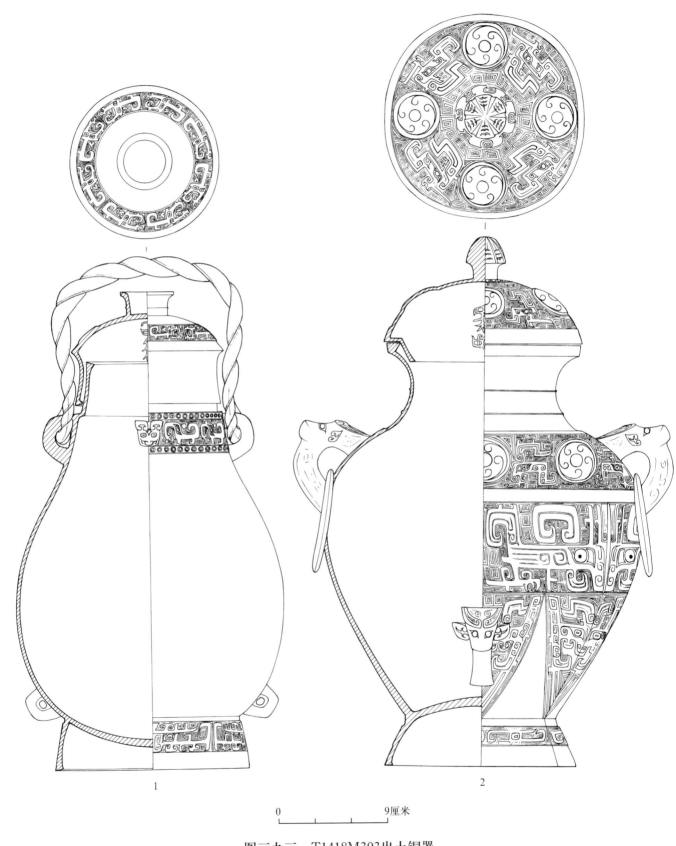

图三九三　T1418M303出土铜器

1. 铜提梁壶T1418M303∶58　2. 铜罍T1418M303∶59

0   6厘米

图三九四　铜罍全形拓本T1418M303：59

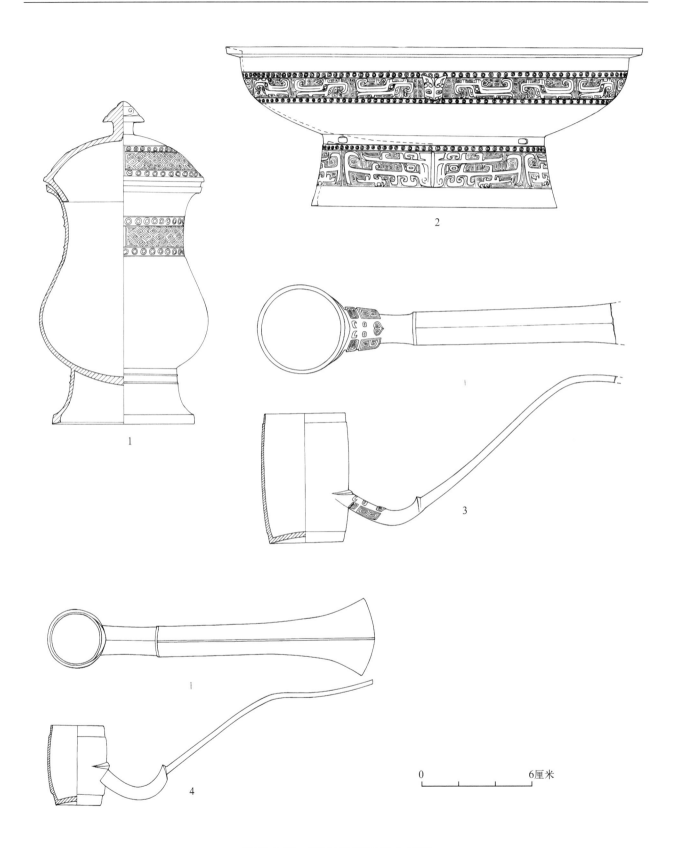

图三九五　T1418M303出土铜器

1. 铜觯T1418M303：184　2. 铜盘T1418M303：56　3、4. 铜斗T1418M303：98、T1418M303：180

钲体两侧，从口到甬底有铸逢两条，系由两块外范和一块内芯扣合而成。内壁铸有 2 个阳文铭文。

标本 T1418M303：123，出土时铙上有明显的布纹。口长径 15.1、口短径 10.8、甬长 7.4、高 20.3、壁厚 0.36 厘米，重 1.5 千克（图三九六，1、三九七，1、三九八，1；彩版一〇七，3 左）。

标本 T1418M303：125，口长径 12.8、口短径 9.0、甬长 6.6、高 17.6、壁厚 0.33 厘米，重 1.0

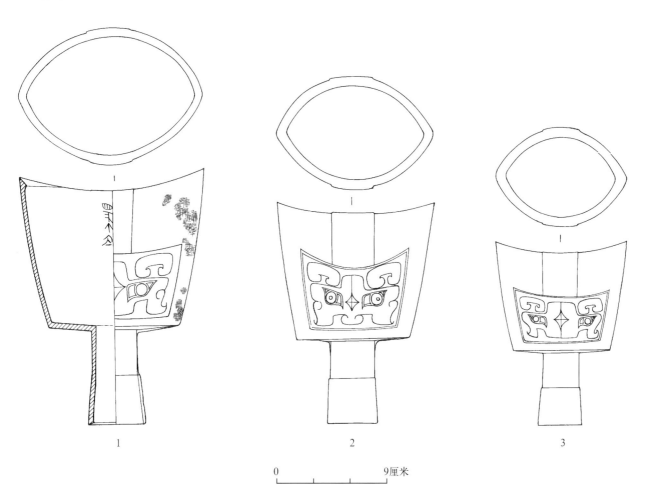

图三九六　T1418M303出土铜铙

1～3. T1418M303：123、T1418M303：125、T1418M303：124

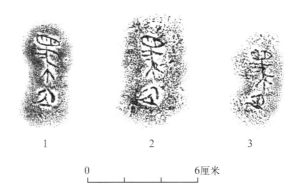

图三九七　T1418M303出土铜铙铭文拓本

1. T1418M303：123　2. T1418M303：125　3. T1418M303：124

1

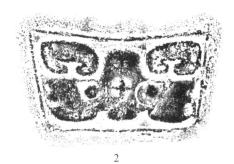

2

3

0 ━━━━━━━ 6厘米

图三九八　T1418M303铜铙纹饰拓本

1～3. T1418M303：123、T1418M303：125、T1418M303：124

千克（图三九六，2、三九七，2、三九八，2；彩版一〇七，3中）。

标本 T1418M303：124，口长径 10.8、口短径 8.0、甬长 5.8、高 14.8、壁厚 0.28 厘米，重 0.75千克（图三九六，3、三九七，3、三九八，3；彩版一〇七，3右）。

20．铜车軎

2件。形制相同，应为一对。器身呈长筒形，顶端封闭，向外微凸，口端上下有两个相对应的长方形穿。表面锈蚀严重，饰有简化蕉叶纹。内壁残留有朽木痕迹。

标本 T1418M303：166，口端径 5.5、顶端径 4.6、辖长 2.7、辖宽 1.4、通长 15.9 厘米，重 0.34千克（图三九九，1）。

标本 T1418M303：167，口端径 5.2、顶端径 4.2、辖长 2.9、辖宽 1.4、通长 15.9 厘米，重 0.31千克。

21．铜弓形器

1件。

标本 T1418M303：154，整器呈长条弓形，中部较宽，向上拱起，两端连有弧形的曲臂，臂下端有一扁铃，铃的周壁有弧形镂孔四个。弓身中部有一圆圈纹，其外饰八角星形纹。通长 37.5、弓身高 4.0、臂高 9.2 厘米，重 0.69 千克（图三九九，4；彩版一〇七，4）。

22．铜策

1件。

标本 T1418M303：153，圆形细管状，一端有一环，已残。管径 0.8、体长 24.0 厘米，重 0.05千克（图三九九，5）。

23．铜箍形器

3件。形制相同，大小稍有差异。圆箍状，外铸一圆环，箍内残留有朽木。

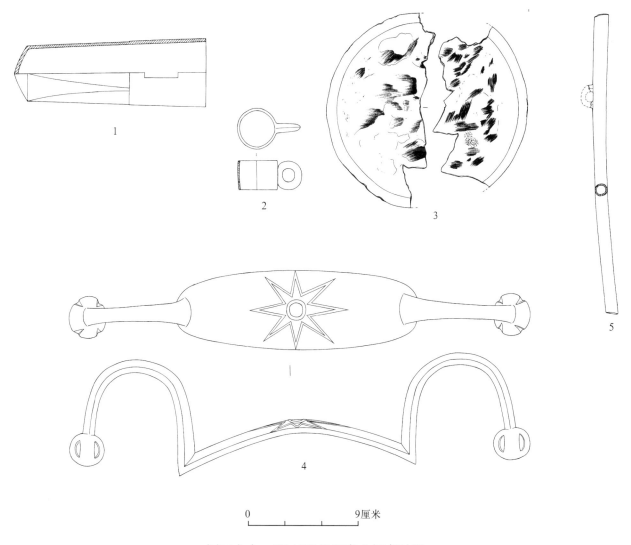

图三九九　T1418M303出土铜车马器

1．铜车軎T1418M303：166　　2．铜箍形器T1418M303：170　　3．铜圆形器T1418M303：182　　4．铜弓形器T1418M303：154　　5．铜策T1418M303：153

标本 T1418M303：170，箍径 3.9、箍长 2.5、环径 2.4 厘米，重 0.04 千克（图三九九，2）。

24．圆铜片

3 件。形制相同，锈蚀严重。呈圆形薄片状。

标本 T1418M303：182，直径 16.0、厚 0.15 厘米（图三九九，3）。

标本 T1418M303：148，直径 16.0、厚 0.1 厘米。铜圆形器和铜箍形器同出，可能相配使用，为马车上的部件。

25．铜戈

30 件（表七）。根据内部和胡部的差异，可分四型。

A 型　10 件。长胡銎内戈，器体厚重，系实用兵器。长条形援，三角形援锋，尖锐锋利，援中部微显脊棱，上援边平直，下援弧边下延呈长胡，长援断面呈窄长菱形。内似长条梯形，内前段有椭圆形銎。

标本 T1418M303：103，援尖稍有残断。残长 24.8、援残长 18.5、援中宽 4.7、胡长 7.9、銎长径 3.2、銎短径 2.2 厘米（图四〇〇，1）。

标本 T1418M303：63，保存完整。通长 24.3、援长 18.4、援中宽 4.7、胡长 7.9、銎长径 3.0、銎短径 2.2 厘米（图四〇〇，2；彩版一〇八，1）。

标本 T1418M303：60，保存完整。通长 24.6、援长 18.5、援中宽 4.6、胡长 8.7、銎长径 2.9、銎短径 2.2 厘米（图四〇〇，3）。

标本 T1418M303：62，保存完整。通长 24.7、援长 18.5、援中宽 4.7、胡长 8.1、銎长径 2.8、銎短径 2.1 厘米（图四〇〇，4）。

标本 T1418M303：64，援尖稍残断。残长 24.7、援长 18.4、援中宽 4.7、胡长 8.8、銎长径 2.9、銎短径 2.3 厘米（图四〇〇，5）。

标本 T1418M303：65，保存完整。通长 24.6、援长 18.3、援中宽 4.7、胡长 8.2、銎长径 2.9、銎短径 2 厘米（图四〇〇，6）。

B 型　18 件。曲内戈，器体轻薄，系明器。援呈长条形，三角形援尖，援断面平直，援中部略起脊棱，内后下垂。

标本 T1418M303：43，曲内部稍残，所饰夔纹不清。通长 32.5、援长 23.0、援中宽 4.8 厘米（图四〇〇，7）。

标本 T1418M303：33，保存完整。曲内部饰卷尾夔纹。通长 32.2、援长 23.2、援中宽 4.7 厘米（图四〇〇，8；彩版一〇八，2）。

C 型　1 件。

标本 T1418M303：27，歧冠曲内戈。器形与 B 型相似，唯曲内部呈歧冠夔龙形。通长 30.8、援长 23.3、援中宽 4.9 厘米（图四〇〇，9）。

D 型　1 件。

标本 T1418M303：146，长胡直内戈。出土时带柄，柄与穿之间用树皮捆绑。长条形援，援尖残断，援中部有脊棱，断面呈窄长菱形，上援边平直，下援边内弧下延呈长胡，胡上两穿，穿呈规矩的窄长方形。直内向后平伸，略呈平行四边形，唯后上角呈弧形。残长 23.4、援残长 16.5、援中宽 4.7、胡长 9.6 厘米（图四〇一）。

26．铜矛

38 件（表八）。根据矛叶部形制的不同，可分二型。

A 型　28 件。宽叶亚腰形。矛叶前端呈等边三角形，叶尾延伸至骹底，锋尖叶利，叶底有双孔，骹截面呈杏核形。骹正反面饰三角纹和兽面纹。

标本 T1418M303：26，叶中部脊棱明显，一侧边缘稍有残损，脊顶端稍向下凹，略呈三角形。骹面兽面纹模糊不清。通长 26.1、叶最宽 7.8、銎长径 1.6、銎短径 2.7 厘米（图四〇二，1；彩版一〇八，3）。

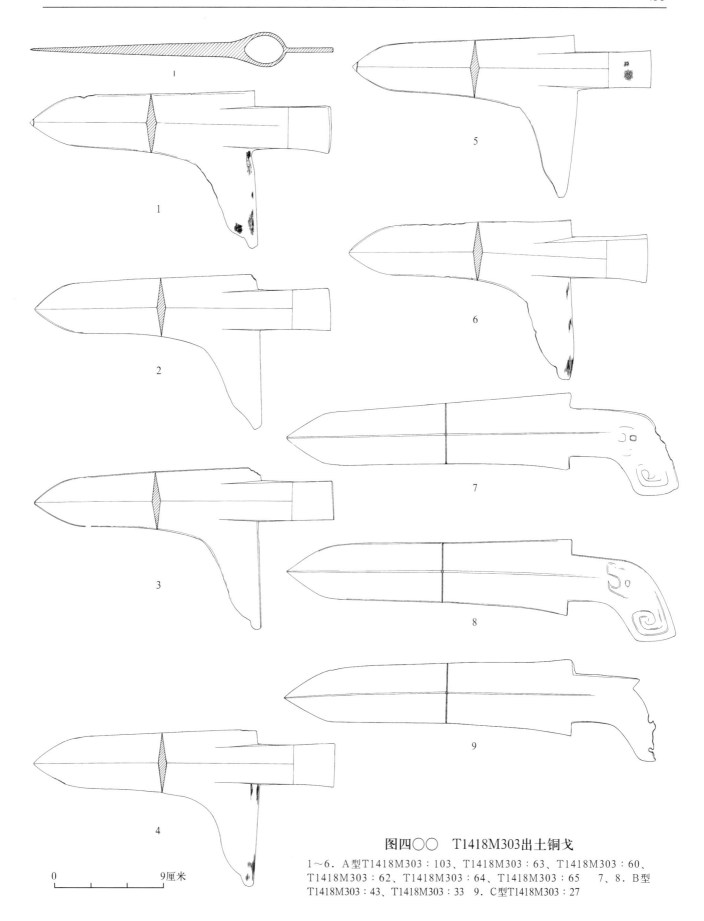

图四〇〇 T1418M303出土铜戈

1~6. A型T1418M303:103、T1418M303:63、T1418M303:60、T1418M303:62、T1418M303:64、T1418M303:65 7、8. B型T1418M303:43、T1418M303:33 9. C型T1418M303:27

0   9厘米

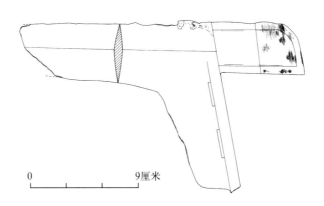

图四〇一　　D型铜戈T1418M303：146

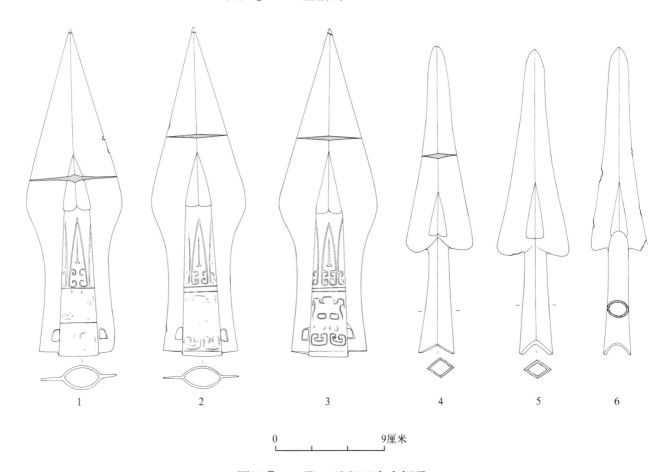

图四〇二　　T1418M303出土铜矛

1～3．A型T1418M303：26、T1418M303：46、T1418M303：13　　4、5．Ba型T1418M303：135、T1418M303：131　　6．Bb型T1418M303：132

标本T1418M303：46，叶尖略有残损，骹面兽面纹模糊不清。通长26.3、叶最宽7.8、骹长径1.4、骹短径2.9厘米（图四〇二，2）。

标本T1418M303：13，叶尖略有残损，骹面饰清晰的独立兽面纹。通长27.2、叶最宽8.0、骹长径1.4、骹短径2.9厘米（图四〇二，3）。

B 型　10 件。细柳叶形矛。整个矛叶呈等腰三角形，微束腰，中脊明显，脊之顶端稍向下洼，略呈三角形。根据叶面和骹部形制不同，可分二亚型。

Ba 型　9 件。叶面三角均呈圆弧形，长管状骹，断面呈菱形，上细下粗，骹底内凹。

标本 T1418M303：135，通长 24.4、叶最宽 5.5、长 16.3 厘米（图四〇二，4）。

标本 T1418M303：131，保存完整。通长 24.5、叶最宽 5.9、长 16.4 厘米（图四〇二，5；彩版一〇八，4）。

Bb 型　1 件。

标本 T1418M303：132，叶面三角均棱角分明，长管状骹，断面呈椭圆形，骹下部略粗，骹底内凹。一叶角残。通长 24.6、叶残宽 4.7、长 16.2、銎长径 1.4、銎短径 1.1 厘米（图四〇二，6）。

27．铜镞

97 件。形制、大小基本相同，锋尖锐利，高脊，截面为菱形，铤近关处粗，末端细，有的铤末近锥状。许多铤上还残留有箭杆朽木。

标本 T1418M303：122-1，通长 5.8、铤长 1.9、翼宽 2.3 厘米，重 0.01 千克（图四〇三，1）。

标本 T1418M303：122-2，通长 6.9、铤长 2.8、翼宽 2.2 厘米，重 0.01 千克（图四〇三，2）。

28．铜铃

13 件（表九）。铃体断面呈椭圆形。根据有无扉棱分二型。

A 型　3 件。铃体无扉棱，封顶。

标本 T1418M303：52，平顶，棒锤形铃舌，底边平稍内凹。铃身饰倒装独立兽面纹。口长径 4.1、短径 3.3、高 6.6 厘米，重 0.07 千克（图四〇四，2、3）。

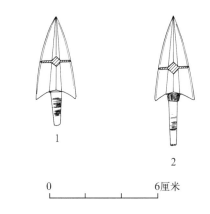

图四〇三　T1418M303出土铜镞
1. T1418M303：122-1　2. T1418M303：122-2

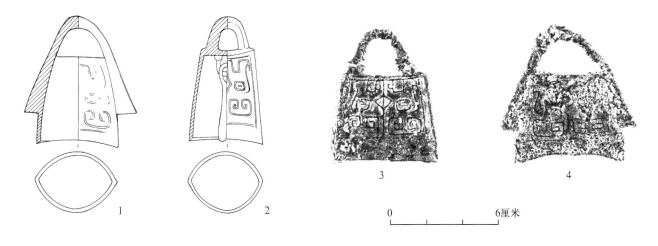

图四〇四　T1418M303出土铜铃
1、4. B型T1418M303：129　2、3. A型T1418M303：52

B 型　10 件。铃体两侧有扉棱，不封顶。扁平状铃舌，上端有一圆孔，孔内穿绳，系于铃环之上。底边内凹。

标本 T1418M303：129，铃身饰倒装独立兽面纹。口长径 4.6、短径 3.3、高 6.9 厘米，重 0.06 千克（图四〇四，1、4）。

（三）金器

2 件。均为饰品。

标本 T1418M303：141，圆角长条形，四角有穿孔，周边也有一圈小圆穿。原应是缀嵌在棺木上或覆盖棺木的织物上。长 27.5、宽 4.2 厘米（图四〇五；彩版一〇八，5）。

标本 T1418M303：152，圆角长条形。当是棺上饰件。出土时团在一起，不易展开，推测应与 M303：141 相同。

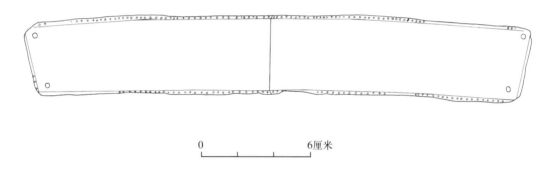

0　　　　　　　　　6厘米

图四〇五　T1418M303出土金饰品T1418M303：141

（四）玉器

14 件。均为小型饰品，有玉夔龙、玉鸟、玉柄形饰、玉螳螂、玉环、玉戈、玉刻刀、玉条形饰等。

1. 玉夔龙

1 件。

标本 T1418M303：179，淡绿色，微泛黄。龙首下垂，"臣"字目，独角，弓背，足前曲，尾上卷，口内和尾部各有一小圆孔，腹部有一大圆孔，均为双面对钻而成。通体光润。出土时置于铜罍中。长 5.1、高 3.7、厚 0.3 厘米（图四〇六，1、四〇七，1；彩版一〇九，1）。

2. 玉鸟

2 件。形制相同。乳白色，稍带褐色沁斑。尖喙上翘，长尾下垂，双足蹲踞，呈卧伏状，前胸有圆形钻孔。

标本 T1418M303：158，单面钻孔。长 5.3、高 3.3、厚 0.15 厘米（图四〇六，2、四〇七，2；彩版一〇九，2）。

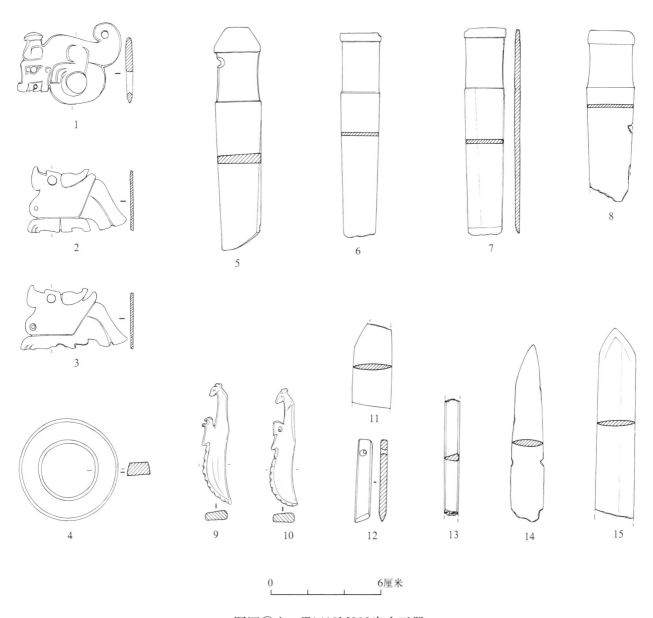

图四〇六　T1418M303出土玉器

1. 玉夔龙T1418M303：179　　2、3. 玉鸟T1418M303：158、T1418M303：159　　4. 玉环T1418M303：144　　5～8. 玉柄形饰T1418M303：87、T1418M303：142、T1418M303：171、T1418M303：143　　9、10. 玉螳螂T1418M303：173、T1418M303：172　　11、14、15. 玉戈T1418M303：151、T1418M303：150、T1418M303：168　　12. 玉刻刀T1418M303：147　　13. 玉条形饰T1418M303：88

标本T1418M303：159，双面对钻孔。长5.7、高3.3、厚0.15厘米（图四〇六，3、四〇七，3）。

3. 玉螳螂

2件。形制、大小基本相同。乳白色。勾首，翘尾，卧伏，栩栩如生。前胸有一双面钻孔。

标本T1418M303：172，体长6.0、厚0.35厘米（图四〇六，10；彩版一〇九，3）。

标本T1418M303：173，局部受沁，穿孔残。体长6.3、厚0.4厘米（图四〇六，9；彩版一〇九，4）。

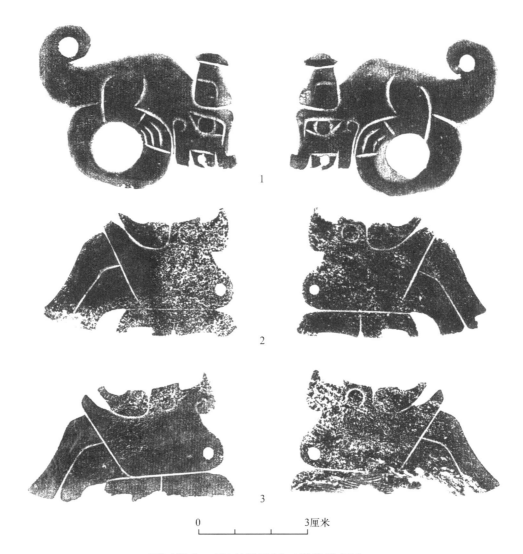

图四〇七　T1418M303玉器纹饰拓本

1. 玉夔龙T1418M303：179（正、反面）　　2、3. 玉鸟T1418M303：158（正、反面）、T1418M303：159（正、反面）

4.玉柄形饰

4件。

标本T1418M303：87，墨绿色。梯形柄首，首下一侧有对钻孔，孔残。似旧器改制而成。长11.7、柄宽2.0、身宽2.0～2.3、厚0.4厘米（图四〇六，5；彩版一〇九，6）。

标本T1418M303：142，乳白色，有墨斑。长方形细长柄首，下端有刃，刃部稍残。表面涂朱砂。长10.7、柄宽1.8、身宽1.7～2.0、厚0.15厘米（图四〇六，6；彩版一〇九，5）。

标本T1418M303：171，乳白色，有墨斑。长方形柄首，下端有单面刃，稍残。表面涂朱砂。长11.0、柄宽1.9、身宽1.8～2.0、厚0.15厘米（图四〇六，7；彩版一〇九，7）。

标本T1418M303：143，乳白色，有墨斑。长方形柄首，较宽短。表面涂朱砂，下端稍残。长8.9、柄宽2.1、身宽1.9～2.5、厚0.15厘米（图四〇六，8）。

5. 玉环

1件。

标本 T1418M303：144，乳白色。器壁较厚，中部圆孔为单面钻。素面，表面有朱砂。直径5.2、孔径3.1～3.4、壁厚0.5厘米（图四〇六，4；彩版一一〇，1）。

6. 玉戈

3件。

标本 T1418M303：150，青灰色，稍有沁色。内部略残，援部中脊不明显。一面涂朱砂。残长9.3厘米（图四〇六，14）。

标本 T1418M303：151，青灰色。残。援部中脊明显，表面光润。残长4.2厘米（图四〇六，11）。

标本 T1418M303：168，墨绿色。内残，援部中脊不明显，表面光润。残长9.8厘米（图四〇六，15）。

7. 玉刻刀

1件。

标本 T1418M303：147，乳白色。扁平长条形，顶部有孔，双面钻，下端有刃，双面刃。长4.2、宽0.6、厚0.2厘米（图四〇六，12；彩版一一〇，3）。

8. 玉条形饰

1件。

标本 T1418M303：88，青色泛黄。扁平长条形，两端均残，表面光润。残长5.9、宽0.6、厚0.2厘米（图四〇六，13）。

（五）石器

6件。有石铲、石钺、石坠、石泡、磨石等。

1. 石铲

1件。

标本 T1418M303：164，放置在东二层台偏北部的彩绘帛画上面。由灰白色的粗砂石磨制而成。长条形，上部平齐，有一圆孔，两侧边磨制成圆弧形，底部为双面磨的弧刃。长35.0、上宽7.8、下宽8.4、厚1.4厘米（图四〇八；彩版一一〇，4）。

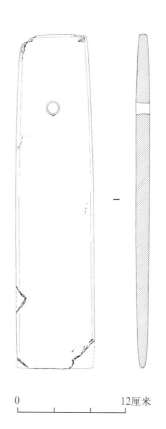

图四〇八 T1418M303出土石铲T1418M303：164

2. 石玦

1件。

标本 T1418M303：175，砂岩，灰白色，表面受沁。圆形，有缺口，扁平状，中间有一圆孔。直径3.2、孔径1.2、厚0.4厘米（图四○九，1）。

3. 石坠

1件。

标本 T1418M303：176，砂岩，灰白色，表面受沁。呈三棱锥体，上端有一圆孔，单面钻。高3.3、下端厚2.0～2.3厘米（图四○九，3）。

4. 石泡

1件。

标本 T1418M303：174，砂岩，灰白色。扁平，圆形，一面鼓，一面平，中间有一小圆孔，单面钻。直径2.0、厚0.3厘米（图四○九，2）。

5. 磨石

2件。

标本 T1418M303：71，灰褐色砂石。体呈梯形，截面均为长方形，上部有圆形双面对钻孔。长8.4、宽2.0～2.7、厚0.9～1.0厘米（图四○九，4；彩版一一○，5）。

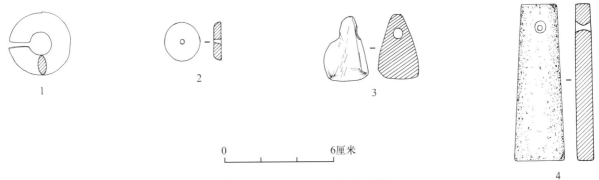

图四○九　T1418M303出土石器

1. 石玦T1418M303：175　2. 石泡T1418M303：174　3. 石坠T1418M303：176　4. 磨石T1418M303：71

（六）骨、牙器

8件。除2件骨弓末饰出在椁室中外，其余都散出于墓葬填土中。出土于填土中的遗物均在编号前加"0"，以示区别。

1. 骨弓末饰

2件。出土于铜盘内。形制基本相似。长条形柄，柄边缘呈亚腰弧形，截面为不规则梯形。骨弓末饰应是弓上用于挂弦的附件[1]。

标本 T1418M303：55，一端有矩形凹槽，可与弓背相扣接。长3.9、槽宽0.5、槽深0.6厘米（图

[1]　岳占伟、岳洪彬：《殷墟出土叉形器功能考》，《三代考古（四）》，科学出版社，2011年。

四一○，2；彩版一一○，2右）。

标本 T1418M303：54，一端凿一圆孔，弓背可插入其中与其固定。长 4.1、孔径 0.6、孔深 0.7 厘米（图四一○，1；彩版一一○，2左）。

2．骨匕

1件。

标本 T1418M303：01，扁平长方形，一面平滑，一面微凸。残长 4.1、宽 2.1 厘米（图四一○，3）。

3．骨饰

2件。

标本 T1418M303：02，方形，截面略呈椭圆形，有孔。表面有锯痕。长 1.6 厘米（图四一○，5）。

标本 T1418M303：03，长方形，表面磨制光滑，中部有对钻穿孔。长 2.8、孔径 0.4～0.6 厘米（图四一○，4）。

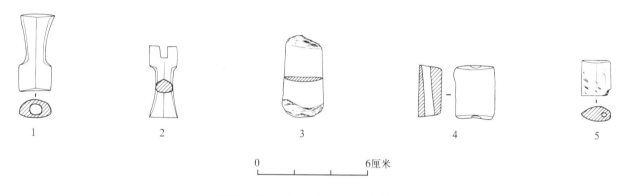

0 ——————————— 6厘米

图四一○ T1418M303出土骨器

1、2. 骨弓末饰T1418M303：54、T1418M303：55 3. 骨匕T1418M303：01 4. 骨饰T1418M303：03 5. 骨饰T1418M303：02

4．卜骨

1件。

标本 T1418M303：04，牛的肩胛骨。正面有凿、灼痕，背面有修整痕。长 6.5 厘米（图四一一，1）。

5．牙饰

1件。

标本 T1418M303：05，獐牙。曲锥形，截面呈三棱状，尖上翘，通体光滑透亮。残长 5.9 厘米（图四一一，5）。

6．骨片

1件。

标本 T1418M303：06，可能是鳄鱼背甲片。椭圆形，中部有脊，背面呈蜂窝状。长 4.9、宽 3.4 厘米（图四一一，2）。

（七）蚌器

数量很多，但形制单一。除蚌泡等饰件外，多数都是悬挂在棺四角或覆盖棺木织物四角的穿孔蚌鱼和穿孔文蛤。

1. 蚌泡

3件。圆形，中厚边薄，一面平，一面弧，中部有穿孔。

标本 T1418M303：17，直径2.1厘米。

2. 蚌饰

1件。

标本 T1418M303：89，白色。扁平长条形，一面平，另一面弧。长3.6、宽0.5、厚0.3厘米。

3. 蚌鱼

数百件。形制基本相同。扁平片状，绝大多数已成为小碎片。多数一端有孔。

标本 T1418M303：139，长3.8厘米（图四一一，3）。

4. 文蛤

数十扇。形制基本相同，大小略有差别。大部分已碎，壳面分布着均匀的波折纹，壳顶皆钻一小孔。

标本 T1418M303：140，淡黄色，壳面有四重波折纹。扇径2.6厘米（图四一一，4）。

蚌鱼和文蛤皆与1件铜铃同出，且比较集中出土于棺外四角，故推测它们可能是悬挂在棺四角或覆盖棺木织物四角的装饰品。

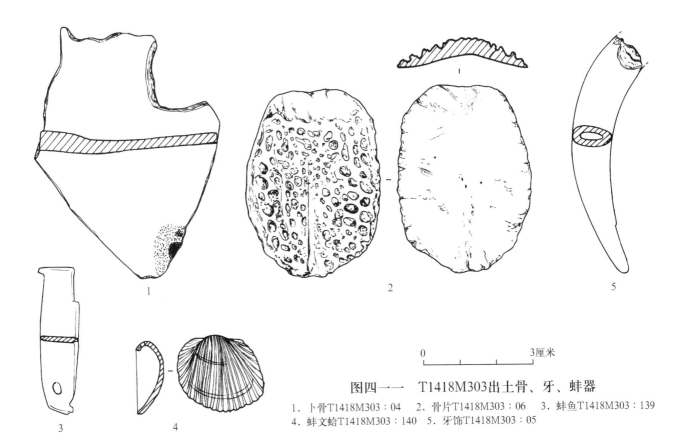

图四一一　T1418M303出土骨、牙、蚌器

1. 卜骨T1418M303：04　2. 骨片T1418M303：06　3. 蚌鱼T1418M303：139
4. 蚌文蛤T1418M303：140　5. 牙饰T1418M303：05

（八）植物类遗存

除木炭样品外，其他植物种类发现较少，主要有覆盖于折肩尊口部的叶子遗存。经中国社会科学院考古研究所科技中心专家鉴定，认为是短梗南蛇藤的叶片，是中国华北地区常见的一种中草药（详见附录一）。[1]

另有1件类似糕点的食物标本，出土时已残碎。大致呈圆形，已全部炭化。直径约3.0、厚1.5厘米。

五　小结

（一）年代

T1418M303不仅有明确的地层关系，而且随葬有丰富的成组陶器和铜器，为其年代断定提供了可靠根据。

1．根据地层关系分析

T1418M303被F38叠压，同时又打破下层夯土，时代应介于F38和下层夯土之间。F38是C区建筑群的一部分。在这组建筑群的多数院落中都有使用时期留下的陶器，计有簋、鬲、盆、瓮，其中大型陶瓮多位于台阶的两侧或建筑护坡附近，显然是使用时期具有某种特定功能的器具。另外，在对建筑基址进行解剖时，发现大量夹在夯土层中的瓮棺葬具，为泥质灰陶或红陶罐。这些器物都是殷墟四期常见的器形，也就是说，F38等建筑群在殷墟四期尚在使用。F38等建筑群的始建年代则可由解剖沟中发现的被夯土基址叠压的殷墟四期偏早阶段的灰坑来锁定。因此，从层位上判断，T1418M303应大致属于殷墟四期。

2．根据随葬陶器分析

T1418M303共出土20件陶器，组合为瓿1件、爵1件、簋1件、罐5件、罍6件、尊4件、瓿形器2件。这种以大量罐、罍和尊为组合的现象常见于殷墟三、四期，尤以殷墟四期最为突出。安阳市文物工作队曾在殷墟发掘过一座殷墟四期偏晚的墓葬，二层台上放了数十件形制相同或相似的罐和罍等陶器[2]，与河南鹿邑太清长子口大墓随葬大量陶器[3]的现象非常相似。看来随葬大量陶罐和罍的现象应是殷墟四期偏晚阶段甚或商末周初时期规模较大墓葬的一个普遍特征。从陶器形制看，T1418M303出土的陶瓿、爵与殷墟西区墓地VII式瓿和VII式爵的形制相似，也和郭家庄墓葬中的VIII式瓿和VIII式爵形制相似，陶簋近于郭家庄E型陶簋（M53：44），小罐均与郭家庄C型罐（M236：1）相似，B型罍与刘家庄北M1046大量出土的A型I式罍完全一样，C型罍近同于郭家庄A型II式罍（M50：19）。这些陶器均为殷墟四期常见器形，多数属殷墟四期偏晚阶段。

3．根据随葬铜器分析

首先，铜器组合有明显的时代特征。T1418M303出土铜圆鼎1件、扁足鼎2件、分档鼎2件、方鼎2件、簋2件、甗1件、瓿7件、爵10件、斝2件（尊式和分档各1件）、卣2件、尊2件（直

---

[1]　王树芝、路超、岳洪彬、岳占伟、赵志军：《殷墟大司空M303出土的植物叶片研究》，《考古》2010年第10期。

[2]　资料尚未发表。

[3]　河南省文物考古研究所、周口市文化局：《鹿邑太清宫长子口墓》，中州古籍出版社，2000年。

筒式和折肩式各1件)、罍1件、提梁圆壶1件、觯1件、盘1件、铙3件、斗2件,共计42件。其中,鼎类器形中以1件圆鼎为中心,随葬成对分裆鼎或小方鼎的现象,在殷墟铜器墓中多见于殷墟四期,尤以殷墟四期偏晚阶段的墓葬为多,如刘家庄北M1046出土成对的分裆鼎和小方鼎[1],82小屯M1[2]和郭家庄北M6[3]都出土成对小方鼎,郭家庄北M9出土成对的分裆鼎[4]。T1418M303的觚和爵在数量上不严格对等搭配,也是殷墟四期多见的现象,如刘家庄北M1046为3觚5爵[5],安钢GM1713为2觚3爵[6]。另外,簋随葬数量的增加也是殷墟四期墓葬的特征[7]。迄今为止,殷墟没有遭盗掘的四期以前的铜器墓中仅有妇好墓随葬5件铜簋,其余墓葬(包括殷墟三期的所有铜器墓)随葬铜簋均不超过1件,而属于殷墟四期的完整墓葬中随葬2件或2件以上的有3座:刘家庄北M1046随葬2件,82小屯M1出土3件,安钢GM1713随葬2件。T1418M303中也随葬铜簋2件,形制纹饰都相同,应是一对。由此看来,T1418M303随葬铜器的组合关系也表现出明显的殷墟四期特征。

其次,T1418M303出土铜圆鼎和方鼎的足普遍较高,腹较浅,形制与82小屯M1分裆鼎和小方鼎相似。簋腹较浅,圈足较高,近同与刘家庄北地出土铜簋(M1046:61)。圆罍腹部瘦小,肩部置对称兽首衔环,圈足较高,形似郭庄北圆罍(M6:30)。T1418M303觚形尊深腹微鼓,形同刘家庄北出土铜尊(M1046:7)。T1418M303提梁壶为圈形捉手器盖,与目前殷墟常见的蘑菇形钮器盖不同,殷墟圈形捉手器盖多见于四期偏晚阶段,如刘家庄北M1046:6(原报告中称为卣)[8],但在西周初年也较多见,宝鸡竹园沟M13的父己卣[9]、平顶山北滍村所出提梁卣[10]都属此类器。T1418M303铜盘为宽平沿,浅腹,圈足高而外撇,形同刘家庄北出土铜盘(M1046:8)。T1418M303铜甗形同刘家庄北出土同类器(M1046:4),但T1418M303的甗腹底部置有铜箅,为目前所知殷墟出土的2件带铜箅的铜甗之一;通常认为甗带铜箅乃西周初期常见的特征。

另外,T1418M303和T1418M225棺木四角各发现一组由数量众多的穿孔蚌鱼、穿孔贝饰和一件铜铃组成的串饰,原应悬挂在棺或覆盖棺木的织物四角。这种现象在殷墟尚属首次发现,而西周墓葬的棺木四周常见大量蚌鱼或石鱼、铜鱼等小饰件,两者之间可能存在着渊源关系。

综上所析,T1418M303的时代应为殷墟四期,但考虑到其中存在着部分具有西周初期常见特征的因素,因此若将殷墟四期再进一步细分为早、晚段,T1418M303可能更接近于晚段,但其整体特征要早于刘家庄北M1046和安钢GM1713。

[1]　中国社会科学院考古研究所安阳工作队:《安阳殷墟刘家庄北1046号墓》,《考古学集刊》第15集,科学出版社,2004年。

[2]　中国社会科学院考古研究所:《殷墟青铜器》,文物出版社,1985年。

[3]　安阳市文物工作队:《河南安阳郭庄村北发现一座殷墓》,《考古》1991年第10期。

[4]　安阳市文物工作队、安阳市博物馆:《安阳殷墟青铜器》,中州古籍出版社,1993年。

[5]　中国社会科学院考古研究所安阳工作队:《安阳殷墟刘家庄北1046号墓》,《考古学集刊》第15集,科学出版社,2004年。

[6]　中国社会科学院考古研究所安阳工作队:《安阳殷墟西区一七一三号墓的发掘》,《考古》1986年第8期。

[7]　岳洪彬:《殷墟青铜礼器研究》,第450~454页,中国社会科学出版社,2006年。

[8]　中国社会科学院考古研究所安阳工作队:《安阳殷墟刘家庄北1046号墓》,《考古学集刊》第15集,科学出版社,2004年。

[9]　卢连成、胡智生:《宝鸡强国墓地》,文物出版社,1988年。

[10]　平顶山市文管会:《平顶山市新出土西周青铜器》,《中原文物》1988年第1期。

（二）铜器铭文

T1418M303 随葬的 42 件青铜礼乐器中，带铭文有 32 件。铭文内容单一，多数为"马毁"二字，偶有"毁马"铭者。"马"在甲骨文中或作地名，以为与马方所指相同。"毁"字也见于甲骨文，多作地名，或作"毁方"。关于"毁"字的考释，学术界意见分歧较大。孙诒让释"台"[1]，郭沫若释"勺"[2]，林义光释"旨"[3]，叶玉森释"椒"[4]，于省吾释"危"[5]。我们采用于省吾释"危"说。有学者认为，"危"地位于亳南、淮阴之间，从第二期卜辞开始，危地已是商王的田猎区，从未见"危"与商为敌的辞例[6]。

甲骨文中除"马"字单用外，也有像"马危"一样与其他字相配使用的例子，如"马羌"。陈梦家先生推测，马羌可能是马方之羌，也可能是马方与羌方[7]。顾颉刚先生则认为，马羌可能是以马为图腾的羌人部落[8]。因此，T1418M303 中铜器铭文"马危"也不排除这三种可能之一，即是马方之危，或马方与危方的简化合体，或为以马为图腾的危方部落。

（三）墓主人

首先，从墓葬规模来看，T1418M303 墓室面积达 9 平方米左右，在殷墟四期保存完好的墓葬中仅次于刘家庄北 M1046（11 平方米），而大于刘家庄北 M9（6.05 平方米）、郭家庄北 M6（5.5 平方米）和安钢 GM1713（4.68 平方米）。我们通常将面积在 3.0～20 平方米的殷墟墓葬定为中型墓，小于 3.0 平方米的墓葬定为小型墓[9]。T1418M303 应属中型墓，为规格较高的中等贵族墓葬。

其次，从随葬品来看，T1418M303 随葬青铜礼乐器 42 件，是殷墟四期保存完好的墓葬中随葬品最为丰富的一座，与属于殷墟三期晚段的郭家庄 M160 几乎相当；像 T1418M303 的铜甗、罍、提梁壶、折肩尊、尊式斝和分裆斝等，器体高大厚重，是殷墟四期铜器中制作较为精良的一组。其他加上铜兵器、玉器、车马器以及陶器等，随葬品近 200 件。

通常商代墓葬中随葬觚爵（角）套数的多少，直接体现了墓主人身份的贵贱高低。T1418M303 随葬的青铜礼乐器中，有 7 觚 10 爵，可见墓主人的身份应相当于 10 套觚爵。在殷墟出土 10 套或 10 套以上觚爵（角）的墓葬目前仅有妇好墓和郭家庄 M160，妇好墓是武丁三个法定配偶之一妇好的墓葬[10]，郭家庄 M160 的墓主则可能"是址族之首领或址族的上层人物"[11]。因此，T1418M303 的墓主应是与 M160 墓主地位相当的"马危"族的首领或高级贵族。

[1]　孙诒让：《契文举例》上卷，楼学礼点校本，齐鲁书社，1993年。
[2]　郭沫若：《中国古代社会研究》，第265页，上海联合书店，1930年。
[3]　林义光：《国学丛编》一期二册，北平中国大学，1931年。
[4]　叶玉森：《殷墟书契前编集释》，4.11，大东书局，1933年。
[5]　于省吾：《殷契骈枝全编》二二，艺文印书馆，1975年。
[6]　岛邦男著，濮茅左等译：《殷墟卜辞研究》，第748页，上海古籍出版社，2006年。
[7]　陈梦家：《殷墟卜辞综述》，第277页，科学出版社，1956年。
[8]　顾颉刚：《从古籍中探索我国西部民族——羌族》，《社会科学战线》1980年第1期。
[9]　岳洪彬：《殷墟青铜礼器研究》，第450～454页，中国社会科学出版社，2006年。
[10]　中国社会科学院考古研究所：《殷墟妇好墓》，文物出版社，1980年。
[11]　中国社会科学院考古研究所：《安阳殷墟郭家庄商代墓葬——1982年～1992年考古发掘报告》，中国大百科全书出版社，1998年。

（四）与周边遗迹关系

与T1418M303处于同一层位（即被上层夯土建筑基址群或其护坡土层所叠压）的遗迹现象有墓葬、灰坑和车马坑等，其中灰坑偶见，墓葬最多。墓葬大部分为南北向，且规模普遍较大，应是早于夯土建筑基址群的一个高规格的商代墓地。为保存上层夯土基址，没有将其全部清除，其下层夯土的时代和性质不明。不过也不排除上、下层夯土为同时的可能，若此，则M303等墓就与上、下层夯土为同一体的遗迹，建筑基址和这些墓葬的性质就更为耐人寻味了。

从目前发掘资料看，该墓地的墓葬多数两两并排，少数三座一组，当是"异穴并葬"现象的反映。T1418M303与其西侧的T1418M225均南北墓向，东西并排，两者相距约2米，均被上层夯土建筑所叠压，时代均为殷墟四期，推测应是夫妇异穴并葬墓。

在T1418M303和T1418M225南40米略偏东处发现2座车马坑，编号为M231和M226。这两座车马坑被上层夯土建筑群的护坡土层所叠压，与T1418M303和T1418M225属同一层位。另外，T1418M303中出土一套完整的车马器，如铜圆形器、铜镳、铜策、铜弓形器、一对铜軎等。其中，圆形铜片内面有织物腐朽痕迹，原来应是嵌在织物上的。这种圆形片状铜器以前仅在花园庄东地M54中发现过[1]，且不知其用途。T1418M303所出与其南侧车马坑T1513M231出土的铜圆片状器和T1512M226中的金圆片状器形制完全相同，甚至连直径大小都相同，故知其是商代马车上使用的器具。因此推测，M231、M226可能与T1418M303和T1418M225有某种联系，前者可能是后者的陪葬坑。

（五）学术意义

第一，殷墟四期发现的没有被盗掘的铜器墓葬已有60余座，但大部分都是只有1套觚、爵的小型墓，2套觚、爵的中型墓只发现7座，3套觚、爵的中型墓仅发现4座（GM1713为2觚、3爵），而刘家庄北M1046最多也只能算7套觚、爵（随葬3觚、5爵、2角）。而T1418M303随葬7觚和10爵（表五、六），应属10套觚、爵规格的墓葬，填补了殷墟四期没有10套觚爵的高规格墓葬的空白，为各期高规格墓葬之间的比较研究提供了资料。

第二，T1418M303的铜器铭文均为"马危"，这在殷墟是第一次出现，不见于以前所见的商代铜器上，甲骨文中也只有铭"马"、"危"或"下危"者，未见"马危"组合铭。T1418M303成组同铭铜器的发现，为殷墟都城内居住者的族属及各族属的空间布局研究提供了新资料。

第三，从殷墟西区和郭家庄墓地出土陶觚、爵的形制演变来看，属于殷墟四期的墓葬又可细分为多个小阶段，而像刘家庄北M1046和安阳GM1713都属于殷墟四期偏晚阶段，而T1418M303虽也属殷墟四期，但年代早于刘家庄北M1046和安阳GM1713，应属于殷墟四期早、晚段之际的墓葬，为殷墟铜器研究提供了一个新的断代组合。

第四，以前发掘的殷墟四期墓葬多随葬明器，如刘家庄北M9和郭家庄北M6都是3套觚、爵的高规格墓葬，但出土的其他铜器多为明器，而T1418M303出土的42件青铜礼乐器均制作精良，真正体现了殷墟四期铜器的工艺水平，对研究殷墟四期铜器的铸造工艺具有重要意义。

---

[1]　中国社会科学院考古研究所：《安阳殷墟花园庄东地商代墓葬》，科学出版社，2007年。

第五，从层位关系上看，叠压其上的是一组规模宏大、结构复杂的建筑群。T1418M303 和 T1418M225 的时代均为殷墟四期，并且更靠近殷墟四期偏晚阶段，那么叠压其上的建筑群应不早于墓葬，很可能属于殷墟四期偏晚阶段，甚至不排除更晚的可能。这一发现有助于讨论殷墟都城末期阶段中的诸多学术问题。

表五　铜觚尺寸统计表　　（尺度：厘米，容量：毫升，重量：千克）

器号	器高	口径	器深	腹径	足径	口厚	腹厚	足厚	容量	重量
M303：110	27.1	16.2	18.5	4.2	9.2	0.5	0.6	0.4	540	1.0
M303：111	27.5	16.2	18.4	4.1	9.2	0.35	0.6	0.4	540	1.15
M303：105	27.1	16.2	18.1	4.2	9.1	0.4	0.7	0.5	540	1.05
M303：106	27.1	16.1	18.4	4.3	9.1	0.4	0.6	0.5	540	1.05
M303：107	27.1	16.2	18.2	4.3	9.4	0.42	0.6	0.42	540	1.05
M303：102	27.1	16.3	18.5	4.1	9.2	0.4	0.6	0.5	540	1.1

表六　铜爵尺寸统计表　　　　（尺度：厘米，容量：毫升，重量：千克）

器号	器高	器深	足高	柱高	柱距	口长	口宽	流高	流宽	流长	厚度	容量	重量
M303：96	20.7	9.5	9.8	4.2	6.2	17.9	8.0	18.1	3.7	8.4	0.4	250	0.9
M303：90	20.4	9.5	9.7	4.2	5.9	18.3	8.0	17.8	3.8	8.6	0.4	250	0.85
M303：94	20.3	9.6	9.5	4.3	5.9	17.7	8.0	17.6	3.7	8.6	0.4	250	0.9
M303：92	20.2	9.6	9.6	4.2	6.4	17.8	8.0	17.8	3.3	8.5	0.35	250	0.8
M303：95	20.0	9.6	9.4	3.8	5.8	17.8	8.0	17.5	3.7	8.4	0.3	250	0.75
M303：109	20.3	9.5	9.6	4.1	6.1	17.8	8.0	17.4	3.7	8.6	0.3	250	0.8
M303：113	20.3	9.5	9.7	4.2	6.1	18.6	8.0	17.5	3.7	8.6	0.3	250	0.7
M303：91	20.4	9.5	10.2	4.5	6.1	17.7	8.0	18	3.7	8.5	0.4	250	0.8
M303：93	20.3	9.6	9.6	4.2	6.1	18.1	8.0	18.1	3.7	8.5	0.4	250	0.7
M303：97	20.5	9.8	9.7	4.2	6.0	17.9	8.0	17.9	3.7	8.6	0.4	250	0.8

表七　铜戈尺寸统计表　　　　　　　　　　　　　　　（尺度：厘米，重量：克）

器号	全长	援长	内长	援中宽	援中厚	内宽	内孔径	胡长	重量
M303：103	残24.8	18.5	6.4	4.7	0.9	3.6	2.6×1.8	7.9	250
M303：145	残19.5	残13	6.1	4.7	0.9	3.65	2.6×1.9	7.9	235
M303：62	24.7	18.5	6.4	4.7	0.75	3.3	2.6×1.8	8.1	235
M303：60	24.6	18.5	6.0	4.6	0.8	2.9	2.4×1.9	8.7	185
M303：64	残24.7	18.4	6.3	4.7	0.8	3.0	2.6×1.7	8.8	205
M303：61	24.2	18.0	6.6	5.3	0.8	3.4	3.0×1.9	无	185
M303：63	24.3	18.4	5.8	4.7	0.8	3.3	2.6×1.8	7.9	215
M303：65	24.6	18.3	6.1	4.7	0.8	3.65	2.6×1.9	8.2	210
M303：66	24.4	18.3	6.3	4.5	0.85	3.2	2.6×1.9	8.2	175
M303：67	24.1	17.6	6.2	4.6	1.0	3.0	2.6×1.9	8.1	205
M303：44	31.7	23.1	8.3	4.8	0.22	3.5	无	无	120
M303：31	残19.15	残10.35	8.9	5.1	0.25	3.65	无	无	残75
M303：68	32.5	24.1	9.4	4.9	0.3	4.15	无	无	90
M303：146	残23.4	残16.5	残7.2	4.7	0.9	4.0	无	9.6	385
M303：28	残30.3	24.2	残6.8	4.8	0.3	3.6	无	无	110
M303：29	32.5	24.25	9.2	4.9	0.25	3.7	无	无	125
M303：30	32.5	23.8	9.0	4.9	0.3	3.7	无	无	130
M303：34	33.0	23.8	9.0	5.0	0.2	3.7	无	无	120
M303：36	32.5	23.9	9.0	4.9	0.3	3.7	无	无	130
M303：38	32.9	23.9	9.0	5.0	0.3	3.7	无	无	140
M303：37	32.5	23.8	9.1	5.0	0.25	3.7	无	无	120
M303：35	32.0	23.8	8.7	5.0	0.3	3.6	无	无	125
M303：40	33.0	23.7	9.3	5.1	0.22	3.7	无	无	135
M303：39	33.0	23.6	8.9	5.1	0.2	3.7	无	无	125
M303：43	32.5	23.0	8.9	4.8	0.25	3.7	无	无	130
M303：41	33.0	23.6	9.2	4.8	0.2	3.6	无	无	115
M303：33	32.2	23.2	9.1	4.7	0.25	3.5	无	无	125
M303：27	30.8	23.3	残6.7	4.9	0.25	3.8	无	无	115
M303：42	32.3	23.6	8.7	4.8	0.2	3.7	无	无	125
M303：32	30.8	23.0	残7.5	5.0	0.25	3.65	无	无	120

表八　铜矛尺寸统计表　　　　　　（尺度：厘米，重量：克）

器号	全长	叶长	叶宽	叶最厚	骹长	骹长径	短径	骹深	重量
M303：45	23.0	22.7	7.0	0.5	12.0	2.45	1.3	3.9	148
M303：26	26.1	25.8	7.8	0.3	16.9	2.8	1.5	5.0	230
M303：47	残15.8	残15.6	残5.7	0.3	11.9	2.6	1.0	5.0	110
M303：18	残24.7	残24.2	7.7	0.4	16.4	2.7	1.85	5.5	208
M303：19	残11.7	残11.4	残5.1	无	残11.7	2.5	1.3	4.9	94
M303：17	残26.0	残25.6	7.8	0.4	16.6	2.4	1.4	8.0	214
M303：1	26.3	26.0	7.8	0.4	16.6	2.7	1.4	4.5	224
M303：3	残24.5	残24.3	7.9	0.4	16.1	2.6	1.4	5.3	214
M303：4	26.2	25.7	7.5	0.4	16.2	2.4	1.4	5.6	214
M303：5	残26.1	残25.9	7.8	0.4	15.9	2.5	1.4	4.5	232
M303：6	残26.1	残25.8	7.9	0.4	16	2.7	1.5	5.0	256
M303：7	22.4	22.4	6.8	0.2	10.3	2.4	1.1	3.4	124
M303：8	残14.2	残13.8	6.8	0.1	10.9	2.3	0.8	3.6	120
M303：9	残24.5	残24.1	7.8	0.4	残16.8	残2.6	残	4.2	208
M303：10	残16.9	残16.6	残	0.2	13.3	2.6	1.3	4.2	110
M303：2	26.2	25.9	7.9	0.4	16.4	2.5	1.4	5.5	208
M303：20	残24.3	23.8	7.8	0.4	16.15	2.5	1.4	4.8	232
M303：21	25.5	24.8	7.65	0.4	16.4	2.55	1.4	5.4	238
M303：23	残12.0	残11.8	7.0	1.0	残11.6	2.35	1.1	4.6	102
M303：14	26.3	26.0	7.8	4.5	16.4	2.7	1.35	4.4	244
M303：16	22.3	21.7	残4.4	1.5	10.65	2.3	1.1	4.2	100
M303：13	27.2	25.8	8.0	4.5	16.4	2.6	1.6	5.1	238
M303：12	25.9	25.9	残6.0	4.0	16	2.55	1.25	5.3	212
M303：15	26.0	25.5	7.8	4.0	16.8	2.6	1.15	4.3	238
M303：11	25.5	24.9	7.85	4.0	16.4	残2.6	1.45	4.5	252
M303：46	26.3	25.7	7.8	3.5	16.5	2.6	1.35	5.5	210
M303：24	26.0	25.8	7.9	4.0	16.4	2.7	1.4	5.6	202
M303：22	26.4	26.1	7.9	3.5	16.2	2.6	1.4	5.4	220
M303：132	24.6	16.2	残4.7	9.0	9.9	1.8	1.25	3.4	116
M303：135	24.4	16.3	5.5	1.4	9.25	2.2	1.5	4.9	112
M303：134	24.8	16.35	残3.8	1.0	9.6	2.2	1.4	5.3	92
M303：137	24.6	16.4	残5.2	1.1	9.8	2.0	1.3	5.9	108
M303：131	24.5	16.4	5.9	9.0	9.0	2.0	1.3	5.2	72
M303：136	25.2	16.5	5.5	0.9	9.7	2.4	1.6	4.9	72
M303：133	24.7	16.2	5.4	1.0	9.6	2.3	1.4	5.9	118
M303：25	残17.0	16.5	残5.0	1.1	无	无	无	无	98
M303：185	残17.0	残13.3	残4.1	1.0	残5.0	无	无	无	114
M303：186	残21.4	残13	残4.8	1.0	9.2	2.3	1.4	4.9	98

表九　铜铃尺寸统计表　　　　　　　　　　　　（尺度：厘米，重量：克）

器号	通鼻高	器高	上口长径	上口短径	下口长径	下口短径	带翅宽	鼻宽	鼻厚	鼻长	鼻高	器厚	翅宽	翅长	重量
M303：53	6.8	4.8	3.3	2.8	4.1	3.4	无	2.7	0.6	4.6	2.1	0.4	无	无	70
M303：129	6.9	4.7	2.6	2.3	4.6	3.3	4～6.2	3.7	0.5	6.0	2.2	0.3	0.3～1.2	3.3	60
M303：09	残	5.0	残	残	4.8	3.5	残	残	残	残	残	0.5	0.4～0.9	3.2	60
M303：08	4.9	3.2	3.0	2.2	3.9	2.7	残	2.9	0.4	4.4	1.9	0.4	0.4～0.7	3.0	35
M303：69	7.0	4.6	3.7	2.7	4.6	3.4	3.7～6.1	3.4	0.6	6.4	2.4	0.4	0.4～0.9	3.2	55
M303：52	6.6	4.7	3.1	2.6	4.1	3.3	无	2.5	0.4	4.5	2.1	0.2	无	无	70
M303：49	6.0	4.5	3.1	2.6	4.4	3.5	6.0	3.1	0.5	4.6	1.5	0.2	0.2～0.9	3.2	70
M303：70	残	4.3	3.3	3.1	4.0	3.9	残4.6	残	残	残	残	0.3	0.2～0.9	3.1	50
M303：138	残	4.6	3.4	2.7	4.4	3.4	残	残	残	残	残	0.3	残	残	50
M303：48	8.7	5.8	4.0	3.5	5.6	3.9	无	3.7	0.5	7.0	2.6	0.3	无	无	125
M303：156	6.8	4.4	3.5	3.1	4.6	3.9	残5.6	3.5	0.5	5.5	2.4	0.2	0.5～1.1	3.7	67
M303：50	6.9	4.9	3.6	2.8	4.5	3.5	3.6～6.2	3.7	0.5	5.9	2.0	0.4	0.4～1.1	3.1	65
M303：51	7.2	5.1	4.1	2.7	4.6	3.5	残	3.4	0.5	6.2	2.1	0.4	0.4～1.0	3.0	65

第一〇节 随葬陶器组合分析

虽然本次发掘的墓葬资料较为丰富，有 450 余座，但被盗扰的比例较高，近半数被早年盗扰。保存完整的墓葬中，相当比例的墓葬没有随葬陶器。经统计，保存完整并有随葬陶器的墓葬共有 125 座。有一些墓葬虽然被盗扰，但随葬陶器在壁龛中，并没有被扰动。另外，早年被盗扰的墓葬中，随葬陶器多不被盗掘者看重，最多是被扰动而没有被取走，数量和器类一般不会有变化，这些墓葬的随葬陶器，对讨论随葬陶器组合也是有益的资料，可做参考（下列统计数据中此类墓号后加"扰"字）。本节依据保存完整的墓葬资料，并结合部分虽被扰动但陶器组合相对完整的墓葬，讨论一下大司空东南地商代墓葬的陶器组合关系。

（一）殷墟一期陶器组合

共有 3 组。

1. 单鬲（4 座：M438、M211 扰、M254 扰、M336 扰）；

2. 单簋（1 座：M2 扰）；

3. 单豆（3 座：M210、M264、M302）。

（二）殷墟二期陶器组合

共有 22 组。

1. 单鬲（4 座：M255、M281、M351、M440 扰）；

2. 单簋（1 座：M180）；

3. 单豆（9 座：M4、M7、M43、M47、M73、M124、M174、M11 扰、M12 扰）；

4. 单罐（4 座：M103、M169、M320 扰、M457 扰）；

5. 单盆（1 座：M168 扰）；

6. 盂、盆（1 座：M426）；

7. 觚、爵（1 座：M94）；

8. 簋、瓿（1 座：M207）；

9. 簋、豆（1 座：M209）；

10. 簋、罐（3 座：M41、M85 扰、M178 扰）；

11. 觚、爵、豆（2 座：M121、M132 扰）；

12. 鬲、簋、豆（1 座：M361 扰）；

13. 簋、豆、瓿（1 座：M420）；

14. 簋、豆、罐（2 座：M257、M146 扰）；

15. 觚、爵、簋、罐（1 座：M435）；

16. 觚、爵、簋、罍（1座：M364扰）；

17. 鬲、簋、豆、瓿（1座：M212扰）；

18. 簋、豆、瓿、盘（1座：M337）；

19. 觚、爵、鬲、簋、罐（1座：M90扰）；

20. 觚、爵、簋、罐、盘（1座：M220）；

21. 觚、爵、簋、豆、罍、壶（1座：M108）；

22. 觚、爵、簋、豆、罐、盘（1座：M279）。

（三）殷墟三期陶器组合

共有22组。

1. 单鬲（3座：M170、M415、M460）；

2. 单簋（1座：M419扰）；

3. 单豆（4座：M405、M453、M9扰、M452扰）；

4. 单盂（1座：M187）；

5. 觚、爵（3座：M373、M32扰、M322扰）；

6. 豆、罐（1座：M327）；

7. 觚、爵、鬲（1座：M423扰）；

8. 觚、爵、簋（1座：M224）；

9. 觚、爵、豆（2座：M127、M10扰）；

10. 觚、爵、罐（2座：M5扰、M287扰）；

11. 觚、爵、尊（1座：M446）；

12. 簋、豆、罐（1座：M436）；

13. 觚、爵、簋、罐（7座：M190、M195、M218、M330、M338、M394、M215扰）；

14. 觚、爵、鬲、尊（1座：M360）；

15. 鬲、簋、豆、壶（1座：M221）；

16. 簋、豆、盘、罍（1座：M151扰）；

17. 觚、爵、簋、豆、罐（1座：M155）；

18. 觚、爵、簋、豆、尊（1座：M203）；

19. 觚、爵、簋、盂、罐（1座：M166）；

20. 觚、爵、簋、盘、罐（1座：M105）；

21. 觚、爵、鬲、簋、豆、盘（1座：M278）；

22. 觚、爵、瓢、簋、罐、盘（1座：M206）。

（四）殷墟四期陶器组合

共有51组。

1．单鬲（6座：M35、M88、M259、M344、M376、M430扰）；

2．单簋（6座：M46、M346、M365、M445、M101扰、M161扰）；

3．单豆（3座：M75、M217、M349）；

4．单罐（3座：M144、M318、M263扰）；

5．单罍（2座：M25扰、M416扰）；

6．单盘（1座：M162）；

7．单尊（2座：M143、M443扰）；

8．鬲、簋（1座：M407）；

9．鬲、罐（2座：M243、M340）；

10．鬲、罍（1座：M357）；

11．鬲、尊（1座：M379）；

12．簋、罐（6座：M118、M192、M280、M432、M456、M393扰）；

13．簋、罍（5座：M339、M353、M355、M412、M434扰）；

14．簋、盘（1座：M396）；

15．簋、尊（1座：M55）；

16．豆、罍（1座：M8扰）；

17．爵、盘（1座：M253）；

18．觚、爵、簋（2座：M172扰、M301扰）；

19．觚、爵、罐（1座：M171扰）；

20．觚、爵、盘（2座：M193、M15扰）；

21．觚、罐、盘（1座：M159）；

22．爵、盘、罐（1座：M44）；

23．簋、豆、罍（1座：M185）；

24．鬲、簋、瓿（1座：M448扰）；

25．簋、豆、罐（1座：M341扰）；

26．簋、罐、罍（1座：M261）；

27．簋、罐、盘（1座：M305）；

28．豆、罐、盘（1座：M74）；

29．鬲、罍、豆（1座：M87扰）；

30．觚、爵、鬲、盘（1座：M102）；

31．觚、爵、簋、豆（1座：M91扰）；

32．觚、爵、簋、罐（5座：M3、M72、M219、M22扰、M128扰）；

33．觚、爵、簋、罍（1座：M154）；

34．觚、爵、簋、盘（1座：M286扰）；

35. 觚、爵、簋、尊（1座：M58）；

36. 觚、爵、罐、盘（4座：M69、M316、M427、M354扰）；

37. 觚、爵、罐、尊（1座：M455扰）；

38. 觚、簋、罐、盘（3座：M80、M176、M129扰）；

39. 觚、簋、罐、尊（1座：M126扰）；

40. 觚、爵、鬲、簋2、罐（1座：M112扰）；

41. 觚、爵、簋、豆、罐（4座：M19、M97、M179、M216）；

42. 觚、爵、簋、罐、盘（11座：M28、M83、M136、M163、M205、M225、M229、M377、M6扰、M21扰、M106扰）；

43. 觚、爵、簋、罍、盘（1座：M18）；

44. 觚、爵、簋、罐、尊（2座：M230、M165扰）；

45. 觚、爵、簋、盘、壶（1座：M222扰）；

46. 鬲、簋、罐、罍、盘（1座：M442）；

47. 觚、爵、鬲、簋、尊、盘（1座：M111）；

48. 觚、爵、鬲、簋、尊、罐（1座：M34）；

49. 觚、爵、簋、瓿、尊、豆（1座：M298扰）；

50. 觚、鬲、簋、豆、罍、盘（1座：M348扰）；

51. 觚、爵、簋、罐、罍、尊、瓿（1座：M303）。

从殷墟一至四期陶器组合的归纳分析，可以得出以下几点认识。

第一，从殷墟一期至四期，陶器组合关系越来越复杂，且多样化，殷墟四期的陶器组合关系比殷墟一至三期的总和还多。

第二，殷墟一期墓葬的陶器组合，不像殷墟二期及以后的商墓中常见陶觚和陶爵或再配其他器物的组合形式，而是以单鬲、单簋、单豆为主。这是大司空区域商墓陶器组合的普遍现象。

第三，殷墟二期的墓葬组合，除殷墟一期常见的单鬲、单簋、单豆组合外，又出现了单罐、单盆等组合形式。总的来说，仍以单件炊器和盛食器或多件炊器和盛食器（含2件）的组合为主，酒器觚、爵组合或觚、爵加其他器物组合仅有8组，占二期组合关系总数的36.4%。

第四，自殷墟三期开始，至殷墟四期晚段，酒器陶觚、爵组合或觚、爵加其他器物组合一直占主导地位。三期时觚＋爵或觚＋爵＋其他的组合有14组，四期时有22组，占比远大于二期。这在一定程度上反映出殷墟早期墓葬注重食器（炊器＋盛食器）随葬，而殷墟后期墓葬更加注重酒器组合。

第五，陶瓿多与陶簋组合在一起，不见或少见单独与酒器陶觚、爵共存的例子。

第六，在殷墟一、二期的墓葬中，很少见2件同类器物随葬同一墓中，而殷墟后期，尤其殷墟四期经常见到双簋或三簋、双罐（罍）或多罐（罍）等出自同一座墓葬的现象。

第一一节　墓葬陶器的形制演变和年代

陶觚、爵是殷墟墓葬中最主要的组合，也是殷代墓葬断代的主要依据。殷墟经过 80 多年的发掘和整理，陶觚、爵的演变脉络已非常清晰。故本报告殷代墓葬的分期主要依据墓葬内随葬的陶觚、爵的变化以及墓葬与周围其他遗迹的叠压和打破关系来断定。另有少数没有随葬陶容器而有铜戈的殷代墓葬，就以铜戈的变化来判断其大致年代。其他陶容器的分型、分式也是主要依据它们与陶觚、爵的共出关系和自身的特征来进行的。下面我们试把这一墓区的一些主要器物的形制演变和年代推定如下。

一　陶觚的演变和年代

根据其自身特征，可分为两型。

A 型 86 件，轮制；B 型 1 件，手制。

A 型的演变规律大致是：粗体→细体；较高→高→矮；大敞口→敞口→大敞口；长颈→短颈→长颈；腹较深→深腹→浅腹；高圈足→矮圈足→圈足近消失。

依其演变规律，A 型又分为十式，其年代大致为：A 型 I 式觚出现于殷墟二期早段，延续至殷墟二期晚段，A 型 II 式、A 型 III 式为殷墟二期晚段，A 型 IV 式为殷墟三期早段，A 型 V 式为殷墟三期晚段，A 型 VI 式、A 型 VII 式为殷墟四期早段，A 型 VIII 式～A 型 X 式为殷墟四期晚段。B 型觚为殷墟三期晚段。

二　陶爵的演变和年代

根据其自身特征，可分为三型。

A 型 73 件，部分为轮制；B 型 1 件，手制；C 型 1 件，体胖，直口。

A 型的演变规律大致是：胖→瘦；高→矮；有流、流上有小泥饼→有流、流上无小泥饼→无流；高颈→低颈→无颈；鼓腹→腹部出棱→棱下移→无棱；高足→矮足。

依其演变规律，A 型又分为十二式，其年代大致为：A 型 I 式为殷墟二期早段，A 型 II ～A 型 IV 式为殷墟二期晚段，A 型 V、A 型 VI 式为殷墟三期早段，A 型 VII 式为殷墟三期晚段，A 型 VIII ～A 型 IX 为殷墟四期早段，A 型 X ～A 型 XII 式为殷墟四期晚段。B 型爵为殷墟三期晚段，C 型爵为殷墟四期早段。

三　陶鬲的演变和年代

出土数量不多，但型式多样。根据其自身特征，可分为九型。

A 型，11 件，折沿，为殷墟主体鬲；B 型，4 件，器表饰圆络纹；C 型，2 件，薄胎，敞口，高颈，俗称"大脖子鬲"；D 型，6 件，夹砂，体小，直颈，颈下出台；E 型，7 件，泥质，体小；F 型，3 件，袋足外侈；G 型，1 件，瘪裆鬲；H 型，1 件，敞口，长颈，颈下出台；I 型，1 件，颈饰附加堆纹；J 型，1 件，夹砂红陶，柱足。

A 型演变规律大致是：长方体→方体→扁体；高裆→矮裆→裆近平；高足跟、高足尖→无足跟、小足尖→无足尖。根据其演变规律，A 型又分为五式。其年代大致为：A 型 I 式为殷墟二期晚段，A 型 II 式为殷墟三期早段，　A 型 III 式为殷墟三期早晚段，A 型 IV 式为殷墟四期早段，A 型 V 式为殷墟四期晚段。

B 型其演变规律大致是：高裆→裆较矮；高足尖→足尖较矮；体丰满→体较瘦。根据其演变规律，B 型又分为二式，其年代大致为：B 型 I 式为殷墟一期晚段，B 型 II 式为殷墟二期早段。

C 型演变规律大致是：高颈→颈较矮；有足跟、足尖→无足跟，有足尖。根据其演变规律，C 型又分为二式，其年代大致为：C 型 I 式为殷墟四期早段，C 型 II 式为殷墟四期晚段。

D 型演变规律大致是：颈较短→颈较长；颈下无台→颈下出台→台下移；有足跟、有足尖→只有足尖。根据其演变规律，D 型又分为三式，其年代大致为：D 型 I、D 型 II 式为殷墟四期早段，D 型 III 式为殷墟四期晚段。

E 型演变规律大致是：裆较高→裆较矮；足尖较高→足尖较矮→足尖内勾。根据其演变规律，E 型又分为三式，其年代大致为：E 型 I 式出现于殷墟二期晚段，延续至殷墟三期早段；E 型 II 式出现于殷墟三期晚段，延续至殷墟四期晚段；E 型 III 式为殷墟四期晚段。

F 型演变规律大致是：高裆→裆较矮；高足尖→足尖较矮；体较胖→体较瘦。根据其演变规律，F 型又分为三式，其年代大致为：F 型 I 式为殷墟一期晚段，F 型 II 式为殷墟二期晚段，F 型 III 式为殷墟四期早段。

G 型、H 型、J 型为殷墟四期晚段；I 型为殷墟四期早段。

四　陶簋的演变和年代

出土数量最多，依其自身特征，可分为十一型。

A 型，21 件，素面或弦纹簋；B 型，30 件，厚唇，大部分饰绳纹兼三角划纹；C 型，24 件，敞口，束颈；D 型，9 件，束颈，圆鼓腹；E 型，16 件，高圈足，腹较直；F 型，3 件，平沿；G 型，2 件，双耳簋；H 型，2 件，敞口，长颈；I 型，1 件，圈足特高；J 型，1 件，圆腹；K 型 2 件，直口，直腹。

A 型演变规律大致是："T"口、口沿内无弦纹→"T"口消失、口沿内出现弦纹→弦纹下移；深腹→浅腹；矮圈足→高圈足。根据其演变规律，A 型又分为四式，其年代大致为：A 型 I 式出现于殷墟一期晚段，延续至殷墟二期早段；A 型 II 式出现于殷墟二期晚段，延续至殷墟三期早段；A 型 III 式为殷墟三期晚段；A 型 IV 式为殷墟四期晚段。

B 型演变规律大致是：鼓腹→内斜直腹；纹饰制作精细→纹饰制作潦草。根据其演变规律，B 型又分为七式，其年代大致为：B 型 I 式为殷墟三期，B 型 II 为殷墟四期早段，B 型 III～B 型 VII 式均为殷墟四期晚段。

C 型演变规律大致是：颈微束→束颈→束颈下移；腹较深→腹较浅。根据其演变规律，C 型又分为四式，其年代大致为：C 型 I 式出现于殷墟二期晚段，延续至殷墟三期早段，C 型 II 出现于殷墟三期晚段，延续至殷墟四期早段；C 型 III 为殷墟四期早段；C 型 IV 式为殷墟四期晚段。

D 型演变规律大致是：体矮胖→体较高→体高；矮圈足→圈足较高→高圈足。根据其演变规律，D 型又分为三式，其年代大致为：D 型 I 式为殷墟三期，D 型 II 式为殷墟四期早段，D 型 III 式为殷墟四期晚段。

E 型演变规律大致是：侈口→敞口；沿外斜→平沿→沿上出现凹槽；尖圆唇→方唇→厚方唇。根据其演变规律，E 型又分为五式，其年代大致为：E 型 I、E 型 II 式为殷墟四期早段；E 型 III 式出现于殷墟四期早段，延续至殷墟四期晚段；E 型 IV 和 E 型 V 式为殷墟四期晚段。

I 型常见于殷墟二期晚段；J 型常见于殷墟三期早段；G 型、H 型常见于殷墟四期早段；F 型、K 型常见于殷墟四期晚段。

五　陶豆的演变和年代

根据其自身特征，可分为六型。

A 型，22 件，厚唇；B 型，22 件，敛口；C 型，2 件，平沿，深盘较直，圈足较矮；D 型，1 件，平沿，浅盘，高圈足；E 型，2 件，体大，敛口，沿面外倾，浅盘，高圈足；F 型，1 件，平沿，盘较深，细高圈足。

A 型演变规律大致是：浅直盘→深斜盘；粗圈足较直较矮→细圈足较高且外撇。依其演变规律，A 型又分为五式，其年代大致为：A 型 I、A 型 II 式为殷墟一期晚段，A 型 III 式为殷墟二期早段，A 型 IV、A 型 V 式为殷墟二期晚段。

B 型演变规律大致是：无沿→沿面外倾→沿面外倾且出棱；盘壁呈弧形内收→盘壁呈直线内收→盘壁急收；高圈足→矮圈足外撇。依其演变规律，B 型又分为三式，其年代大致为：B 型 I 式出现于殷墟二期晚段，延续至殷墟三期早段；B 型 II 为殷墟四期早、晚段均有；B 型 III 为殷墟四期晚段。

C 型为殷墟二期早段；D 型为殷墟三期早段；E 型出现于殷墟四期晚段，延续至殷墟四期早段；F 型为殷墟四期晚段。

六　陶盘的演变和年代

可分六式、

其演变规律大致是：体大→体小；平沿无槽→沿面有凹槽→沿面凹槽加宽且下移；大高圈足→

图四一二　墓葬陶器分期图

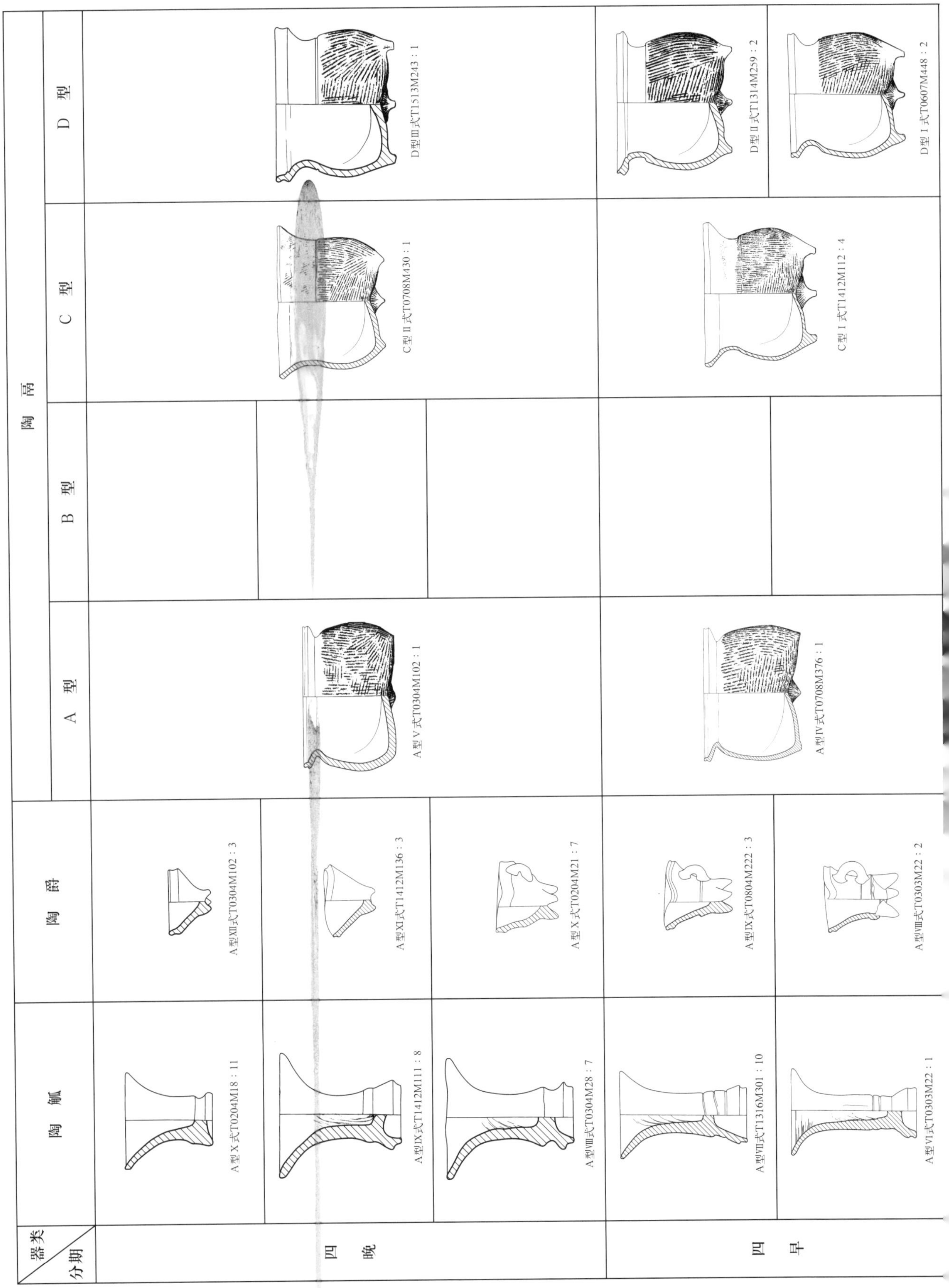

器类分期	陶豆	陶爵	陶高 A 型	B 型	C 型	D 型
四晚	A型X式T0204M18：11	A型Ⅻ式T0304M102：3	A型Ⅴ式T0304M102：1		C型Ⅱ式T0708M430：1	D型Ⅲ式T1513M243：1
	A型Ⅸ式T1412M111：8	A型Ⅺ式T1412M136：3				
	A型Ⅷ式T0304M28：7	A型Ⅹ式T0204M21：7				
四早	A型Ⅶ式T1316M301：10	A型Ⅸ式T0804M222：3	A型Ⅳ式T0708M376：1		C型Ⅰ式T1412M112：4	D型Ⅱ式T1314M259：2
	A型Ⅵ式T0303M22：2	A型Ⅷ式T0303M22：2				D型Ⅰ式T0607M448：2

			B型II式T0904M212：2	B型I式T1412M254：1
A型III式T1514M278：3	A型II式T0507M170：1	A型I式T0602M361：1		
A型VII式T0903M206：4	A型VI式T0206M10：5 A型V式T1514M278：6	A型IV式T0904M220：2　A型III式T0525M108：8	A型II式T1614M279：5	A型I式T0307M121：3
A型V式T0903M206：5	A型IV式T0428M423：2	A型III式T0708M435：5　A型II式T0525M108：4	A型I式T1614M279：6	
三晚	三早	二晚	二早	一晚

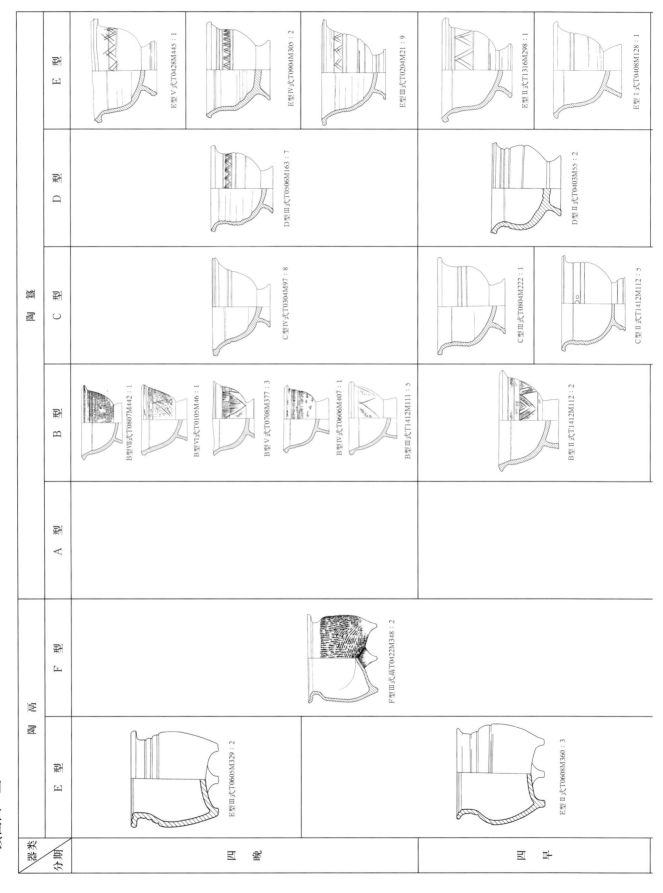

续图四一二

器类	陶盨					陶高簋		
分期	E 型	D 型	C 型	B 型	A 型	F 型	E 型	
四晚	E型Ⅴ式T0428M445：1　E型Ⅳ式T0904M305：2　E型Ⅲ式T0204M21：9　E型Ⅱ式T1316M298：1　E型Ⅰ式T0408M128：1	D型Ⅲ式T0506M163：7　D型Ⅱ式T0403M55：2	C型Ⅳ式T0304M97：8　C型Ⅲ式T0804M222：1　C型Ⅱ式T1412M112：5	B型Ⅷ式T0807M442：1　B型Ⅵ式T0105M46：1　B型Ⅴ式T0708M377：3　B型Ⅳ式T0606M407：1　B型Ⅲ式T1412M111：5　B型Ⅱ式T1412M112：2		F型Ⅲ式Ⅳ式T0422M348：2	E型Ⅲ式T0605M329：2	
四早							E型Ⅱ式T0608M360：3	

	D型Ⅰ式T0705M218：4				
		C型Ⅰ式T052M108：6			
B型Ⅰ式T1512M155：1					
		A型Ⅱ式T0602M337：1			A型Ⅰ式T0309M2：2
		F型Ⅱ式陶鬲T1615M281：1			F型Ⅰ式陶鬲T0806M211：1
		E型Ⅰ式T1313M90：3			
三 晚	三 早	二 晚	二 早		一 晚

续图四一二

器类 分期		陶 豆		陶 盘		陶 罐		
		A 型	B 型		A 型	B 型	C 型	
四晚			B型Ⅲ式T0304M97：4	Ⅵ式T0401M83：3	Aa型Ⅴ式T0628M34：8	B型Ⅲ式T1418M225：1		
				Ⅴ式T1418M225：10	Aa型Ⅳ式T0303M22：4	B型Ⅱ式T0601M393：1	C型Ⅲ式T1215M126：4	
四早			B型Ⅲ式T0906M179：1	Ⅳ式T0422M348：8				

C型Ⅱ式T0706M195：3		C型Ⅰ式T0906M178：1			
B型Ⅰ式T0807M105：5					
Aa型Ⅲ式T1412M112：1　Aa型Ⅱ式T1613M166：11		Aa型Ⅰ式T0708M433：1			
Ⅲ式T0903M206：9　Ⅱ式T1514M278：1		Ⅰ式T1614M279：1			
	B型Ⅰ式T1514M278：4				
		A型Ⅴ式T0522M108：5　A型Ⅳ式T0602M337：3		A型Ⅲ式T0307M121：1　A型Ⅱ式T1415M302：1　A型Ⅰ式T1613M264：1	
三　晚	三　早	二　晚	二　早	一　晚	

小矮圈足。依其演变规律，又可分为六式，其年代大致为：Ⅰ式盘为殷墟二期晚段，Ⅱ式为殷墟三期早段，Ⅲ式为殷墟三期晚段，Ⅳ式为殷墟四期早段，Ⅴ、Ⅵ式为殷墟四期晚段。

七　陶罐的演变和年代

根据其自身特征，可分为十一型。

A 型，57 件，又可分为 Aa、Ab 两个亚型，Aa 型 55 件，出土数量在罐中所占比例最大。这类罐以肩部、上、下腹部明显分为三段，俗称"三节罐"；Ab 型，2 件，小口，短沿，无颈。B 型，4 件，体胖，腹部不分段。C 型，3 件，广肩。D 型，6 件，体小，圆肩，矮胖。E 型，5 件，体小，广肩，下腹急收，小平底。F 型，1 件，直口，溜肩，圜底内凹。G 型，5 件，广折肩，腹斜直内收。H 型，1 件，侈口，广肩。I 型，1 件，高直颈。J 型，1 件，极小，弄器。K 型 1 件，泥质红陶，圆鼓腹，圜底略内凹。

Aa 型演变规律大致是：体高、大、胖→体矮、小、瘦。依其演变规律，Aa 型又分为五式，其年代大致为：Aa 型 Ⅰ式罐为殷墟二期晚段；Aa 型 Ⅱ式为殷墟三期早、晚段；Aa 型 Ⅲ式出现于殷墟三期晚段，延续至殷墟四期早段；Aa 型 Ⅳ式为殷墟四期早、晚段；Aa 型 Ⅴ式为殷墟四期晚段。

B 型演变规律大致是：圆鼓腹→上腹微鼓。依其演变规律，B 型又分为三式，其年代大致为：B 型 Ⅰ式出现于殷墟二期晚段，延续至殷墟三期晚段；B 型 Ⅱ、B 型 Ⅲ式均为殷墟四期晚段。

C 型演变规律大致是：体较胖→体较瘦。依其演变规律，C 型又分为三式，其年代大致为：C 型 Ⅰ式为殷墟二期晚段，C 型 Ⅱ为殷墟三期晚段，C 型 Ⅲ为殷墟四期早段。

E 型出现于殷墟二期晚段，延续至殷墟四期早段；H 型常见于殷墟二期晚段；K 型常见于殷墟四期；D 型、F 型、G 型、I 型和 J 型常见于殷墟四期晚段。

除上述几类陶器演变轨迹清楚外，多数陶器虽能看出早、晚特征的差异，但殷墟一期至四期的连续的演变规律尚不明显。因此，仅依上述演变规律清楚的随葬陶器制作墓葬陶器分期图，供参考（图四一二）。

依据随葬陶器和层位关系，本次大司空发掘的商代墓葬（不包括瓮棺葬）中，属于殷墟一期晚段的有 8 座；属于殷墟二期早段的 5 座，晚段的有 42 座；属于殷墟三期早段的 20 座，晚段 18 座，属殷墟三期但不易区分早、晚段的有 5 座；属于殷墟四期早段的 47 座，晚段的 70 座，属殷墟四期但不易区分早、晚段的有 30 座。其他尚有 120 余座墓葬，因没有随葬具有明确时代特征的遗物，故无法判断其具体期别，但可从葬式和层位关系上判断，其应为商代墓葬的某个时间区间。另有 44 座墓葬，从形制上仅可判定其为商代墓，无法准确判断其时间区间（详见附表三）。

第一二节　车马坑

一　形制

本次共发掘车马坑 4 座，分别是 T0624M76、T1512M226、T1513M231、T0622M367（图四一三~四一六；彩版一一一，1）。它们形制相似，T1512M226 和 T1513M231 可能是同时下葬的一对马车。由于年代久远，腐朽严重及填土夯打挤压的缘故，车子的构件所清理出的尺寸数据与原物件大小可能有一定出入。下面分别介绍。

（一）T0624M76车马坑

位于发掘区 B 区 T0624 东部中间位置（图四一三；彩版一一一，2、一一二，1、2）。方向 8°。

1. 层位关系

T0624M76 开口于 T0624 ③ 层下，被 G3 打破，T0624M76 打破 F14、T0624H30、T0624M41、T0625M70 等遗迹。

2. 形制结构

T0624M76 为土坑竖穴圹。口距地表约 1.50、底距口约 2.20 米。平面略呈方形，南北长 3.55、东西宽 3.15 米。坑壁垂直，底与口大小相同，坑底不平，西南部因 T0624H31 土质疏松下陷，致使车舆、西轮向西倾斜，车轴明显断裂成数节。

坑底设有轮槽。轮槽位于两轮下部，深度略小于轮子的半径，轮子放入轮槽后，车舆下的轴、辕基本接触坑底面，既可使舆与辕、衡保持一定的平衡，又可减少车马坑的整体深度，大大降低了建造车马坑的工作量。如果是没有轮槽的话，车舆后翘，车辕车轴距坑底较高，不但不美观，而且填埋过程中马车的木质结构很容易挤压破坏。

轮槽依轮形而掘，口大底小，剖面呈半圆形凹槽。东轮槽长 1.50、宽度 0.25、深 0.63 米，西轮槽长 1.50、宽 0.25、深 0.45 米。

3. 埋葬情况

坑内填土为灰花夯土，夯层厚 0.09 ~ 0.11 米，夯窝直径 7.0 ~ 8.5 厘米，排列无序。填土内出土少许陶片和兽骨。

内共埋葬一车两马。车舆坐南，车辕朝北，两车轮位于车舆东西两侧，两马分别侧卧于舆前车辕的东西两侧，头北臀南，尾骨紧贴于舆前，马头相背，马嘴分别朝向东西两侧，置于衡下轭肢内，两马背脊相对，侧平卧，前肢弯曲，后肢较直，两马骨骼保存完整。

驭手一人，葬于车舆后。头东脚西，面向南，仰身直肢，其右臂压于车舆下，左臂贴身直放，身上有衣物类遗存，分两层：上层为麻衣，纹路较粗，每平方厘米经纬各 10 条，下层为较柔软的衣物，纹路较细，每平方厘米经纬线各约 20 条。衣物类遗存由上半身延伸至膝下 0.15 米处。推测当时应是穿着裙子之类的衣服。从驭手右臂压在舆下判断,埋放顺序应是先埋人后葬车。

4. 车子形制及构件

车子的各主要部件均为木制,出土时均已腐朽。从清理的结果看,T0624M76由一衡、一辕、一舆、一轴、两轮等五个主要构件组成。

车衡　　位于辕的前端,高于辕0.25米,是一根直横木,长1.80米,衡截面为圆形,直径0.08米。在辕的左右两侧衡上面各有1件铜衡饰,辕首的两侧各竖有1支铜轭,紧贴衡外侧,轭首略倾斜,高出衡面0.15～0.20米,该铜轭形制较特殊,轭首和轭足为铜质,中间轭肢部分为木质结构。衡下压马头,马头套络头,由皮革类物质制成,嘴套、眼套、头套由一条纵向的头套贯穿形成络头,皮带上由大小铜泡节节贯穿组成。眉心为1个最大的圆形铜泡,即当卢。马鼻上有1件铜马鼻饰,马面两侧各发现有铜马镳和铜U形器,马嘴衔铜马衔。

车辕　　辕木置于轴上、舆底和衡下。为一根圆木,截面直径0.07～0.08米,辕直长2.52米,曲长约2.95米。辕前端至衡下时上翘,在衡外倒勾于衡上。辕末端套有1组铜踵。

车轮　　两轮位于舆的两侧,出土时略有变形。轮距为2.38米(车轮外缘计算,受夯土挤压,轮距不甚精确)。右轮横径1.49米,竖径1.41米。两轮各有18根辐条。辐条长0.54～0.68米。辐条径0.015～0.036米。进毂端细,入辋端宽。轮辋为方形木,宽约0.06、高约0.06米,腐朽严重。

车轴　　车轴位于舆底部中间和辕下,横穿两毂而出,轴两端略细,末端各套一铜軎(彩版一一二,3)。轴为一根圆直木,截断面直径0.10、轴长2.82米。

车舆　　舆平面呈长方形,南北进深0.69、东西宽1.27米。舆四周为干栏式结构,由17根立柱有序排列,其中前阑7根,后阑6根,东西阑各2根。立柱直径约0.04米。各立柱之间有3周横木连贯,横木直径约0.03米,舆底有一层厚约0.02米的木板,与舆的外框大小基本相同。舆底高于轴0.04～0.05米。舆内出土1枚铜镞、1件铜弓形器和1件象牙觿。

5. 年代判断

T0624M76内出土的遗物不易断定其准确年代,但可以根据T0624M76的开口层位以及与周边遗迹间的相互关系来判断它的相对年代。T0624M76开口于T0624③层下,被G3打破少许,本身打破T0624M41、T0625M70、T0624H30、F14等遗迹。G3的时代为殷墟四期,T0624M41的时代为殷墟二期,T0624H30和F14的时代为殷墟三期,所以T0624M76的相对年代不晚于殷墟四期,不早于殷墟三期。

(二) T0622M367车马坑

T0622M367位于B区T0622东北角处(图四一四;彩版一一三,1),少部分向北进入T0623。方向273°。

1. 层位关系

T0622M367开口于②层下,打破T0622F51、T0622M422及生土。

2. 形制结构

T0622M367 被严重盗扰，平面形状应为长方形土坑竖穴，口距地表约 0.85、边长约 3.20、坑深约 2.10 米。轮下有槽，其中南轮槽长 1.65、宽 0.20～0.35、深约 0.85 米；北轮槽长 1.75、宽 0.32～0.37、深 0.85 米。车舆前似有马槽，但均被破坏，残深 0.20 米。

3. 埋葬情况

T0622M367 的填土呈红花夯土，含少量木炭颗粒、烧土颗粒。填土中出土少许殷墟时期碎陶片。中部有一盗洞。破坏非常严重，仅剩一残车舆、一轴、两残轮、一残辕，无驭手陪葬。车舆坐东，车辕向西，两轮分别放置于车舆南北两侧的轮槽中。马骨散乱，大部分被扰至舆前一盗坑内，少部分位于辕两侧。辕南侧有少许马骨没被扰动，为一匹马盆骨和两条后腿骨。由盆骨在南、腿骨在北分析，该马应是背南腹北呈侧卧姿势。

4. 车子形制及构件

车子的主要部件均为木质，被盗严重，保存下来的仅有一残车舆、一轴、两残轮、一残辕，衡已完全被破坏掉（彩版一一三，2）。

车辕　辕为一根圆木，断面直径约 0.10 米。现仅残留轴前的 0.40 米长。从解剖情况看，辕压在轴下，呈"十"字相交。车辕两侧有红漆痕迹。

车轴　为一根直圆木，轴长 2.93 米，截面直径 0.05～0.06 米，位于舆底及辕木之下，在舆中部与辕十字相交，横穿两毂而出。两末端各辖一车軎。轴上有伏兔，位于舆下，形状为一倒立"凹"字形木块装置，是用来支撑车舆，起支撑稳固作用。伏兔长 0.15、宽 0.09、高 0.09 米。

车轮　两轮均稍微变形，略扁，南轮横径 1.45、竖径 1.35 米；北轮横径 1.50、竖径 1.43 米。轮距 2.15 米。有 18 根辐条，北轮右上方被扰掉 4 根辐条，南轮左上方被扰掉 6 根辐条。辐条长 0.52～0.58 米，近毂者细，进毂深 0.035、直径 0.015 米；辐条进辋者粗，入辋深 0.035～0.04、直径 0.025～0.03 米。辐条进毂、进辋处均呈方形圆角状，中间部分则是近似圆木条。辐条和车辋均有明显的白色粉末颗粒状木质腐朽痕迹。北轮毂全长 0.52、外毂长 0.20、中部最大径 0.21、两端径 0.14 米。南轮毂全长 0.43、外毂长 0.14、中部最大径 0.21、两端径 0.12 米。

车舆　舆位于两轮之间，搭在辕、轴之上。车舆前半部被扰掉，且中间有一盗洞，车舆被破坏严重。车舆后阑上口 1.40、舆底 1.35、高 0.53 米。残留横木三层，横木直径 0.03～0.04 米，立柱残剩 3 根，立柱直径 0.03～0.04 米。横木和立柱相交形成方格干栏式结构。因腐朽挤压的原因，形成的方格大小不甚相同，方格长约 0.22、宽约 0.15 米。南阑残宽 0.50、高 0.52 米。北阑上口残宽 0.28、底残宽 0.32、高 0.55 米。舆底没有发现垫板痕迹，舆底南部有白色席纹痕迹，范围长 0.30、宽 0.12 米；北部底有黑色木炭痕迹和黑色席纹痕迹。

5. 年代判断

T0622M367 时代为殷墟四期偏早阶段。

（三）T1513M231 车马坑

T1513M231 位于发掘区 C 区 T1513 中部偏东处（图四一五；彩版一一四，1、2、一一五，1、2、一一六，1），方向195°。南距车马坑T1512M226约5米。

1．层位关系

T1513M231开口于T1513H167下，本身打破T1513H179、T1513H186、T1513M256及生土。

2．形制结构

T1513M231为长方形土坑竖穴圹。口距地表1.40米。口呈规则长方形,南北长3.15、东西宽2.85米。底距口1.60米,底部南北长3.05、南宽2.15（南边宽度为底部两马槽的宽度）、北宽2.75米。呈口大底小状,壁面较规则整齐。坑底部分别设有驭手葬坑、轮槽、马槽。下面分述如下。

驭手葬坑　位于车厢后两轮之间。驭手的头端和脚端留有轮的支撑土,葬坑长度因留土保护轮子而不明,宽约0.45、深0.12米。

轮槽　位于两轮下部,呈口大底小的弧形凹槽,东轮槽口长1.60、宽0.30、深0.86米。西轮槽口长1.75、宽0.41、深0.85米。

马槽　辕东、西两侧各一个,两马槽形制、大小基本相同,前部略窄,为马头槽,后面较宽。马头槽长0.28、宽0.40、深约0.28米。槽口长1.62、宽0.62～0.70、深0.47米。马槽口大底小,槽壁三面皆光滑整齐,规则斜倾向下,无明显工具痕迹。槽底长1.47、宽0.50～0.55米。

3．埋葬情况

T1513M231坑内填土为红褐色花夯土,间杂黄土及灰土颗粒。距坑口0.60米有一层黑草木灰,推测应是在埋葬过程中曾进行过燎祭活动。填土中出土少许殷墟时期碎陶片。

坑内埋一车、两马、一人。车厢坐北,车辕朝南,两轮分别放置于车舆东西两侧的轮槽中,两马分别放在辕两侧的马槽内,头南臀北,四肢蜷曲,胸腹着地,背脊朝上,呈俯卧状,马嘴触地,头部略向内倾斜（彩版一一六,2、一一七,2）。

驭手一人,葬于舆后的浅坑内,头西足东,面向下,俯身直肢（彩版一一七,1）。右手压在腹下,左手背于盆骨之上腰椎部位,两腿并拢。左脚趾散乱不全。其中左手旁随葬1对文蛤。从驭手埋葬姿势及左脚骨不完整情况初步判断,应属非正常死亡,即杀死后埋入。且左臂肘部压于舆下,埋放顺序应是先埋人后葬车。

4．车子形制及构件

车子的主要部件均为木质,出土时皆已朽,从腐朽的痕迹观察,T1513M231由一衡、一辕、一舆、一轴、两轮等五个主要部件构成。

车衡　位于辕前端两马头上方。为一根直圆木,两端向上略微翘起,似"弓"形。直长1.66、曲长1.88米,高于辕0.33米,衡中部截面直径0.08米,两端略呈长方体状,边长0.08～0.10米。衡两末端翘起的平面上各有1个小铜鼻器。辕两侧衡中部各有1只铜轭。东轭略向外倾斜,轭首高出衡0.04米,西轭首直立,高出衡0.1米。轭首下各有1个轭箍用来固定轭肢,轭肢均为木质结构,位于马颈上,轭肢上面施有少许红漆。另在辕两侧衡上有牛头兽面衡饰,可能因填土时挤压。西侧兽面衡饰位于衡上方,东侧的兽面则靠衡的内侧直立放置。

　　　车辕　　辕位于两马槽中间的隔梁上，为圆木。后端压于舆下轴上，辕木向前延伸至衡下且超出衡时，向上折起约 90° 直角，与衡呈竖"十"字相交，高出衡 0.02 ～ 0.03 米。辕身截面直径 0.07 ～ 0.08 米。辕直长 2.65 米，曲长 3.05 米。

　　　车轴　　直圆木，位于舆底及辕木之下，在舆中部与辕十字相交，横穿两毂而出。截面直径 0.08 ～ 0.09 米，轴长 3.10 米。两末端各辖一车軎（彩版一一八，1）。

　　　车轮　　东轮竖径 1.44、横径 1.45、外毂长 0.24、外毂径 0.08 ～ 0.16 米；西轮竖径 1.40、横径 1.45、外毂长 0.26、外毂径 0.08 ～ 0.16 米。

　　　两轮的辐条均为 16 根。辐条长 0.51 ～ 0.59 米，辐条宽 0.015 ～ 0.025 米。进毂处细，入辋处粗。轮辋略呈方形，宽 0.06、高 0.05 ～ 0.06 米。

　　　车舆　　舆位于两轮之间，辕、轴之上。舆底高出轴 0.05 米（图四一七；彩版一一八，2）。舆身平面呈长方形，东西长 1.15、南北进深 0.78 米。舆前阑高 0.48、后阑高 0.50、东西阑高 0.50 米。后阑中间设有一门，门宽 0.29 ～ 0.37 米。前阑因倒塌而横栏立柱情况不明，东西侧阑立柱各 3 根，直径约 0.04 米，后阑东西两侧各有 2 根立柱，直径 0.04 米，舆体由 3 周横木连接至厢底形成干栏式结构，环固舆身，横木直径 0.03 米。

5．年代判断

　　T1513M231 开口于 T1513H167 下，本身打破 T1513H179、T1513H186、T1513M256 及生土。其中 T1513H167 内出土殷墟四期晚段陶片，T1513H186 内出土殷墟四期偏早时期陶片，故 T1513M231 的年代属殷墟四期。

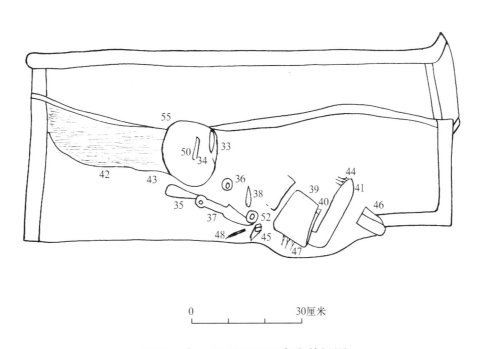

0　　　　　　　　　　　30厘米

图四一七　T1513M231 车舆前视图

33、38.象牙弓末饰　34.象牙觿　35.铜凿　36.蚌泡　37.铜刀（52号弓形器下压）　39、40.磨石　41.铜戈　42.铜马鼻饰（红漆下）　43.蚌泡（红漆下）　44.铜镞（3个）　45.铜凿（2个）　46.铜锛　47.铜镞（3个）　48.铜条　50.圆铜片（2个）　52.铜弓形器　55.铜策（红漆下）

（四）T1512M226车马坑

位于发掘区 C 区 T1512 东部中间偏北处（图四—六；彩版一一九、一二〇、一二一），方向 203°。北距车马坑 T1513M231 约 5.00 米。

1．层位关系

T1512M226 开口于 T1512 ③ B 层下，被 T1512H119、T1512H143、T1512H149 打破，T1512M226 又分别打破第 T1512 ④ 层、T1512H166 及生土。

2．形制结构

T1512M226 为长方形土坑竖穴圹。口距地表 1.40 米。口长 3.75、口宽 3.20 米。底距口 2.10、底长 3.40、宽 3.05 米。口大底小。底面分别设有轮槽和辕槽。

轮槽　分别位于车舆两侧的车轮下，其作用为放置车轮，且起稳固作用。另一方面减小了车马坑的深度，大大减小了建造车马坑的工作量。这是殷墟车马坑中较为常见的现象。轮槽依轮形而建，口大底小，呈半弧形凹槽。东轮槽口长 1.50、口宽 0.35、底宽 0.27、深 0.80 米，西轮槽口长 1.50、口宽 0.30、底宽 0.25、深 0.85 米。

辕槽　位于舆前两马骨中间，长 1.30、宽 0.24～0.32、深 0.18 米，略呈平底弧形凹槽。

3．埋葬情况

T1512M226 内填土为黄褐色花夯土，间杂较多灰土块状颗粒，夯层厚 0.09～0.11 米不等，夯窝直径 0.07～0.085 米，排列无序。填土内出土少许陶片和兽骨，殷墟早晚期的陶片均有发现，应是建车马坑时打破 T1512H149、T1512H166，扰动后回填所致。

车马坑内埋一车、两马、一人（彩版一二二，1）。车舆坐北，车辕朝南，两车轮分别放置于车舆东西两侧的轮槽中。两马分别侧卧于舆前车辕的东西两侧（彩版一二二，2），头南臀北，尾部紧贴前舆，两马均侧卧，前肢弯曲呈锐角，后肢略伸直，背脊相对，腹部朝外，马头置于衡下轭肢内（彩版一二三，1），两马身上均有席纹朽痕。辕上也有席纹朽痕。

一人位于车厢后，头东足西，面向下，俯身直肢葬，其手臂骨放于盆骨两侧，身上亦有席纹朽痕，下半身有红漆，红漆在席纹之上。另在小腿骨中部放置两件完全叠压在一起的圆形金箔，直径 0.15 米（彩版一二三，2）。

4．车子形制及构件

车子的主要部件均为木质，出土时皆已朽。从腐朽的痕迹观察，T1512M226 由一衡、一辕、一舆、一轴、两轮等五个主要部件构成。

车衡　位于辕的前端，高于辕 0.25 米。是一根略弯曲的圆木，衡截面直径 0.06～0.07 米，直长 1.94 米，出土时因 T1512H119 的影响，该衡中部偏西处下沉折断。在衡的两末端各有一件铜三角形衡末饰。在衡中部辕首的两侧各竖 1 只铜轭，轭首略倾斜，高出衡 0.10～0.12 米。东侧轭肢略倾斜，轭脚折断，西侧轭肢倾斜度大，断裂较严重。轭首两侧的衡上各有 1 枚铜蝶形兽面（衡饰）。衡下压两马头，头向南，两首相背，呈侧卧状。马头上有络头，由长方形的牙片组成，还有少量长方形蚌片，马面上有马镳。

车辕 辕置于舆底轴上、衡下，为圆木，截面径为 0.07～0.08 米，辕直长 2.40、曲长 2.85 米。

辕身置于辕槽内，末端有一完整组合的铜踵。踵由两部分组成，前面为一断面似马蹄形的套管，后面接一 T 字形铜板。辕木延伸至衡下且超出衡时，向上折起约 90°。与衡呈竖"十"字相交，高出衡约 0.05 米。

车轮 两轮位于车舆两侧，出土时略有变形，呈扁圆形。两轮距为 2.17 米。东轮竖径 1.25、横径 1.47、毂长 0.19、毂径 0.08～0.14 米（轮外侧）。西轮竖径 1.24、横径 1.45、毂长 0.21、毂径 0.08～0.14 米（轮外侧）。两轮的辐条各 18 根。辐条长 0.5～0.52 米。辐条直径 0.015～0.036 米。进毂处细，进辋处粗。轮辋截面呈长方形，高约 0.05、宽约 0.06 米，腐朽严重。因没有解剖，辐条进深度不明（彩版一二三，3）。

车轴 车轴位于舆底辕下，横穿两毂而出。轴为直圆木，截面直径 0.1、轴长 3 米。轴两端略细，各套一件铜车軎。

车舆 位于辕、轴相交处之上。平面略呈梯形，前阑长 1.11、后阑长 1.17 米、东西宽 0.72、阑高 0.42～0.45 米，中部设一宽约 0.29 米的门。舆四周呈干栏式结构，由 19 根立柱有序排列，前阑 7 根，后阑 6 根，东西阑各 3 根。立柱直径约 0.04 米。各立柱之间有 3 周横木连贯，衔接为长方形结构环固舆身，横木径宽约 0.03 米，舆底有一层厚约 0.02 米的木板，与舆的外框大小基本相同。舆底高出轴约 0.04～0.05 米。

舆内有两层随葬品，上层位于舆内南部，有铜刀、铜锛、铜凿、铜铲、骨饰等，下层位于厢底，有铜蝶形兽面衡饰、铜马镳、中小型铜泡、铜铃、牙片饰等物。

5．年代判断

T1512M226 开口于 T1512 ③ B 层下，被 T1512H119、T1512H143、T1512H149 打破，T1512M226 又打破 T1512 ④ 层及 T1512H166。从出土的陶片判断，T1512 ④ 层属殷墟四期，T1512H166 为殷墟四期早段，T1512H119、T1512H143、T1512H149 均为殷墟四期晚段，故 T1512M226 的年代属殷墟四期无疑。

二 出土遗物

此 4 座车马坑内出土的遗物有车饰、马饰、工具、兵器和其他等几大类，另有少量车马坑填土中出土的遗物。

（一）车饰

包括铜车軎、铜轭饰、铜衡饰、铜衡末饰、铜踵饰、铜杆头、铜箍、铜管、铜穿鼻器等。

1．铜车軎

共出土四对，计 8 件。形制相似，器身呈长筒形。顶端封闭，向外微鼓，较口端细。筒中部有 2 个对称小孔，口端有 2 个对称的长方形辖孔，辖孔与筒中部小孔相错。均出土于轴末端。每对形制、大小、纹饰均相同。

标本 T0624M76：25、26，为一对，完整，锈蚀较严重。辖孔两侧各饰一夔龙，夔首相对，以云雷纹作地纹，筒中上部饰四组蕉叶纹，筒顶端饰一盘龙。标本 T0624M76：25，害内有朽木，辖孔内有长方形辖，木质，已朽。出土于右侧轴末端。长 19.5、口径 5.4、顶径 3.6、中部孔径 0.7 厘米，重 0.51 千克（图四一八，1；彩版一二四，1 左）。标本 T0624M76：26，纹饰模糊。出土于左侧轴末端。长 19.5、口径 5.3、顶径 3.7、辖孔长 3.3、辖孔宽 1、中部小孔径 0.8 厘米，重 0.39 千克（彩版一二四，1 右）。

标本 T1512M226：1、2，为一对，完整。辖孔两侧各饰一夔龙，夔首相对，以云雷纹作地纹，筒中上部饰四组蕉叶纹，筒顶端饰一盘龙。标本 T1512M226：1，出土于西侧轴末端。长 15.5、口径 4.8、顶径 3.3、辖孔长 3.6、辖孔宽 1.3、中部小孔径 0.6 厘米，重 0.29 千克（图四一八，2、四一九；彩版一二四，2 右）。标本 T1512M226：2，锈蚀严重，纹饰模糊，害内有朽木。出土于东侧轴末端。长 16.0、口径 5.0、顶径 3.3、辖孔长 3.4、辖孔宽 1.4 厘米，重 0.34 千克（彩版一二四，2 左）。

标本 T1513M231：1、2，为一对。顶端突起两个同心八边形，辖口一侧有凸弦纹，筒中上部饰四组蕉叶纹之轮廓，内无纹饰。标本 T1513M231：1，口部残。出土于轴西末端。长 18.5、口径 6.3、顶径 4.0、辖孔长 3.9、宽 1.1、中部小孔径 1.1～1.4 厘米，重 0.32 千克（图四一八，3；彩版一二四，3 左）。标本 T1513M231：2，残，锈蚀较严重，纹饰较模糊。害内有朽木，出土于轴东末端。长 18.6、口径 5.8、顶径 4.2、辖孔长 4.0、辖孔宽 1.3、中部小孔径 1.1 厘米，重 0.37 千克（彩版一二四，3 右）。

标本 T0622M367：1、2，为一对。顶端突起两个同心圆，筒中上部饰四组蕉叶纹之轮廓，内无纹饰。标本 T0622M367：1，完整。长 18.5、口径 5.9、顶径 3.9、辖孔长 3.7、辖孔宽 1.6、中部小孔径 0.9～1.0 厘米，重 0.24 千克（图四一八，4；彩版一二四，4）。标本 T0622M367：2，残，仅余辖孔和口部。残长 8.0 厘米（图四一八，5）。

2．铜軏饰

包括軏首、軏颈、軏箍、軏肢、軏足等。出土于衡下辕的两侧。

铜軏首

5 件。可分两型。

A 型　2 件。一对，完整。形制相同。軏首与軏颈相连。軏首呈菌状，顶端为圆形，微鼓，上饰一盘龙。顶下束颈，饰三角纹，两侧有对称小圆孔，两孔之间饰鳞纹，其下饰双夔纹，夔首相对，以云雷纹作地纹。軏颈呈梯形，上窄下宽，上端有箍，下端侧面有对应的方形孔，颈口为圆角长方。

标本 T0624M76：1，表面局部有席纹朽痕。通高 17.3、顶径 6.4、下口长 6.8、下口宽 4.6、穿长 1.8、穿宽 1.7 厘米，重 471.8 克（图四二〇，1、四二一，1、2；彩版一二五，1 左）。

标本 T0624M76：22，完整，锈蚀严重，纹饰较模糊，表面局部有席纹朽痕。通高 17.2、顶径 6.2、口长 7.0、口宽 4.5、穿孔长 2.1、穿孔宽 1.7 厘米，重 469 克（彩版一二五，1 右）。

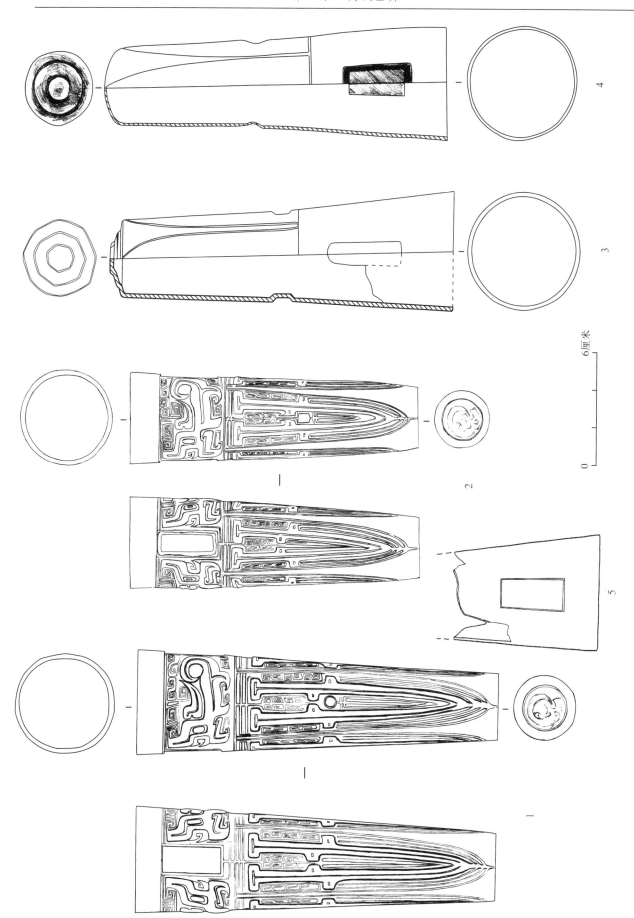

图四一八　车马坑出土铜軎

1. T0624M76：25　　2. T1512M226：1　　3. T1513M231：1　　4. T0622M367：1　　5. T0622M367：2

B 型　3件。圆筒形。菌状顶，顶端为圆形，微鼓，束颈。

标本 T1512M226：21、35，为一对，形制相同。完整，锈蚀较严重，纹饰较模糊。顶饰一盘龙。顶下饰三角纹，两侧有对称的不规则形小孔，两孔之间饰重环纹，其下饰双夔纹，夔首相对，以云雷纹作地纹。顶部有席纹朽痕。T1512M226：35，出土于辕的东侧。通高8.8、顶径6.4、口径3.4、孔径4.3厘米，重213.8克（图四二○，2；彩版一二五，2右）。标本 T1512M226：21，出土于辕的西侧。通高8.7、顶径6.3、口径6.0、孔径4.4厘米，重203.4克（彩版一二五，2左）。

标本 T1513M231：56，稍残。顶上有同心圆凸起，颈饰三角纹轮廓，内无纹饰，其下有箍一周。通高7.34、顶径4.6、口径3.3厘米，重104.8克（图四二○，3）。

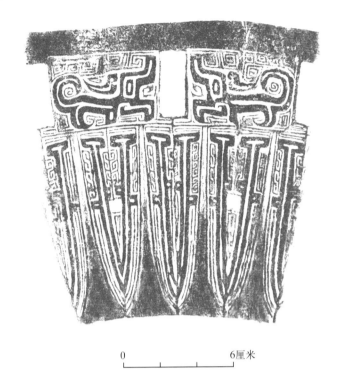

0　　　　　　　　6厘米

图四一九　铜軎纹饰拓本T1512M226：1

铜轭颈

2件。一对，形制相同。圆筒状，上部较细，上口呈圆形，下部较粗，下口呈椭圆形。腰部两侧有对应的竖长方形穿孔。穿孔一侧有一竖鼻。

标本 T1513M231：28，完整，局部有裂痕。出土于辕的东侧。高9.9、上口直径3.0、下口直径5.1～5.8厘米，重148克（图四二二，1；彩版一二五，3右）。

标本 T1513M231：12，稍残，有裂痕。出土于辕的西侧。高9.8、上口直径3.8、下口直径5.0～5.4厘米，重134克（彩版一二五，3左）。

铜轭箍

3件。形制相似，大小略异。椭圆形，中腰外鼓，下宽上窄，腰两侧各有一竖穿。

标本 T1513M231：13，完整。上口径7.5、下口径7.8、高2.5厘米，重76克（图四二二，2；彩版一二五，4左）。

标本 T1513M231：29，完整，上口径5.5～7.2、下口径5.7～8.2、高2.7厘米，重93克（彩版一二五，4右）。

标本 T0624M76：10，残，仅存箍的一面。高3.5厘米，重52克。

铜轭肢

4件。系2对，每对形制相同。呈半管状，整体作"人"字形。上部有椭圆形孔，足作钩状外翘，末端呈扁管形。在肢与足拐弯处有一长方形孔。素面。

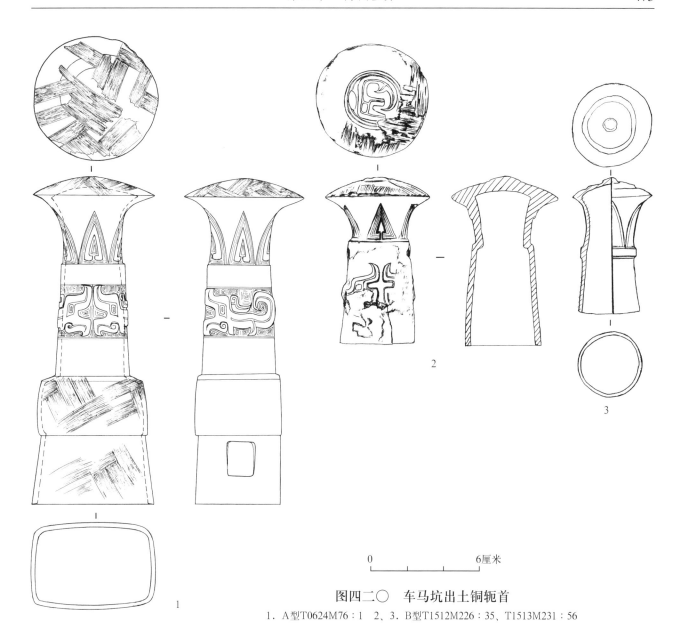

图四二〇　车马坑出土铜轭首
1. A型T0624M76：1　2、3. B型T1512M226：35、T1513M231：56

标本 T1512M226：65，完整，为一对。足端外侧有一小圆穿。局部有席纹朽痕。通高 48.5、肢径 4.6～5.1、上孔径 2.1～2.8、下孔宽 1.3、长 9.0 厘米，重 1247.6 克（图四二二，3；彩版一二五，6）。

标本 T1512M226：66，足残，为一对。重 1054 克。

铜轭足

4件。为 2 件轭的四足，完整。均与轭肢分离。扁圆筒状，中腰微凹，底端封闭。足内有朽木。

标本 T0624M76：18，中部有对称小圆穿。通高 6.7、底径 3.4～4.1、圆孔直径 6.0 厘米，重 91.6 克（图四二二，4；彩版一二五，5）。

标本 T0624M76：13，中部有对称的小圆穿。重 83.9 克。

标本 T0624M76：12，器身中部有一圆孔，素面。高 6.9、直径 3.3～4.2、孔径 0.6 厘米，

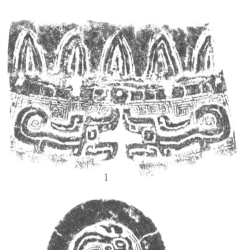

图四二一　铜軎首纹饰拓本T0624M76：1

1. 軎首体面纹饰　2. 軎首顶面纹饰

重 69.3 克。

标本 T0624M76：17，中部无孔，表面有席纹。重 103.7 克。

3．铜衡饰

共计 10 件。其中 8 件为兽面衡饰，2 件为衡末饰。

铜兽面衡饰

8 件。可分两型。

A 型　6 件。兽面形。完整。形制、纹饰相似，大小不同。正面为兽面纹，"目"字形目，顶部伸出八字形角，鼻梁微凸，大嘴。背面有一穿。

标本 T0624M76：2、19，为一对。眼珠外凸。标本 T0624M76：2，高 6.0、宽 4.8～6.4 厘米，重 47 克（图四二三，1）。标本 T0624M76：19，锈蚀较严重。高 6.1、宽 6.1 厘米，重 48 克。

标本 T1512M226：47，完整。正面为兽面纹，"目"字形目，眼珠外凸，顶部伸出八字形角，大嘴。出土于车舆内。通高 6.3、宽 4.3～6.3 厘米，重 58.4 克（图四二三，2、四二四，1；彩版一二六，1）。

标本 T1512M226：64，体较大，眼珠外凸。表面局部有席纹朽痕。高 7.1、宽 6.1～8.2 厘米，重 96.8 克（图四二三，3、四二四，2；彩版一二六，3、4）。

标本 T1513M231：31，出土于衡辕相交处的东侧。高 5.8、宽 4.8～5.9 厘米，重 39.8 克（图四二三，4；彩版一二六，2）。

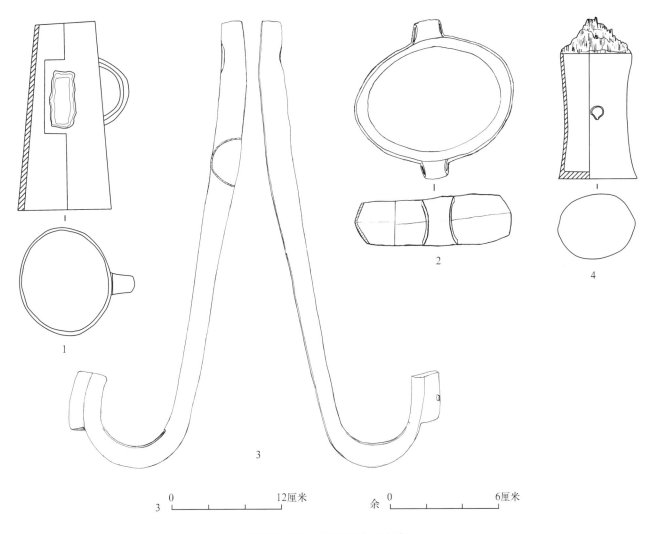

图四二二　车马坑出土铜轭

1. 铜轭颈T1513M231：28　2. 铜轭箍T1513M231：13　3. 铜轭肢T1512M226：65　4. 铜轭足T0624M76：18

B 型　2 件。一对，牛头形。形制、纹饰、大小相同。形似牛头，"目"字形目，牛角竖起，呈 U 形。背面有一穿。出土于辕两侧的衡中部。

标本 T1513M231：11，完整。出土于衡辕相交处的东侧。通高 6.4、宽 2.4～4.8 厘米，重 52.8 克(图四二三，5、四二四，3；彩版一二六，5、6)。

标本 T1513M231：26，表面有席纹。出土于衡中部辕西侧。高 6.6、宽 5.2 厘米，重 33 克。

铜衡末饰

共 2 件，为一对。形制、纹饰、大小相同。薄片状，平面似等腰锐角三角形，底边略有弧度。正面饰浮雕双夔龙，夔首向着三角形的底边，夔尾上部饰三角纹，以云雷纹作地纹。反面平，三角形下部有一穿，上部有一钉。出土于衡的两末端。

标本 T1512M226：37，完整。纹饰清晰。出土于衡西末端。长 15.2、下宽 7.0、厚 0.4 厘米，重 90.8 克(图四二五，1；彩版一二七，1 左)。

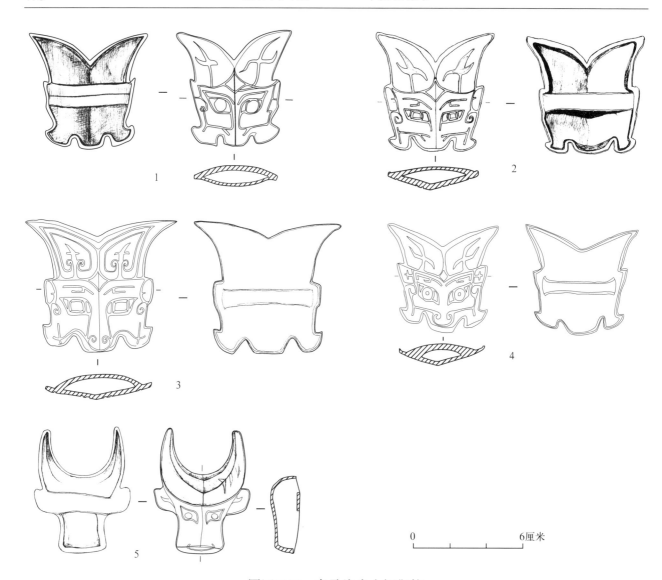

图四二三　车马坑出土铜衡饰

1、2、3、4. A型兽面衡饰T0624M76：2、T1512M226：47、T1512M226：64、T1513M231：31　5. B型兽面衡饰T1513M231：11

图四二四　铜衡饰纹饰拓本

1. T1512M226：47　2. T1512M226：64　3. T1513M231：11

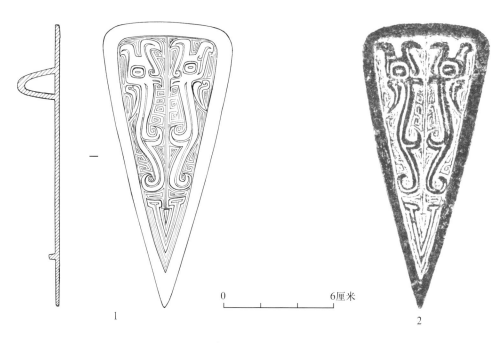

图四二五 车马坑出土铜衡末饰
1. T1512M226∶37 2. 拓本T1512M226∶36

标本 T1512M226∶36,锈蚀较严重,纹饰模糊,表面有席纹。出土于衡东末端。通高15.6、下宽7.1厘米、厚0.5厘米,重113克(图四二五,2;彩版一二七,1右)。

4. 铜踵

共发现3件。均出土于车舆后的辕末端。形制基本相同,长短、大小略异。剖面呈马蹄形的套管,套管下部接一凹槽,其上置车辕,凹槽上部宽,下部稍窄。套管上部和两侧饰夔龙纹,夔尾相对,夔首位于套管的两侧,其下饰三角纹。

标本 T0624M76∶28,表面有席纹。通长14.4、前部高12.4～14.2、后部高7、前宽4.8～5.3、后宽7.7～8厘米,重380克(彩版一二七,2)。

标本 T1512M226∶9,套管和凹槽内有朽木痕。通长15.2、前部高6.4、后部高3.5、前宽6.9～8.5、后宽5.1～6.9厘米,重量396克(图四二六,1、四二七,2;彩版一二七,3、4)。

标本 T1513M231∶54,夔首口部各衔一横穿。通长17.9、前端高7.5、后端高3.7、前端宽4.3～8.6、后端宽4.4～6.4厘米,重540克(图四二六,2、四二七,3;彩版一二七,5、6)。

5. 铜T形板

标本 T1512M226∶8,完整。体呈T字形铜板,略外弧。上部呈条形,正面饰两夔龙,夔首相对,其口内为窄长条形穿孔,背面有4个长方形竖穿。长条铜板下接倒梯形铜板,正面饰独立兽面纹,背面下部正中有一横穿。通长34.5～35.6、中宽6.7、上部窄长铜板宽2.7厘米,长方形穿长7.0、宽0.3厘米,梯形铜板长4.6厘米,重218.6克(图四二七,1、4;彩版一二八,1、2)。

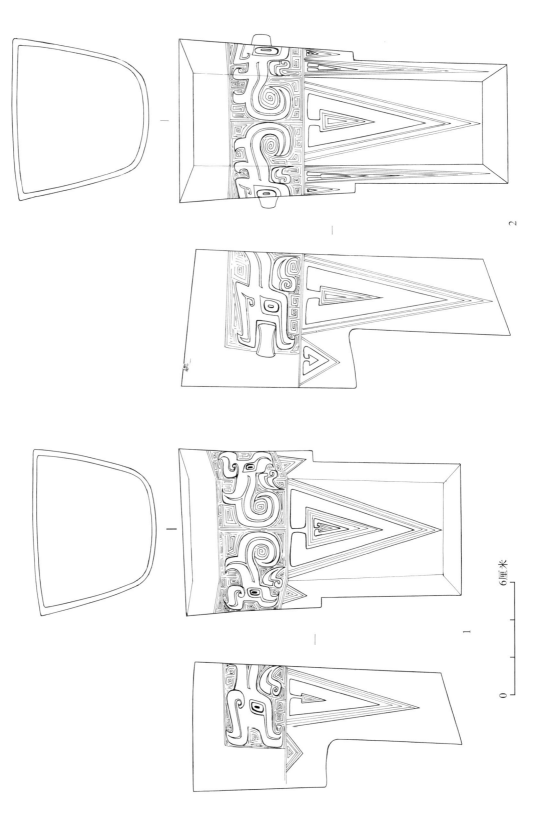

图四二六　车马坑出土铜䡗
1. T1512M226：9　2. T1513M231：54

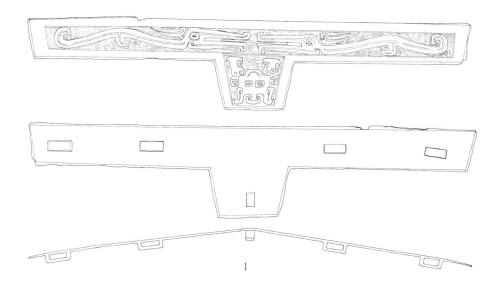

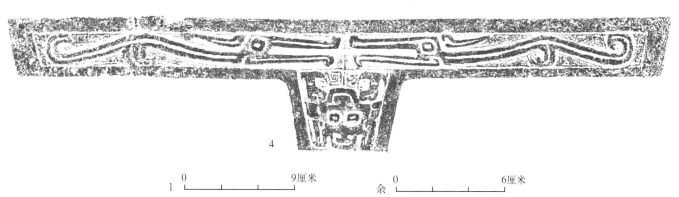

0　　　　　9厘米
1

0　　　　　6厘米
余

图四二七　车马坑出土车马器及纹饰拓本

1、4. 铜T形板T1512M226：8　2、3. 铜踵拓本T1512M226：9 、T1513M231：54

标本 T1512M226：8 与 T1512M226：9 组成一套完整的踵饰。倒梯形铜板封套凹槽末端，长条形铜板固定在车軨的后面。

6. 铜杆头

共2件，一对，完整。形制、纹饰、大小相同。器身为梯形套筒，末端封闭，平顶。梯形窄面中部有一圆孔，另一面与之对应有一长方孔。方孔两侧各饰一夔龙。上下两面各饰一细长夔龙。出土于车舆后，推测为阑饰或辀饰。

标本 T1512M226：7，完整。长 13.5～14.1、高 2.0、口宽 2.4～2.8、中部孔直径 1.5、中部穿长 1.3、宽 1.0 厘米，重 142.4 克（图四二八，1、四二九，1；彩版一二八，3、4）。

标本 T1512M226：6，锈蚀严重，纹饰模糊。表面局部有布纹朽痕。长 13.3～13.8、高 2 厘米，口宽 2～2.7、中部孔直径 1.5、中部穿长 1.1、宽 0.8 厘米，重 153.2 克。

7. 铜箍

共发现2件。形制相同，口径不同。圆形，管状，上铸接一圆环，其用途可能是套在车轵上，环内穿马缰绳。

标本 T1513M231：18，完整。高 3.5、直径 3.2、环内径 1.9 厘米，重 68.6 克（图四二八，2；彩版一二八，5左）。

标本 T1513M231：57，完整。高 3.2、直径 2.3、环内径 2.05 厘米，重 57.8 克（图四二八，3；彩版一二八，5右）。

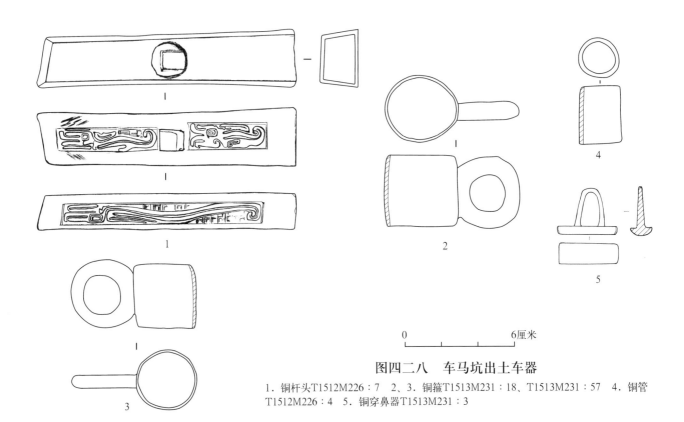

0 ————— 6厘米

图四二八　车马坑出土车器

1. 铜杆头 T1512M226：7　2、3. 铜箍 T1513M231：18、T1513M231：57　4. 铜管 T1512M226：4　5. 铜穿鼻器 T1513M231：3

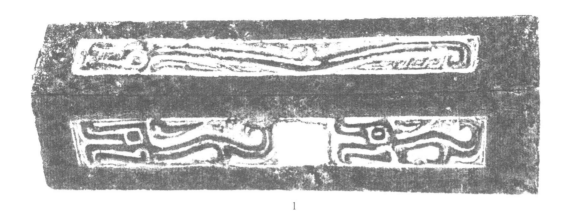

图四二九 车马坑出土车马器纹饰拓本
1. 铜杆头纹饰T1512M226：7 2. 铜铃纹饰T1512M226：53

8. 铜管

共出土2件，为一对，完整。形制、大小相同。圆形，管状，两端的口径略有不同。内有朽木痕，其用途可能是套在旗杆等的末端。

标本T1512M226：4，高3.1、口径2.2厘米，重27.8克（图四二八，4；彩版一二八，6左）。

标本T1512M226：5，锈蚀较严重。高3.0、口径2.3厘米，重21克（彩版一二八，6右）。

9. 铜穿鼻器

共出土2件，为一对，完整。形制、大小相同。背面有一U形穿。出土于衡的两末端。用途不详。

标本T1513M231：3，出土于西侧衡末端。长3.3、鼻高2.5厘米，重9.8克（图四二八，5）。

标本T1513M231：25，锈蚀较严重，出土于东侧衡末端。长3.2、通高3.3厘米，重13克。

（二）马饰

包括铜马衔、铜马镳、铜U形器、铜马鼻饰、铜当卢、铜节约、铜泡、蚌泡、牙片饰、蚌片饰等。

1. 铜马衔

共出土5件。可分两型。

A型　4件。形制相似。三节环相套，如链环。

标本T1512M226：61，完整。出土于车舆内。通长13.6厘米，重98.2克（图四三〇，1；彩版一二九，1）。

B型　1件。

标本T1513M231：53，完整。绚索状直棒形，两端各接一环。出土于车舆内。通长13.7厘米，重86克（图四三〇，2；彩版一二九，2）。

2．铜马镳

共计14件。其中1件残。形制相同，大小略异。近方形，中部有一圆孔，孔两侧为三角形管，其中一管外侧又有一窄条形穿。

标本T0624M76：8，完整。长7.2、宽6.5、中部圆孔直径1.5、管高1.2、穿长3.9、穿宽0.4厘米，重101.4克（图四三〇，3）。

标本T1512M226：27，完整。出土于马面之上。长7.0、宽6.5、中部圆孔直径2.1、管高1.3、穿长3.5、穿宽0.5厘米，重95克（图四三〇，4）。

标本T0624M76：7，完整。长7.2、宽6.4～6.5、中部圆孔直径1.6、管高1.2、穿长3.7、穿宽0.4

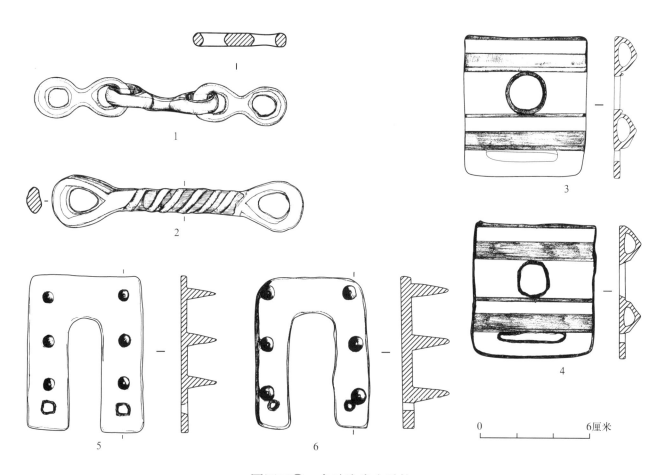

图四三〇　车马坑出土马饰

1．A型铜马衔T1512M226：61　2．B型铜马衔T1513M231：53　3、4．铜马镳T0624M76：8、T1512M226：27　5、6．铜U形器T0624M76：31、T1512M226：28

厘米，重 102 克（彩版一二九，3 左）。

标本 T0624M76：24，完整。长 7.2、宽 6.4、中部圆孔直径 1.6、管高 1.1、穿长 3.9、穿宽 0.5 厘米，重 99 克（彩版一二九，3 右）。

标本 T1512M226：33，完整。出土于东侧马头上。长 7.0、宽 6.3～6.5、中部圆孔直径 1.6～1.8、管高 1.1、穿长 3.6、穿宽 0.5 厘米，重 94.7 克。

标本 T1512M226：48，完整。出土于车箱内。长 7.5、宽 7.0～7.2、中部圆孔直径 1.8、管高 1.1、穿长 4、穿宽 0.5 厘米，重 96.7 克（彩版一二九，4 左）。

标本 T1512M226：50，完整。出土于车箱内。长 7.6、宽 7.1～7.6、中部圆孔直径 1.9、管高 1.2、穿长 4.3、穿宽 0.5 厘米，重 118.4 克（彩版一二九，5 右）。

标本 T1512M226：49，完整。出土于车箱内。长 7.5、宽 7.2、中部圆孔直径 1.8、管高 1.2、穿长 4.4、穿宽 0.6 厘米，重 116.8 克（彩版一二九，4 右）。

标本 T1512M226：59，完整。出土于车箱内。长 7.4、宽 7.1～7.3、中部圆孔直径 1.8、管高 1.1、穿长 4.5、穿宽 0.5 厘米，重 109 克（彩版一二九，5 左）。

标本 T1513M231：8，完整。中部圆孔较大。出土于西马头左侧。长 8.2、宽 6.4～6.6、中部圆孔直径 2.2、管高 1.3、穿长 3.2、穿宽 0.9 厘米，重 93 克。

标本 T1513M231：10，残，中有一圆孔，出土于西马头右侧。长 7.5、宽 6.3～6.6、中部圆孔直径 2.3、管高 1.2、穿长 3.3、穿宽 0.9 厘米，重 83.6 克。

标本 T1513M231：24，完整。出土于东侧马头右侧。长 8.0、宽 6.3～6.6、中部圆孔直径 2.3、管高 1.0～1.2、穿长 3.3、穿宽 0.7 厘米，重 71.9 克。

标本 T1513M231：22，完整。中部有一圆孔，较大。出土于东侧马头左侧。长 8.3、宽 6.5～6.7、中部圆孔直径 2.1～2.3、管高 1.3、穿长 3.3、穿宽 0.8 厘米，重 83.6 克。

3. 铜U形器

共有 8 件。其中 1 件稍残。形制相同，大小略异。平面呈 U 形，两末端各有一长方形小孔，反面有 2 排 6 个锥状钉齿。

标本 T0624M76：31，完整。长 8.0、宽 6.1 厘米，重 100 克（图四三〇，5；彩版一三〇，1）。

标本 T1512M226：28，完整。长 7.8、宽 5.4～5.9 厘米，重 105.6 克（图四三〇，6；彩版一三〇，2）。

标本 T1512M226：34，完整。出土于东侧马头上。长 7.4、宽 5.3～5.6 厘米，重 74 克。

标本 T1513M231：7，完整。出土于西马头左侧。长 7.5、宽 6.2～6.9 厘米，重 103 克。

标本 T1513M231：9，完整。出土于西马头右侧。长 7.8、宽 6.5～7.2 厘米，重 134 克。

标本 T1513M231：21，一小孔残，出土于东侧马头左侧。长 6.3～7.2、宽 6.1～6.2 厘米，重 89 克。

标本 T1513M231：23，完整。出土于东侧马头右侧。长 7.8、宽 6.8～7.2 厘米，重 143 克。

铜马镳与铜 U 形器配合使用，标本 M76：8 与 M76：30 为一套，标本 M226：27 与 M226：28 为一套。

马镳背面（无管面）与 U 形器正面（无钉齿面）固定一起，U 形器的钉齿直接接触马面便于驾驭，马镳的两管在马面外侧，便于穿缰绳。

4. 铜马鼻饰

共发现 6 件。形制相同，大小略异。形似马鼻，上端呈梯形，下部作三角形，背面有双穿。正面部有数条竖弦纹。

标本 T0624M76：3，完整，体较大。出土于左侧马鼻上。高 6.0、宽 4.1 厘米，重 30 克（彩版一三〇，3 左）。

标本 T0624M76：4，体形较小，完整。表面有布纹朽痕。高 5.3、宽 2.6～3.3 厘米，重 20.6 克（图四三一，1；彩版一三〇，3 右）。

标本 T1513M231：6，完整。出土于西马鼻上。高 4.9、宽 2.3～3.1 厘米，重 22.2 克（图四三一，2；彩版一三〇，4 左）。

标本 T1513M231：42，完整，锈蚀严重，纹饰模糊。出土于东侧马鼻上。高 4.9、最宽处宽 3.2 厘米，重 21 克（彩版一三〇，4 右）。

5. 铜当卢

共发现 2 件，为一对。形制、大小相同，中部鼓起，背有双穿。出土于马额头之上。

标本 T1513M231：4，完整。直径 7.4、厚 0.2 厘米，重 57.6 克（图四三一，3；彩版一三一，1 左）。

标本 T1513M231：19，锈蚀较严重。直径 7.6、厚 0.25 厘米，重 59.3 克（彩版一三一，1 右）。

6. 铜节约

仅出土 1 件。

标本 T0624M76：5，完整。略呈亚腰长方形，正面隆起，呈四边锥体，背面正中有长方形孔，中空，四角分出 4 条长方孔，皮条由 4 孔穿入，打结于中空内。长 5.4、宽 4.0 厘米（图四三一，4；彩版一三〇，5、6）。

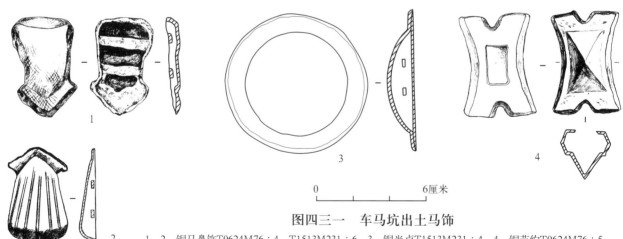

图四三一　车马坑出土马饰

1、2. 铜马鼻饰 T0624M76：4、T1513M231：6　3. 铜当卢 T1513M231：4　4. 铜节约 T0624M76：5

7．铜泡

出土数量最多，保守地统计有533枚。由于为了保护马车的完整，马和车上的填土没有全部清理，有不少的铜泡和饰件被压在其下，无法完全统计。根据铜泡的整体形态差异，可分两型。

A型　522枚。形制相似，大小不同，圆形泡，有的泡弧起较高，有的较平，背面均有一穿，便于穿皮条，根据泡的大小大概可推测出各种皮条的宽窄。根据直径大小可分四类。

大铜泡

132枚。直径在3.2厘米以上。

标本T1512M226：39，一组10枚。正面较平，且凸起2个同心圆。直径3.5厘米，重10.6克（图四三二，1；彩版一三一，2）。

标本T1512M226：56，正面弧起较高。直径3.2厘米，重10.8克（图四三二，2；彩版一三一，3、4）。

标本T1513M231：17，正面较平。直径3.3厘米，重10克（图四三二，3）。

中铜泡

62枚。

标本T1513M231：14，正面较平。直径2.4厘米，重5.4克（图四三二，4）

标本T1513M231：27，正面较平。直径2.0厘米，重3.8克（图四三二，5；彩版一三一，5左1）。

标本T1512M226：54，直径2.0厘米，重3.8克（图四三二，6；彩版一三一，5左2）。

小铜泡

161枚。体小，正面弧起较高。

标本T1512M226：55，直径1.6厘米，重2.8克（图四三二，7；彩版一三一，5右2）。

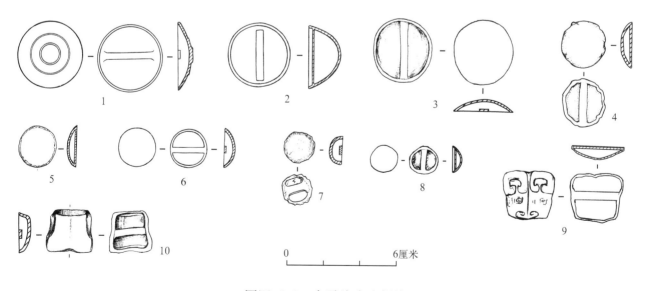

0　　　　　　6厘米

图四三二　车马坑出土铜泡

1～3．A型大铜泡T1512M226：39、T1512M226：56、T1513M231：17　4、5、6．A型中铜泡T1513M231：14、T1513M231：27、小铜泡T1512M226：54　7．A型小铜泡T1512M226：55　8．A型特小铜泡T0624M76：14　9、10．B型铜泡T1512M226：58、T1513M231：5

特小铜泡

167 枚，体小，正面弧起高。均出土于 M76。

标本 T0624M76：14，直径 1.3 厘米，重 2.0 克（图四三二，8；彩版一三一，5 右 1）。

B 型　11 枚。形制相似，大小略异。兽面形泡，正面较平，背面均有一穿。

标本 T1512M226：58，直径 2.5、宽 2.2～2.8 厘米，重 2.0 克（图四三二，9；彩版一三一，6）。

标本 T1513M231：5，长 2.2、宽 2.1～2.4 厘米，重 8.6 克（图四三二，10）。

8．蚌泡

共出土 7 枚。形制相同，大小不一，正面鼓起，平底，正中有一圆孔。

标本 T1512M226：26，直径 3.4、中间圆孔直径 0.8～1.3 厘米（图四三三，1）。

标本 T1513M231：36，直径 2.1、中间圆孔直径 0.6 厘米（图四三三，2）。

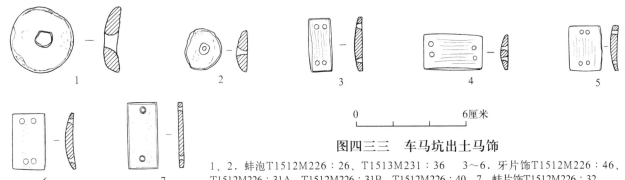

图四三三　车马坑出土马饰

1、2．蚌泡 T1512M226：26、T1513M231：36　　3～6．牙片饰 T1512M226：46、T1512M226：31A、T1512M226：31B、T1512M226：40　7．蚌片饰 T1512M226：32

9．牙片饰

牙片饰出土较多，至少有 217 片。由于马身上均有装饰牙片，但考古发掘中只能清理马身上暴露的部分，其身下盖压着应不在少数。系用大型动物的牙齿制成。形制相似，大小不一。呈长方形，背微弧，两窄边缘各钻两小圆孔，其用途是将其固定在皮条之上，起装饰马的作用。

标本 T1512M226：46，一组。长方形直板状。两端各有两个圆穿。长 2.8、宽 1.2 厘米（图四三三，3；彩版一三二，1）。

标本 T1512M226：31A、31B，2 件。较大者 31A 呈长方形直板状，两端各有两圆穿。长 3.2、宽 1.9 厘米（图四三三，4）。较小者 31B 整体呈长方形，一面较直，另一面略呈圆弧形。两端各有两圆穿。长 2.4、宽 1.9 厘米（图四三三，5）。

标本 T1512M226：40，长方形，一面略直，另一面圆弧外鼓。两端各有两个圆穿。长 2.9、宽 1.8 厘米（图四三三，6）。

10．蚌片饰

共计 15 件。与牙片饰形制相似，作用应相同，不同之处是在两窄边缘中部各钻一小圆孔。

标本 T1512M226：32，长 3.45、宽 1.6 厘米（图四三三，7）。

（三）工具

有铜刀、铜锛、铜凿、铜铲、铜策、铜弓形器、象牙觿、磨石等八类。

1．铜刀

共发现2件。均出土于车舆内。形制相似，大小不同。环首，背微弧，直刃，尖稍翘，其形制与墓葬内随葬的C型铜刀相似。

标本T1512M226∶43，完整。通长27.1、刃宽4.1、柄长9.5厘米，重188.2克（图四三四，1）。

标本T1513M231∶37，完整。通长22.3、刃宽3.0、柄长8.0厘米，重89.2克（图四三四，2）。

2．铜锛

共有3件。完整。均出土于车舆内。形制相似，大小不同，其形制与墓葬内C型铜锛相似。扁平长方形，平顶，銎内有朽木痕。

标本T1512M226∶41，双面弧形刃，銎端有箍，銎口呈长方形，表面中部有"十"字形纹。通长11.2、刃宽3.55、銎口长4.5、宽2.4厘米，重268.4克（图四三四，3）。

标本T1512M226∶63，单面直刃，銎口呈梯形，素面。通长11.7、刃宽3.8、銎口长4.6、宽2.1厘米，重182.2克（图四三四，4）。

标本T1513M231∶46，有裂痕。单面直刃，銎口呈长方形，素面。通长8.3、刃宽3.3、銎口长3.8、宽2.3厘米，重96.7克。

3．铜凿

共计4件。均出土于车舆内。可分两型。

A型　2件。完整。形制相似，其形制与墓葬内随葬的A型Ⅱ式铜凿相似。扁平长条形，銎口呈梯形，偏口刃。銎内有朽木。

标本T1512M226∶51，长12.7、銎口长1.8、宽1.7厘米，重74.8克（图四三四，5）。

标本T1513M231∶35，锈蚀较严重，表面有裂痕。出土于车箱内前侧中部。长9.1、銎口长1.86、宽1.75厘米，重48克（图四三四，6）。

B型　2件。形制、大小相似。凿銎与凿头相接处出台，銎呈方形，凿头呈三棱形，单面刃。出土在车舆内前侧东部。

标本T1513M231∶45A，长10.3、銎口长1.5厘米，重33.8克（图四三四，7）。

标本T1513M231∶45B，长10.8、銎口长1.5厘米，重37克。

4．铜铲

仅发现1件。

标本T1512M226∶52，铲身近梯形，平刃，长直柄，柄内有朽木，长方形銎，銎口有箍。素面。出土于车舆内，长11.9、刃宽7.8厘米（图四三四，8；彩版一三三，6）。

5．铜弓形器

2件。分别出自车马坑M76和M231中。形制、大小都相似。

标本T1513M231∶52，完整。弓身较窄，背拱起，素面，正中有一凸泡，腹槽较深，曲臂弧度

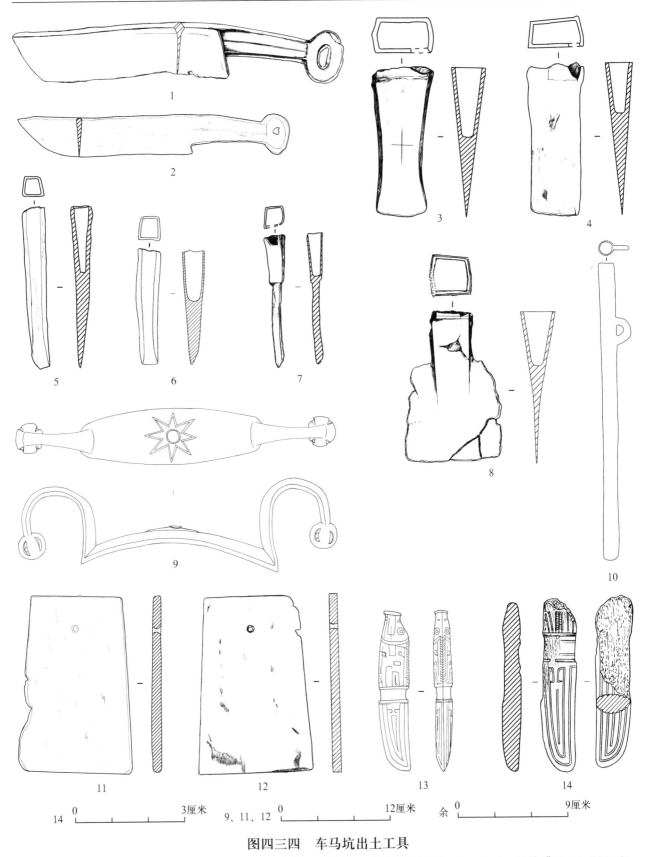

图四三四　车马坑出土工具

1、2. 铜刀T1512M226：43、T1513M231：37　3、4. 铜锛T1512M226：41、T1512M226：63　5、6. A型铜凿T1512M226：51、
T1513M231：35　7. B型铜凿T1513M231：45A　8. 铜铲T1512M226：52　9. 铜弓形器T1513M231：52　10. 铜策T1513M231：55
11、12. 磨石T1513M231：39、T1513M231：40　13、14. 象牙觿T1513M231：34、T0624M76：30

大，近倒 U 形，臂末端各接一圆铃，每铃有四个镂孔，铃内含小铜丸，摇之发声。弓臂与身相接处有明显的皮条捆绑痕迹。出土于车舆内靠前中部。我们认为其为挂马缰绳的器物[1]。通长 35.2、高 9.0、中部宽 6.0 厘米，重 606.8 克（图四三四，9；彩版一三二，3）。

标本 T0625M76：29，基本形制与 T1513M231：52 相同，唯不同之处是中部有一突起的八角星纹。通长 35.3、高 10.5、中部宽 6.0 厘米，重 657 克（彩版一三二，2）。

6. 铜策

仅发现 1 件。

标本 T1513M231：55，完整。圆形细管，一端有一半圆形鼻，便于固定马鞭。出土于车舆中部。长 23.7、直径 1.0～1.15 厘米，重 83.8 克（图四三四，10；彩版一三二，4）。

7. 象牙觿

2 件。

标本 T1513M231：34，形制与 M412：15 相同，鱼形，柄端残，中部有凹槽，后端表面刻划几何纹，尾端稍翘。长 9.5、宽 1.7 厘米（图四三四，13；彩版一三三，1）。

标本 T0624M76：30，鱼形，中部以上残失。残长 4.7 厘米（图四三四，14）。

8. 磨石

共有 2 件。均由砂岩制成，形制、大小相同，只是颜色不同。体大，扁平，梯形，窄端中部有一小圆孔。其形制与墓葬内 B 型磨石相似。均出土于车舆内。

标本 T1513M231：39，青灰色，砂质较粗。高 18.6、上宽 10.0、下宽 12.4、厚 1.05～1.25、孔径 0.4 厘米（图四三四，11；彩版一三三，2）。

标本 T1513M231：40，深褐色，砂质较细。高 18.6、上宽 9.5、下宽 12.5、厚 1.1、孔径 0.6 厘米（图四三四，12；彩版一三三，3）。

（四）铜兵器

仅有铜戈和铜镞。

1. 铜戈

共出土 3 件。完整。均为带胡戈，其形制与墓葬内 A a 型 V 式相似。长援，有胡，胡上有 3 穿，内后端有刺，且微下垂。内边缘饰阴线纹。均出土于车舆内。

标本 T1512M226：44，有下阑。通长 28、援长 19.9、内长 8.1、胡长 8.0、援宽 3.5～4.0 厘米，重 427.4 克（图四三五，1）。

标本 T1513M231：41，有上下阑。通长 25.0、援宽 3.8、胡长 3.7 厘米，重 304 克（图四三五，2）。

标本 T1513M231：49，无阑，内上阴线纹内填云雷纹。通长 29.3、援宽 3.5、胡长 7.8 厘米，重 317 克（图四三五，3）。

---

[1] 岳占伟、孙玲：《也论商周时期弓形器的用途》，《三代考古（五）》，科学出版社，2013年。

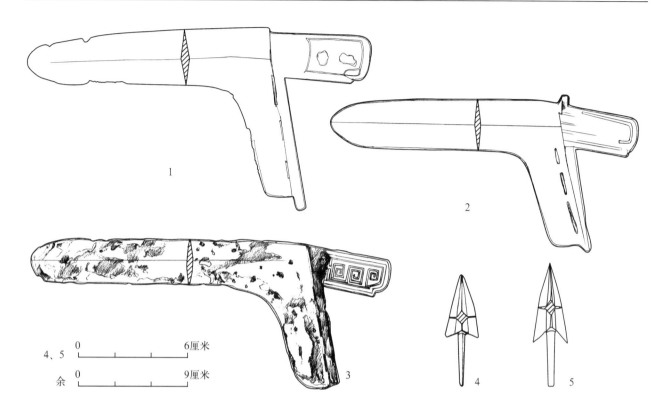

图四三五　车马坑出土铜兵器

1～3. 铜戈T1512M226：44、T1513M231：41、T1513M231：49　　4、5. 铜镞T1512M226：45、T1513M231：47

2. 铜镞

共 32 枚。形制相似，大小略异。其形制与墓葬内 A 型相似。双翼形，前锋锋利，脊呈菱形，扁圆铤。出土于车舆内。

标本 T1512M226：45，完整。双翼较宽，铤细长。长 5.8、翼宽 1.7、铤长 2.7 厘米，重 7 克（图四三五，4）。

标本 T1513M231：47，完整。双翼较窄，铤上粗下细。长 6.4、翼宽 1.9、铤长 2.8 厘米，重 8.6 克（图四三五，5）。

（五）骨、牙器

仅发现有象牙弓末饰和骨弓末饰。

1. 象牙弓末饰

2 件，一对。形制、纹饰、大小相同，下部残，中上部纹饰为兽首侧面形，冠上有一道深窄槽，冠下有一圆孔，窄槽及圆孔便于固定弓弦。均出于车舆内。

标本 T1513M231：38，残长 6.0、宽 1.5 厘米（图四三六，1；彩版一三三，4右）。

标本 T1513M231：33，残长 5.4、宽 1.6 厘米（彩版一三三，4左）。

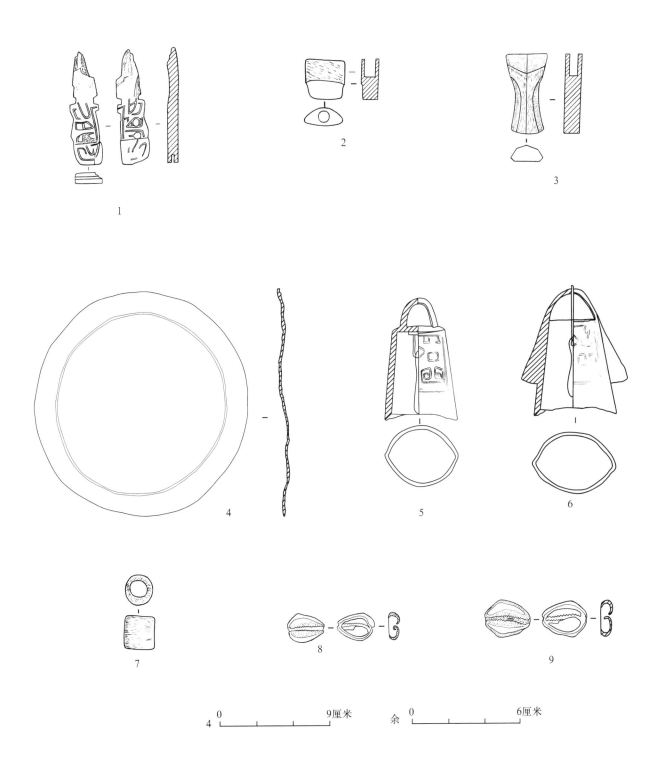

图四三六　车马坑出土牙器及其他

1．象牙弓末饰T1513M231：38　　2、3．骨弓末饰T1512M226：42、T1512M226：13　　4．圆铜片T1513M231：50A　　5．A型铜铃
T1512M226：53　6．B型铜铃T1512M226：23　7．骨管T1512M226：14　8、9．贝T1512M226：15A、T1512M226：15B

2．骨弓末饰

2件。完整。顶端有长方形开叉，可插入弓之末端。

标本 T1512M226：13，有柄。长 4.1、宽 1.4～2.2、厚 0.9 厘米，孔直径 0.5、孔深 0.9 厘米（图四三六，3；彩版一三三，5）。

标本 T1512M226：42，无柄，一端稍细，出台。长 2.1、上宽 1.7、下宽 2.1、厚 1.0 厘米（图四三六，2；彩版一三三，6）。

（六）其他

有圆铜片、圆金箔、铜铃、小骨管、贝等。

1．圆铜片

3件。其中 1 件残碎。形制、大小完全相同，均呈圆形片状。出土于车舆内，出土时叠压在一起。其作用可能与花园庄东地 M54 出土的圆铜片相同。

标本 T1513M231：50A，直径 17.7 厘米，重 148 克（图四三六，4）。

标本 T1513M231：50B，锈蚀严重，残。重 137 克。

2．圆金箔

2件。

标本 T1512M226：3A、3B，圆形片状，比圆铜片更薄，出土于车舆后人架小腿之上，出土时 2 件金箔叠压在一起。其作用可能与 M231 和 M303 出土的圆铜片相同。直径 17.5 厘米（彩版一三四，1、2）。

3．铜铃

3件。呈扁筒形，口作椭圆形。可分为两型。

A 型　2件。铃身较长，无扉棱，封顶，内有铃舌。

标本 T1512M226：53，完整。铃身饰兽面纹。出土于车舆内。通高 6.4、身高 4.6、口径 3.3～4.3 厘米，重 82 克（图四二九，2、四三六，5；彩版一三四，3）。

标本 T1513M231：16，体较小，顶内侧有环，内衔铃舌，器身饰兽面纹，表面有席纹。出土于马骨左侧。通高 4.9、口径 2.6～3.3 厘米，重 33 克。

B 型　1件。铃身较短，不封顶，两侧有扉棱，扉尖外侈。

标本 T1512M226：23，完整。铃身饰兽面纹。出土于轭足下。通高 6.7、口径 3.3～4.4、身高 4.6 厘米，重 82 克（图四三六，6；彩版一三四，4）。

4．骨管

1件。

标本 T1512M226：14，完整。圆形管状。用途不详。高 1.7、孔直径 0.9 厘米（图四三六，7）。

5．贝

66 枚。形制相同，大小略异，与墓葬出土的贝不同之处是其呈扁片状，背孔极大，不似货币，可能串起来作项饰或腕饰（彩版一三四，7）。

标本 T1512M226：15A，长 2.4、宽 1.9 厘米（图四三六，8；彩版一三六，5左、6左）。

标本 T1512M226：15B，长 1.9、宽 1.3 厘米（图四三六，9；彩版一三六，5右、6右）。

（七）填土内出土遗物

这些遗物非车马坑内的随葬品，而是在建造车马坑时扰动周围其他遗迹内的遗物。有铜镞、陶弹丸、骨镞、骨笄、骨锥、骨刻刀、无字卜骨等。

1．铜镞

1 件。

标本 T1512M226：01，完整。体较大，双翼较宽，前锋锋利，脊呈菱形，扁圆铤。长 6.7、翼宽 2.2、铤长 2.7 厘米，重 10.4 克（图四三七，1）。

2．陶弹丸

1 件。

标本 T0624M76：010，完整。小圆球形，灰色。直径 2.1 厘米（图四三七，6）。

3．骨镞

1 件。

标本 T0624M76：01，圆柱状，短铤，尖残。长 8.3、直径 0.7 厘米（图四三七，2）。

4．骨刻刀

1 件。

标本 T0624M76：06，完整。扁片长条形，上端有一小圆孔，下端有双面斜刃。长 4.7、宽 0.8 厘米（图四三七，3）。

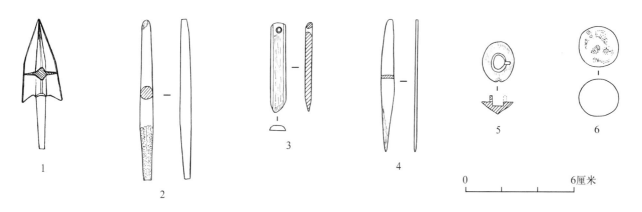

图四三七　车马坑填土中出土遗物

1. 铜镞 T1512M226：01　　2. 骨镞 T0624M76：01　　3. 骨刻刀 T0624M76：06　　4. 骨锥 T0624M76：09　　5. 骨笄帽 T0624M76：04　　6. 陶弹丸 T0624M76：010

5．骨锥

2件。

标本 T0624M76：09，完整。扁平长条形，一端有尖。长 6.9、宽 0.6 厘米（图四三七，4）

6．骨笄帽

3件。均残。

标本 T0624M76：04，笄帽，呈伞头，帽下起领，领部有 2 个对称穿孔，用来固定笄杆（图四三七，5）。

三　小结

（一）车马坑性质

从殷墟历年发掘来看，车马坑应为贵族墓葬的陪葬坑。本次发掘的 T1512M226 和 T1513M231 南北相距 5 米，时代又均为殷墟四期，应该是一对同时下葬的车马坑。在 T1512M226 和 T1513M231 西北约 50 米处还发掘一座保存完好的贵族墓葬 M303，出土 40 余件铜礼器（详见本章第九节），是殷墟迄今发掘的保存完好的最高规格的四期墓葬。根据殷墟以前的发掘资料判断，T1513M231、T1512M226 可能是 T1418M303 的陪葬坑。

T0624M76 和 T0622M367 也相距不远，T0622M367 大约在 T0624M76 南侧 10 余米处，但两者方向不同，T0624M76 车辕朝北，T9622M367 车辕向西。像这样方向不同但仍为一组的现象也曾在殷墟西区发现过。因此，仍不排除这两座车马坑为一组的可能。由于在它们周围还没有发现规模较大的墓葬，目前尚不能确定它们的陪葬对象。

（二）随葬器物组合

就 T1512M226 和 T1513M231 内出土的随葬品，简要讨论车马坑内随葬器物的组合问题。讨论范围不包括车饰和马饰。

T1512M226 和 T1513M231 出土的随葬品中均有兵器组合。T1512M226 兵器组合为铜戈＋铜镞＋骨弓末饰，而 T1513M231 兵器组合为铜戈＋铜镞＋象牙弓末饰。无论是骨弓末饰，或是象牙弓末饰，均意味着当时应有弓随葬，只是弓为木质，已腐朽，只残留其末饰。故这两座车马坑随葬的兵器组合皆为铜戈＋铜镞＋木弓。

以前殷墟发掘的车马坑的车舆内常见兵器铜戈和铜镞，讨论其组合常为铜戈＋铜镞，而忽略了常与铜戈、铜镞一起出土的骨弓末饰，即以前发掘报告中常提及的"叉"形器。"叉"形器为弓末饰这一观点编者已有小文论述[1]。

T1512M226 和 T1513M231 出土的随葬品中也有工具组合。T1512M226 工具组合为铜刀＋铜锛＋铜凿＋铜铲，而 T1513M231 工具组合为铜刀＋铜锛＋铜凿＋铜弓形器＋铜策＋象牙觽。这两座

---

[1]　岳占伟、岳洪彬：《殷墟出土叉形器功能考》，《三代考古（四）》，科学出版社，2011年。

墓相同的工具组合是铜刀＋铜锛＋铜凿，此类工具组合也是以前发掘的其他车马坑内常见的工具组合，大家似乎没有异议，异议最大的恐怕就是弓形器了。编者有幸考察了殷墟出土的 80 余件铜弓形器[1]，对弓形器的用途也有点自己的看法[2]。弓形器最常见的组合关系有 3 组：弓形器＋铜策，弓形器＋铜刀，弓形器＋铜策＋铜刀。如此不难看出，与弓形器组合关系最为密切的是铜策和铜刀。另有再加磨石和觿，也是弓形器较为常见的组合方式。这样看来，弓形器应该与铜策、铜刀、磨石、骨（象牙）觿一样，是一种马车用具，而非兵器。

[1]　现存中国社会科学院考古研究所安阳工作队，部分资料尚未发表。

[2]　岳占伟、孙玲：《也论商周时期弓形器的用途》，《三代考古（五）》，科学出版社，2013年。

第四章 结 语

一 遗址布局演变

大司空遗址的主要堆积是殷商文化遗存，除此之外，还有少量仰韶时期的灰坑以及魏晋时期的灰沟、灰坑和瓮棺葬以及数座唐宋墓葬。

仰韶时期的灰坑主要分布在 A 区，D 区偶见，不见于 B 区和 C 区。

殷商时期的文化遗存主要包括殷墟一至四期。

（一）殷墟一期

这一时期的房基仅见于 A 区，未见于其他各区。

同时期的灰坑、窖穴等遗迹，以 A 区和其紧邻的 D 区最为多见，与 D 区相邻的 C 区南部（尤其 F20 以南）的灰土堆积区也分布有部分殷墟一期的灰坑和窖穴，而 B 区仅有零星分布。

该时期的墓葬发现较少，能判断时代的不足十座墓，也分布在 A、D 和 C 区，B 区不见。

由上述数据判断，殷墟一期时 A 区已开始有商人居住，他们日常生活的区域主要在 A 区、D 区和 C 区南部。

（二）殷墟二期

属于殷墟二期的房基也不多，主要分布在 A 区和 B 区，C 区和 D 区少见或不见。

同时期的灰坑、窖穴、水井共计 108 座，主要分布在 A 区、D 区西部（紧邻 A 区）和 B 区，占该时期灰坑、窖穴等总数的 82.9%，C 区相对较少，仅占总数的 17.1%。

明确判定为殷墟二期的墓葬有 47 座，主要分布在 A 区和 D 区，占该期墓葬总数的 61.5%，C 区也有部分分布，B 区发现较少。1980 年代中、晚期，中国社会科学院考古研究所安阳工作队曾在 B 区（原纱厂游泳池）专门发掘过墓葬，资料没有发表，据查在 B 区曾发掘过 10 余座商墓，其中应有一定数量殷墟二期的墓葬。

根据此数据可以看出，在殷墟二期时，A 区和相邻的 D 区仍是商人的主要居住和生活区域。不仅居住在此，倒生活垃圾在此，而且埋葬也都在居址附近，没有明显的专一墓地。

（三）殷墟三期

殷墟三期的房基明显比二期多，而且主要集中在 A 区、D 区和 B 区，C 区不见。

同时期的灰坑、窖穴、水井等共有 66 座。主要分布在 D 区和 B 区，A 区有部分分布，C 区主要仍分布在南部灰土堆积区。

明确属于殷墟三期的墓葬有 43 座。主要分布在 A 区和 D 区，占三期墓葬总数的 70% 左右。B 区有部分分布。C 区发现较少，仅发现 5 座。

综上数据可以看出，殷墟三期时 A 区和 D 区仍是商人的主要生活和活动区域。由于 A 区与 D 区相邻，A 区的生活垃圾多集中倒埋在 D 区南部区域。而 C 区在殷墟三期时商人活动相对较为稀疏，这也恰是到殷墟四期时商人选择在 C 区建筑大型复杂建筑群的原因。

（四）殷墟四期

殷墟四期的房基数量最多，且主要集中在 D 区和 C 区，B 区有部分分布，A 区发现最少，仅见 2 座小房基。

同时期的灰坑、窖穴、水井等共有 172 座。主要分布在 D 区、C 区和 B 区，A 区相对较少。

明确属于殷墟四期的墓葬有 147 座，各区分布均较以前各期密集，相对集中在 A 区和 D 区，占四期墓葬总数的 56.19%。C 区和 B 区相对较少，占四期墓葬总数的 43.81%。

综上数据可以看出，殷墟四期时 A 区居址较少，墓葬相对集中，而 C 区居址集中，墓葬相对较少。而灰坑和窖穴等遗迹则仍围绕居址分布。

总的来看，大司空遗址存在着这种现象：早期灰坑、窖穴和墓葬都围绕在居址周围分布，晚期时出现一些分化，即灰坑、窖穴仍围绕居址分布，而墓葬则相对集中，但仍离居址不远，很难看出专一功能的墓地存在。

另一明显特征：从殷墟一期至四期，该区域房基数量不断增多，规模不断扩大，与其相附属的灰坑、窖穴和水井等生活遗迹，以及与生活遗迹相对的墓葬等数量，也在不断增加，而且增加的速率明显在加快。这说明该区域的居住人口也在不断增加，而且增加的速率也在不断加快，从中很难看出殷墟四期晚段时有衰败的迹象。

二 建筑基址

本次发掘的 53 座建筑基址，从形制结构上，可分四大类。

（一）四合院建筑

结构复杂的高台式夯土四合院建筑基址群，如"C 区建筑群"。可分为东、西两院。东院前后六排东西向建筑，形成前、中、后三进院落；西院前后三排基址，形成前、后两进院落。在夯土基址中用人作奠基（瓮棺葬）的现象大量存在。如此规模宏大、结构紧凑合理、排水设施完备的建筑群，在大司空遗址还是第一次发现。

像这样的四合院建筑，在 D 区还有 F48，虽保存状态不如 C 区建筑群，但其规模较大，柱网结构和排水设施也都紧凑合理，也应是较为重要的贵族居住区。这些大型夯土基址的发现，都可证明在殷墟四期阶段大司空遗址还是相当重要的贵族居住区域。

另有值得一提的是，C 区建筑基址的周围散落着大量用螺蛳和蜗牛壳组成的图案，以及卜骨、卜甲等遗物，尤其在 F24 的夯土层中还出土一件红陶罐，罐内放置一件卜骨等。这些特殊现象，都对判断 C 区建筑群的性质提供了重要资料。

（二）多套间建筑

多套间的地面夯土建筑。保存较好的有两处：F30 和 F57。两者共同特征是：

1. 皆以夯土墙为支撑，立柱较少。

2. 炉灶较多，基本上每间一灶，有的有两个灶，少数房间没有灶。

3. 从 F30 平面布局看，在其南侧有配套的窖藏坑，且搭有保护棚屋。F57 南侧被现在居民房所压，不知是否也如此。

4. 这类房基也有用人（即瓮棺葬）作奠基的现象，但数量较少。

（三）单间建筑

单体的高台夯土建筑。这类形式的建筑占绝大多数。普遍采用立柱建房，有的只有单间，有的则多开间，规模较大的则前、后两进，左右数间。保存状况较好的，如 F7 和 F45。

（四）半地穴建筑

半地穴式建筑。这类建筑较少，仅发现一座（F16），时代属殷墟一期晚段。在地穴中部有立柱，靠一侧穴壁有一灶，台阶式门道。

除上述四种类型的居住址外，还发现大量的窖穴，形态非常规整，多为长方形，口略小，底稍大，有台阶。这类遗存除贮存物品外，也不排除作为居住址的可能。

三　墓葬

本次共发掘 462 座墓葬，除 2 座唐宋小墓和 3 座魏晋时期的瓮棺葬外，余皆为殷商墓葬。其中 80 余座为商代瓮棺葬，其他均为中小型土坑竖穴墓，其中有 4 座车马坑。在 350 余座中小型土坑竖穴墓中，被盗扰的有 166 座，占总数的 46.9% 以上。

（一）分布

在 462 座墓葬中，各发掘区均有不同数量的分布，其中 A 区和 D 区分布相对集中，且都分布在居址周围，与房基、灰坑、窖穴等散置在一起，没有发现明显专一功能的墓地。

C 区因发掘区内建筑基址高度集中，C 区建筑群周围受发掘区的局限，没能进一步拓展发掘区域，不清楚其周围墓葬分布情况。在 C 区建筑群的南部，揭露面积相对较大，发现较多的商代墓葬，但是这些墓葬规模相对较小，应与 C 区建筑群无关。

（二）分期

可明确判定时代的殷商墓葬共 245 座，其中属殷墟一期晚段的 8 座，属殷墟二期的 47 座，属殷墟三期的 43 座，属殷墟四期的 147 座。这种快速增长的墓葬数量，与殷墟遗址其他区域的发现情况大致相同，都从一侧面反映了殷墟人口的不断增加，都城规模不断扩大的发展趋势。

（三）随葬器物研究

殷墟墓葬的发掘和研究，是历年来考古学界最为关注的课题，研究成果也最为突出。对墓葬随葬品的组合、器形演变都已有了大致的认识。如陶觚、陶爵、陶盘、陶簋、陶豆等，都已排出了清晰的演变序列，为殷墟墓葬的分期乃至其他地区的商墓提供了可靠的年代判定标尺。但其中也有一些器物较为复杂，演变序列尚不太清晰。折腹罐就是其中之一。

本次大司空发掘的墓葬中常见随葬折腹罐。折腹罐因腹部有两道折棱，将整个器体分为三节，因此，又被称为"三节罐"。本次整理将三节罐分为两亚型，其中 Aa 型变化最为明显，演变规迹非常清楚。本报告将之分为 I 至 V 式（详见第四章第八节），勾勒出其清晰的演变规律，为殷墟墓葬分期提供了一个新的断代参考标尺。

早在 1953 年发掘大司空遗址时，曾清理一座车马坑（编号 M175）。在车舆中部发现一件圆形金叶片，直径 12 厘米，三叶重叠在一起。因为当时是孤例，发掘者推测"可能是舆上的装饰品"[1]。本次发掘，不仅在车马坑 M226 中也发现了形制相同、尺寸相近似的金叶片，而且在墓葬 T1418M303 和车马坑 M231 中，还发现了形制、尺寸相同的铜叶片，仍为三片重叠在一起。并且 T1418M303 墓中所出铜叶片也与随葬的车马器伴存。基本可以断定，这种形制的金叶片和铜叶片都应是车马器。

T1513M231 的铜叶片出于车轼处，T1512M226 的金叶片出于车舆后的殉葬人身上，T1418M303 的铜叶片与铜策、铜箍、铜軎同出。由此看来，这些圆形叶片并不固定在车舆上，因此不一定是车舆上的装饰件。尤其值得注意的是，这些金、铜叶片都很轻薄，且两层叶片之间均夹有纺织物，因此推测这些圆形叶片很可能是固定在伞盖上的组件，应具有实际的功用。

四　本次发掘学术意义

本次发掘的学术意义可概括为如下几点：

---

[1] 马得志、周永珍、张云鹏：《一九五三年安阳大司空村发掘报告》，《考古学报》第九册，1955年。

（一）系统布方

本次发掘是历年来大司空区域内首次系统布方和大面积发掘，收获也是最大的一次。系统布方将为大司空区域未来的发掘提供坐标网络，大面积的发掘资料也将为该区域的数据库建设奠定坚实的基础。

（二）建筑基址群

C区建筑基址群规模宏大，布局紧凑合理，排水施设完善，保存状况尚好，是继小屯宫殿宗庙区、北徐家桥之后，发现的第三处大型建筑基址群。从其院落内散落的螺蛳图案、夯土层中夹叠的大量瓮棺葬和规模较大的同时期的墓葬（T1418M225和T1418M303，T1518M400和T1518M020），以及周围分布的两座车马坑（T1512M226和T1513M231）判断，C区建筑基址群的性质非常特殊，很可能与"马危"族的族宗庙有关。若此判断不误的话，C区建筑基址群的发现，则为探索商人族宗庙的形制、布局、结构提供了重要资料。

（三）人骨标本的系统采集和分析

本次发掘了数百座墓葬和数量不少的灰坑葬，出土200多例人骨标本，全部妥善采集，即使骨骼朽尽，但牙齿多数保留下来，均作标本采集。这批人骨标本，已进行全面系统的鉴定和分析（见附录二），大大丰富了商代体质人类学研究的数据。

（四）后续研究设想

本次发掘收集了大量的实物标本，虽然已完成了部分测定和分析工作，如T1418M303植物叶片的鉴定（见附录一），但仍有很多深入的研究有待展开。首先，本报告编写组协助张雪莲博士，对本次发掘的人骨标本已采集近200个食性分析样品，将对大司空遗址的商人的食物结构进行系统的检测分析。其次，在本次发掘过程中，对部分不同时期的典型灰坑的填土整坑过筛，收集了大量微型动物骨骼。对这些微型动物骨骼的系统鉴定分析，将填补殷墟遗址微型动物方面的系统信息，并对殷商的古环境研究提供新的资料。第三，本次发掘中，收集了部分商代漆的实物标本，希望后续的检测分析能揭开商人用漆的秘密。其他如T1418M303出土的炭化糕点、酒的沉渣和植物叶片的多学科分析探索，都将大大促进殷商文化的深入研究。

中国田野考古报告集

考 古 学 专 刊

丁种第八十六号

安阳大司空

——2004 年发掘报告

（下）

中国社会科学院考古研究所　编著

文物出版社

ARCHAEOLOGICAL MONOGRAPH SERIES
TYPE D NO.86

Dasikong in Anyang:
Report of the Excavation in 2004
(II)

by

The Institute of Archaeology, Chinese Academy of Social Sciences

Cultural Relics Press

附　　表

附表一   2004年大司空遗址商代房址登记表

（单位：米）

编号	位　置	类　别	层位关系	保存状况
F1	B区T0525、T0524	地面夯土建筑	开口于③层下，被M39打破，其下叠压或打破M120和F13	F1被众多晚期遗迹打破，并大部延伸出发掘区，具体形状不详
F2	BT0527	地面夯土建筑	开口于T0527③层下，打破或叠压H71、H32、H138、H79和F6	该房基大部被偏晚遗迹破坏严重，结构不明
F3	A区T0305和T0306	地面夯土建筑	开口于②层下，被M44、M45、M47、M175、M123、M176、H46、H1、H51、H154和H105打破，其下叠压H52、H67、H61、M73、M96、M132、F16	F3单位破坏严重，结构不清
F4	A区T0401	不详	开口于②层下，被H14、H21、H36、M78、M79、M80、M83、M94打破，叠压H43、H72、H75、H84	多数在发掘区外，探方内暴露部分面积较小，房址的范围和结构不清
F5	A区T0406和T0506	地面夯土建筑	开口于③层下，被H3打破，其北侧打破F7	因大部分延伸出发掘区，结构不清
F6	B区T0527、T0528	不详	开口于④层下，被M311、M344、M36、M441、H297、H300、H312、H299和F2打破，其下叠压M93、H317、H98、H99、H71和M64	被众多商代灰坑和墓葬打破，柱网结构不清
F7	A区T0406、T0506、T0507	多间式地面夯土建筑	开口于③层下，被F5、F12、H3、M105、M162、M163、M170打破，叠压M244	保存状况一般，夯土台基上部均已被破坏，现仅存夯土台基的基础部分
F8	B区T0625、T0624东部	地面夯土建筑	开口于③层下，其下叠压F14	大部延伸到发掘区东铡的纱厂库房下，未发掘。探方内仅暴露很少一部分
F9	A区T0403	单间式地面夯土建筑	开口于②层下，被H20、H15和H40打破，同时又叠压H76和F15、H87、H88	中间少部被晚期房基破坏
F11	A区T0101	不详	开口②层下，被M31、M32、M33打破	此处仅开东西5.00、南北10.00米的探方，向西为公路，向南为居民楼，无法大面积揭露，该房址的范围和结构无法搞清
F12	A区T0406	不详	开口于③层下，被H3、M75、M77打破，④层	扰乱严重
F13	B区T0525、T0625	地面夯土建筑	开口于③层下，被H26、H27、H28、M39、F1、M120打破，叠压或打破H69、H80、M98、H121	被H26、H27、H28、M39等严重扰乱
F14	B区T0624	地面夯土建筑	开口于④层下，被车马坑M76、F8打破，其下叠压H62、H63	除被晚期遗迹破坏外，该房基大部分延伸到发掘区外，未完全清理。探方内的部分面积较小，结构不清
F15	A区T0403	地面夯土建筑	开口于②层下，被F9、H15、M55、M56、H16、H17打破，其下叠压M101	该房基被现代坑、股代F9、H15、M55扰乱严重
F16	A区T0305	半地穴式建筑	开口于F3下，被M44、M47、M73、H67打破	被M44、M47、M73、H61、H67打破，但四周边缘保存状况尚好，范围清楚
F17	A区T0303	地面夯土建筑	开口于②层下，被H4、H18、M62、M49和H5打破，其下叠压H102和H78	该房基被现代房基、股代M49、H5扰乱，仅余夯土底部的基础部分
F18	A区T0303	地面夯土建筑	开口于②层下，被M22、M23、M24、M52、M53、H37、H49、H50、H8打破，其下叠压H88	该房基被现代建筑、盗坑、股代墓葬、灰坑扰乱严重，仅余夯土台基的基础部分

形状与结构	出土遗物	时　代	与周围遗迹的关系
房基平面形状不明，残长11.12米，残宽4.5米。柱网结构不明	有陶瓮棺葬具	IV期	M107瓮棺葬应是F1的奠基墓
南北向长方形，长9.20、宽7.80、厚0.70米。未发现灶、台阶，门应朝东。现有房基的西南角有两个残柱洞，深分别为0.40和0.35米，其中一个有础石		IV期	
房基被扰较严重，西部压在生活小区主干道下未发掘，东部被殷代灰坑扰。平面形状不明，仅发掘部分南端发现5个散落的无规则的柱洞	有陶瓮棺葬具	II晚	M199、M200可能为F3中的奠基墓
房基平面形状不明，发掘部分仅为房基下层的垫土部分		II晚	
发掘部分呈东西长方形，长9.50，宽3.15米。平面发现有5个夯土柱础，大小不一，排列无明显的规律		不早于II期	
整个房基应呈长方形，南北走向，残长9.60、宽6.90米。夯层薄厚不均，夯土总厚0.40~0.80米。墙体、柱础均已被破坏。未发现柱洞		IV期	
整体呈南北长方形，南北长13.90，东西宽8.00~8.30米，方向15°。夯层厚薄不均，大部分为灰夯土，少部分为黄夯土，均掺有小料礓石。夯土层中局部有烧土面，应为建筑过程中遗留。东、西南边缘处有墙基槽，槽宽约0.60~1.30米。柱网排列整齐，东西四排，每排多为9个柱础。大部分柱洞内有础石，少数为夯土墩。多数柱洞间距为1.2~1.4米，部分为1.7~1.9米。部分柱洞有二次修建的痕迹。由于地面以上的夯土台基被破坏严重，没有发现台阶和门道，故无法判断其朝向		II期	F7的东侧部分进入D区T0606和T0607中，中间有2米多没有发掘，不知与D区西侧的残破夯土基址是否有关。其南侧被F5截断，因F5发掘面积较小，不足判断两者的关系
房基平面形状不明，残长9.4米，残宽0.9米。柱网结构不明		II与IV之间	
东西向长方形，距地表0.68，长5.70，南边宽3.30，北边宽3.70米，厚0.40~0.65米。夯层较密，均厚0.10~0.15米。未发现门、阶、柱洞；无出土物；无柱洞	有陶瓮棺葬具	II早	瓮棺葬M103可能为F9的奠基墓
房基平面形状不明，南北残长约8.00，东西宽3.90米。夯土残厚0.40~1.30米。夯土面上有15个柱洞，多数有柱础石，部分以夯土墩为柱础，排列无明显的规律，可能不属于同一座房址	有陶瓮棺葬具	不晚于III期	瓮棺葬M68、M71、M82可能为F11的奠基墓
由于被偏晚的遗迹打破严重，在本探方中仅保留西北隅一部分夯土，东西约3.00，南北约4.00米。没有发现柱础		不晚于III期	F12与东侧的F7之间有一条晚期沟和H3相隔断，但仍不能排除F12是F7西侧垫土层的可能
房基平面形状不明，残长11.50，残宽5.25米。夯土面上共发现14个柱洞，均无柱础石，皆以坚实的夯墩为础。柱洞大致可分为南北两排，南排7个，北排分为两组，东组2个东西排列，西组5个集中在一起，无规律可寻	有陶瓮棺葬具	不晚于III期	M140、M150可能为F13之奠基墓
房基平面形状不规则，黄花夯土，土质较致密。柱网结构不清晰，仅发现残存的两排柱洞，一排3个，另一排1个		II早与III之间	
房基平面呈南北向长方形，长10.00，宽8.70米。黄花夯土，土质较致密。房基边沿有一周墙槽，墙槽宽0.60米。柱网结构不清晰，仅发现3个柱洞，东墙槽北部1个，西墙槽北部1个，房基南部1个		不晚于II	
该房基为半地穴式房址，平面形状呈"凸"字形。东西长5.50，宽2.00米。西侧空间较小而规矩，略呈长方形，居中位置有一柱洞；东侧较为宽敞，东北角有一灶，灶旁有一柱洞。东部居中为一小平台，地面上有踩踏痕迹，踩踏面厚1~3厘米。从屋内向东北隅地势渐高，呈上坡状，并略显几个台阶，应是门道，但被H67打破殆尽	填土中出土有陶鬲、簋、罐等残片，没有晚到二期早段的遗物	I晚	F16建于生土上。在F16的门道北侧，F3的夯土下有30余个柱洞，直径在0.10~0.35米，深度在0.30~0.45米，洞内无础石，均为夯土加碎陶片夯打而成。这些柱洞在F3的平面上不见，应是被F3叠压的下层遗存，很可能是与F16有关的遗迹
房基平面呈南北向长方形，长8.25，宽5.50米。黄花夯土，土质较致密		不晚于II早	被F17所叠压的H102、H78为仰韶时期灰坑。F18与其东西并排，可能为共存的一排建筑之一
房基台基平面呈长方形，南北长4.75米，宽4.00米，台基厚0.30~0.50米。黄花夯土，土质较致密。仅发现两个柱洞，一个位于房基东北角，另一个位于房基西端居中，柱洞直径0.25，洞深0.40米		I晚	与其西侧的F17并排，可能为同时期共存的建筑

续上表

编号	位　　置	类　　别	层位关系	保存状况
F19	C区T1314、T1414、T1514、T1613、T1614	高台式多开间夯土建筑	开口于②层下，被H108、H192、M261打破，其下叠压H205、J6、M278、M279、M263、M165、M299、M262、M283、M280和F33，东南侧台基外垫土层叠压车马坑M231	保存状况较好，台基面尚高出北侧院落地面约0.30米
F20	C区T1313、T1413、T1412、T1513	高台式多开间夯土建筑	开口于②层下，被M159、H109、H110打破，其下叠压或打破F39、H232、H233、H234、H235、H246、H237、M158、M154和M333	保存状况较好，台基面尚高出地面约0.10米，但低于北侧的各台基面
F21	C区T1215、T1216	高台式夯土建筑	开口于②层下，被H112、H113、H114、H115和M130打破其垫土，其垫土层叠压或打破M126和M292	保存状况一般，夯土台基上部均已被破坏，现存台基面高出东侧院落地面约0.15米
F22	C区T1415、T1515、T1315、T1416、T1516、T1615	高台式多开间夯土建筑	开口于②层下，被M161和M04（1950年代已发掘）打破，其下叠压H197，庭院垫土下叠压H196、H183、H210、H211	保存状况较好。保留的台基面尚高出南侧院落0.45米左右，也是C区建筑群中保留高度最高的
F23	C区T1318、T1217、T1317、T1417、T1517、T1617、T1516和T1616中	高台式多开间夯土建筑	开口于②层下，被M141、M125、M07、M09、M013打破，下压M287、H226、H215、H216，其西端北侧垫土层下叠压M225	M07、M09、M013三座墓早在1950年代已被发掘，对F23破坏严重。整体上保存状况尚好
F24	C区T1315、T1415、T1316、T1416、T1417	高台式多开间夯土建筑	开口于②层下，被M172、J5、M04、M05和M06打破，其下叠压H206、H212、M302	保存较好
F25	B区T0524	地面夯土建筑	开口于③层下，被F1、H118打破，同时F25又打破F26	保存一般，西端延伸至探方外未发掘
F26	B区T0525	地面夯土建筑	开口于③层下，被F1、F25、G6打破，其下打破F28	被扰乱严重，范围不清
F27	B区T0525、T0526	地面夯土建筑	开口于③层下，被G6打破，其下又打破或叠压M38和H148	被扰乱严重
F28	B区T0525	地面夯土建筑	开口于③层下，被G6、F13、F26打破，其下打破生土层	被扰乱严重

形状与结构	出土遗物	时　代	与周围遗迹的关系
房基台基平面呈东西长方形，长25.20，宽4.70米，黄花夯土，土质较致密。柱网结构较清晰但不完整。台基南北沿各有一排柱洞，跨距3.50，柱距2.30米左右。南、北排柱洞均有残缺，北排残缺较多，台基中部偏东有4个柱洞，间距不匀。台基北侧有三个门道，南侧有一个门道。门道均呈斜坡状，南门道置于南沿居中，长0.70，宽1.25米。三座北门道置于北沿居中，中门道长2.10，宽1.90米；东门道长0.30，宽1.60米；西门道长0.90，宽1.10～1.40米	在其北侧台阶两侧发现有形体较大的陶罐、瓮和部分卜骨以及陶瓮棺葬具	Ⅳ期	M134、M248、M249三座墓为F19之奠基墓。F19截断了F34的南端，应是建筑工序的先后关系。从C区建筑群的平面布局判断，F19应是以F22为主体建筑的四合院的南屋
房基台基平面呈东西向长方形，长11.20，宽4.50米，黄花夯土，土质较致密。柱网结构不完整，台基南、北沿均有4个相互对称的柱洞，其跨距3.50米，柱距1.50米。房基南沿居中有一门道，门道呈斜坡状，其长1.00，宽1.40（北）～1.10米（南）	出土大量的陶瓮棺葬具，时代特征明确	Ⅳ期	M239、M265、M266、M268、M269、M270、M273、M289等瓮棺葬为F20之奠基墓。F20西南有一水井J8，时代与F20同时，可能是F20的配套设施。F20应是C区建筑群最南一排建筑
大部分延伸到发掘区西侧公路和民居下，已发掘部分呈南北长方形，长9.90，宽仅有2.70米。没有发现柱洞和台阶等，平面结构不清		Ⅳ期	从平面布局判断，F21应是C区建筑群西配院的一个建筑。向北与F35相连，南与F33相接，共同组成西配院的前院
房基台基平面呈东西向长方形，长17.50，宽7.00米。黄夯土较纯净，土质非常致密。柱网结构不规则，南北各一排且均有柱础，主跨距7.00米，柱间距不规则，北排柱础建于台基的北边缘，南排柱础建于台基的南边缘及门道的范围内。门道建于台基的南侧，分左、中、右三门道，均呈斜坡状。左门道长1.60，宽1.80米；中门道长约1.70，宽1.60米（南）～2.20米（北）；西门道长1.50，宽1.70米。台基面上及周围覆盖着大量的大块草拌泥、红烧土块，部分烧土块上尚保留有墙皮痕迹	在房基的南、北护坡上，散落着一些螺蛳摆成的图案和陶器、骨器、卜骨以及卜甲等遗物。在台阶的两侧常见形体较大的陶容器	Ⅳ期	F22是C区建筑群居中位置的四合院建筑的北殿，其夯土台基的宽度最宽，显示出其级别之高。另外，目前发现的柱洞都在南北边缘处，中间没有发现柱洞。在7.00米的跨度上建房是难度很大的，推测原来的台基应很高，中间还应有两排柱洞，因后世破坏随台基上层一起消失。目前所见的两排柱洞可能只是廊柱。由此判断，F22应是C区建筑群的中心建筑。从该四合院东北隅向东排出的排水管道判断，该院落东侧应是排水区域，很可能没有其他附属建筑
房基台基平面形状呈东西向长方形，长不少于40.20米，向东延伸出探方外，宽4.90米，黄夯土，土质较致密。台基外围有护坡垫土，垫土层也局部施夯。柱网结构较清晰，南、北各有一排柱洞，两排柱洞的间距为3.50米，柱洞下端均有柱础石；南、北排柱洞之间的距离为1.50～2.00米。在台基的北边有三个台阶，东台阶宽1.80，中台阶1.80，西台阶宽1.20米；台基南边东、西两院各有一台阶，东院内台阶宽1.80，西院台阶宽1.80米。台阶均呈斜坡状。房基西端台基内有一组排水管，共有8节，套接成南北向排水设施，其长度4.40米，南高北低，将西配院中的水向北排出。在F23的北侧正对排水管的位置有一椭圆形坑，内放置一完整的陶鬲，口恰在排水管出水口的下方，应是承接出水之用，以防浸蚀房基础	在其北侧护坡上和院落内散落着部分陶器或残片，器形有陶鬲、罐、簋、盆和陶水管以及陶瓮棺葬具	Ⅳ期	F23下叠压的H215、H216未清理。M07、M09、M013为1950年代发掘过的墓葬。F23应是F22北侧一院落的主体建筑，呈东西长方形。从F23台基西端夯土层内埋设一向北排出污水的排水管道、且台基北侧对应排水管的位置有一土坑判断，F23台基西侧的北部应是排污水的区域。经钻探，此处未发现其他建筑。而F23台基东侧的北部则发现相关的附属建筑。M246、M245、M252、M242、M293、M234、M235和M240以及其南院落垫土层下的M137和M138应为其奠基墓
台基平面呈南北向长方形，长26.00，宽6.50米。黄花夯土，土质较致密。柱网结构较清晰，正室东西两排柱洞跨距3.50，其西排柱洞之间的间距1.50～2.00，东排柱洞之间的间距为1.50米；廊柱被扰较严重。台基西侧南端7.20米处有一门道，呈斜坡状，长1.00，宽1.60米。该房基东部上压有倒塌的墙体烧土块，推测此房基曾因失火损毁重建，重建时加宽，倒塌的墙体烧土块即重建时覆盖的。从C区房址的总体情况看，该房基为F22的西庑，走廊在房子东侧，西侧偏南有一后便门，通向西侧的配院	在其夯土台基的东侧院落内散落有部分残陶器；重新加宽部分的夯土中有一红陶圆罐，罐内有一卜骨	Ⅳ期	M04、M05和M06为1950年代发掘过的墓葬。F24应是以F22为北殿的四合院建筑群的西庑，向北与F23连为一体。M114、M164、M233应是F24的奠基墓
房基平面呈长方形，残长4.40，宽2.30，基槽深1.60米。黄花夯土，土质较致密。夯土可分两层：上层夯土面上发现8个柱洞，大体成两排；下层夯土面上发现6个柱洞，排列无规律，但比较集中。由此推测，该房基可能是经过二次使用或是经过多次修葺		Ⅲ期	
房基平面形状不明，残长8.50，残宽3.00米。在东侧夯土边缘处发现一残灶，仅余灶底（编号F26Z1）。柱网结构不明	在Z1底部草木灰中有陶鬲口沿、陶簋残片	Ⅲ期	
房基平面形状不明，残长8.5米，残宽2-4米。柱网结构不明		不早于Ⅲ期	
房基平面形状不明，柱网结构不明	有陶瓮棺葬具	不晚于Ⅲ期	M139可能为F28的奠基墓

续上表

编号	位置	类别	层位关系	保存状况
F29	A区T0408、T0308、T0407、T0507、T0508	地面夯土建筑	开口于③层下，被M131、M127、M128、M129、M143、H124、H126打破	被扰乱严重，北部延伸到探方外民房下，范围明确，但柱网结构均不清楚
F30	A区T0307、T0407	多套间地面建筑	开口于③下，被晚期沟、M118、M119、M171、M173、H117、H127、H129打破，其下打破或叠压H158、H159、M174和M186	保存状况较好，西南侧被G3破坏
F31	A区T0508	地面夯土建筑	开口于③层下，被M169打破，其下叠压生土层	房基的北侧大部压在居民房下无法发掘，在本发掘区暴露较少，且被晚期坑扰乱严重
F32	C区T1314、T1414、T1413、T1513	高台式多开间夯土建筑	开口于②层下，被H107、H151、H108、H160打破，其下叠压H178和M262、M257、M259、M260、M261，F32东南隅垫土层叠压车马坑M231，F32西侧截断F33东端	保存状况较好
F33	C区T1314	高台式夯土建筑	开口于②层下，被F32打破，其下叠压H70	大部延伸到发掘区西侧的公路下，未发掘
F34	C区T1614、T1615、T1616、T1514	高台式多开间夯土建筑	开口于②层下，被M237打破，其下叠压或打破M281	保存状况较好，其东北部延伸至探方外未发掘
F35	C区T1216、T1316、T1215、T1315	高台式夯土建筑	开口于②层下，被H112打破，F35打破其南侧的F21，截断其北侧的F36南端，F35东侧垫土层下叠压M168、M298	被H152扰动，西侧大部压在厂区主干道下，暴露部分保存较好
F36	C区T1216和T1217中	高台式夯土建筑	开口于②层下，被M125（唐宋砖墓）打破，H153打破F36东侧院落垫土。F23截断其北端，F35截断其南端，F36又打破F37	F36西侧大部压在厂区主干道下，未发掘。暴露部分保存较好
F37	C区T1216、T1217、T1316、T1317	高台式夯土建筑	开口于②层下，被F36和H153打破，F23西端南侧的庭院踩踏面覆盖F37。其下叠压或打破M285、M294、H301、H172	F36打破该房基西部。东部被H153扰，保存状况较差
F38 F40	C区T1417、T1418、T1517、T1518、T1617、T1618、T1419、T1519	高台式夯土建筑	开口于②层下，F23截断F38西配殿的南端，其下叠压M303和M400。F38垫土层叠压M225、H227	F23截断F38的配殿南端，M020为1950年代发掘的墓葬，对F38的破坏较严重。其东段大部压在纱厂居民区主干道下
F39	C区T1412、T1413、T1512、T1513	高台式夯土建筑	开口于②层下，被F20所叠压，被H246打破	F20打破该房基，被殷代灰坑及墓葬扰，保存状况较差
F42	D区T0603	不详	开口于②层下，被M314、M315、M316、M330、M331、M341、H223、H253、H254打破，其下打破或叠压H308、H354	扰乱严重
F43	D区T0602	不详	开口于②层下，被M328、M362、H229、H244、H287、H304、H309打破，其下打破M361、M375、H310、H336	东部、北部均被盗坑扰，西北部及西部被灰坑、墓葬、盗坑扰，南部被灰坑、盗坑扰。北部居中被一墓葬M362打破。保护状况较差

形状与结构	出土遗物	时 代	与周围遗迹的关系
已发掘部分的平面大致呈东西向长方形。15.50，南北宽不少于9.00米。		不晚于Ⅱ期	
房基平面呈东西长方形，残长10.60，南北残宽7.00米。房基四面均发现墙槽，宽0.30～0.75米左右。房基北部有东、西两间。东间面积略大，在其东南角和西北角各发现一灶，编号灶1和灶2。西间北部正中也有一灶，编号灶3。西间西部还有一小间，但无南墙，应是向南敞口的开放式房间。东间的东墙槽向南延伸约3.5米，被魏晋时期灰沟G3打破。在房间南部发现许多柱洞和1个窖穴，洞内有柱础的6个，无柱础的9个。窖穴周围有规律地分布着7个柱洞	H117出土陶簋和部分陶器残口沿	Ⅳ早	从平面布局判断，F30是有别于商代四合院建筑的多间式单体地面夯土建筑。窖穴H117在西屋的南侧，周围环绕8个柱洞，其上原应有保护性棚顶，推测可能是与F30有关的储窖设施
平面形状不明，结构不清		不晚于Ⅲ期	其西南侧为F29，其南侧为F7。从平面布局上看，三者很可能不是一组建筑
台基平面呈东西向长方形，长28.00，宽4.30米，黄花夯土，土质较致密。柱网结构较清晰，但不完整，台基南、北沿各有一排大致对称的柱洞。南、北两排各有9个，南、北柱间跨距3.50米左右，东西柱间距2.00米左右。南、北沿各有一台阶，台阶均呈斜坡状。北台阶置于台基中部偏东，距东沿4.00，南1.40，东西1.50米。南侧台阶置于台基居中位置，南北1.40，东西1.50米	出土数件陶瓮棺葬具	Ⅳ期	从平面关系看，F32截断其东侧的F33。但两者时代相同，均为殷墟四期，且平面布局合理，很可能是一组建筑群的两个组成部分，打破关系仅表明两者的建筑工序的前后。M133、M201应为F32之奠基墓
台基平面呈东西向长方形，发掘长度6.50，宽4.70米，黄花夯土，土质较致密。柱网结构不清楚，仅在残基的东部发现3个柱洞，北沿2个，南沿1个。台基北侧院落内有一段排水管道，呈东西向，与台基走向大致平行，西高南低；台基东南边缘处残留一排水设施，残长0.50米，北高南低。推测后者很可能与前者连通，将院落内积水排向建筑的南侧	出土4节陶排水管和1件陶器残口沿，J3中出土一组陶器口沿标本	Ⅳ期	应是C区建筑群的西侧院落的一个组成部分。由排水设施的排污方向判断，F33的南侧应没有相应的配套建筑。F33南侧有一水井J3，时代与F33相同，不排除J3为F33的配套设施的可能
房基台面平面呈南北向长方形，长20.70，宽4.60米，黄花夯土，土质较致密。台基外围有护坡垫土。柱网结构较清晰，东、西各有一排柱洞，东排缺失的较多，仅余5个，西排有12个。两排柱洞东、西跨距为3.50米，各柱洞间的南北间距为2.00米左右。有些较细小的柱洞可能是二次修葺时所补。在台基中部偏南处，有一组东西向陶水管组成的排水设施，其横跨整个F34，西通F22前的四合院，向东通向F34的东侧，长5.10米，西高东低，应是把西边院落内的积水排向F34的东侧	主要有12节陶水管和数量不少的作为瓮棺葬的陶瓮和陶罐	Ⅳ期	F34北端被F23打破，南端被F19截断，同时F34中部又截断其西侧的F22。从平面布局判断，这四者都应是同一组建筑群的组成部分，打破关系仅代表建筑工序的先后，并无时代上的意义。M135、M149、M147、M148、M152、M204、M227、M238为F34之奠基墓
房基台基平面形状呈长方形，已发掘长度7.50，宽6.00米，黄花夯土，土质较致密。台基外围有护坡垫土。柱网结构较清晰，南北各有一排柱洞，两排柱洞之间的距离为3.50，各柱洞之间的距离为1.70米，柱洞下部均有柱础石	主要是2座瓮棺葬的陶罐	Ⅳ期	M156、M157为F35之奠基墓。从平面布局看，F35应与被其打破的F21和F36同时，打破关系仅表示建筑工序的前后关系。F35北侧与其紧邻的F37，被F36打破，应是时代较早的一座建筑，与C区多进院落的建筑群无关
房基平面呈南北长方形，已发掘部分南北长10.00，东西宽不小于3.00米。黄花夯土，土质较致密。台基东部发现南北向柱洞一排4个，柱间距1.70～2.00米，柱洞平面呈圆形，直径0.30米，柱坑直径0.50～0.60米，柱石深0.25～0.30米	出有陶瓮棺葬具	Ⅳ期	M290、M291为F36的奠基墓。F36北端被F23截断，南端被F35截断，都应是反映的建筑工序之先后，无时代之别。F36应是C区建筑群西配院的西屋
台基平面呈东西向长方形，残长11.00，宽5.00米，黄花夯土，土质较致密。台基外围有护坡垫土。台基东部仅发现3个柱洞，北部1个，南部2个，柱洞南、北间距3.30，东西间距2.60米	出有陶瓮棺葬具	Ⅳ期	M122为F37之奠基墓。F37时代早于C区建筑群
已清理部分的房基平面呈曲尺形。已发掘的北屋东西长19.50，宽7.00米左右，西屋南北长15.00，宽6.00米左右。黄花夯土，土质较致密。台基外围有护坡垫土。柱网结构较清晰，可以较明显地分出正室与廊，北屋正室柱跨3.50，西屋柱跨3.00米左右，廊柱跨距1.50米	出土数件陶瓮棺葬具	Ⅳ期	F38西配殿南端虽然被F23所截断，但两者时代均属殷墟四期，且从平面布局上协调一致来判断，F38仍应是C区建筑群向北的延伸部分，与F23的打破关系仍是工序不同所致。M335、M342和M29为F38和F40的奠基墓
房址平面不规则，黄花夯土，夯土面上有9个柱洞，大致可排列为三排。东排和西排均为南北排列的2个柱洞，中排为南北排列的4个柱洞，其西侧尚有1个柱洞，不成排。据此无法恢复完整的柱网结构	出土陶瓮棺葬具	不晚于Ⅱ期	M300、M333、M334为F39的奠基墓。F39被F20叠压，时代明显早于C区建筑群，应是一座时代较早的单体夯土建筑
该房基被扰较严重，其形状结构不明	出有陶瓮棺葬具	Ⅲ晚与Ⅱ期之间	M317可能为F42的奠基墓
平面呈不规则长方形，残长6.50，残宽5.00米，灰花夯土，土质较致密。房基西北部有2个柱础，呈西北－东南向排列，间距1.50米		Ⅲ早	

续上表

编号	位 置	类 别	层位关系	保存状况
F44	D区T0605、T0606、T0607	不详	开口于③层下，被F48、M396、H222、H288、H289、M407和J9打破，其下叠压或打破H380、H410、H379、H411、H417、H420、H364、M440、M408、M437、和M410	房基西部被晚期坑扰乱较严重
F45	D区T0608、T0708和T0707、T0808中，进入T0807、T0908、T0907	高台式多开间夯土建筑	开口于③层下，被H255、H333、M377、M014、M019、M318、M443、M449、M439、F46、F47、F48打破，其下打破或叠压M406、M409、M430、H393、H332、H367、H368、H378、H391、H355、M435、M436	该房基西北侧部分压在现代平房下，未发掘。现发掘部分被现代建筑、灰坑和1950年代发掘的墓葬扰乱较严重，仅余夯土台基的底部
F46	D区T0708、T0808	不详	开口于③层下，其下打破或叠压F45、H332，被H291打破	M014（50年代已发掘）扰F46。F46大部延伸至探方外居民房下，未发掘
F47	D区T0707、T0708	不详	开口于③层下，被M376打破，其下打破或叠压F45、F48	保存状况产差
F48	D区T0607、T0608、T0707、T0606、T0708	高台式多开间夯土建筑	开口于③层下，被G8、F47、H327打破，其下打破或叠压F45、H373、H374、H398、H384、H408、H409、H350、H401、H400、H399、H383、H380、H349、H365、H343、H335、H334、M416、M426、M427、M394、M395、M399、M392、M405、M428等遗迹	被晚期坑、现代房基和1950年代发掘过的M016、M017等破坏严重，且北部和东西都延伸到发掘区以外，未完全发掘
F49	D区T0601、T0602	地面夯土建筑	开口于④层下，被M327、M339、H263、H230、H264、H225、H273、H344、H346打破，其下打破或叠压H339、H358、H340、H346、H344、H357	被后期遗迹扰乱严重，基本看不出平面结构
F50	B区T0528	地面夯土建筑	开口于④层下，被M357、M51、H316打破，其下叠压H314、H416、H428	房基西部、东北部分别被M357、M51打破，东部被H316打破
F51	B区T0623	地面夯土建筑	开口④层下	房基上层被晚期地层破坏，扰乱严重，另外其还被四座盗坑扰乱。
F52	B区T0628、T0528	地面夯土建筑	开口于④层下，被H314、H269、H296、H313、H318打破，其下打破或叠压M450、M451	少部分在方外，探方内暴露部分也大部被H314、H269、H313打破，扰乱严重
F53	B区T0528	地面夯土建筑	开口于④层下，其下叠压H314	北部压在现代住宅下，东部被晚坑破坏。保存状况较差
F56	B区T0427和T0428	不详	开口于④层下，被G7、H387打破，其下叠压H315	该房基被G7、H315扰乱严重
F57	B区T0421、T0521、T0321	四合院式的地面建筑	开口于③层下，被M452、M453、M456、M460和H415、H429打破，其下打破或叠压M462、F58	南侧部分被现代居民房所压，未发掘，探方中暴露部分保存状况尚好
F58	B区T0321、T0421	不详	开口于F57下，被M462、H414、H421、H430和F57打破，其下打破生土层	扰乱严重，仅余部分垫土层和众多散乱无规律的柱洞

注：F40、F41为分布在不同探方里的同一房基，统一编号为F40，F41消号；F55和F57为分布在不同探方中的同一房基，统一编号为F57，F55消号；F10和F54残甚，仅余面积很小的一块夯土，归入地层中，故消号。

形状与结构	出土遗物	时　代	与周围遗迹的关系
平面呈不规则长方形，残长13.00，残宽4.50～5.50米。灰花夯土，土质较致密，厚0.75～1.25米。房基北端有6个排列不规则柱础，房基南部有4个柱础。房基的西北部发现一节南北向放置的残破陶水管，另外有两座南北向并列的祭祀坑，其内各葬一少年	出有陶瓮棺葬具	IV期	M424、M401、M403为F44的奠基墓
整体略呈东西长方形。东西残长28.00，南北宽10.00米。西配房面宽9.5米，分南、北两室，周围有廊柱；东配房为进深两间、南北三室，周围带廊柱。东配房外间北室南北宽4.00，东西长6.00米，外间南室柱洞不明。中间堂屋东西宽9.00米，进深与配房相同。南缘有东西向排水设施	出土大量的陶瓮棺葬具，时代特征明确	III期	M343、M382、M383、M384、M386、M387、M388、M389、M390、M391、M398、M402、M404、M429为F45夯土层或垫土层中的瓮棺葬，可能都是F45的奠基性遗存
平面形状不明，填黄花夯土。残房基内仅发现2个柱洞，东、西对称，间距5.00米		IV期	
房基平面呈长方形，残长8.80，残宽13.00米。填土仅存底部一层垫土，黄花夯土		IV期	
房基平面呈T形，由北屋和西屋组成。北屋发掘长12.00，宽约5.00～5.50，西屋发掘长21.50，宽约5.50米。灰花夯土，土质致密。柱网结构不规则，北屋柱跨4.00米，西屋柱子跨度不一，可能与使用过程中的增补有关。北屋南侧东、西各有一台阶，台阶呈斜坡状。东台阶长1.90，宽1.50米；西侧台阶长1.40，宽1.30米。排水设施建于北屋南侧台阶下，呈一凹槽，内置陶水管，凹槽的中部（两台阶之间）向北折出分叉，内原应有三通陶管连接，凹槽呈西高东低、北高南低，陶水管大部分已被破坏，残留很少陶管	出土数件陶瓮棺葬具和陶水管	IV期	F48的已发掘部分平面呈"T"字形，应是一个至少前后两进院落的四合院建筑群的一部分，因大部延伸出发掘区，无法知其全貌。从排水道的高低落差判断，北侧院内的水是通过南北向陶水管引向南侧院落，再从南侧院落的东西向排水管向东排出院外
平面形状不明，残长8.00，残宽5米。黄花夯土，较致密，可分三层：第1层厚0.20米，第2层厚0.15米，第3层厚0.05～0.10米。其垫土下有红烧土块，厚约0.10米。东北部有1个柱础石，东部居有4个柱础石，西南部有3个柱础石。柱础石之间排列无明显规律		II早	
平面呈不规则梯形，东宽西窄，东西长5.25，南北宽4.40米。浅灰色夯土，夯打较随意，有软有硬。房基北部略偏西有2个灶，东西并列，Z1位于东侧，Z2于西侧，Z1打破Z2。房基东部散有5个柱洞，东北部边缘外侧有1个柱洞，柱洞排列不规则。柱洞均呈圆形，大小、深浅不一。柱1：直径0.26米，深0.25米，下部垫陶片；柱2：直径0.20米，残存底部夯土；柱3：直径0.40米，深0.46米，下部垫河卵石；柱4：直径0.30米，深0.40米，下部垫鹅卵石；柱5：直径0.23米，深0.05米；柱6：直径0.20米，深0.15米		IV期	F50中部偏东南处，有一圆形圜底坑，内铺一层鹅卵石，在坑中部还有一个夯墩式的柱础。这一特殊现象说明F50可能具有某种特殊的用途
平面形状呈不规则长方形，东西长6.50～7.00米，南北宽5.30米，黄花夹料礓夯土，土质坚硬，厚0.02～0.05米。在房基南部为红褐土，大部分为踩踏面，厚1～2厘米。在房基北半部残存有7个散置的柱洞的底部，柱洞平面呈圆形或椭圆形，直径0.15～0.20厘米左右，洞深0.03～0.08米		不晚于IV期	
形状不清，距地表1.06米夯土范围分南北两部分。北部为夯土房基，被H314和H269破坏，东西残长6.00，宽2.20～2.50米。夯土共分4层，均厚0.07～0.35米。包含物较少，仅有10块碎陶片。南部为夯土护坡土，长11.80，宽0.40～0.60米，厚0.25～0.40米，略多层且不均。出土陶片和兽骨。未发现灶和门道，有1个柱洞。在夯坡的中部有1柱洞，平面呈圆形，直经0.27，深0.25，柱经0.12，深0.06米，底部经夯打，无柱石		II期	
残存呈长方形，长2.80，宽约1.00米，红褐夯土，土质较纯净、坚硬，房基厚度约0.30米。房基整体结构不清楚		IV期	
残存为椭圆形，长径3.00，短径1.90米，黄花夯土，土质较致密，夯层厚0.09～0.11米。房基厚0.22～0.50米。房基结构不清楚		IV期	在T0427的东侧T0527中有一房基F6，与F56平面上没有直接联系，但不排除F56是F6西侧垫土层的可能
由一座四合院式建筑的北屋和半间西屋及少半间东屋组成。东西长18.40，南北已发掘宽3.00，厚0.30～0.50米，面积54平方米。北屋共四间，A间室内长4.15，宽2.45米，内有一灶，编号灶1；B间长4.45，宽2.45米，北侧有一灶编号灶2；C间长3.45，宽2.80米，在西墙中间有一灶，编号灶1；D间长3.75，宽2.95米。东西配房保存较差，夯层薄厚不均匀，未有夯窝，无柱洞	出数件陶瓮棺葬具	II晚	M458、M459为F57之奠基墓
被F57打破严重，其形状结构不明。平面上发现31个立柱痕迹，有8个夯土墩，23个柱洞，但都没有柱础石。柱洞排列没有规律		不晚于II期	此房基被破坏严重，时代可能会早到殷墟一期晚段。其东侧T0521中的H426废弃前应是一眼水井，很可能与F58有关

附表二　2004年大司空遗址商代灰坑、灰沟、窖穴、水井登记表

（单位：米）

编号	位置	坑口形状	坑口			坑底			坑壁情况	坑底情况
			长	宽	深（距地表）	长	宽	深（距坑口）		
H1	A区T0305	椭圆形	2.2	残1.1	0.4			0.4		圜底
H3	A区T0406、T0407	不规则	南北残长17	7~8.5	1	10	2.6~5	1.2~2.2	斜壁	尖底，坑底不平，北高南低
H4	A区T0303	不规则圆形	径约1.3		0.5			约0.2	壁较直	口底相同大小，底较平
H5	A区T0303	圆形	径2.1		0.5	径2.4		1.3	较规整，斜壁	圜底
H6	A区T0303	圆形	径1.3		0.5	径1.4		0.4	较平整，斜壁	坑底较平
H7	A区T0305	椭圆形	2.7	2.3	0.7			1.5	壁经过修整，较光滑，壁上有9~10厘米宽铲子痕迹，东壁底自下而上有二层台阶，已踏成斜坡	底平整
H8	A区T0303	圆形	径2.9		0.9	径3.1		0.5	壁不规则略外倾	底凹凸不平
H9	A区T0303	圆形	径1.2		0.7	径1.3		0.6	较直	较平
H10	A区T0304	圆形	径1.5		0.6	径1.5		0.9	较直	较平
H11	A区T0406	椭圆形	长径3.5	短径2	2	长径3.4	短径1.8	2.4	凹凸不平，有台阶自北沿西壁至南壁逐级而下，上端被扰，下端仅存5阶且不规则。台阶内侧壁上有密集而交错的铲痕，铲宽0.1米，刃部均朝下	深浅不一
H12	A区T0305	探方内呈半圆形	径2.1		1.7	径1.9		1.3		底略平
H13	A区T0305	圆形	长径2.9	短径2.8	1.8	径2.6		东部1.6、西部1.5	西壁光滑，东壁不太好，四壁经过修整	西高东低，西侧有一小平台，平面呈三角形
H14	A区T0401	圆形	径1.7		0.9	径1.7		0.6	四壁光滑，经过修整	较平，底部西侧有一小块红烧土
H15	A区T0403	不规则圆形	径约1.5		0.5	径约1.4		0.8	坑壁不规则，东半部壁呈坡状内倾，西半部壁呈斜坡状外倾	较平

堆积情况	出土物	层位关系	分期	备注
土质稍软，土色深灰	陶器残片和兽骨等，可辨器形有鬲、盆、簋、罐等	开口②层下，东侧被M44打破，打破M47	四早	
四层：第①层最厚0.45米，灰色，土质松软；第②层最厚0.6米，色深灰，土质松软；第③层最厚0.5米，色灰，土质松软；第④层最厚0.6米，色深灰，土质松软	部分陶片和兽骨。可辨器形有鬲、盆、罐、钵、瓠形尊等，复原陶鬲3、盆2、瓠形尊1、钵1。另有骨笄3件、铜箭头、陶球各1件	开口③层下，被G1、G2打破，H3打破F5、F3、F7、F12、F30、H11、H56、M77、M75、M96	四早	坑底有一具无头马骨架，位于坑南部
土质松软，土色黄灰	少量陶片	开口②下，打破F17	四晚	
四层：堆积厚0.25～0.35米，土质、土色软硬相间。第①层黄褐灰土，土质较松散；第②层深灰色土，土质较松散；第③层黄褐灰土，土质较硬；第④层黄褐土，较硬	每层均出少量陶片，各层陶片没有时代区别，可辨器形有鬲、簋、盆、罐，复原陶鬲1件	开口②层下，被M48、M49打破，又打破F17、H78	四早	窖穴
土质松散，土色灰	出土少量陶片，可辨器形有鬲、盆、罐，复原陶盆1件	开口②下，被晚坑打破，打破H9、H77	四早	窖穴
土质较软，土色黑灰	卜骨、骨针各1件和少量陶片、兽骨等，可辨器形有鬲、盆、罐	开口④A下，打破④B层和F3、H52	四早	
土质松散，土色灰	少量陶片，可辨器形有鬲、簋、盆	开口②下，被M22，打破H50	四早	
土色灰	少量陶片，可辨器形有鬲、盆、罐	开口②下，被M26、H6打破	二早	
土质较松散，土色灰	少量陶片及兽骨，可辨器形有鬲、簋、盆	开口②下，打破M102、M144、M145	四晚	少部分延伸至T0204内
土质松散，土色深灰	大量陶片及兽骨。陶片以灰陶为主，红陶也占一定比例，可辨器形有鬲、瓶、簋、盆、罐、瓮、人头罐，复原鬲2、豆盘1	开口于H3下	三晚	窖穴
填土较软，土色灰蓝，夹杂大量炭末	少量陶片，可辨器形有鬲、盆、簋等	开口④A下，打破H48	四晚	窖穴。东边延伸至探方外
土质较软，土色灰黑	陶片和兽骨，可辨器形有鬲、罐、簋、盆、豆等	开口④A下，打破H48、H67、F3	四晚	窖穴。东、南壁各有一块立板。东壁板宽20厘米，南壁板宽15，长60厘米。南面壁上有红烧土面，一直延伸至坑底
土质较硬，土色褐灰	石器1件及陶片、兽骨等，可辨器形有盆	开口③A下，打破F4、M84	四早	原为窖穴，从红烧土推断原有人居住，废弃后为生活垃圾坑
土质较松散，土色灰	少量陶片，可辨器形有鬲	开口②下，打破H40、F9、F15	四早	

续上表

编号	位置	坑口形状	坑口			坑底			坑壁情况	坑底情况
			长	宽	深（距地表）	长	宽	深（距坑口）		
H16	A区T0403	圆形	径1.7		0.6	径1.8		0.6	较平滑	较平
H17	A区T0403	椭圆形	径1.2	0.9	0.2			0.8	较规则	较为平整
H18	A区T0303	圆形	径约1.2		0.7			0.3	较平滑，斜收	圜底
H19	A区T0303	圆形	径1.1		0.7	径1.2		0.75	壁向外弧	较平
H20	A区T0403	不规则圆形	2	残1.44	0.5	1.72	残1.44	0.6~0.9	斜壁	圜底
H21	A区T0401	不规则圆形	2.5	2.2	1.1	2.5	2.2	1.9	直壁	平底
H26	B区T0624、T0625	椭圆形	2.3	1.7	1.5	2.2	1.6	0.4	较直	口大底小，底面平整
H27	B区T0625	椭圆形	1.9	1.3	1.5	1.5	0.9	0.4	斜壁	口大底小，底面平整
H28	B区T0625	近圆形	1.7	1.5	1.5	1.3	1.2	0.8	壁面较直，规则整齐	口大底小，底面平整
H30	B区T0624	不规则	4.6	2.5	1.5	4.6	2.5	0.3~0.75	较直	口大底小，坑底面东高西低，底面斜平
H31	B区T0624、T0625	不规则	3.7	2.6	1.5	3.7	2.6	1.6	斜壁递深至底	口大底小，底略平
H32	B区T0527	近椭圆形	5	2.35	2.3	5.08	2.2	1	不太规整，较直	大体椭圆形
H33	B区T0527	较规则的半圆形	3	1.7	3.3	0.9	0.3	1.6	较直，近底部时呈斜坡状台阶式下延	口大底小，圜底

堆积情况	出土物	层位关系	分期	备注
土质较松软，土色灰	少量陶片，可辨器形有鬲、盆、罐	开口②下，打破H17、M55、F15	四晚	
土质疏松，灰土	少量陶片，可辨器形有鬲、盆、罐	开口H16下，打破F15	四晚	
土质松散，土色灰	少量陶片	开口②下，被M25打破，打破F17	二早	
土质松散，土色灰	少量陶片，可辨器形有鬲、甑、盆、罐、豆、圈足尊等	开口②下，被M25打破	二早	
土质松散，土色灰	少量陶片，可辨器形有鬲、甑、盆、罐	开口②下，打破F9	二早	
分层不明显，土质软，土色灰蓝	少量陶片和兽骨等。可辨器形有瓮、鬲、红陶罐、甑、人头罐、盆、甗、豆、复原鬲2、甗1、人头罐1	开口③B下，打破M78、F4	四早	
灰花土，土质较硬，内含炭灰颗粒	陶片，以灰陶居多，夹砂陶和泥质陶各占有一定比例，红陶数量较少，可辨器形有鬲、盆、罐、豆、器盖、盂等，复原陶罐1、圜底钵1。另有少量骨头和半支鹿角，还有铜锥、卜骨、骨笄各1件	开口③下，被G5打破，打破H27	二晚	
土质较紧，色黄褐，含有许多黄土块	主要是陶片，以泥质灰陶为主，有少量夹砂灰陶，纹饰有绳纹和弦纹，可辨器形有罐、鬲、甑等	开口③下，被G5、H26打破，打破F13	二晚	
土质疏松	少量陶片，可辨器形有鬲、甗、盆	开口于③下，被M40打破，打破H47	三晚	
土质较松，灰土，夹杂红土、红烧土颗粒及炭灰颗粒	出土卜骨11件、骨器3件、骨锥2件、陶球各1件及大量陶片、兽骨。陶片以泥质灰陶为主，有少量红陶，器形有鬲、罐等。卜骨大多残破，正面磨光，背面有钻凿及灼烧痕迹，骨器制作普遍精致	开口③下，被M76打破，打破H31	三晚	
五层：第①层厚0.1~0.3米，土质松软，细砂土，夹杂少量红烧土颗粒；第②层厚0.15~0.2米，褐色土，夹杂较多的草木灰，土质疏松；第③层厚0.2~0.3米，灰褐色土，土质疏松；第④层厚0.2~0.5米，褐色、灰色、黑色相夹杂，土质松软；第⑥层厚0.2~0.3米，灰褐色土，土质松软	出土卜骨、骨铲各1件及大量陶片，以泥质灰陶为主，有极少量泥质红陶、夹砂灰陶，多素面，部分饰绳纹，绳纹分粗、细两种，粗绳纹多施于鬲等器物上，细绳纹多施于甑、甗等器物上，可辨器形有鬲、罐、甑、甗等	开口③下，被M76、H30打破，打破F14、F4、M41	三晚	
四层：第①层厚约0.1~0.25米，土质疏松，北部浅灰绿土，南部深灰色；第②层厚0.35~0.45米，土质疏松，色浅灰；第③层厚0.2~0.4米，土质松软，北部土色浅灰绿，南部土色黑灰；第④层厚0.1~0.25米，在坑的中部断开，土色北部为褐绿色，南部为红褐土，并且土质越来越疏松，包含大量黑炭粒	出土鹿角、磨石、卜骨、铜镞、骨笄、石斧、石器、骨锥各1件及大量陶片、兽骨等。陶片以泥质灰陶为主，有少量红陶，器形有罐、盆、鬲、甑、甗等。出土较多的大块大型动物骨骼	开口③下，被F2打破，打破④⑤层及F6、M64、M93，其下又叠压H29及H33	四早	灰坑东半部压在东壁下，只清理了一部分
五层：第①层厚0.1~0.5米，灰绿土，内含黑炭粒，质疏松。第②层厚约0.18~0.4米，为房屋叠压的灰黑、灰绿、灰白等土色交错叠压；③层厚0.45~0.58米，只分布于南边一块，灰褐色粘土，土质较硬。第④层厚0.3~0.5米，南部呈黑灰绿色，含草木灰烬，北部土色发红。第⑤层厚0.1~0.3米，灰色土，含草木灰黑色灰烬土。坑内土皆疏松	出土骨笄3件、骨器、卜骨、骨锥各1件及大量陶片、兽骨。陶器有大型盆、罐、鬲、罐、甑、甗等，复原陶鬲2、甑1、甑1。另外还有器盖钮、牛角、大型动物腿骨及散乱人头骨1块，M64的一人头骨落入坑中	叠压在H32下，同时打破M64、M93、H79及H98	四早	窖穴。东部叠压在东壁下，只清理了一部分

续上表

编号	位置	坑口形状	坑口 长	坑口 宽	坑口 深（距地表）	坑底 长	坑底 宽	坑底 深（距坑口）	坑壁情况	坑底情况
H34	A区T0401	不规则圆形	残长约2.2	2.2	1.4			1.35		口小底大，在东部有一小台阶
H35	A区T0303	圆形	径1.3		0.67	径1.5		1	斜壁，较平整	底较平整
H36	A区T0303	不规则	2.1	1.2~2	0.8			1.35	较平整	不规则
H37	A区T0303	圆形	径约2.3		0.7	径1.4		1.2	斜壁，不规整	圜底
H38	A区T0303	椭圆形	径不详		0.6			1.5	壁不规整	底不平
H39	A区T0304	椭圆形	1.6		0.8	1.8		1.2	壁稍斜	平底
H40	A区T0403	不规则圆形	3.4	3	0.6			0.8	壁不规则	口底相同大小，底较平整
H41	A区T0304	椭圆形	2.1	1.6	0.5	2.1	1.6	0.3	直壁	坑底西高东低
H42	B区T0625	近椭圆形	2.4	1.1	1.5	2.4	1.1	0.8	较直	东高西低，底面不平
H43	A区T0401	不规则椭圆形	3.7	2.7	2.1	3.5	2.2	0.9	壁稍斜	不规则椭圆形
H44	B区T0625	圆形	径2.1		1.4	2.1	1.1	1.8	直壁	圜底
H45	A区T0304	不规则	残1.5	残1.28	0.5	残1.44	残1.28	0.4	斜壁	底四周略高于中部
H46	A区T0305、T0306	不规则圆形	1.8	2.1	1.5	1.3	1	1.6	壁没修整	底部南侧有一小台，北侧略深
H47	B区T0625	不规则	3	1.5	1.5	3	1.5	0.8	直壁	圜底
H48	A区T0305	不规则圆形	压在东壁下	压在南壁下	3.5			2	较直	平底
H49	A区T0403	近圆形	1.3	1.2	0.65				壁面较垂直向下	圜底
H50	A区T0303	不规则	3.4	2.4	0.7			1.6	壁北半部分斜，南半部坑壁被扰	坑底略大于坑口，有长1.2米平台向北延伸，且底四周略高于中部
H51	A区T0305T0306	圆形	1.6	残0.86	0.7			0.9	壁经过修整	平底，底上有一层厚1~2厘米的路土
H52	A区T0305	圆形	1.8	不详	0.9	1.8		0.5	直壁	平底

堆积情况	出土物	层位关系	分期	备注
分两层：上层土质较软，土色黑灰，夹有大量炭末；下层土质软，土色灰蓝	出土卜骨1件，石器1件。底部西部出土1件残陶鬲及陶片、兽骨等，可辨器形有鬲、簋、盆、罐、豆、器盖等	开口④层下，口部被一晚坑打破，打破⑤层	二晚	窖穴。南部压在南壁下
土质较软，土色灰	出土少量陶片，可辨器形有鬲、盆、罐	开口②下，打破H39、H37	四晚	
土质较软，土色灰	出土少量陶片，可辨器形有鬲、簋、盆、罐、甗、瓮，复原陶器盖1，另有1件高浮雕兽面纹鬲，腹部以下残	开口②下，打破H37、H82	一晚	
土质较软，土色灰	出土少量陶片，可辨器形有圆络纹鬲、大体鬲、甗足、罐、盆、豆盘	开口②下，被M53、H35、H36打破，打破F18	一晚	
土质较松软，土色灰	出土少量陶片，可辨器形有盆、甑	开口于晚坑下，打破H39	一晚	南侧大部分延伸至T0302内未清理
土质松散，灰黑色土	出土少量陶片，可辨器形有鬲、盆、罐、豆，复原陶盆1件	开口于②下，被H35、H38、M26打破	一晚	
土质松散，土色灰	无包含物	开口于②下，被H15打破	商代	
土质松散，土色灰	出土少量陶片，可辨器形鬲、簋、罐等	开口②下，打破④层	四晚	
土质松软，土色为灰绿色	出土卜骨2件。陶器以泥质灰陶为主，有极少量的夹砂灰陶，素面陶片比例略高，纹饰以绳纹为主，有极少量的弦纹，可辨器形有罐、鬲、簋等	被G3、M76打破，其下打破J1	二晚	
土质松软，土色灰蓝	陶片和兽骨等，可辨器形有鬲、簋、罐、盆、人头罐、红陶罐。另有卜骨1件	开口⑤B层下，打破⑥层	二晚	南部部分压在南壁下
三层：第①层厚约0.88米，土质疏松，土色为黄绿色；第②层厚约0.68米，土质疏松，土色为褐色；第③层厚约0.44米，土质致密坚硬，土色为黄绿色	甲骨、骨锥、骨笄、蚌刀各1件。陶片大部分为泥质灰陶，有少量的夹砂灰陶，主要纹饰为绳纹，可辨器形有罐、鬲、豆、陶水管等	开口③下，打破G3、H131	四晚	在探方内面积只为实际大小的1/3，其余压在北壁下
土质较软，土色灰	少量陶片，可辨器形有鬲、簋、盆、罐	开口④A下，被M67、M28打破，打破H86	四早	
二层：上层厚0.3米，土质松软，土色浅灰；下层厚0.55米，土质松软，土色褐灰	陶片和兽骨，可辨器形有罐、鬲等	开口②下，打破F3、M132	四早	北部延伸至T0306内
二层：上层厚0.2米，土质为结构较紧的细砂土，土色为红褐色；第二层厚0.3~0.5米，土质为疏松的细砂土，土色为深灰色	卜骨2件及陶片。陶器以灰陶为主，分夹砂和泥质两种陶质，表面多饰绳纹，可辨器形有鬲、簋、甑、盆、罐等	开口③下，被G5、H26、H27、H28、M40打破，打破H65	二晚	
二层：上层厚0.45~0.8米，土质较软，土色黑灰；下层厚1.2~1.4米，土质稍硬，土色灰蓝	出土卜骨3、骨针、鹿角、石器、石璧各1件。还有陶片和兽骨，陶片可辨器形有鬲、罐、簋等，复原陶鬲3、簋1、甑1、罐2	开口④C层下，被H12、H13、H125打破	四早	南部延伸至T0304内，东边在东壁下
土质较疏松，黄花灰土	少许盆、罐腹片	开口于②下被M24、M72打破	二晚	
土质较松软，土色灰	少量陶片和兽骨，可辨器形有鬲、盆、甑、罐、簋	开口②层下，被M52、M23、M24、H8打破，其下打破F18、H88	四早	
二层：上层土质松软，土色红黑，含红烧土和草木灰；下层土质稍硬，土色灰	少许陶片，可辨器形有鬲、罐、盆	开口②下，被M45打破，打破F3	三晚	窖穴。北侧在T0306内
土质松软，土色灰蓝	少量陶片和兽骨，可辨器形有鬲、盆、罐	开口F3下，被H7和④B层打破，打破H94	二晚	窖穴

续上表

编号	位置	坑口形状	坑口			坑底			坑壁情况	坑底情况
			长	宽	深（距地表）	长	宽	深（距坑口）		
H53	B区T0524	圆形	2.6	2.5	0.3	2.6	2.5	0.5	直壁	平底
H54	B区T0624	扇形	0.8	0.6	1.6	0.8	0.6	0.4	直壁	平底
H55	A区T0304	圆形	径1.6		0.9	径1.4		0.6	较规整，斜壁	四周略高于中部
H56	A区T0406	椭圆形	2.5	1.8	2.6	2.5	1.8	2.3	较直	口大底小，平底
H57	A区T0305	椭圆形	东边在东壁下，不详	1.9	3.3		1.9	3.2	上部坑壁斜壁，下部壁面较直	西侧距坑口1米有一月牙形生土台，宽0.6~0.8米，底面平整
H58	A区T0304	圆形	径2.1		1.2	1.5		3.4	较平滑，下段有零乱的工具痕，呈长方形，宽0.1米，刃位于下端	口小底大，西半部向下1.4~2.2米出现一生土台，生土台西高东低，凹凸不平，形制不规则；东半部底较平
H59	A区T0406	椭圆形	3.6	2.6	2.6	径1.9		2.2	不规则，凸凹不平	南端有台阶，沿南壁自西向东而下，台阶仅存2阶，极不规整，下端被H56扰
H60	A区T0406	圆形	残，不详		1.5			2.6	凹凸不平	底部西端呈台阶状向下
H61	A区T0305	圆形	径1.4		0.9	径1.5		0.6	四壁光滑，经过修整	平底
H62	B区T0624	圆形	1.9	1.9	1.7	1.8	1.8	0.6	坑壁平整	平整有一硬面，面上现工具痕迹。工具痕迹宽6厘米，无规律，不能辨认工具类型
H63	B区T0624	圆形	径1.5		1.9	径2.2		1	平整光滑，有铲形工具痕迹，宽约9厘米	平整，有一厚约0.5厘米的硬面
H64	A区T0304	椭圆形	不详	1.9	0.7			1.4	较平整，壁上残存零散的工具痕，痕迹呈长条状，下部有刃，宽约8厘米	圆底

堆积情况	出土物	层位关系	分期	备注
土质较密，土色为略红褐色	主要是陶片，有少量兽骨。陶片以泥质陶为主，可辨器形有小口圜底罐、簋、平底罐、敞口敛腹罐等，复原陶簋1件	开口扰土坑下，打破F1	二早	
土质较软，土色灰	无包含物	被F13打破，打破M150	商代	
土质较软，土色灰	少量陶片和兽骨，可辨器形有圜络纹鬲、盆、瓮等	开口⑤下，被M74、M28、H45打破	二早	
土质较松软，土色灰	出土较多陶片和兽骨。可辨器形有鬲、罐、簋、盆、尊等，复原陶簋1件。另有箕形器、网坠各1件	开口③层下，被H3打破，打破H59	四早	窖穴
土质松软，土色灰蓝	陶片和兽骨，可辨器形有鬲、瓿、罐、簋、盆、红陶罐等，复原瓿1、罍1、器盖1	开口④C下，打破⑤层	三晚	窖穴。灰坑东部延伸至T0304内，两边形状一致
二层：上层厚1.5米，土质较致密，土色黄灰；下层厚1.7米，土质较松散，土色灰	陶片及兽骨，可辨器形有鬲、盆、罐、瓿、簋、红陶罐、钵等	开口于⑤下，打破H125、H139	四晚	
堆积不详，填灰土，较软	少量陶片及兽骨，可辨器形有鬲、罐、盆、簋、瓿足和腰部、红陶罐和红陶盆	开口于H3下，被H56打破，打破H60、H101	三晚	
土质较松散，土色灰	陶片和兽骨	开口于H3下，被G1、H59打破	二晚	该坑南部延伸至T0405内
土质松软，土色灰蓝	陶片和兽骨，可辨器形有鬲、罐等	开口于F3下	二晚	
三层：第①层最厚0.4米，土质致密，土色为浅红褐色；第②层厚0.4～0.85米，土质为疏松的灰土，土色深灰色；第③层厚0.85～1.06米，土质为松软的灰土，土色为灰褐色	以夹砂灰陶为主，泥质灰陶少见，主要器形有鬲、罐、盆等	开口于F14下	二早	原为窖穴，后废弃为垃圾坑
分三层：第①层最厚0.25米，土质疏松，土色为深灰色；第②层厚0.3～0.4米，土质疏松，土色为灰褐色；第③层厚0.3～0.4米，土质致密，土色为浅红褐色	少量陶片和兽骨。可辨器形有鬲、盆、罐、簋，复原圜底钵1件。另有骨镞1件	开口F14下	二早	原为窖穴，后废弃为垃圾坑
土质较松散，土色呈灰色	少量陶片及兽骨，可辨器形有鬲（有1件柱足鬲）、盆、瓿、瓿、罐	开口④下，打破H130	四早	西部少部分延伸至T0204内

续上表

编号	位置	坑口形状	坑口			坑底			坑壁情况	坑底情况
			长	宽	深（距地表）	长	宽	深（距坑口）		
H65	B区T0625	不规则	2.6	2	0.9	2.6	2	0.9	斜壁	圜底
H66	A区T0406	椭圆形	1.1	1	3.4	1	1	0.5	南壁斜，北壁较直	口小底大，底较平整
H67	A区T0305	圆形	不详		1.5			0.4	直壁	平底
H68	A区T0401	不规则圆形	不详		1.5			0.8	直壁	平底
H69	B区T0625	近似圆形	2.2	2	2.1	2.2	2	0.2~0.5	直壁	南高北低，斜直平底
H70	C区T1314	圆形	径2.1		1.3	径2.5		2.1	斜壁，光滑平整	较平
H71	B区T0527	不规则椭圆形	2	1.5	2.5	1.9	1.4	0.4~0.5	南壁较直，北壁较斜，东西壁规则	北高南低
H72	A区T0401	椭圆形	2.7	2.4	1	1.9	2	2.2	南壁斜，其余三壁较直	不平
H73	A区T0401	椭圆形	4.6	压在东壁下，不详	1.6			1.1	四壁不整	北高南低
H74	A区T0303	椭圆形	2.2	不详	0.9	径1.6		0.6	西部呈斜坡状内倾，似台阶状；东壁外倾	较平
H75	A区T0401	椭圆形	5.1	压在东壁下，不详	1.4	2.5	不详	3	斜壁	南高北低
H76	A区T0403	椭圆形	2.1	1.8	0.9			1.1	较直	较平
H79	B区T0527	不规则椭圆形	2.4	1.5	3	2.7	1.5	0.9	斜壁	不平
H80	B区T0625	圆形	径2.1		2	径2.1		1	修整光滑、较直	平整
H81	A区T0403、T0303	不规则	1.8	1	1.4			1	斜壁	口大底小，圜底
H82	A区T0303	圆形	径2.3		1.4	径2.5		0.8	略外斜	较平
H83	A区T0403	不规则	0.5	0.2	0.6			1	直壁	略平
H84	A区T0401	不规则圆形	2.5	2.2	3.5	2.4	1.9	0.7	南壁略斜，其它壁面较直	略平
H85	A区T0401	不规则	打破严重，不详		1.4			0.7	直壁	略平
H86	A区T0304	残半椭圆形	4.8	2.7	1.4			1.6	壁面垂直，规则整齐	略平

堆积情况	出土物	层位关系	分期	备注
二层：上层厚0.2～0.7米，土质紧密，含红烧土和灰花土，土色为红褐色；下层厚0.3～0.5米，土质疏松，土色为深灰色	以泥质灰陶为主，有少量夹砂灰陶，器表多饰绳纹，可辨器形有鬲、罐、簋等	被H47、M89、H28打破，打破F13	二晚	
土质较松软，土色灰	陶片和兽骨，可辨器形有罐、鬲等	开口于⑤下，打破生土	一晚	
土质粘硬，土色红褐色	极少陶片	开口F3下，被H13打破，打破F16	一晚	
二层：上层厚0.4米，土质软，土色黑灰；下层厚0.4米，土质稍硬，土色灰蓝	陶片和兽骨。可辨器形有鬲、簋、豆、罐、盆等，复原鬲1、簋1、盆1	开口F4下，打破H72、H85	二晚	
土质疏松，土色为黄色花土，内含黄色料礓石	少量骨头以及少量陶片。陶片中有2块泥质红陶，其余皆为灰陶，器形有泥质灰陶罐等	开口G5下，被M70、F13打破	一晚	
土质硬软，坑内填黄花夯土，夯层厚0.1米左右	无包含物	开口③下，被盗坑打破	不晚于四期	原作窖藏，废弃后填夯土
土质疏松、细腻，深灰色土。近底部出较完整的牛骨架1具、人头骨1个	大量兽骨和大量陶片。陶器以泥质灰陶为主，可辨器形有簋、盆、罐、鬲、甑鹿角、磨石各1件	叠压在F6和H32下，其下打破H99	四早	牛骨架埋葬及生活垃圾废弃坑
土质松软，土色灰蓝	陶片和兽骨，可辨器形有罐、簋、鬲	开口F4下，被H21、H68打破，其下打破H84	二晚	
二层：上层土色褐灰，土质稍硬；下层土色灰蓝，土质松软	少量陶片和兽骨，可辨器形有鬲、簋、罐、盆等	开口④下，被M81打破，打破H75、H85	二晚	东部压在东壁下
土质松散，土色灰	少量陶片，兽骨较多	开口②下，被M60打破，打破H77	一晚	南半部延伸至T0302内
二层：上层厚0.9米，土质稍硬，土色褐灰；下层厚2.1米，土质松软，土色灰蓝	少量陶片和兽骨。可辨器形有鬲、罐、盆等，复原圆络纹鬲1件。出土骨器1件	开口F4下，被M81、H73打破	一晚	东部大部分延伸出探方东壁
土质较松软，土色灰黄	陶片和兽骨	开口F9下	一晚	窖穴
南部土质疏松，土色较灰黑；北部土质较硬，致密，厚0.3～0.6米	大量兽骨和陶片，可辨器形有盆、罐等，另有散乱的人头盖骨2块	开口于H32下，被M93、H33打破	四早	东部压在东壁下及相邻探方中
二层：上层厚约0.45米，土质松软，土色灰色；下层厚约0.55米，土质较硬，土色为红褐色	出土少量陶片，大部分为灰陶，红陶数量较少，器形有鬲、罐、罍等	被M98打破	一晚	该坑形状规整，底部修整平整，应是一精心加工过的窖穴
土质松软，土色灰黄	少量陶片，可辨器形有鬲、瓿，复原陶罐2件	开口于②下，打破H82	一晚	
土质较软，土色灰	少量陶片及兽骨	开口于②下，被H36、H81打破	一晚	南端少部分延伸至T0302内
土质疏松，浅灰土	少量陶片和兽骨，可辨器形有鬲、盆、罐	开口于②下	二晚	
二层：上层土质松软，土色灰黑；下层土质稍硬，土色灰蓝	出土陶片和兽骨，龟甲1件	开口⑥C层下，被H72打破	二晚	
土质松软，土色灰蓝	少量陶片和兽骨	开口④下，被H68、H73、M81打破	二晚	东部压在东壁下
土质疏松，浅灰土	少量陶片和兽骨，可辨器形有簋、豆、罐、鬲、瓿足	开口于④A下，被H41、H45、M28、M74、M97打破	二晚三早	

续上表

编号	位置	坑口形状	坑口			坑底			坑壁情况	坑底情况
			长	宽	深（距地表）	长	宽	深（距坑口）		
H87	A区T0403	椭圆形	2.5	1.6	0.9			0.3	斜壁	圜底
H88	A区T0303、T0403	椭圆形	东西5.6	南北5	1.4	5	2.6	3.7	西壁直，东壁不规则	
H89	A区T0403	椭圆形	2.5	1.8	1.3	2	1.2	1.5	斜壁	凹凸不平
H90	A区T0303	半圆形	1.3	0.8	0.9			0.7	较直	口大底小
H91	A区T0304	不规则	6.25	5.4	0.8	径5.2		6.5	壁因塌方外弧，坑东部上端有近坡状台阶，西壁外斜，南壁直	较平
H92	A区T0403	不规则	1.2	残长0.5	1.1	1.2	残长0.5	0.2	斜坡状	不平整
H93	A区T0403	圆形	0.9		1	0.7		1.2	较直	竖穴
H94	A区T0305	不规则圆形	压南壁下，不详	3	1.5		2.6	1	斜壁	中部一小坑
H95	A区T0403	不规则	残1.9	1.4	0.8	1.6	1.1	2	斜壁，较直	口大底小，底略凹
H98	B区T0527、T0627、T0528、T0628	不规则	10.5	6.6	0.5～1.5			1.8～2.8	东壁斜，余皆高低不平，大体呈陡坡状	凹凸不平，起伏较大
H99	B区T0527	近长方形	南北5.5	东西3～3.2	1.1～1.4			0.9～1.6	坑壁不平，呈陡坡状	不平
H101	A区T0406	不规则	4.5	3.7	3.5	4.3	3.1	1～1.2	斜壁，凹凸不平，西南角壁上有一台阶，高0.35米	不平
H104	B区T0524	圆形	径1.4		0.8	径1.4		0.2	较直，但不光滑	平底
H105	A区T0306	不规则圆形	2.4	被打破，不详	1.3	1.4	不详	0.4	斜壁	坑底北侧有一小坑
H106	C区T1513、T1512	不规则	2.8	2.5	0.9			1.2	较直	不平整
H107	C区T1513	椭圆形	1.6	1.5	0.9			0.8	较直	较平整
H108	C区T1514	椭圆形	3.9	2.9	0.9	2.9	2.5	1.1	略向内倾	东、西部高，中间低
H109	C区T1413	近长方形	1.6	1	0.9	1.6	1	0.7	较直	口底相同大小，平底

堆积情况	出土物	层位关系	分期	备注
灰花土，土质较松软	少量陶片和兽骨，可辨器形有鬲、盆、罐、盆	开口于F9下	二早	
填土为灰黄黑土、夯土，土质较硬	少量陶片和兽骨，可辨器形有簋圈足、盆	开口③下，被H87、H89、H96、H95、H49、H50、M23、M24、M72打破	一晚	窖穴
土质松散，土色灰	少量陶片及兽骨	开口于②下，被M72打破，打破H88	二晚	
填土黄灰土，土质较松软	陶片和兽骨，可辨器形有鬲、盆	开口②下	二晚	
七层：第①层厚1.5米，土质较松散，色灰；第②层厚0.8米，土质松散，色灰；第③层厚0.8米，土质松散，色灰；第④层厚0.8～1.3米，土密度较大略硬，灰土加黄土块；第⑤层厚0.5～1米，土质略硬，灰土加黄土块；第⑥层厚0.7米，土质较硬，灰土加黄土块；第⑦层厚0.7米，土质硬，灰色土	每层均出大量陶片及兽骨，第②、③层出土陶片、兽骨极丰富，第③层南部出土1具不完整的猪骨架。可辨器形第①层有鬲、簋、罐；第②层有鬲、瓶、簋、罐、瓮、盆、甑、豆、尊、钵、陶水管等；第③层以簋为主，其次是鬲，偶见瓮和盆；第④层以鬲、簋为主，其次是罐，偶见豆、甑；第⑤层以盆为主，甑次之，偶见鬲、罐、尊、钵；第⑥层陶片较少，有鬲、罐、簋；第⑦层陶片较少，复原陶鬲2、簋4、甑2、盆2、罐5、器盖1	开口⑤A下，被G4打破，打破H139、M151	四早	窖穴。东端少部分延伸至T0404内
土质松软，土色黑褐色	陶片，有破损陶罐	开口④下，	一晚	
土质较松软，土色花土	陶片和兽骨	开口③B下	一晚	窖穴
土质硬，土色褐红土	极少陶片和兽骨	开口F3垫土下，被H52打破	一晚	南部压在南壁下
土质疏松，浅灰土	少量陶片和兽骨，可辨器形有鬲、盆、罐、豆等	开口于F9，被H49、M24、M72打破	一晚	窖穴
二层：上层厚0.5～1.7米，土质较硬，土色黄褐发黑，含铁锈、烧土等；下层厚0.4～1.8米，土质较硬，黄褐色含铁锈斑	陶片及兽骨。可辨器形有鬲、簋、罐、盆、方形圈足器等，以灰陶和绳纹为主，复原鬲1件、罐3件。兽骨有牛、马骨等。另有铜镞、骨锥、青铜片、卜骨、骨镞各1件、硬陶片2件	开口④下，被H33、H314、H428、F52、H318、F6打破	一晚二早	东南部进入T0627，没有发掘
灰褐色土夹铁锈，含有大量木炭和烧土颗粒，土质较硬，坑内土层又呈土色不一的小层叠压状分布	出土陶夔纹盆残片、鬲残片、硬陶片各1件，另有大量陶片，殷墟一期陶簋残片较多，一期晚段典型小鬲、红色硬陶片及坩埚残片，复原陶瓿1件。还有少量兽骨	开口④层下，被F2、F6、H71、H300、M93打破	一晚	分两次发掘了灰坑的3/4，西南部未发掘
土质松软，土色灰土加黄褐土块	少量陶片及兽骨，可辨器形有鬲、罐、豆、盂、盆等	开口F3下，被H3、G1、H59、H60、M75、M96打破	一晚	坑南端延伸至T0405内，西端延伸至T0306内
红褐色粘土，土质较致密，内含大量红烧土和炭粒	少量陶片，陶片有泥质陶和夹砂陶两种，泥质灰陶和夹砂红陶各占有一定比例，有少量夹砂黑陶，可辨器形有鬲、罐、盆等	开口F1下，打破M108	三晚	窖穴，废弃后为垃圾坑
土质松软，土色浅灰	陶片及少量兽骨。陶片以泥质灰陶为主，可辨器形有陶罐、陶簋等，出土箕形器1件	开口②下，打破F3垫土	四早	
土质较松软，土色呈灰色	陶片、兽骨	开口②下，其下叠压H164	四晚	
填土为灰土，土质较松软	少量陶片	开口②下，打破H151、F32	四期	
土质较松软，土色呈灰色	少量陶片及兽骨，可辨器形有盆、鬲	开口②下，打破F19	四晚	
土质较松，灰黄土	陶片较少，可辨器形有鬲、簋、盆、甑	开口②下	四早	

续上表

编号	位置	坑口形状	坑口			坑底			坑壁情况	坑底情况
			长	宽	深（距地表）	长	宽	深（距坑口）		
H110	C区T1413	长方形	南端1.9、北端2.3	东部1.4、西部1	0.9			0.5	较直	凹凸不平，西高东低
H111	C区T1413	长方形	1.6	1	0.9	1.6	1	0.6	较直	较平，呈矩形
H112	C区T1215	椭圆形	3	2.7	1	2.5	1.6	0.6	保存坑底	圜底
H113	C区T1215	椭圆形	2.3	1.6	1	2.2	1.5	0.4	斜壁	圜底
H114	C区T1215	圆形	1.4	1.2	1	1.4	1.2	1	直壁	竖穴
H115	C区T1215	椭圆形	4	1.7	1.1			0.6	斜壁	不平整
H116	C区T1512	不规则	2	1.8	1.6			1.4	斜壁	较平整
H117	A区T0307	圆形	1.6	1.5	1.2	1.7	1.6	1.2	四壁光滑，经过修整	圜底
H118	B区T0524	不规则	2.1	1.5	0.5	2.1	1.5	0.2~0.7	东北壁较直，南壁斜壁	口大底小，平底
H119	C区T1512	不规则	4.2	3.4	1.6	4.4	3.86	4	略外斜	北半部向外延伸
H120	A区T0304	残半椭圆形	1.65	1.05	2.1				壁面较垂直，规则整齐	底面较平整
H121	B区T0525	圆形	径约0.8		约1.3	径约0.9		约2.1	外倾	口小底大
H122	C区T1513	不规则	南北3.6	东西2.7	1.1			0.5	斜壁	坑底有坡度
H123	C区T1513	椭圆形	1.3	1.3	1.7	1.1	1.1	0.8	略向内倾斜	较平整
H124	A区T0407、T0408	不规则圆形	3.8	3	0.8	3.6	2.4	1.5	斜壁没修整	较平
H125	A区T0304	不规则椭圆形	不详	4	2.5	不详	3	4.9	凸凹不平	较平

堆积情况	出土物	层位关系	分期	备注
土质较松软，灰黄土	少量陶片和兽骨，可辨器形有鬲、罐、盆	开口②下	四早	
土质较松软，灰黄土	少量陶片和兽骨等，可辨器形有瓮、鬲	开口于②下，打破F32	四期	窖穴
土色黑色，土质较松软	陶片和兽骨，可辨器形有鬲、罐、簋、盆、豆等	开口于②下，打破F35、M126	四晚	
土质较松软，灰褐色土	出土少量陶片，可辨器形有鬲、簋、罐、甑、盂等	开口②下，打破F21东侧垫土、M130	四晚	
土质较松软，灰褐色土	陶片和少量兽骨，可辨器形有鬲、罐、簋、盆、甑、圈足盘、斗笠形器盖等	开口②下，打破F21东侧垫土	四晚	窖穴
土质较松软，填土灰土	陶片较少，可辨器形有鬲、甑、盆、罐	开口②下	四晚	南部延伸至南壁外
土质较松软，灰土	少量陶片和兽骨，可辨器形有鬲、簋、盆、罐	开口③B下，打破H119、H182、J4	四晚	
土质松软，土色深灰，夹炭末和草木灰	陶片和兽骨，可辨器形有鬲、簋、盆、甑、罐等	开口③层下，打破M119、M121	四早	窖穴，废弃后为垃圾坑。应和F30有关
土质疏松，土色呈深灰色，内含较多炭粒	陶片较多，有泥质和夹砂陶，陶色以灰陶为主，有少量红陶，可辨器形有鬲、簋等。出土骨笄2件	开口③下，打破F25	三期	
五层：第①层黑灰土，土质较松软；第②层黄灰土，土质较硬；第③层黑灰加绿灰土，土质松软；第④层黄灰土，土质较松软；第5层绿灰土，土质较松软	出土少量陶片和兽骨，可辨器形有豆、甑、簋、红陶罐等。另有铜镞、鹿角各1件	开口③B下，被H116打破，打破M226、J4、H198、H143、H149、H163	四晚	该灰坑南半部向下塌陷，造成1/2西剖图"错层"现象
土质疏松，深灰土	出土少许陶片，可辨器形有鬲、罐、簋	开口于⑤A下，打破H125	四期	
二层：上层厚0.18～0.4米，黄褐色土，较纯，较硬；下层厚0.3～0.8米，褐色土夹杂灰黑色土，较松软，内含红烧土颗粒	上层出土硬陶片，夹砂褐陶，后者多饰绳纹及交错绳纹；下层出土陶器中泥质灰陶、夹砂红褐陶约各一半，后者饰粗、细及交错绳纹，另有少量硬陶片，可辨器形有甑。收集釉陶片2片、骨笄1件、卜甲6片	开口③下，被F1打破，打破F13	二期	窖穴。被现代坑破坏1/3
一层：灰土，土质较疏松	部分陶片和兽骨，可辨器形有鬲、红陶罐、瓮、簋、盆、甑等。出土卜骨1件	开口②下，被H106打破，打破H123、H193	四晚	
土质较松软，土色灰色	陶片及兽骨，可辨器形有高领罐、簋、甑、盆。出土卜骨1件	开口H122下	四晚	
二层：上层厚0.6米，土质稍硬，土色黄灰，下层厚0.6～0.85米，土质软，土色浅灰。在下层东部出土一人骨架，仰身直肢，头被晚期坑打破	陶片、兽骨及蚌片。可辨器形有鬲、罐、簋等	开口③下，被MG2打破，打破H126、M124、M131、F29	四早	
五层，最晚一层堆积下凹，早期四层堆积均由东向西呈斜坡状倾斜。第①层厚0.5米，质松散，灰土加黄土粒；第②层厚0.5～1米，质松散，灰土加黄土粒；第③层厚0.7米，质较软，色呈灰色；第④层厚0.7米，质微硬，灰色；第⑤层厚1.8米，质较硬，色呈深灰	出土部分陶片和兽骨，可辨器形有鬲、簋、甑、罐、盆、瓮、罍等。此外还有少量仰韶时期彩陶片	开口⑤B下，被H58、H120打破，打破H139、H48	四早	

续上表

编号	位置	坑口形状	坑口			坑底			坑壁情况	坑底情况
			长	宽	深（距地表）	长	宽	深（距坑口）		
H126	A区T0408	圆角长方形	2.3	1.8	1.7	2	1.2	13	斜壁经过修整，四壁光滑，口部四边不齐，口向下2米四边整齐，4米以下有塌陷痕迹	未发掘至底
H127	A区T0307	不规则三角形	3.2		1.2	2		0.4	斜壁	不规则三角形
H128	A区T0308、T0307	椭圆形	5.5	2.4	1	4.1	2	3.6	四壁光滑，经过修整。有两种工具痕迹：一种宽7～9厘米，一种宽9～11厘米	未发掘至底
H129	A区T0307	不规则三角形	3.1	北侧被打破，不详	1.1	1.8	不详	0.7	没有修整	西高东低
H130	A区T0304	不规则	1.9	1.4	0.8	不详	不详	没到底	斜倾向下递深	未发掘至底
H131	B区T0625	椭圆形	2.2	0.6	1.2	1.8		0.8，没到底	斜倾向下递深	圜底
H132	B区T0525	近圆形	2		0.8			0.3～0.4	直壁	平底

堆积情况	出土物	层位关系	分期	备注
十五层：第①层最厚0.6米，土质软，色浅灰；第②层厚0.5～0.7米，土质软，色黄灰；第③层厚0.5～0.6米，土质软，色浅灰；第④层厚0.5～0.8米，土质松软，色深灰；第⑤层厚0.6～0.7米，土质松软，深灰褐色；第⑥层厚0.6米，土质松软，色黑灰；第⑦层厚0.7～0.9米，土质松软，色深灰；第⑧层厚0.5～0.6米，土质稍硬，色浅灰；第⑨层厚0.4～0.5米，土质硬，色白灰；第⑩层厚0.5～0.9米，土质硬，色浅灰带水锈；第⑪层厚0.9～1.2米，土质硬，色浅黄灰；第⑫层厚0.9～1.2米，土质硬，色红灰；第⑬层厚0.7～0.9米，土质软，色黑灰；第⑭层厚0.5～0.6米，土质软，色红褐灰；第15层厚0.5～0.6米，土质硬，红粘土	出土大量陶片和部分兽骨。可辨器形有高体绳纹鬲、素面鬲、敞口长颈细绳纹小鬲、罐、瓮、甑、折沿直腹红陶盆、宽折沿盆、红陶罐、小钵等，复原鬲3件、宽折沿盆1件、簋1件、器盖1件。另有卜骨2件、骨锥4件、骨针2件、骨笄1件	开口③层下，被H124打破，打破F29	三晚	水井。口部呈椭圆形，距地表6.2米时成长方形，6.2米以下因有坍塌迹象未继续发掘。经钻探尚有6.5米到底
土质松软，土色浅灰，夹杂草木灰	出土骨笄1件，另有陶鬲、簋、甑、罐和瓮片及兽骨等	开口③层下，打破H128、H129、F30	四晚	
八层：第①层厚0.5～0.8米，土质软，土色黑灰，在本层中北部有一残人架；第②层厚0.5～0.6米，土质软，土色浅灰；第③层厚0.5～0.55米，土质软，土色绿灰；第④层厚0.5～0.7米，土质软，土色褐灰；第⑤层厚0.5～0.7米，土质软，土色深灰；第⑥层厚0.4～0.45米，土质软，土色黄灰；第⑦层厚0.2米，土质松软，土色绿灰；第⑧层厚0.5米，土质硬，土色深灰	出土大量陶片和兽骨。可辨器形有鬲、盆、簋、罐、甑、壶、瓮、钵、筒形圈足尊等，复原甑、簋、人头罐各1件。另有卜骨4件、陶弹丸、骨锥、陶箕形器、骨笄、骨镞各1件	开口③层下，被H127和H134打破，打破F30	四早	窖穴，住人或储物。南壁上由西向东的台阶共13阶，由西到东后向北拐
土质松软，土色黑灰	陶片和兽骨，可辨器形有罐、鬲、簋等	开口③层下，被H127打破，打破M142、F30	四早	
灰土	少量陶片及兽骨。可辨器形有鬲、盆、簋、甑、豆、瓮等，复原陶簋1件	开口④下，被H64打破	三晚	窖藏坑。有台阶沿南壁逐级而下，台阶上口呈三角形，向西呈开放状，台阶规整，阶面均向下斜，仅发掘3阶。西部大部分延伸至T0204内，没发掘到底
土质疏松，土色深灰	少量兽骨和陶片。陶片以夹砂灰陶为主，可辨器形有罐、鬲、簋、豆等	开口③下，被H44打破，打破F13	三早	
土质较硬、致密，黄褐色土，内含料礓石、炭灰颗粒和红烧土颗粒	出土很多陶片，泥质陶多，夹砂陶数量少，灰陶占绝大多数，只有少量红陶，可辨器形有红陶罍、泥质灰陶豆	开口F1下，打破F13、F28	二晚	窖穴，废弃后作垃圾坑

续上表

编号	位置	坑口形状	坑口			坑底			坑壁情况	坑底情况
			长	宽	深（距地表）	长	宽	深（距坑口）		
H133	B区T0525	不规则	1.6	1	1.4	1.3	0.9	3.3	南壁上有6个脚窝、北壁残留2个	平底
H134	A区T0307	不规则圆形	2.8	不详	0.9	1.7	1.4	1.9	东壁上有残破的台阶，北壁距底0.8米始，内凹进深0.7米的洞	平底
H135	B区T0525	圆形	径约1.8		1.6	径约1.8		1.1	稍向外倾	底部平面平整，有1层厚约0.5厘米的木炭灰
H136	B区T0526	不规则	3.2	2.4	约1.4			0.5~1.7	斜壁	西高东低，平底
H137	C区T1512	不规则	2.6	2	1.4			0.7	较直	坑底略凹凸，较平
H138	B区T0526	椭圆形	1.5	0.7~0.8	1.5	1.5	0.7	2.6	上部原坑壁因塌陷而不规则，下半部很直；另外四壁有小洞若干	平底
H139	A区T0304	不规则	残2.5	1.6	2			0.2~0.3	残，斜壁	极不平
H140	C区T1313	不规则	2.4	2.4	0.9			1.2	不规则	不平
H141	D区T0806	圆形	径1.6		1.4	径2.1		1.6	光滑，经过修整，斜壁	平底
H142	A区T0308	本探方中1/4圆形	2.74	2.46	1.2	2.6	2.4	6.9	垂直，光滑，经过修整	未发掘至底

堆积情况	出土物	层位关系	分期	备注
三层：第①层厚1.9米，黄褐色夯土；第②层厚0.88米，红褐色粘土；第③层厚0.5米，灰绿色土，疑为粮食朽迹	第1、2层出土陶器以泥质灰陶为主，少量兽骨，可辨器形有鬲、簋；第3层表层有大量动物骨骼及糅黄漆木板，还有少量泥质灰陶片，可辨器形有罐。磨石1块，还有碳化植物。出土陶箅、蚌镰、骨匕各1件	被G6、F2、F27打破	一晚二早	窖穴。在坑的下半部，东北角有2个、东南角有1个、西南角有2个小洞（皆在拐角处），直径0.08~0.12、深0.11~0.3米，东壁壁面下部也有1个，作用不明
三层：第①层厚0.2~0.8米，土质软，土色深灰，含木炭较多；第②层厚0.3~0.6米，土质软，土色浅灰；第③层厚0.5~0.55米，土质软，土色深灰	另有陶片和大量兽骨，可辨器形有鬲、罐、盆等。陶箕形器1件	开口③下，被M118打破，打破F30、H128	四早	窖穴
三层：第①层厚0.2~0.3米，黄褐色土，夹杂黑土，稍硬；第②层厚0.15~0.18米，灰黑土，土质松软；第③层厚0.6~0.65米，黄褐色土，土质较硬	出土大量陶片，以泥质灰陶为主，也有夹砂灰陶、硬陶，可辨器形有簋、鬲、罐、盆、瓮等；出土海域鹅卵石数块。第2层内出土较多动物骨骼（有鱼骨）、蚌、田螺等，底部还发现残朱漆木条，长约0.08米。出土卜骨2件、鹿角、蚌镰、陶圆饼形器、陶鬲各1件	开口在H103下，被G6、F27、H103打破	二晚	窖穴。北部压在探方外
土质松软，土色灰，含较多炭粒	陶片以泥质灰陶为主，可辨器形有鬲、器底	开口④下，打破H148	三晚	北部、东部压在探方外
土质松软，灰土，内夹杂红烧土块、草木灰，	陶片及兽骨。陶片中红陶多于黑陶，夹砂陶多于泥质陶	开口③B下，打破H166	四晚	北部压在北壁下
二层：上层厚1.65米，黄褐色夯土或料礓石；下层厚约0.95米，灰绿色土	上层出土陶鬲、簋、钵各1件，硬陶片2片，蚌镰2件，蚌饰品1件；下层出土陶罐2件，卜骨1件。上层陶器以泥质灰陶为主，可辨器形有鬲、簋、瓮、钵；还有动物骨骼（牛、马、鹿角、猪）。下层以泥质、夹砂灰陶为主，有簋、将军盔残块；动物骨头有牛、马、鱼	开口F27下	一晚	窖穴。四壁有小洞若干，作用不明
土质疏松，浅灰土	少量陶片及兽骨，可辨器形有盆、罐	开口⑥下，被H58、H91、H125、M151打破	一晚	
土质较松软，土色为灰黄土	部分陶片、兽骨，可辨器形有鬲、罐、盆、簋、红陶罐、甑	开口③下	四期	
二层：上层厚1.26米，深黄灰土，略施夯；下层厚0.34米，浅黄灰土，土质疏松	少量陶片和兽骨。陶片以灰陶为主，有极少量的红陶，可辨器形有鬲、罐、甑、豆、盘等。动物骨骼很多，其中鱼骨最多。另有卜骨3件，骨锥2件，圆饼形器、骨笄各1件，其中1件卜甲刻有125个字的干支表	开口②下，被M189打破	二晚	窖穴
填土都呈东高西低、南高北低。分八层：第①层厚0.1~0.6米，土质软，土色深灰；第②层厚0.2~0.4米，土质软，土色黑灰；第③层厚0.3~1.5米，土质软，土色浅灰；第④层厚0.3~0.5米，土质软，土色深灰；第⑤层厚0.5~0.6米，土质软，土色浅灰；第⑥层厚0.5~0.7米，土质稍硬，土色浅灰；第⑦层厚0.5~0.8米，土质硬，土色深灰；第⑧层，厚1~1.5米，土质软，土色黑灰	大量陶片和兽骨。可辨器形有圈足尊、小口罐、鬲、器盖、红陶罐、簋、豆、盆、甑、瓮等，复原簋、器盖各1件。另有箕形器、卜骨、骨锥、石器各1件	开口③B下	四早	窖穴。部分进入T0208、T0309，仅1/4位于本探方东北角，大部分延伸至探方外。挖至距地表4.4米，以下2.5米为钻探数据

续上表

编号	位置	坑口形状	坑口			坑底			坑壁情况	坑底情况
			长	宽	深（距地表）	长	宽	深（距坑口）		
H143	C区T1512	不规则	3	2.2	1.4			0.5	较直	坑底西高东低
H144	C区T1613	不规则	2.36	1.1~2.56	1.5	1.86	1.1	0.3	斜壁	略平
H145	C区T1613	残半不规则	2.45	1	1.5			0.4	斜壁	口大底小。底略平
H146	C区T1613	残半规则	1.45	1	1.5			0.6	斜壁	口大底小，底略平
H147	C区T1613	椭圆形	2.2	1.2	1.2	1.9	1.2	0.4	壁较斜	略平
H148	B区T0526	略呈半圆形	2.8	约0.8	1.4~1.7	1.7	0.8	1.1~1.3	除被打破部分，坑壁皆基本垂直	平底
H149	C区T1512	不规则	1.8	1.2	1.5			0.8	斜坡状，凹凸不平	口大底小
H150	C区T1512	长条状	1.5	1.3	1			0.9	斜壁	东高西低
H151	C区T1513	残半椭圆形	1.1	残0.5	1			0.4	较直	圜底
H153	C区T1316	椭圆形	2.1	1.3	1.3	1.9	1.3	1.2	较直	口大底小
H154	A区T0306	圆形	1.45	1.4	0.5			0.85	较直	口底相同大小，平底
H156	C区T1413	不规则	2.1	1.7	0.9			0.4	南壁斜，北壁较直	底较平
H157	C区T1313	残半圆形	7.2	残3	0.2			1.4	斜壁，较规则整齐	口大底小，底较平
H158	A区T0307	不规则三角形	2.6	被打破，不详	1.5	2.4	不详	0.3~0.8	斜壁	口大底小，底略平
H159	A区T0307	不规则	4.2	2.5	2.1	2.7	2.3	1.2	西、南壁直，北壁被打破不详，东壁有台阶由东偏南向西延伸，台阶残破严重已接近斜坡状	平底
H160	C区T1314	椭圆形	1.5	1	1	1.4	0.9	0.1~0.3	斜壁	口大底小，底部南低北高
H161	C区T1313	不规则	3.1	2.7	0.5				坑壁斜倾向下，较规则整齐	底略平
H162	D区T0702	不规则椭圆形	2	1.2	1.5	1.9	1	0.6	不规则，东壁外倾，西壁斜坡状内倾	中部略高于四周
H163	C区T1512	圆形	径2		1.5			0.36	斜坡状内倾	平底
H164	C区T1512	圆形	径1.6		1.6	径1.3		1.3	较直	较平
H166	C区T1512	不规则	3.3	1.8	1.5			0.8	斜壁	底部较为平整
H167	C区T1513	椭圆形	5.7	4	1.7			0.3	斜壁	较平整

堆积情况	出土物	层位关系	分期	备注
土质松软，灰土		开口③B下，被H119打破，打破M226	四晚	
土质较松软，土色灰色	少量陶片	开口③A下，打破M166	四晚	
土质松软，灰土	少量陶片，可辨器形有红陶罐、鬲、盆等	开口③A下，打破H146	四晚	
土质松软，土色呈绿灰色	少量陶片，可辨器形有鬲、盆、簋、豆等	开口③A下，被H145打破	二早	
土质较松软，土色黄灰色	少量陶片及兽骨，可辨器形有鬲、甑、罐、豆、圈足盘等	开口③A下，打破H167、H184	四晚	
土质软，土色灰，间杂褐色粘土、炭灰	陶片以泥质灰陶为主，有鬲、簋，另有1片泥质红褐陶，复原陶簋1件	被H136打破，叠压F27	三早	东部压在东壁下
土质松软，灰土，土色呈绿灰色，	陶片、兽骨、磨石，可辨器形有豆口沿、鬲口沿、罐等，多数为灰陶	开口④B下，被H119打破，打破M226	四晚	
土质较硬、灰花土	陶片以红陶居多，绳纹较粗，可辨器形有盆、鬲、红陶罐，复原红陶罐1件	开口③A下，打破H171、H191、H201	四早	西部延伸至西壁外
土质较松软，灰土	少量陶片	开口②下，被H107打破，打破F32	四期	
土质较松软，黄土	少量陶片	开口②下，打破F37	四晚	
土质疏松，浅灰土	少量陶片和兽骨，可辨器形有鬲、盆、罐、豆等	开口②下，打破F3、M175	二晚	窖穴
灰黄土，土质较松软	陶片较多，可辨器形有盘、折沿盆、鬲、甗、罐、瓮等	开口F32下	二晚	
土质较疏松，黄灰土	较少陶片，可辨器形有高体鬲、柱足鬲、盆、甑、罐、瓮、甗足、将军盔等	开口②下，被M194打破，打破H181、H200、M192、M267	四晚	
土质软，土色浅灰	部分陶片及兽骨，可辨器形有簋、鬲、罐、盘等	开口F30下，打破M186	二早	
二层：上层土质松软，土色浅灰，夹杂木炭、草木灰，有马骨架1具；下层厚0.2~0.25米，土质软，土色深灰	大量陶片和兽骨，可辨器形有罐、鬲、簋、盆等。上层底部清理出1具完整马骨架，头东尾西、背朝北，头微上扬	开口于F30下，打破M121	二早	窖穴，住人或养马。台阶中部，清理M121时被破坏
土质较干硬，土色灰色	少量陶片	开口②下，打破F32	四晚	
一层：深灰土，土质疏松	少量陶片	开口②下，被M90打破	二期	
土质松散，土色灰	少量陶片	开口③下，被M197打破，打破M182、M196	三期	
土质松软，灰土	仅数块陶片，可辨器形仅1件折沿盆	开口④下，被H119打破，打破M255、H265、H198	二期	
二层：上层土质较松，土色灰；下层土质较松，土色黄	少量陶片及兽骨，可辨器形有鬲、盆	开口于④E下，被H106打破	四早	
土质较松软，土色灰	少量陶片，可辨器形有鬲、簋、人头罐、甗、盆、甑	开口在④C下，被M226、H137打破	四早	
土质较松软，土色灰黄	少量陶片和兽骨，可辨器形有鬲、罐、豆、簋、盆等	开口③B下，被H147打破，打破M231、H179、H186	四晚	

续上表

编号	位置	坑口形状	坑口			坑底			坑壁情况	坑底情况
			长	宽	深（距地表）	长	宽	深（距坑口）		
H168	D区T0802	不规则	残2.1	残1.1	0.88			0.74	不明	略平
H169	D区T0802	残半椭圆形	1.75	0.7	1.78	1.7	0.7	0.6	较直	口大底小，平底
H170	D区T0902	应为圆形	残径2.32		1.1	2.3		1.2	较直	较平整，
H171	C区T1512	椭圆形	3.8	3.1	1.7	3.1	1.9	2.5	壁四周不平，有凹凸现象，南侧有土坡，似台阶	口大底小
H172	C区T1316	椭圆形	3.5	残1.6	1.98			1.2	较直	口底相同大小，平底
H173	C区T1512、T1412	不规则	5.1	4.3	1.6	3.3	1.6	1.3	东部呈阶梯状，西端斜	较平
H174	C区T1613	不规则	残2.35	1.4~2.5	1.7			0.3	略向内倾	浅圜底
H175	C区T1613	椭圆形	3	2.5	1.8			2.2	较直	较平整
H176	C区T1613	椭圆形	1.4	1.1	1.7	1.2	1	0.8	不规则，东北部斜坡转内倾	较平整
H177	C区T1513	椭圆形	0.8	0.7	1.3	0.4	0.4	0.8	斜壁	口大底小
H178	C区T1513	不规则			1.9			0.6	斜壁	较平整
H179	C区T1513	不规则	2.3	1.4	1.9			0.6	斜壁	不平
H180	C区T1513	不规则	2.1	1.8	1.9			0.4	斜壁	不平
H181	C区T1314	椭圆形	1.9	1.3	1.9	1.9	1.3	1.2	平直、规整	较平
H182	C区T1512	不规则	1.8	1.3	1.3	1.4	1.1	0.6	斜壁，较平整	口大底小
H183	C区T1515	椭圆形	1.3	1	1.3			0.4	斜壁	口大底小，圜底
H184	C区T1613	不规则	残1.6	1.85	1.8			0.16	斜壁	较平整
H185	C区T1412	椭圆形	1.8	1.3	1	1.3	1.1	1.2	不平，呈现出台阶状	口大底小
H186	C区T1513	椭圆形	2	0.9	1.9			1.4	较直	较平整
H187	C区T1513	不规则	残3.2	3.9	2			0.4	斜壁	不平

堆积情况	出土物	层位关系	分期	备注
土质松软，灰土	部分陶片和兽骨。可辨器形有鬲、簋、盆、红陶罐、高领罐、瓮等。出土陶圆饼形器1件	开口于②下，打破M228	三晚四早	窖穴。发掘M168时清理，未发掘完整
土质松软，灰土	少量陶片，可辨器形有鬲、簋、豆、罐等	开口于②下，打破M214	三晚四早	发掘M214时清理，未发掘完整
土质略硬，土色浅灰色	少量陶片及兽骨。可辨器形有罐、盆、豆等，纹饰以绳纹占多数，弦纹较少，有少量素面陶，复原素面磨光陶豆1件	开口③下，被H330、H331打破	一晚	窖穴。延伸至T0903、T1002内
二层：上层厚约1.36米，土质较松软，土色灰黑，下层厚约1.14米，土质较松软，土色浅灰黑色	部分陶片，可辨器形有鬲、盆、罐、豆、瓮等。另有骨笄、铜镞和鹿角各1件	开口④下，被H150、H191、H201打破，打破H265	二晚	窖穴。95%以上陶片为二晚，但少数陶片属殷墟四期，估计为混入的晚期陶片。此坑应属二期晚段
土质松软，土色灰花土，烧土较多	少量陶片，可辨器形有鬲、厚唇红陶鬲、簋、折沿盆、瓮等，复原鬲1件	开口F37下，被M294打破	二期	窖穴
土质松软，土色黑花土	木炭、陶片、牛角、羊角、兽头（残），可辨器形有盆、鬲等	开口④下，被M297打破，打破H204、H265	二早	该灰坑北部位于T1512、T1412南部，南部延伸至南壁外
土质较松软，土色灰褐色	陶片及兽骨	开口③B下	二晚	似北部延伸至探方外
土质较松软，土色灰黄	少量陶片及兽骨，可辨器形有鬲、罐、豆、甗、盆等	开口③B下，被F19打破	二晚	
土质较松软，土色灰	少量陶片及兽骨。可辨器形有罐、鬲、盆、假腹豆，复原鬲、假腹豆、盘各1件	开口③B下	一晚	
土质较松软，土色灰褐色	少量陶片和兽骨，可辨器形有罐、盆、簋等	开口②下，打破F32东侧垫土	四晚	
土质较松软，土色灰	少量陶片及兽骨，可辨器形有鬲、盆、甗等	开口F32东侧护坡土下，被F32、H177打破	二早	
土质松软，土色灰黄色	陶片及兽骨，可辨器形有盆、罐、将军盔。另有卜骨1件	开口③B下，被M231打破，打破H180	一晚	
土质较松软，土色灰褐色	陶片及兽骨	开口③B下，被H175、H179打破	一晚	
土质较松软，土色灰褐色	少量陶片及兽骨，可辨器形有鬲、罐、盆、器盖	开口于H157下，被M194打破	二期	窖穴
土质松软，土色黄灰色	少量陶片、兽骨和人骨，可辨器形有鬲、盆、簋	开口④A下，被H116打破	四早	
土质较松软，土色灰	陶片及兽骨	开口F22南院子路土层下	三晚	
土质较松软，土色灰褐色	陶片及兽骨，可辨器形有鬲、罐、簋、豆、盆、瓮等。另出土卜骨、骨器各1件	开口③B下，被H167、H147打破	三晚	
土质疏松，土色灰色发白	少量陶片、兽骨和蚌片等。陶片多为泥质灰陶，夹砂红陶较少，可辨器形有鬲、罐、盆、甗等。另有蚌镰1件	开口③下，被M111打破，打破H189、H204	二晚	窖穴
土质较松软，土色灰褐色	少量陶片及兽骨，可辨器形有鬲、簋、瓮、红陶罐、盆等	开口H167下，被M231打破	三晚四早	
土质较致密，土色灰花夯土	少量陶片及兽骨，可辨器形有鬲、甗、瓿、盆、罐、豆等	开口于③B下，被H184、H186、H137打破	二晚	

续上表

编号	位置	坑口形状	坑口			坑底			坑壁情况	坑底情况
			长	宽	深（距地表）	长	宽	深（距坑口）		
H188	C区T1512	圆形	径1.6		1.3	径1.6		1	斜壁	口小底大
H189	C区T1412	不规则	6.5	2.8	1.2			0.8	较直	底较平整
H191	C区T1412	长条状	南北1.9	0.9	1.3	1.6	0.7	0.4	斜壁	底部较平整
H192	C区T1314	不规则	2.7	1.8	0.9	2.7	1.8	0.8	斜壁	较平
H193	C区T1513	圆形	2.3	2.2	1.6	2.7	2.5	2.3	直壁	坑底平整，底有层硬土层
H194	C区T1413、T1414	椭圆形	2.8	2.5	1.9			1.6	较直	底平
H196	C区T1515	椭圆形	1.7	1.4	1.7			0.7	壁稍有坡度	底较平整
H197	C区T1515	不规则	2.3	1.3	1.7			0.6	斜壁	口大底小
H198	C区T1512	不规则	2	1.5	2	1.5	1.3	0.6	斜壁	较平
H199	C区T1412	椭圆形	2	1.7	1.4	1.9	1.6	0.8	较直	口大底小
H200	C区T1313	椭圆形	3.6	1	1.6			1.4	斜壁	圜底
H201	C区T1512	椭圆形	1.6	1	1			1	较直	平
H202	C区T1418	残半椭圆形	2.5	残0.95	2.3			1.1	较直	平
H203	C区T1412	椭圆形圆形	1.7	1.5	1.3	1.7	1.5	1	垂直	底西高东低，造成原因是H203下压H207的西端，造成H203东部下沉。坑底铺非常薄的草木灰
H204	C区T1412	不规则	3	1.5	1.3	3.2	1.5	1	较直	平底
H205	C区T1414	椭圆形	1.35	1.25	1.8			0.5	较直	较为平整
H206	C区T1415	不规则	3.1	2.7	1.1			0.6	较斜	不平整
H207	C区T1412	半圆形	4.3	1.6	1.3	4.3	1.6	2.3	斜壁	较平
H208	C区T1412	半圆形	1.8	1.2	0.8	1.4	0.9	1.1	较平	口大底小
H209	C区T1412	半圆形	1.9	1	1.1	2.1	1.3	2.2	斜壁	底较平

堆积情况	出土物	层位关系	分期	备注
土质疏松，红褐色粘土	少量陶片及兽骨，可辨器形有鬲、罐、盆等	开口③B下，被H137打破	二晚	窖穴。该灰坑东半部被多次打破，坑壁不完整
土质松软，土色为灰花土	部分陶片和兽骨。可辨器形有鬲、簋、罐、豆、盆等，以泥质灰陶居多，夹砂陶较少	开口③A下，被H185、M112、M253、M295、M296打破，叠压或打破H203、H204、H207	二早	灰坑西部、南部似向外延伸
土质松软，土色黑灰	较多陶片，多数为泥质灰陶，少数泥质红陶，可辨器形有罐、鬲、甗、簋、红陶罐、鬶、盆等，复原素面罐1件。另出土鹿角、海贝各1件	开口③A下，被H150打破，打破H171、H201	四期	
土质较松软，土色灰黄色	陶罐1件，另有陶片及兽骨	开口②下，打破F19	四晚	
土质较松软，土色浅灰	少量陶片及兽骨。可辨器形有鬲、罐、盆、将军盔、杯子等，复原罐、鬲、豆、圜底盆各1件	开口F32垫土层下，被H122等打破	二早	窖穴
土质疏松，深灰土	少量陶片，可辨器形有圆络纹鬲、高体鬲、盆。出土卜骨1件	开口F32下	一晚	窖穴
土质较松软，土色灰	陶片及兽骨	开口F19北侧垫土下	一晚	窖穴
土质较松软，土色灰	陶片及兽骨	开口F22南坡路土下	一晚	
土质较硬，土色灰花土	少量陶片，多数为泥质红陶，可辨器形有盆	开口⑥下，被H119、M255打破	一晚	
土质较硬，土色为黄花灰色	泥质灰陶器，陶片较碎，无法辨别器形	开口④下，被M136打破，打破H265、F39	四期	窖穴
土质较松软，土色灰褐色	陶片及兽骨	开口H157下	一晚	西部延伸至T1213内
土质松软，土色灰	少量陶片，可辨器形有敞口长颈鬲、盆、甗足	开口③下，被H150、H191打破，打破H171	三晚	
土质较软，土色灰	少量陶片，可辨器形有簋、罐、盆等	开口F23北侧院内垫土下	二早	窖穴。未全部发掘
土质较松软，土色灰。在灰土层中埋葬有一人骨架，俯身直肢，骨骼保存较好	兽骨、蚌片和少量泥质灰陶片。可辨器形为盂，复原素面陶罐1件	开口于H189下，打破H207	一晚	窖穴
土质较软，土色灰	少量陶片，可辨器形有鬲、甗、人头罐	开口④下，被H189、H173、M295、M296、M185打破，打破H207	一晚	
土质疏松，深灰土	少量陶片，可辨器形有鬲、器盖、甗	开口F19下，被M299、M263打破	一晚	
土质较松软，土色深灰	少量陶片及兽骨，可辨器形有鬲、簋、罐、盆、豆、将军盔、钵、箕形器等	开口F24下，打破M302	一晚	
土质较松软，土色黄花灰土	兽骨和泥质灰陶鬲、泥质灰陶罐、泥质灰陶盆、泥质红陶豆及蚌片等	开口于H189下，被H203、H204、M295、M296、M253打破	一晚	
土质较硬，土色黄灰	泥质灰陶鬲足、夹砂红陶鬲足等	开口②下，被M230打破，打破M209	三期	西部延伸至西壁外
一层：灰花夯土，土质较松软	出土少量陶片和兽骨。可辨器形有鬲、盆、罐、甗、盂、甗等，复原陶罐1件。另有陶圆饼形器2件，骨匕、铜镞各1件	开口②下，被M230、M208打破，打破H189	二早	窖穴。西部延伸至西壁外

续上表

编号	位置	坑口形状	坑口			坑底			坑壁情况	坑底情况
			长	宽	深（距地表）	长	宽	深（距坑口）		
H210	C区T1515	长方形	1.4	0.9	1.4	0.9		2.5	较直	较平
H211	C区T1515	椭圆形	1.35	1.05	1.4			0.9	较直	略平
H212	C区T1315	椭圆形	1.7	1.2	1.2	0.8	0.6	0.6	斜壁	圜底
H213	C区T1315	圆形	1.6	1.6	1.4	1.7	1.7	0.9	较直	口小底大
H214	C区T1414	不规则	1.5	残1	0.9	1.5	1	0.5	略内斜	较平整
H215	C区T1516	不明	残3.4	2.6	2			2.5	斜壁，较规则	口大底小，浅圆底
H216	C区T1517	不明	5.2	3.5	2.2			1	较直	圜底
H217	B区T0327	不规则椭圆形	3.7	1.9	1.8	1.9	1	0.2~0.7	斜壁，靠近底部壁较垂直	较平整
H218	B区T0328	不规则椭圆形	3.2	1.4~2.7	1.8	3	1.4~2.6	0.3~0.4	斜壁	略呈圆底，北部较浅，南部较深平
H219	B区T0328	椭圆形	1.2	1	2.1	1.1	0.9	0.3	斜壁	圜底
H221	B区T0428	不规则	残3.6	残1.6~3.3	1.7	残3.3	残1.2~3	0.4~0.6	无完整坑壁，南面和西南部坑壁斜	西部较浅，东部略深
H222	D区T0605	残半圆形	1.9	残1.4	0.7			12	较直	圜底
H223	D区T0603	椭圆形	2.1	1.9	1.1	1.7	1.7	0.5	斜壁	圜底
H224	D区T0601	圆形	1.2	1.1	1	1.3	1.1	0.5	较直	底平整
H225	D区T0601	椭圆形	2.08	1.4	1.1			0.16		底较平整
H226	C区T1417	长方形	2	1.6	2.3	1.9	1.6	4	较直	口大底小，略平

堆积情况	出土物	层位关系	分期	备注
三层：第①层厚1.4米，黄花夯土，土质较硬；第②层厚0.3米，绿灰土，土质较松软；第③层厚0.76米，水锈土	少量陶片及兽骨。陶片有泥质灰陶、红陶等，可辨器形有罍、高、罐、盆等，复原簋1、盆4。另有骨笄2件、羊角1件	开口F19北侧垫土下	二早	
土质松软，土色红褐色	少量陶片，可辨器形有高、罐、豆	开口F19北侧垫土下	四期	
土质松软，土色红褐色	少量陶片及兽骨，可辨器形有高、簋、瓮等	开口F24下	二早	
土质较松软，土色深灰	出土大量陶片和兽骨。可辨器形有高、簋、甑、盆、高领罐、红陶罐、罍等，复原簋、矮领罐和器盖各1件。出土骨锥、陶弹丸各1件	开口F24院子下	四早	窖穴
土质较松软，土色灰	少量陶片和兽骨，可辨器形有簋、红陶罐、甑等	开口②下，被M299打破，打破F32	四期	
土质较软，土色黑灰，内含草木灰、红烧土等	兽骨和陶片，陶片以灰陶为主，可辨器形有高、罐、簋	开口F23南侧垫土下	一晚	解剖沟中发现
土质较软，土色灰，内含木炭灰	兽骨和陶片，可辨器形高、罐、簋、盆	开口F23房基夯土下	一晚	解剖沟中发现
土质疏松，土色呈黄褐色灰土，填土中含细小木炭及烧土颗粒	大量陶片及少许兽骨。陶片以泥质灰陶为主，泥质红陶其次，夹砂灰陶少许，可辨器形有高、簋、罐、盆、杯、甑、豆等。兽骨中有狗或羊的肩胛骨和马的残腿骨等。另有陶弹丸4枚、鹿角2件、卜骨、蚌泡、石锛、陶杯、石器、骨料、骨笄各1件	开口③下，被H239打破，打破H219、H258、H260、H270	四晚	北部延伸至T0328内
土质疏松、土色浅灰，填土内包含少许细小木炭颗粒	出土少许陶片和兽骨。陶器以泥质灰陶为主，另有少许泥质红陶，可辨器形有高、簋、盆、罐、甑等	开口③下，被M308打破，打破H257	四晚	北部延伸至探方外，未发掘完整
土质疏松，土色黑灰，含少许木炭颗粒	少许泥质灰陶片，主要器形有高、罐等	开口③下，被H217打破，叠压且打破H270	四期	西部延伸至西壁外
三层：第①层分布于H221西北部，残留较少，厚0.1~0.2米，土质疏松，浅黄灰土，包含少许木炭颗粒及红烧土颗粒；第②层厚0.25米，土质疏松，浅灰褐色土，含细小木炭颗粒；第③层主要分布在H221南部，厚0.25~0.4米，土质疏松，浅灰色土，含少许木炭颗粒和少许黑色草木灰烬	第①层出土少许陶片，可辨认器形有盆、罐；第2层出土少许兽骨和陶片，可辨认器形有高、盆、罐、簋；第3层出土少许陶片，可辨器形有高、簋、盆、甑、罐等。另有骨锥、鹿角各1件	开口①下，被H220、G7打破，打破H412、H413、H427	四早	
土质疏松，黄褐灰土。	出少许陶片，可辨器形有高、罐	开口于②下，打破F44	四晚	水井。发掘至4.75米层面，未发掘完整，以下为钻探深度
土质较松软，土色呈灰色	少量陶片及兽骨，可辨器形有高、簋、罐、盆、甑等	开口③下，被M316打破，打破H253、F42	四早	
土质较松软，土色灰	少量陶片及兽骨，可辨器形有盆	开口②下，打破M393	四期	窖穴
土质较松软，土色深灰	少量陶片及兽骨，可辨器形有高、罐、盆等	开口②下，打破H263、F49	四晚	
黄花夯土，土质较硬，夯层厚0.1米左右，夯窝直径0.05~0.08米	贝1件	开口F23下，打破H227	四期	窖穴

续上表

编号	位置	坑口形状	坑口			坑底			坑壁情况	坑底情况
			长	宽	深（距地表）	长	宽	深（距坑口）		
H227	C区T1418	椭圆形	10.8	7.3	1.7			3.8	斜壁	口大底小，较为平整
H228	D区T0908	椭圆形	3.2	1.8	0.7	2.8	1.6	0.4	西壁斜，东壁稍直	在底部有一小台
H229	D区T0602	不规则	2	1.2	1	1.6	0.8	0.6	斜壁	较平整
H230	D区T0601	椭圆形	1.9	1	1			0.4	斜壁	坑底不平
H231	D区T0602	不规则	2.2	1.1	1			0.4	较直	底较平整
H232	C区T1413、T1313	圆形	径2.1		1.5	径2.3		2.6	略向外倾	底较平整
H233	C区T1413	圆形	径1.28		1.5	径1.5		9	斜壁，较平整	底较平整
H234	C区T1412、T1413	椭圆形	8.5	7.5	1.6	7.2	5.8	1.7	斜壁	东高西低，中部偏东略向上凸
H235	C区T1413	圆形	3.5	2.9	1.7	3	2	1.5	斜壁	底不平，南高北低
H236	C区T1412	不规则	4.9	2.6	2.1			1.75	东半部壁较直，西半部被打破不太明显	底凹凸不平
H237	C区T1413、T1513	圆形	径2.5		0.9	径2.5		1.9	壁较平整	平底
H238	D区T0608	圆形	2.8~2.9		1	2.7~2.9		0.9	较整齐	较平整
H239	B区T0327	不规则	2.6	0.2~1.3	1.3	1.5	0.1~0.5	2.1	斜壁	不平，西部较深
H240	B区T0528	不规则	东西5.4	0.9~1.9	0.2			0.1~0.2	直壁	基本平整，东部较深
H241	B区T0522	近似椭圆形	东西3.8	3.2	2.2			1.4~1.5	西壁稍外倾，南壁及东壁凸凹不平	基本平整，中部略深

堆积情况	出土物	层位关系	分期	备注
土质较硬，土色灰	少量陶片和兽骨，可辨器形有鬲、罐、盆、簋	开口F38下，被M303、H226打破	三早	未完整发掘，平面形状近椭圆形，范围、深度为钻探资料
土质较硬，土色黑灰，含少量料礓石	陶片及兽骨。可辨器形有鬲、罐、簋等，纹饰有不规则三角划纹	开口②A下，被②B层打破，打破F45	四晚	
土质较松软，土色深灰	少量陶片，有泥质红陶和灰陶，可辨器形有鬲、盆、罐	开口②下，打破H244、F43	四晚	
土质较松软，含少量石子，土色深灰	部分陶片和兽骨。可辨器形有鬲、罐、瓮、甑、簋、豆、盆等，复原陶簋1件。另有骨锥4件，骨笄、箕形器各1件	开口②下，打破H344、H345、F49	三晚	
土质较松软，土色灰	陶片	开口②下，打破F43	四晚	东部延伸至东壁外
土质较松软，土色黄灰色	陶片、蚌片和兽骨等，可辨器形有鬲、罐、簋、盆、豆等。另有卜骨1件	开口F20下，被H246打破	二晚	窖穴
土质较松软，灰花土，内含红烧土块	陶将军盔、泥质灰陶盆底、泥质灰陶鬲口、泥质红陶盆口、泥质灰陶罐口、夹砂红陶鬲足等。另有蚌片和兽骨	开口F39下，打破H234	一晚二早	窖穴
土质较松软，北半部为黑灰土，南半部为黄灰土	部分陶片，可辨器形有鬲、簋、罐、盆、器盖、圈足盘、甑等，复原鬲1、簋1、盆1、罐1。另有骨器、铜刀、卜骨各1件	开口F39下，被J8、H233打破，叠压打破H236	一晚	
土质疏松，土色灰	泥质灰陶豆、夹砂红陶鬲口沿、泥质灰陶鬲、泥质灰陶罐口沿等。出土石器、骨笄、骨镞各1件	开口F39下，被M266、M273、M284、M369打破	一晚	
土质较松软，土色灰	少量陶片和兽骨，可辨器形有盆、鬲、罐、人头罐等，兽骨有羊角、兽骨等	开口F39房基下，被H234、M154打破，打破H265	一晚	
二层：填土上层为F39垫土，黄花夯土；下层为松软的灰土	少量陶片，可辨器形有鬲、盆、罐、豆等	开口F39下	一晚	窖穴
土质略硬，土色浅黄色灰土	少量陶片及兽骨。陶片较碎，多为泥质陶片，以罐片为主，有个别鬲足、簋残片等，多饰绳纹。出土骨锥1件	开口③下，打破H327	四晚	窖穴。北部少部分压在北壁下
土质疏松，呈浅红褐色，内含少许细小木炭颗粒及红烧土颗粒	大量陶片和少量兽骨。陶器以泥质灰陶为主，有少量夹砂灰陶和泥质红陶，主要器形有鬲、簋、罐、盆等	开口②下，打破H217、H260	四晚	开口②下，因③层以上被机械发掘，开口形状不明。另外灰坑南部、西部压在探方外，未发掘完整
一层：堆积较薄，土质较松，土色灰黄，含少量碎木炭	少量陶片及兽骨。可辨器形有鬲、簋、罐等	开口③下，叠压M310、M311、M344，打破F6	四晚	
一层：浅灰色土	较多陶片及少量兽骨。陶片可辨器形有鬲、簋、罐、盆等，以灰陶为主，纹饰粗、细绳纹各半。出土红陶球1件	开口④下，打破M350	三晚	灰坑北部延伸至T0523内，未发掘

续上表

编号	位置	坑口形状	坑口			坑底			坑壁情况	坑底情况
			长	宽	深（距地表）	长	宽	深（距坑口）		
H242	B区T0522	不规则	东西2.7	1.1	2.2			1.2	斜壁，不平	近圜底
H243	B区T0622	圆角长方形	东西3.3	1.2	2（依南壁）			0.8	南、北两壁上部直，下部斜；东、西两壁斜	圜底
H244	D区T0602	不规则	7.5	残3	1.5			4.1（据钻探的数据）	斜壁	口大底小，底略平
H245	D区T0603	椭圆形	2	约1.1	1.1	2	约1.1	0.5	斜壁	口底相同大小，底略平
H246	C区T1413	椭圆形	2.6	1.8	1	1.9	1.4	1	略内倾，较平整	口大底小
H247	D区T0601	不规则	1.9	1.3	1.1	1.6	1.2	0.5	斜壁	口大底小，底不平
H248	D区T0603	椭圆形	3.6	2.5	1.5			1.1	直壁	口底相同大小
H249	D区T0902	椭圆形	4.3	残存2.8	1.3	3.7	残2.2	1.8	壁较直，略内倾	不平
H250	D区T0803	圆形	径约1.2		1			1.4	较直	不平，圜底
H251	D区T0803	椭圆形	5.8	2.4	1	5.7	2.3	0.6	略内收	不平
H252	D区T0605	圆形	2.1	3	3			1.5	较平	较平
H253	D区T0603	椭圆形	约7	约4.3	1.1	约5	约3.8	1.7	斜壁	不平
H254	D区T0603、T0604	圆形	2.2	1.8	1.8	2.4	1.8	1.8	较直	凹凸不平
H255	D区T0808	不规则长方形	1.4	0.9	0.7	1.3	0.9	0.4	西壁稍斜，东壁直	平底
H256	B区T0327	不规则	2.8	0.9~1.8	1.9	2.6	0.7~1.6	0.1~0.5	斜壁	圜底

堆积情况	出土物	层位关系	分期	备注
上部为土色不一的斜坡状小层叠压。下部为黄灰色土，土质较松软	出土物均在上部，下部极少。出土铜镞、陶甗各1件，另有30余片陶片，器形有鬲、罐、大口尊等	开口④下	三晚	上部被挖掘机破坏一部分，灰坑南部上边有障碍物，未发掘完整
土质松软，土色深灰色	少量陶片和兽骨。可辨器形有鬲、簋、罐等。动物骨头有羊牙骨、马肋骨、牛角等。出土铜镞1枚、红陶球2个	开口④下	四期	
土质较松软，土色深灰	陶片较多且破碎严重，可辨器形有鬲、罐、盆、簋、甑、瓮等。出土卜骨1件	开口②下，被H229、H287打破	三晚	由于延伸至方外，未清理到底，发掘了1.12米，深度据钻探数据
土质较松软，土色灰色	少量陶片及兽骨，可辨器形有鬲、罐、簋、盆、甑等	开口②下，打破H253、H254	四早	北部延伸至北壁外
土质较松软，土色灰	兽骨和陶片，可辨器形有鬲、盆、器盖、罐等，出土陶圆饼形器1件	开口F20下，打破H232、F39	二晚	
土质较松软，土色深灰	少量陶片及兽骨，可辨器形有鬲、盆、簋、瓮、罐等	开口②下	四晚	东部、南部延伸至壁外
土质较松软，土色灰	少量陶片及兽骨，可辨器形有鬲、簋、罐、盆、豆等	开口③下，被M331打破，打破H254	四早	东部压在东壁外
二层：上层厚0.7～1.16米，浅灰色土，土质松软，下层厚0.4～0.82米，深灰色土，土质松软	部分陶片及兽骨。可辨器形有罐、鬲、盆、簋、甑等，纹饰以绳纹为多，弦纹略少，有少量素面陶，复原陶鬲和罐各1件。另有骨锥2件，骨笄、圆饼形器、陶罐、陶球、陶器各1件，均出于下层填土中	开口③层下，打破H267、M358、H331、M381	四早	南部延伸至南壁外，未发掘
土质较软，土色灰黄色。坑底部有1具不完整且较散乱的人骨，年龄及性别不详	陶片及兽骨。可辨器形有罐、鬲、盆、簋等，纹饰以绳纹为多数，弦纹较少，有少量素面陶	开口③下，打破H251	四早	灰土葬
土质松软，土色浅灰色	陶片及兽骨。可辨器形有罐、鬲、盆、簋等，纹饰以绳纹占大多数，弦纹较少，有少量素面陶	开口③下，被H250打破，打破H276、H277、M397	四早	
土质疏松，浅灰色土	部分陶片和兽骨。可辨器形有鬲、簋、盆、瓮、器盖、甑等，复原红陶罐、高领罐各1件。出土贝2件、鹿角、卜骨、骨锥和网坠各1件	开口⑤下，被M329打破，打破H275	四早	东部延伸至T0705内
土质较松软，土色灰	大量陶片及兽骨。可辨器形有鬲、罐、盆、瓿、簋、甑、瓮等，复原罐1、簋1、盆1、器盖1件	开口③下，被M316、H223、H245、H281打破，打破H254、H290、H341、F42	四早	北部延伸至T0604，西部延伸探方外
土质松软，土色灰	大量陶片及兽骨。可辨器形有鬲、盆、簋、罐、甑、瓮、钵、盆、尊、罍等，复原陶鬲1件	开口③下，被H245、H248、H253打破，打破H348	三晚	
二层：上层厚0.1～0.15米，土质稍硬，土色褐灰，不时有碎夯土及红烧土，下层厚0.2～0.25米，土质松软，土色深灰	陶片及兽骨，可辨器形有盘、鬲等	开口②下，打破F45	四期	
土质疏松，浅黄褐色灰土，内含较多木炭颗粒及少量烧土颗粒	少量陶片及兽骨，可辨器形有鬲、簋、罐、盆、甑等。出土卜骨1件	开口⑤下，被G9、G10打破，打破H321、H326	四晚	

续上表

编号	位置	坑口形状	坑口			坑底			坑壁情况	坑底情况
			长	宽	深(距地表)	长	宽	深(距坑口)		
H257	B区T0328	不规则椭圆形	2.3	0.6~1	1.9	1	0.6~0.8	0.5~0.7	斜壁	较平
H258	B区T0328	不规则椭圆形	3.7	2.9	2	3.6	2.6	0.3~0.6	稍斜	底较平
H259	B区T0328	不规则椭圆形	2	1.1	1.9	1.9	1	0.4~0.7	东壁较垂直，其他壁斜	圜底
H260	B区T3027	不规则三角形	3	0.7~2	1.9	2.6	0.7~1.9	0.1~0.4	斜壁	底较平整
H261	D区T0707	不规则椭圆形	约2	约1.5	1.1	1.5	1.3	0.9	坑壁内斜，西壁内倾较大	底部不平整
H262	D区T0601	不规则	2.7	2.4	1			0.3	斜壁	底凹凸不平
H263	D区T0601	椭圆形	1.8	1.1	1.4			0.4	斜壁	底稍平整
H264	D区T0602	不规则	3.7	2.6	1.2	2.5	1.8	1.2	东壁斜，西壁呈台阶状，较平整	底较平
H265	C区T1512、T1412	椭圆形	7.6	3.7	2			1.4	斜壁	底较平整
H266	D区T0707	近圆形	1.9	1.8	0.9			0.6	坑壁内斜	圜底
H267	D区T0902、T0903	椭圆形	7.9	6.3	1.2	4.8	3.3	1.5	斜壁内收，不太规整	底不平
H268	B区T0628	探方内呈半圆形	东西1.6	南北1.1	约0.2	东西1.2	南北1	1~1.3	直壁稍内倾	底凹凸不平
H269	B区T0628	不规则	探方内5.1	2~2.4	0.2			1.1~1.7	西壁内斜，南壁斜，凹凸不平，	底东高西低，不甚平整
H270	B区T0328	不规则椭圆形	2.7	2~2.6	2	2.5	1.8	0.8~0.9	不规则，南壁略凹，北壁斜	圜底
H272	B区T0428	不规则	2.7	0.4~0.9	1.9	2.7	0.3~0.8	0.2~0.3	较垂直	较倾斜，东部高于西端0.06米
H273	D区T0601	椭圆形	1.8	0.8	1.5	1.6	0.5	0.2	斜壁	口大底小
H274	D区T0604	圆形	3	2.9	1.7	2	不详	3.9	不平整	底凹凸不平

堆积情况	出土物	层位关系	分期	备注
二层：上层厚0.26米，土质疏松，土色呈深灰黑色，内含少量木炭和烧土颗粒；下层厚0.29米，土质疏松，呈黄灰色	上层出土少许泥质灰陶及泥质红陶片；下层出土少许泥质灰陶片。陶器可辨器形有鬲、瓶、簋、罐等。出土石镰1件	被H218叠压打破，打破H295	四晚	北部延伸至北壁外，未完整发掘
土质疏松，土色呈浅黄褐色，含少量木炭颗粒及烧土颗粒	少量陶片及兽骨。陶器以泥质灰陶为主，有少许泥质红陶和夹砂灰陶，主要器形有鬲、簋、罐、盆、甑等。兽骨有牛角、马下颌骨和腿骨等	开口⑥A层下，被G10、H217、H218打破，打破H292、H295	四晚	南部延伸至T0327
土质疏松，土色呈深灰色，内含少许木炭及烧土颗粒	少量陶片，可辨器形有鬲、簋、罐、盆等	开口⑥A下，被H218、M308打破，打破M364	四期	部分延伸至探方外，未完整发掘
土质疏松，土色呈浅褐色黄灰土，内含少许木炭颗粒	少许陶片，以罐腹片为主	开口④下，被H239、H217叠压并打破	四期	西部延伸至探方外，未完整发掘
土质松软，土色为黑灰色	陶片及少量兽骨。可辨器形有罐、鬲、簋、盆、甑等，大部分为泥质灰陶，夹砂陶极少，绳纹较多，弦纹较少，复原陶簋1件。出土骨锥、笄各1件	开口在扰土坑下，打破M356	四早	
土质较松软，土色灰	陶片及兽骨，陶片为泥质灰陶和红陶	开口②下，被M352打破，打破H306、H345	四晚	
土质较松软，土色灰	少量陶片及兽骨，可辨器形有鬲、盆、簋、甑、豆等	开口于②下，被H225打破，打破H273、F49	三晚	
土质松软，土色灰	少量陶片及兽骨，可辨器形有鬲、簋、盆、罐等	开口②下。打破M336、M337、H284、H346、H336、F49	四晚	
土质致密，较纯净，为黄褐色，含少量木炭颗粒和烧土块	少量陶片，可辨器形有鬲、盆、瓶、罐、甑、豆等。另有卜骨1件	开口⑥下，被H199、F39、H163、H171、H173、H236、M111、M136打破	一晚	
土质松软，土色浅灰	较少陶片，大部分为泥质灰陶，有少量棕红色陶片，器形以罐为主，少有鬲口沿和鬲足等	开口③下	三晚	
土质松软，土色为深灰	大量陶片及兽骨。可辨器形有罐、鬲、盆、簋、甑、尊、圈足盘、陶陶陶陶陶陶水管等，纹饰以绳纹占多数，弦纹和刻划纹略少，有少量素面陶，复原鬲1、簋2、甑2、盆1、罐1、尊1。另有骨锥、陶球、蝉贝各2件，陶圆饼形器、骨镞、蚌壳1件	开口③下，被H249、M206、M378、M431打破，打破M221、M381、M417、H305、H279、H331	三晚	
土质松软，土色浅灰	30多片陶片，有鬲、簋、盆、豆、罐等，以灰陶为主，复原陶盂1件	开口③下，打破H269	四早	灰坑北部延伸至探方外，没有发掘
一层：浅灰色加黄土块和散碎烧土等杂质，土质松软	部分陶片及少量兽骨。陶片以灰陶为主，略有红陶，纹饰以绳纹为主，可辨器形有鬲、簋、罐、盆等，复原人头罐1件。兽骨有羊骨、牛角等	开口③下，被H268打破，打破F52	四早	灰坑东部、北部均延伸至探方外
二层：上层厚0.25～0.68米，土质疏松，浅黄褐色灰土；下层厚0.2～0.29米，土质疏松，深黄灰色土	少量陶片及兽骨。可辨器形有鬲、簋、盆、罐等，尤以红陶罐居多	开口⑥A下，被H217、H219打破，打破H294	四早	
土质疏松，土色浅灰褐色，内含少量木炭颗粒及烧土颗粒	少量陶片及兽骨。可辨器形有鬲、盆、罐、簋等，复原人头罐1件	开口④下，被G9、G10打破，打破H292、H293、H360、H390	四晚	
土质较松软，土色灰	陶片及兽骨	开口②下，被H263打破，打破F49	三晚	
土质疏松，土色灰	部分陶片，可辨器形有鬲、盆、罐、豆、瓮、罍、红陶罐、等，另有卜骨1、骨笄4件	开口③下	三晚	西半部延伸至T0504内

续上表

编号	位置	坑口形状	坑口			坑底			坑壁情况	坑底情况
			长	宽	深（距地表）	长	宽	深（距坑口）		
H275	D区T0605	圆形	径5.3		2.4			2.1		底凹凸不平
H276	D区T0803	圆角方形	4.6	3.54	1	上口长1.8、宽0.9~1	下底长1.6、宽0.7~0.8	8.7	上部坑壁较直，下部坑壁斜，东西两侧坑壁有脚窝10对，在上部坑的东壁有台阶9阶	此坑上部为椭圆形坑，下部为长方形冷藏窖。上部坑底不平，可分高低台2阶
H277	D区T0803	椭圆形	残径2.4	2.3	1	2.3	2.2	2.9	坑壁上半部分斜内收，下半部分向外倾斜呈袋状	平底
H278	D区T0903	椭圆形	2.2	1.6	2.2	2.1	1.6	0.36	壁斜内收，较规整	圆底，较平整
H279	D区T0903、T0902	圆角长方形	2	1.1	1	1.9	1	0.7	略斜内收，较规整	底较平
H280	D区T0605	圆形	径3.2		1.6	径3		5.2	垂直	底较平
H281	D区T0604	圆形	径3.4		1.7	径4		5.8	凹凸不规整，略外倾	较平
H282	D区T0902、T1002	椭圆形	1.8	约1.4	1.3	约1.4	1.3	1	北壁斜内收，南部较直，较规整	圜底
H283	D区T0606	椭圆形	2.2	不详	1.2	不详		1.1	较直	较平
H284	D区T0601	不规则	2	1.3	1	1.5	0.8	0.8	斜壁	口大底小，略平
H285	D区T0601	不规则	2.3	0.7	1	1.4	0.4	0.8	斜壁，呈斜坡状内倾	坑底凹凸不平
H286	D区T0601	不规则	1.5	0.8	0.9			0.9		口大底小
H287	D区T0602	近圆形	径1.4		1.5			0.5	较直	底较平
H288	D区T0606	不规则椭圆形	2.9	2	1.3	2.2	1.9	0.6	壁向内倾斜	高低不平
H289	D区T0606	半圆形	径2.2		1.3	径2.1		0.4	较直	圆底
H290	D区T0603	椭圆形			1.1			0.9	斜壁	较平整
H291	D区T0708	圆形	径1.3		1	径1.4		0.7	向外倾斜	底较平
H292	B区T0328、T0428	不规则	3.6	1.2~2.2	1.9	2.6	0.7~0.9	0.2~0.7	东壁斜，南壁较垂直	不平，中部略深0.26米
H293	B区T0428	椭圆形	2.4	1.2~1.3	1.9	2.1	1.2	0.2~0.3	东、西壁斜，南、北壁较垂直	东部略深，西部稍浅

堆积情况	出土物	层位关系	分期	备注
分二层：土质较密，土色灰黄	少量陶片，可辨器形有鬲、簋、罐、豆、瓮、圈足壶等	开口⑥下，被H252、M340打破	三晚	东部延伸至T0705内
分二层：上层为冷藏窖以上部分，厚2.8～3.2米，深灰色土，土质松软；下层为冷藏窖部分，厚约8.7米，底部2.5米是钻探的数据，浅灰色土，土质较软	上层出土物较多，下层出土物较少。两层均出土陶片及兽骨，陶片可辨器形有鬲、罐、簋、盆等，纹饰以绳纹占多数，弦纹较少，有少量素面陶，复原陶钵1、簋2、红陶盆1、红陶罐1。另有牛骨架、人骨架及卜骨1件	开口③下，被H251、H404打破，打破H277	三晚	冷藏窖。有部分延伸至T0804内
土质松软，土色深灰色	较多陶片，可辨器形有鬲、罐、盆、甑、豆、大口尊、圈足壶等，复原圜底罐3、鬲3、罐、尊、甑、盆、豆、盘各1件。另有骨锥、原始瓷片各1件	开口③下，被H251、H276、M397打破	二晚	窖穴
土质松软，土色深灰色	陶罐1件、蚌泡6件、部分陶片及兽骨，还有2具人骨，A号为成人，B号为孩童。陶片可辨器形有罐、鬲、盆、簋等	开口③下，打破M216、M217、H396	四早	灰坑葬
土质略硬，土色黄灰	少量陶片及兽骨。可辨器形有罐、盆等	开口③下，被H267、M221打破，打破H331	二早	窖穴
分四层，土质均松软：第①层厚1米，灰黄土；第②层厚1.2米，灰土；第③层厚1.5米，灰土；第④层厚1.5米，深灰土	出土陶片及兽骨，第3、4层各出一马骨架。可辨器形有鬲、簋、罐、盆、瓮、甑、豆、尊、将军盔等	开口④下，打破H359、M447	三晚	窖穴。东部进入T0705内
土质疏松，土色深灰	大量陶片及兽骨，有很多小骨头，如鱼刺等。可辨器形有鬲、簋、甑、甗、罐、豆、盆、红陶罐、瓮等，复原鬲1、簋3、甑1、罐2。另有骨笄1件	开口③下，打破H253	四晚	西部延伸至T0504内，南部延伸至T0603
土质疏松，土色深灰	部分陶片及兽骨。可辨器形有罐、鬲、盆、簋、甑等，纹饰以绳纹占多数，弦纹略少，有少量素面陶	开口③下，被M359、M418打破，打破M438	四期	
土质较松软，土色灰	少量陶片及兽骨	开口②下，打破H301、H385	四晚	东端延伸至T0706内，南端延伸至T0605内
土质较松软，土色灰	陶片及兽骨，可辨器形有鬲、簋、盆	开口③下，被H264打破，打破H346	二晚	东部延伸至东壁外
土质较松软，土色深灰间杂少许黑灰色	陶片及兽骨	开口②下，被M393打破，打破H306	四期	西部延伸至西壁外
土质较松软，土色灰	陶片及兽骨	开口②下，打破H345	四期	南部似延伸至探方外
土质松软，土色灰	卜骨1件和陶片	开口②下，被M338打破，打破H244、F43	三晚	窖穴
土质松散，土色灰	少量陶片及兽骨	开口②下，打破F44	四晚	
土质较松软，土色灰	少量陶片及兽骨	开口③下，打破F44	四早	
土质较松软，土色灰	陶片及兽骨	开口H253下	三晚	西部延伸至西壁外
土质较硬，土色灰褐色	骨匕1件、少量陶片和兽骨，可辨器形有鬲、罐	开口③下，打破F46	四晚	
土质疏松，浅黄褐色灰土，间杂黑色草木灰烬及少许烧土颗粒	卜骨1件、少量陶片和兽骨，可辨器形有鬲、簋、罐、盆、尊等，复原陶鬲1件	开口⑥下，被H220、M363、M272打破，打破M445、H413、M446	四晚	西部延伸至T0328内10余厘米
土质疏松，浅红褐灰土，含木炭颗粒及烧土颗粒	少量陶片及少许兽骨，可辨器形有簋、罐、盆	开口④下，被H272打破，打破H324、H322、H413	四期	南部延伸至T0427内

续上表

编号	位置	坑口形状	坑口			坑底			坑壁情况	坑底情况
			长	宽	深（距地表）	长	宽	深（距坑口）		
H294	B区T0328	不规则椭圆形	1.5	0.5~1.4	2.1	1.5	0.5~1.4	0.5~0.6	东壁稍直，余三壁不详	不平，东部略深，西边较浅
H295	B区T0328	不规则椭圆形	4.6	0.9~2	1.9	4.6	0.8~1.9	0.2~0.5	被打破，无完整坑壁	东部略深，西部较平
H296	B区T0628	多半圆形	东西3.3	2	0.15	东西3.1	1.9	0.6~0.7	壁稍内斜	底部平整
H297	B区T0427、T0527	近梯形	1.1	0.8	1.9	0.3	0.2~0.3	0.2~0.5	斜壁	不平，东部底略凹，有一小坑
H298	B区T0328	椭圆形	1.6	1.2	1.8	1.2	1	0.2~0.4	斜壁	圆底
H299	B区T0427、T0527	长方形	东西5	1.5~1.8	0.4	西部东西长2.8~2.9、东部东西长2.2	西部宽1.5~1.7、东部宽1.8~1.9	西部1.3~1.8、东部约3	口部因坍塌不太整齐，西壁被破坏，其余壁较平整。灰坑北壁内侧，东、西部上下层结合处共有4个台阶，东部坑底2个台阶，靠北壁建于坑底之上，西部坑底2个台阶，靠北壁而隐于坑底之下	坑底分东、西二部分，西部底自西向东呈缓坡状，东部平
H300	B区T0527	不规则	南北2.2	东西2	0.4			最深处0.9	凹凸不平	凹凸不平
H301	D区T0606	半圆形	径1		1.2	径0.8		0.2	较直	较平
H302	D区T0903	圆形	径1.3		1	径1.3		0.7	较直	较平
H303	D区T0602	近圆形			1			0.7	较直	较平
H304	D区T0602	不规则	4.2	1.7	1.2	3.6	1.5	0.8	西端坑壁略向内凹且内斜，东端斜倾，形似台阶状	底较平整
H305	D区T0902、T0903	不规则椭圆形	4	2.8	2.4	3.1	2.8	4	坑壁较直，南壁外扩成为较大的壁龛形	坑底西南角为方形角，坑南部距坑口2.76米深处有二层台，平台宽0.53~1.15、高1.22米，有2级台阶，台阶高0.26~0.28、宽0.33~0.46米
H306	D区T0601	不规则	3.3	1	1.1	2.6	0.6	2.6	斜壁	口大底小
H307	D区T0601	不规则	4.5	2.1	1.3			4.3	斜壁	口大底小
H308	D区T0603	不规则	3.8	2.8	1.4	3.5	2.6	3.4	北壁附近有4层台阶	口大底小，略平
H309	D区T0602	圆形	径1.4		1.4			0.7	较直，破坏严重，仅存东半部	底稍圆
H310	D区T0602	不规则	3.5	1.5	1.6	3.5	1.5	1.3	较直	底较平
H312	B区T0527	近似1/4圆形	东西1	南北1	0.4			0.7		圆底

堆积情况	出土物	层位关系	分期	备注
土质疏松，土色浅绿灰，内含少量木炭颗粒及少许烧土颗粒	少许陶片和兽骨，可辨器形有鬲、盆和罐	开口⑥A层下，被H218、H259、H270打破，打破M364	二晚	西部延伸至探方外
土质疏松，浅褐色黄灰土，较纯净，含木炭颗粒	少量陶片，可辨器形有鬲、罐、盆、盂	开口现代渣土下被H218、H258打破	二晚	被扰严重，保存坑底部分
土质松软，土色灰绿色	少量陶片，可辨器形有鬲、簋、罐、盆等，以灰陶和绳纹为主，素面陶片多为陶簋	开口③下，打破H313、F52	四期	窖穴南部延伸至T0627，未发掘
二层：上层厚0.24～0.28米，土质疏松，呈深灰黑色，含少量木炭颗粒；下层厚0.17米，土质疏松，黄花灰土，含少许木炭颗粒，较纯净	少量陶片，可辨器形有罐、簋、盆等	开口④下，被G9打破，叠压H315、H320、F6	四早	东部延伸至T0527内
土质疏松，浅黄褐色灰土	无出土物	开口于现代渣土下	商代	
土质松软，浅灰土，多处局部间杂深灰、黄灰等不同灰土	大量陶片及兽骨。可辨器形有鬲、簋、罐、盆、尊、罍等，以灰陶和绳纹为主，复原陶簋2件、小陶罐1件。兽骨有牛骨、牛角、马骨等。另有陶箕形器、骨笄各1件	开口于④下，被G9、H325打破，打破F6、M373	四晚	窖穴
土质较松软，土色浅灰	少量陶片及少量兽骨，陶片可辨器形有鬲、簋、罐等，兽骨有马牙、鹿角等	开口④下，打破H312、F6、M63	四早	
土质松软，土色灰	少量陶片及兽骨	开口②下，被H283打破，打破F44	四期	
土质较软，土色浅灰	陶片、兽骨等。可辨器形有罐、鬲、盆等，纹饰以绳纹占多数，弦纹较少，有少量素面陶	开口③下，打破H331	四期	窖穴。东部延伸至探方外，未发掘完整
土质较松软，土色灰	较少陶片，可辨器形有鬲、盆、罐等	开口②下	二晚	
土质松软，土色灰	少量陶片、兽骨，可辨器形有鬲、盆、钵、甑等	开口②下，被M362、H379打破，打破F43、H310、H336	三早	
土质较软，土色深灰	大量陶片及兽骨。可辨器形有罐、鬲、盆、簋、甑、圜底尊等，纹饰以绳纹占多数，弦纹略少，有较多素面陶，复原鬲5、簋1、盆3、罐4。还有2具人骨，另有陶圆饼形器、卜骨、铜镞、骨锥、骨针、海螺各1件	开口H267下，打破H331	三晚	窖穴
土质较松软，土色深灰	陶片较少。骨铲、鹿角、骨锥各1件	开口②下，被H285、H262、M393打破，打破H307、H351	四早	西部延伸至西壁外
土质较松软，土色灰	陶圆饼形器1件、陶片及兽骨	开口③下，被H306打破，打破H345	三晚	西部延伸至西壁外
土质较松软，土色灰	大量陶片及兽骨。可辨器形有鬲、甑、簋、盆、罐等，复原敛口罐、豆各1件	开口F42下，被M316、H341、H223、H253打破	二早	窖穴
土质较松软，土色灰黄	陶片较少	开口于F43下，被H244打破，打破H310、M361、M368、M375	三早	窖穴
土质松软，土色灰	陶片、兽骨等，南部有人骨架	开口F43下，被H309打破	三早	窖穴
土质松软，土色浅灰色略发黄	30余片陶片及2根马腿骨残段，可辨器形有鬲、簋、盆等	开口④下，被H300打破，打破F6	四早	

续上表

编号	位置	坑口形状	坑口			坑底			坑壁情况	坑底情况
			长	宽	深（距地表）	长	宽	深（距坑口）		
H313	B区T0628	不规则	东西2.8	南北1.7	0.4			1～1.5	不平整，较直	底凹凸不平，大体为西高东低
H314	B区T0528、T0628	不规则	东西11.3	4～7.1	0.3			0.7～2.4	西、南壁陡，东壁稍缓，均凹凸不平	底高低不平，落差起伏较大
H315	B区T0428、T0427、T0528、T0527	不规则	10.1	1～4.4	1.9	3.4	1.8～2.7	2.3	斜壁	底较平整
H316	B区T0528	椭圆形	南北2.16	东西1.8	0.2			0.5	斜壁	底部东大半部铺一层小石子，西部有一块夯土，中间有一夯土柱洞的底部
H317	B区T0527、T0528	圆角等腰三角形	2	1.6～1.7	0.8			0.3	斜壁	圜底
H318	B区T0628、T0627	圆角三角形	边长4.5～5		约0.5～0.6			约0.8	斜壁，不甚平整	圜底
H319	B区T0428、T0427	不规则	残长2.4	残1～1.5	1.9	残2.4	残0.9～1.5	0.1～0.3	南壁有0.2米较垂直，西壁斜	底不平，西高东低
H320	B区T0427	近椭圆形	2.8	0.5～1	1.9	2.8	0.4～0.8	0.1～0.2	较垂直	底不平
H321	B区T0427、T0327	不规则	残2.8	1.7～2.7	1.7	残2.6	1.6～2.4	0.9～1	斜壁	东部底略浅，西部深
H322	B区T0427	不规则	5.5	2.5～4.3	1.9	4	6.7	0.9～1	东部较垂直，西壁斜缓向下呈坡状	略平
H323	B区T0427	椭圆形	2	1.3～1.6	2.3	1.6	1.1～1.3	0.4	斜壁	圜底，较平整
H324	B区T0427	近椭圆形	2	0.5～1	2	1.6	0.4～0.9	0.2	斜壁	圜底，东部略高西部略低，斜坡状
H325	B区T0427	不规则	5	2.8	1.7	3.5	1～1.6	2.2	口部斜壁，0.40米层面向下较垂直。靠中部至底壁面上有明显铲形工具痕迹，宽度有6厘米及9厘米两种，较垂直，竖向排列，有叠压情况	西高东低，较平整
H326	B区T0427、T0327	不规则	4.7	2.2～2.9	1.7	4.5	1.4～1.9	0.3～1.18	东、西壁较斜缓略垂直，南、北壁呈缓坡状	南面东部略浅，西面略深，较平整

堆积情况	出土物	层位关系	分期	备注
上、下土色基本相同，土质松软，土色浅灰色	少量陶片及兽骨。可辨器形有鬲、簋、罐等，以灰陶为主。兽骨有马骨等	开口④下，被H296打破，打破F52、M450	四早	灰坑南部延伸至T0627内
填土为浅灰色，土质松软，有多处深灰、黄灰、黑灰等颜色的填土杂处于浅灰土中，但形不成层次	大量陶片及兽骨。可辨器形有鬲、簋、罐、盆、斝、尊、甑、甗等，以灰陶、绳纹为主，复原陶鬲2、簋2、甑1、罐1、瓮1等。动物骨头有牛骨、鹿角、马骨、羊骨及2根禽类腿骨。另有石镰2件，绶贝、红陶球、铜铃、骨笄各1件	开口④下，被M357、M51、M58、H416、F50、F53打破，打破F52、H428、H98	二早	灰坑北部出探方外，未发掘完整
二层：上层厚0.8~1米，土质疏松，浅灰绿色土，内含少许木炭颗粒，较均匀地分布在坑上部；下层厚1.3~1.5米，土质较疏松，呈浅灰灰褐色，内含木炭颗粒，分布于坑内中间部位	卜骨、铜镞各1件，上层有1具人骨、少量陶片及兽骨；下层上部有1具人骨架、少量陶片及兽骨	开口④下，被H387、F56打破，打破H412、M441、F6、H317	四期	灰土葬
土质松软，土色浅灰泛红	少量陶片及兽骨，陶片可辨器形有鬲、簋、罐等	开口④下，打破F50	四早	修造规整，底部铺有石子，应有特殊用途
土质较硬，红褐色夯土，较纯净	夯土下有1具完整牛骨架	开口④下，位于H315坑底和F6夯土下	三期	葬牛坑
二层：上层厚0.45~0.6米，土质较软，黄灰色含铁锈；下层厚0.15~0.3米，土质较硬，红褐色略发灰	陶片和少量兽骨。陶片可辨器形有鬲、簋、罐、盆等，以灰陶和绳纹为主。兽骨有马、牛骨等，另有几根人上肢骨残段	开口④下，打破H98、M451、F52	三早	下层出土陶片较少，与上层合并
土质疏松，土色呈浅绿色灰土，含木炭颗粒	少许陶片和2片兽骨，可辨器形有罐、盆腹片	开口④下，被G7、H221打破，打破H320、H324、H315、H412	四早	
土质疏松，土色灰褐色，含较多木炭颗粒	少量陶片，主要器形为鬲、罐	开口④下，被G9、H319、H297打破，叠压H315、H322、H324、H325	四期	
土质疏松，土色深灰，内含木炭颗粒及草木灰烬土	少量兽骨及大量陶片，可辨器形有鬲、簋、盆、尊、罐、箕形器	开口G9下，被H256打破，打破H326、H389、H390、H361	四晚	
二层：上层厚0.15~0.5米，土质疏松，土色浅灰绿色；下层厚0.4~0.6米，土质疏松，土色浅褐绿	卜骨2件、蚌镰、铜镞各1件，少许兽骨及少量陶片，可辨器形有鬲、盆、簋、甑、罐、尊等	开口④下，被G9、H256、H293、H321打破，打破H324、H325、H361、H386、H388	四晚	
土质疏松，土色黄褐色灰土，内含木炭及烧土颗粒	少许兽骨及少量陶片，可辨器形有鬲、盆、簋、罐等	开口G9下，打破H325	四晚	东部略压在东隔梁下
土质疏松，土色灰褐，含木炭颗粒	骨镞1件、几片兽骨及少许陶片，可辨器形有鬲、盆、罐等	开口H322下，被H293、H320、H322打破	四期	
三层：第①层厚0.34~0.4米，土质疏松，土色呈浅黄灰褐色，含木炭颗粒、烧土颗粒和草木灰烬土；第②层厚0.48~0.8米，土质疏松，土色呈灰绿褐色，含较多木炭颗粒和少量烧土颗粒；第③层厚0.52~1.06米，土质疏松，土色呈深灰褐色略发绿，含较多木炭颗粒	卜骨2件，绶贝、蚌镰、陶塑牛头、龟片、鹿角各1件。第①层出土少量陶片，主要器形有鬲、簋、罐、盆；第②层出土大量兽骨及陶片，兽骨中有牛角、羊角、马骨等，器形主要器形有鬲、簋、罐、盆、甑；第③层内出土兽骨、人骨及大量陶片，兽骨中有马腿骨等。陶器主要器形有鬲、簋、罐、盆等，复原簋2、小罐1	开口G9下，被H322、H323打破，打破H299、H361、H388	四晚	原可能为居住或储藏室，但未找寻到坑上建筑痕迹，坑底也未见柱洞
土质疏松，土色呈深灰色，间杂黄土颗粒，含少量木炭颗粒及草木灰烬	少许兽骨及陶片，可辨器形有鬲、簋、罐、盆等	开口H322下，被G9、H256、H321打破，打破H362、H386、H389、H390	四晚	T0327内范围未发掘

续上表

编号	位置	坑口形状	坑口			坑底			坑壁情况	坑底情况
			长	宽	深（距地表）	长	宽	深（距坑口）		
H327	D区T0608、T0609	椭圆形	3.7	3.4	1	2.6	1.9	4.6	壁内倾，较粗糙	底较平整
H328	D区T0907	圆形	径1.6		1.3	径1.6		0.1~0.6	西壁底部向西凹进0.05米，外倾	底不平
H329	D区T0603	矩形	2.5	2.1	1.1	2.5	1.6	0.7内	斜坡状	北高南低
H330	D区T0903、T0902	椭圆形	2.2	1.7	1.1	2	1.1	0.8	斜收，南壁呈坡状	底不平整
H331	D区T0902、T0903	椭圆形	11	9.1	1~1.4			1.5~4.2	上半部斜，下半部较直较规整	不平，北部稍浅，南部略深
H332	D区T0808、T0708	半圆形	3.8	残2.4	1.4	4.2	残2.4	1.3~2.1	斜壁，南侧内凹0.45米	口小底大，底部南侧有一平台，北侧有一小坑，有一残台阶
H333	D区T0808	不规则	4.9	4.3	1.2	1.8	0.8	9.6	西壁斜，其它三壁面垂直	在坑底东南角有一长1.9、宽1米的方坑，发掘深1.6米，向下钻探深4.3米
H334	D区T0707	圆形	径1.4		1.4	径1.5		1	壁较整齐	底较平整
H335	D区T0707	近圆形	径1.9		1.1	1.7~1.8		1.5	壁较整齐，部分地方略外斜	底较平整
H336	D区T0602	不规则	6	4.6	2.3	2.5	1.6	2.1	不平，西壁有约0.7米的台阶	底较平
H337	D区T0602	不规则	2.1	1	1	1.7	0.8	0.9	壁内斜	底不平
H338	D区T0601	圆角长方形	2.05	1.35	0.5			1.7	内斜	底不平
H339	D区T0601	椭圆形	1.7	1.3	1.5	1.2	0.7	0.7	斜壁	口大底小，圜底
H340	D区T0601	圆形	2.1	2.2	1.4			0.7	斜壁	圜底
H341	D区T0603	不规则	残3.1	3	1.9			0.6	斜壁	口大底小，圜底
H342	D区T0601	椭圆形	1	0.6	1.1	1.1	0.6	0.6	壁稍斜	底较为平整
H343	D区T0707	椭圆形	4.6	3	1.1~1.2			0.7	斜壁，壁较粗糙	底不平，圜底

堆积情况	出土物	层位关系	分期	备注
分四层：第①层厚2米，黄色灰土夹有小块的鹅卵石；第②层厚0.6~1米，浅灰土夹黄土，土质一般；第③层厚1.2米，深灰土；第④层厚约06米，浅灰土，土质松散	卜骨4件、骨镞2件、骨锥、陶鬲各1件。另外第①层深约1米的西壁下有散乱的马头骨；第③层出土陶片及兽骨；第④层出土陶片及兽骨，陶片以泥质灰陶为主，还有夹砂褐红陶，器形有罐、簋、盆、鬲等，纹饰以绳纹为主，有少量弦纹，还有较多的素面陶	开口③层晚期路土下，被H238打破，打破F48、M374	四晚	窖穴
土质松软，土色深灰	陶片及兽骨，可辨器形有鬲、罐等	开口F45外侧垫土下，打破H347	四期	填土全部取走浮选
土质较松软，土色灰	陶片及兽骨	开口③下	二早	
土质较松软，土色深灰	部分陶片及兽骨。可辨器形有罐、鬲、盆、簋等，纹饰以绳纹占多数，弦纹略少，素面陶较多	开口③下，被M221打破，打破H170、H331	一晚	
四层：第①层厚0.3~1米，斜坡状堆积，土质较软，浅灰色土；第②层厚0.65~1.25米，斜坡状堆积，土质较软，土色深灰；第③层厚0.3~0.75米，斜坡状堆积，土质较软，浅灰色淤土；第④层厚0.48~1.25米，土质较软，深灰色淤土	大量陶片及兽骨。可辨器形有罐、鬲、盆、簋、甑、圆底尊、豆、罍、钵、瓶、瓮等，纹饰以绳纹占多数，复原鬲5、甑1、簋2、盆3、罐2、豆2、钵1、器盖1。另有骨锥8、骨镞2、卜甲3件、骨针、卜骨、骨签、骨笄各1件	开口④下，被H249、H267、H302、H279、H330、H370、H371、H305、H382、H396、M206、M221、M378、M358、M381、M417、M431打破，打破H170	一晚	有部分未发掘
三层：第①层土质松软，土色浅灰，分布在北部，南侧被打破；第②层土质粘硬，土色红褐色；第③层土质松软，土色深灰	陶片及兽骨，可辨器形有鬲、罐、簋等	开口F45下，被F46、H378、H393、M435打破	二晚	
两层：上层厚2米，土质松软，土色深灰；下层厚1.9米，土质稍硬，土色杂灰。小坑分二层，上层厚1.7米，土质稍硬，土色杂灰；下层厚4.2米，土质松软，土色深灰	大量陶片和兽骨。可辨器形有罐、鬲、盆、瓮、甑、陶水管、钵、豆等，复原鬲1、簋4、甑1、盆3。另有骨镞6、骨锥3、石镰1、卜骨1	开口③下，被M318打破，打破F45、H391、H378	四早	坑底东南角有一长1.9、宽1米的长方形坑，坑底向下6.9米，距地表深10米。推测可能为具有冷藏功能的窖穴
土质松软，土色浅灰	少量陶片及兽骨。可辨器形有甑、鬲、盆、罐，复原陶鬲1件。另有骨笄、卜骨各1件	开口F48下	三早	窖穴
土质较纯，土色浅黄	较少陶片，以泥质灰陶为主，大部分为罐片、罐口等，有少量鬲足	开口F48下，被M392打破，打破H343	二早	窖穴
土质松软，土色灰	陶片较少，另外部分蚌片、兽骨	开口F43下，被M362、M336、H231H304、H264打破	一晚	东半部延伸至探方外
土质松软，土色灰	少量兽骨及陶片，可辨器形有鬲、罐、甑	开口③下，被M338、M353打破，打破H351	二早	南部延伸至T0601
土质疏松，浅灰土	少量陶片，可辨器形有盆、甑等	开口②下，被M339打破，打破H345	三晚	
土质较松软，土色黄灰	无包含物	开口F49下	不晚于二早	
土质较松软，土色深灰	石器、陶圆饼形器、骨笄各1件	开口F49下，被H337、M353打破	二早	窖穴
土质较松软，土色灰	大量陶片及兽骨。可辨器形有鬲、盆、罐、器盖、人头罐、豆、瓮、甑等，复原陶罐1件	开口H253下，打破H308	三早	西部延伸至西壁外
土质较松软，土色灰	鹿角1件、陶片及兽骨，可辨器形有鬲、盆	开口②下，被M393、M352打破	三晚	窖穴
土质松软，土色浅灰	少量陶片及兽骨。陶片大部分为泥质灰陶，可辨器形以罐、簋、鬲为主	开口F48下，被M392、M405、H349、H335打破，打破H365	二早	

续上表

编号	位置	坑口形状	坑口			坑底			坑壁情况	坑底情况
			长	宽	深（距地表）	长	宽	深（距坑口）		
H344	D区T0601	不规则	6.8	4.5	1.5			2.8	斜壁	口大底小，略平
H345	D区T0601	不规则	4.3	3	1.3			1	斜壁	口大底小，底不平
H346	D区T0601	椭圆形	2.5	1.8	1.5	2.1	1.2	1	斜壁	口大底小，底较平整
H347	D区T0907	半圆形	2.3	1.7	1.7	2.3	1.7	0.7	西侧稍斜	西高东低
H348	D区T0604	残，不规则	4.8	3.2	1.3			2.3	斜壁	底不平整
H349	D区T0707	圆形	1.5		1.1	2		2.2	斜壁，较光滑	底平整
H350	D区T0707、T0607	椭圆形	6.7	4.4	1.4	4.2	3.5	3.6	凸凹不平	底不平整
H351	D区T0601	半圆形	6.5	1.9	1.8			2.5	斜壁	略平
H352	D区T0605	圆形	径3.8		1.2	径3.5		1.3	壁不规整，有台阶沿西南壁自西向东而下，仅存3阶，台面呈斜坡状	不平，西高东低
H353	D区T0605	近椭圆形	残2.35	残1.8	1.45			1	斜壁	略平
H355	D区T0908	半圆形	6.1	5.1	2.5	4.8	3.2	3.3	北壁直，西壁斜，南壁有一斜坡，东壁在探方外	口大底小，底略平
H356	D区T0606	不规则椭圆形	3.1	2.3	1.6			2	斜壁	较平整
H357	D区T0601	不规则	7.5	4.7	1.5	3.1	1.35	4	斜壁	平整
H358	D区T0601	不规则	2.1	1.7	1.3			0.5	斜壁	平底
H359	D区T0605	不规则	残3	2.5	1.7			0.8	斜壁	底两侧高于中部
H360	B区T0428T0328	近椭圆形	2.9	1.8~2	2.3	1.7	0.5	1.1	斜壁	凹凸不平

堆积情况	出土物	层位关系	分期	备注
土质较松软，土色深灰色	大量陶片及兽骨，可辨器形有鬲、盆、簋、罐、甑、瓮、豆、圈足盘等，另有卜骨、蚌各1件	开口④下，被M412、H230、H346、H247打破，打破F49、H357、H358	二早	西部、南部延伸至探方外
土质较松软，土色灰	少量陶片及兽骨。可辨器形有鬲、瓿、盆、瓮、罐、假腹豆、盂，复原圆底盆1件、罐1件	开口③下，被M339、H262、H230、H307、H286、H307、H338打破，打破F49、H357	三早	南部、西部延伸至探方外
土质松软，土色浅灰	陶片及兽骨	开口④下，打破H344	二晚	东部延伸至东壁外
土质松软，土色浅灰	陶片及兽骨，可辨器形有鬲、罐、簋、盆等	开口F45外侧垫土下，被H328打破	四期	东部、南部延伸至探方外
土质疏松，浅灰土	少量陶片和兽骨	开口③下，被H254打破	三早	
土质一般，黄褐色灰土	大量陶片及兽骨。可辨器形有罐、鬲、簋、豆、瓿、盆、人头罐、瓮等，复原陶鬲1件。另有卜骨5片，骨镞1件	开口在F48下，被M399、M405打破，打破H343	三早	窖穴
土质较硬，似曾夯过，土色浅黄灰	少量陶片和兽骨。兽骨多为牛骨。陶片以泥质灰陶为主，夹砂陶较少，可辨器形有罐、鬲、簋、瓿、盆等。另有骨锥1件	开口在F48垫土层下，被M427、H383、M018打破，打破H408	三早	取土坑，后填生活垃圾，在建F47时又重新回填夯实
土质较松软，土色黄花灰土	陶片较少	开口⑤下，被H337、M353、M385打破	二早	东部延伸至东壁外
土质松软，土色灰	大量陶片及兽骨。可辨器形有鬲、簋、瓿、瓿、盆、罐、豆、瓮、钵等，复原陶瓿1件	开口④下，被F44、H417打破，打破H359、H363	二晚	
土质疏松，浅灰土	少量陶片和兽骨，可辨器形有鬲、盆、瓮等	开口F44下，被M396打破。	三早	
二层：上层土质松软，土色浅灰；下层土质松软，土色深灰	部分陶片及兽骨。可辨器形有鬲、簋、盆、高领罐、将军盔等，复原陶罐1件。另有卜骨5件，石器1件	开口F45下，被M406打破，打破H372	二晚三早	东部、南部延伸至探方外
土质疏松，浅黄灰土	少许陶片，可辨器形有鬲、罐、盆	开口F48东侧垫土下，被H399、M411打破，打破M433	三早	
土质较松软，土色灰	陶片及兽骨。可辨器形有鬲、瓮、罐、盆等，复原陶鬲9、瓮1、豆2、豆盘3、盆2、罐2、钵1、器盖1件等。另有卜骨、骨笄、陶圆饼形器各1件	开口F49下，被H344、H345打破，打破H358	一晚	窖穴。南部延伸至南壁外
土质较松软，土色灰	少量陶片及兽骨，可辨器形有鬲、敛口罐	开口F49下，被H344、H357打破	一晚	
土质较致密，土色黄灰	少量陶片，可辨器形有鬲、簋、罐等	开口④下，被H352、H280打破，打破M447	二早	
二层：上层厚0.4~0.98米，土质疏松，土色深灰，内含较多木炭颗粒及少量烧土颗粒，分布均匀；下层厚0.1~0.52米，土质松软，土色浅黄褐，含烧土及木炭颗粒，分布灰坑西边靠底部位置	上层有卜骨2、蚌泡、陶弹丸各1件、少许兽骨（马骨）、人骨（头骨残片、残臂骨）和陶片（鬲、簋、罐、盆）；下层有兽骨几片和少量陶片，主要器形有鬲、罐、簋、盆	开口H326下，被H292、H256、G9、G10打破，打破M444	四晚	

续上表

编号	位置	坑口形状	坑口			坑底			坑壁情况	坑底情况
			长	宽	深（距地表）	长	宽	深（距坑口）		
H361	B区T0427	圆角长方形	4.2	1.7~1.8	2.4	4.1	0.8~2.1	2.6	东壁垂直，其它三壁均有不同程度内凹情况。坑四壁有明显铲形工具痕迹，宽6~8厘米、7~9厘米几种，竖向排列	靠中间偏南有一直径0.15米的夯窝，底较平整
H362	B区T0427	不规则	残1.3	0.6~1.4	1.9	残1.3	0.3~0.6	0.7	斜壁	底较平整
H363	D区T0605	椭圆形	3.9	2.8	1.9	3.9	2.8	2.3	壁较规整	底不平
H364	D区T0606	椭圆形	5	2	1.5	3.7	2	2.5	北部弧线内倾，南部呈弧线外倾	底较平
H365	D区T0707	圆角方形	2.5	2.4	1.7	2.2	1.6	1.4	壁较粗糙，内斜，东壁内斜较大	底不平，略凹
H366	D区T0708	圆形	2	2	1.6			8（2.5以下为钻探）	斜壁	圜底
H367	D区T0908	长椭圆形	东西4.5	2.5	1.8	4	2.3	1.3	略内收	较平，在西部底部有一长1.25、宽0.8、深0.3米的小坑
H368	D区T0908	长椭圆形	7.9	5	2.7	4	3.9	3.2	斜壁	灰坑北边是大斜坡，南侧一大圆坑，圜底
H369	D区T0903	圆形	径2		1	径2.5		1.8	斜壁，光滑整齐	口小底大，底平整
H370	D区T0903	椭圆形	2.5	显露部分0.8	1.5	1.8		0.6	斜壁，不规整	圜底，底不平
H371	D区T0903	圆形	径1.2		1.5			0.7	壁较直，近底部略内收，较规整	圜底
H372	D区T0908	椭圆形	4.6	残宽2.6	2.5	2.5	2.6	0.9	斜壁	灰坑南侧一坑，北侧一平台，北高南低
H373	D区T0608	圆形	径1.9		1.5	径2.1		1.6~1.8	斜壁，很整齐光滑	口小底大，底很平整
H374	D区T0608	椭圆形	2.2	2	1.5	2.7	2.2	3.6	上部坑壁较整齐，快到底部时坑壁向外斜	底部不平整，南高北低，斜坡状

堆积情况	出土物	层位关系	分期	备注
三层：第①层厚0.82~0.86米，土质疏松，土色深灰，间杂黄土颗粒和木炭颗粒，兽骨较多，有马肩胛骨和牛骨等，均匀地分布于坑内；第②层厚1.12~1.24米，土质疏松，呈黄灰褐绿色，间杂少黄土颗粒和木炭颗粒，有少量马骨和牛骨等，均匀分布坑内；第③层厚0.52~0.56米，土质疏松，土色深灰褐绿，含较多木炭颗粒，出有少量马骨（下颌骨），分布均匀	大量陶片，以泥质灰陶为主，少量红陶，第①层中可辨器形有鬲、簋、罐、盆、甑、瓮、豆、瓿等，其中鬲、罐、簋、盆较多。第②层中可辨器形有大型鬲、柱足鬲、簋、罐、盆、甑等，其中以簋、罐为主。第③层中可辨器形有簋、罐、鬲，其中以罐为主。另有陶弹丸2、骨镞1、陶牛首箕形器柄1	开口H322下，被H321、H325打破，打破H388、H390、M420	四晚	窖穴
土质较疏松，土色灰褐色，间杂红土颗粒、木炭颗粒和烧土颗粒	几片碎陶片，可辨器形有鬲、罐等	开口于现代渣土层下，被H326打破，打破H386	不晚于四期	南部延伸至南壁外
土质松软，土色灰	少量陶片及兽骨。可辨器形有鬲、缸、瓮、盆、罐等，复原陶杯1件	开口④下，被H352打破	二晚	
土质松软，土色灰	出土陶片及兽骨。可辨器形有鬲、甑、盆、簋、罐、瓿等，复原折沿盆1件	开口F44下，被J9、M410、M437打破	三晚	
土质较硬，土色褐灰	卜骨1件、少量陶片及兽骨。陶片以泥质灰陶为主，大部分为罐，其他有鬲、盆、尊	开口H343下，被M392、M394打破	二晚	
土质疏松，土色灰褐，内含木炭灰及红烧土粒	陶片和兽骨，可辨器形有鬲、盆、罐	开口F48下，打破F45	三晚	窖穴。南壁进入T0707北隔梁
土质松软，土色深灰；下层小坑土质松软，土色深灰	大量陶片及兽骨。可辨器形有鬲、盆、罐、器盖、甗、圆底瓮等，以夹砂灰陶为主，另有少量红陶片，复原陶甑、甗、人头罐各1件。另有铜刀、铜锥各1件	开口F45下，打破H372	二晚	西部延伸至西侧T0808东隔梁内
三层，第①层土质较致密米褐色粘土；第②层土质较致密，红褐灰间杂有黄淤土；第③层土质较致密，灰绿土间杂淤土	龟甲、铜锥、骨笄、鹿角、卜骨各1件，陶片及兽骨。可辨器形有豆、鬲、盆、罐、甑、圈足盘、圆络纹鬲、缸等，复原豆盘1件	开口F45下，被M015打破，打破H372	二早	北部延伸至北壁外
土质松软，土色浅灰	部分陶片及兽骨。可辨器形有罐、鬲、盆、甑、甑、簋、圆底罐等，复原陶鬲1、人头罐2件。另有骨笄、铜镞各2件，骨针各1件	开口③下，打破H396	三晚	窖穴
土质较致密，土色灰黄	少量陶片及兽骨。可辨器形有罐、鬲、盆、盂等，纹饰以绳纹占多数，弦纹及素面陶较少	开口④下，被M206打破，打破H371、H331	二晚	窖穴。还有部分在北壁外，未发掘完整
土质略硬，土色黄灰	仅几片陶片，可辨器形有罐、鬲，纹饰以绳纹为主，弦纹次之	开口④下，被H370打破，打破H331	二晚	窖穴。北部延伸至北壁外，未发掘完整
土质松软，土色浅灰，内含少量木炭颗粒	陶鬲1件、少量陶片及兽骨，可辨器形有鬲、盆、罐等	开口F45下，被M015、H367、H368、H355打破	二早	
土质致密，土色浅黄灰	少量陶片及兽骨。陶片以泥质灰陶为主，夹砂灰陶占30%，器形有罐、盆、鬲、簋、盂等，复原陶鬲、盂各1件	开口F48垫土层下，被M416打破	二晚	窖穴
土质疏松，土色浅灰	大量陶片和少量兽骨。兽骨以牛骨为主。陶片多为泥质灰陶，少见红陶，可辨器形有罐、鬲、盆、簋、豆、甑、甑、瓮等，复原陶鬲1件、甑1件、盆2件、罐3件	开口F48垫土层下，打破H398、H419、H409	二晚三早	窖穴

续上表

编号	位置	坑口形状	坑口			坑底			坑壁情况	坑底情况
			长	宽	深（距地表）	长	宽	深（距坑口）		
H375	D区T0607	不规则	2.1	残宽0.8~1.5	0.9			2.1	坑西北壁内收较大，呈斜坡状	底不平，圜底
H376	D区T0708	圆形	径1.9		1.6	径2		0.7	斜壁	口小底大，底较平
H377	D区T0708	近椭圆形	4.2	1.85	1.6			0.5	斜壁	略平
H378	D区T0808、T0708	不规则	4.3	3.2	1.8	3.8	3.2	0.9	北壁斜	略平
H379	D区T0606、T0506、T0605	椭圆形	残4	2.35	2.3			2.4	较平整	底四周略高于中部
H380	D区T0606、T0607	椭圆形	3.6	2.5	1.8			3.4	凹凸不平	坑口下0.5~1米有一周不规则平台，台底呈缓坡状与坑的下段相连，坑底较平
H381	D区T0606、T0706	半圆形	1.5	残0.6	1.2			未发掘至底	直壁	
H382	D区T0903、T0803	圆形	径1.1		1			0.6	较直，近底部略斜内收	圜底
H383	D区T0607	圆形	径1.8		1.8	径1.8		1.6	较直，规则整齐	底平整
H384	D区T0607	椭圆形	东西约4.5	南北残3.9	1.9			0.6~1.8	斜壁	底凹凸不平
H385	D区T0606	不规则椭圆形	0.9	不详	1.5	1	不详	0.8	壁较规整	底较平
H386	B区T0427	不规则	残2	1~2	1.9	残2	0.9~1.2	0.5~0.8	斜壁	底略平
H387	B区T0428、T0528	椭圆形	1.4	1.3	2.2	1.5	1.3	0.9	东壁和南壁较垂直，北壁西部和西壁底内凹0.1米	底略平
H388	B区T0427	不规则	4.9	残1~1.4	2	3.8	残1~1.4	0.6~1	南壁、西壁较垂直，东壁斜，无北壁	略呈倾斜状，东高西低，底不平
H389	B区T0427、T0327	近椭圆形	2.7	0.8~1.5	2.7	1.6	1.1	0.9	南、北壁较垂直，西壁内凹，东壁斜缓呈坡状衔接于底，似有台阶	略平

堆积情况	出土物	层位关系	分期	备注
土质松软，土色浅灰	只有10余片泥质灰陶及6块兽骨	开口③下，被M016打破，打破H406	二晚	
土质较硬，土色浅灰	陶片和兽骨，陶片可辨器形有鬲、罐、簋、盆、豆等	开口F45下	二晚	窖穴。部分进入T0608
土质疏松，深灰土	部分陶片和兽骨，可辨器形有鬲、簋、甑、罐、盆、豆等	开口于F45下，打破H、H407	一晚	
土质松软，土色深灰，内含少量木炭末和草木灰	骨铲、骨笄各1件、陶片和兽骨。陶片可辨器形有鬲、盆、豆、圈足盘等，复原圈足盘1件	开口F45下，被H332、H333、M436打破，打破H391、H407	二晚	西部、南部延伸至探方外
土质松软，土色灰	少量陶片及兽骨，可辨器形有鬲、瓮、豆、簋、甑、盂、小尊等	开口⑤下，被M407、M424打破，打破H405	二晚	西部延伸至T0506内、南部延伸至T0605内
土质松软，土色灰	少量陶片及兽骨，可辨器形有鬲、罐、簋、盆	开口晚期坑下，被M426打破，打破H410	二晚	西部延伸至T0607内
土质松软，土色灰	少量陶片，可辨器形有盆、鬲，复原陶罐1件	开口③下	四期	东部延伸至T0506内，T0606内仅存一小部分，未发掘到底
土质松软，土色浅灰	部分陶片及兽骨。可辨器形有罐、鬲、盆、簋、甑、盂 等，纹饰以绳纹占多数，弦纹较少，素面陶较多	开口③下，打破H331	一晚	窖穴。少部分延伸至T0803内
土质松软，土色浅灰	卜骨1件、较少陶片和少量兽骨。陶片以大口罐、盆、簋、瓮为主，有个别鬲片，泥质灰陶多于夹砂陶片	开口F48垫土层下，被M427打破，打破H350、H399、H401	三晚	窖穴
土质较硬，浅灰土夹砂粒	大量陶片及兽骨。陶片多为泥质灰陶，纹饰以绳纹为主，有少量弦纹及三角纹，素面陶较多，可辨器形有簋、罐、鬲、尊、豆等，复原鬲2、簋1、盆1、钵1、罐1、豆盘1。另有卜骨2件，鹿角、贝各1件	开口F48下，被H398打破，打破H408	一晚	
土质松散，土色灰	少量陶片	开口F44下，被M425打破	一晚	
土质较致密，无夯，呈黄褐色间杂小黑土颗粒，内含木炭颗粒及烧土颗粒	2片泥质灰陶罐腹片	开口现代渣土层下，被H322、H326、H362打破，打破M420	二晚	南部延伸至探方外，未发掘完整
土质较致密，土色浅红褐灰色，内含细小木炭颗粒。坑底部有1具完整马骨	骨镞1件、少许兽骨及陶片，陶片可辨器形有鬲、罐、簋、甑等。	开口④下，打破F56、H315	四期	葬马坑
二层：上层厚0.52～0.74米，土质疏松，土色浅黄灰，含细小木炭及烧土颗粒，分布均匀；下层厚0.08～0.28米，土质较致密，土色深灰，含木炭颗粒，分布靠坑底，较薄少	上层出土少许陶片及几片兽骨，可分辨器形有鬲、盆、罐、簋；下层仅出土几片陶片和一个残人头骨，可分辨器形有罐、盂	开口③下，被H322、H325、G7、G9、H361打破	四早	部分延伸至南壁外
土质疏松，土色深灰，内含较多木炭颗粒及少量灰烬	少许兽骨和陶片，兽骨有牛头、马骨等，陶片有鬲、簋、甑、罍、罐等	开口H326下，打破H390	四晚	窖穴

续上表

编号	位置	坑口形状	坑口			坑底			坑壁情况	坑底情况
			长	宽	深（距地表）	长	宽	深（距坑口）		
H390	B区T0427、T0327	椭圆形	3.7	1.2~2	2.7	2	1.2~1.4	1.3~1.8	较垂直，西北壁上有台阶4级	中间略凹，坑底西部有一高台，东部略深
H391	D区T0808	不规则	3.8	2.7	2.5	3.5	2.6	0.5	东壁直，北、西、南壁稍斜	较平
H392	D区T0808、T0708	三角形	2.7	1.7	2.2	1.6	0.8	0.9	东、南、北三壁斜	东高西低
H393	D区T0708	椭圆形	5.5	4.6	1.6	4.5	3.6	1.5	壁向内倾斜	口大底小，底不平
H394	D区T0708	圆形	2.6	2.5	2.6	1.8	1.8	1.2	向内倾斜	底不平
H395	D区T0708	长方形	1.6	1.1	2.1			6.1	向内倾斜	
H396	D区T0903	椭圆形	3.2	2.6	1.1			0.3~1	斜壁	圜底
H397	D区T0708、T0608	圆形	径2.6		1.7	径2.9		1.7	向外倾斜	口小底大，底部较平
H398	D区T0607	椭圆形	3.6	2.5	1.7			1.9	壁内斜	
H399	D区T0607	椭圆形	2.1	残1.8	1.7	2.7		2.8	壁较粗糙，不很规整	底较平
H400	D区T0607、T0606	长方形	3.5	2~2.4	1.5	3.2	1.7~2.1	4.1	坑的西北、西南、东南角均为直角，唯独东北角为圆角。坑的西壁、南壁较直，东壁外倾较大，在西壁下中腰部有一从南向北倾斜的台阶，可能是踩踏过多等原因，台阶不太成形，大致呈斜坡状。在坑的下部坑壁上留有宽约6~8厘米的工具痕迹，工具呈扁平形，但不很清晰	底部南壁上留有一宽0.2~0.4、高0.35~0.5米的土台，土台不平，像是挖坑时未清理完所留下的。另坑底也不很平整，西高东低
H401	D区T0607	近圆形	径3.8		2	约1.9		2	北壁较直，西北角到底部壁略向外扩，东北角壁内斜，南壁内斜	在深约1.1米时有一宽约0.9~1.6米的平台
H402	D区T0708	近圆形	3.8	2.85	1.6			0.8	垂直	平整
H403	D区T0708	圆形	径2		径1.6	径2.2		0.8	斜壁	口小底大，底部较平
H404	D区T0804	近圆形	径0.7		0.9	径0.7		0.7	壁较直，较规整	底较平整

堆积情况	出土物	层位关系	分期	备注
土质疏松，土色深灰，内含木炭颗粒及草木灰烬	陶弹丸1件、少许兽骨和较多陶片，兽骨中有牛角及不明物种的下颌骨等，可辨器形有鬲、簋、罐、盆、甑等	开口H322下，被H322、H326、H361、H389打破，打破M444	四晚	窖穴
土质松软，土色深灰，内含有草木灰和木炭末	陶片和兽骨，可辨器形有鬲、罐等。坑底西部有1具马骨架，头南尾北，背朝东	开口F45下，被H333、H378、M436打破	二早	南部延伸至探方外，马骨架全采集
土质稍硬，土色褐灰	陶片及兽骨，陶片可辨器形有鬲、罐、盆等	开口H378下，被H391打破，打破H407、H418	一晚	西部延伸至探方外
土质疏松，土色灰褐色，内含木炭灰和红烧土粒	陶片及兽骨，陶片可辨器形有鬲、罐、盆、甑、簋	开口F45下，被M377打破，打破H394、H332、H402，叠压H395	二晚	
土质较硬，土色深灰色	陶片和兽骨	开口F45下，被H393、H397打破，叠压H419	一晚	
土质疏松，土色绿色夹杂浅色灰土	蚌饰、骨笄、硬陶各1件、陶片和兽骨	开口于H393下，打破H402	二晚	发掘2.6米深，以下还有3.5米未发掘
土质较软，土色深灰	部分陶片及兽骨。可辨器形有罐、鬲、盆、簋等，纹饰以绳纹占多数，弦纹及素面陶略少	开口③下，被H278、H369打破，打破H331	二早	
土质较硬，土色浅灰	卜骨1件、少量陶片和兽骨	开口F45下，被M376打破，打破H403、H394、H419	二晚	部分进入T0608东隔梁
土质较硬，土色浅灰土发黄	少量陶片和兽骨。陶片大部分为泥质灰陶，有少量夹砂灰陶，可辨器形有鬲、簋、盆、豆等	开口F48垫土层下，被H374打破，打破H384、H409	二晚	
土质一般，略硬，土色浅灰，间杂褐色生土块	少量泥质灰陶片，可辨器形有罐、簋等，复原陶簋1件	开口F48垫土层下，被H383、M427、M411打破，打破H401	三晚	窖穴
土质松软，下部湿度较大，土色浅灰	一定量陶片，陶片以泥质灰陶为主，较少夹砂陶，可辨器形有罐、簋、盆、鬲、豆、尊等，纹饰以绳纹为主，有少量的弦纹及三角纹，素面陶较多	开口在F48垫土层下，打破H401、M426	三晚	窖穴
土质较硬，土色浅灰发黑	少量陶片，以泥质灰陶为主，绳纹较多，其次为素面陶，可辨器形有鬲、盆。距坑口1.7米深的西北角填土中出1件卜骨，卜骨较乱不完整	开口在F48下，被H400、H383、H399打破，打破H408	二晚	
土质疏松，浅灰土	少量陶片，可辨器形有鬲、盆、罐、瓮等	开口于F45下，被H393、H395、H377打破，打破H407	一晚	
土质较硬，黄色夯土，较纯净	没有包含物	开口F45下，被H397、M376、M415打破	一晚	
土质松软，土色深灰	部分陶片及兽骨。陶片可辨器形有罐、鬲、盆等，纹饰以绳纹为主，弦纹次之，素面陶较多	开口③下，打破H276	不早于三期	窖穴。北部压在北壁外

续上表

编号	位置	坑口形状	坑口			坑底			坑壁情况	坑底情况
			长	宽	深（距地表）	长	宽	深（距坑口）		
H405	D区T0606	圆形	径4.8		2.7			2	壁凹凸不规整，东壁有台阶由南向北而下，近底部折向西，台阶宽窄不匀，上端窄、下端宽，台面凹凸不平，台阶不规则	底不平
H406	D区T0607	不规则椭圆形	5.6	现发掘宽2.1	1.7			2.2～2.4	西壁内部未发掘，南壁和北壁内斜较大，东壁较直	底不很平整，圜底
H407	D区T0708	不规则	残2.5	残1.5	2.1	残长2.5	残宽1.5	0.5	斜壁	较平
H408	D区T0607	近圆形	残4.08	残径约2～2.1	1.7			0.6～1	壁内收	底高低不平
H409	D区T0608	椭圆形	残长2.2	残宽1.3～1.7	1.7			1～1.6	被打破严重，保存部分东壁，壁内斜	底倾斜
H410	D区T0606	不规则	残2.345	2.25	2			1.5	壁不规则	西高东低，高差55厘米
H411	D区T0606	椭圆形	2.8	1.9	1.8	2.8	1.9	1	壁较直	底较平
H412	B区T0428、T0528	不规则	4.1～5.6	残2.9～4	1.9	2.8	1.2～1.4	1.5	斜壁	不平
H413	B区T0428	不规则	2.3	0.8～2	2.1	0.4～2.3	0.5～1.1	0.2～0.6	斜壁	底较平，北部有一凹槽，凹深于底0.38米
H414	B区T0521	不规则	6.3	6	0.8			3.1	西壁、北壁斜，东壁、南壁延伸至探方外	圜底
H415	B区T0521	椭圆形	1	0.8	0.8			0.5	南壁直，北、东、西壁斜	斜底，不平
H416	B区T0528	圆形	3.7	3.6	2.2～2.5	3	2.9	2.3～2.7	斜壁，较平整	底部平整，底靠西壁有一生土台，推测为残存台阶
H417	D区T0606	椭圆形	3.8	2.2	1.5	3.6	1.9	4.5	壁凹凸不平	较平
H418	D区T0708	长方形	1.4	1.1	3.4	1	0.7	1.8	斜壁	口大底小，底较平
H419	D区T0608	椭圆形	残长径2.3	2.8	2.4	4	1.9	2.5	壁较粗糙	底圜平
H420	D区T0606	残半椭圆形	残1.95	残1.15	1.5			2.3	较直	底较平

堆积情况	出土物	层位关系	分期	备注
三层：土质均松散。第①层厚0.3~0.8米，土色灰黄；第②层厚0.5~0.7米，土色灰；第③层厚1~1.2米，土色深灰	大量陶片及兽骨。可辨器形有鬲、盆、罐、甑、瓶、圈足盘、罍等，复原陶瓮1件	开口⑤B下，被H379打破，打破H410	二晚	灰坑西部大半延伸至T0506内
二层：上层厚约1.1~1.4米，土质松软，土色灰浓发黑；下层，厚约0.8~1.1米，土质松软，土色浅灰发绿	大量陶片及少量兽骨。兽骨以牛骨为主。陶片大部分为泥质灰陶，少量夹砂陶，可辨器形有罐、簋、鬲、尊、罍、甑等，纹饰以绳纹为主，有少量弦纹和附加堆纹，素面陶较多，复原陶罍1件。另有骨锥1件	开口F48下，被H375、M448打破	二晚	西部延伸至西壁外
土质疏松，土色浅灰	出土贝3枚，底部发现4个成人骨架及1个小孩骨架	开口于H378下，被H392、H402、H377打破	一晚	灰土葬
土质较硬，土色浅灰	出土陶片较少，有少量兽骨。陶片中大部分为泥质灰陶，少量夹砂陶片，纹饰以绳纹为多，可辨器形有罐、鬲、簋、盆等，复原陶盆1件	开口F48下，被M017、H384、H401、H350打破	一晚	
土质松软，土色灰	少量的泥质灰陶及兽骨，可辨器形有鬲、簋、盆、甑等	开口F45下，被F48、H374、H398打破，打破H419	二晚	东部延伸至东壁外
土质松软，土色灰	少量陶片，可辨器形有鬲、盆，复原陶鬲和人头罐各1件	开口⑤B下，被H405、H308打破	二晚	西端延伸至T0506内
土质松软，黄花土	少量陶片，可辨器形有鬲、罐等	开口F44下，被M401打破，打破H417	三晚	
二层：上层厚0.65~1.3米，土质较疏松，土色浅灰褐色，含较多木炭颗粒及少量烧土颗粒，含2具人骨，东端人骨较小，西端较完整；下层厚约0.8米，土质较疏松，土色浅黄褐色粘土，含少量烧土颗粒	少许陶片，主要器形有鬲、罐、盆、豆、瓮、甑、簋等，复原陶甑1件	开口现代渣土层下，被M312、H315打破	三晚	部分延伸至T0528内
土质疏松，土色浅灰色，间杂少许黄土颗粒和木炭颗粒	少许陶片，主要器形有鬲、罐、盆等	开口⑤下，被H292、H293、M312、M445打破，打破M446	三晚	
四层：第①层厚0.5~1.2米，质粘硬，色深黑灰；第②层厚1~1.2米，质稍硬，色浅黄灰；第③层厚0.5~0.8米，质松软，色浅灰；第④层厚0.6~0.7米，质软，色深灰	大量陶片及兽骨。可辨器形有鬲、盆、簋、瓮、罐、红陶罐、豆、人头罐等，复原陶鬲、簋、红陶罐各1件。另有石器、骨针各1件	开口③下，打破H425、H426、F58	四晚	东部、南部延伸至探方外
土质松软，土色深灰	陶片及兽骨，陶片主要器形有鬲、簋、罐、簋等	开口③下，打破H422、F57	四晚	
土质松软，土色深灰色。在中部近底处有一灰葬，墓主身体缩成一团，似盘腿而坐状	大量陶片和兽骨，可辨器形有鬲、簋、罐、盆、尊、瓶、豆、甑等，复原簋1、盆1、盂1、罐2。兽骨有牛、马等。另有骨笄、小磨石、铜镞、卜骨各1件	开口④下，被F50叠压打破，打破H428、H314	三晚	窖穴
土质松散，土色灰黄	铜镞1件、大量陶片及兽骨。可辨器形有鬲、盆、罐、簋、瓮、甑、瓶，复原陶鬲2件	开口F44下，被H411、M410打破，打破H420、H352，	三早	
土质疏松，绿色浅灰土	少量陶片和兽骨，可辨器形有罐	开口H392下	一晚	窖穴
土质较硬，黄色夹杂褐色生土块	部分陶片和兽骨。可辨器形有鬲、簋、盆、罐、瓮等，复原盆1件	开口F45下，被H374、H397、H409打破	二晚	
土质松散，土色灰黄	少量陶片及兽骨，可辨器形有鬲、簋、罐、盆、甑、豆等	开口F44下，被M410、H417打破	三早	

续上表

编号	位置	坑口形状	坑口			坑底			坑壁情况	坑底情况
			长	宽	深（距地表）	长	宽	深（距坑口）		
H421	B区T0321	圆角长方形	1.9	1.9	0.9	1.6	1.4	0.8	斜壁	圆底
H422	B区T0521	长方形	2.4	1.7	0.8	1.3	1.6	1.3	斜壁	底北半部有两个小台阶
H423	B区T0321	圆形	1.6	1.5	1.4	1.4	1.3	0.9	斜壁	圆底
H424	B区T0421、T0521	长方形	1.9	1.2	0.8	1.9	0.8	0.6	西壁和北壁竖直，南壁斜	平底
H425	B区T0521	椭圆形	3.3	3.2	2.9			2.8	南壁竖直，北壁下段斜，西壁向外凹出0.25米	平底
H426	B区T0521	圆角长方形	2.5	1.4	3.4	2.2	1	8.1	稍斜，经过修整	略平
H427	B区T0428	不规则	残3.5	残2.2	1.7			2.2	斜壁，较规则	略平
H428	B区T0528	不规则	7.8	方内4.2	2~2.5			1.1~2.5	壁不甚平整，大体为直壁，向内倾斜	凸凹不平，西部向北渐深
H429	B区T0421	不规则圆形	4.5	1.4	0.8			0.5	斜壁	略平
H430	B区T0321	圆形	2.8	1.8	0.9	2	1.7	2	口下1.4米时斜坡，下层0.6米直，经过修整，南壁在探方外	口大底小，经过修整
H431	B区T0425T0525	圆形	2.4	2.3	1.7	3.3	3	3	光滑，明显人工修整过，似有铲形工具痕迹，宽度为8厘米	口小底大，规则袋状，底平整
H432	B区T0421	圆形	0.6	0.6	1.3	0.5	0.5	0.3	西壁、南壁斜东壁直	平底
H433	B区T0521	长条形	6.8	1.1	1.5			2.3	东壁斜	底面较平整
H434	B区T0425、T0525	椭圆形	1.8	0.8~1.2	2	1.4	0.6~0.8	0.6	斜壁	底较平整

堆积情况	出土物	层位关系	分期	备注
二层：上层厚0.3~0.45米，土质松软，土色深灰；下层厚0.45~0.5米，土质松软，土色浅灰	陶片及兽骨，可辨器形有鬲、罐、盆、甗、甑、簋等	开口扰土下，打破H430、F58	四晚	南部延伸至南壁外
土质稍硬，土色杂灰	小绿松石饰1件、陶片及兽骨，陶片可辨器形有宽折沿鬲、素面鬲、罐、簋、盆等	开口③下，被H415打破，打破F57和H424	四晚	
土质松软，土色深灰	陶片及兽骨，可辨器形有鬲、罐等	开口③下	二晚	
土质松软，土色杂灰。坑底部有几根人腿骨和2个人头	小铜饰1件、部分陶片及兽骨，可辨器形有鬲、高领罐、盆等	开口③下，被H422打破，打破F57	四晚	窖穴
土质松软，土色深灰	出土陶片及兽骨，可辨器形有鬲、红陶罐、盆、簋、甑等	开口H414下，打破H426	四晚	部分延伸至探方外
九层：第①层厚0.9~1米，质松软，色褐灰；第②层厚0.5~0.7米，质稍硬，色黄夹料礓石；第③层厚0.5~0.7米，质粘，黄淤土；第④层厚0.7~0.9米，质松软，色浅灰；第⑤层厚0.7~0.75米，质粘，色浅黄；第⑥层厚0.7~0.75米，质松软，色浅灰；以下3层为钻探资料：第⑦层厚0.9米，质松软，色褐黄；第⑧层厚0.4米，质松软，色黄夹料礓石；第⑨层厚1.3米，质软，色白粗砂	出土部分陶片及兽骨，可辨器形有鬲、折沿盆、簋、罐等	开口于H414下，被H425打破	一晚二早	水井
土质疏松，浅灰土	较多陶片和少量兽骨。可辨器形有鬲、甑、罐、盆、簋等，复原陶圈足盘1件	开口现代渣土层下，被H220、H221、M423打破	二晚	发掘M423坑扩时发现，未发掘完整
填土较乱，有黑灰、黄灰、红褐灰等各种土色，内均夹散碎烧土及木炭颗粒，土质较硬，整体堆积杂乱，分不出层次	铜镞2件、骨笄、卜骨各1件、部分陶片及兽骨。可辨器形有鬲、簋、罐、盆、尊、豆、甑等，以灰陶为主，红陶极少，纹饰以绳纹最多，复原鬲、盆和罐各1件。兽骨有牛、马骨等	开口H314下，被H416打破，打破H98	二早	西部向北折出方外，未发掘完整
土质稍硬，土色黑灰	陶片及兽骨，陶片可辨器形有陶鬲、圆络纹鬲、高领罐、红陶罐、簋、盆等	开口③下，打破F57	四期	南部延伸至南壁外
土质疏松，浅灰土	陶片和少量兽骨，可辨器形有鬲、罐、盆等	开口③下，被H421打破，打破F57	四晚	南部延伸至南壁外
二层：上层厚1.4米，土质疏松，土色浅黄灰土，内含较多木炭颗粒和少量烧土颗粒；下层厚1.6米，土质疏松，土色浅灰灰褐色灰土	卜骨6件，骨饰、骨锥、铜镞、骨镞、陶罐各1件。上层出土少量陶片，以泥质灰陶为主，其次是夹砂灰陶，夹砂红陶少许，泥质红陶少见；可辨器形有鬲、簋、罐、盆。另出有少许兽骨。下层内出少量陶片，可辨器形有鬲、簋、罐、豆、盆。另出有1具残小孩骨架，少许人的肋骨及兽骨	开口F28下	一晚二早	窖穴，或作临时居所
土质松软，黄花土	极少陶片	开口于F57下	二晚	取土坑，后因建房用黄花土填
二层：上层厚0.5~0.8米，土质松软，土色浅灰，下层厚1.3~1.5米，土质软，土色深灰	陶片和兽骨，可辨器形有鬲、簋、罐、盆、甑等	开口③下，打破F57垫土	三晚	北部西部延伸至探方外
土质疏松，土色黄褐花土，较纯净，内含木炭颗粒	1片陶鬲口沿	开口F28下，被F26叠压打破	不早于二期	

续上表

编号	位置	坑口形状	坑口			坑底			坑壁情况	坑底情况
			长	宽	深（距地表）	长	宽	深（距坑口）		
J1	B区T0625	大体呈长方形	1.9	0.9	2.7	1.9~2	1.1	7.8	井的南北两壁上有脚窝，从发掘的部分看，北壁上有6个，南壁上有5个，脚窝间距0.3~0.4米，基本对称	井底比井口略大，大体呈长方形
J3	C区T1313	椭圆形	1.94	1.86	0.9			11.7	壁较直	
J4	C区T1512	长方形	1.7	1.5	1.6			14	壁较直	底较平整
J5	C区T1315	圆形	1.8	1.8	1.2			11.3	壁较直	口圆底较方，底较平整
J6	C区T1414	半圆形口，1.9米处呈长方形	2.5	1.7	1			12	较直	略平
J7	C区T1418	圆形	1.6					11.5	较直	略平
J8	C区T1413、T1313、T1412	圆形	1.7	1.4	1.5	1.3	1.1	12	壁较直	口大底小
J9	D区T0606	圆形	3.2	2.7	0.7			11.5	壁面垂直光滑	略平
J10	D区T0609	长方形	残长1.5	0.8	1.5			11	直壁	圆底
G3	B区T0625	不规则	残5.9	0.9~2.7	1.5			0.5~0.6	斜壁	口大底小，底略平
G5	B区T0625	不规则	残8	0.8~1.8	1.5			0.3~0.5	斜壁	口大底小，底略平
G9	B区T0427、T0527、T0327	不规则长条形	15.5	1.6~3.2	1.7	15	1.3~2.6	0.2~0.6	斜壁	底部较平，南面浅中部略深
G10	B区T0328、T0428	不规则长椭圆形	5	0.5~1.1	1.9	2.8	0.5~1	0.1~0.5	壁较垂直，无明显工具痕迹	底不平，东部较浅，西部略深

堆积情况	出土物	层位关系	分期	备注
分三层：第①层厚0.5米，土质疏松，土色为灰绿色；第②层厚0.5~1.5米，土质较致密，土色为灰色；第③层厚1.5~2.8米，土质较硬，土色为褐色。以下为钻探资料：3.2~3.9米为黄褐色花土，含烧土、炭粒，土质疏松；3.9~4.5米为黄色土，土质致密，纯净，含料礓石较多；4.5~5.2米为红褐色花土，较致密；5.2~5.8米为红褐色土，较疏松，发粘，含烧土，有木质腐朽痕迹，糁黄漆和白漆；5.8~6.4米为深褐色土，较致密，水锈多，含少量炭粒；6.4~7.2米为深褐色土，水锈多，较致密，含炭粒；7.2~7.4米为深褐色土，土质较疏松，纯净，水锈少；7.4~7.8米为米黄色土，土质疏松，含水锈；7.8~8.4米为黄砂土	陶片，以夹砂灰陶为主，泥质灰陶少，主要器形有罐、鬲等	开口③下，被G3、H42打破	二晚	水井
填土为灰土，土质较松软	陶片及兽骨	开口②下	四晚	水井。实际发掘3米，3米以下为钻探数据
填土为灰土，土质较松软	骨铲1件、陶片及兽骨	开口③B下，被H116、H119打破	四晚	水井。南部延伸至南壁外
填土灰土，土质较松软	陶器和少量兽骨，陶器主要为泥质灰陶鬲口沿、罐底等	开口②下，被M172打破，打破F24	四期	水井
填土为黄灰土，土质较软	少量陶片，可辨器形有鬲、簋、罐、豆等	开口F19下，	四期	水井。实际发掘深度为2.2米，以下为钻探数据
填浅灰色土，土质较松软	少量陶片，可辨器形有鬲、盆、簋、罐等，陶箅形器1件	开口F23北侧垫土下，被M225打破	一晚	水井。深度为钻探资料
分二层，土质较为松软，上层填土为黄花土，下层为黑花土	卜骨1件，另有泥质灰陶瓮、罐口沿、泥质红陶口沿、泥质灰陶甗口沿等	开口②下，打破H234	四晚	水井。发掘至2.4米，以下为钻探数据
土质疏松，浅灰褐土	出少量陶片，可辨器形有鬲、罐、簋、盆	开口③下，被M425打破，打破F44、H364.M437	四晚	水井。发掘至4米层面，以下为钻探数据
土质疏松，为浅灰色	少量陶片	开口在扰土层下，被H327打破	二晚	水井。深度为钻探资料
土质较松软，土色为灰色	卜骨3件、骨锥、骨器各1件和大量陶片，陶器以灰陶为主，有少量红陶，器形有鬲、罐、簋、盆等	开口于③下，被H44打破，打破M76、H42、J1、F14	四期	灰沟。部分延伸至探方外
土质为疏松的细砂土，土色为灰黑	陶器以泥质灰陶为主，有少量夹砂灰陶，主要纹饰为绳纹和刻划纹，可辨器形有鬲、罐、簋、盆等，其中有1~2个罐个体甚大，胎壁较厚。另有卜骨2件、骨笄、陶圆饼形器、铜镞各1件和陶片	开口于③下，被F13、H26、H27、M70、M76、G3打破，打破H47、H69、H80、M98	三晚	灰沟。部分延伸至探方外
土质疏松，浅黄褐色灰土，内含木炭颗粒、少许烧土颗粒及草木灰	丰富殷墟晚期陶片及少许兽骨。陶器以泥质灰陶为主，有少量泥质红陶，可辨器形有鬲、簋、罐、盆、甑等，复原陶鬲1件。兽骨中有马的下颌骨、肋骨、牛角、鹿角等。另有骨锥、骨笄各2件，陶圆饼形器、铜镞、骨镞各1件	开口于现代渣土层下，中部被G7打破，打破H256、H272、H297、H361、H322、H323、H368、H299、H325	四晚	灰沟
两层：东部填土厚0.1米左右，浅黄灰色，土质疏松；西部填土厚0.5米左右，深灰色略红，土质疏松，内含少许木炭颗粒	大量陶片，以泥质灰陶为主，有少许夹砂灰陶和泥质红陶，可辨器形有鬲、簋、罐、盆、甑等。另出土有少量大块兽骨，有马骨等	开口于⑤下，被H217打破，打破H256、H258、H272、H326、H292、H360	四晚	灰沟

附表三　2004年大司空遗址墓葬登记表

（单位：米）

墓 号	位 置	层位关系	方 向	墓葬形制		有无壁龛	墓底孔洞
				墓室（长×宽-深）	腰 坑		
M1	A区T0408	③下	10°	2.23×0.83-1.5	0.6×0.18-0.07		
M2	A区T0309	③下	15°	口：2.55×（1.15S~1.3N） 底：2.9×（1.43S~1.65N）-2.72	0.68×0.5-0.28		有
M3	A区T0309	②下	200°	2.1×0.65-1.3	0.4×0.14-0.15	有	
M4	A区T0508	②下	17°	2.1×0.8-1.6	0.2×0.19-0.05		
M5	A区T0509	②下	290°	3.2×（1.3~1.41）-3.7	0.75×0.33-0.18		有
M6	A区T0107	②下	10°	2.88×1.2-2.85	0.76×0.25-0.2		有
M7	A区T0107	②下	10°	2.7×（1.0N~1.15S）-2.05	0.65×0.15-0.15		
M8	A区T0207	②下	17°	口：2.25×0.85　底：2.6×1.0-2.8	0.7×0.25-0.1		
M9	A区T0106	②下	285°	2.9×（1.3W~1.4E）-3.8			有
M10	A区T0206	②下	185°	3.12×1.45-3.2	0.65×0.33-0.16		
M11	A区T0205	②下	190°	2.95×1.25-3.9	0.8×0.27-0.3		
M12	A区T0105	被M13打破	195°	2.25×0.9-2.8			
M13	A区T0105	打破M12	195°	3.3×1.2-2.8			
M14	A区T0105	②下	100°	底：1.07×0.25-0.1			
M15	A区T0105	②下	10°	口：3.0×1.5-4.6	0.8×0.45-0.25		
M16	A区T0105	②下	12°	底：0.8×0.3-0.5			
M17	A区T0204	②下	275°	3.2×1.55-5.5	0.8×0.35-0.18		
M18	A区T0204	②下	276°	（2.4~2.6）×1.15-3.6	0.75×0.26-0.15		
M19	A区T0204	②下	182°	2.75×1.2-3.7	0.7×0.25-0.15		
M20	A区T0204	②下，打破M21	10°	2.6×1.1-2.15	0.6×0.4-0.2		
M21	A区T0204	②下，被M20打破	270°	2.55×1.03-3.15	0.45×0.2-0.2		有
M22	A区T0303	②下，打破H8、F18	180°	2.3×（0.84N~0.9S）-1.3	0.5×0.35-0.05	有	有
M23	A区T0303	②下，打破M24	350°	3.3×1.42-4.35			
M24	A区T0303、T0403	被M23打破，打破H49、H50、H88和H95	0°	2.0×0.8-3.75			
M25	A区T0303	打破H18、H19	275°	口：2.35×0.85 底：2.8×1.05-2.25			
M26	A区T0302、T0303	打破H9、H39	185°	2.1×0.44-4.2			

葬 具	葬 式	殉人与牺牲	随 葬 品	分期	是否盗扰	人骨采集	备 注
	仰身直肢		贝2	商	是	是	木板灰痕
棺：1.8×0.5-0.12 椁：2.15×0.85-0.6	直肢	墓室填土内居中和腰坑内各有一殉狗	陶AI簋，铜AaI戈、AaII戈，贝，羊腿	I晚	是	是	木板灰，红白漆
棺：1.9×0.45-0.15	仰身直肢	腰坑内有一具小兽骨	陶DII簋、AVII觚、AIX爵、AIV罐、贝2	IV早	否	是	木板灰痕
棺：1.88×0.44-0.13	仰身直肢		陶AV豆，贝	II晚	否	是	木板灰，红漆
棺：2×0.6-0.35 椁：2.74×1.2-0.55	仰身直肢	腰坑内有一具殉狗	陶AIV觚、AVI爵、E罐，铜BbII戈4、铃2、骨镞、蚌，贝2	III早	是	是	木板灰，红漆
棺：2.25×0.7-0.28	不明	腰坑内有一具殉狗	陶BIV簋、AX觚（填土内）、AXII爵、VI盘（填土内）、AV罐，贝	IV晚	是	否	木板灰痕
棺：2.23×0.73-0.35	仰身直肢		陶AIII豆，贝2	II早	否	是	木板灰痕
	不明		陶AII罍、E豆	IV早	是	否	木板灰痕
棺：1.9×0.5-0.4 椁：2.5×1.0-0.7	仰身直肢		陶BI豆	III早	是	是	木板灰，红漆
棺：2.57×1.0-0.65	直肢	腰坑内有一兽骨	陶BI豆、AIV觚、AVI爵，铜BI觚、BI爵、BII戈4、矛2、铃2、玉饰	III早	是	否	木板灰痕
棺：2.35×0.95-0.3	不明		陶AV豆，羊腿	II晚	是	否	木板灰痕
棺：1.95×0.68-0.16	直肢		陶AV豆	II晚	是	是	木板灰痕
	不明			不早于II晚	否	否	
陶瓮棺	不明		陶瓮	II	否	否	
棺：2.71×1.14-0.6	不明		陶AX觚、AXII爵、VI盘	IV晚	是	否	木板灰，红漆
	仰身直肢			商	否	是	
棺：2.75×1.3-0.77	不明		铜C刀	商	是	否	木板灰，红漆
棺：1.93×0.6-0.25 椁：2.27×(0.83~0.93)-0.53	仰身直肢	西二层台上和腰坑内各有一殉狗	陶BVI簋、AX觚、AXII爵、VI盘、AII罍，铜钺、镞、U形器、泡、铅器、骨器、贝25、蚌片饰、螺蛳、龟	IV晚	否	是	木板灰，画幔，布纹、席纹。棺底部两端各有宽约8~9厘米的横向枕木
棺：1.83×0.55-0.25 椁：2.1×0.85-0.45	仰身直肢	腰坑内有一殉狗	陶CIII簋、BII、F豆、AVIII觚、AX爵、AIII罐，铜铃、玉饰、石圭、璜，贝4	IV晚	否	是	木板灰，白漆，椁靠东壁放置
棺：? ×0.6-0.42	不明	腰坑内有一殉狗	陶F罐、陶片、人骨，贝3	IV晚	是	否	木板灰
棺：2.0×0.7-0.28	仰身直肢	腰坑内有一殉狗	陶EIII簋、AVIII觚、AX爵、V盘、AIV罐、玉璧，贝6	IV晚	是	是	木板灰
	仰身直肢		陶G簋、AVI觚、AVIII爵、AIV罐、小兽骨，贝4	IV早	是	是	木板灰
	不明			不早于II晚	是	否	
	不明			不早于II晚	是	否	
棺：1.1(残)×0.75-0.4	不明		陶AIV罍、骨笄	IV早	是	否	木板灰，黑漆
	不明			不早于II早	是	否	

安阳大司空——2004年发掘报告

续上表

墓 号	位 置	层位关系	方 向	墓葬形制		有无壁龛	墓底孔洞
				墓室（长×宽-深）	腰 坑		
M27	A区T0403	②下，打破M99	180°	1.9×0.75-1.6			
M28	A区T0304	④A下，被M67打破	270°	2.35×0.75-2.25	0.5×0.3-0.1	有	
M29	C区T1518	F40夯土中	285°	底：0.6×0.4-0.2			
M30	B区T0421	F57夯土中	5°	底：0.8×0.3-0.1			
M31	A区T0101	②下，打破F11	190°	3.4×（1.95N~2.05S）-4.6	0.85×3.36-0.5		
M32	A区T0101	②下，打破M33	10°	2.65×0.9-2.0	0.75×0.38-0.1		
M33	A区T0101	③下，被M32打破，打破F11	277°	2.5×1.0-2.9	0.5×0.28-0.16		有
M34	B区T0628	④下	198°	口：2.5×0.96 底：2.6×1.14-1.7	0.77×（0.16~0.3）-0.2		
M35	B区T0528	④下，打破M58	198°	1.9×0.54-0.76			
M36	B区T0527	⑤下，打破F6	273°	2.1×1.0-2.25	0.58×0.35-0.28		有
M37	B区T0526	F2下，打破M50	280°	口：2.1×0.88 底：2.13×0.8-3.2	0.82×0.48-0.24		有
M38	B区T0526	F27下	200°	口：2.25×0.96 底：2.25×1.06-1.5	（0.47~0.6）×0.34-（0.02~0.04）		有
M39	B区T0525	③下，打破F1	183°	口：1.5×1.05 底：2.6×1.38-3.8	0.75×0.25-0.23		有
M40	B区T0625	④下，打破H28	276°	口：1.66×0.82 底：1.55×0.66-（0.7~0.9）			
M41	B区T0624	④下，被H31打破	263°	口：1.51×1.02 底：1.51×0.68-2.67	0.5×0.33-0.35		
M42	B区T0625	④下	19°	口：2.5×1.5 底：2.6×1.3-3.44	1.08×0.44-0.2		有
M43	B区T0726	⑤下	190°	口：2.2×1.1 底：2.5×1.2-3.8	0.7×0.25-0.2		有
M44	A区T0305	②下，打破H1、M47	5°	2.1×0.78-1.5	0.35×0.25-0.05		
M45	A区T0305	②下，打破H51、F3	5°	口：2.7×1.3 底：2.7×1.2-2.1			有
M46	A区T0105	①下，打破M12	290°	1.65×0.7-1.95			
M47	A区T0305	被H1打破，打破F3	5°	2.25×0.82-1.7			
M48	A区T0303	②下，打破M49	355°	1.35×0.4-0.36			
M49	A区T0303	②下，被M48打破，打破H5	355°	2.1×0.8-1.0			
M50	B区T0526	F2下，被M37打破	285°	（残）0.72×（0.52E~0.6W）-3.2			
M51	B区T0528	③下，打破F50	196°	2.1×0.75-2.3	0.76×0.25-0.2		有

安阳大司空——2004年发掘报告

葬　具	葬　式	殉人与牺牲	随葬品	分期	是否盗扰	人骨采集	备　注
	不明		陶AXII爵、VI盘（填土内）	IV晚	是	是	
棺：1.85×0.5-0.17	仰身直肢		陶FI簋、AVIII瓿、AX爵、IV盘、AIII罐，贝8	IV晚	否	是	木板灰，红漆
陶瓮棺	不明			IV	否	是	
		墓底为一殉狗		不晚于II期	否		
棺：2.6×0.8-0.4　椁：?　×1.25-0.8	仰身	南二层台上一人，北二层台上和腰坑内各有殉狗	铜A泡16、B泡，铜镞、戈残片，卜骨2，蚌泡10，田螺，贝	商	是	否	木板灰，红漆。二层台上有席纹
棺：2.0×0.85-0.08	不明		陶AV瓿，陶爵AVII，兽腿	III晚	是	头骨	木板灰，红漆
	不明	腰坑内有一殉狗		不晚于III晚	是	否	木板灰
棺：2.2×0.65-0.23	仰身直肢	腰坑内有一殉狗	陶H鬲、AXII爵、AX瓿、FII簋、AV罐、D罐2、AIII尊，石璋，贝5，兽骨	IV晚	否	是	木板灰，红、白、黑、黄漆。棺底有垫板朽痕
	不明		陶DII鬲	IV晚	否	是	木板灰，席纹
棺：1.9×0.6-0.15	仰身直肢	腰坑内有一殉狗	贝3	不早于IV期	否	是	
棺：1.85×0.46-0.18	仰身直肢			不晚于IV期	是	是	木板灰
	仰身直肢		贝2	不晚于III期	否	是	草拌泥
棺：1.86×1.02-0.42	仰身直肢		铜戈2，贝	不早于IV早	否	否	木板灰，红、黑、黄漆
	仰身直肢		卜骨	不早于III期	否	是	
	仰身直肢		陶AII簋、Ab罐、H罐	II晚	否	是	
	不明	腰坑内有一殉狗	贝2	商	是	是	
棺：2.4×0.78-0.18	仰身直肢	腰坑内有一殉狗	陶AIV豆，贝	II晚	否	是	木板灰
	仰身直肢		陶AV罐、AXII爵、VI盘，贝	IV晚	否	是	
	不明			不早于II期	是	否	
棺：1.48×0.5-0.15	仰身直肢		陶BVI簋，贝2	IV晚	否	是	木板灰
棺：2.05×0.5-1.0	仰身直肢		陶AIII豆，贝2	II晚	否	是	
	不明		贝	不早于IV早	否	否	
	仰身直肢		贝2	不早于IV早	否	是	木板灰
	仰身直肢			不早于IV期	否	是	
棺有5块，由西向东宽度分别为0.18、0.15、0.14、0.14、0.1	仰身直肢		贝20	商	否	否	木板灰

续上表

墓 号	位 置	层位关系	方 向	墓葬形制		有无壁龛	墓底孔洞
				墓室（长×宽-深）	腰 坑		
M52	A区T0303	②下，打破H50	177°	1.9 ×0.6-0.83			
M53	A区T0303	②下，打破H37	185°	2.3×0.9-0.55			有
M54	A区T0406	被H3打破，打破M61	7°	1.7×1.0-0.12			
M55	A区T0403	②下，被H16打破，打破F15	274°	1.8×（0.72W～0.67E）-1.5		有	
M56	A区T0403	②下，打破F15、M101	355°	口：2.35×1.05 底：2.05×0.8-3.6			
M57	B区T0527	⑤下，打破H98	95°	1.9×0.6-2.85			
M58	B区T0528	④下，被M35打破，打破H428	194°	口：3.1×1.4 底：2.95×1.4-2.8	0.8×0.42-0.3		有
M59	A区T0401	③B下，打破M81	185°	1.9×0.58-0.6			
M60	A区T0303	②下，打破H74	5°	1.7×0.9-0.25			
M61	A区T0406	被M54打破，打破F12	206°	口：1.65×0.6 底：1.65×0.7-0.25			
M62	A区T0303、T0203	②下，打破H102	93°	2.5×1.0-3.0	0.65×0.25-0.25		
M63	B区T0527	④下，被H300打破，打破H312	273°	口：1.95×0.75 底：1.96×0.8-2.8			
M64	B区T0527	被H32和H99打破，H98	285°	1.5×0.5-2.6			
M65	A区T0401	②下，被H34打破					
M66	B区T0624	H31下		无墓圹			
M67	A区T0304	④A下，打破M28	180°	1.66×0.55-0.35			
M68	A区T0101	③下，打破F11	105°	0.6×0.3-0.08			
M69	A区T0305	③A下，打破F3	275°	口：2.05×0.88 底：2.65×1.0-2.53	0.65×0.3-0.15		有
M70	B区T0625	④下，被M76打破	270°	口：2.11×0.84 底：2.12×0.85-0.55			
M71	A区T0101	②下，打破F11	100°	0.85×0.3-0.1			
M72	A区T0403	②下，打破H49、H88、H89、H95	356°	2.38×0.8-1.8			
M73	A区T0305	F3下，打破F16	5°	口：2.2×0.8　底：2.35×1.08	0.52×0.35-0.14		有
M74	A区T0304	⑤下，被H41、H45打破，打破H86和H55	265°	口：2.04×0.68 底：1.9×0.6-2.0	0.39×0.8-0.4		
M75	A区T0406	F12下，打破M96、H101	5°	2.34×0.98-0.95			
M76	B区T0624	③下，被G3打破，打破H30、M41、M70、F14	8°	3.55×3.15-2.2			

葬　具	葬　式	殉人与牺牲	随葬品	分期	是否盗扰	人骨采集	备　注
	仰身直肢		贝3	不早于IV早	否	是	木板灰
	俯身直肢			不早于I晚	否	是	木板灰
	仰身屈肢			商	是	是	
	仰身直肢		陶DII簋、AII尊，贝3，文蛤	IV早	否	是	木板灰
	不明		陶AX瓠、AV罐	IV晚	是	否	
	仰身直肢			商	否	是	
棺：1.95×0.77-0.6 椁：2.64×0.98	仰身直肢	腰坑内和填土内有殉狗，南二层台上有牛腿和羊腿	陶AVIII瓠、K簋、AX爵、E尊，铜A鼎、AIII爵、AII瓠、B刀、AaV戈、C锛、铃、骨弓末饰、镞2，贝	IV晚	否	是	木板灰
	仰身直肢			不早于II晚	否	是	
	不明			不早于I晚	是	否	
	仰身直肢		鱼骨（鳃）	商	否	是	
棺：2.17×0.55-0.3	俯身直肢		铜CI戈，贝3	II晚	否	否	木板灰，二层台上有席纹
	仰身直肢		贝2	IV早	否	是	木板灰
	俯身直肢			不晚于IV早	是	是	
	仰身			商代	否	否	压在现代道路下
	仰身屈肢			不晚于III晚	否	是	
	仰身直肢		贝	IV晚	否	是	
	仰身			不早于III期	否	是	
棺：2.12×0.55-0.5	俯身直肢	填土内距口1.4米有一殉狗	陶AVIII瓠、AX爵、V盘、AIV罐，贝	IV晚	否	是	木板灰，人骨架上有席纹
	仰身直肢	填土内距墓底0.2米有一殉狗	贝3	不早于IV期	是	是	
	仰身直肢			商	否	是	
	仰身直肢		陶EII簋、AVI瓠、AVIII爵、AII罐，兽骨	IV早	否	是	木板灰
棺：1.95×0.75-0.2	仰身直肢		陶AIV豆，贝2	II晚	否	是	
	仰身直肢		陶C豆、IV盘、AIII罐，贝3	IV早	否	是	木板灰
棺：1.98×0.6-0.15	俯身直肢		陶BII豆	IV早	否	是	木板灰
			铜書、轭首、轭箍、轭足、兽面形衡饰、踵、马衔、镳、"U"形器、马鼻形饰、节约、泡、弓形器、镞、象牙觿	IV晚	是	整体搬迁	车马坑

续上表

墓号	位 置	层位关系	方 向	墓葬形制			
				墓室（长×宽-深）	腰 坑	有无壁龛	墓底孔洞
M77	A区T0406	F12下	10°	1.85×（0.48S～0.55N）-0.25			
M78	A区T0401	③B下，打破F4	355°	2.0×0.85-0.7			
M79	A区T0401	②下，打破M94、F4	175°	1.85×0.65-0.6			
M80	A区T0401	②下，打破F4	0°	口：2.18×0.8 底：2.05×0.78-0.7			
M81	A区T0401	③B下，被M59打破，打破H73、H75	350°	口：2.2×0.85 底：2.35×0.87-2.4			
M82	A区T0101	F11内	285°	口：0.5×0.25			
M83	A区T0401	②下，打破F4	5°	2.45×0.8-1.35			
M84	A区T0401	③B下，打破F4	355°	口：2.3×0.8 底：2.15×0.9-2.2	0.6×0.4-0.25		
M85	C区T1313	③下	20°	3×1.4-4.9	0.9×0.31-0.22		
M86	C区T1510	②下	13°	2.6×1.1-4.05	0.84×0.4-0.18		
M87	C区T1509	③下	198°	2.3×1.05-3.6	0.56×0.38-0.23		
M88	C区T1210	②下	195°	口：2.2×0.8 底：2.35×1.08-1.5			
M89	B区T0625	③下，打破H65	276°	1.0×0.4-1.42			
M90	C区T1313	①下，打破H161和M92	22°	2.75×1.5-1.58	0.7×0.4-0.18		
M91	C区T1214	③下	15°	3.85×1.3-4.62			
M92	C区T1313	②下，被M90打破	167°	1.8（残）×0.8-1.76			
M93	B区T0527	被H33打破，打破H79	278°	1.9×0.6-2.8			
M94	A区T0401	③B下，被M79打破，打破F4	90°	口：2.3×0.9 底：2.4×1.2-3.25	0.85×0.35-0.25		
M95	C区T1510	④下	14°	2.02×0.69-1.5			
M96	A区T0406	F3下，被M75打破，打破H101	15°	2.2×0.85-0.15			
M97	A区T0304	④A下，被M28、H45打破，打破H86	274°	2.6×1.1-3.9	0.6×0.2-0.1		
M98	B区T0625	G5下，打破H80	273°	口：2.22×0.9 底：1.94×0.74-2.5			
M99	A区T0403	③下，被M27打破	91°	2.6×1.1-1.6			
M100	A区T0303	③下	346°	1.27×0.42-0.12			
M101	A区T0403	F15下，被M56打破	272°	2.1×0.65-0.3			
M102	A区T0304	③下，被H10打破，打破M145	270°	2.0×（0.52E～0.68W）-0.35			

葬 具	葬 式	殉人与牺牲	随葬品	分期	是否盗扰	人骨采集	备 注
	仰身直肢		贝	商	否	是	木板灰
	仰身直肢			不早于Ⅱ晚	是	是	木板灰
	仰身直肢		贝	不早于Ⅱ晚	否	是	
	仰身直肢	殉狗	陶BⅢ簋、AⅨ觚、Ⅴ盘、AⅣ罐，贝2	Ⅳ晚	否	是	
棺：1.95×0.53-0.3	仰身直肢	填土内距墓口1.4米有一殉狗		不早于Ⅱ晚	否	是	木板灰
	侧身屈肢			不晚于Ⅲ	是	是	
棺：2.0×0.5-0.15	俯身直肢		陶BⅣ簋、AⅩ觚、AⅫ爵、Ⅵ盘、AⅤ罐	Ⅳ晚	否	否	
棺：1.52（残）×0.52-0.05	直肢			商	是	否	
棺：2.8×1.1-0.36	不明		陶AⅡ簋、AⅠ罐，铜BbⅡ戈、铃	Ⅱ晚	是	否	木板灰，白、黄漆
棺：1.25×0.45	不明			商	是	否	
棺：1.95×0.58-0.2	仰身直肢		陶AⅢ鬶、豆（残）、鬲（残）	Ⅳ期	是	是	
	仰身直肢		陶DⅡ鬲，贝	Ⅳ早	否	是	
	仰身			不早于Ⅱ晚	否	是	
	不明		陶EⅠ鬲、AⅡ簋、AⅡ觚、AⅢ爵、AⅠ罐，兽骨	Ⅱ晚	是	否	木板灰，白漆
椁：3.3×1.1-0.8 棺：3.0×1.0-0.35	不明	北二层台上有一牛腿和一羊腿	陶EⅢ簋、BⅠ豆、AⅦ觚、AⅨ爵，铜Ⅲ矛2、铃，牛腿，羊腿	Ⅳ早	是	否	木板灰，白漆
	不明			不晚于Ⅱ晚	是	否	
	仰身直肢			Ⅳ早	是	是	木板灰
棺：2.0×0.55-0.4	俯身直肢	填土内距口2.35米有一狗腿	陶AⅡ觚、AⅢ爵，贝	Ⅱ晚	否	是	木板灰，红漆
	俯身直肢		贝	商	是	是	木板灰，黑漆
棺：2.05×0.6-0.15	仰身直肢		贝	不晚于Ⅳ早	否	是	木板灰，红漆
棺：2.01×0.64-0.15 椁：2.25×1.02-0.3	仰身直肢		陶CⅣ簋、BⅢ豆、AⅧ觚、爵、AⅢ罐，贝，文蛤	Ⅳ晚	否	是	木板灰
棺：1.94×0.74	仰身直肢		陶簋（残），贝	不早于Ⅰ晚	是	是	木板灰，黑漆
	直肢			不晚于Ⅳ晚	是	是	
	侧身屈肢			不晚于Ⅱ早	否	是	为F17祭祀
	仰身直肢		陶簋（残），贝	不晚于Ⅳ晚	否	是	
	仰身直肢		陶AⅤ鬲、AⅩ觚、AⅫ爵、Ⅵ盘，贝	Ⅳ晚	否	是	

续上表

墓号	位　置	层位关系	方　向	墓葬形制		有无壁龛	墓底孔洞
				墓室（长×宽-深）	腰　坑		
M103	A区T0403	③B下	97°	口：0.56×0.3			
M104	A区T0304	H86下，打破H55	85°	1.78（残）×0.7-0.3			
M105	A区T0507	③下，打破F7、M170	200°	3.1×1.45-3.7	1.0×0.4-0.15		
M106	C区T1313	②下，打破M146	25°	2.7×1.24-3.2		有	
M107	B区T0524	F1下	296°	0.93（残）×（0.36~0.45）-0.1			
M108	B区T0525	F1下，被H104打破	97°	2.3×0.85-3.0	0.42×0.23-0.18		
M109	C区T1315	②下	290°	0.7×0.27-0.1			
M110	C区T1215	②下	276°	0.7×0.31-0.1			
M111	C区T1412	②下，打破H185和H265	15°	3×1.34-3.22			
M112	C区T1412	②下，打破H189	20°	2.8×1.12-3.2	0.66×0.46-0.23	有	有
M113	C区T1412	②下	18°				
M114	C区T1315	②下	10°	0.73×0.38-0.1			
M115	C区T1315	②下	280°	0.66×0.46-0.07			
M116	C区T1513	②下	10°	0.7×0.34-0.05			
M117	C区T1513	F20夯土中	20°	0.72×0.37-0.1			
M118	A区T0307	③下，打破H134和F30	105°	口：2.35×0.85 底：2.35×0.9-2.3	0.7×0.4-0.15		
M119	A区T0307	③下，被H117打破，打破F30	90°	0.7（残）×0.6-0.3			
M120	B区T0525	③下，被F1、M39打破，打破F13	275°	口：1.35×0.8 底：1.55×0.9-2.57			有
M121	A区T0307	F30垫土下，被H117、H159打破	5°	口：2.55×0.95 底：2.65×1.17-3.72	0.35×0.23		有
M122	C区T1316	②下	285°	1.05×0.74-0.06			
M123	A区T0306	②下，打破F3	95°	口：2.2×0.9 底：2.1×0.8-2.7			
M124	A区T0408	③下，被H124、H126打破，打破F29	105°	口：2.3×0.8 底：2.35×0.75-1.3			
M125	C区T1217	②下，打破F23、F46	13°	1.33×0.6-0.2			
M126	C区T1215	F21垫土层下，被H112打破	20°	口：3.4×1.9 底：3.4×2-4.6	1：0.85×0.35-0.15 2：0.95×0.4-0.15 3：0.95×0.4-0.15 4：0.95×0.4-0.15 5：0.85×0.4-0.15		
M127	A区T0408	③下，打破F29	25°	2.5×1.05-1.7	0.7×（0.35S~0.45N）-0.15		
M128	A区T0408、T0407	③下，打破F29	15°	口：2.3×1.0 底：2.55×1.05-2.1			有

葬　具	葬　式	殉人与牺牲	随葬品	分期	是否盗扰	人骨采集	备　注
陶瓮棺	不明		陶罐（残）	Ⅱ	否	是	
	仰身直肢			Ⅳ晚与Ⅱ早之间	是	是	木板灰
棺：2.05×0.65-0.2 椁：2.45×1.0-0.68	仰身直肢	腰坑内有一殉狗	陶AⅢ簋、AⅤ瓿、AⅦ爵、Ⅲ盘、BⅠ罐，铜BⅡ鼎、铃	Ⅲ晚	否	是	木板灰，红、黄漆
	不明		陶BⅢ簋、AⅨ瓿、AⅪ爵、Ⅴ盘、AⅣ罐，兽骨	Ⅳ晚	是	否	
陶瓮棺	不明			Ⅳ	是	是	
棺：1.9×0.5-0.35	仰身直肢	填土内距口1.7米有一殉狗；腰坑内有一殉狗	陶CⅠ簋、AⅤ豆、AⅡ瓿、AⅢ爵、AⅠ罍、Ⅰ壶，铜CⅠ戈，贝	Ⅱ晚	否	是	木板灰，红、黑漆
陶瓮棺	不明			Ⅳ	否	是	
陶瓮棺	不明			Ⅳ	否	否	
椁：2.4×0.96-0.15 棺：2.13×0.63-0.3	不明	填土内距口2.6米有一殉狗；腰坑内有一殉狗	陶G鬲、3BⅢ簋、AⅨ瓿、AⅪ爵、Ⅴ盘、BⅡ尊	Ⅳ晚	否	否	木板灰
	不明		陶CⅠ鬲、BⅡ簋、CⅡ簋、AⅥ瓿、AⅧ爵、AⅢ罐，兽骨	Ⅳ早	是	否	木板灰，黑漆
陶瓮棺	不明			Ⅳ	否	是	无墓圹
陶瓮棺	不明			Ⅳ	否	否	
陶瓮棺	不明			Ⅳ	否	是	
陶瓮棺	不明			Ⅳ	否	是	
陶瓮棺	不明			Ⅳ	否	是	
棺：2.0×0.55-0.3	仰身直肢		陶G簋、AⅣ罐	Ⅳ早	否	是	木板灰
	不明			Ⅳ早	是	否	
棺：1.5×0.85	仰身直肢			商	是	是	木板灰
棺：2.05×0.55-0.35	俯身直肢	西二层台上和腰坑内各有一殉狗	陶AⅢ豆、AⅠ瓿、AⅠ爵，贝	Ⅱ早	否	是	木板灰，红、白、黄漆
陶瓮棺	不明			Ⅳ	否	是	
	不明	东二层台上有一殉狗		不早于Ⅱ期	是	否	
	仰身直肢		陶AⅣ豆，骨笄，贝2	Ⅱ晚	否	是	
	不明			唐宋	否	否	青砖铺底
棺：1.9×(0.4～0.7)-0.35 椁：2.5×1.3-0.6	直肢	腰坑（5座）内各有一殉狗，①.③.④为雄性，②.⑤为雌性；二层台上有羊腿和猪腿	陶CⅢ簋2、AⅦ瓿、CⅢ罐、EⅡ罐2、B尊，铜瓿、爵、镞、C刀，玉器，玉饰，贝，猪腿，羊腿，鸡骨	Ⅳ早	是	小腿骨	木板灰，白、红漆。墓底有席纹痕
棺：2.15×(0.55～0.65)-0.1	俯身直肢	腰坑内有一殉狗	陶BⅠ豆、AⅣ瓿、AⅤ爵，贝	Ⅲ早	否	否	木板灰，白、黄漆
棺：1.95×0.76-0.07	俯身直肢	填土内有一殉狗	陶EⅠ簋、AⅥ瓿、AⅧ爵、AⅢ罐，骨饰，贝5，文蛤	Ⅳ早	是	否	木板灰，红、白、黄漆

续上表

墓　号	位　　置	层位关系	方　向	墓葬形制		有无壁龛	墓底孔洞
				墓室（长×宽-深）	腰　坑		
M129	A区T0408	③下，打破F29	200°	2.2×0.9-1.7			
M130	C区T1215	②下，打破F21东侧垫土	15°	3.4×1.6-5.8	0.85×0.4-0.2		
M131	A区T0408	③下，被H124、H126打破	110°	2.15×1.0-1.4			
M132	A区T0305、T0306	②下，被H46打破	100°	2.5×1.05-2.5			
M133	C区T1513	②下	110°	0.86×0.52-0.06			
M134	C区T1614	②下	185°	0.55×0.4-0.12			
M135	C区T1614	②下	105°	0.51×0.29-0.12			
M136	C区T1412	③下，打破H199	15°	2.54×1.06-2.05	0.7×0.35-0.19		
M137	C区T1616	②下	115°	0.8×0.42-0.1			
M138	C区T1616	②下	0°	1.7×1.65-1.0			
M139	B区T0525	F28内	0°	无墓圹			
M140	B区T0525	F13内	128°	0.85×0.25-0.9			
M141	C区T1617	②下	10°	1.1×0.75-0.1			
M142	A区T0307	③下，被H129打破	25°	2.2×0.65-0.55			
M143	A区T0407	③下，打破F29	15°	口：1.8×1.0 底：1.8×0.95-1.05	0.4×0.2-0.1		
M144	A区T0304	H10下，打破M145	265°	口：1.9×0.5 底：1.9×0.3-0.9			
M145	A区T0304	④下，被M102、H144打破	165°	1.8×0.5-0.8			
M146	C区T1313	②下，被M106打破	110°	2.62×1.1-4.4	0.7×0.3-0.2		
M147	C区T1615	F34夯土中	10°	2.45×0.6-0.05			
M148	C区T1615	F34夯土中	10°	2.45×0.6-0.05			
M149	C区T1615	F34夯土中	10°	2.45×0.6-0.05			
M150	B区T0624、T0625	F13下，被H54打破	196°	0.9（残）×0.33-0.13			
M151	A区T0304	⑤下，被H91打破	270°	口：2.42×1.08 底：2.55×1.08-2.3	0.55×（0.05~0.11）-0.04		有
M152	C区T1615	F34夯土中	10°	2.45×0.6-0.05			
M153	C区T1613	③A下	290°	0.92×0.51-0.12			
M154	C区T1412	F20下，被M159打破，打破H236	20°	2.71×1.14-3.66	0.57×0.34-0.2		
M155	C区T1512	③A下	285°	2.2×0.8-2.18	0.4×0.1-0.15	有	
M156	C区T1216	F21夯土中	110°	0.6×0.33-0.12			

葬　具	葬　式	殉人与牺牲	随葬品	分期	是否盗扰	人骨采集	备　注
	仰身直肢		陶BⅢ簋、Ⅴ盘、AⅨ瓿、AⅣ罐（填土）	Ⅳ晚	是	否	
	不明	腰坑内有一殉狗	陶AⅨ瓿，兽骨，铜铃	Ⅳ	是	否	
	仰身直肢		贝3	不晚于Ⅲ晚	是	否	木板灰，身上有席纹
棺：1.3（残）×0.5	俯身		陶AⅢ豆、AⅠ瓿、AⅠ爵、贝	Ⅱ早	是	否	木板灰
陶瓮棺	不明			Ⅳ	否	否	
陶瓮棺	不明			Ⅳ	否	否	
陶瓮棺	不明			Ⅳ	否	否	
棺：1.96×0.72	不明	填土内有一殉狗	陶BⅢ簋、AⅣ瓿、AⅪ爵、Ⅴ盘、AⅣ罐，铜AaⅣ戈，贝，文蛤2，蚌泡2	Ⅳ晚	否	牙齿	
陶瓮棺	不明			Ⅳ	否	否	
陶瓮棺	不明			Ⅳ	否	否	
	不明			不晚于Ⅲ期	是	是	F28奠基墓
	仰身直肢			不晚于Ⅲ期	是	是	
陶瓮棺	不明			魏晋	否	否	
	仰身直肢		贝	不晚于Ⅳ早	否	是	
棺：1.8×0.6-0.15	俯身直肢		陶AⅠ尊，贝3	Ⅳ早	否	是	木板灰
	仰身直肢		陶AⅤ罐，贝2	Ⅳ晚	否	是	
	仰身直肢			不晚于Ⅳ晚	是	是	
	直肢		陶AⅡ簋、AⅠ罐、AⅤ豆，兽骨	Ⅱ晚	是	是	
陶瓮棺	不明			Ⅳ早	否	否	M147、M148、M149、M152南北一字排列
陶瓮棺	不明			Ⅳ早	否	否	
陶瓮棺	不明			Ⅳ早	否	否	
	仰身屈肢			商	是	是	
棺：2.0×0.72-0.3	仰身直肢		陶CⅡ簋、AⅡ罍、BⅠ豆、Ⅲ盘、骨"琴拨"、象牙笄、玉环，贝12，兽骨	Ⅲ晚	是	是	木板灰，红漆、席纹
陶瓮棺	不明			Ⅳ早	否	否	
陶瓮棺	不明			Ⅳ早	否	否	
棺：1.85×0.51-0.2 椁：2.31×0.72-0.53	仰身直肢		陶EⅡ簋2、AⅦ瓿、AⅨ爵、AⅡ罍，石圭，贝，兽骨	Ⅳ早	否	是	棺饰红漆，椁饰黑、白漆
棺：1.9×0.52-0.2	俯身直肢	填口内距口1.46米有一殉狗	陶BⅠ簋、D豆、AⅣ瓿、AⅥ爵、AⅡ罐，铜戈，铅戈，贝	Ⅲ早	否	是	
陶瓮棺	不明			Ⅳ早	否	是	

续上表

墓 号	位 置	层位关系	方 向	墓葬形制		有无壁龛	墓底孔洞
				墓室（长×宽-深）	腰 坑		
M157	C区T1216	F34夯土中	270°	0.75×0.24-0.1			
M158	C区T1413	F20下	26°	3.26×1.6-4.36	0.54×0.3-0.16		
M159	C区T1413	②下，打破M154	15°	2.1×0.79-1.8			
M160	A区T0307	③下	10°	0.67×0.3-0.1			
M161	C区T1515	打破F22	20°	2.8×1.3-4.5	0.4×0.15-0.15		
M162	A区T0506	③下，打破M163、F7	105°	2.0×0.76-3.35			
M163	A区T0506	③下，被M162打破，打破F7	195°	2.3×1.1-3.2	0.8×0.37-0.3		
M164	C区T1315	F24夯土中	280°	0.6×0.5-0.04			
M165	C区T1314	②下，被F19打破	287°	2.25×0.9-2.5			
M166	C区T1613	③A下，被H144打破	15°	口：3.05×（1.4S～1.6N）-3.8 底：3.44×（1.26N～1.4S）-3.8	0.82×0.35-0.26		
M167	C区T1615	F34夯土中	8°	底：0.95×0.4-0.1			
M168	C区T1316	西配院垫土下	15°	口：2.35×1.4 底：3.1×1.7-4.3	0.8×0.37-0.18		
M169	A区T0508	③下，打破F31	196°	口：2.45×1.17 底：2.57×1.24-2.68	0.8×0.3-0.25		有
M170	A区T0507	③下，被M105打破，打破F7	196°	口：1.9×0.9 底：2×0.9-2.45			
M171	A区T0407	③下，打破F30	22°	2.8×1.25-3.6	0.9×0.48-0.27		有
M172	C区T1315	②下，打破J5、F24	20°	3.0×1.2-3.9			
M173	A区T0307	③下，被G1打破，打破F30	3°	2.25×0.92-2.1			有
M174	A区T0407	F30下	15°	1.9×0.9-1.05			
M175	A区T0306、T0305	②下，被H154打破，打破F3	3°	1.2（残）×0.7-0.6			
M176	A区T0306	②下，打破F3	281°	口：2.2×0.9 底：2.2×1.0-2.6	0.35×0.26-0.18		
M177	D区T0807	③下，打破M191	10°	1.9×0.6-0.8			
M178	D区T0806、T0906	③下	105°	2.2×0.8-1.55		有	
M179	D区T0906	②下	12°	2.7×1.1-1.41	0.79×0.37-0.28		
M180	D区T0806	②下	196°	2.1×0.95-2.86	0.37×0.7-0.28		
M181	D区T0806、T0805	②下	3°	1.7×1.0-0.4			
M182	D区T0702	③下，被H162打破，打破M196	275°	2.75×1.15-2.85			

葬　具	葬式	殉人与牺牲	随葬品	分期	是否盗扰	人骨采集	备　注
陶瓮棺	不明			IV早	否	否	
		东二层台上有一牛腿	陶AII簋、爵（残）、AII罐，铜铃，鹿角，兽骨，牛腿	II晚	是	否	
	俯身直肢		陶AX觚、VI盘、AV罐，兽骨，贝	IV晚	否	是	
陶瓮棺	不明			II	否	是	
	不明		陶簋（残）	不早于IV期	是	否	
棺：2.0×0.5-0.25	不明		陶盘（残）、贝8	IV晚	否	是	木板灰，棺上有布纹
棺：1.9×0.62-0.56	仰身直肢	填土内距口2.4米有一殉狗；腰坑内有一殉狗；棺南端上有一兽腿；南二层台底部有一兽腿	陶DIII簋、AVIII觚、爵（残）、V盘、AIV罐，文蛤，兽腿，贝18	IV晚	否	是	木板灰，红漆，棺上有布幔
陶瓮棺	不明			IV早	否	是	
	不明		陶CIII簋、EIII簋、AVII觚、爵、AIII罐，尊（残）	IV早	是	否	
棺：2.1×0.5-0.1 椁：2.75×0.98-0.45	俯身直肢	腰坑内有一殉狗	陶J簋、B盂、AIV觚、AVI爵、AII罐，铜BI鼎、AaIII戈2、II矛、铃2，骨匕，贝9，文蛤2，兽骨	III早	否	否	木板灰，红漆
陶瓮棺	不明			IV早	否	否	
	不明	腰坑内有一殉狗	陶I盆，铜铃	II晚	是	否	
棺：2.15×1.2-0.18	仰身直肢	腰坑内有一殉狗	陶E罐，铜BbII戈	II晚	否	牙齿	木板灰，红漆，棺顶有席纹
棺：1.83×（0.5~0.55）-0.1	仰身直肢		陶鬲，贝	III早	否	是	木板灰
	不明	南二层台上有一狗头	陶AVII觚、AIX爵、AIII罐，漆器	IV早	是	否	木板灰
	不明	北端有一牛腿骨	陶DII簋、AVI觚、AVIII爵，铜铃，牛腿骨	IV早	是	否	红漆
	仰身直肢		贝	不早于IV期	否	是	
	俯身直肢		陶AIV豆，贝	II晚	否	是	
	不明			不晚于II晚	是	否	
棺：1.86×0.55-0.12	不明		陶FIII簋、AX觚、VI盘、AV罐	IV晚	否	牙齿	
	仰身直肢			不早于II晚	是	是	木板灰
	仰身直肢		陶AII簋、CI罐	II晚	是	是	木板灰
2.1×0.72-0.3	仰身直肢		陶EI簋、BII豆、AVI觚、AVIII爵、AIII罐	IV早	否	是	
棺：1.95×0.56-0.39	仰身直肢		陶AII簋	II晚	否	是	木板灰，红漆
	不明			商	是	否	与M211并排分布，可能亦为I晚
棺：2.4×0.8-0.45	仰身直肢		铜C锛、AII凿、A刀，贝3	III	否	是	

续上表

墓号	位　置	层位关系	方　向	墓葬形制		有无壁龛	墓底孔洞
				墓室（长×宽-深）	腰　坑		
M183	D区T0702	②下	353°	口：2.06×0.76 底：2.0×0.76-1.54			
M184	D区T0807	③下	15°	2.05×0.9-1.7			
M185	D区T0807	③下	15°	2.05×（0.8N~0.86S）-1.43			
M186	A区T0307	F30下，被H158打破	190°	2.0×0.98-0.91			
M187	D区T0701	③下	92°	2.35×0.92-1.8			
M188	D区T0701、T0702	②下	275°	2.18×0.7-0.8			
M189	D区T0806	③下，打破H141	103°	1.6×0.79-1.16			
M190	D区T0807	②下，打破M191	8°	2.6×1.25-3.1		有	
M191	D区T0807	②下，被M177、M190打破	195°	口：2.35×0.95 底：2.9×1.35-2.9			
M192	C区T1313	H157下，打破M267	203°	1.8×0.66-0.16			
M193	D区T0806	③下	12°	2.4×0.9-1.58			有
M194	C区T1314	②下，打破H157、H181	15°	2.2×0.8-3.3			
M195	D区T0706	②下	12°	2.05×0.9-2.8			
M196	D区T0702	③下，被M182和H162打破	270°	1.7×0.8-2.0			
M197	D区T0702	③下，打破H162	270°	2.0×0.56-0.47			
M198	D区T0703	②下	270°	2.0×0.57-0.5			
M199	A区T0305	F3下	96°	0.65×0.33-0.15			
M200	A区T0305	F3夯土中	90°	0.75×0.29-0.17			
M201	C区T1614	F34东垫土下	3°	0.6×0.4-0.12			
M202	C区T1615	②下	4°	0.95×0.33-0.07			
M203	D区T0904	②下	10°	2.6×1.1-2.35	0.8×0.4-0.2	有	
M204	C区T1615	F34夯土层内	199°	0.86×0.38-0.04			
M205	D区T0903	②下	10°	2.7×1.0-3.5	0.65×0.28-0.25		
M206	D区T0903	②下，打破H267和H370	10°	口：2.3×0.77 底：1.95×0.65-2.05	0.66×0.1-0.05		
M207	D区T1003、T1004	②下	23°	口：2.5×1.0 底：2.83×1.28-1.8	0.6×0.2-0.1	有	有
M208	A区T0501	②下	275°	2.45×0.87-1.26	0.65×0.33-0.26		
M209	D区T0905	③下	95°	2.4×（1.02W~1.05E）-2.3	0.7×0.3-0.25		

葬　具	葬　式	殉人与牺牲	随葬品	分期	是否盗扰	人骨采集	备　注
	不明		贝	商	是	否	
棺：1.85×0.6-0.12	仰身直肢		贝9	商	否	是	
棺：1.7×0.6-0.36	俯身直肢		陶CIV簋、AII罍，豆（残）、贝3	IV晚	否	是	木板灰
	仰身直肢			不晚于II早	否	是	木板灰，内葬二人
棺：2.1×0.65-0.4	仰身直肢		陶A盂，铜A刀、C锛，贝	III早	否	是	
	不明			商	是	否	
	不明		陶罐（残）	不早于II晚	是	否	
棺：2.1×0.65-0.36	俯身直肢		陶DII簋、AV瓿、AVII爵、AIII罐	III晚	否	是	木板灰，红漆
	直肢		铜AI瓿、AI爵	II晚	否	是	木板灰
	仰身直肢		陶CIV簋、罐（残），贝	IV晚	否	是	
棺：2.05×(0.7~0.75)-0.1	俯身直肢		陶AIX瓿、AXI爵、V盘，	IV晚	否	是	木板灰
	不明			不早于II期	是	否	
棺：1.63×(0.4~0.47)-0.5	直肢		陶CII簋、AV瓿、AVIII爵、CII罐，贝2	III晚	否	牙齿	
	不明			不晚于III期	否	否	
	仰身直肢		贝5	不早于III期	否	是	
	仰身直肢			商	是	是	与M224并排分布，可能亦为III期
陶瓮棺	不明			II	否	否	
陶瓮棺	不明			II	是	否	
陶瓮棺	不明			IV	否	否	
陶瓮棺	不明			IV	否	否	
棺：1.95×0.55-0.15	直肢	腰坑内有一殉狗	陶BII簋、BI豆、AV瓿、AVIII爵、B尊	III晚	否	否	木板灰，红漆
	不明	墓室内为一殉狗		IV	否	是	
棺：2.2×0.6-0.25	直肢		陶K簋、AVIII瓿、AXI爵、V盘、AIV罐，贝,兽骨	IV晚	否	牙齿	木板灰
	仰身直肢	墓主人骨盆左侧上压有一婴儿，头北脚南	陶II瓶、DI簋、AV瓿、AVII爵、III盘、AII罐，贝6	III晚	否	是	木板灰，红漆
棺：2.12×0.9-0.4	仰身直肢	填土内距口0.7米有一殉狗	陶AII簋、A瓿，贝	II晚	否	是	木板灰，红漆墓壁上有长方形工具痕，刃宽0.1米。棺底四周分布着相互对应之12个孔洞
	仰身直肢			商	是	是	木板灰痕
棺：1.95×0.55-0.5	俯身直肢	填土1.30米层面有一殉狗，腰坑内有一殉狗	陶AII簋、豆，文蛤，骨铲和鹿角（填土中）	II晚	否	是	木板灰，红漆

续上表

墓 号	位 置	层位关系	方 向	墓葬形制		有无壁龛	墓底孔洞
				墓室（长×宽-深）	腰 坑		
M210	D区T0806、T0807	②下	11°	口：2.2×1.1 底：2.6×1.12-2.1			有
M211	D区T0805、T0806	②下	192°	2.2×0.38-0.75			
M212	D区T0904	③下	103°	2.6×1.35-1.8	0.65×0.2-0.26	有	
M213	D区T0802	②下	95°	2.25×0.85-1.5			
M214	D区T0802	②下，被M215、H169打破	100°	1.4（残）×1.05			
M215	D区T0802	②下，打破M214	358°	2.8×(1.35N～1.42S)-3.82			
M216	D区T0903	③下，被H278打破，打破M217	5°	口：2.25×0.97 底：2.35×1.07-3.5	0.5×0.2-0.2	有	
M217	D区T0903	③下，被H278、M216打破	15°	口：2.3×1.04 底：2.5×1.25-2.8	0.53×0.28-0.2		
M218	D区T0705	③下	13°	3×(1.25S～1.4N)-4.3	0.8×0.4-0.3		
M219	D区T1004	②下	10°	2.3×(0.82S～0.9N)-2.45		有	
M220	D区T0904	②下	103°	3.2×1.4-2.6	1.05×0.35-0.27	有	
M221	D区T0902	②下，被H267打破，打破H279、H330	285°	2.7×0.95-2.3			
M222	D区T0804	②下	0°	2.55×1.0-2.0	0.75×0.3-0.18		
M223	C区T1512	④下，打破F39、M247	200°	2.04×0.62-1.06			
M224	D区T0703	②下	270°	2.43×0.86-1.9			有
M225	C区T1418	F23北侧垫土下，打破J7	196°	2.93×(1.45N～1.55S)-5.6	1.05×0.5-0.2		
M226	C区T1512	③B下，被H119、H149、H143打破，打破H166	203°	口：3.75×3.2 底：3.4×3.05-2.1			
M227	C区T1615	②下	10°	0.8×0.42-0.1			
M228	D区T0802	②下，打破H168	82°	1.85×0.56-0.3			
M229	C区T1312	②下，打破M230、M276	15°	2.4×0.86-4.33		有	
M230	C区T1312	②下，被M229打破，打破M276	22°	2.7×1.35-5.0	0.85×0.38-0.22	有	

葬　具	葬　式	殉人与牺牲	随葬品	分期	是否盗扰	人骨采集	备　注
棺：2.18×0.72－0.3	俯身直肢		陶AⅡ豆	Ⅰ晚	否	否	
	不明		陶FⅠ鬲	Ⅰ晚	是	否	
棺：1.9×0.65－0.28 椁：2.25×1.2－0.64	直肢		陶BⅡ鬲、AⅠ簋、A瓿、AⅢ豆、贝	Ⅱ早	是	牙齿	木板灰，红漆
棺：2.0×0.6－0.15	仰身直肢		骨管、匕、笄4	商	否	是	
棺：1.1（残）×0.65－0.25	不明			不晚于Ⅲ晚	是	否	
棺：1.95×0.7－0.37 椁：2.4×1.08－0.72	俯身直肢		陶CⅡ簋、AⅤ瓿、AⅦ爵、AⅡ罐、铜A鼎、A簋、AⅡ瓿、AⅡ爵、戈2、铜器，兽骨	Ⅲ晚	是	是	木板灰
棺：1.9×（0.57～0.62）－0.15	俯身直肢	腰坑内有一殉狗	陶BⅡ簋、BⅡ豆、AⅦ瓿、AⅨ爵、AⅢ罐、贝3，文蛤2	Ⅳ早	否	是	木板灰
棺：2.02×0.63－0.3	仰身直肢		陶豆（残）	不晚于Ⅳ早	否	是	木板灰
棺：2.1×0.88－0.3	仰身直肢	腰坑内有一殉狗	陶DⅠ簋、AⅣ瓿、AⅤ爵、AⅡ罐、铅戈，贝2	Ⅲ早	否	是	木板灰
棺：1.9×0.58－0.15	俯身直肢		陶DⅠ簋、AⅣ瓿、AⅤ爵、AⅡ罐、铅戈，贝3	Ⅳ晚	否	是	木板灰
棺：2.13×0.65－0.28 椁：2.55×1.15－0.56	俯身直肢	腰坑内有一殉狗	陶BⅢ簋、AⅧ瓿、AⅪ爵、Ⅴ盘、AⅣ罐、兽骨，贝	Ⅱ晚	否	是	木板灰，红漆
棺：2.0×0.55－0.4	俯身直肢		陶鬲、EⅢ簋、Ⅰ壶、BⅠ豆	Ⅲ早	否	是	木板灰
棺：2.2×0.75－0.4	屈肢		陶CⅢ簋、AⅦ瓿、AⅨ爵、Ⅳ盘、Ⅱ壶、圆饼形器	Ⅳ早	是	否	木板灰，红漆
棺：1.86×0.4－0.05	仰身直肢			商	否	是	木板灰
棺：2.03×0.6－0.17	仰身直肢		陶BⅠ簋、AⅤ瓿、AⅧ爵	Ⅲ晚	否	是	木板灰
棺：2.04×0.7－? 椁：2.5×0.88－0.54	直肢		陶BⅢ簋、AⅨ瓿、AⅪ爵、Ⅴ盘、BⅢ罐、DⅠ罐5、铜铃，铅鼎、簋、瓿、爵、尊、卣、矛、戈，骨铲、笄、蚌饰、蚌片、兽骨、羊腿、牛腿，狗腿	Ⅳ晚	否	否	椁饰白漆，棺饰红漆，椁台上有画幔，棺底结构呈“井”形
	俯身直肢		铜軎、车軏、兽面形衡饰、三角形衡末饰、踵、“T”形板、杆头、管、马衔、马镳、“U”形器、泡、铃、戈、锛、铲、凿、刀、金箔片、骨弓末饰、骨片、骨管、牙片饰、蚌泡、蚌片饰、贝饰66	Ⅳ晚	否	装箱	车马坑
陶瓮棺	不明			Ⅳ	否	是	
	仰身直肢			不早于Ⅲ晚	否	是	
棺：2.05×0.56－0.3	仰身直肢	北二台上有一兽骨	陶BⅢ簋、AⅧ瓿、AⅩ爵、Ⅳ盘、罐（残），贝5，兽骨	Ⅳ晚	否	是	木板灰，红漆
棺：1.96×0.7－0.2 椁：2.56×1.1－0.65	仰身直肢	北二层台上有一羊腿、牛腿和兽腿；腰坑内有一殉狗	陶CⅡ簋、AⅥ瓿、AⅧ爵、AⅣ罐（另有1件残碎）、AⅡ尊，铜C鼎、A簋、BⅡ瓿2、AⅢ爵2、BaⅡ戈、BbⅠ戈（另1件残）、Ⅲ矛2，文蛤、蚌鱼、兽骨、羊腿、牛腿	Ⅳ早	否	牙齿	木板灰，红漆

续上表

墓号	位　置	层位关系	方　向	墓葬形制		有无壁龛	墓底孔洞
				墓室（长×宽—深）	腰　坑		
M231	C区T1513	H167下，打破H186、M256、H179	195°	口：3.15×2.85 底：3.05×（2.15~2.75）—1.6			
M232	C区T1413	F20夯土中	110°	0.67×0.31—0.1			
M233	C区T1415	F24夯土中	20°	0.6×0.37—0.03			
M234	C区T1417	F23夯土中	20°	0.65×0.32—0.1			
M235	C区T1417	F23夯土中	20°	0.54×0.34—0.1			
M236	C区T1614	F34夯土中	100°	0.72×0.49—0.04			
M237	C区T1615	②下，打破F34	5°	1.16×0.8—0.6			
M238	C区T1615	F34垫土下	25°				
M239	C区T1412	F20夯土中	17°	0.65×0.2—0.19			
M240	C区T1417	F23夯土中	15°	0.7×0.3—0.1			
M241	C区T1417	②下，打破F23	11°	1.3×0.65—0.1			
M242	C区T1417	F23夯土中	140°	0.62×0.34—0.1			
M243	C区T1513	被H122、H123打破，打破H198	196°	2.3×（0.72N~0.84S）—1.38			
M244	A区T0507	F7下	194°	1.9×0.7—1.3			
M245	C区T1617	F23夯土中	20°	0.5×0.31—0.1			
M246	C区T1617	F23夯土中	288°	0.8×0.15（残）—0.1			
M247	C区T1412	③下	197°	无墓圹			
M248	C区T1514	F19夯土中	20°	0.8×0.35—0.1			
M249	C区T1514	F19夯土中	97°	0.67×0.38—0.07			
M250	C区T1512	②下	10°	0.67×0.36—0.21			
M251	C区T1412	③下	278°	0.6×0.32—0.18			
M252	C区T1517	F23夯土中	110°	0.6×0.3—0.1			
M253	C区T1412	③下，打破H189	18°	2.35×0.97—2.7	0.78×0.34—0.15		
M254	C区T1512	④A下，被H166打破	110°	1.8×0.73—0.6			
M255	C区T1512	被H163打破，打破H198	200°	2.05×0.93—0.15			
M256	C区T1513	被M231、H186打破，打破H187	20°	1.35（残）×0.8—1.0	0.38（残）×0.22—0.08		有
M257	C区T1513	F32下	203°	2.48×1.0—1.32			有
M258	C区T1413	F32下	190°	2.4×1.08—3.8	0.74×0.3—0.1		
M259	C区T1314	F32下	20°	2.1×0.66—1.5			
M260	C区T1314	F32下	23°	2.0×0.75—1.45			
M261	C区T1314	②下，打破F19	23°	2.2×（0.87N~0.95S）—0.78	0.51×0.25—0.21		

葬　具	葬　式	殉人与牺牲	随葬品	分期	是否盗扰	人骨采集	备　注
	俯身直肢		铜軎、轭首、轭箍、轭颈、牛首形衡饰、兽面形衡饰、踵、箍、穿鼻器、马衔、马镳、"U"形器、马鼻饰、当卢、泡、铃、戈、镞、锛、凿、刀、弓形器、策、圆铜片、铜条、磨石、象牙觿、象牙弓末饰、蚌泡	IV	否	整体搬迁	车马坑
陶瓮棺	不明			IV	否	否	
陶瓮棺	不明			IV	否	否	
陶瓮棺	不明			IV	否	否	
陶瓮棺	不明			IV	否	否	
陶瓮棺	不明			IV	否	否	
陶瓮棺	不明			魏晋	否	否	盆、罐两口对扣
陶瓮棺	不明			IV	否	否	
陶瓮棺	不明			IV	否	否	
陶瓮棺	不明			IV	否	否	
陶瓮棺	不明			魏晋	否	否	
陶瓮棺	不明			IV	否	否	
棺：1.9×0.55－0.13	不明		陶DⅡ鬲、G罐	IV晚	否	否	木板灰
	仰身直肢			不晚于Ⅱ期	否	是	木板灰，红漆
陶瓮棺	不明			IV	否	否	
陶瓮棺	不明			IV	否	否	
	仰身直肢			商	否	是	灰土葬，无棺椁
陶瓮棺	不明			IV	否	否	
陶瓮棺	不明			IV	否	否	
陶瓮棺	不明			IV	否	否	
陶瓮棺	不明			IV	否	否	
陶瓮棺	不明			IV	否	否	
棺：1.95×0.6 －？	俯身直肢	腰坑内有一殉狗	陶Ⅵ盘、AⅫ爵，铜器，卜骨，贝3	IV晚	否	是	木板灰
	俯身直肢		陶BⅠ鬲	Ⅰ晚	是	是	木板灰
棺：2.05×0.93－0.15	仰身直肢		陶AⅠ鬲	Ⅱ晚	否	是	木板灰
	直肢	腰坑内有一殉狗	贝	Ⅱ、Ⅲ期之间	是	是	木板灰
棺：2.05×0.85－0.32	仰身直肢		陶AⅡ罐、AⅤ豆、AⅡ簋，兽骨	Ⅱ晚	否	牙齿	木板灰
	不明			IV	是	否	
棺：1.8×0.6 －0.1	仰身直肢		陶DⅡ鬲、贝5	IV早	否	牙齿	木板灰
棺：1.95×0.65－0.28	仰身直肢			IV	否	是	木板灰
棺：2.05×0.6－0.12	仰身直肢	腰坑内有一殉狗	陶BⅣ簋、D罐、B罍，铜镞，贝7，文蛤，兽骨	IV晚	否	是	木板灰

续上表

墓 号	位　置	层位关系	方　向	墓葬形制		有无壁龛	墓底孔洞
				墓室（长×宽－深）	腰　坑		
M262	C区T1414	F32下，被M283打破	20°	0.9(残)×0.44－1.4			
M263	C区T1414	F19下、打破M299	20°	2.4×(0.9N～1.0S)－1.23			
M264	C区T1513、T1613	被H184、H187打破	3°	2.6×1.0－1.35	0.4×0.24－0.08		有
M265	C区T1513	F20夯土中	15°	0.73×0.45－0.06			
M266	C区T1413	F20夯土中	15°	0.92×0.5－0.28			
M267	C区T1313	H157下，被M192打破	15°	2.6×1.1－2.7	0.65×0.35－0.2		
M268	C区T1412	F20夯土中	280°	0.88×0.49－0.1			
M269	C区T1412	F20夯土中	100°	0.62×0.3－0.1			
M270	C区T1513	②下，被H122、H193打破	102°	1.5×0.8－0.5			
M271	C区T1413	F32下	15°	1.7×0.62－1.1	0.75×0.27－0.1		
M272	C区T1413	F32下	25°	1.8×(0.45S～0.5N)－0.43			
M273	C区T1412	F20夯土中	10°	0.65×0.32－0.2			
M274	C区T1412	F20南侧垫土内	24°	0.68×0.32－0.1			
M275	C区T1412	F20南侧垫土内	109°	0.55×0.33－0.1			
M276	C区T1312	②下，被M229、M230打破	115°	2.3×0.85－1.85	0.5×(0.15～0.18)－0.08		
M277	C区T1412	F20夯土中	20°	0.52×0.34－0.1			
M278	C区T1514	F19下	23°	2.8×(1.24S～1.32N)－3.07	0.88×0.44－0.25		
M279	C区T1614	F19下，被M280打破	110°	口：3×(1.1W～1.2E) 底：3.2×(1.1W～1.2E)－2.0	0.7×0.25－0.2		
M280	C区T1614	F19下，打破M279	19°	2.6×1.14－1.54		有	
M281	C区T1615	F34下	105°	3.0×1.42－2.1	0.68×0.4－0.28		
M282	C区T1412	F20夯土中	10°	0.74×0.37－0.1			
M283	C区T1414	F19下，打破M262	15°	2.4×0.85－3.2	0.9×0.4－0.18		
M284	C区T1412	F20夯土中	15°	0.59×0.29－0.1			
M285	C区T1316	F37下	15°	2.25×1.1－3.0	0.6×0.3－0.3		
M286	C区T1516	②下，打破F23前院落垫土层	195°	2.8×(1.2～1.3)－4.9	0.85×0.3－0.2		
M287	C区T1517	F23下	198°	2.94×1.25－3.9	0.65×0.35－0.2	有	
M288	C区T1412	F20夯土中	15°	0.74×0.3－0.1			
M289	C区T1412	F20东南侧垫土内	15°	0.47×0.33－0.1			
M290	C区T1216	F36夯土中	195°	0.73×0.22－0.08			
M291	C区T1217	F36夯土中	190°	0.65×0.32－0.1			
M292	C区T1315	F21东侧院落垫土层下	20°	3.0×1.6－2.8	0.43×0.16－0.12		

葬　具	葬　式	殉人与牺牲	随葬品	分期	是否盗扰	人骨采集	备　注
	直肢			不早于II晚	是	腿骨	木板灰
	不明		陶AII罐，原始瓷尊片	IV早	是	否	木板灰
棺：2.35×0.7-0.2	仰身直肢	东二层台中部向上0.4米有一殉狗	陶AI豆，贝	I晚	否	是	木板灰
陶瓮棺	不明			IV	否	否	
陶瓮棺	不明			IV	否	否	
棺：2.35×0.9-0.75	不明			不晚于IV晚	是	否	木板灰，红漆
陶瓮棺	不明			IV	否	否	
陶瓮棺	不明			IV	否	否	
陶瓮棺	不明		贝	IV	否	是	
	俯身直肢	腰坑内有一殉狗	贝2	IV	否	是	木板灰
	俯身直肢			IV	否	是	木板灰
陶瓮棺	不明			IV	否	否	
陶瓮棺	不明			IV	否	否	
陶瓮棺	不明			IV	否	否	
	仰身直肢			不晚于IV早	是	是	
陶瓮棺	不明			IV	否	否	
棺：2.35×0.8-0.55	不明	西二层台北部有一兽腿	陶AIII鬲、AII簋、BI豆、AIV瓿、AV爵、II盘，铜BbII戈2、镞，玉璧，石器，兽骨	III早	否	否	
棺：2.15×0.7-0.18	不明		陶AII簋、BI豆、AI瓿、AII爵、I盘、罐（残），铜BbII戈	II晚	否	否	木板灰，墓室东西壁下端略外弧
	不明	壁龛内有一殉狗和一兽腿	陶BII簋、CIII簋、AVIII罐、兽骨	IV早	否	否	木板灰，红漆
棺：2.5×1.05-0.72	不明	腰坑内有一殉狗和一兽腿	陶FII鬲、铜器残片、戣（另1件残），文蛤，兽骨	II晚	否	牙齿	棺饰红漆，椁饰黄漆，椁二层台上有席纹
陶瓮棺	不明			IV	否	否	
棺：2.15×0.65-0.15	不明		陶AIII瓿（填土内）	II晚	是	否	木板灰
陶瓮棺	不明			IV	否	否	
棺：2.05×0.8-0.4	直肢	腰坑内有一殉狗	铜AaII戈	II晚	否	牙齿	木板灰
棺：2.35×(0.87~0.95)-0.6	不明	腰坑内有一殉狗	陶BII簋、AVI瓿、AVIII爵、IV盘，铜戈、铃，玉管，贝61，文蛤3，牛腿	IV早	是	否	木板灰，红漆，墓底散置较多蚌
棺：2.2×0.85-?	仰身直肢	腰坑内有一殉狗	陶AII罐、AIV瓿、AVI爵	III早	是	是	木板灰，红漆
陶瓮棺	不明			IV	否	否	
陶瓮棺	不明			IV	否	否	
陶瓮棺	不明			IV	否	否	
陶瓮棺	不明			IV	否	否	
棺：2.6×0.75-0.1 椁：2.8×1.15-0.7	不明	腰坑内有一殉狗	陶AVI瓿，铜铃，兽骨	IV早	是	是	木板灰

续上表

墓 号	位 置	层位关系	方 向	墓葬形制		有无壁龛	墓底孔洞
				墓室（长×宽-深）	腰 坑		
M293	C区T1417	F23下	100°	1.4×0.48-0.95			
M294	C区T1316	F37下	15°	1.7×0.89-4.58	0.44×0.16-0.22		
M295	C区T1412	③下，打破M296、H189	20°	1.72×0.64-0.78			
M296	C区T1412	③下，被M295打破，打破H189、H207	120°	2.2×0.9-1.75			
M297	C区T1412	④下，打破H173	22°	2.2×0.84-2.02	0.66×0.26-0.14		
M298	C区T1315	F24西配院垫土中	20°	3.0×1.35-3.4	0.75×0.3-0.15	有	
M299	C区T1414	F19下，被M263打破，打破H214	22°	3.4×1.7-3.1	1.2×0.3-0.2		
M300	C区T1412	F39南侧垫土层中	110°	0.74×0.41-0.1			
M301	C区T1316	F37下	15°	3.85×2.05-8.7	1.1×0.45-0.21		
M302	C区T1415	F24下	18°	2.3×1.6-3.2	0.8×0.3-0.3		
M303	C区T1418	F38上层夯土下	15°	4.25×（2.20N～2.25S）-6.74	0.9×0.35-0.3		
M304	D区T0704	②下	16°	2.25×0.8-2.45			
M305	D区T0904	②下	185°	2.3×（0.42S～0.52N）-2.14	0.4×0.15-0.08	有	
M306	C区T1315	F33北侧院落垫土层下	198°	2.1×0.94-0.45			
M307	C区T1614	③下	18°	2.2×0.8-0.5			
M308	B区T0328	③下，打破H218、H257	93°	1.65×0.56-0.32			
M309	B区T0528	③下	15°	1.85×（0.54～0.65）-（0.1～0.15）			
M310	B区T0528	③下，被H240打破，打破M311	305°	口：2.0×（0.54～0.65）底：1.95×（0.54～0.55）-0.2			
M311	B区T0528	③下，被M310打破，打破F6、M441	115°	1.75×0.6-1.8			

葬 具	葬 式	殉人与牺牲	随葬品	分期	是否盗扰	人骨采集	备 注
	仰身直肢			IV	否	是	
棺：1.55×0.6-0.85	不明		陶AⅢ瓿，铜镞、刀（残）、A锛、铃,蚌泡	Ⅱ晚	是	否	木板灰
	仰身直肢			不早于Ⅱ早	否	是	
棺：2.05×0.63-0.3	仰身直肢			不早于Ⅱ早	否	是	
棺：2.0×0.55-0.5	仰身直肢		蚌片，玉饰2	不早于IV期	否	是	木板灰，红漆
	不明	腰坑内有一殉狗；南二层台上有牛腿和兽骨	陶CⅡ、EⅡ簋、CⅧ瓶、BⅡ豆、AⅦ瓿、AⅨ爵、AⅡ尊3，铜Ⅲ矛2，兽骨	IV早	是	否	木板灰
棺：2.2×1.0-0.6 椁：2.8×?-0.82	不明	东二层台上有一殉狗；北二层台上有一猪腿骨	猪腿	IV	是	否	木板灰
陶瓮棺	不明			IV	否	否	
	俯身直肢	南二层台上有一殉人；腰坑内有一殉狗；北二层台上有羊腿和牛腿	陶BⅡ簋、AⅦ瓿、C爵，铜镞、铃，骨笄，漆器、豆，文蛤，蚌泡，牛腿骨，羊腿骨	IV早	是	是	墓葬被盗，木板灰，红漆，二层台上有席纹
棺：2.03×0.78-? 椁：2.9×1.35-?	俯身直肢		陶AⅡ豆，铜戈，骨器、匕、贝	I晚	否	是	木板灰，棺饰黄、白漆，椁饰红漆。棺底板下两端及中间各垫一方木，方木两端延伸出棺底板两侧5～8厘米，方木边长10厘米
棺：2.06×0.66-0.29 椁：3.45× (1.0N～1.6S)	不明	二层台上东端、西端、东部南端、和椁室内西部南端共有四具殉人；墓室填土深4.95米有一殉狗；墓室填土深5.25米有一殉狗；墓室填土深5.9米有一殉狗；腰坑内有一殉狗	陶瓿、爵、簋、A罐2、B罐3、A罍2、B罍4、尊4、A瓶、B瓶，铜方鼎2、圆鼎、分裆鼎2、扁足鼎2、簋2、甗、瓿6、爵10、A斝、B斝、折肩尊、筒形尊、卣2、提梁壶、盂、罍、觯、盘、斗2，铙3、A铃10、B铃3、车害2、弓形器、策、箍形器2、圆铜片3、A戈10、B戈18、C戈、D戈、A矛28、Ba矛9、Bb矛，镞97、金饰2、玉龙、鸟2、螳螂、柄形饰4、环、戈3、刻刀、条形饰，石铲、玦、坠、泡、磨石2，骨弓末饰2、匕、骨饰2、骨片，卜骨、牙饰，蚌泡3、蚌饰、鱼100多，文蛤，炭化食物	IV晚	否	是	棺饰红、黑漆，椁饰黄漆。棺壁经泥质粉刷，较光滑。二层台上有画幔，饰红、黑漆
棺：1.9×0.6-0.13	俯身直肢		陶罐，铜镞，贝7	商	否	是	木板灰
棺：2.05×0.5-0.3	直肢		陶Ⅴ盘、EIV簋、J罐，水晶，贝	IV晚	否	否	木板灰
棺：1.73×0.5-0.05	仰身直肢		贝2	商	是	是	木板灰
	不明			商	是	否	木板灰
	仰身直肢		贝6	IV晚	否	是	墓主人骨盆处有一儿童
	俯身直肢		小石片，文蛤2	商	否	是	
	俯身直肢		贝	不晚于IV晚	否	是	
	仰身直肢			IV	否	是	

续上表

墓号	位　置	层位关系	方　向	墓葬形制		有无壁龛	墓底孔洞
				墓室（长×宽−深）	腰　坑		
M312	B区T0428	④下，打破H412、H413	110°	1.55×0.52−0.14			
M313	D区T0603	②下	270°	2.1×（0.7E～0.82W）−3			
M314	D区T0603	②下，打破M316、F42	97°	2.05×0.77−2.95			
M315	D区T0603	②下，F42、M317	105°	1.6×（0.2W残～0.44E残）−0.98			
M316	D区T0603	②下，被M314打破，打破H308、H253	180°	口：2.0×0.74 底：2.0×0.7−3.55			
M317	D区T0603	③下，打破M332	10°	0.5×0.3−0.12			
M318	D区T0808	②下，打破F45	10°	口：1.95×0.75 底：2.0×0.64−1.8			
M319	A区T0402、T0302	②下，打破M320	270°	2.6×0.95−1.65			
M320	A区T0402	②下，被M319打破	3°	2.4×0.9−1.55	0.6×0.11−0.12		
M321	A区T0302	现代房基下	180°	2.05×0.8−0.9			
M322	A区T0203	②下	185°	2.9×1.1−1.85	0.75×0.45−0.2		
M323	A区T0103	现代房基下	105°	2.4×1.0−1.0			
M324	A区T0206	现代房基下	4°	2.05×1.0−1.8			
M325	A区T0107	现代房基下	190°	2.4×0.95−1.7	0.55×0.3−0.18		
M326	A区T0107	现代房基下	190°	1.7（残）×0.65（残）−2.3			
M327	D区T0601	②下，打破F49	175°	1.8×0.74−1.53	0.53×0.35−0.2		
M328	D区T0602	②下，打破F43	93°	2.15×0.97−1.32			
M329	D区T0605	⑤下，打破H252	195°	1.2（残）×0.55−0.5			
M330	D区T0602、T0603	②下，打破H354、F42	180°	2.11×（1.06N～1.1S）−3.1			
M331	D区T0603	②下，打破H248、F42	84°	2.3×0.7−3.5			
M332	D区T0603	②下，被M317打破	95°	2.45×0.85−4	0.59×0.25−0.15		
M333	C区T1413	F39夯土中	20°	0.52×0.34−0.08			
M334	C区T1412	F39夯土中	13°	0.74×0.38−0.1			
M335	C区T1418	F38西侧垫土层中	10°	1.06×0.5−1.1			
M336	D区T0602	H264下，被M337打破	0°	1.7×0.75−0.7			
M337	D区T0601	H264下，打破M336	270°	2.5×1.15−2.45	0.68×0.3−0.25		
M338	D区T0602	②下，打破H287、H337	3°	2.17×0.7−1.7	不规则，深0.05米	有	
M339	D区T0601	②下，打破F49、H338、H345	180°	1.95×0.81−1.5		有	
M340	D区T0605	⑤下，打破H275	284°	1.85×0.5−0.35			

葬　具	葬　式	殉人与牺牲	随葬品	分期	是否盗扰	人骨采集	备　注
	仰身直肢			不早于Ⅲ晚	否	是	
棺：1.75×0.55−0.17	不明			商	是	否	
棺：1.75×0.58−0.45	仰身直肢		铜C锛、AⅠ凿，文蛤，贝	Ⅳ晚	否	是	
棺：1.5×？−0.07	直肢			商	是	是	
棺：1.85×0.58−0.07	直肢		陶AⅩ瓴、AⅫ爵、Ⅵ盘、AⅤ罐，贝	Ⅳ晚	否	否	
陶瓮棺	不明			Ⅳ	否	否	F42的奠基墓
棺：1.78×0.43−0.4	仰身直肢		陶I罐，贝	Ⅳ	否	是	
棺：？×0.65−0.3	不明			不早于Ⅱ晚	是	否	木板灰
	不明		陶AⅠ罐	Ⅱ晚	是	否	木板灰
	仰身直肢			商	是	是	木板灰
棺：2.4×0.7−0.23	不明		陶AⅣ瓴、AⅥ爵	Ⅲ早	是	否	木板灰
棺：2.05×0.7−0.25	不明		贝	商	是	牙齿	木板灰，红漆
	不明			商	是	否	木板灰
棺：1.95×0.7(残)−0.25	仰身直肢		玉饰，贝2	商	是	是	木板灰
	不明			商	是	否	木板灰
棺：1.65×0.55−0.05	俯身直肢		陶EⅡ罐、BⅠ豆、AⅤ豆，贝3	Ⅲ早	否	是	
	俯身直肢			不早于Ⅲ早	是	是	
	仰身直肢		陶罐（残）、鬲（残）	商	是	是	
棺：1.98×0.6−0.15	俯身直肢		陶BⅡ簋、AⅤ瓴、AⅧ爵、AⅡ罐，贝，兽骨	Ⅲ晚	否	是	木板灰
棺：2.0×0.6−0.38	仰身直肢		贝	不早于Ⅳ早	否	是	木板灰，棺置于墓室北端
棺：2.08×0.55−0.05	仰身直肢		贝	不晚于Ⅳ期	否	是	木板灰
陶瓮棺	不明			Ⅳ	否	是	
陶瓮棺	不明			Ⅳ	否	是	
陶瓮棺	不明			Ⅳ	否	否	2件陶罐
	不明		陶BⅠ鬲	Ⅰ晚	是	否	
棺：1.86×(0.6~0.74)−0.36	仰身直肢	棺上东端有一殉狗	陶AⅡ簋、A瓿、AⅣ豆、Ⅰ盘，文蛤2	Ⅱ晚	否	是	木板灰，红漆
棺：1.97×0.67−0.15	俯身直肢		陶CⅢ簋、AⅤ瓴、AⅦ爵、罐（残）、贝3	Ⅲ晚	否	是	木板灰
	仰身直肢		陶B罍、BⅡ簋，贝	Ⅳ早	否	是	
	仰身直肢		陶G罐、DⅢ鬲	Ⅳ晚	否	是	木板灰

续上表

墓 号	位 置	层位关系	方 向	墓葬形制 墓室（长×宽−深）	腰 坑	有无壁龛	墓底孔洞
M341	D区T0603、T0602	②下，打破F42、H354	183°	2.16×（0.76S～0.84N）−2.46		有	
M342	C区T1418	F38西侧垫土层中	18°	0.6×0.5−0.6			
M343	D区T0808	F45夯土中	280°	0.66×0.3−0.1			
M344	B区T0528	③下，被H240打破，打破F6、F52、H98	112°	2.2×0.8−0.65			
M345	B区T0322	③下，打破M346	0°	1.9×（0.68～0.78）−1.05			
M346	B区T0322	③下，被M345打破	100°	1.7×（0.7～0.74）−1.6	0.65×0.3−0.17		
M347	B区T0322	③下	98°	2.2×（1.06～1.16）−2.0			
M348	B区T0422	③下	280°	3.1×（1.6～1.65）−4.8	0.73×0.32−0.25		
M349	B区T0522	④下	103°	2.55×（1.15～1.2）−2.35	0.72×0.35−0.2		
M350	B区T0522	④下，被H241打破	190°	2.2×0.9−1.5			
M351	B区T0422	晚坑下	90°	1.5×（0.51～0.56）−0.08		有	
M352	D区T0601	②下，打破M393、H262、H342	180°	2.2×0.94−3.15	0.7×0.3−0.07		
M353	D区T0601	②下，打破H337、H340、H351	95°	2.03×0.66−1.85			
M354	D区T0602	②下，打破H244	3°	2.2×（0.55～0.6）−1.1			
M355	D区T0707	晚期路土下，打破M356	15°	2.0×0.75−2.6			
M356	D区T0707	被H261、F48、M355打破	10°	口：3.2×1.6 底：3.64×2.05−3.5	1.0×0.3−0.25		
M357	B区T0528	③下，打破F50和H314	200°	2.2×（0.7～0.75）−（1.75～2.0）			
M358	D区T0902	③下，被H249打破，打破H331	285°	口：（0.99～1.45）×0.76 底：2.0×0.76−0.45			
M359	D区T1002	③下，打破H282	205°	口：1.95×0.5 底：1.85×0.5−4.5			
M360	D区T0608	③下	197°	口：2.4×（1.1～1.2） 底：2.7×（1.2～1.48）−2.3			
M361	D区T0602	F43下，被H244、H309打破，打破M368、M375	270°	2.2×1.0−1.5		有	
M362	D区T0602	③下，打破F43、H304、H336	80°	2.2×0.92−2.7			
M363	B区T0428	⑥下，打破H292和M445	100°	1.75×（0.5～0.54）−（0.33～0.48）			

葬　具	葬式	殉人与牺牲	随葬品	分期	是否盗扰	人骨采集	备　注
	不明		陶BⅡ豆、CⅣ簋、AⅢ罐	Ⅳ早	是	否	
陶瓮棺	不明			Ⅳ	否	否	
陶瓮棺	不明			Ⅳ	否	否	
	仰身直肢		陶Ⅰ鬲，贝12	Ⅳ早	否	是	
棺：1.65×(0.45~0.5)-？	不明		陶甗（残）	Ⅳ早	否	否	木板灰，棺底部有一层朱砂厚2~5厘米
	仰身直肢	腰坑内有一殉狗	陶DⅡ簋	Ⅳ早	否	是	
棺：1.77×0.7-0.25	仰身直肢			商	否	是	木板灰，黑漆
棺：？×0.95-0.75	不明	腰坑内有一殉狗	陶FⅢ鬲、BⅡ簋、EⅢ簋2、BⅡ豆、AⅦ觚、Ⅳ盘、AⅡ罍，铜镞，贝4	Ⅳ早	是	部分	木板灰，红漆
棺：2.0×(0.5~0.54)-0.05 椁：2.28×(0.81~0.88)-0.3	仰身直肢	填土内距墓口1.95米有一殉狗；腰坑内有一殉狗	陶BⅡ豆，贝2	Ⅳ早	否	部分	
棺：2.05×(0.52~0.57)-0.2	仰身直肢			不早于Ⅲ晚	否	部分	
	仰身直肢		陶EⅠ鬲	Ⅱ晚	否	部分	壁龛内有一幼儿骨架
棺：？×0.75-0.55	不明			Ⅳ晚	是	否	
	仰身直肢		陶BⅥ簋（填土）、AⅡ罍（填土），贝	Ⅳ晚	否	是	
棺：1.87×0.5-0.1	仰身直肢		陶AⅧ觚、AⅪ爵、Ⅴ盘、AⅢ罐，贝	Ⅳ晚	是	是	木板灰
棺：1.9×0.48-0.1	俯身直肢		陶EⅡ簋、B罍，贝	Ⅳ早	否	是	木板灰
棺：2.45×0.62-？ 椁：2.6×(1.1~1.3)-？	俯身直肢	南二层台上有一殉狗；北二层台上有一羊腿；腰坑内有一殉狗	铜Ab戈、BaⅠ戈，蚌，骨匕	Ⅱ晚	否	是	木板灰，红漆
	仰身直肢		陶AⅢ罍、AⅤ鬲，贝4	Ⅳ晚	否	是	
	仰身直肢			Ⅳ早和Ⅰ晚之间	否	是	
	仰身直肢			不早于Ⅳ期	否	是	
棺：2.15×(0.8~0.85)-0.4	仰身直肢		陶EⅡ鬲、AⅤ觚、AⅦ爵、AⅠ尊，贝2，兽骨	Ⅲ晚	否	否	
棺：？×0.7-0.36	不明		陶AⅠ鬲、Ⅰ簋、AⅣ豆	Ⅱ晚	是	否	
棺：1.9×0.65-0.14	不明		陶AⅣ觚	Ⅲ早	是	否	
	仰身直肢			Ⅳ晚	否	是	

续上表

墓号	位　置	层位关系	方　向	墓葬形制		有无壁龛	墓底孔洞
				墓室（长×宽-深）	腰　坑		
M364	B区T0328	被H218、H259打破	105°	口：2.75×1.2 底：2.75×1.14-2.46	0.88× (0.35～0.4) -0.22		有
M365	B区T0328	晚坑下，打破M366	102°	2.05×(0.64～0.66) -1.52			
M366	B区T0328	晚坑下，被M365打破	100°	口：2.25×0.78-1.9 底：2.25×(0.9～0.93)-1.28			
M367	B区T0622、T0623	②下，打破M422	273°	3.2×3.2-2.1			
M368	D区T0602	H244下，被M361打破，打破M375	188°	1.67×0.68-0.53			
M369	B区T0522	④下	197°	2.2×(0.76～0.8) -1.6			
M370	B区T0628	③下，打破F52、H318	90°	1.65×0.4-0.15			
M371	B区T0422	③下	100°	2.25×(0.85～0.9)-1.7	0.45×0.15-0.15		
M372	B区T0527	H315内	110°	无墓圹			
M373	B区T0527	④下，被H299打破	295°	2.25×0.8- (0.65～0.8)			
M374	D区T0608	F48下	105°	口：2.45×1.4 底：3.15×(1.6～1.74)-4.6	1.05× (0.3～0.35) -0.2		
M375	D区T0602	F43下，被M368、H309、H244、M361打破	180°	1.17（残）×0.55-0.45			
M376	D区T0708	F47下	190°	2.4×0.9-1.1			
M377	D区T0708	③下，打破F47	265°	2.0×0.8-2.5	0.7×0.3-0.15		
M378	D区T0902	③下，打破H267	328°	1.9×0.44-0.25			
M379	D区T0602	②下，打破H304	267°	1.36×0.51-0.45			
M380	D区T0606	F44夯土中	0°	0.5×0.3-0.2			
M381	D区T0902	③下，被H249、H267打破，打破H331	100°	0.6(残)×0.45（残）-0.35			
M382	D区T0708	F45夯土中	190°	0.3（残）×0.26-0.1			
M383	D区T0708	F45夯土中	15°				
M384	D区T0708	F45夯土中	12°				
M385	D区T0601	②下，打破H351	95°	2.1×0.68-0.7			
M386	D区T0708	F45夯土中	280°				
M387	D区T0708	F45夯土中	275°				
M388	D区T0708	F45夯土中	280°				
M389	D区T0708	F45夯土中	15°				
M390	D区T0708	F45夯土中	15°				
M391	D区T0708	F45夯土中	15°				

葬　具	葬　式	殉人与牺牲	随葬品	分期	是否盗扰	人骨采集	备　注
棺：2.24×(0.8~0.9)－(0.12~0.14)	俯身直肢	填土内距墓口1.9米有一殉狗；腰坑内有一殉狗	陶AⅡ簋、AⅡ瓿、爵、AⅠ罍	Ⅱ晚	是	是	木板灰
	俯身直肢		陶BⅣ簋，贝7，文蛤	Ⅳ晚	否	是	
	俯身直肢			不晚于Ⅳ晚	是	是	
	不明		铜曹2	Ⅳ晚	是	是	车马坑
	仰身直肢			不晚于Ⅱ期	是	否	
棺：1.9×(0.4~0.47)－0.1	仰身直肢			商	否	是	二次葬
	仰身直肢			不早于Ⅲ期	否	是	
棺：1.87×(0.48~0.49)－0.25	俯身直肢	填土内距口1米有一殉狗；腰坑内有一殉狗	贝2	商	否	是	木板灰
	俯身直肢		贝	Ⅳ	否	是	
棺：1.95×0.6－0.42	仰身直肢		陶AⅣ瓿、AⅥ爵、文蛤，铅戈，贝	Ⅲ早	否	是	木板灰
椁：2.7×1.2－(0.6~0.7)	不明	西二层台有殉人；腰坑内有一殉狗	铜策、镞（盗洞）、戈（盗洞），骨管、钉（墓壁上），磨石，兽牙	Ⅲ期	是	脚趾骨	木板灰
棺：1.2（残）×0.42－0.14	仰身直肢		贝	不晚于Ⅱ期	是	是	木板灰
棺：2.2×0.7－0.15	仰身直肢		陶AⅣ鬲	Ⅳ早	否	是	木板灰
棺：1.8×0.5－0.3	仰身直肢		陶Ⅵ盘、BⅤ簋、AⅩ瓿、AⅫ爵、AⅤ罐，贝4	Ⅳ晚	否	是	木板灰
	侧身直肢			不早于Ⅲ晚	是	是	
	仰身直肢		陶EⅡ鬲、AⅠ尊	Ⅳ早	否	是	
陶瓮棺	不明			商	是	否	
	仰身			Ⅲ晚和Ⅰ晚之间	是	是	
陶瓮棺	不明			Ⅲ	是	是	
陶瓮棺	不明			Ⅲ	否	否	无墓圹
陶瓮棺	不明			Ⅲ	否	否	无墓圹
棺：1.9×0.52－0.04	俯身直肢		贝	商	否	是	木板灰
	仅存头骨			Ⅲ	是	是	无墓圹
陶瓮棺	不明			Ⅲ	否	否	无墓圹
陶瓮棺	不明			Ⅲ	是	否	无墓圹
陶瓮棺	不明			Ⅲ	否	否	无墓圹
陶瓮棺	不明			Ⅲ	否	否	无墓圹
陶瓮棺	不明			Ⅲ	否	否	无墓圹

续上表

墓号	位 置	层位关系	方 向	墓葬形制		有无壁龛	墓底孔洞
				墓室（长×宽−深）	腰 坑		
M392	D区T0707	F48下，被H365打破，打破H335、H343	100°	1.65×0.7−0.7			
M393	D区T0601	②下，被M352、H224打破，打破H285、H306、H342	95°	2.05×0.6−1.55		有	
M394	D区T0707	F48下，打破H343、H365	20°	口：2.5×(0.86~0.9) 底：2.3×0.72−2.4		有	
M395	D区T0707	F48下	195°	1.95（残）×0.8−1.2			
M396	D区T0605	③下，打破F44和H353	95°	2.02×0.68−1.6			
M397	D区T0803	③下，被H251打破，打破H277	95°	2.2×0.7−(0.9~1.18)			
M398	D区T0708	F45夯土中	280°	1.17×0.45			
M399	D区T0707	F48下，打破H343、H349、M405	105°	2.0×0.72−0.9			
M400	C区T1518	F40下	15°	口：3.44×2.14 底：2.9×1.76−7.1	0.8×0.3−0.3		
M401	D区T0606	F44下	2°	1.05×0.3−0.15			
M402	D区T0708	F45夯土中	15°				
M403	D区T0606	F44夯土中	190°	1.4×0.55−0.15			
M404	D区T0708	F45夯土中	275°				
M405	D区T0707	F48下，被M399打破，打破H343、H349	285°	2.3×0.9−1.0			
M406	D区T0907	③下，打破H355	175°	口：2.2×0.8 底：2.2×0.76−1			
M407	D区T0606	②下，打破F44、M424和H379	110°	2.0×0.61−1.2			
M408	D区T0606	F44下	150°	1.9×0.62−0.1			
M409	D区T0606	F44下	140°	2.0×0.78−0.8			
M410	D区T0606	被H289打破，打破H411、H417和H420	280°	2.03×0.8−1.75			
M411	D区T0606	③下，打破H399、M433、H356	190°	2.05×0.9−2.7			
M412	D区T0601	③下，打破H344	175°	3.5×1.28−6.2	0.8×0.38−0.5		

葬　　具	葬　式	殉人与牺牲	随葬品	分期	是否盗扰	人骨采集	备　　注
	仰身直肢			Ⅳ和Ⅱ期之间	否	是	
	仰身直肢		陶BⅡ罐、EⅣ簋	Ⅳ晚	是	是	木板灰
棺：2.0×0.7－？	仰身直肢		陶CⅠ簋、AⅣ觚、AⅥ爵、罐（残）	Ⅲ早	否	是	木板灰
棺：1.65（残）×0.5－0.1	仰身直肢			不晚于Ⅳ晚	是	是	
	仰身直肢		陶H簋、Ⅳ盘，铜CⅡ戈	Ⅳ早	否	是	
	仰身直肢			Ⅳ早和Ⅱ晚之间	否	是	
陶瓮棺	不明		贝	Ⅲ	否	否	无墓圹
棺：1.75×0.5－0.08	仰身直肢			Ⅳ和Ⅲ晚之间	否	是	木板灰
棺：2.4×0.85－0.12 椁：2.55×1.2－0.67		南、东二层台上有殉人；西二台上有一殉狗；腰坑内有一殉狗	铜镞、B锛、戈、铲、A铃2，骨弓末饰，蚌片，石矛、石器、石饰，文蛤，贝	Ⅳ期	是	是	红黄漆，木板灰
	仰身屈肢			不晚于Ⅳ期	否	是	
陶瓮棺	不明			Ⅲ	否	否	无墓圹
	仰身直肢	骨盆以下缺失，似被腰斩		Ⅳ晚	否	是	F44奠基墓
	侧身			Ⅲ	否	是	无墓圹，奠基墓
棺：1.8×0.6－0.3	仰身直肢		陶E豆	Ⅲ晚	否	是	
棺：2.0×0.5－0.25	仰身直肢			Ⅲ	否	是	
	仰身直肢		陶BⅤ簋、鬲	Ⅳ晚	否	是	
	俯身直肢			不晚于Ⅳ早	否	是	
	仰身直肢		蚌	Ⅳ早和Ⅲ晚之间	是	是	
	仰身直肢			不晚于Ⅳ早	是	是	
棺：2.02×0.6－0.3	不明			Ⅳ期	是	否	红漆，木板灰
棺：2.88×0.85－0.5	不明	填土内距口5.3米有一殉狗；腰坑内有一殉狗	陶EⅢ簋、AⅣ罍3，铜BⅡ鼎2、B簋、BⅡ觚、BⅡ爵2、卣、尊、斝，BbⅢ戈11、AⅢ矛12、镞、C刀、C锛、AⅡ凿、铃、铜渣、骨镞、骨饰、笄，文蛤，蚌泡，圆饼形器，兽骨，羊腿骨，狗腿骨	Ⅳ晚	否	否	红漆，木板灰

续上表

墓 号	位　置	层位关系	方　向	墓葬形制			
				墓室（长×宽-深）	腰　坑	有无壁龛	墓底孔洞
M413	D区T0902	③下，打破M438	182°	无坑圹			
M414	D区T0608	F47夯土中	18°				
M415	D区T0708	F47下，打破H403	180°	1.7×0.7-4.01			
M416	D区T0608	F48下，打破H373	18°	口：2.1×0.8 底：2.04×0.6-2.3			
M417	D区T0903	③下，被H267打破，打破H331	185°	（1.63~1.85）（残）×0.55-0.5			
M418	D区T1002	③下，打破H282	0°	0.57×0.4-0.39			
M419	B区T0523	③下	92°	2.7×1.16-3.2	0.64×0.3-0.24		有
M420	B区T0427	H386下，被H361打破	185°	2.4×（0.96~1.06）-1.32	0.73×（0.22~0.41）-0.39		有
M421	B区T0623	现代扰坑下	0°	0.88×0.38-（0.12~0.38）			
M422	B区T0622	被M367打破	109°	2.4×（1.3~1.4）-3.4			有
M423	B区T0428	被魏晋时期H220打破，打破H427	195°	口：3.2×1.76 底：3.25×1.86-4.6	0.8×（0.28~0.34）-0.2		有
M424	D区T0606	F44夯土中	106°	1.22×0.4-0.15			
M425	D区T0606	②下，打破J9、F44、H385	130°	2.5×0.95-2.5			
M426	D区T0606	F48下，被H400打破，打破H380	352°	口：2.12×（0.78~0.86） 底：2.25×（0.78~0.86）-1.1			
M427	D区T0607	③下，打破F48垫土、H350、H383、H399	197°	2.2×（0.8~0.84）-2.6			
M428	D区T0607	F48夯土内	120°	0.95（残）×（0.3~0.35）-1.2			
M429	D区T0708	F45夯土内	275°				
M430	D区T0708	③下，打破F47	270°	1.9×0.5-0.5			
M431	D区T0903	③下，打破H267	3°	2.0×0.58-0.9			
M432	D区T0703	晚坑下	4°	2.3×（0.7~0.73）-0.87			
M433	D区T0606	被H356打破	202°	0.85（残）×0.65-1.5			
M434	D区T0603	晚坑下	6°	1.9×0.6-2.03			
M435	D区T0708	F45下，被H393打破	15°	2.6×1.3-2.1	0.8×0.3-0.2	有	
M436	D区T0808	F45下，打破H378	5°	2.2×0.8-1.2			
M437	D区T0606	F44下，被M409、M425、J9打破	199°	2.5×0.7-1.9			
M438	D区T0902	③下，被H282、M413、J9打破	15°	口：2.1×0.8 底：2.15×0.8-1.3	0.53×0.31-0.13		
M439	D区T0807、T0808	②下，打破F45	190°	口：1.65×0.8 底：1.65×0.87-3.4			
M440	D区T0606	F44下	110°	1.75×0.73-0.12			

葬　具	葬式	殉人与牺牲	随葬品	分期	是否盗扰	人骨采集	备　注
	屈肢侧身葬	散乱一堆		IV晚	否	是	灰坑葬
陶瓮棺	不明			III	否	否	无墓圹
	仰身直肢		陶AIII鬲	III晚	否	是	木板灰
棺：1.95×0.5-0.35	仰身直肢		陶AII罍	IV早	是	是	木板灰
	侧身屈肢			III晚和I晚之间	是	是	
陶瓮棺	屈肢			IV	否	是	
棺：2.1×0.64-0.14	仰身直肢	腰坑内有一殉狗	陶CII簋	III晚	是	是	
棺：2.02×0.66-0.23	仰身直肢	腰坑内有一殉狗	陶AII簋、C豆、A瓿，贝	II早	否	是	木板灰
	跪姿	底部有一殉狗		商	否	是	
棺：？×0.86-0.1	不明			不晚于II晚	是	是	
棺：1.52（残）×0.92-0.35 椁：1.64（残）×1.16-0.7	俯身直肢	填土内距口2米有一殉狗；腰坑内有一殉狗	陶AII鬲、AIV瓿、AVI爵、AaV戈、铃，贝	III早	是	是	
	仰身直肢			IV晚	是	是	
棺：2.0×0.65-0.3	仰身直肢			IV晚	是	是	木板灰，红漆
棺：1.95×(0.6~0.7)-0.1	仰身直肢		陶A盂、II盆，石刀	II晚	否	是	木板灰
棺：2.0×0.6-0.15	仰身直肢		陶AIX瓿、AXI爵、V盘、AIV罐	IV晚	否	是	
	仰身直肢		铜镞、铃，贝26	IV晚	否	是	
陶瓮棺	不明			III	否	否	无墓圹
	仰身直肢		陶CII鬲	IV晚	是	是	木板灰
	仰身直肢			不早于III晚	否	是	
	俯身直肢		陶G罐、AIV簋，贝	IV晚	否	是	
	仰身			不晚于III早	是	是	木板灰
	俯身直肢		陶AIV罍、AIV簋	IV晚	是	否	
棺：2.1×0.75-0.35 椁：2.2×0.85-0.4	俯身直肢	腰坑内有一殉狗	陶AII簋、AIII瓿、AIV爵、AI罐，铜BbII戈2、铃，兽骨	II晚	否	是	红漆，木板灰
	俯身直肢		陶CIII簋、BI豆、Ab罐，贝，文蛤	III早	否	是	
	不明			不晚于IV早	是	否	木板灰
棺：1.95×0.56-0.42	俯身直肢		陶BI鬲	I晚	否	是	木板灰
棺：1.5×(0.55~0.57)-0.4	不明			不早于IV期	是	否	木板灰，白漆
	仰身直肢		陶AI鬲	II·晚	是	是	

续上表

墓号	位置	层位关系	方向	墓葬形制		有无壁龛	墓底孔洞
				墓室（长×宽-深）	腰坑		
M441	B区T0528	④下，被M311打破，打破F6	297°	1.75×(0.55~0.59)-(0.1~0.2)			
M442	D区T0807	②下	185°	2.4×0.95-1.96	0.7×0.28-0.17	有	
M443	D区T0807、T0808	②下，打破M449和F45	5°	1.7×0.67-1.2			
M444	B区T0327	H326下，被H360、H389、H390打破	13°		0.9×(0.4~0.46)-0.35		
M445	B区T0428	H292下，被M363打破，打破H413，M446	107°	2.05×(0.6~0.66)-0.42			
M446	B区T0428	M363下，被H413、M445打破	103°	2.15×0.85-0.7	0.5×(0.16~0.24)-0.2		
M447	D区T0605	④下，被H280、H359打破	110°	2.65×1.1-4.3	1×0.3-0.15		
M448	D区T0607、T0606	扰坑下，打破H380、H406	195°	2.0×0.8-1.35			
M449	D区T0807、T0808	②B下，被M443打破	187°	2.05×0.9-1.4	0.25×0.16-0.1		
M450	B区T0628	F52下	195°	1.9×(0.6~0.7)-0.35			
M451	B区T0628	H318下，打破F52	200°	1.55×(0.4~0.46)-2.7			
M452	B区T0321	③下，打破F57	190°	口：2.2×0.8 底：2.2×(0.75~0.8)-2.7			有
M453	B区T0321	③下，打破F57	10°	口：2.3×0.8 底：2.4×0.82-3.35	0.6×0.25-0.1		
M454	B区T0321	①下	0°	底：2.0×0.5-0.8			
M455	D区T0706	③下	12°	3.35×1.9-4.5	0.9×0.45-0.24		
M456	B区T0421	③下，打破F57	110°	口：2.2×0.73 底：2.2×(0.63~0.76)-0.5			
M457	B区T0321	③下，打破F58	105°	口：2.6×1.15 底：2.7×1.25-3.2	0.8×0.3-0.25		
M458	B区T0421	F57墙槽中	105°				
M459	B区T0421	F57墙槽中	105°				
M460	B区T0521	③下，打破F57	195°	口：2.0×0.87 底：2.0×0.86-1.3			
M461	B区T0424	扰土下	5°	口：2.4×1.1 底：2.3×1.1-1.15	1.0×0.8-0.17		有
M462	B区T0421	F57墙槽中	285°	底：1.85×0.7-0.3			

注：1.期别栏中的Ⅰ、Ⅱ、Ⅲ、Ⅳ，分别代表殷墟一至四期。有的可明确判断某期早、晚段的，则注明，无法判断早、晚段者，则仅注明属于期别。仅注明
　　"不早于某期"或"不晚于某期"者，多是没有随葬品或无明确时代特征的随葬品，仅依据层位关系做出的初步判断。"商"则是无法判断具体年代，
　　但可判断其为殷商墓葬。

　　2.随葬品栏中器名后的阿拉伯数字代表件数，没有注明数字的均为1件；英文字母表示的是"型"，其后的罗马数字代表"式"，"？"代表器物残甚，
　　无法判断型式。

葬 具	葬式	殉人与牺牲	随葬品	分期	是否盗扰	人骨采集	备 注
	仰身直肢		贝	IV期	是	是	
棺：1.9×0.55-0.33	直肢		陶BVII簋、AV罐、G罐、J鬲、VI盘、AIV罍、蚌泡，玉饰，贝	IV晚	否	否	木板灰
	俯身屈肢		陶AIII尊	IV期	是	是	木板灰
棺：2.4×0.94-0.42 椁：2.54×1.06-0.74	俯身直肢	椁台东北角上、东椁台上、西椁台上、椁台东南角上、腰坑内各有一殉狗	铜AI觚、C爵、方彝、BaI戈、CI戈4、铃，绿松石，玉环，漆器，石铲，兽腿，贝	II晚	否	牙齿	木板灰
	仰身直肢		陶EV簋，贝2	IV晚	否	是	
棺：1.95×0.58-0.25	俯身直肢	腰坑内有一殉狗	陶D尊、B爵、B觚	III晚	否	是	
棺：2.25×0.58-0.42	仰身直肢		玉饰，贝	不晚于II早	是	是	
	不明		陶B瓿、DI鬲、CII簋	IV早	是	是	木板灰，红漆
棺：1.82×0.7-0.18	仰身直肢		贝	不晚于IV期	是	是	木板灰
	俯身直肢			不晚于II期	是	是	
	俯身直肢			不晚于III早	是	是	
	俯身		陶BI豆，贝	III晚	是	是	
棺：2.1×(0.55~0.57)-0.1	仰身直肢		陶BI豆，兽牙，贝2	III晚	否	人牙	木板灰，黄漆
	仰身直肢		板瓦	唐宋	否	是	
棺：2.4×?-0.54 椁：3.0×1.5-0.66	不明		陶AIX觚、AXI爵、AIV罐、E尊，铜III矛、铃（残），A磨石	IV晚	是	否	
	仰身直肢		陶H簋、K罐，贝2	IV早	否	是	
棺：1.95×0.65-0.1 椁：2.25×0.9-0.6		填土内距口2.25米有一殉狗	陶BI罐，铜CI戈，文蛤2	II晚	是	是	仅余牙齿
陶瓮棺	不明			II期	否	否	无墓圹
陶瓮棺	不明			II期	否	是	无墓圹
	仰身直肢		陶EI鬲	III早	否	是	
	不明		贝10	商	是	否	
	不明			不晚于II期	否	否	

3. "是否盗扰"一栏中，"是"表示被盗或者被商代遗迹扰动过，"否"表示没有被盗也没有被商代遗迹扰动过。

4. "人骨采集"情况一栏中，"是"表示人骨保存状况良好，全部采集；"否"表示保存状况极差，无法采集；"牙齿"表示人骨朽尽，仅采集牙齿。

附　录

附录一 安阳大司空M303出土植物叶子研究[*]

王树芝 路超 岳洪彬 岳占伟 赵志军[1]

大司空遗址是殷墟的重要组成部分，其发掘为研究殷代墓葬的分期和陶器组合提供了十分重要的资料。2004 年春夏，中国社会科学院考古研究所安阳工作队对豫北纱厂早年所建厂房进行了补充发掘，共清理房基 70 余座，灰坑、窖穴和水井 420 余座，墓葬 460 余座，获得了大批有价值的遗物。其中 2004AST1418M303（简称 M303）保存完整，是此次发掘中出土遗物最为丰富的一座墓葬。M303 与 M225 为异穴并葬墓，位于 M225 东侧 2 米处，长方形竖穴墓，葬具有棺和椁。有殉人和殉狗，随葬品丰富。椁内棺北侧是主要随葬品放置区，包括所有的青铜容礼器、大部分青铜兵器和大批陶器。其中大部分青铜容礼器放在棺东北一隅，其中一件折肩尊（腹内有一件铜觚）放在椁室的东北角[2]。在口部有叠压在一起呈薄饼状的数层植物枝叶（彩版一三五，1），枝条平行地朝一个方向放置（彩版一三五，2），厚度约 1 厘米。枝叶颜色为浅褐色，叶子很薄且柔软，已失去原有的强度和张力，稍一用力就会破碎，但叶片构造特征清晰可见。

一 叶子取样

用木签和薄刀片把薄而叠加在一起的叶片轻轻拨开后，取到了几片较完整的叶片，结构特征清晰。较大的叶片难取完整，取的个体都较小。此外，还取到了一些保存着叶子着生方式的小枝。

二 研究方法

（一）出土叶子的形态学研究

首先用尺子量测叶片的长、宽和叶柄的长度，记录 4 个叶片标本的叶形、叶尖、叶缘、叶基的形状及叶脉种类（表一），并进行拍照（彩版一三六，1～4）。同样，对取到的小枝进行记录和拍照（彩版一三六，5）。

---

　*　原载于《考古》2010年第10期。

[1] 王树芝、路超、岳洪彬、岳占伟、赵志军：中国社会科学院考古研究所。

[2] 中国社会科学院考古研究所安阳工作队：《殷墟大司空M303发掘报告》，《考古学报》2008年第3期。

表一　出土植物叶子和小枝特征

标本特征	叶长	叶宽	叶柄长	叶形	叶缘	叶脉	叶尖	叶基	小枝
标本一	7.5	2.0	0.6	椭圆披针形	稀疏浅锯齿	网状脉	渐尖	楔形	椭圆形皮孔
标本二	11.5	3.0	1.0	椭圆披针形	稀疏浅锯齿	网状脉	渐尖	楔形	椭圆形皮孔
标本三	7.8	2.0	0.8	倒卵状披针形	稀疏浅锯齿	网状脉	渐尖	楔形	椭圆形皮孔
标本四	9.0	2.9	/	椭圆披针形	稀疏浅锯齿	网状脉	渐尖	楔形	椭圆形皮孔

　　四件标本的主要特征大致相同，叶缘皆具稀疏浅锯齿，叶脉为网状脉，叶尖渐尖，叶基楔形，仅叶形一项不同，除标本三为倒卵状披针形，其他为椭圆披针形。四枚叶片大小和叶柄长度略有差异。鉴于同种植物的叶形会稍有变化而主要特征相同，断定出土的植物叶子为同一种植物。需要说明的是没有取完整的大片叶子多是倒卵状披针形。

　　标本五为小枝，从小枝上可以看到叶子的着生位置为互生叶序。叶序是指叶在枝上的排列方式，有互生、对生、轮生和簇生四种。互生叶是指一个叶着生于每一节的一个面，而其上或其下的一个叶着生于节的另一面（彩版一三六，5）。

（二）出土叶子的分子遗传学研究

1. DNA的提取

　　试验参照王关林等提取和检测基因组DNA的方法[1]进行，并进行了如下修改：将叶子研磨成粉末并迅速装入5毫升的离心管中，加入1毫升氯化钠、三（羟甲基）氨基甲烷、乙二胺四乙酸二钠核分离缓冲液，在温度4度、5000转／分钟的离心机里分离5分钟，进行2次。弃去上清液，加入3毫升、温度为65度的3%十六烷基三甲基溴化铵DNA提取液。抽提时加入等体积的氯仿／异戊醇／无水乙醇(24/1/16)，重复抽提操作2次。

2. 引物合成

　　试验参照翟焕趁等、王奇志等、泰博莱特（Taberlet）对多种植物核糖体DNA的内转录间隔区序列和tRNA基因编码间隔区内含子的研究[2]，各合成3对引物（上海生工合成），经过多聚酶链反应（PCR）筛选，最终确定核糖体DNA的内转录间隔区序列和tRNA基因编码间隔区内含子的各一

　　[1] 王关林、方宏筠：《植物基因工程》第744页，科学出版社，2002年。

　　[2] a. 翟焕趁、宋亚娜、郑伟文：《福建青梅rDNA ITS区克隆与序列分析》，《亚热带植物科学》2008年37卷第1期。b. 王奇志、何兴金、周颂东、吴耘珂、余岩、逢云莉：《基于染色体计数和ITS序列初步探讨横断山区柴胡属植物(伞形科)的系统发育》，《分类与进化学》，2008年46卷第2期。c. Taberlet P, Universal primers for amplification of three non-coding regions of chloroplast DNA, *Plant Molecular Boilogy*, 1991, 17(5): 1105-1109.

对特异引物。

引物序列：trnL CGAAATCGGTAGACGCTACG（第一对引物的上游序列）

trnF ATTTGAACTGGTGACACGAG（第一对引物的下游序列）

ITSF TCCGTAGGTGAACCTGCGG（第二对引物上游序列）

ITSR TTCCTCCGCTTATTGATATGTTAAACTC（第二对引物的下游序列）

反应体系为 2.5 微升 10 倍 PCR　Buffer；2.0 微升 MgCl2；2.0 微升 dNTPs；1.0 微升上、下游引物（10 微摩尔／升）；1.0 微升 DNA 模板；0.2 微升 Taq 酶 5 单位／升，加灭菌超纯水至总体积为 25 微升。

在多聚合链式反应仪中反应程序为：第一步：1 个循环，在温度 95 度下变性 5 分钟；第二步：35 个循环，94 度下变性 30 秒，48 度下复性 30 秒，72 度下延伸 120 秒；第三步：1 个循环，72 度下延伸 10 分钟。然后将反应产物点入 2.0% 琼脂糖凝胶中，在 110 伏下电泳 40 分钟观察反应结果。

3．目的片段的回收和重组

把 PCR 扩增得到的目的片段利用胶回收试剂盒，从琼脂糖凝胶上回收，连接于 pMD18－T 载体，在 16 度温度下放置 4 小时。转化到 DH5α 大肠杆菌感受态细胞中，涂布于含有安苄选择培养基的平板上，震荡培养。然后，在 24 小时内挑选阳性克隆接种到含安苄的液体培养基中震荡培养。最后，直接吸取阳性克隆培养液 1 微升作为模板，按照上述引物合成中 PCR 反应体系进行扩增。

4．目的片段的测序及分析

对含有目的片段的重组质粒菌液进行测序。对测序结果进行初步分析，推导外显子编码的氨基酸序列，利用美国国立生物技术信息中心（NCBI）中序列对比搜索引擎 BLAST 进行同源性比对。

三　研究结果与分析

（一）分子遗传学研究结果

1．多聚酶链反应（PCR）产物的扩增和克隆

根据已有的几种植物的核糖体 DNA 的内转录间隔区（ITS）序列和 tRNA 基因编码间隔区（trn）内含子基因片段各筛选出一对特异引物，利用 PCR 技术从样品的全 DNA 中分离得到核糖体 DNA 的内转录间隔区（ITS）序列和 tRNA 基因编码间隔区（trn）内含子的基因片段。各扩增出一条长度约为 700 碱基对（bp）和 400 碱基对（bp）的 DNA 片段（彩版一三六，6）。

多聚酶链反应（PCR）产物纯化后直接与 pMD18－T 载体连接，采用氯化钙（Ca Cl₂）法制备大肠杆菌感受态细胞，连接产物 8 微升转化大肠杆菌感受态细胞，取 100 微升菌液涂布于含 5－溴－4－氯－3－吲哚－β－D－半乳糖苷和异丙基－β－D－硫代半乳糖的筛选培养基（含氨苄青霉素）平板，37 度温度下培养 24 小时后挑取几个白色菌落分别接种于加有氨苄青霉素 50 微克／毫升的 Luria-Bertani（LB）液体培养基中，37 度温度下培养至对数生长后期。重组质粒进一步采用多聚合链式反应（PCR）法筛选，反应体系同前。（彩版一三六，8）为样品核糖体 DNA 的内转录间隔区（ITS）

序列和 tRNA 基因编码间隔区（trn）内含子同源基因片段的菌落多聚合链式反应（PCR）扩增图。

2．目的基因序列分析

通过多聚合链式反应（PCR），扩增出了一条长度为610碱基对的核糖体 DNA 的内转录间隔区（ITS）序列片段和一条长度为385碱基对的 tRNA 基因编码间隔区（trn）内含子基因片段。

利用序列对比搜索引擎 BLAST 工具搜索美国国立生物技术信息中心（NCBI）基因数据库，进行序列比较，核糖体 DNA 的内转录间隔区（ITS）序列的搜索结果显示样品的序列与千屈菜科（Lythraceae）的十种已知植物的同源性在85%～74%之间，tRNA 基因编码间隔区（trn）内含子的结果显示样品的序列与卫矛科（Celastraceae）的24个属中的87个种已知植物的同源性在77%～65%之间（彩版一三六，8）。

通过核糖体 DNA 的内转录间隔区（ITS）序列和 tRNA 基因编码间隔区（trn）内含子同源性比对，试验的搜索结果应为千屈菜科（Lythraceae）或卫矛科（Celastraceae）。

（二）形态学研究结果

在分子遗传学研究的基础上，作者又基于小枝和叶的特征进行了进一步的鉴定。

分子遗传学的鉴定结果认为植物叶子属于千屈菜科或卫矛科。千屈菜科叶子具有如下特征：叶对生，叶片的边缘为全缘（叶缘成一连续的平线，不具任何齿和缺刻），无托叶。由于出土植物叶子的叶缘具稀疏浅锯齿，叶互生，所以不是千屈菜科的叶子。卫矛科叶有互生叶，而且叶缘具锯齿。因此，出土植物应该属于卫矛科。卫矛科的南蛇藤属短梗南蛇藤，是单叶互生；叶柄长5～15毫米；叶片倒卵状披针形或椭圆披针形，长4～11厘米，宽3～6厘米，叶尖渐尖，叶基微楔形，叶缘具稀疏浅锯齿[1]（彩版一三六，9）。短梗南蛇藤的叶片特征与标本叶片特征相同，因此，鉴定 M303 出土植物为短梗南蛇藤（*Celastrus rosthornianus* Loes.）。

四　讨论

（一）关于研究方法

传统的植物系统与分类，不管其为何种学派，其理论基础是建立在分类群的性状分析基础上，无论这些性状是来自形态学、解剖学、孢粉学、细胞学，还是植物化学都是表现型。从分子遗传学角度来看，表现型的差异归根结底应追溯到基因型的差异，即在 DNA 序列上的差异，而对这种基因序列差异的比较研究无疑为植物系统与进化提供最直接的证据，也是植物分类的依据[2]。所以，作者采用传统的形态学方法与分子遗传学方法同时对出土叶片进行研究，极大地提高了鉴定的准确率。

在分子遗传学研究中，选用了 ITS 和 trnL-trnF 这两个比较常用的基因片段，对植物进行初步的系统分类查找。一些研究表明，trnL-trnF 非编码区在一定分类水平上适用于系统关系重建，如近缘

[1]　中国科学院植物研究所主编：《中国高等植物图鉴》第二册第660页，科学出版社，2002年。

[2]　a. 丁士友、顾红雅、翟礼嘉、陈章良：《PCR产物的RFLP分析在豆科黄芪亚族系统学的应用初探》，《植物学报》1995年第2期。b. Hills D M, Moritz C, *Molecular Systematics. Sunderland, Massachusetts*, USA. Sinauer Associates, Inc. Publishers, 1990, 588.

科间、亚科间、族间或属间[1]，但在大多数情况下，这一区域的序列变化并不足以解决种间关系。而在被子植物中，ITS 区既具有核苷酸序列的高度变异性又有长度上的保守性，说明这些间隔区的序列很容易在近缘类群间排序，而且丰富的变异可在较低的分类阶元上（如属间、种间）解决植物系统发育问题。在分子遗传学研究中，选用 ITS 和 trnL－trnF 这两个比较常用的基因片段，对出土植物进行系统分类查找，既考虑了近缘科间、亚科间、族间又考虑了属间、种间的变异。

（二）古人随葬枝叶的用意

短梗南蛇藤是藤本灌木，高可达 7 米。花雌雄异株；雄花序顶生及腋生，3 ～ 7 花，花黄绿色；雄花具杯状花盘，雄蕊着生于花盘边缘，退化雌蕊短柱状；雌花有退化雄蕊，子房与杯状花盘离生，花柱细长，柱头 3 列、每列 2 叉分枝，蒴果近球状，径约 1 厘米。种子 3 ～ 6 颗，具橙红色假种皮，具有观赏特性。根皮可入药，具有清热解毒，祛风除湿功能。产于甘肃、陕西西部、河南、安徽、浙江、江西、湖北、湖南、贵州、四川、福建、广东、广西、云南。生于海拔 500 ～ 1800 米[2]。近年来从南蛇藤属植物中得到了多种 β － 二氢沉香呋喃型倍半萜和 friedlane 等型三萜，其中一些具有昆虫拒食、抗肿瘤和细胞毒活性[3]。

大司空 M303 内的敞口折肩尊的口部盖有数层短梗南蛇藤植物枝叶，可能有如下两种原因。

首先，在殷商时期，古代人类有可能认识到短梗南蛇藤的药用价值。

在距今 8000 年前后的浙江萧山跨湖桥新石器时代早期遗址出土一件绳纹小陶釜（T0411 ⑧ A：25），内盛有一捆形状相近的植物茎枝，枝长约 5 ～ 8 厘米，单根直径 0.3 ～ 0.8 厘米，共 30 余根。陶釜外壁有烟熏火燎的痕迹，发掘者认为煎煮的可能是中草药[4]。在藁城台西商代遗址中期标本 04 号罐内，除有豆科草木樨的种子外，还夹杂着小枝和小碎木块，草木樨可药用，有清热解毒之效[5]。在属于周文化范畴的高家堡戈国一到四号墓，在敞口的簋、甗等器物内，沙参叶似原覆盖部分器物之上，在有盖器物卣上粘附着沙参叶[6]，沙参具有药用价值，上述新石器时代和商周时期的材料或可说明古人很早就懂得用药。因此，殷商时期古人认识到短梗南蛇藤的药用价值也在情理之中。

其次，覆盖随葬器物。

《说文》（段注本）："鼏，鼎覆也。从鼎，冖、冖亦声"。段玉裁《注》："此九字各本无。以鼏篆鼏，解牛头马脯而合之，今补正。鼏见《礼经》，所以覆鼎，用茅为之，今本作鼏，正字也。……古者覆巾谓之帽，鼎盖谓之鼏，而《礼经》时亦通用。"

《说文·鼎部》："鼏，以木横贯鼎耳而举之。从鼎，冂声。《周礼》：庙门容大鼏七箇，即易玉铉

---

[1] a. Molvray M, Kores P J, Chase M W, Phylogenetic relationships within Korthalsella (Viscaceae) based on nuclear ITS and plastid trnL-F sequence data, *Amer J Bot*, 1999, 86: 249-260. b. Richardson J E, Fay M F, Cronk Q B, et al, A phylogenetic analysis of Rhamnaceae using rbcL and trnL2F plastid DNA sequences, *Amer J Bot*, 2000, 87: 1309-1324. c. Mes T M, Wiejers G J, Hart H T, Phylogenetic relationships in Monanthes (Crassulaceae) based on morphological, chloroplast and nuclear DNA variation, *J Evol Biol*, 1997,10: 193-216.

[2] 中国科学院中国植物志编辑委员会：《中国植物志》45卷第3册，第114页，科学出版社，1999年。

[3] 陈佩东、梁敬钰：《南蛇藤属植物化学成分及活性研究进展》，《海峡药学》，1999年11卷第4期。

[4] 浙江省文物考古研究所等：《萧山跨湖桥》第152、153页，文物出版社，2004年。

[5] 耿鉴庭、刘亮：《藁城台西商代遗址中出土的植物》，《藁城台西商代遗址》第193～196页，文物出版社，1985年。

[6] 陕西省考古研究所：《高家堡戈国墓》第136页，三秦出版社，1995年。

大吉也。"《仪礼·士昏礼》："设扃鼏。"郑玄《注》："鼏，覆之。"《玉篇·鼎部》："鼏，覆樽巾也。又鼏盖也。"在大司空 M303 随葬品敞口折肩尊的口部，有数层叠压在一起的植物枝叶，这些枝叶都是细嫩的小枝，所以，有可能起布巾的作用，覆盖随葬器物。

（三）枝叶的保存情况

发掘者在发掘时发现墓葬中只有折肩尊上的叶片新鲜如初，周围的其他植物遗存都已经炭化。叶片的长期保存，是由于叶片本身固有的化学成分具有防腐作用，还是由于墓葬中的环境使植物枝叶能长期保存，值得进一步探讨。

五　结论

通过对 M303 敞口折肩尊口部的植物枝叶进行分子遗传学和形态学两方面的研究，作者认为，该植物枝叶属于卫矛科南蛇藤属短梗南蛇藤（*Celastrus rosthornianus* Loes.），药用植物短梗南蛇藤的发现，对于研究中国医药卫生史、民俗和礼仪以及现代医药的开发具有重要意义。

附记：本研究得到了科技部国家科技支撑计划（课题编号：2006BAK21B02）资助。本文覆盖随葬器物部分承蒙冯时研究员的帮助，在此深表谢意。

附录二　安阳大司空出土人骨鉴定报告

原海兵　王明辉　朱泓[1]

　　大司空遗址位于安阳西北郊洹河东岸，与小屯宫殿区遗址隔河相望，是殷墟内较集中分布商代遗迹现象的一处遗址，该遗址发现的商代墓葬主要分布在大司空村东南的豫北棉纺织厂内及其附近地区。早在 1935 年和 1936 年，前中央研究院历史语言研究所考古组就曾在此地发掘过一批商代墓葬[2]。新中国成立后，前后也经历了多次发掘，累计墓葬千余座以及其他的文物遗迹[3]。2004 年 3～10 月，为配合安阳豫北棉纺织厂旧厂区改造，中国社会科学院考古研究所安阳工作队对殷墟大司空遗址再次进行了考古发掘，发掘面积达数千平方米，发现并清理了大量商代遗迹现象，包括 50 余处商代夯土建筑基址、400 余座中、小型墓葬、4 座车马坑、大量的窖穴、灰坑等遗存，除出土了大量商代晚期的青铜器、金箔片、陶器、玉石器、骨器、牙器、蚌器等标本外，还系统采集了人骨标本[4]。2008 年 6～7 月，笔者前往安阳工作站对 2004 年发掘的 284 例人骨标本做了初步的观察与研究，研究报告如下。

一　性别与年龄

　　依据《人体测量方法》、《人体测量手册》等有关性别年龄鉴定标准记述的主要文献[5]，此次共鉴

　　[1] 原海兵:四川大学考古学系；王明辉:中国社会科学院考古研究所；朱泓:吉林大学边疆考古研究中心。本文得到国家社会科学基金项目（12CKG005）、国家哲学社会科学基金重大项目（11＆ZD182）、四川大学中央高校基本科研业务费哲学社会科学研究专项（skqy201353）、国家基础科学人才培养基金现代考古学特殊学科点项目（J1210007）资助。
　　[2] 胡厚宣:《殷墟发掘》学习生活出版社，1955年。
　　[3] 马得志、周永珍、张云鹏:《一九五三年安阳大司空村发掘报告》，《考古学报》第九册，科学出版社，1955年。河南省文化局文物工作队:《1958年春河南安阳市大司空村殷代墓葬发掘简报》，《考古通讯》1958年第10期。中国科学院考古研究所安阳发掘队:《1958-1959年殷墟发掘简报》，《考古》1961年第2期。中国社会科学院考古研究所:《殷墟发掘报告(1958～1961)》，文物出版社，1987年。中国科学院考古研究所安阳发掘队:《1962年安阳大司空村发掘简报》，《考古》1964年第8期。安阳市博物馆:《安阳大司空村殷代杀殉坑》，《考古》1978年第1期。中国社会科学院考古研究所安阳工作队:《1980年河南安阳大司空村M539发掘简报》，《考古》1992年第6期。徐广德:《安阳大司空村殷墓》，《中国考古学年鉴(1984)》，文物出版社，1984年。杨锡璋:《安阳大司空村、花园村、刘家庄等地殷代墓葬》，《中国考古学年鉴(1986)》，文物出版社，1988年。谷飞:《安阳市大司空村殷代墓葬》，《中国考古学年鉴(1987)》，文物出版社，1988年。中国社会科学院考古研究所安阳工作队:《安阳大司空村东南的一座殷墓》，《考古》1988年第10期。戴复汉:《安阳豫北纱厂、刘家庄殷、周墓葬》，《中国考古学年鉴(1989)》，文物出版社，1990年。杨锡璋:《安阳殷墟一般保护区墓葬与车马坑》，《中国考古学年鉴(1990)》，文物出版社，1991年。杨锡璋:《安阳殷墟》，《中国考古学年鉴(1996)》，文物出版社，1998年。中国社会科学院考古研究所安阳工作队:《1984～1988年安阳大司空村北地殷代墓葬发掘报告》，《考古学报》，1994年第4期。中国社会科学院考古研究所安阳工作队:《1986年安阳大司空村南地的两座殷墓》，《考古》1989年第7期。中国社会科学院考古研究所:《殷墟的发现与研究》，科学出版社，2001年。
　　[4] 岳洪彬、岳占伟、何毓灵:《殷墟大司空遗址》，《中国考古学年鉴(2005)》，文物出版社，2006年。岳洪彬、岳占伟、何毓灵:《河南安阳殷墟大司空遗址发掘获重要发现》，《中国文物报》2005年4月20日。
　　[5] 吴汝康、吴新智、张振标:《人体测量方法》，科学出版社，1984年。邵象清:《人体测量手册》，上海辞书出版社，1985年。朱泓:《体质人类学》，高等教育出版社，2004年。

定人骨284例，其中男性71例，女性86例，性别不详个体127例（详见附表1）。为了解大司空遗址人骨的性别年龄分布，根据鉴定结果绘制了表一。经统计可知，在总计284例样本中，有7例标本由于保存极差，未予明确鉴定外，共有277例标本参与了统计分析，其中男性71例，倾向男性特征个体16例，女性86例，倾向女性特征个体13例，性别不详个体91例。

表一　大司空遗址商代人骨死亡年龄分布统计表

年　龄　阶　段	男　性（%）	女　性（%）	性别不详（%）	合　计（%）
婴儿期（X～2）	0（0.00）	0（0.00）	33（32.67）	33（14.16）
幼儿期（3～6）	0（0.00）	0（0.00）	5（4.95）	5（2.15）
少年期（7～14）	0（0.00）	0（0.00）	28（27.72）	28（12.02）
青年期（15～23）	5（8.06）	14（20.00）	16（15.84）	35（15.02）
壮年期（24～35）	21（33.87）	30（42.86）	12（11.88）	63（27.04）
中年期（36～55）	35（56.45）	26（37.14）	6（5.94）	67（28.76）
老年期（56～X）	1（1.61）	0（0.00）	1（0.99）	2（0.86）
合　　　计	62（100.00）	70（100.00）	101（100.00）	233（100.00）
成　　　年	9	16	19	44
总　　　计	71	86	120	277

注：倾向男性特征或女性特征个体按性别不详计。

该批材料计有157例可明确鉴定性别，其中男性71例，占可鉴定总体的45.22%，女性86例，占总体的54.78%，总体男女性别比为0.83：1。

从表一反映的整个遗址的死亡年龄段的鉴定来看，总计可划分年龄段的个体有233例。其中，婴儿期死亡个体33例，占14.16%；幼儿期死亡个体5例，占2.15%；少年期死亡个体28例，占12.02%；青年期死亡个体35例，占15.02%；壮年期死亡个体63例，占27.04%；中年期死亡个体67例，占28.76%；仅2例个体活到老年，仅占总体的0.86%。如以青年期以前划定为未成年阶段[1]的话，从表中可以看出未成年死亡个体约占28.33%，意味着近三成的未成年个体死亡，这在一定程度上反映了该地区较低的成活率。此外，逾半数个体死亡集中在壮年期和中年期。而极低的老年期死亡率，也反映了居民中普遍的低寿命现象。

在62例可划分年龄段的男性个体中，有5例在青年期死亡，占8.06%；有21例在壮年期死亡，占33.87%；35例在中年期死亡，占56.45%；仅有1例活到老年，占1.61%。对于男性而言中年期是死亡的高峰期，其次是壮年期、青年期。

在70例可划分年龄段的女性个体中，有14例在青年期死亡，占20.00%；有30例在壮年期死亡，占42.86%；26例在中年期死亡，占37.14%。对于女性而言壮年期是死亡的高峰期，其次是中年期和青年期。

从男、女两性各年龄段死亡率的比较来看，在青年期和壮年期，女性死亡率明显高于男性，而

---

[1]　古人常以牙齿全部萌出界定为成年，不同于现代18岁的法定成年标准，也不同于现代生理解剖学意义上的成年。

在中年期男性死亡率高于女性。在青壮年期女性死亡率较男性高，一般认为可能与这一阶段女性生育、分娩和产褥期的卫生保健有很大关联。而中年期男性死亡率高通常的解释是在父系氏族社会里，"按照当时家庭内部的分工，男性的责任是获得食物和为此所必需的劳动工具"[1]，男性成为主要生活资料和生产资料的所有者[2]，因此，男性较女性承担更多的社会责任和体力劳动，而且男性从事危及生命和健康职业的可能性更大，因此遭受的死亡风险也多于女性；而另一方面，女性的免疫能力比男性更强，从而也一定程度上突出了男性的高死亡率[3]。

在大司空遗址鉴定的 277 例个体中，除去仅能判定为婴儿、幼儿、少年或成年的个体外，仅有188 例可以具体鉴定年龄段，经计算其总体的平均死亡年龄约为 28.92 岁。男性个体中有 61 例可具体判定年龄，经计算，男性的平均死亡年龄约为 35.06 岁。女性个体中有 70 例可具体判定年龄，经计算，女性的平均死亡年龄约为 31.48 岁，较男性偏低。男性平均死亡年龄高于女性，且高于全组。女性平均年龄也较全组要高。全组平均年龄较低很可能是受到未成年个体数量较多影响的结果。

二　颅骨的观察与测量

在对古代人类颅骨进行人类学形态特征的研究中，通常采用颅骨非测量性形态特征的观察以及测量性特征的比较研究来进行。非测量形态特征 (nonmetric characters) 又称为观察项目，是指难于用测量值的大小来表示，仅能根据一定的形态观察标准，用形容词描述的方法来加以区别的性状。测量性形态特征 (metric characters) 是指通过测量的方法来研究的一些颅骨形态特征。在人类学研究中，非测量性状与测量性状具有同等的重要性[4]。

1. 颅骨非测量形态特征的观察

颅骨的非测量性状反映的形态特征包括连续性形态特征 (continuous morphological traits) 和非连续性形态特征 (discontinuous morphological traits)。连续性形态特征是指具有多个分级或分型的非测量性状。非连续性形态特征是指颅骨上的不具有多级分类条件的非测量性状，亦称"头骨小变异"(minor skeletal variants)，这些性状仅适用于"存在／缺失"或者"有／无"来表示[5]。颅骨非测量性状是体质人类学研究的一个重要组成部分，对于研究人群的种族特征以及各人群间的亲缘关系等都具有重要意义。

大司空遗址可供观察的完整和部分完整的头骨计 17 例，其中男性 10 例（图版四六～四九），女性 7 例（图版五〇、五一），均系成年个体。对颅骨非测量形态的观察选择了人类学研究中常用的观察项目 26 项，其中包括颅形、眉弓突度、眉弓范围、眉间突度、前额、额中缝、矢状缝前囟段、矢状缝顶段、矢状缝顶孔段、矢状缝后段、乳突、枕外隆凸、眶形、梨状孔形状、梨状孔下缘、鼻前棘、犬齿窝、铲形门齿、鼻根凹、翼区、矢状嵴、齿弓形状、腭圆枕、颏形、下颌角形和下颌圆枕。值

[1] 恩格斯：《家庭、私有制和国家的起源》，《马克思恩格斯选集》，人民出版社，1972年。佟柱臣：《从考古材料试探我国的私有制和阶级的起源》，《考古》1975年第4期。

[2] 石陶：《黄河上游的父系氏族社会——齐家文化社会经济形态的探索》，《考古》1961年第1期。

[3] 吴忠观、周君玉、陈文彬、刘克发：《人口学》，重庆大学出版社，1994年。

[4] 邵象清：《人体测量手册》，上海辞书出版社，1985年。

[5] 王令红：《华北人头骨非测量性状的观察》，《人类学学报》1988年第7期。王令红、孙凤喈：《太原地区现代人头骨的研究》，《人类学学报》1988年第7期。张银运：《人类头骨非测量性状述评》，《人类学学报》1993年第12期。

得注意的是以往学者在进行形态特征研究时，并未将形态特征分为连续性形态特征和非连续性形态特征，因此本节调查的形态特征除了连续性形态特征外，还包括了个别非连续性形态特征，如上颌中门齿的铲型结构和矢状嵴的有无。对颅骨非测量性形态特征的观察标准主要依据《人体测量方法》[1]和《人体测量手册》[2]的相关著述。观察项目及结果详见表二。

表二　大司空遗址中小墓居民颅骨非测量性形态特征观察统计表

项目	性别	例数	形态分类及出现率					
			椭圆形	卵圆形	球　形	五角形	楔　形	菱　形
颅形	男性	9	1 (11.11%)	5 (55.56%)	0 (0.00%)	1 (11.11%)	0 (0.00%)	2 (22.22%)
	女性	7	0 (0.00%)	7 (100.00%)	0 (0.00%)	0 (0.00%)	0 (0.00%)	0 (0.00%)
	合计	16	1 (6.25%)	12 (75.00%)	0 (0.00%)	1 (6.25%)	0 (0.00%)	2 (12.50%)
			微　显	稍　显	中　等	显　著	特　显	粗　壮
眉弓突度	男性	10	0 (0.00%)	0 (0.00%)	3 (30.00%)	7 (70.00%)	0 (0.00%)	0 (0.00%)
	女性	7	4 (57.14%)	2 (28.57%)	1 (14.29%)	0 (0.00%)	0 (0.00%)	0 (0.00%)
	合计	17	4 (23.53%)	2 (11.76%)	4 (23.53%)	7 (41.18%)	0 (0.00%)	0 (0.00%)
			0　级	1　级	2　级	3　级	4　级	
眉弓范围	男性	10	0 (0.00%)	4 (40.00%)	6 (60.00%)	0 (0.00%)	0 (0.00%)	
	女性	7	0 (0.00%)	7 (100.00%)	0 (0.00%)	0 (0.00%)	0 (0.00%)	
	合计	17	0 (0.00%)	11 (64.71%)	6 (35.29%)	0 (0.00%)	0 (0.00%)	
			不　显	稍　显	中　等	显　著	极　显	粗　壮
眉间突度	男性	10	0 (0.00%)	1 (10.00%)	5 (50.00%)	4 (40.00%)	0 (0.00%)	0 (0.00%)
	女性	7	2 (28.57%)	4 (57.14%)	1 (14.29%)	0 (0.00%)	0 (0.00%)	0 (0.00%)
	合计	17	2 (11.76%)	5 (29.41%)	6 (35.29%)	4 (23.53%)	0 (0.00%)	0 (0.00%)
			平　直	中　等	倾　斜			
前额	男性	10	1 (10.00%)	5 (50.00%)	4 (40.00%)			
	女性	7	2 (28.57%)	5 (71.43%)	0 (0.00%)			
	合计	17	3 (17.65%)	10 (58.82%)	4 (23.53%)			
			无	小于1/3	1/3-2/3	大于2/3	全	
额中缝	男性	10	9 (90.00%)	0 (0.00%)	0 (0.00%)	0 (0.00%)	1 (10.00%)	
	女性	7	7 (100.00%)	0 (0.00%)	0 (0.00%)	0 (0.00%)	0 (0.00%)	
	合计	17	16 (94.12%)	0 (0.00%)	0 (0.00%)	0 (0.00%)	1 (5.88%)	
			微波型	深波型	锯齿型	复杂型	愈　合	
前囟段	男性	9	3 (33.33%)	1 (11.11%)	1 (11.11%)	0 (0.00%)	4 (44.44%)	
	女性	7	3 (42.86%)	3 (42.86%)	1 (14.29%)	0 (0.00%)	0 (0.00%)	
	合计	16	6 (37.50%)	4 (25.00%)	2 (12.50%)	0 (0.00%)	4 (25.00%)	
			微波型	深波型	锯齿型	复杂型	愈　合	
顶段	男性	8	0 (0.00%)	0 (0.00%)	7 (87.50%)	0 (0.00%)	1 (12.50%)	
	女性	7	0 (0.00%)	2 (28.57%)	4 (57.14%)	0 (0.00%)	1 (14.29%)	
	合计	15	0 (0.00%)	2 (13.33%)	11 (73.33%)	0 (0.00%)	2 (13.33%)	

[1]　吴汝康、吴新智、张振标：《人体测量方法》，科学出版社，1984年。

[2]　邵象清：《人体测量手册》，上海辞书出版社，1985年。

			微波型	深波型	锯齿型	复杂型	愈　合	
顶孔段	男性	8	2 (25.00%)	2 (25.00%)	1 (12.50%)	0 (0.00%)	3 (37.50%)	
	女性	7	5 (71.43%)	2 (28.57%)	0 (0.00%)	0 (0.00%)	0 (0.00%)	
	合计	15	7 (46.67%)	4 (26.67%)	1 (6.67%)	0 (0.00%)	3 (20.00%)	
			微波型	深波型	锯齿型	复杂型	愈　合	
后段	男性	8	0 (0.00%)	0 (0.00%)	2 (25.00%)	3 (37.50%)	3 (37.50%)	
	女性	7	0 (0.00%)	3 (42.86%)	3 (42.86%)	1 (14.29%)	0 (0.00%)	
	合计	15	0 (0.00%)	3 (20.00%)	5 (33.33%)	4 (26.67%)	3 (20.00%)	
			特　小	小	中　等	大	特　大	
乳突	男性	10	0 (0.00%)	1 (10.00%)	7 (70.00%)	2 (20.00%)	0 (0.00%)	
	女性	7	2 (28.57%)	5 (71.43%)	0 (0.00%)	0 (0.00%)	0 (0.00%)	
	合计	17	2 (11.76%)	6 (35.29%)	7 (41.18%)	2 (11.76%)	0 (0.00%)	
			缺　如	稍　显	中　等	显　著	极　显	喙嘴状
枕外隆凸	男性	9	0 (0.00%)	2 (22.22%)	4 (44.44%)	3 (33.33%)	0 (0.00%)	0 (0.00%)
	女性	7	1 (14.29%)	3 (42.86%)	3 (42.86%)	0 (0.00%)	0 (0.00%)	0 (0.00%)
	合计	16	1 (6.25%)	5 (31.25%)	7 (43.75%)	3 (18.75%)	0 (0.00%)	0 (0.00%)
			圆　形	椭圆形	方　形	长方形	斜方形	
眶形	男性	10	0 (0.00%)	4 (40.00%)	3 (30.00%)	2 (20.00%)	1 (10.00%)	
	女性	5	3 (60.00%)	1 (20.00%)	0 (0.00%)	0 (0.00%)	1 (20.00%)	
	合计	15	3 (20.00%)	5 (33.33%)	3 (20.00%)	2 (13.33%)	2 (13.33%)	
			心　形	梨　形	圆　形			
梨状孔	男性	9	1 (11.11%)	6 (66.66%)	2 (22.22%)			
	女性	6	0 (0.00%)	6 (100.00%)	0 (0.00%)			
	合计	15	1 (6.67%)	12 (80.00%)	2 (13.33%)			
			锐　型	钝　型	鼻前沟型	鼻前窝型	混合型	
梨状孔下缘	男性	10	3 (30.00%)	2 (20.00%)	3 (30.00%)	2 (20.00%)	0 (0.00%)	
	女性	6	0 (0.00%)	2 (33.33%)	0 (0.00%)	2 (33.33%)	2 (33.33%)	
	合计	16	3 (18.75%)	4 (25.00%)	3 (18.75%)	4 (25.00%)	2 (12.50%)	
			不　显	稍　显	中　等	显　著	特　显	
鼻前棘	男性	7	1 (14.29%)	5 (71.43%)	1 (14.29%)	0 (0.00%)	0 (0.00%)	
	女性	2	1 (50.00%)	1 (50.00%)	0 (0.00%)	0 (0.00%)	0 (0.00%)	
	合计	9	2 (22.22%)	6 (66.67%)	1 (11.11%)	0 (0.00%)	0 (0.00%)	
			无	较　浅	中　等	较　深	极　深	
犬齿窝	男性	9	2 (22.22%)	2 (22.22%)	3 (33.33%)	2 (22.22%)	0 (0.00%)	
	女性	6	0 (0.00%)	4 (66.67%)	0 (0.00%)	2 (33.33%)	0 (0.00%)	
	合计	15	2 (13.33%)	6 (40.00%)	3 (20.00%)	4 (26.67%)	0 (0.00%)	
			铲　形	非铲形				
铲形门齿	男性	4	4 (100.00%)	0 (0.00%)				
	女性	3	3 (100.00%)	0 (0.00%)				
	合计	7	7 (100.00%)	0 (0.00%)				
			0　级	1　级	2　级	3　级	4　级	
鼻根凹	男性	9	1 (11.11%)	4 (44.44%)	3 (33.33%)	0 (0.00%)	1 (11.11%)	
	女性	6	5 (83.33%)	1 (16.67%)	0 (0.00%)	0 (0.00%)	0 (0.00%)	
	合计	15	6 (40.00%)	5 (33.33%)	3 (20.00%)	0 (0.00%)	1 (6.67%)	

翼区			H 型	I 型	X 型	翼上骨型	愈 合	
	男性	10	8 (80.00%)	0 (0.00%)	0 (0.00%)	0 (0.00%)	2 (20.00%)	
	女性	7	5 (71.43%)	0 (0.00%)	0 (0.00%)	2 (28.57%)	0 (0.00%)	
	合计	17	13 (76.47%)	0 (0.00%)	0 (0.00%)	2 (11.76%)	2 (11.76%)	
矢状嵴			有	无				
	男性	9	2 (22.22%)	7 (77.78%)				
	女性	7	0 (0.00%)	7 (100.00%)				
	合计	16	2 (12.50%)	14 (87.50%)				
齿弓形状			U 形	马蹄形	抛物线形			
	男性	9	5 (55.56%)	2 (22.22%)	2 (22.22%)			
	女性	6	5 (83.33%)	0 (0.00%)	1 (16.67%)			
	合计	15	10 (66.67%)	2 (13.33%)	3 (20.00%)			
腭圆枕			嵴 状	丘 状	瘤 状			
	男性	8	0 (0.00%)	7 (87.50%)	1 (12.50%)			
	女性	5	0 (0.00%)	3 (60.00%)	2 (40.00%)			
	合计	13	0 (0.00%)	10 (76.92%)	3 (23.08%)			
额形			方 形	圆 形	尖 形	不对称形		
	男性	9	2 (22.22%)	3 (33.33%)	3 (33.33%)	1 (11.11%)		
	女性	3	0 (0.00%)	3 (100.00%)	0 (0.00%)	0 (0.00%)		
	合计	12	2 (16.67%)	6 (50.00%)	3 (25.00%)	1 (8.33%)		
下颌角形			外 翻	直 型	内 翻			
	男性	9	6 (66.67%)	3 (33.33%)	0 (0.00%)			
	女性	5	0 (0.00%)	3 (60.00%)	2 (40.00%)			
	合计	14	6 (42.86%)	6 (42.86%)	2 (14.29%)			
下颌圆枕			无	弱	明 显	极 显		
	男性	9	7 (77.78%)	1 (11.11%)	1 (11.11%)	0 (0.00%)		
	女性	4	4 (100.00%)	0 (0.00%)	0 (0.00%)	0 (0.00%)		
	合计	13	11 (84.62%)	1 (7.69%)	1 (7.69%)	0 (0.00%)		

据表二关于大司空遗址男、女两性居民头骨非测量性形态特征的观察结果，对这批颅骨的形态特征描述如下。

颅形 (cranial shapes in norma verticalis)

在颅形研究中最常用的是颅骨顶面观，即观察时将颅骨置于法兰克福平面位置上，然后从颅顶观察颅骨的轮廓形状。颅形一般分为七种类型，即椭圆形、卵圆形、圆形、五角形、楔形、菱形及盾形。从上述观察结果来看，男、女两性颅形均以卵圆形为主，其中男性占55.56%，女性全为此类型，占100.00%；菱形所占比例次之，菱形中男性约占22.22%；另外椭圆形、五角形在男性中也占极少的比例。

眉弓 (arcus superciliaris)

眉弓是位于眶上缘上方突出的条形骨嵴，眉弓的发育程度性别差异较为明显，通常男性眉弓发达程度强于女性。观察时包括其水平延伸的范围与突出的程度。

① 眉弓范围 (range of arcus superciliaris)：眉弓范围分为五级，即0级、1级、2级、3级和4级。

该批材料所反映的人类颅骨中男性眉弓发育范围以 2 级为主，即眉弓发育延伸范围至眶上缘中点或略超中点者，约占 60.00%，其次为眉弓发育与眶上缘分离，延伸范围未到眶上缘中点者的 1 级者，约占 40.00%，无 0 级、3 级和 4 级者出现。女性中则全部表现为眉弓发育的 1 级，无其他级别者出现。

② 眉弓突度（projection of arcus superciliaris）：眉弓突度分为六级，即微显、稍显、中等、显著、特显和粗壮。大司空颅骨中体现的眉弓突度男性以发育显著者为主，约占 70.00%，其次为发育中等者，约占 30.00%。女性中则以发育较弱者为主，微显个体约占 57.14%，稍显个体约占 28.57%，仅少数个体表现为眉弓突度发育中等程度，更无特显者和粗壮者出现。

综合以上来看，男性眉弓的发育程度以中等偏弱者为多，女性则以弱者占多数。可以说男性在眉弓发育的特征上发达程度是明显高于女性，但较现代人类要弱一些。

眉间突度（glabella projection）

眉间是指左右侧眉弓内侧之间的区域，眉间因人类进化阶段和性别的不同表现出不同程度的突度。依白洛嘉研究将其分为不显、稍显、中等、显著、极显和粗壮六级。大司空男性颅骨的眉间突度发育程度以中等和显著者为主，中等者占 50.00%，显著者占 40.00%，仅有少数发育较弱。女性中以稍显者为主，约占 57.14%，不显次之，约占 28.57%，仅少数为发育中等者。男、女两性均无发育极显和粗壮者出现。该特征在两性间的分布存在一定的差异，即男性发育相对女性要略强。

前额（shapes of frontal bone）

前额是指人类颅骨额骨前部的形态，通常将前额分为平直、中等和倾斜三种类型。一般来说，男性前额倾斜程度相对女性要大。据观察大司空遗址出土人类颅骨，男性前额发育以中等倾斜为主，约占 50.00%，倾斜者次之，约占 40.00%，平直者很少，仅占约 10.00%。女性中同样以中等倾斜者为主，约占 71.43%，而平直者次之，约占 28.57%，无倾斜者出现。可以看出，男、女两性前额均以中等倾斜的形态为主，在平直者与倾斜者分布上存在明显的性别差异，符合一般认识的性别差异规律。

额中缝（metopic suture）

额中缝是指保存于额骨中部的一条骨缝。在观察中主要记录额中缝是否存在，在出现额中缝的颅骨中，则根据额中缝的长短按比例予以定级，一般分为五级。据笔者观察，大司空颅骨中的额中缝出现率极低，仅男性中有 1 例完全存在额中缝，女性中并未发现。

颅顶缝（cranial vault sutures）

颅顶矢状缝各段的形态变化较为繁复，描述时分为前囟段、顶段、顶孔段和后段分别记录。据观察，这批颅骨在颅顶矢状缝前囟段，男性除愈合不能观察外，其余以微波型为主，有少量深波型和锯齿型，女性以深波型和微波型为主，锯齿型出现率很少，即两性在该段的形态均较为简单；在矢状缝顶段男、女两性均以锯齿型为主，在深波型等其他类型的出现率上均较低，表明在该段两性均表现得略微复杂；在矢状缝顶孔段男性以微波型和深波型为主，少有锯齿型和复杂型，而女性则以微波型为主，深波型次之，同样少有锯齿型和复杂型，虽两性在微波型与深波型之间存在一定差异，但均表明此段两性间还是以简单类型为主；在矢状缝后段男性以复杂型为多，锯齿型稍次，女性以锯齿型和深波型为多，少有复杂型。两性间在此段均较为复杂。综上所述，男、女两性在颅顶矢状缝四段中的各种类型出现率比较一致，不存在明显的性别差异，均表现为比较简单的颅顶缝形态。

乳突 (processus mastoideus)

乳突的形态变异较为繁复，通常认为男、女两性在乳突的发育程度上存在明显的性别差异，男性乳突通常较为粗大，女性较为纤弱。从这批颅骨的乳突发育来看，男性以发育中等者为最，约占70.00%，大者次之，约占20.00%，小者再次，约占10.00%，无发育特大个体出现。女性中则以小者为主，约占71.43%，特小者次之，约占28.57%，无大者和特大者出现。综合乳突发育的分布特点，可见男、女两性在乳突的发育程度上均相对较弱，也存在明显的性别差异。

枕外隆凸 (protuberantia occipitalis externa)

枕外隆凸形态观察的分级标准一般依据白洛嘉的六级分类法。该性状一般具有较为明显的性别特征，男性通常较为发育，女性少有发育或发育较微弱。从表二的统计结果来看，男性枕外隆凸发育以中等者出现率为最多，约占44.44%，显著者次之，约占33.33%，发育稍显者也占有一定比例，约占22.22%，没有发育极为显著呈喙嘴状的个体。女性中则以稍显者和发育中等者为主，均占42.86%，不发育者较少，约占14.29%，无显著以及极显者和喙嘴者出现。就上述资料而言，枕外隆突发育并不明显，存在较为明显的性别差异。

眶形 (orbit shapes)

眶形主要依据眶口四周的曲直程度与四角的转折或圆钝程度，眶高与眶宽的比例以及两条对角线的长短比例，将眶形分为圆形、椭圆形、方形、长方形和斜长方形。从这批颅骨的眶形来看，男性以椭圆形者为主，约占40.00%，方形者次之、长方形和斜方形均占有一定比例。女性则以圆形为主，约占60.00%，椭圆形和斜方形所占比例相对较小。

梨状孔 (shapes of apertura piriformis)

一般分为心形、梨形和圆形三种。据研究这批颅骨，男、女两性的梨状孔形状均以梨形者为主，男性约占66.66%，女性占到100.00%，其次为圆形者，男性约占22.22%，心形所占比例较小。从三者的出现率来看，男、女两性虽出现率存在不同，但并无明显性别差异。

梨状孔下缘 (shapes of apertura piriformis edge)

梨状孔下缘形态一般分为锐型（人型）、钝型（婴儿型）、鼻前沟型、鼻前窝型和混合型五种类型。据笔者观察这批颅骨，男性的梨状孔下缘形态以锐型和鼻前沟型为主，两者均占约30.00%，其次为鼻前窝型和钝型，均约占20.00%，无混合型的出现率。女性中鼻前窝型、钝型和混合型所占比例相当，各占三分之一。

鼻前棘 (spina nasalis anterior)

鼻前棘的发育程度与鼻骨的高突程度密切相关。依据白洛嘉 (Broca) 的分类其突出程度可分为五级: 不显、稍显、中等、显著和特显。总体来看，这批颅骨男、女两性的鼻前棘分布均以稍显者为最多，男性约占71.43%，女性也占到50.00%，其次为不显者，男性约占14.29%，女性约占50.00%，更次者男性为中等发育者，男性中无显著和特显发育个体，女性无中等、显著和特显者。男性略为显著，两性差异不明显。

犬齿窝 (fossa canina)

犬齿窝又称为"眶下窝"，据白洛嘉研究，犬齿窝可分为五级。从表二中关于这批颅骨两性犬齿窝发育程度的统计来看，男性以中等发育者为最多，约占 33.33%，无发育者、发育较浅者和发育较深者均占 22.22%，无发育极深者出现。女性犬齿窝以发育较浅者出现率为 66.67% 最高，其次为发育较深者，约占 33.33%，无犬齿窝发育及发育中等者，同样亦无发育极深者。两性犬齿窝发育程度均较弱，两性差异不明显。

上颌中门齿铲形 (shovel incisor)

铲形门齿是指门齿齿冠舌侧面近中缘和远中缘两条唇型嵴间的窝，形如铁铲，故名。是黄种人显著的体质特征之一，观察时一般分为铲形与非铲形。从观察的这批标本两性的上颌中门齿材料来看，均表现出绝对铲形门齿的特征，仅是发育程度存在个体的差异。

鼻根凹 (nasion depression)

鼻根凹又称鼻根点凹陷，一般分为 0 ～ 4 共 5 级。从观察结果来看，男性鼻根凹发育以 1 级（略有凹陷）为主，约占 44.44%，2 级（凹陷明显）次之，约占 33.33%，0 级和 4 级稍次，均约占 11.11%。女性则以 0 级为主，约占 83.33%，1 级次之，约占 16.67%，无发育 2 级、3 级及 4 级者出现。男性鼻根凹发育程度明显强于女性。

翼区 (pterion)

翼区是指位于颞窝中由蝶骨、顶骨、额骨和颞骨相衔接的区域，除了这四块骨的骨缝可有多种衔接方式外，还有独立的翼上骨存在。翼区包括四种连接类型，即 H 型（蝶顶型）、I 型（额颞型）、X 型（点型）和翼上骨型。据观察这批颅骨，除少数个体翼区骨骼愈合无法观察外，男、女两性均以 H 型为主，分别占 80.00% 和 71.43%；女性其次为翼上骨型，约占 28.57%。男、女两性中均无 I 型和 X 型的出现率。

矢状嵴 (Sagittal crest)

矢状嵴是指人类颅骨顶部矢状缝周围的骨质隆起。从这批颅骨的矢状嵴发育来看，男性中有 77.78% 的个体无矢状嵴的发育，仅 22.22% 的个体存在矢状嵴。而女性中无矢状嵴的出现率。

齿弓形状 (shapes of the dental arches)

齿弓形状又称为腭形，可分为 U 形、马蹄形（C 形或椭圆形）和抛物线形三种形态。从这批颅骨的齿弓形状出现率分布来看，男、女两性各类型的出现率较为一致，均以 U 形的出现率为最高，其中男性约占 55.56%，女性约占 83.33%。其余的男性中椭圆形和抛物线形均占 22.22%，女性中抛物线形约占 16.67%，无椭圆形出现率。

腭圆枕 (palatine torus)

腭圆枕是人类硬腭面常有的高低不平的骨质隆起，按隆起的形状可分为嵴状型、丘状型和瘤状型三种。从腭圆枕的观察来看，男、女两性均以丘状隆起为主要形态，男性约占 87.50%，女性约占 60.00%，其次为瘤状，男性约占 12.50%，女性约占 40.00%。男、女两性性别差异不大。

颏形 (chin form)

　　颏形为下颌骨颏部的形状,一般分为方形、圆形、尖形和不对称形四种类型。从表二中所列关于男、女两性的各种颏形特点来看,男性中以圆形和尖形的出现率最高,均占 33.33%,其次为方形,约占 22.22%,仅个别不对称形。女性也以圆形为主要类型,占到 100.00%,无其他类型出现率。

　　下颌角形 (shapes of mandible angle)

　　下颌角区形态一般分为外翻型、直型和内翻型三种类型。通过观察这批颅骨的下颌角区特征可见,男性中以外翻型的出现率最高,约占 66.67%,其次为直型,约占 33.33%,无内翻型。女性则以直型为高出现率,约占 60.00%,内翻型次之,约占 40.00%,无外翻型。性别差异较明显。

　　下颌圆枕 (mandibular torus)

　　下颌圆枕是指人类下颌骨第一前臼齿和第二臼齿之间的齿槽突内侧面上的长圆形骨质隆起。从这批人骨下颌圆枕的发育来看总体较弱,男性中仅约 11.11% 的个体发育明显,约 11.11% 的个体发育较弱,无发育极显者,而有约 77.78% 的个体不存在下颌圆枕的发育。女性均无下颌圆枕的发育。男、女两性在这一特征上较为一致。

　　综合以上对殷墟大司空遗址中小墓出土颅骨连续性性状的观察描述,我们大致可以了解到该组居民有如下形态特征:颅形以卵圆形为主,眉弓周围发育中等偏弱,前额中等倾斜,大多无额中缝,颅顶矢状缝形态简单,乳突发育中等偏弱,枕外隆突发育中等偏弱,眶形以椭圆形为多见,梨状孔形状以梨形偏多,梨状孔下缘形态以钝型、鼻前窝型较多见,鼻前棘不发育,犬齿窝普遍发育较弱,铲形门齿出现率高,鼻根凹区发育较弱,翼区以 H 型为主,矢状嵴多不发育,齿弓形状以 U 型为主,腭圆枕大多为丘状,颏形以圆形为多见,下颌角区男性多外翻、女性多陡直,下颌圆枕多不发育。男、女两性各形态出现率差异不大,发育程度上的区别多属于性别差异。综合颅骨的各项特征,我们认为其应归属于亚洲蒙古人种的范畴。

2. 颅骨测量性状的研究

　　对于殷墟中小墓相关古代居民颅骨测量性状的研究,早在 1985 年,韩康信、潘其风二位先生就曾有论述[1]。并指出中小墓人骨在殷人体质种系的研究上与祭祀坑人骨有不同的意义,在探讨殷商人群的人种类型时比祭祀坑人骨有更直接的价值。不仅如此,对这些殷商时期人类头骨的研究对于我们了解殷商时代的民族种系及其与现代中国人体质演化关系的研究也都具有重要意义。鉴于此,对大司空遗址人类头骨进行测量性状的研究不仅重要,而且还很有必要。

　　本文选用了大司空遗址 2004 年发掘出土的可供观察的完整或部分完整的 17 例个体（其中男性 10 例、女性 7 例）来进行相关研究,均系成年个体。采用的颅骨测量性形态特征的观察和测量主要依据《人体测量方法》[2]、《人体测量手册》[3] 及《体质人类学》[4] 中关于指数和面角的相关描述。殷墟大司空遗址男、女两性 17 例颅骨标本的主要颅面部测量项目、指数和角度等测量性特征的各项例数和平均值详见表三,主要颅面部测量性特征及出现例数详见表四。男、女两性成年个体测量值分别见于附表二和附表三。

　　[1] 韩康信、潘其风:《安阳殷墟中小墓人骨的研究》,《安阳殷墟头骨研究》,文物出版社,1985年。

　　[2] 吴汝康、吴新智、张振标:《人体测量方法》,科学出版社,1984年。

　　[3] 邵象清:《人体测量手册》,上海辞书出版社,1985年。

　　[4] 朱泓:《体质人类学》高等教育出版社,2004年。

表三　大司空组颅骨主要测量项目的平均值

马丁号	项目	男（例数）	女（例数）	马丁号	项目	男（例数）	女（例数）
1	颅骨最大长（g–op）	183.36（7）	178.29（7）		额角Ⅱ（g–m FH）	77.13（4）	85.25（4）
8	颅骨最大宽（eu–eu）	135.37（6）	135.25（6）		前囟角（g–b FH）	46.63（4）	51.50（4）
17	颅高（b–ba）	138.86（7）	136.75（6）	77	鼻颧角（fmo–n–fmo）	144.03（8）	145.13（5）
21	耳上颅高（po–v）	112.75（4）	113.23（4）	SSA	颧上颌角（zm–ss–zm）	125.97（5）	127.80（3）
9	最小额宽（ft–ft）	93.51（10）	90.64（7）	75	鼻梁侧角（n–rhi FH）	69.50（2）	76.83（3）
23	颅周长（g–op–g）	520.50（6）	506.43（7）		鼻根点角（pr–n–ba）	65.75（6）	68.70（4）
24	颅横弧（po–b–po）	304.83（6）	307.43（7）		上齿槽点角（n–pr–ba）	73.85（6）	70.20（4）
25	颅矢状弧（arc n–o）	372.17（6）	369.33（6）		基底角（n–ba–pr）	40.40（6）	41.11（4）
26	额骨矢状弧（arc n–b）	125.11（9）	124.29（7）	8∶1	颅长宽指数	73.56（6）	76.05（6）
27	顶骨矢状弧（arc b–l）	127.88（8）	124.71（7）	17∶1	颅长高指数	75.30（6）	76.68（6）
28	枕骨矢状弧（arc l–o）	118.71（7）	117.83（6）	17∶8	颅宽高指数	102.51（6）	101.19（5）
29	额骨矢状弦（chord n–b）	111.36（9）	110.49（7）	54∶55	鼻指数	51.54（9）	51.57（4）
30	顶骨矢状弦（chord b–l）	116.37（7）	113.19（7）	SS∶SC	鼻根指数	33.59（8）	28.47（5）
31	枕骨矢状弦（chord l–o）	98.04（7）	97.25（6）	52∶51	眶指数（mf–ek）左	76.85（7）	77.39（5）
5	颅基底长（n–ba）	101.56（8）	99.33（6）		右	74.14（8）	77.06（5）
40	面基底长（pr–ba）	98.58（6）	93.00（4）	52∶51a	眶指数（d–ek）左	85.00（6）	85.82（4）
48	上面高（n–pr）	67.94（9）	65.44（5）		右	81.65（7）	82.54（5）
	（n–sd）	72.25（8）	68.84（5）	63∶62	腭指数	109.58（9）	108.05（5）
45	颧宽（zy–zy）	136.17（3）	126.10（4）	9∶8	额宽指数	69.21（6）	66.99（6）
46	中面宽（zm–zm）	102.47（6）	97.07（3）	40∶5	面突指数	96.37（6）	96.14（4）
54	鼻宽	26.52（9）	25.12（5）	48∶45	上面指数（pr）	49.41（3）	52.65（4）
55	鼻高（n–ns）	51.66（9）	49.30（5）		（sd）	51.98（3）	55.03（4）
SC	鼻骨最小宽	7.13（8）	6.38（5）	47∶45	全面指数	85.08（3）	90.85（3）
SS	鼻骨最小宽高	2.30（8）	1.76（5）	48∶17	垂直颅面指数（pr）	50.46（6）	49.06（4）
51	眶宽（mf–ek）左	44.20（7）	41.60（5）		（sd）	53.35（6）	51.58（4）
	右	43.38（8）	41.28（5）	45∶8	颅面宽指数	102.90（2）	92.28（3）
51a	眶宽（d–ek）左	40.22（6）	37.53（4）	17∶0.5 (1+8)	高平均指数	86.77（6）	87.18（5）
	右	39.60（7）	38.60（5）	16∶7	枕骨大孔指数	81.35（7）	81.84（6）
52	眶高 左	33.08（8）	32.18（5）	65	下颌髁间径	128.75（6）	116.33（3）
	右	32.50（9）	31.80（5）	66	下颌角间径（go–go）	103.53（7）	90.17（3）
50	眶间宽（mf–mf）	17.76（8）	17.50（6）	67	下颌颏孔间径	50.06（8）	48.93（4）
49a	眶内缘点间宽（d–d）	21.44（7）	19.53（4）		下颌颏孔间弧	56.89（9）	55.50（4）
43（1）	两眶外缘宽（fmo–fmo）	99.01（9）	92.74（5）	68（1）	下颌髁颏长	109.65（6）	103.90（2）
11	耳点间宽（au–au）	129.15（6）	121.89（7）	69	下颌颏联合高（id–gn）	34.06（9）	33.33（3）

编号	名称	男	女	编号	名称	侧	男	女
60	上颌齿槽弓长 (pr-alv)	52.83 (9)	50.30 (5)	70	下颌支高	左	62.81 (7)	55.70 (5)
61	上颌齿槽弓宽 (ekm-ekm)	67.64 (9)	62.93 (4)			右	62.79 (7)	55.33 (3)
62	腭长 (ol-sta)	40.00 (9)	38.56 (5)	71 (a)	下颌支最小宽	左	35.44 (8)	35.42 (5)
63	腭宽 (enm-enm)	43.64 (9)	41.50 (5)			右	35.60 (6)	33.90 (3)
7	枕骨大孔长 (ba-o)	35.28 (8)	33.25 (6)	MBH	下颌体高 (M1M2)	左	28.82 (9)	29.75 (4)
16	枕骨大孔宽	28.61 (7)	27.12 (6)			右	29.00 (8)	29.00 (3)
47	全面高 (n-gn)	117.56 (8)	114.13 (4)	MBT	下颌体厚 (M1M2)	左	15.91 (9)	15.30 (4)
72	总面角 (n-pr FH)	85.25 (4)	88.75 (4)			右	15.40 (8)	16.00 (3)
73	中面角 (n-ns FH)	86.50 (4)	82.13 (4)	79	下颌角		123.29 (7)	122.33 (3)
74	齿槽面角 (ns-pr FH)	70.25 (4)	69.25 (4)	68	下颌体长		78.32 (6)	79.10 (2)
32	额角I (n-m FH)	84.25 (4)	87.00 (4)	68∶65	下颌骨指数		61.05 (6)	69.09 (2)

依据男、女两性成年个体测量表中的主要颅面部指数和角度（详见附表2、附表3），归纳出殷墟大司空商代晚期居民颅面部的测量性特征，将其形态类型分布以及各形态类型的出现率详见表四。

据表四归纳殷墟大司空商代居民颅骨角度和指数的形态类型分布，分述如下：

该组颅骨男性平均颅指数为73.56，显示为长颅型；女性平均颅指数为76.05，显示为中颅型，男、女两性出现率均主要集中在中颅型，其次为长颅型，仅有少数特长颅型。

颅长高指数男性平均值为75.30，女性为76.68，均表现为高颅型。颅形特点也是以高颅型为主，正颅型次之，男、女两性基本一致。

颅宽高指数男性平均值为102.51，女性为101.19，均在狭颅型范畴。且男、女两性均以狭颅型为主，仅女性有少量的中颅型。

额顶宽指数男性平均值为69.21，表现为阔额型，女性为66.99，表现为中额型。男性中额型和阔额型各占一定比例。女性则以狭额型为主，中额型和阔额型各占较少的比例。

枕骨大孔指数男性平均值为81.35，女性平均值为81.84，均表现为狭型。男、女性均以狭型为主，其次为阔型。

上面指数男性平均值为49.41，表现为阔上面型；女性平均值为52.65，表现为中上面型。男性主要集中在阔上面型和中上面型。女性以中上面型为主，其次为狭上面型。

鼻指数男性平均值为51.54，女性平均值为51.57，均表现为阔鼻型。男、女两性均以阔鼻型的出现率为最高，其次是中鼻型和狭鼻型。值得指出的是在少量男性个体中有特阔鼻型的出现率。

眶指数男性平均值为76.85，女性平均值为77.39，均表现为中眶型。男、女性主要为中眶型，其次为低眶型。

腭指数集中于阔腭型，男、女性基本一致。

面突指数和面角所反映的面突程度属于正颌型和中颌型。面突指数以正颌型为主，其次为中颌型。总面角显示为以正颌型为主，少量的中颌型。中面角男性以正颌型为主，有少量的中颌型，女性中为中颌型。

表四　大司空遗址男、女两性主要颅骨测量特征形态分类的出现率

项　目	性　别	形　态　类　型　及　出　现　例　数					
颅长宽指数	男 (6) 女 (6)	超长颅型 0.00% (0) 0.00% (0)	特长颅型 16.67% (1) 0.00% (0)	长颅型 33.33% (2) 33.33% (2)	中颅型 50.00% (3) 66.67% (4)	圆颅型 0.00% (0) 0.00% (0)	特圆颅型 0.00% (0) 0.00% (0)
颅长高指数	男 (6) 女 (6)	低颅型 0.00% (0) 0.00% (0)	正颅型 50.00% (3) 16.67% (1)	高颅型 50.00% (3) 83.33% (5)			
颅宽高指数	男 (6) 女 (5)	阔颅型 0.00% (0) 0.00% (0)	中颅型 0.00% (0) 20.00% (1)	狭颅型 100.00% (6) 80.00% (4)			
额宽指数	男 (6) 女 (6)	狭额型 0.00% (0) 50.00% (3)	中额型 50.00% (3) 16.67% (1)	阔额型 50.00% (3) 33.33% (2)			
枕骨大孔指数	男 (7) 女 (6)	狭型 71.43% (5) 83.33% (5)	中型 0.00% (0) 0.00% (0)	阔型 28.57% (2) 16.67% (1)			
鼻指数	男 (9) 女 (4)	狭鼻型 22.22% (2) 0.00% (0)	中鼻型 22.22% (2) 50.00% (2)	阔鼻型 44.44% (4) 50.00% (2)	特阔鼻型 11.11% (1) 0.00% (0)		
眶指数L (mf-ek)	男 (7) 女 (5)	低眶型 42.86% (3) 20.00% (1)	中眶型 57.14% (4) 80.00% (4)	高眶型 0.00% (0) 0.00% (0)			
上面指数 (pr)	男 (3) 女 (4)	特阔上面型 0.00% (0) 0.00% (0)	阔上面型 66.67% (2) 0.00% (0)	中上面型 33.33% (1) 75.00% (3)	狭上面型 0.00% (0) 25.00% (1)	特狭上面型 0.00% (0) 0.00% (0)	
面突指数	男 (6) 女 (4)	正颌型 50.00% (3) 75.00% (3)	中颌型 50.00% (3) 25.00% (1)	突颌型 0.00% (0) 0.00% (0)			
腭指数	男 (9) 女 (5)	狭腭型 0.00% (0) 0.00% (0)	中腭型 0.00% (0) 0.00% (0)	阔腭型 100.00% (9) 100.00% (5)			
总面角	男 (4) 女 (4)	特突颌型 0.00% (0) 0.00% (0)	突颌型 0.00% (0) 0.00% (0)	中颌型 25.00% (1) 0.00% (0)	平颌型 75.00% (3) 100.00% (4)	特平颌型 0.00% (0) 0.00% (0)	
中面角	男 (4) 女 (4)	特突颌型 0.00% (0) 0.00% (0)	突颌型 0.00% (0) 0.00% (0)	中颌型 25.00% (1) 100.00% (4)	平颌型 75.00% (3) 0.00% (0)		
齿槽面角	男 (4) 女 (4)	超突颌型 0.00% (0) 0.00% (0)	特突颌型 50.00% (2) 75.00% (3)	突颌型 50.00% (2) 25.00% (1)	中颌型 0.00% (0) 0.00% (0)	平颌型 0.00% (0) 0.00% (0)	特平颌型 0.00% (0) 0.00% (0)
上齿槽指数	男 (9) 女 (4)	长颌型 0.00% (0) 0.00% (0)	中颌型 0.00% (0) 25.00% (1)	短颌型 100.00% (9) 75.00% (3)			
下颌骨指数	男 (6) 女 (2)	长狭下颌型 100.00% (6) 100.00% (2)	中下颌型 0.00% (0) 0.00% (0)	短阔下颌型 0.00% (0) 0.00% (0)			

　　齿槽面角所示之突颌程度男性表现为突颌型和特突颌型出现率最高。女性则是以特突颌型出现率为最高，突颌型也占一定比例。

　　上齿槽指数显示男、女两性均以短颌型为绝对比例，仅个别中颌型。

下颌骨指数男、女两性均表现为长狭下颌型。

反映上面部扁平度的鼻颧角的变异范围较大，男性鼻颧角的范围在 140.92～147.12°，平均值为 144.03°，其中介于 140～144°之间的个体有 4 例，占 50.00%；在 145～148°之间的个体有 4 例，占 50.00%。女性鼻颧角的范围在 142.68～146.39°之间，平均值为 145.13°，其中介于 140～144°之间的个体有 1 例，占 20.00%；在 145～148°之间的个体有 4 例，占 80.00%。角度在 145～148°之间的男、女两性均超半数，在 140～144°之间的男性多于女性。综合分析表明，殷墟大司空中小墓商代居民多数面部扁平度属于中等偏大。

综合殷墟大司空中小墓颅骨的形态特征，可以将其基本体质特征概括为：长颅型，高颅型结合狭颅型，阔额型，狭型枕骨大孔，偏阔的中上面型，阔鼻型，偏低的中眶型，阔腭型，较平的面突程度，中等偏突的颌部、长狭的下颌，中等偏大的上面部扁平度。

女性个体的绝大多数测量性特征与男性相似，所不同的只是颅型稍短，额部偏窄，在面部垂直方向的突出程度，齿槽面角所反映的突颌程度较男性更为明显，并且面部水平方向较男性有更大的面部扁平度。综合分析以上测量性特征，我们认为大司空组男、女两性属于同一体质类型，他们之间的差异可能仅是性别之间的差异。

三　比较与分析

1. 与亚洲蒙古人种及其区域类型的比较

在形态学上，亚美人种又可区分为亚洲蒙古人种和美洲蒙古人种。对于亚洲蒙古人种又可以大致分成四个地区类型，即北亚类型（西伯利亚人种），东北亚类型（北极人种）、东亚类型（远东人种）和南亚类型（南亚人种）。

为了进一步确定本文标本古代居民的种系归属，我们将该组颅骨的 17 项线性、指数和角度值与现代亚洲蒙古人种及其中的北亚、东北亚、东亚和南亚等四个区域类型[1]的变异范围相比较，以考察他们之间的关系。具体比较的测量项目值详见表五。

殷墟大司空遗址男性颅骨与现代亚洲蒙古人种 17 项主要测量值的比较中，在 17 项对比中有 16 项落入现代亚洲蒙古人种的变异范围，仅眶指数低于亚洲蒙古人种变异范围，而由此反映的低眶特征是我国先秦时期居民中一种相当普遍的现象。综合分析其基本体质特征没有超出亚洲蒙古人种的变异范围，这与前文观察的结论基本一致，只是与亚洲蒙古人种各类型之间的接近和疏远程度存在差异。

大司空中小墓男性颅骨与现代亚洲蒙古人种北亚类型相比较，共有颅长、最小额宽、额角、上面高、上面指数和鼻根指数 6 项落入其变异范围，而有 11 项游离于该类型之外。北亚蒙古人种通常具有低颅、阔颅、高眶、面部高宽且极度扁平等特征，这与大司空组的高颅、狭颅、中等面宽、中等偏大的上面部扁平度和中眶特征相较差异较大。

大司空男性颅骨与现代亚洲蒙古人种东北亚类型相比较，共有颅长、颅宽、颅指数、颅高、颅

---

[1]　转引自韩康信、潘其风：《安阳殷墟中小墓人骨的研究》，《安阳殷墟头骨研究》，文物出版社，1985年。

宽高指数、垂直颅面指数、上面指数和面角8项落入其变异范围，而有9项游离于该类型对比项目之外。东北亚类型居民通常具有长颅、高面、上面部扁平度极大以及狭鼻等特征，与大司空组的长颅型，中等偏高、偏阔以及中等偏大的上面部扁平度等面部形态较一致，而在狭鼻特征上差异则较大。

本文男性颅骨与现代亚洲蒙古人种东亚类型相比较，共有颅高、颅长高指数、最小额宽、额角、上面高、垂直颅面指数、上面指数、面角和鼻根指数9项落入其变异范围，有8项游离于对比项目之外。该组与东亚类型相较除颅长稍长，颅宽稍窄，面部略宽，上面部扁平度略小外，仅低眶、阔鼻特征表现出明显差异，其基本颅面特征大体一致。

本文男性颅骨与现代亚洲蒙古人种南亚类型相比较，共有最小额宽、额角、颧宽、上面指数、鼻颧角、鼻指数、鼻根指数7项落入其变异范围，而有10项游离于对比项之外。通常南亚蒙古人种具有颇低的面部、较阔的鼻型、较小的上面部扁平度等特征。这些特征与大司空组颅骨反映的颅面特征相差较大，仅低眶、阔鼻倾向特征与该组极其相似。

表五　本文标本与现代亚洲蒙古人种各区域类型的比较（男性）

马丁号	组别 项目	大司空组	现 代 亚 洲 蒙 古 人 种				
			北亚类型	东北亚类型	东亚类型	南亚类型	变异范围
1	颅长（g-op）	183.36 (7)	174.90～192.70	180.70～192.40	175.00～182.20	169.90～181.30	169.90～192.70
8	颅宽（eu-eu）	135.37 (6)	144.40～151.50	134.30～142.60	137.60～143.90	137.90～143.90	134.30～151.50
8:1	颅指数	73.56 (6)	75.40～85.90	69.80～79.00	76.90～81.50	76.90～83.30	69.80～85.90
17	颅高（ba-b）	138.86 (7)	127.10～132.40	132.90～141.10	135.30～140.20	134.40～137.80	127.10～141.10
17:1	颅长高指数	75.30 (6)	67.40～73.50	72.60～75.20	74.30～80.10	76.50～79.50	67.40～80.10
17:8	颅宽高指数	102.51 (6)	85.20～91.70	93.30～102.80	94.40～100.30	95.00～101.30	85.20～102.80
9	最小额宽（ft-ft）	93.51 (10)	90.60～95.80	94.20～96.60	89.00～93.70	89.70～95.40	89.00～96.60
32	额角（n-m FH）	84.25 (4)	77.30～85.10	77.00～79.00	83.30～86.90	84.20～87.00	77.00～87.00
45	颧宽（zy-zy）	136.17 (3)	138.20～144.00	137.90～144.80	131.30～136.00	131.50～136.30	131.30～144.80
48	上面高（n-sd）	72.25 (8)	72.10～77.60	74.00～79.40	70.20～76.60	66.10～71.50	66.10～79.40
48:17	垂直颅面指数（sd）	53.35 (6)	55.80～59.20	53.00～58.40	52.00～54.90	48.00～52.20	48.00～59.20
48:45	上面指数（sd）	51.98 (3)	51.40～55.00	51.30～56.60	51.70～56.80	49.90～53.30	49.90～56.80
77	鼻颧角（fmo-n-fmo）	144.03 (8)	147.00～151.40	149.00～152.00	145.00～146.60	142.10～146.00	142.10～152.00
72	面角（n-pr FH）	85.25 (4)	85.30～88.10	80.50～86.30	80.60～86.50	81.10～84.20	80.50～88.10
52:51	眶指数R	74.14 (8)	79.30～85.70	81.40～84.90	80.70～85.00	78.20～81.00	78.20～85.70
54:55	鼻指数	51.54 (9)	45.00～50.70	42.60～47.60	45.20～50.20	50.30～55.50	42.60～55.50
SS:SC	鼻根指数	33.59 (8)	26.90～38.50	34.70～42.50	31.00～35.00	26.10～36.10	26.10～42.50

从对比情况来看，本文男性标本与现代亚洲蒙古人种的东亚类型最为相似，其次是东北亚类型，而与北亚类型和南亚类型差异较大。

从大司空组男性颅骨标本上具备的颅面形态特征来看，与东亚类型不同的是颅长偏长，颅型也长，面部略宽，上面部形态不甚扁平，眶型略低以及鼻部更阔等。从这些特征来看，偏长的颅型，较宽的面部是东北亚类型抑或是北亚类型人群所具有的特点。而较低的眶型和偏阔的鼻部形态是南亚类型人群具备的特点。从这种角度来看，本文男性标本颅面形态体现出以类似于东亚类型人群的体质特征为主，在颅长、阔面方面与东北亚类型、北亚类型居民特征相似，而在鼻眶部形态特征上与南亚类型人群相似的特点。

在以往的研究中，有关学者已经注意到先秦时期古代居民颅形上兼具的这些现代各类型居民的颅面特征，韩康信、潘其风在《古代中国人种成分研究》一文中指出"在中原地区新石器时代居民中普遍存在的偏低的眶形、齿槽突颌和阔鼻倾向等特征接近南亚或赤道人种的特征，这种现象的产生更为可能的是，这些新石器时代居民延续了一些旧石器时代晚期祖先的性状。而这些性状大概比较适宜于热带和亚热带的气候条件，以致在现代的低纬度地区的居民中还普遍保存着。而且一般说来，蒙古人种北亚类型和东北亚类型额部都较宽，从考古学文化的分布区域及时代方面考虑，在我国北方和东北地区发现的青铜时代和更晚的古人骨骼上，较常见北亚人种或北亚和东亚人种混合的现象"[1]。如果这些推论成立的话，我们认为大司空组男性居民颅面形态上具备的低眶、阔鼻、齿槽突颌等性状可以视为我国先秦时期中原地区古代居民所保留的祖先特征。而面宽绝对值较大反映的宽面特征、偏长的长颅特征等性状也可能是继承了祖先的遗传性状抑或是受到了北方地区古代人群影响的结果。

2．与亚洲蒙古人种各近代组的比较

为了更进一步了解本文男性标本的种系归属，我们选用了华北近代组、华南近代组、抚顺近代组、蒙古近代组、通古斯驯鹿组、爱斯基摩组、贝加尔湖组等7个近代对比组。依据18个项目的值，计算本文男性颅骨组与亚洲蒙古人种的各近代组的平均数组间差异均方根函数值及欧氏距离函数值，各组数据列于表六，计算结果详见表七。

平均数组间差异均方根函数和欧氏距离系数是人类学统计中常用的分析古代居民与有关蒙古人种之各近代组之间亲疏关系的公式。公式如下：

平均数组间差异均方根函数： $\alpha = \sqrt{\dfrac{1}{n}\sum\limits_{k=1}^{n}\dfrac{(x_{ik}-x_{jk})^2}{\delta^2}}$

公式中，i 和 j 代表颅骨组，k 代表比较项目，n 代表比较项目数，δ 为同种系标准差。

欧氏距离系数：$D_{ij} = \sqrt{\dfrac{1}{m}\sum\limits_{k=1}^{m}(x_{ik}-x_{jk})^2}$

---

[1] 韩康信、潘其风：《古代中国人种成分研究》，《考古学报》1984年第2期。

公式中，i 和 j 代表颅骨组，k 代表比较项目，m 代表比较项目数。

按照人种学研究的惯例，借用莫兰特（G. M. Morant）的埃及 E 组的各项标准差，为了增加比较项，还借用了个别挪威组和欧洲同种系标准差。一般来说，运用以上公式计算所得函数值越小，则可能表明两个对比组之间的关系越近。相反，关系则较为疏远。

表六　本文标本与亚洲蒙古人种各近代对比组的比较（男性）　　　（长度：毫米；角度：度；指数：%）

马丁号	项目　组别	大司空组	华北组（步达生）	华南组（哈罗维）	抚顺组（岛五郎）	蒙古组（杰别茨）	通古斯组（杰别茨）	爱斯基摩组（杰别茨）	贝加尔湖组（杰别茨）	同种系标准差
1	颅长(g－op)	183.36(7)	178.50	179.90	180.80	182.20	185.50	181.80	189.70	5.73
8	颅宽(eu－eu)	135.37(6)	138.20	140.90	139.70	149.00	145.70	140.70	144.50	4.76
17	颅高(ba－b)	138.86(7)	137.20	137.80	139.20	131.40	126.30	135.00	132.40	5.69★
9	最小额宽(ft－ft)	93.51(10)	89.40	91.50	90.80	94.30	90.60	94.90	94.40	4.05
45	颧宽(zy－zy)	136.17(3)	132.70	132.60	134.30	141.80	141.60	137.50	141.30	4.57
48	上面高(n－sd)	72.25(8)	75.30	73.82pr	76.20pr	78.00	75.40	77.50	74.90pr	4.15
52	眶高R	32.50(9)	35.50	34.60	35.50	35.80	35.00	35.90	33.90	1.91
51	眶宽(mf－ek)R	43.38(8)	44.00	42.10L	42.90	43.20	43.00	43.40	42.20	1.67
54	鼻宽	26.52(9)	25.00	25.25	25.70	27.40	27.10	24.40	25.90	1.77
55	鼻高(n－ns)	51.66(9)	55.30	52.60	55.10	56.50	55.30	54.60	55.00	2.92
72	面角(n－pr FH)	85.25(4)	83.39	84.70	83.60	87.50	86.60	83.80	86.30	3.24
8:1	颅指数	73.56(6)	77.56	78.75	77.30	82.00	78.70	77.60	76.30	2.67
17:1	颅长高指数	75.30(6)	77.02	77.02	77.01	<72.12>	<68.09>	<74.26>	<69.79>	2.94
17:8	颅宽高指数	102.51(6)	99.53	97.80	100.00	<88.19>	<86.68>	<95.95>	<91.76>	4.30
48:45	上面指数(sd)	51.98(3)	56.80	55.67	56.80	55.01	53.25	<56.36>	53.00	3.30▲
52:51	眶指数R	74.14(8)	80.66	84.90	83.00	82.90	81.50	83.00	80.70	5.05
54:55	鼻指数	51.54(9)	45.23	49.40	46.90	48.60	49.40	44.80	47.20	3.82
9:8	额宽指数	69.21(6)	<64.69>	<64.94>	<65.00>	<63.29>	<62.18>	<67.45>	<65.33>	3.29★

注：标有"★"的采用挪威组同种系标准差，标有"▲"的采用欧洲同种系标准差，其余采用埃及 E 组[1]的同种系标准差。标注"< >"内的数值是根据平均数计算所得的近似值。华南组、抚顺组数据引自文献[2]，其余引自文献[3]。

[1]　Morant，G.M.A First Study of the Tibetan Skull[J].*Biometrika*，1923，14:222.

[2]　转引自中国科学院考古研究所体质人类学组：《赤峰、宁城夏家店上层文化人骨研究》，《考古学报》1975年第2期。

[3]　转自韩康信、潘其风：《安阳殷墟中小墓人骨的研究》，《安阳殷墟头骨研究》，文物出版社，1985年。

表七　本文标本与亚洲蒙古人种各近代组之均方根值及欧式距离系数函数值的比较（男性）

函数值 对比组	平均数组间差异均方根		欧氏距离系数	
	全部项目	角度指数项目	全部项目	角度指数项目
华北组	1.0545	1.2152	3.7628	4.4341
华南组	1.0083	1.2815	3.9162	5.0570
抚顺组	0.9980	1.1845	3.6554	4.5678
蒙古组	1.6641	1.9499	6.5165	7.2550
通古斯组	1.6030	1.9557	6.5722	7.4212
爱斯基摩组	1.1153	1.2836	4.1530	5.1082
贝加尔湖组	1.1963	1.3868	4.9822	5.3909

从表七显示的本文男性颅骨组与其他组的平均数组间差异均方根值和欧氏距离系数值可以看出，大司空男性颅骨组与代表东亚蒙古人种的抚顺组、华北组和华南组距离最为接近，其次为代表东北亚蒙古人种的爱斯基摩人群，而与代表北亚蒙古人种的蒙古组和通古斯组的距离最为疏远。

3．与古代各人群的比较

在前文中，我们已经探讨了殷墟大司空遗址中小墓出土商代晚期居民的颅骨形态特征，并初步确定了这些居民的种族类型，为了了解大司空组居民与我国古代各组居民之间的渊源关系，我们选择了此前曾经研究过的同属于殷墟遗址中小墓的中小墓①组、中小墓②组、中小墓③组、新石器时代黄河中游的仰韶文化合并组[1]、还有活动于内蒙古中南部地区新石器时代的庙子沟组居民、河北北部的姜家梁组新石器时代居民、内蒙古赤峰市宁城县的小黑石沟组夏家店上层文化居民、辽宁省本溪市的庙后山组青铜时代居民、黑龙江省泰来县的平洋墓葬居民、广西桂林市南郊的甑皮岩组居民、福建省闽侯县的昙石山组青铜时代居民、春秋晚期至战国早期活动在内蒙古林西县的井沟子组居民和代表鲜卑族体质特征的辽宁省朝阳市魏晋时期居民共计十三组古代人群的材料来进行比较分析，现将其背景情况介绍如下。

关于殷墟中小墓头骨的种系研究，韩康信、潘其凤二位学者在研究过程中曾根据颅骨的形态特点以及墓葬中的随葬器物将男性组分为三组：其中殷墟中小墓①组数据为其研究的全部头骨数据的平均值；殷墟中小墓②组数据为排除掉殷墟中小墓③组中那8具低颅、宽面特征的头骨；殷墟中小墓③组指形态上低颅、宽面特征以及随葬器物丰富，规格较高墓葬的8具头骨；中小墓②组颅骨材料的形态学特征大体可概括为偏长的中颅型，高颅型结合狭颅型，中等上面型，阔鼻、偏低的中眶型，中等偏大的上面部扁平度等特征，其应归属于蒙古大人种，且与东亚蒙古人种类型在颅面特征

---

[1]　仰韶文化合并组为半坡、宝鸡、华县和横阵四组合并的平均值。转引自韩康信、潘其凤：《安阳殷墟中小墓人骨的研究》，《安阳殷墟头骨研究》，文物出版社，1985年。

上具有较多的一致性[1]。其体质类型当属于先秦时期古代居民人种类型的"古中原类型"。殷墟中小墓③组材料出自河南省安阳市殷墟遗址的中小墓地，时代为晚商时期，这批颅骨为区别于中小墓②组的 8 例形态特征不同的头骨[2]，他们一般比较粗壮、颅高偏低、面部高、极宽、扁平、颧骨大而突出，鼻根偏高，垂直颅面指数较大，显示出某种类似于现代东亚蒙古人种和北亚蒙古人种相混合的性状，同先秦时期广泛分布于我国东北地区和华北北部的"古东北类型"居民颇相近似[3]。

仰韶文化合并组包括了同属于仰韶文化的半坡组[4]、宝鸡组[5]、华县组[6]和横阵组[7]四个颅骨组的材料。据研究者意见，认为以上四组仰韶文化居民在颅骨形态学和测量特征上表现出的同质性比他们之间的变异性更明显，因此将其归并为一组材料来研究[8]。仰韶文化合并组居民在颅面形态特征上一般都具有简单的颅顶缝、圆钝的眶形、发达而突出的颧骨、低矮的鼻前棘、低而凹形的鼻梁、浅的犬齿窝、扁平的面部和很高的铲形门齿出现率等蒙古人种的特征。此外，他们所共同拥有的高而偏狭的颅型、较高的上面部，中等的面宽及面部扁平程度、偏低的眶型以及低面和阔鼻倾向，使其与现代人群中的华南地区居民显示出更大的可比性[9]。这些出现在仰韶文化居民中的与现代南方蒙古人种相类似的低面、低眶和阔鼻倾向恰好与以山顶洞人为代表的我国北方地区旧石器时代晚期居民颇为相似。因此，有关学者指出，与其把这些仰韶新石器时代头骨的阔鼻、低眶倾向等特征列为现代种族特征，毋宁将它们视作保存了旧石器时代祖先类型的某种尚未十分分化的性状[10]。这种类似南亚蒙古人种的体质因素在我国北方地区至少从新石器时代一直延续到夏商时期[11]。他们应属于先秦时期古代人种类型划分中的 "古中原类型"[12]。

庙子沟组材料出自内蒙古自治区乌兰察布盟察右前旗境内黄旗海南岸的庙子沟新石器时代遗址，其年代相当于仰韶时代晚期阶段[13]。1985～1987 年间，内蒙古自治区文物考古研究所对该遗址进行了大规模的连续发掘，除获得丰富的文化遗物之外，在遗址中的房屋内以及房屋周围的窖穴中发现了 70 余具人类遗骨。有关学者推测他们可能是一次突发性的灾难中的牺牲者[14]。经有关学者对该组人类颅骨的研究，可以看出庙子沟新石器时代居民具有中颅型、高颅型和狭颅型相结合的颅部形态

[1] 韩康信、潘其风：《安阳殷墟中小墓人骨的研究》，《安阳殷墟头骨研究》，文物出版社，1985年。

[2] 韩康信、潘其风：《安阳殷墟中小墓人骨的研究》，《安阳殷墟头骨研究》，文物出版社，1985年。

[3] 朱泓：《中国东北地区的古代种族》，《文物季刊》1998年第1期。

[4] 颜訚、吴新智、刘昌芝、顾玉珉：《西安半坡人骨的研究》，《考古》1960年第9期。

[5] 颜訚、刘昌芝、顾玉珉：《宝鸡新石器时代人骨的研究报告》，《宝鸡北首岭》附录一，文物出版社，1983年。

[6] 颜訚：《华县新石器时代人骨的研究》，《考古学报》1962年第2期。

[7] 考古研究所体质人类学组：《陕西华阴横阵的仰韶文化人骨》，《考古》1977年第4期。

[8] 韩康信：《仰韶新石器时代人类学材料种系特征研究中的几个问题》，《史前研究(辑刊)》1988年。韩康信、潘其风：《古代中国人种成分研究》，《考古学报》1984年第2期。

[9] 朱泓：《中原地区的古代种族》，《庆祝张忠培先生七十岁论文集》，科学出版社，2004年。

[10] 韩康信：《仰韶新石器时代人类学材料种系特征研究中的几个问题》，《史前研究(辑刊)》1988年。韩康信、潘其风：《古代中国人种成分研究》，《考古学报》1984年第2期。

[11] 朱泓：《关于殷人与周人的体质类型比较》，《华夏考古》1989年第1期。

[12] 朱泓：《中原地区的古代种族》，《庆祝张忠培先生七十岁论文集》，科学出版社，2004年。

[13] 魏坚：《察右前旗庙子沟新石器时代墓地》，《中国考古学年鉴(1986)》，文物出版社，1988年。魏坚：《察右前旗庙子沟新石器时代遗址》，《中国考古学年鉴(1987)》，文物出版社，1988年。魏坚：《试论庙子沟文化》，《青果集——吉林大学考古专业成立二十周年考古论文集》，知识出版社，1993年。

[14] 魏坚：《庙子沟与大坝沟有关问题试析》，《内蒙古中南部原始文化研究文集》，海洋出版社，1991年。

特征，另外还体现出中等偏狭的面形和垂直方向上较为平直的面部和较明显的齿槽突颌性状以及偏低的中眶型和中等较阔的鼻形。此外，庙子沟居民还普遍具有较大的鼻颧角，显示出他们的面部颇为扁平的特点。在与现代亚洲蒙古人种各区域类型的比较中，他们的多数特征接近于现代东亚蒙古人种，但在较为后倾的前额以及颇大的面部扁平度和略高的鼻根部形态上与现代北亚蒙古人种较为相似，在古代对比组中庙子沟新石器时代居民与仰韶合并组以及毛庆沟饮牛沟 A 组在颅面部形态上较为接近[11]。

　　姜家梁组材料采自河北省张家口市阳原县东城镇西水地村东的山丘顶的姜家梁新石器时代遗址，是一处仰韶时代向龙山时代过渡遗存的代表[2]。姜家梁组居民的体质特征可以概括为以中型颅为主，少量长颅型和圆颅型，伴以高颅型和狭颅型，中等程度的上面高和面宽，中等偏狭的面型，中等偏阔的鼻型，低眶型和偏低的中眶型，相对较大的面部扁平度等特征。姜家梁遗址居民属于一个"同种系多类型的复合体"。在古代对比组中姜家梁组与庙子沟组的关系最为密切，其次为仰韶合并组和柳湾合并组。姜家梁组应该属于先秦时期的古华北类型[3]。

　　小黑石沟组材料采自内蒙古自治区赤峰市宁城县甸子乡境内老哈河南岸的小黑石沟遗址，属夏家店上层文化墓葬遗存，其年代相当于西周晚期至春秋早期[4]，朱泓在研究这批标本后认为其体质特征在中颅型、高颅型、狭颅型、较窄的面宽、中眶型和中鼻型等特征上与现代东亚蒙古人种较为相似，另外在较大的上面部扁平度等特征上与现代北亚人种相似，其基本种系特征应归入古华北类型的范畴[5]。对于类似小黑石沟的诸如出土于红山后[6]、夏家店、宁城南山根[7]和龙头山[8]等夏家店上层文化居民的种系类型也较为一致，在种族类型上属于"以东亚类型成份占主导地位的东亚、北亚蒙古人种的混血类型。"[9]

　　庙后山组材料是由辽宁省博物馆和本溪市博物馆于 1979 ～ 1985 年间从本溪市庙后山古墓葬中发掘和收集的，墓葬时间为青铜时代，其碳十四测年结果为距今 3600 ～ 3300 年左右，大体相当于公元前 1300 ～ 1600 年[10]。经研究，庙后山青铜时代居民具有长颅型、正颅型和狭颅型相结合的特点，面形宽阔而且相当扁平。魏海波、张振标认为庙后山居民的颅骨特征与苏联外贝加尔地区青铜时代居民以及日本北海道 8 ～ 12 世纪的大岬人最相近似[11]。实际上，庙后山青铜时代居民在种族类型上仍属于东亚蒙古人种，同时也含有某些接近北亚人种的因素[12]。

　　平洋组材料出自黑龙江省泰来县平洋镇的砖厂和战斗两个墓地，其年代应在春秋晚期至战国晚

[1] 朱泓：《内蒙古察右前旗庙子沟新石器时代颅骨的人类学特征》，《人类学学报》1994年第2期。

[2] 段宏振：《河北考古的世纪回顾与思考》，《考古》2001年第2期。

[3] 李法军：《河北阳原姜家梁新石器时代人骨研究》，科学出版社，2008年。

[4] 塔拉、齐晓光：《宁城县小黑石沟夏家店上层文化遗址》，《中国考古学年鉴(1986)》，文物出版社，1988年。

[5] 朱泓：《小黑石沟夏家店上层文化居民的人类学特征》，《东北、内蒙古地区古代人类的种族类型与DNA》，吉林人民出版社，2006年。

[6] 三宅宗悦等：《赤峰红山后石椁墓人骨的人类学研究》，《赤峰红山后》(附录一)，东京，1938年。

[7] 中国科学院考古研究所体质人类学组：《赤峰、宁城夏家店上层文化人骨研究》，《考古学报》1975年第2期。

[8] 陈山：《克什克腾旗龙头山青铜时代颅骨的人类学研究》，《人类学学报》2000年第1期。

[9] 朱泓：《夏家店上层文化居民的种族类型及相关问题》，《辽海文物学刊》1989年第1期。

[10] 李恭笃：《辽宁东部地区青铜文化初探》，《考古》1985年第6期。

[11] 魏海波、张振标：《辽宁本溪青铜时代人骨》，《人类学学报》1989年第4期。

[12] 朱泓：《中国东北地区的古代种族》，《文物季刊》1998年第1期。

期之间[1]。关于其族属问题，有学者认为应纳入东胡范畴之内，进而推定为拓跋鲜卑及其先世[2]。据潘其凤先生研究，平洋墓地的古代居民是一组同种系多类型的群体，其人种类型主要与东北亚蒙古人种接近，同时也与北亚蒙古人种和东亚蒙古人种相关。第一种类型的体质特征为东北亚蒙古人种和北亚蒙古人种的混合类型，第二种类型为东北亚蒙古人种与东亚蒙古人种的混合类型[3]。

甑皮岩组材料采自广西壮族自治区桂林市南郊的甑皮岩新石器时代洞穴遗址，碳14年代测定分别为大约距今7500年和距今9000年[4]。头骨特征表明，他们一般具有长颅型、偏低的正颅型和偏狭的中颅型等颅形特点，较宽而低的面部，低眶、阔鼻以及明显前突的面部，甑皮岩新石器时代居民头骨上显示出基本的蒙古人种性状，仅少数特征反映出某些接近于赤道人种的性状。与现代蒙古人种中分布于华南、印度支那和印度尼西亚等地的南亚种族较接近[5]。后来张子模等对甑皮岩新出土的人骨进行了研究后认为甑皮岩组居民与柳江人有着密切的亲缘关系[6]。

昙石山组材料是采自福建省闽侯县昙石山新石器时代遗址第六次发掘出土的人骨，该遗存是一种具有浓厚地方性特征的文化遗存，并命名为"昙石山文化"[7]。经放射性碳素测定其年代约距今3000年左右[8]。通过对这批人类头骨的观察研究，研究者认为该组居民具有长颅型、正颅型结合狭颅型的颅形特点，头高绝对值较大，前额较窄较陡直、中等面宽结合低面，相对较小的上面部扁平度、较明显的上齿槽突颌、偏低的眶形、阔鼻等特征，与现代亚洲蒙古人种的南亚类型和东亚类型比较接近，其在体质特征上尤其是与蒙古人种中的南亚类型最为接近[9]。潘其凤先生在研究了该遗址第八次发掘出土的人骨后认为其基本体质特征与第六次的人骨没有明显差异，同样具有南亚蒙古人种的特征[10]，应属于同一体质类型。

井沟子组材料出自内蒙古林西县双井店乡敖包吐村井沟子自然村北约400米处的井沟子遗址，西北距林西镇约40千米，南距双井店乡政府所在地约7千米。2002年5～7月，2003年8～9月间内蒙古文物考古研究所与吉林大学边疆考古研究中心联合对该遗址西区墓群进行了抢救性考古发掘，清理墓葬58座，其年代初步判断为春秋晚期至战国早期前后，在文化性质分析上，该批墓葬代表了赤峰地区一种新的考古学文化类型[11]。井沟子组材料体现出的主要体质特征为圆颅型、偏低的正颅型和阔颅型，面部高、宽，具有颇大的面部扁平度，平颌、狭额、中鼻型、中眶型和阔腭型等特征。其基本体质特征与北亚蒙古人种类型最为相似，与古代组中的扎赉诺尔组最为接近[12]。其体质特征与

[1] 黑龙江省文物考古研究所：《平洋墓葬》，文物出版社，1990年。
[2] 郝思德、杨志军、李陈奇：《平洋墓葬族属初论——为纪念苏秉琦先生从事考古工作55周年而作》，《北方文物》1989年第3期。
[3] 潘其凤：《平洋墓葬人骨的研究》，《平洋墓葬》附录一，文物出版社，1990年。
[4] 北京大学历史系碳14实验室等：《石灰岩地区碳14样品年代的可靠性与甑皮岩的年代问题》，《考古》1982年第2期。
[5] 张银运、王令红、董兴仁：《广西桂林甑皮岩新石器时代遗址的人类头骨》，《古脊椎动物与古人类》1977年第1期。
[6] 张子模、漆招进、朱芳武等：《桂林甑皮岩新石器时代遗址的人骨》，《广西民族研究》1994年第3期。
[7] 福建省博物馆：《闽侯昙石山遗址第六次发掘报告》，《考古学报》1976年第1期。
[8] 中国科学院考古研究所实验室：《放射性碳素测定年代报告(三)》，《考古》1974年第5期。
[9] 韩康信、张振标、曾凡：《闽侯昙石山遗址的人骨》，《考古学报》1976年第1期。
[10] 潘其凤：《福州闽侯县昙石山遗址第八次发掘出土人骨的观察研究》，《南方文物》2000年第1期。
[11] 吉林大学边疆考古研究中心、内蒙古文物考古研究所：《2002年内蒙古林西县井沟子遗址西区墓葬发掘纪要》，《考古与文物》2004年第1期。
[12] 朱泓、张全超：《内蒙古林西县井沟子遗址西区墓地人骨研究》，《人类学学报》2007年第2期。

先秦时期的"古蒙古高原类型"较为一致[1]。

朝阳组颅骨资料出自于辽宁省朝阳市双塔区和朝阳县十二台乡等处的魏晋时期墓葬。有关学者认为这些墓葬是东部鲜卑慕容部建国前的遗存，年代上限可到曹魏初年[2]。朱泓研究了这批标本后指出他们一般具有短而阔的颅型，颅高值普遍偏低，面部扁平度较大，颌部比较平直。因此，"朝阳组魏晋时期鲜卑族居民的基本种系成分应为北亚蒙古人种，只是在诸如面宽略窄一些这样的个别体质特征上或许暗示出该群体中也受到了某些来自东亚蒙古人种的影响。"与古代组中的山嘴子组和扎赉诺尔B组最为接近[3]。

具体对比组及项目数据见表八。采用计算大司空组与各古代组之间的欧氏距离系数的方法进行定量分析，并根据欧氏距离系数绘制出聚类图，所有的统计分析都在SPSS16.0 for windows下完成，所有用于统计分析的数据均经过标准化。比较结果见表九和图一。

从图一可以直观的看出殷墟大司空组古代居民与其他古代人群之间的关系。大司空组与殷墟中小墓①组、中小墓②组以及仰韶合并组首先聚类，而与其他各组表现出一定的距离和差异。从这点来看，大司空组居民的主要体质特征与本地区的主体居民一致，应当属于古中原类型居民的范畴，他们在中颅型、高颅型、上面部较高，面宽中等，偏低的眶型和普遍的阔鼻倾向等特征上表现一致。同时我们还看到，大司空商代居民的体质特征与殷墟中小墓③组居民所反映出的古东北类型居民的形态特征还是有相当的差距，可能也反映出他们的种系来源不同。从以往的研究来看，殷墟中小墓③组不仅形态上与本地土著的古中原类型居民有差异，同时中小墓③组个体的墓葬较之其他中小墓显示出一定的规模，并多数为中型墓葬，有成组的礼器或奴隶陪葬。有学者也由此推测，墓主人的身份应有别于一般小型墓葬的平民。他们可能是受封的贵族，或是与王族关系密切或本身就是王族成员的个体。那么从大司空居民的体质特征来看，他们可能更多的反映了当地普通民众的体质特征。

[1] 朱泓、张全超：《内蒙古林西县井沟子遗址西区墓地人骨研究》，《人类学学报》2007年第2期。

[2] 田立坤：《鲜卑文化源流的考古学考察》，《青果集——吉林大学考古专业成立二十周年考古论文集》，知识出版社，1993年。

[3] 朱泓：《朝阳魏晋时期鲜卑墓葬人骨研究》，《辽海文物学刊》1996年第2期。

表八 殷墟大司空组与其他古代颅骨组的比较（男性）

马丁号	项目 组别	大司空组	中小墓①组	中小墓②组	中小墓③组	仰韶合并组	庙子沟组	姜家梁组	小黑石沟组	庙后山组	平洋组	瓢皮岩组	昙石山组	井沟子组	朝阳组	同种系标准差
1	颅长(g-op)	183.36	184.49	184.04	187.18	180.70	177.63	178.27	175.00	192.80	190.54	193.30	189.70	184.43	185.00	5.73
8	颅宽(eu-eu)	135.37	140.51	140.13	142.67	142.56	137.03	134.20	137.00	144.00	144.60	143.20	139.20	147.88	150.00	4.76
17	颅高(ba-b)	138.86	139.47	140.32	134.83	142.53	140.93	138.10	141.83	143.50	140.11	140.90	141.30	131.50	131.50	5.69★
9	最小额宽(ft-ft)	93.51	91.03	90.43	93.86	93.64	90.36	88.60	86.50	99.00	91.29	93.50	91.00	93.83	91.50	4.05
45	颧宽(zy-zy)	136.17	135.42	133.08	145.40	136.37	136.64	135.63	133.00	145.30	144.90	138.00	135.60	143.67	137.75	4.57
48	上面高(n-sd)	72.25	74.00	73.81	75.08	73.38	73.50	75.53	77.00	75.50	77.08	69.70	71.10	76.00	76.05	4.15
52	眶高R	32.50	33.82	33.55	35.52	33.48	32.93	33.39	33.73	32.60	33.91	34.40	33.80	32.84	33.40	1.91
51	眶宽(mf-ek)R	43.38	42.77	42.43	44.88	43.41	43.93	44.41	43.33	44.60	43.74	42.60	42.20	43.34	43.90	1.67
54	鼻宽	26.52	27.27	26.99	28.96	27.56	26.23	27.04	27.90	25.90	28.90	28.30	29.50	27.66	25.75	1.77
55	鼻高(n-ns)	51.66	53.79	53.38	56.42	53.36	52.63	55.58	55.27	54.10	58.38	53.10	51.90	57.72	52.40	2.92
72	面角(n-pr FH)	85.25	83.92	83.81	84.63	81.39	82.33	82.59	82.00	85.00	90.89	84.00	81.00	89.80	85.50	3.24
8:1	颅指数	73.56	76.46	76.50	76.27	79.10	77.22	75.76	78.31	74.80	75.89	73.20	73.40	80.39	81.13	2.67
17:1	颅长高指数	75.30	75.40	76.09	72.08	78.62	79.57	78.74	81.04	74.50	74.09	70.50	73.80	71.76	71.02	2.94
17:8	颅宽高指数	102.51	98.47	99.35	94.53	99.41	102.95	102.33	103.52	99.65	97.30	97.90	99.50	89.51	87.67	4.30
48:45	上面指数(sd)	51.98	53.76	53.98	51.66	<53.81>	53.68	55.71	57.99	51.96	53.06	50.40	52.50	51.93	55.20	3.30▲
52:51	眶指数R	74.14	78.68	78.59	79.32	77.18	74.94	77.39	78.02	74.94	77.77	80.40	80.00	75.88	76.05	5.05
54:55	鼻指数	51.54	51.04	50.98	51.41	52.08	49.90	49.00	50.69	48.02	49.40	53.30	57.00	47.99	49.12	3.82
9:8	额宽指数	69.21	64.50	64.35	65.46	65.59	66.03	66.02	63.26	<68.75>	63.19	<65.29>	<65.37>	61.77	61.00	3.29★

注：1、标注"★"的采用挪威组的同种系标准差，标注"▲"采用欧洲组的同种系标准差，其余的选自朱泓组的同种系标准差。2、标注<>内为笔者依据引文中平均值计算而得。

3、单位：长度：毫米；角度：度；指数：%。

表九　殷墟大司空组与其他古代组之间的 Dij 值（男性）

	1	2	3	4	5	6	7	8	9	10	11	12	13	14
1	0.00													
2	10.85	0.00												
3	11.00	2.95	0.00											
4	18.45	13.87	16.79	0.00										
5	13.07	8.12	8.27	17.27	0.00									
6	10.48	11.24	10.62	20.98	9.17	0.00								
7	12.06	11.62	11.14	20.74	12.91	6.98	0.00							
8	18.28	15.19	13.81	25.86	13.87	9.95	8.81	0.00						
9	18.46	17.84	19.68	15.31	18.74	22.48	24.55	29.14	0.00					
10	20.41	15.35	17.55	11.23	19.12	22.39	22.39	25.99	13.87	0.00				
11	17.02	13.23	14.67	14.37	17.71	22.31	23.30	27.47	15.28	15.76	0.00			
12	13.76	10.52	10.99	17.11	14.28	17.67	18.38	21.69	19.40	19.37	9.34	0.00		
13	25.30	19.65	21.93	12.99	22.31	26.12	26.26	29.80	22.15	15.20	22.50	26.03	0.00	
14	26.03	18.83	20.44	16.95	21.52	26.12	26.51	28.78	25.05	20.08	22.48	24.76	10.65	0.00

1、大司空组　2、中小墓①组　3、中小墓②组　4、中小墓③组　5、仰韶合并组　6、庙子沟组　7、姜家梁组　8、小黑石沟组　9、庙后山组　10、平洋组　11、甑皮岩组　12、昙石山组　13、井沟子组　14、朝阳组

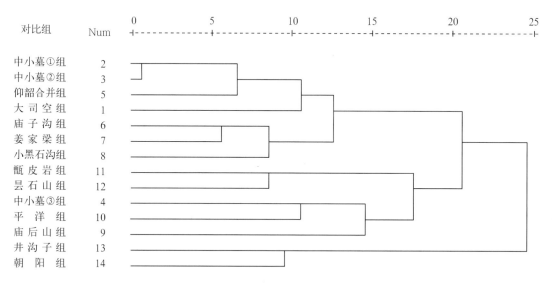

图一　殷墟大司空组与其他古代人群关系的树状聚类图(男性)

四　小结

综合前文对殷墟大司空中小墓出土人骨的研究，我们大概有以下几点认识：

1、该批材料共计鉴定 284 例个体，有 157 例可明确鉴定性别，其中男性 71 例，占可鉴定总体的 45.22%，女性 86 例，占总体的 54.78%，总体男女性别比为 0.83∶1。

2、男性中年期是死亡的高峰期，其次是壮年期、青年期。女性壮年期是死亡的高峰期，其次是中年期和青年期。

3、大司空遗址古代居民总体的平均死亡年龄约为 28.92 岁。男性的平均死亡年龄约为 35.06 岁。女性的平均死亡年龄约为 31.48 岁，较男性偏低。

4、大司空组居民的基本体质特征可以概括为：长颅型，高颅型结合狭颅型，阔额型，狭型枕骨大孔，偏阔的中上面型，阔鼻型，偏低的中眶型，阔腭型，较平的面突程度，中等偏突的颌部、长狭的下颌，中等偏大的上面部扁平度。

5、在与现代亚洲蒙古人种各区域类型的比较中，殷墟大司空中小墓商代居民与东亚蒙古人种类型居民在颅面特征上具有较多的一致性，其次是东北亚类型，而与北亚类型和南亚类型相比差异较大。

6、与亚洲蒙古人种各近代组之间的比较结果显示，殷墟大司空古代居民与代表东亚蒙古人种的抚顺组、华北组和华南组距离较近，而与代表北亚蒙古人种的蒙古组和通古斯组较为疏远。

7、大司空组居民的主要体质特征与本地区的主体居民一致，应当属于古中原类型居民的范畴，他们的体质特征可能更多的反映了当地普通民众的体质特点。

致谢：本文标本由中国社会科学院考古研究所安阳工作队提供。同时，在笔者调研期间，受到中国社会科学院考古研究所王巍、袁靖、唐际根、岳洪彬等同志的热切关怀和指导，在此一并致谢！

附表1　大司空出土人骨性别和年龄鉴定表

个 体 编 号	性 别	年 龄	个 体 编 号	性 别	年 龄
2004AST0408M1	女	25±	2004AST0527M64	女	25～30
2004AST0508M4	女	25±	2004AST0401M65	男?	25～30
2004AST0107M7	男	35～40	2004AST0624M66	男?	14～15
2004AST0206M8	男	25～30	2004AST0304M67	男	40～45
2004AST0105M12	不详	成年	2004AST0101M68	不详	婴儿
2004AST0105M16	不详	婴儿	2004AST0305M69	男	50±
2004AST0204M18	不详	12～15	2004AST0625M70	女	成年
2004AST0204M19	男	45～50	2004AST0101M71	不详	少年
2004AST0204M20	男	成年	2004AST0403M72	男	40±
2004AST0204M21	女	40～45	2004AST0305M73	女	35～39
2004AST0303M22	不详	35±	2004AST0304M74	女	40～45
2004AST0403M27	女	成年	2004AST0406M75	不详	25±
2004AST0304M28	女	35～40	2004AST0406M77	男?	17～18
2004AST0101M31	女	25±	2004AST0401M78	男	20～25
2004AST0101M31:1	不详	少年	2004AST0401M79	女	成年(＞25)
2004AST0101M32	不详	不详	2004AST0401M80	男?	17～18
2004AST0628M34	男	35～39	2004AST0401M81	男	20～23
2004AST0528M35	女?	45±	2004AST0101M82	不详	婴儿
2004AST0528M35:1	不详	13～15	2004AST0401M83	不详	不详
2004AST0527M36	男	40～45	2004AST0401M84	不详	成年
2004AST0526M37	男	25±	2004AST1509M87	男?	45+
2004AST0526M37:1	不详	13～15	2004AST0525M89	不详	儿童
2004AST0624M41	女	23～25	2004AST0527M93	女	成年
2004AST0625M42	不详	成年	2004AST0401M94	男	40～45
2004AST0726M43	女	成年	2004AST1510M95	男?	20±
2004AST0105M46	女?	16～18	2004AST0406M96	不详	老年
2004AST0305M47	男	45～50	2004AST0625M98	男	40±
2004AST0303M48	女?	16±	2004AST0403M99	不详	成年
2004AST0303M49	女	35～39	2004AST0403M101	男	45～50
2004AST0526M50	不详	25±	2004AST0304M102	女	20～25
2004AST0303M52	男	45～50	2004AST0304M104	女	成年
2004AST0303M53	男	25±	2004AST0507M105	男	30±
2004AST0406M54	男	24～25	2004AST1313M106	女	25～30
2004AST0403M55	不详	14～15	2004AST0524M107	不详	儿童
2004AST0527M57	女	17～18	2004AST0525M108	男?	30±
2004AST0528M58	不详	25～30	2004AST1215M110	不详	婴儿
2004AST0401M59	女	40～45	2004AST1412M113	不详	婴儿

2004AST0303M60	不详	成年	2004AST1315M114	不详	婴儿
2004AST0406M61	男？	14～15	2004AST1315M115	不详	婴儿
2004AST0527M63	女	成年	2004AST0307M118	女	40～45
2004AST0525M120	不详	25～30	2004AST0703M198	男	25±
2004AST0307M121	男	25～30	2004AST0903M206	女	20～25
2004AST0408M124	女	20～25	2004AST1004M207	女	30±
2004AST1215M126	男	成年	2004AST0501M208	女	20±
2004AST0408M127	男	45±	2004AST0905M209	男	25±
2004AST0408M128	男	35～40	2004AST0807M210	女？	20±
2004AST0508M129	男	成年	2004AST0802M213	男	40～45
2004AST0408M131	女	成年	2004AST0802M215	女	成年
2004AST0305M132	不详	不详	2004AST0903M216	不详	30±
2004AST0525M139	不详	成年	2004AST0903M217	女	25～30
2004AST0525M140	不详	幼儿	2004AST0705M218	男	25±
2004AST0307M142	女	40±	2004AST0904M220	男	35～39
2004AST0304M144	男	40～45	2004AST0902M221	男	30±
2004AST0304M145	女	50～60	2004AST0703M224	男	40～45
2004AST1615M147	不详	婴儿	2004AST0802M228	女	40±
2004AST1615M148	不详	婴儿	2004AST1312M229	男	成年
2004AST0624M150	不详	12～15	2004AST1312M230	不详	35～40
2004AST0304M151	男？	成年	2004AST1415M233	不详	不详
2004AST1615M152	不详	不详	2004AST0107M325	女？	20～25
2004AST1613M153	不详	不详	2004AST1614M236	不详	婴儿
2004AST1412M154	男	40±	2004AST1615M237	不详	婴儿
2004AST1512M155	女？	25±	2004AST0507M244	女	20～25
2004AST1413M159	不详	成年	2004AST1514M248	不详	婴儿
2004AST0506M162	男	45～50	2004AST1514M249	不详	婴儿
2004AST1615M167	不详	婴儿	2004AST1512M250	不详	婴儿
2004AST0507M170	女	成年	2004AST1412M251	不详	婴儿
2004AST0307M173	女	40±	2004AST1517M252	不详	婴儿
2004AST0407M174	男？	14～15	2004AST1412M253	不详	35～40
2004AST0807M177	不详	成年	2004AST1512M254	男	25±
2004AST0906M178	女	25～30	2004AST1512M255	不详	13～15
2004AST0906M179	女	25～30	2004AST1513M256	女	40～45
2004AST0702M182	男	35～39	2004AST1314M260	女	40～45
2004AST0807M185	女	20～25	2004AST1414M262	不详	成年
2004AST0307M186：1	女	25～30	2004AST1613M264	女	35～39
2004AST0307M186：2	不详	12±	2004AST1513M270	不详	6～7
2004AST0701M187	男	17～18	2004AST1413M271	不详	8±

2004AST0807M190	男	35～40	2004AST1413M272	男？	13～15
2004AST0807M191	男	25±	2004AST1412M274	不详	婴儿
2004AST0806M193	男	35～40	2004AST1412M275	不详	婴儿
2004AST0702M197	男	40±	2004AST1312M276	女	20～23
2004AST1615M281	不详	35±	2004AST0707M356	男	40±
2004AST1517M287	女	成年	2004AST0528M357	女	25～30
2004AST1412M289	不详	婴儿	2004AST0902M358	女	25～30
2004AST1417M293	不详	10±	2004AST1002M359	男	50±
2004AST1412M295	女？	14～15	2004AST0428M363	不详	少年
2004AST1412M296	女	25±	2004AST0328M364	男	25～30
2004AST1412M297	女	20～25	2004AST0328M365	男	30±
2004AST1316M301	男？	35～40	2004AST0328M366	男	35±
2004AST1316M301：1	男？	17～18	2004AST0602M368	不详	10～12
2004AST1415M302	不详	成年	2004AST0522M369	男	25±
2004AST0704M304	男	30±	2004AST0628M370	女	35±
2004AST0328M308	女	成年	2004AST0422M371	男	35～39
2004AST0328M308：1	不详	婴儿	2004AST0528M372	男	成年
2004AST0528M309	女	45±	2004AST0527M373	女	45～50
2004AST0528M310	男	45±	2004AST0608M374	不详	13～15
2004AST0528M311	女？	14～15	2004AST0602M375	女？	成年
2004AST0428M312	女	24～25	2004AST0708M376	女？	25～30
2004AST0603M313	男？	成年	2004AST0708M377	女	25～27
2004AST0603M314	男	老年	2004AST0602M379	不详	幼儿
2004AST0603M315	不详	成年	2004AST0902M381	女	20±
2004AST0808M318	女	35～39	2004AST0708M383	不详	婴儿
2004AST0302M321	女	25～30	2004AST0601M385	男	45±
2004AST0601M327	不详	8±	2004AST0708M386	不详	婴儿
2004AST0602M328	不详	少年	2004AST0708M387	不详	婴儿
2004AST0605M329	女	25±	2004AST0708M388	不详	幼儿
2004AST0603M330	不详	成年	2004AST0708M389	不详	婴儿
2004AST1413M333	不详	婴儿	2004AST0708M390	不详	婴儿
2004AST1412M334	不详	婴儿	2004AST0708M391	不详	婴儿
2004AST0601M337	女	成年	2004AST0707M392	女	25±
2004AST0602M338	男	18～19	2004AST0601M393	女	成年
2004AST0605M340	女	25±	2004AST0707M394	女	20～25
2004AST0528M344	女？	18～20	2004AST0707M395	女	成年
2004AST0322M346	不详	13～15	2004AST0803M397	女	35±
2004AST0322M347	女	20～25	2004AST0708M398	不详	3～4
2004AST0522M349	女？	成年	2004AST0707M399	女	40±

2004AST0522M350	女	23～25	2004AST1518M400	女?	成年
2004AST0422M351	不详	12～14	2004AST1518M400:1	不详	少年
2004AST0601M353	不详	成年	2004AST1518M400:2	不详	不详
2004AST0602M354	男?	35～40	2004AST0606M401	不详	8±
2004AST0707M355	男	40～45	2004AST0708M402	不详	婴儿
2004AST0708M404	不详	婴儿	2004AST0606M433	女	35～40
2004AST0707M405	男	25～30	2004AST0708M435	男	35～40
2004AST0606M403	不详	9±	2004AST0808M436	男	成年
2004AST0907M406	男?	30±	2004AST0902M438	男	35±
2004AST0606M407	男	17～18	2004AST0606M440	女	40±
2004AST0606M408	不详	12±	2004AST0528M441	女	24～26
2004AST0606M409	女	25±	2004AST0807M443	女	45～50
2004AST0606M410	不详	14～15	2004AST0428M445	男	45±
2004AST0902M413	女	45±	2004AST0428M446	男	23～25
2004AST0608M416	不详	成年	2004AST0605M447	男	成年
2004AST0903M417	女	45±	2004AST0607M448	不详	少年
2004AST0523M419	女	35～40	2004AST0808M449	女	20±
2004AST0427M420	女	25～30	2004AST0628M450	男	成年
2004AST0623M421	不详	7～8	2004AST0321M452	男	25±
2004AST0622M422	男	35～39	2004AST0321M454	女	成年
2004AST0606M424	不详	7～8	2004AST0421M456	女	20～25
2004AST0606M425	女	40±	2004AST0521M460	女	40～45
2004AST0607M426	女	25±	2004AST0708M415	女	24～27
2004AST0607M427	女	35±	2004AST0527H71	男	40±
2004AST0708M430	不详	少年	2004AST0708H407b	男	成年
2004AST0903M431	女	35±	2004AST0708H407e	不详	婴儿
2004AST0703M432	男	40±	2004AST0527④层底部	不详	13±

注："男?"表示倾向于男性的可能性更大，"女?"表示倾向于女性的可能性更大，"不详"表示保存骨骼不足以判定性别。年龄鉴定单位为"岁"。

附表 2　大司空出土顱骨个体测量表（男性）

（长度：毫米；角度：度；指数：%）

马丁号	个体编号 / 测量项	2004AS T0204M19	2004AS T0628M34	2004AS T0401M81	2004AS T0807M191	2004AS T0905M209	2004AS T0705M218	2004AS T0904M220	2004AS T0703M224	2004AS T0605M447	2004AS T0527H71	平均值	例数
	性别	男	男	男	男	男	男	男	男	男	男		
	年龄	45～50	35～39	20～23	25±	25±	25±	35～39	40～45	成年	40±		
	测量项目					径线及弧线项目							
1	顱骨最大长(g-op)	177.00	—	178.00	—	179.00	189.50	188.00	—	190.00	182.00	183.36	7
5	顱基底长(n-enba)	101.50	—	102.00	98.00	102.50	102.00	104.00	—	108.00	94.50	101.56	8
7	枕骨大孔长(ba-o)	34.50	—	34.00	—	32.50	36.50	35.00	35.00	39.20	35.50	35.28	8
8	顱骨最大宽(eu-eu)	134.70	—	—	—	136.00	135.00	135.00	—	128.50	143.00	135.37	6
9	最小额宽(ft-ft)	91.80	90.20	98.50	92.40	94.00	91.50	96.70	92.00	90.00	98.00	93.51	10
11	耳点间宽(au-au)	132.40	—	—	—	127.50	129.50	127.00	—	124.00	134.50	129.15	6
12	枕骨最大宽(ast-ast)	109.50	—	—	—	106.40	114.00	—	112.60	112.20	106.50	110.20	6
16	枕骨大孔宽	31.30	—	27.00	—	28.00	28.50	27.50	28.00	30.00	—	28.61	7
17	顱高(ba-b)	136.00	—	—	140.00	134.00	139.00	142.00	—	138.00	143.00	138.86	7
21	耳上顱高(po-po)	112.80	—	—	—	110.00	113.80	—	—	114.40	—	112.75	4
23	顱周长(g,op)	507.00	—	—	—	509.00	529.00	529.00	—	526.00	523.00	520.50	6
24	顱横弧(po-b-po)	304.00	—	—	—	300.00	301.00	311.00	—	299.00	314.00	304.83	6
25	顱矢状弧(arc n-o)	361.00	—	—	—	356.00	383.00	382.00	—	369.00	382.00	372.17	6
26	额骨矢状弧(arc n-b)	121.00	121.00	—	128.00	123.00	125.50	129.50	126.00	122.00	130.00	125.11	9
27	顶骨矢状弧(arc b-l)	127.00	129.00	—	—	120.00	130.00	119.00	129.00	132.00	137.00	127.88	8
28	枕骨矢状弧(arc l-o)	111.00	—	—	—	113.00	126.00	132.00	121.00	114.00	114.00	118.71	7
29	额骨矢状弦(chord n-b)	109.00	109.00	—	112.50	109.00	112.30	117.00	111.20	108.70	113.50	111.36	9
30	顶骨矢状弦(chord b-l)	115.50	118.50	—	—	109.20	117.10	110.50	—	119.80	124.00	116.37	7
31	枕骨矢状弦(chord l-o)	95.50	—	—	90.50	93.00	101.00	107.00	95.80	96.50	97.50	98.04	7
40	面基底长(pr-enba)	100.50	—	101.00	90.50	99.00	102.50	—	—	98.00	97.50	98.58	6
43	上面宽(fmt-fmt)	106.00	107.50	106.00	97.00	102.50	108.20	107.00	107.30	105.50	107.50	105.45	10
43(1)	两眶内宽(fmo-fmo)	97.30	101.30	100.80	90.00*	95.00	102.20	98.50	99.00	100.00	97.00	99.01	9
FS	鼻根点至两眶内宽之矢状高(sub.fmo-n-fmo)	17.05	17.23	15.52	15.97	14.79	15.33	14.53	13.50	16.81	6.98	14.77	10
44	两眶宽(ec-ec)	99.20	102.50	101.50	—	98.00	104.00	101.50	100.40	—	—	101.01	7

编号	测量项目										均值	例数
45	颧宽(zy-zy)	141.50	131.00	—	—	136.00	—	—	—	—	136.17	3
46	中面宽(zm-zm)	101.00	99.80	102.00	100.00	109.00	—	103.00	—	—	102.47	6
47	全面高(n-gm)	117.50	109.50	115.50	123.00	120.50	118.00	115.00	121.50	—	117.56	8
48	上面高(n-pr)	70.00	61.00	68.50	69.00	71.00	65.00	64.00	76.00	—	67.94	9
	(n-sd)	73.50	64.00	72.00	72.50	75.00	70.00	70.00*	79.00	—	72.25	8
49a	眶内缘点间宽(d-d)	22.60	21.50	19.50	18.00	24.10	21.40	—	23.00	—	21.44	7
50	前眶间宽(mf-mf)	19.50	16.00	19.50	16.00	15.50	18.20	20.00	17.40	—	17.76	8
51	眶宽(mf-ek) L	42.20	45.00	45.50	43.00	47.00	44.70	41.50	45.50	—	44.20	7
	R	42.60	45.00	43.00	43.60	46.50	43.00	42.30	—	—	43.38	8
51a	眶宽(d-ek) L	39.00	41.00	40.00	40.00	40.50	41.00	—	40.80	—	40.22	6
	R	38.50	41.00	39.00	41.20	41.00	40.00	—	—	—	39.60	7
52	眶高 L	32.50	27.00	33.50	35.00	35.60	33.50	32.50	35.00	—	33.08	8
	R	31.50	27.40	32.80	34.00	35.30	33.00	31.00	35.50	—	32.50	9
54	鼻宽	28.50	26.00	25.50	26.80	24.50	27.20	29.00	26.20	—	26.52	9
55	鼻高(n-ns)	55.50	47.20	53.00	50.00	53.00	50.00	48.00	56.20	—	51.66	9
SC	鼻骨最小宽	8.50	5.80	7.00	5.40	4.70	7.50	9.30	8.80	—	7.13	8
SS	鼻骨最小宽高	2.30	1.50	2.00	2.00	2.80	1.80	2.50	3.50	—	2.30	8
60	上颌齿槽弓长(pr-alv)	54.00	53.00	51.00	54.00	56.00	51.00	50.00	52.50	—	52.83	9
61	上颌齿槽弓宽(ecm-ecm)	66.00	67.50	65.80	65.50	73.30	66.70	69.50	65.00	—	67.64	9
62	腭长(ol-sta)	37.00	44.00	38.50	42.50	43.00	39.00	38.00	41.00	—	40.00	9
63	腭宽(enm-enm)	44.50	44.70	43.00	42.00	44.00	43.00	44.00	42.80	—	43.64	9
MH	颧骨高(fmo-zm) L	43.50	42.60	43.00	45.20	45.20	—	46.20	47.00	44.00	44.59	8
	R	43.20	40.00	42.50	40.00	44.50	45.30	45.50	43.50	43.50	43.78	9
MB	颧骨宽(zm-rim.orb) L	24.20	25.60	23.50	25.20	27.00	27.00	28.50	25.00	26.80	25.73	8
	R	24.10	24.30	24.00	26.00	27.20	22.60	27.80	—	27.00	25.89	9
65	下颌髁突间宽(cdl-cdl)	137.50	121.40	119.00	—	133.00	133.00	—	133.80	127.80	128.75	6
66	下颌角间宽(go-go)	110.00	94.20	101.00	—	108.00	108.00	108.00	106.50	97.00	103.53	7
67	颏孔间宽	52.30	52.30	49.00	50.80	51.30	51.80	46.00	—	47.00	50.06	8
68	下颌体长	80.50	80.50	79.50	77.30	71.70	—	—	—	80.40	78.32	6
68(1)	下颌体最大投影长	112.70	106.80	110.00	110.00	104.00	110.40	—	—	114.00	109.65	6
69	下颌联合高(id-gn)	33.00	29.50	31.50	37.00	35.00	34.00	33.00	35.00	38.50	34.06	9

项目	测量项目													均数	n
MBH	下颌体高 I (颏孔位) L	33.00	34.00	29.00	—	—	—	33.00	35.00	30.00	33.00	28.50	35.50	32.33	9
	R	31.50	32.20	28.00	—	—	—	33.00	35.00	29.00	33.20	36.00	35.50	32.60	9
MBH	下颌体高 II (臼齿位) L	26.00	33.00	27.00	—	—	—	33.20	31.50	28.50	28.70	22.50	29.00	28.82	9
	R	28.00	32.50	26.50	—	—	—	—	33.50	27.00	30.50	26.00	28.00	29.00	8
MBT	下颌体厚 I (颏孔位) L	14.50	14.30	12.60	—	—	—	14.30	14.20	11.40	12.00	10.90	11.00	12.80	9
	R	13.50	13.50	12.40	—	—	—	13.90	13.30	13.20	12.70	10.70	11.00	12.69	9
MBT	下颌体厚 II (臼齿位) L	16.60	16.40	16.10	—	—	—	17.30	16.80	16.40	15.50	12.60	15.50	15.91	9
	R	15.80	16.50	14.50	—	—	—	—	16.40	16.20	15.20	13.50	15.10	15.40	8
70	下颌支高 L	61.50	—	57.50	—	—	—	68.00	66.50	57.70	—	61.00	67.50	62.81	7
	R	60.00	—	56.00	—	—	—	—	65.50	63.00	68.00	63.50	63.50	62.79	7
71	下颌支宽 L	47.50	47.00	44.80	—	—	—	45.00	48.70	42.50	46.50	—	41.00	45.67	6
	R	45.50	—	44.50	—	—	—	—	49.00	—	—	—	43.00	45.17	6
71a	下颌支最小宽 L	36.50	38.50	35.50	—	—	—	38.00	36.00	35.70	—	29.30	34.00	35.44	8
	R	34.80	36.00	36.00	—	—	—	—	36.50	35.50	37.00	—	33.80	35.60	6
	颏孔间弧	60.00	58.00	62.00	—	—	—	59.00	56.00	57.00	58.00	51.00	51.00	56.89	9
79	下颌角	124.00	—	118.00	—	—	—	118.00	120.00	122.00	—	135.00	126.00	123.29	7

角度项目

项目	测量项目													均数	n
32	额侧角 I (n-m FH)	85.00	—	—	—	—	—	—	—	85.00	80.00	87.00	—	84.25	4
	额侧角 II (g-m FH)	78.00	—	—	—	—	—	—	—	77.00	74.50	79.00	—	77.13	4
	前囟角 (g-b FH)	49.50	—	—	—	—	—	—	—	44.00	47.00	46.00	—	46.63	4
72	总面角 (n-pr FH)	85.00	—	—	—	—	—	—	—	85.00	83.00	88.00	—	85.25	4
73	鼻面角 (n-ns FH)	90.00	—	—	—	—	—	—	—	86.00	90.00	80.00	—	86.50	4
74	齿槽面角 (ns-pr FH)	72.00	—	—	—	—	—	—	—	68.00	67.00	74.00	—	70.25	4
75	鼻梁侧角 (n-rhi FH)	—	—	—	—	—	—	—	—	68.00	—	71.00	—	69.50	2
	鼻梁角	—	—	—	—	—	—	—	—	17.00	—	17.00	—	17.00	2
72-75		—	—	—	—	—	—	—	—	—	—	—	—	—	
77	鼻颧角 (fmo-n-fmo)	141.38	142.43	—	140.92	145.57	147.12	—	—	145.41	146.60	142.84	—	144.03	8
SSA	颧上颌角 (zm-ss-zm)	122.86	125.37	—	—	134.27	—	—	—	127.08	120.26	—	—	125.97	5
	上齿槽点角 (n-pr-ba)	71.21	—	—	76.63	74.90	—	—	—	73.31	70.07	77.00	—	73.85	6
	鼻根点角 (pr-n-ba)	67.68	—	—	61.41	70.42	—	—	—	66.30	68.56	60.10	—	65.75	6
	顶基底角 (n-ba-pr)	41.10	—	—	41.96	34.68	—	—	—	40.39	41.37	42.89	—	40.40	6

指数项目

比例	指数											n
8 : 1	颅长宽指数	76.10	—	—	75.98	71.24	71.81	—	67.63	78.57	73.56	6
17 : 1	颅长高指数	76.84	—	—	74.86	73.35	75.53	—	72.63	78.57	75.30	6
17 : 8	颅宽高指数	100.97	—	—	98.53	102.96	105.19	—	107.39	100.00	102.51	6
21 : 1	颅长耳高指数	63.73	—	—	61.45	60.05	—	—	60.21	—	61.36	4
9 : 8	额宽指数	68.15	—	—	69.12	67.78	71.63	—	70.04	68.53	69.21	6
16 : 7	枕骨大孔指数	90.72	79.41	—	86.15	78.08	78.57	80.00	76.53	—	81.35	7
40 : 5	面突指数	99.01	99.02	92.35	96.59	100.49	—	—	90.74	—	96.37	6
45 : 8	颅面宽指数	105.05	—	—	—	100.74	—	—	—	—	102.90	2
47 : 45	全面指数	83.04	83.59	—	88.60	—	—	—	—	—	85.08	3
48 : 17	垂直颅面指数 pr	51.47	—	47.86	51.49	51.08	45.77	—	55.07	—	50.46	6
	sd	54.04	—	51.43	54.10	53.96	49.30	—	57.25	—	53.35	6
48 : 45	上面指数(K) pr	49.47	46.56	—	—	52.21	—	—	—	—	49.41	3
	sd	51.94	48.85	—	—	55.15	—	—	—	—	51.98	3
48 : 46	中面指数(V) pr	69.31	61.12	—	69.00	65.14	—	62.14	—	—	65.65	6
	sd	72.77	64.13	—	72.50	68.81	—	—	—	—	69.76	5
52 : 51	眶指数Ⅰ L	77.01	73.63	—	81.40	75.74	74.94	78.31	76.92	—	76.85	7
	R	73.94	76.28	78.05	77.98	75.91	76.74	73.29	—	—	74.14	8
52 : 51a	眶指数Ⅱ L	83.33	83.75	—	87.50	87.90	81.71	—	85.78	—	85.00	6
	R	81.82	84.10	87.67	82.52	86.10	82.50	—	—	—	81.65	7
54 : 55	鼻指数	51.35	48.11	48.08	53.60	46.23	54.40	60.42	46.62	—	51.54	9
54 : 51	鼻眶指数 L	67.54	56.04	—	62.33	52.13	60.85	69.88	57.58	—	60.91	7
	R	66.90	59.30	60.98	61.47	52.69	63.26	68.56	—	—	61.37	8
54 : 51a	鼻眶指数 L	73.08	63.75	—	67.00	60.49	66.34	—	64.22	62.91	65.81	6
	R	74.03	65.38	68.49	65.05	59.76	68.00	—	—	60.74	66.30	7
SS : SC	鼻根指数	27.06	28.57	25.86	37.04	59.57	24.00	26.88	39.77	67.72	33.59	8
61 : 60	上颌齿槽弓指数	122.22	129.02	128.70	121.30	130.89	130.78	139.00	123.81	—	128.12	9
63 : 62	腭指数	120.27	111.69	121.08	98.82	102.33	110.26	115.79	104.39	—	109.58	9
68 : 65	下颌骨指数	58.55	66.31	—	66.81	58.12	—	—	53.59	—	61.05	6
71 : 70	下颌支指数 L	77.24	77.91	—	73.23	66.18	—	68.38	—	60.74	71.06	5
	R	75.83	79.46	—	74.81	—	67.46	—	67.72	—	72.28	6
45 : (1+8)/2	横颅面指数	90.79	—	—	85.08	83.82	87.93	—	86.66	—	87.31	2
17 : (1+8)/2	高平面指数	87.26	—	—	85.67	85.67	87.93	—	—	88.00	86.77	6

标注 "*" 为略破损，参考值。

附表 3　大司空出土颅骨个体测量表（女性）

（长度：毫米；角度：度；指数：%）

马丁号	测量项目	2004AS T0101M31	2004AS T0304M102	2004AS T0304M145	2004AS T0906M178	2004AS T0906M179	2004AS T0708M377	2004AS T0606M425	平均值	例数
	性别	女	女	女	女	女	女	女		
	年龄	25±	20~25	50~60	25~30	25~30	25~27	40±		
	径线及弧线项目									
1	颅骨最大长(g-op)	178.00	172.00	185.00	178.00	179.00	180.50	175.50	178.29	7
5	颅基底长(n-enba)	—	94.00	106.00	103.00	97.50	95.50	100.00	99.33	6
7	枕骨大孔长(ba-o)	—	34.00	33.50	35.00	33.00	34.00	30.00	33.25	6
8	颅骨最大宽(eu-eu)	138.00	133.00	135.00	139.00	131.50	—	135.00	135.25	6
9	最小额宽(ft-ft)	89.00	82.50	98.00	93.00	92.00	91.00	89.00	90.64	7
11	耳点间宽(au-au)	122.50	117.50	118.50	124.20	119.00	125.00	126.50	121.89	7
12	枕骨最大宽(ast-ast)	106.70	99.50	102.20	105.00	105.70	105.80	111.50	105.20	7
16	枕骨大孔宽	—	27.00	27.00	27.50	25.00	27.20	29.00	27.12	6
17	颅高(ba-b)	—	133.00	144.00	139.00	133.50	139.00	132.00	136.75	6
21	耳上颅高(po-po)	112.00	111.00	—	—	—	119.50	110.40	113.23	4
23	颅周长(g,op)	506.00	489.00	521.00	507.00	500.00	516.00	506.00	506.43	7
24	颅横弧(po-b-po)	306.00	292.00	322.00	317.00	297.00	319.00	299.00	307.43	7
25	颅矢状弧(arc n-o)	—	361.00	383.00	365.00	364.00	383.00	360.00	369.33	6
26	额骨矢状弧(arc n-b)	123.00	117.00	131.00	124.00	119.00	136.00	120.00	124.29	7
27	顶骨矢状弧(arc b-l)	118.00	125.00	134.00	119.00	132.00	129.00	116.00	124.71	7
28	枕骨矢状弧(arc l-o)	—	119.00	117.00	119.00	114.00	116.00	122.00	117.83	6
29	额骨矢状弦(chord n-b)	108.40	105.80	115.00	111.20	105.50	119.50	108.00	110.49	7
30	顶骨矢状弦(chord b-l)	109.00	112.00	122.30	109.00	118.50	115.50	106.00	113.19	7
31	枕骨矢状弦(chord l-o)	—	102.00	97.70	99.30	89.00	97.00	98.50	97.25	6
40	面基底长(pr-enba)	—	90.00	—	—	91.50	95.00	95.50	93.00	4
43	上面宽(fmt-fmt)	99.00	93.00	109.50	102.00	104.00	104.00	103.30	102.11	7
43(1)	两眶内宽(fmo-fmo)	90.50	85.20	—	—	95.80	96.70	95.50	92.74	5
FS	鼻根点至两眶内宽之矢高(sub.fmo-n-fmo)	14.45	12.86	—	—	14.51	14.92	16.13	14.57	5
44	两眶宽(ec-ec)	94.00	87.20	—	—	98.00	98.40	97.50	95.02	5

测量项目									n
45 颧宽(zy-zy)	125.50	118.50	—	—	—	129.70	130.70	126.10	4
46 中面宽(zm-zm)	—	92.40	—	—	—	103.00	95.80	97.07	3
47 全面高(n-gn)	—	115.00	—	—	113.00	116.50	112.00	114.13	4
48 上面高(n-pr)	63.50	67.00	—	—	62.00	69.20	65.50	65.44	5
48 (n-sd)	67.00	69.50	—	—	67.00	72.00	68.70	68.84	5
49a 眶内缘点间宽(d-d)	19.00	17.50	—	20.00	—	21.00	20.60	19.53	4
50 前眶间宽(mf-mf)	15.00	13.00	—	—	20.00	18.00	19.00	17.50	6
51 眶宽(mf-ek) L	43.00	39.50	—	—	41.00	42.50	42.00	41.60	5
51 R	41.50	39.50	—	—	41.20	42.70	41.50	41.28	5
51a 眶宽(d-ek) L	36.80	35.60	—	—	—	39.50	38.20	37.53	4
51a R	38.00	36.00	—	—	39.00	40.00	40.00	38.60	5
52 眶高 L	34.00	32.00	—	—	32.30	33.30	29.30	32.18	5
52 R	34.00	31.30	—	—	31.70	32.50	29.50	31.80	5
54 鼻宽	25.50	24.00	22.80	—	—	26.30	27.00	25.12	5
55 鼻高(n-ns)	47.50	49.50	—	—	47.00	52.50	50.00	49.30	5
SC 鼻骨最小宽	7.40	5.00	—	—	6.50	5.50	7.50	6.38	5
SS 鼻骨最小宽高	1.00	1.50	—	—	2.50	2.00	1.80	1.76	5
60 上颌齿槽弓长(pr-alv)	47.00	51.50	52.00	—	—	51.00	50.00	50.30	5
61 上颌齿槽弓宽(ecm-ecm)	65.50	63.70	59.00	—	—	63.50	65.00*	62.93	4
62 腭长(ol-sta)	36.30	37.50	40.00	—	—	42.50	36.50	38.56	5
63 腭宽(enm-enm)	42.00	41.00	41.00	—	—	41.50	42.00	41.50	5
MH 颧骨高(fmo-zm) L	42.20	39.50	—	—	40.70	44.00	44.20	42.48	4
MH R	—	37.80	—	—	—	45.00	44.00	41.88	4
MB 颧骨宽(zm-rim.orb) L	22.40	22.70	—	—	—	27.10	26.20	24.60	4
MB R	—	22.00	—	—	22.00	27.00	25.60	24.15	4
65 下颌髁突间宽(cdl-cdl)	—	115.00	—	—	114.00	120.00	120.00	116.33	3
66 下颌角间宽(go-go)	—	95.00	—	—	80.00	95.50	95.50	90.17	3
67 颏孔间宽	—	51.20	—	—	47.50	47.50	49.50	48.93	4
68 下颌体长	—	78.40	—	—	79.80	—	—	79.10	2
68(1) 下颌体最大投影长	—	109.20	—	—	98.60	—	—	103.90	2
69 下颌联合高(id-gn)	—	32.00	—	—	35.00	35.00*	33.00	33.33	3

项目	1	2	3	4	5	6	平均	例数
MBH 下颌体高Ⅰ(颏孔位) L	31.50	—	31.50	35.50	32.50	—	32.75	4
MBH 下颌体高Ⅰ(颏孔位) R	30.00	—	32.00	34.00	—	—	32.00	3
MBH 下颌体高Ⅱ(臼齿位) L	26.50	—	30.00	32.50	30.00	—	29.75	4
MBH 下颌体高Ⅱ(臼齿位) R	26.00	—	28.00	33.00	—	—	29.00	3
MBT 下颌体厚Ⅰ(颏孔位) L	12.50	—	12.30	10.50	11.80	—	11.78	4
MBT 下颌体厚Ⅰ(颏孔位) R	12.80	—	11.70	10.80	—	—	11.77	3
MBT 下颌体厚Ⅱ(臼齿位) L	15.80	—	15.30	14.60	15.50	—	15.30	4
MBT 下颌体厚Ⅱ(臼齿位) R	18.30	—	15.50	14.20	—	—	16.00	3
70 下颌支高 L	55.00	59.00	60.00	52.50	52.00	—	55.70	5
70 下颌支高 R	56.00	—	58.50	51.50	—	—	55.33	3
71 下颌支宽 L	36.50	50.00	44.00	40.00	41.20	—	42.34	5
71 下颌支宽 R	34.00	—	44.00	40.00	—	—	39.33	3
71a 下颌支最小宽 L	31.00	42.00	36.00	34.00	34.10	—	35.42	5
71a 下颌支最小宽 R	30.00	—	37.20	34.50	—	—	33.90	3
颏孔间弧	57.00	—	57.00	53.00	55.00	—	55.50	4
79 下颌角	127.00	—	112.00	128.00	—	—	122.33	3
角度项目								
32 额侧角Ⅰ(n-m FH)	87.00	89.00	—	84.00	—	88.00	87.00	4
额侧角Ⅱ(g-m FH)	89.00	85.00	—	87.00	—	80.00	85.25	4
前囟角(g-b FH)	52.50	52.50	—	52.00	—	49.00	51.50	4
72 总面角(n-pr FH)	90.00	89.00	—	87.00	—	89.00	88.75	4
73 鼻面角(n-ns FH)	81.00	82.00	—	83.00	—	82.50	82.13	4
74 齿槽面角(ns-pr FH)	69.00	69.00	—	67.50	—	71.50	69.25	4
75 鼻梁侧角(n-rhi FH)	78.00	78.50	—	74.00	—	—	76.83	3
72-75 鼻梁角	12.00	10.50	—	13.00	—	—	11.83	3
77 鼻颧角(fmo-n-fmo)	144.59	146.39	146.29	145.70	—	142.68	145.13	5
SSA 颧上颌角(zm-ss-zm)	—	124.94	—	125.80	—	132.66	127.80	3
上齿槽点角(n-pr-ba)	—	72.09	65.00	69.59	—	74.11	70.20	4
鼻根点角(pr-n-ba)	—	64.92	76.36	67.13	—	66.37	68.70	4
颅基底角(n-ba-pr)	—	42.99	38.64	43.28	—	39.52	41.11	4
指数项目								
8:1 颅长宽指数	77.53	77.33	72.97	78.09	73.46	76.92	76.05	6
顶长宽指数	—	—	—	—	—	—	—	—

									n
17:1	颅长高指数	76.68	75.21	77.01	74.58	78.09	77.84	77.33	—	6
17:8	颅宽高指数	101.19	97.78	—	101.52	100.00	106.67	100.00	—	5
21:1	颅长耳高指数	64.14	62.91	66.20	69.96	—	—	64.53	62.92	4
9:8	额宽指数	66.99	65.93	—	—	66.91	72.59	62.03	64.49	6
16:7	枕骨大孔指数	81.84	96.67	80.00	75.76	78.57	80.60	79.41	—	6
40:5	面突指数	96.14	95.50	99.48	93.85	—	—	95.74	90.94	4
45:8	颅面宽指数	92.28	96.81	—	—	—	—	89.10	—	3
47:45	全面指数	90.85	85.69	89.82	—	—	—	97.05	—	3
48:17	垂直颅面指数 pr	49.06	49.62	49.78	46.44	—	—	50.38	—	4
	sd	51.58	52.05	51.80	50.19	—	—	52.26	—	4
48:45	上面指数(K) pr	52.65	50.11	53.35	—	—	—	56.54	50.60	4
	sd	55.03	52.56	55.51	—	—	—	58.65	53.39	4
48:46	中面指数(V) pr	69.35	68.37	67.18	—	—	—	72.51	—	3
	sd	72.28	71.71	69.90	—	—	—	75.22	—	3
52:51	眶指数 I L	77.39	69.76	78.35	78.78	—	—	81.01	79.07	5
	R	77.06	71.08	76.11	76.94	—	—	79.24	81.93	5
52:51a	眶指数 II L	85.82	76.70	84.30	—	—	—	89.89	92.39	4
	R	82.54	73.75	81.25	81.28	—	—	86.94	89.47	5
54:55	鼻指数	51.57	54.00	50.10	—	—	—	48.48	53.68	4
54:51	鼻眶指数 L	61.56	64.29	61.88	—	—	—	60.76	59.30	4
	R	62.22	65.06	61.59	—	—	—	60.76	61.45	4
54:51a	鼻眶指数 L	68.49	70.68	66.58	—	—	—	67.42	69.29	4
	R	66.76	67.50	65.75	—	—	—	66.67	67.11	5
SS:SC	鼻根指数	28.47	24.00	36.36	38.46	—	—	30.00	13.51	4
61:60	上颌齿槽弓指数	125.26	—	124.51	—	—	113.46	123.69	139.36	5
63:62	腭指数	108.05	115.07	97.65	—	—	102.50	109.33	115.70	2
68:65	下颌骨指数	69.09	—	—	70.00	—	—	68.17	—	5
71:70	下颌支指数 L	75.97	79.23	76.19	73.33	84.75	—	66.36	—	3
	R	71.20	75.21	77.67	75.21	—	—	60.71	—	3
45:(1+8)/2	横颌面指数	80.44	84.19	—	—	—	—	77.70	79.43	3
17:(1+8)/2	高平面指数	87.18	85.02	—	85.99	87.70	90.00	87.21	—	5

标注"*"为略破损，参考值。

后　记

2004 年 3 月，为配合豫北纱厂旧厂改造，在获得国家文物局批复的发掘执照申请后，中国社会科学院考古研究所（以下简称"社科院考古所"）安阳工作队（以下简称"安阳队"）对改造区域大司空东南地进行了全面的系统发掘，发掘工作到同年 10 月结束，历时八个多月。

本次发掘由岳洪彬主持，岳占伟和何毓灵参与，同时参与发掘的还有安阳队屈光富、霍会军、汤永峰、李晓燕、杨霞、黄晓芳、何永涛、王志峰、郭中芳（其中，后四位已离开安阳队），北京工作队刘兆业、郭明珠，山东大学研究生宋爱平、史本恒和刘允东，安阳市文物钻探队何建民、侯玉金、侯卫国、侯文明等也参加了发掘。

2005 年夏，《安阳大司空——2004 年发掘报告》（以下简称"大司空报告"）被列为中国社会科学院重点课题，并获得部分资金资助，整理工作得以启动。该课题由岳洪彬主持，主要参与整理的有岳洪彬、岳占伟、苗霞和中国文字博物馆的杨新；何毓灵因承担孝民屯发掘报告的整理工作，未能参与大司空报告的后期整理和撰写。

2005 ～ 2011 年是社科院考古所安阳队基建考古发掘最为繁重的时期，虽然大司空报告项目已启动，但为保证基建发掘的顺利开展，大司空报告的整理工作不得不时断时续；再加上南水北调"辉县路固墓地"的发掘和资料整理，与大司空报告项目同时或交错进行，使得大司空报告的整理时间和人员更得不到保障。本项目组的成员常牺牲节假日的时间，加班加点投入到报告整理工作中，其中的艰辛是可想而知的。

在整理过程中，协助整理陶片和陶器修复的有王艳霞、段桂云、霍慧庆、张娥、张玉婷、单青霞等，铜器由王好义和王卫国修复；绘图由刘晓贞、岳小燕、李晓燕、黄晓芳、何海慧、何凯和安阳师范学院美术系实习学生完成；拓片由何海慧、王好义完成；刻辞卜骨的摹本由何海慧完成；摄像由岳占伟、马怀民完成；器物卡片由中国社会科学院研究生院研究生高振龙、郑州大学考古系本科生董好、董笑霞协助完成；灰坑登记表和墓葬登记表由社科院考古所文化遗产保护和研究中心的王丹协助完成。

人骨标本的鉴定和分析由社科院考古所考古科技实验研究中心王明辉、吉林大学博士研究生原海兵（现就职四川大学考古学系）完成；人骨的 DNA 分析由吉林大学博士研究生曾雯完成；人骨标本的食性分析由社科院考古所考古科技实验研究中心张雪莲承担；M303 出土的植物叶片的鉴定和分析由社科院考古所考古科技实验研究中心王树芝完成；漆、酒等有机质遗存的分析由社科院考古所考古科技实验研究中心赵春燕承担。其中人骨鉴定、DNA 分析和植物叶片的鉴定和分析已完成，其余尚在进行中。

　　本报告由岳洪彬、岳占伟、苗霞共同编著，中国文字博物馆的杨新参与了部分小件的撰写。岳洪彬通览全稿。此外，刘一曼先生审阅了有关甲骨部分，张静审阅了本报告的编写结构，并提出了宝贵意见。

　　在发掘期间，自始至终都得到河南省文物局、安阳市文物局、社科院考古所等各级领导的大力支持；社科院考古所原夏商周研究室的杜金鹏主任，组织包括离退休老先生张长寿、殷玮璋、高天麟等在内的二室同仁到发掘现场，就发掘中存在的问题以及标本和检测样品的收集和保护，提出了较全面的指导意见；尤其安阳队的老前辈郑振香、杨锡璋、刘一曼、徐广德等先生、安阳队队长唐际根和各位同仁，都随着田野工作的进度多次到现场指导发掘。当时在安阳工作站进行合作研究的加拿大英属哥仑比亚大学人类学系的荆志淳教授及其研究团队，也多次到发掘现场考察，并从西方学者的角度提出了许多宝贵的建议。正是上述各位领导、前辈、同仁和朋友们的热情指导和无私帮助，才使得本次发掘和报告编写取得了圆满成功。

　　在本课题结项时，王巍所长、袁广阔教授、许宏研究员和徐良高研究员审阅了文稿，并提出宝贵的修改意见；社科院考古所白云翔副所长、陈星灿副所长、巩文处长也为本报告的出版多方协调。文物出版社的编辑为本报告的出版也付出了大量的心血。

　　考古发掘是一项集体科研活动，田野考古资料的整理和分析更是多学科共同参与的综合研究。就此来说，《安阳大司空——2004 年发掘报告》也是一项集体劳动和集体智慧的结晶。正是上述各位的大力支持和无私帮助，本报告才得以顺利面世。在此谨向各位致以衷心的感谢！

　　以前曾零星披露过一些本次发掘的资料，现均以本报告为准。

　　由于时间仓促和编者水平所限，报告中难免会有纰漏，请大家批评指正！

编　者
2014 年 4 月

Abstract

Facing the main Yinxu palace-temple complex to the west, the Dasikong site is located east of the Huan River, making it an important component in the greater Yinxu site. A large part of the Dasikong site is occupied by Yubei Cotton Mills(formerly called Guanyi Cotton Mills). Respectively in the1930s, 1950s and 1980s, scientific excavations were carried out by archaeologists in the area southeast of Dasikong Village and in relatively huger sites which once cast bronzes and made bone tools. A large number of ash pits, cellars and tombs were also discovered, all of which set a basis for the Periodization of the Yinxu Cultures.

From March to October, 2004, for the reconstruction of Yubei Cotton Mills, the An-yang Archaeological Team of the Institute of Archaeology of Chinese Academy of Social Sciences conducted another excavation in the area southeast of Dasikong Village. Four excavating sections were numbered as A, B, C, D, according to the spatial locations of the digging area which covers 6400 square meters. Among the finds are over fifty house foundations made of rammed earth, more than four hundred ash pits, cellars, wells and nearly five hundred tombs as well as chariot pits, which greatly enriched the contents of the Yinxu Cultures.

These house foundations are mostly densely found among the excavations at the Dasikong Village over the years. One is on the ground and the rest are half underground cellars. Most of the architectural sites are seriously destroyed except those in the Section C which have been well preserved and most densely distributed.

The architectural site of Section C consists of twelve platforms made of rammed earth, on which palaces or houses were built, which can fall into two groups respectively in the east and in the west. Centering on F22, the eastern group still includes F20、F32、F19、F24、F34、F23、F38 and F40, which are arranged in six rows and form three courtyards from the front to the back. With F35 in the middle, the western group, including F33、F21、F35、F36 and the western part of F23, stand in three rows and then forms a front yard and a back yard. By its grand scale, reasonable and compact layout and good drainage facilities, the architectural complex is thought to be the most important architectural site outside of the Xiaotun palace and temple area found in the Yinxu site over the years

Numerous urn coffins were detected surrounding the foundation, among which nearly ninety were unearthed. Most of the urn coffins were buried in the rammed earth, obviously indicating theirs relevance to the buildings. The rest ones were buried in the filling around the foundation, which might be interred in the course of using the buildings. Thus, the reporter deems they should be considered as affiliated remains of the foundation instead of pure tombs.

From the over four hundred ash pits, cellars and wells, there was found a large amount of pottery, stone implements and bone objects. Many special remains were kept in the deposit layers, such as skeletons with chopped feet in a struggling position or skeletons of mothers and children entwined in an embrace, a lot of skeletons of those who died unnatural deaths seen in a single pit, or cellars with intact human skeletons, bones of cattles or horses, vertical shafts with the function of refrigerator and so on, which provide significant information for the study of social life of the Shang Dynasty.

Nearly five hundred tombs are distributed in the four excavating sections, of which eighty percent are small or mid-sized vertical pit tombs and twenty percent are urn coffins. The later is mostly distributed in the layers of the rammed earth of the architectural foundation or close to the courtyard. The vertical pit tombs are found in each section but those in Section C are universally larger in scale while those in other sections are relatively small.

M303 in the north of Section C is of most importance. It is found in the layer of rammed earth and thus completely survived. The area of this tomb is almost ten square meters, where over forty bronze ritual vessel and music implements as well as a lot of weapons and chariot were unearthed. Well conserved, the two chariot pits southeast of M303 could well be its accompanying pits, from which two whole sets of Chariot horses and implements were unearthed. Both M303 and the two chariot pits are dated to the fourth period of the Yinxu Cultures. Judged from the inscriptions " 马危 (mawei)" on the bronze, the occupant of M303 could be one of the high-level aristocrats from the family clan of 马危 (mawei) .

The excavation of the area southeast of Dasikong Village is not only the biggest scale among all excavations here over the years, but also the most scientific digging ever conducted at this site. The cultural relics obtained from this site are not only various and complete in variety, but have a long time span which cover all the four periods of the Yinxu Cultures and include the richest remains from the fourth period. By a systemically analysis on these relics, we can give a brief account of the dynamic process of the development of the Dasikong site .

New methods are also applied in the collection of cultural relics and test samples. As a result, an unprecedented number of samples were taken from the field work, such as the universally and systemically collected human skeletons, miniature animal bones gathered with sieves of 1cm x 1cm meshes. From every single unit, soil, plant seeds, plant leaves, lacquer and carbonized cakes, liquor and so forth, were carefully sampled. A systemically scientific analysis on all these samples is being carried out, which will provide abundant substantial materials for the multidisciplinary collaboration on the study of the Yinshang Culture.

1. B区发掘现场（从东向西）

2. 半地穴式房基F16（从西向东）

彩版一　大司空遗址发掘现场和房基

1. F7平面结构（从南向北）

2. C区建筑群（从南向北）

彩版二　大司空遗址商代房基

1．F20夯土基址（从南向北）

2．F19台阶两侧放置的大型陶器（从北向南）

彩版三　大司空遗址F20与F19

1．F22北侧护坡上散落遗物（从南向北）

2．F22北侧护坡上的螺蛳图案一

3．F22北侧护坡上的螺蛳图案二

4．F22北侧护坡上螺蛳图案三

5．F22北侧护坡上的龟腹甲

彩版四　大司空遗址F22

1. F34北部排水管道（自东向西）

2. F34柱洞解剖

3. F23西北部排水管道（自北向南）

彩版五　大司空遗址排水管道

1. F30平面结构（自南向北）

2. F48平面结构（自东向西）

彩版六　大司空遗址F30与F48

1. 瓮棺葬（M147、M148、M149、M152）

2. 瓮棺葬（M234、M235）

3. 祭祀坑M335

彩版七　大司空遗址瓮棺葬与祭祀坑

1. Aa型Ⅱ式陶罐M199：1

2. Ba型Ⅰ式陶罐M429：1

3. Bb型陶罐M300：1

4. Bc型Ⅱ式陶罐M269：1

5. C型Ⅱ式陶罐M391：1

6. C型Ⅲ式陶罐M268：1

彩版八　大司空遗址瓮棺葬具

1. C型Ⅳ式陶罐M284:1

2. 陶瓮M291:1

3. A型Ⅳ式陶盆M249:1

4. 陶三足器F38垫土层:1

5. F34排水管:1

6. F23北侧排水管:1

彩版九　大司空遗址瓮棺葬和房基出土陶器

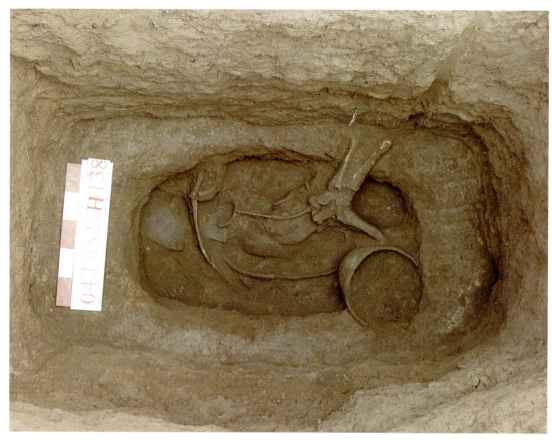

1. H138坑底情况

2. H203和人架

3. H407中的人架

彩版一〇　大司空遗址H138、H203与H407

1. H159和马架

2. H193

3. H391和马架

彩版一一　大司空遗址H159、H193与H391

1. H310和人架

2. H276特殊窖穴

3. H128灰土中人架

4. H128坑壁上工具痕

彩版一二　大司空遗址H310、H276与H128

1．H278灰土中人骨架

2．H316

3．H333特殊窖穴

彩版一三　大司空遗址H278、H316与H333

1. H299窖穴

2. H387和马骨架

彩版一四　大司空遗址H299与H387

1. Ab型Ⅰ式陶鬲H357：1

2. Ab型Ⅱ式陶鬲T0606⑥：1

3. Ab型Ⅱ式陶鬲H98：1

4. Ab型Ⅲ式陶鬲H234：3

5. Ab型Ⅳ式陶鬲H30：19

6. Ab型Ⅴ式陶鬲H374：1

彩版一五　大司空遗址出土陶鬲

1. Ab型Ⅵ式陶鬲H305：13

2. Ab型Ⅶ式陶鬲T0527④：1

3. B型Ⅰ式陶鬲H357：10

4. B型Ⅱ式陶鬲H75：2

5. C型Ⅰ式陶鬲H267：9

5. C型Ⅱ式陶鬲J3：9

彩版一六　大司空遗址出土陶鬲

1. D型 I 式陶鬲 H314：11

2. D型 II 式陶鬲 T1412④：3

3. F型陶鬲 H314：12

4. G型陶鬲采：2

5. I 型陶鬲 H48：2

6. J型陶鬲 H384：6

彩版一七　大司空遗址出土陶鬲

1．Ⅰ式陶甗H357：11

3．A型Ⅰ式陶甑H314：13

4．A型Ⅵ式陶甑H128：5

2．Ⅱ式陶甗H352：1

5．B型陶甑H367：3

彩版一八　大司空遗址出土陶甗与陶甑

1．A型Ⅰ式陶簋H357：13

2．B型Ⅰ式陶簋H126：11

3．B型Ⅱ式陶簋H213：3

4．B型Ⅳ式陶簋T1516③：3

5．B型Ⅴ式陶簋H333：14

6．C型陶簋H416：8

彩版一九　大司空遗址出土陶簋

1．A型Ⅰ式陶盆H357：21

2．Ba型陶盆H305：2

3．C型陶盆H333：19

4．E型陶盆H159：2

5．F型陶盆H3：13

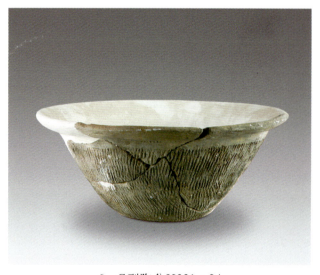

6．G型陶盆H331：24

彩版二〇　大司空遗址出土陶盆

1．Ab型Ⅱ式陶罐H253：15

2．Bc型Ⅱ式陶罐H138：11

3．Bd型Ⅱ式陶罐H203：1

4．C型Ⅴ式陶罐T1512J4：3

5．Da型陶罐H384：8

6．Ⅰ型陶罐H431②：8

彩版二一　大司空遗址出土陶罐

1. 陶瓮H338：1

2. A型陶罍H367：4

3. B型陶罍T0605⑤：17

4. C型陶罍T0304⑤：8

5. A型陶尊H19：1

6. B型陶尊H267：17

彩版二二 大司空遗址出土陶瓮、陶罍与陶尊

1．Aa型陶圆饼形器 H173：1

2．Ab型陶圆饼形器 H305：1

3．Ba型陶圆饼形器 H135②：4、T0527④：3

4．Bb型陶圆饼形器 T0605③：1

5．陶箕形器 H105：1

6．陶箕形器 T0605④：1

7．陶箕形器 T0327④：1

8．陶箕形器 F47夯土层：8

彩版二三　大司空遗址出土陶器

1. 陶羊首柄T0304⑤：1　　　　　2. 陶鸟首柄T0304⑤：2　　　　　3. 陶兽首柄T1617③：1

4. 陶网坠T0305④C：1、T0708③：1、T0625③：1　　　5. 陶球 T0327⑤：1、T1417采：1、T0527④：2、H361③：4

6. 陶瓶T0607③：1　　　　　7. 陶板H58：3　　　　　8. 陶垫T0407F7垫土层：2

彩版二四　大司空遗址出土陶器

1. 石锛T0305④A：1

2. 石斧H340：1

3. 石斧T1616②：1

4. 石杵T1414②：1

5. A型磨石H71：2

6. A型磨石H416：3

彩版二五　大司空遗址出土石器

1. A型石镰 H314：9

2. A型石镰 H336：4

3. A型石镰 H257：1

4. A型石镰 H264：1

5. A型石镰 H223：1

6. B型石镰 H166：1

彩版二六　大司空遗址出土石镰

1. 滑石璧T0305④E：1

2. 石璋T1518③：1

3. 石璋T1518③：2

4. 石磬T0606③：1

5. 石球T1414F19垫土层：1

6. 穿孔石器T0605⑦：1

7. 穿孔石器T0525F13垫土层：5

彩版二七 大司空遗址出土石器

2. 铜刀T1412③ 1

3. 铜刀H367：2

1. 铜镩T0401③：1

4. Aa型骨笄T0903③ 1

5. Ac型骨笄H395：6、H26：4

6. 骨笄Ad型H369：1、Ae型H340：3

7. A型骨镞H210：4、T1512③A：2

8. F型骨镞T0101F11垫土层：1

9. 骨匕T0602F43垫土层：3

彩版二八　大司空遗址出土铜器与骨器

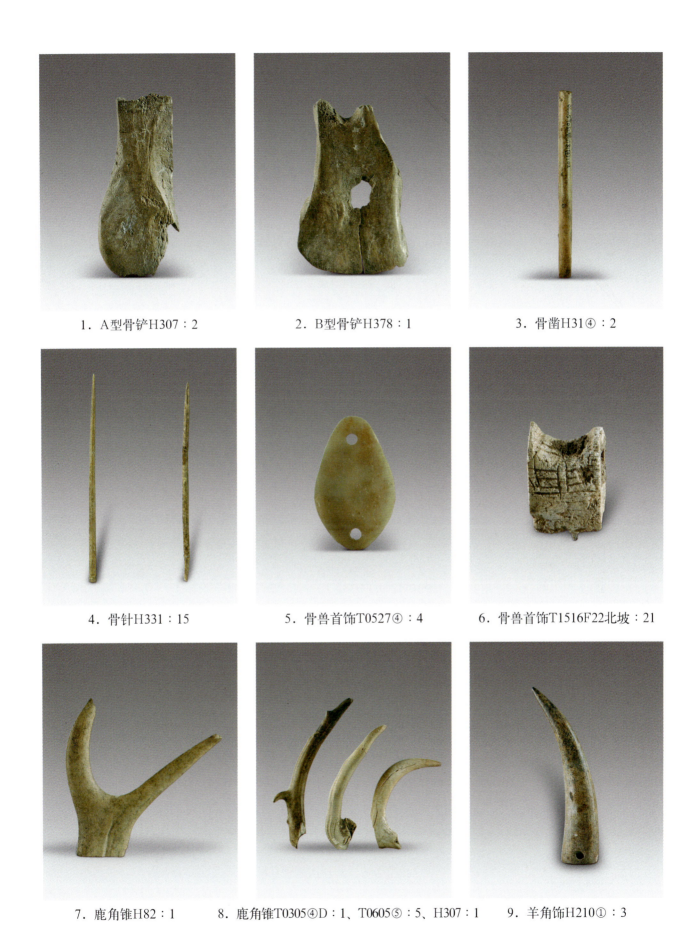

1．A型骨铲H307：2　　　2．B型骨铲H378：1　　　3．骨凿H31④：2

4．骨针H331：15　　　5．骨兽首饰T0527④：4　　　6．骨兽首饰T1516F22北坡：21

7．鹿角锥H82：1　　8．鹿角锥T0305④D：1、T0605⑤：5、H307：1　　9．羊角饰H210①：3

彩版二九　大司空遗址出土骨器

1．贝H384：10、H384：11、H384：5

2．A型海螺H267：7

3．B型海螺H305：10

4．A型蚌镰H185：1

5．蚌铲H344：2

6．A型卜甲T0401⑤：1

7．A型卜甲H234：1

彩版三〇　大司空遗址出土蚌器与卜甲

1. A型卜骨H349：5（正面）

2. B型卜甲H331：16（正面）

3. B型卜甲H331：16（背面）

4. B型卜甲H37：7（正面）

5. B型卜甲H37：7（背面）

6. B型卜骨H253：13（正面）

7. A型卜骨H76：1（正面）

8. A型卜骨H76：1（背面）

9. B型卜骨H141：2（背面）

彩版三一　大司空遗址出土卜甲与卜骨

彩版三二　大司空遗址
出土B型卜骨H141：2

1．M220墓室

2．M220壁龛

3．壁龛墓M55

4．壁龛墓M112

彩版三三　大司空遗址壁龛墓

1. M155墓室

3. M42墓底木桩分布

2. M155壁龛局部

彩版三四　大司空遗址M155和M42

1．墓底木桩解剖（M53）

2．M364墓室

3．M364棺底木桩布局

彩版三五　大司空遗址M364和M53

1. 曲肢葬M54

2. 双人合葬墓M186

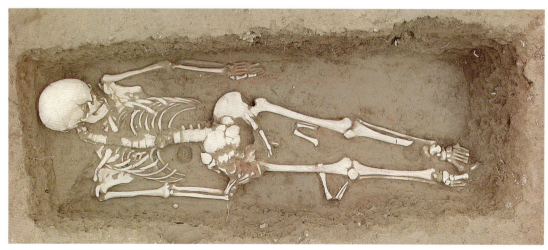

3. M308母婴合葬

彩版三六　大司空遗址墓葬

1. M206墓室

2. M206婴儿骨骼

彩版三七　大司空遗址M206

1．M74墓室

2．M435随葬品放置情况

3．文蛤铺底墓M286

彩版三八　大司空遗址墓葬

1. M126墓室

2. M126墓底墓坑殉狗情况

彩版三九　大司空遗址M126

1．M230墓室

2．M105墓室

4．M10墓室

彩版四〇　大司空遗址墓葬

1．M215墓室

2．M215棺椁之间的随葬器物

3．M215椁底板情况

彩版四一　大司空遗址M215

1．M412墓室

2．M412随葬品情况

3．M58随葬品出土情况

4．M58墓室情况

彩版四二　大司空遗址M412与M58

1．M225墓室

2．M225随葬铅器出土情况

3．M225棺四角悬挂蚌鱼饰

彩版四三　大司空遗址M225

1. M2墓室

2. M349墓室

3. M373墓室

彩版四四　大司空遗址墓葬

1. M209墓室

2. M420墓室

3. M420墓底木桩情况

彩版四五　大司空遗址M209与M420

1. M436墓室

2. M364墓室

3. M364墓底木桩情况

彩版四六　大司空遗址M436与M364

1．M337墓室

2．M327墓室

3．M224墓室

彩版四七　大司空遗址M337、M327与M224

1．M127墓室

2．M151墓室

3．M216墓室

彩版四八　大司空遗址M127、M151与M216

1．M278墓室

2．M357墓室

3．M355墓室

彩版四九　大司空遗址M278、M357与M355

1．M261墓室

2．M261腰坑

3．M102墓室

彩版五〇　大司空遗址M261与M102

1. M298墓室

2. M298壁龛随葬品出土情况

彩版五一　大司空遗址M298

1．A型Ⅰ式陶鬲M255：1

2．A型Ⅱ式陶鬲M170：1

3．A型Ⅲ式陶鬲M278：3

4．A型Ⅳ式陶鬲M376：1

5．B型Ⅰ式陶鬲M438：1

6．B型Ⅱ式陶鬲M212：2

彩版五二　大司空遗址墓葬出土陶鬲

1. C型Ⅰ式陶鬲M112：4

2. C型Ⅱ式陶鬲M430：1

3. D型Ⅰ式陶鬲M448：2

4. D型Ⅱ式陶鬲M259：2

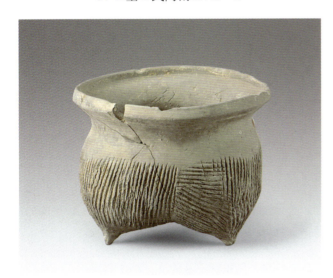

5. D型Ⅱ式陶鬲M88：3

6. D型Ⅲ式陶鬲M243：1

彩版五三　大司空遗址墓葬出土陶鬲

1. E型I式陶鬲M460：1

2. E型Ⅲ式陶鬲M329：2

3. F型I式陶鬲M211：1

4. H型陶鬲M34：11

5. I型陶鬲M344：1

6. J型陶鬲M442：3

彩版五四　大司空遗址墓葬出土陶鬲

1．A型Ⅰ式陶簋M2：1

2．A型Ⅱ式陶簋M435：2

3．A型Ⅳ式陶簋M432：2

4．B型Ⅰ式陶簋M224：1

5．B型Ⅱ式陶簋M280：1

6．B型Ⅳ式陶簋M407：1

彩版五五　大司空遗址墓葬出土陶簋

1. C型I式陶簋M394：3

2. C型II式陶簋M112：5

3. C型IV式陶簋M185：1

4. D型I式陶簋M218：4

5. D型II式陶簋M172：3

6. D型III式陶簋M163：7

彩版五六　大司空遗址墓葬出土陶簋

1．E型Ⅰ式陶簋M128：1

2．E型Ⅳ式陶簋M393：2

3．F型Ⅰ式陶簋M28：1

4．G型陶簋M22：3

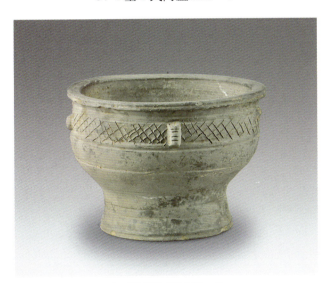

5．K型陶簋M58：8

6．K型陶簋M205：2

彩版五七　大司空遗址墓葬出土陶簋

1．A型陶瓿M337：2

2．B型陶瓿M448：1

3．C型硬陶瓿M298：3

4．A型陶盂M187：2

5．A型陶盂M426：1

6．B型陶盂M166：4

彩版五八　大司空遗址墓葬出土陶瓿与陶盂

1. A型 I 式陶豆M264：1

2. A型 V 式陶豆M108：5

3. B型 II 式陶豆M179：1

4. C型陶豆M420：2

5. E型陶豆M405：1

6. F型陶豆M19：7

彩版五九　大司空遗址墓葬出土陶豆

1．A型Ⅰ式陶觚M279：6　　　2．A型Ⅱ式陶觚M108：4　　　3．A型Ⅲ式陶觚M435：5

4．A型Ⅳ式陶觚M423：2　　　5．A型Ⅴ式陶觚M360：1　　　6．A型Ⅵ式陶觚M230：18

7．A型Ⅶ式陶觚M154：5　　　8．A型Ⅷ式陶觚M28：7　　　9．A型Ⅸ式陶觚M111：8

彩版六○　　大司空遗址墓葬出土陶觚

1．A型Ⅰ式陶爵M132：2

2．A型Ⅱ式陶爵M279：5

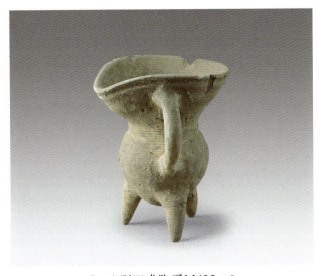

3．A型Ⅳ式陶爵M435：6

4．A型Ⅴ式陶爵M278：6

5．A型Ⅶ式陶爵M105：2

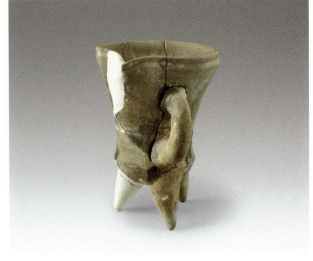

6．A型Ⅶ式陶爵M215：3

彩版六一　大司空遗址墓葬出土陶爵

1．A型Ⅸ式陶爵M222：3　　　　　　　2．A型ⅩⅠ式陶爵M111：9

3．A型ⅩⅠ式陶爵M455：1　　　　　　4．A型Ⅻ式陶爵M83：5

5．B型陶爵M446：2　　　　　　　　6．C型陶爵M301：10

彩版六二　大司空遗址墓葬出土陶爵

1. Ⅰ式陶盘M337：4

2. Ⅱ式陶盘M278：1

3. Ⅲ式陶盘M105：3

4. Ⅳ式陶盘M28：2

5. Ⅴ式陶盘M225：10

6. Ⅵ式陶盘M18：1

彩版六三　大司空遗址墓葬出土陶盘

1．Aa型Ⅰ式陶罐M435：1

2．Aa型Ⅱ式陶罐M166：11

3．Aa型Ⅲ式陶罐M112：1

4．Aa型Ⅳ式陶罐M230：6

5．Aa型Ⅴ式陶罐M442：2

6．Ab型陶罐M436：2

彩版六四　大司空遗址墓葬出土陶罐

1．B型Ⅰ式陶罐M457：1

2．C型Ⅰ式陶罐M178：1

3．C型Ⅱ式陶罐M195：3

4．D型陶罐M261：6

5．E型陶罐M169：2

6．F型陶罐M20：2

彩版六五　大司空遗址墓葬出土陶罐

1．A型Ⅰ式陶罍M364：2

2．A型Ⅱ式陶罍M158：7

3．A型Ⅳ式陶罍M412：34

4．B型陶罍M339：1

5．A型Ⅰ式陶尊M379：2

6．A型Ⅲ式陶尊M34：9

彩版六六　大司空遗址墓葬出土陶罍与陶尊

1．C型陶尊M111：2

2．D型陶尊446：1

3．E型陶尊M58：7

4．Ⅰ式陶壶M108：9

彩版六七　大司空遗址墓葬出土陶尊与陶壶

1．A型铜鼎M58：4

2．A型铜鼎M215：12

3．B型Ⅰ式铜鼎M166：6

4．铜鼎M166：6内兽骨

彩版六八　大司空遗址墓葬出土铜鼎

1. B型Ⅱ式铜鼎M105：6

2. C型铜鼎M230：1

3. A型铜簋M215：8

4. A型铜簋M230：16

彩版六九　大司空遗址墓葬出土铜鼎与铜簋

1．A型Ⅰ式铜觚M191：1

2．A型Ⅱ式铜觚M215：10

3．A型Ⅱ式铜觚M58：6

4．B型Ⅰ式铜觚M10：2

5．B型Ⅱ式铜觚M230：15

6．B型Ⅱ式铜觚M230：4

彩版七〇　大司空遗址墓葬出土铜觚

1. A型I式铜爵M191：2

2. A型II式铜爵M215：11

3. A型III式铜爵M230：17

4. A型III式铜爵M58：5

5. B型I式铜爵M10：3

6. B型II式铜爵M412：28

彩版七一　大司空遗址墓葬出土铜爵

1. 铜方彝 M444：3

2. 铜钺 M18：10

3. 铜戣 M281：6

彩版七二　大司空遗址墓葬出土铜器

1. Aa型Ⅰ式铜戈M2：4

2. Aa型Ⅱ式铜戈M285：1

3. Aa型Ⅲ式铜戈M166：13

4. Aa型Ⅳ式铜戈M136：1

5. Aa型Ⅴ式铜戈M423：5

6. Ab型铜戈M356：4

7. Ba型Ⅰ式铜戈M356：1

8. Ba型Ⅰ式铜戈M444：14

彩版七三　大司空遗址墓葬出土铜戈

1. Ba型Ⅱ式铜戈M230：12

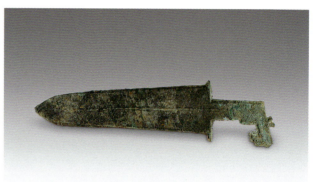

2. Bb型Ⅱ式铜戈M10：9

3. Bb型Ⅱ式铜戈M279：7

4. Bb型Ⅲ式铜戈M412：35A

5. C型Ⅰ式铜戈M457：3

6. C型Ⅰ式铜戈M108：1

7. C型Ⅰ式铜戈M220：6

8. C型Ⅱ式铜戈M396：3

彩版七四　大司空遗址墓葬出土铜戈

1. Ⅰ式铜矛 M10：10　　　　2. Ⅱ式铜矛 M166：7　　　　3. Ⅲ式铜矛 M298：6

4. A型铜刀 M182：3　　　　　　　　5. B型铜刀 M58：13

6. C型铜刀 M412：13　　　　　　　　7. 铜铲 M400：25

彩版七五　大司空遗址墓葬出土铜矛、铜刀与铜铲

1．A型铜锛M294：1　　　2．B型铜锛M400：26　　　3．C型铜锛M314：1

4．C型铜锛M412：37　　　5．Ⅰ式铜凿M314：4　　　6．Ⅱ式铜凿M412：14

7．铜策M374：2　　　　　8．铜泡M18：19、22、M31：8、9

彩版七六　大司空遗址墓葬出土铜器

1. A型铜铃M400：23

2. A型铜铃M400：22

3. 铜铃M400：22局部

4. B型铜铃M286：3

5. B型铜铃M10：12、M168：2、M85：01、M172：5

彩版七七　大司空遗址墓葬出土铜铃

1. 铅尊腹部M225：18

2. 铅尊底部M225：18

3. 铅戈M373：3

4. 铅戈M155：6

5. 铅矛M225：11

彩版七八　大司空遗址墓葬出土铅器

1. 玉璧M278：10

2. 玉璧M21：1

3. 玉环M444：13

4. 玉钺M126：01

5. 玉管M286：2A、2B

彩版七九　大司空遗址墓葬出土玉器

1. 玉饰M19：5 2. 玉饰M19：3 3. 玉饰M447：1

4. 玉饰M442：7 5. 玉饰M442：6 6. 玉饰M297：2、3

7. 玉管M19：4 8. 玉饰M235：1 9. 玉饰M10：14

彩版八〇　大司空遗址墓葬出土玉饰

1. 石璋M400：02　　　2. 石璋M400：03　　　3. 石璋M400：04

4. 石璋M34：1　　　5. 石璋M34：2　　　6. 石圭M19：2

彩版八一　大司空遗址墓葬出土石璋与石圭

1. 骨匕 M302：4

2. 骨匕 M166：14

3. 骨匕 M213：2

4. 骨管 M213：1

5. 骨签自右至左为 M213：3—6

6. 骨琴拨 M151：6

7. 骨镞 M5：9

8. 骨弓末饰 M58：12、M400：12

9. 骨管饰 M412：8

彩版八二　大司空遗址墓葬出土骨器

1．象牙觿M412：15   2．象牙管饰M374：3   3．象牙笄M151：7

4．贝M21：5、M101：2、M304：3、M128：6、M77：1   5．文蛤M209：3

6．文蛤M286：11B、11A   7．文蛤M373：2

彩版八三　大司空遗址墓葬出土象牙器与蚌器

1. 蝉贝M428：1

2. 蚌项链M409：1

3. 螺蛳串饰M18：13

4. 绿松石管饰M444：12

5. 水晶M305：6

彩版八四　大司空遗址墓葬出土蚌器等饰品

1. 龟M18：14背部

2. 龟M18：14腹部

3. 龟M18：14前部

4. 龟M18：14腹腔中的螺蛳

彩版八五　大司空遗址墓葬出土龟

1．M303发掘现场

2．M303发掘现场

彩版八六　大司空遗址M303发掘现场

1. 椁盖塌陷情况和二层台遗物分布情况

2. 墓室随葬品放置情况

彩版八七　大司空遗址M303墓室

1. 棺上髹漆

2. 北二层台的殉牲及其他遗物

3. 北二层台上的画幔

彩版八八　大司空遗址M303墓室二层台

1. 随葬品出土情况

2. 随葬品出土情况

彩版八九　大司空遗址M303随葬品出土情况

1. 金饰出土情况

2. 棺底红漆和玉器出土情况

彩版九〇　大司空遗址M303随葬品出土情况

1. 大口尊被树叶封口情况

2. 短梗南蛇藤叶出土情况

彩版九一　大司空遗址M303随葬品出土情况

1．陶簋M303：161

2．A型陶罐M303：76

3．B型陶罐M303：77

4．B型陶罐M303：84

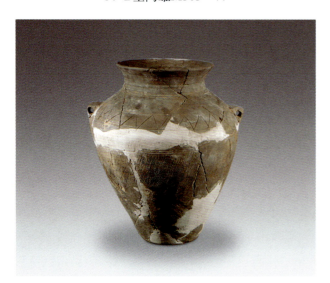

5．A型陶罍M303：72

彩版九二　大司空遗址M303出土陶器

1．B型陶罍M303：128

2．B型陶罍M303：127

3．B型陶罍M303：126

4．陶尊M303：86

5．陶尊M303：121

6．A型陶瓿M303：178

彩版九三　大司空遗址M303出土陶器

1. M303铜器群

2. 大圆鼎M303：116

3. 大圆鼎腹内兽骨M303：116局部

彩版九四　大司空遗址M303出土铜器

彩版九五　铜方鼎组合M303：115、114

彩版九六　分裆铜鼎组合M303：104、82

彩版九七　扁足铜鼎组合M303：112、100

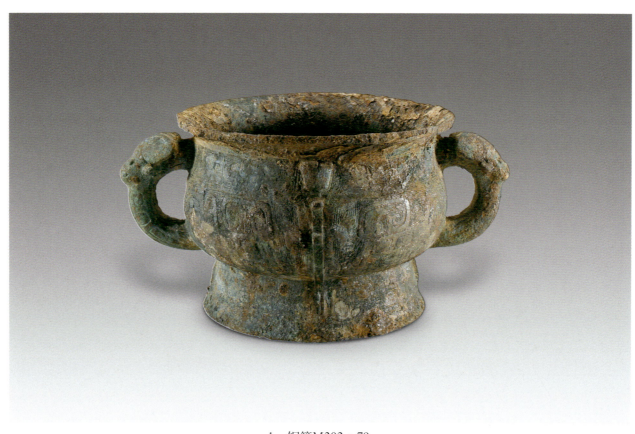

1. 铜簋M303：79

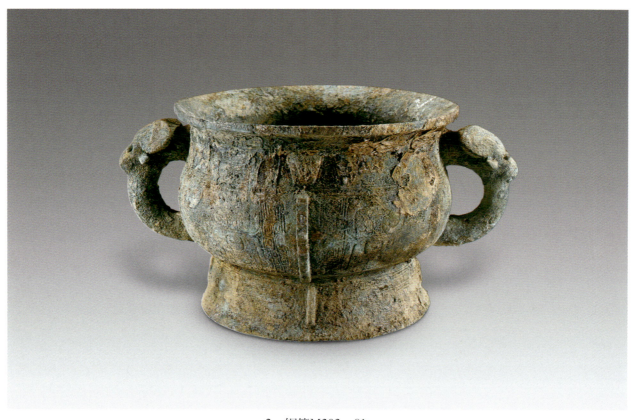

2. 铜簋M303：81

彩版九八　大司空遗址M303出土铜簋

1. 铜簋M303：81局部

2. 铜甗M303：57俯视

3. 铜甗M303：57

彩版九九　大司空遗址M303出土铜器

1. 铜觚M303：102

2. 铜觚M303：110

3. 铜觚M303：107

4. 铜觚M303：111

彩版一〇〇 大司空遗址M303出土铜觚

1. 铜爵 M303：96

2. 铜爵 M303：90

3. 铜爵 M303：113

4. 铜爵 M303：93

彩版一〇一　　大司空遗址M303出土铜爵

1. 铜罍M303：118

2. 铜罍M303：108

彩版一〇二　大司空遗址M303出土铜罍

1. 铜折肩尊 M303：99

2. 铜筒形尊 M303：83

彩版一〇三　大司空遗址 M303 出土铜尊

1. 铜卣M303：120

2. 铜卣M303：119

彩版一〇四　大司空遗址M303出土铜卣

1. 铜提梁壶 M303：58

2. 铜罍 M303：59

彩版一〇五　大司空遗址M303出土铜器

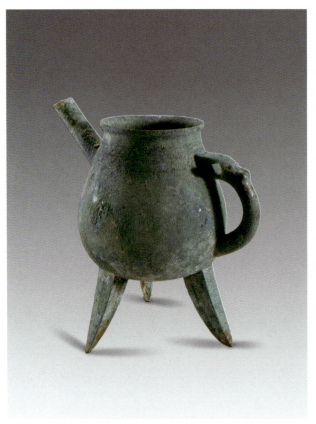

1. 铜盉M303：117

2. 铜觯 M303：184

3. 铜盘M303：56

彩版一〇六　大司空遗址M303出土铜器

1. 铜斗M303：98

2. 铜斗M303：180

3. 铜铙M303：123、125、124

4. 弓形器M303：154

彩版一〇七　大司空遗址M303出土铜器

1．A型铜戈M303：63

2．B型铜戈M303：33

3．A型铜矛M303：26

4．A型铜矛M303：131

5．金饰品M303：141

彩版一〇八　大司空遗址M303出土铜器与金器

1. 玉夔龙 M303∶179

2. 玉鸟 M303∶158

3. 玉螳螂 M303∶172

4. 玉螳螂 M303∶173

5. 玉柄形饰 M303∶142

6. 玉柄形饰 M303∶87

7. 玉柄形饰 M303∶171

彩版一〇九 大司空遗址 M303 出土随葬品

1. 玉环M303：144

2. 骨弓末饰M303：54、55

3. 玉刻刀M303：147

4. 石铲M303：164

5. 磨石M303：71

彩版一一〇　大司空遗址M303出土随葬品

1. 车马坑发掘前的准备工作

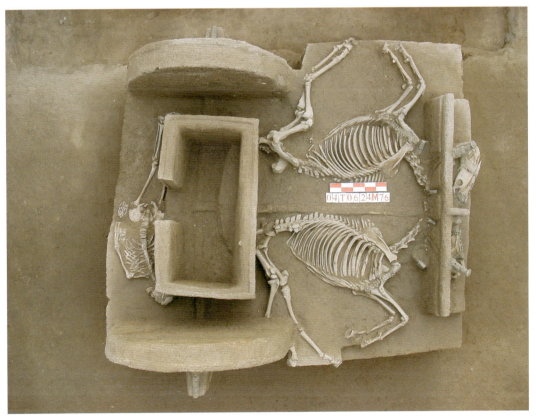

2. 车马坑M76俯视

彩版一一一 大司空遗址车马坑

1. 车马坑M76前侧视

2. 车马坑M76后侧视

彩版一一二　大司空遗址车马坑M76

1. 车马坑M367侧视

2. 车马坑M367局部

彩版一一三　大司空遗址车马坑M367

1. 车马坑M231清理现场

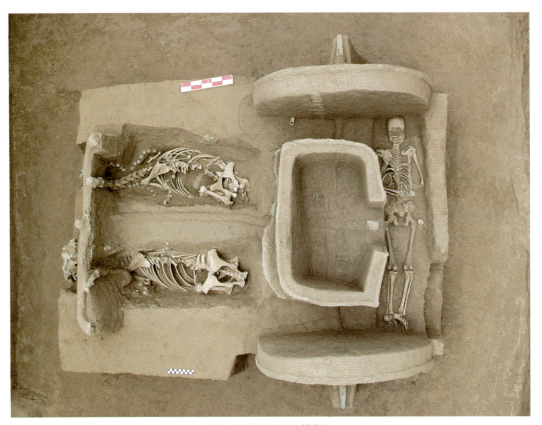

2. 车马坑M231俯视

彩版一一四　大司空遗址车马坑M231

1. 车马坑M231前视

2. 车马坑M231后侧视

彩版一一五　大司空遗址车马坑M231

1. 车马坑M231侧视

2. 车马坑M231局部

彩版一一六　大司空遗址车马坑M231

1. 车马坑M231驭手

2. 车马坑M231马饰

彩版一一七　大司空遗址车马坑M231

1. 车马坑M231轴头

2. 车马坑M231车舆局部

彩版一一八　大司空遗址车马坑M231

1. 车马坑M226后侧视

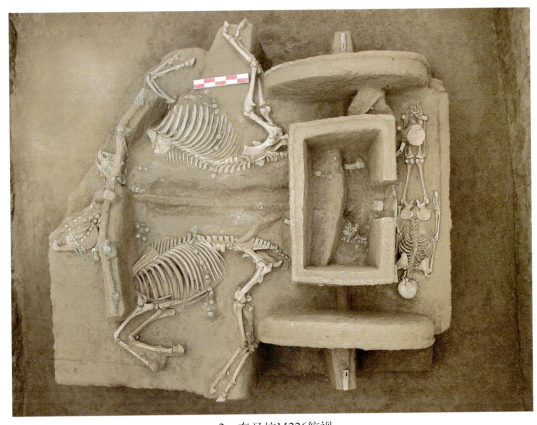

2. 车马坑M226俯视

彩版一一九　大司空遗址车马坑M226

1. 车马坑M226前视

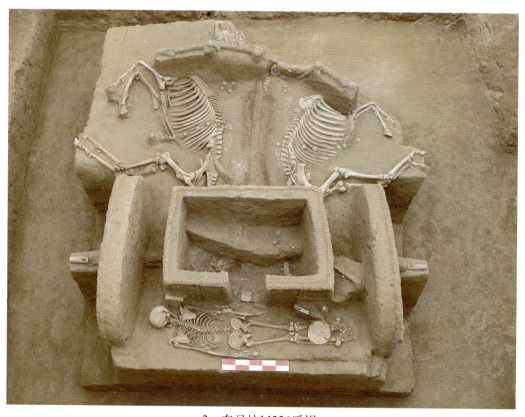

2. 车马坑M226后视

彩版一二〇　大司空遗址车马坑M226

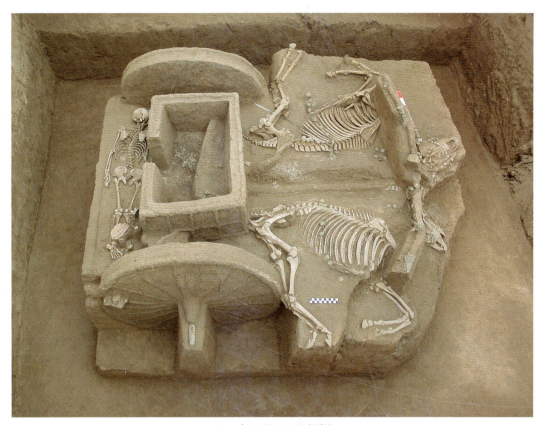

1. 车马坑M226侧视

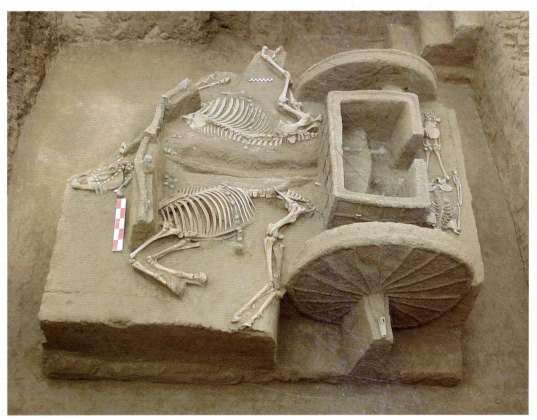

2. 车马坑M226侧视

彩版一二一　大司空遗址车马坑M226

1. 车马坑M226车舆和驭手

2. 车马坑M226的驾马

彩版一二二　大司空遗址车马坑M226

1. 车马坑M226马头装饰局部

2. 车马坑M226的圆形金箔

3. 车马坑M226车轮

1. 铜车軎M76：25、26

2. 铜车軎M226：1、2

3. 铜车軎M231：1、2

4. 铜车軎M367：1

彩版一二四　大司空遗址车马坑出土铜车軎

1. 铜轭首M76：1、22

2. 铜轭首M226：21、35

3. 铜轭颈M231：12、28

4. 铜轭箍M231：13、29

5. 铜轭足M76：18

6. 铜轭肢M226：65

彩版一二五　大司空遗址车马坑出土铜车马器

1．铜兽面衡饰M226：47

2．铜兽面衡饰M231：31

3．铜兽形衡饰M226：64正面

4．铜兽面衡饰 M226：64反面

5．铜牛首衡饰M231：11正面

6．铜牛首衡饰M231：11反面

彩版一二六　大司空遗址车马坑出土铜车马器

1. 铜三角形衡末饰M226：37、36

2. 铜踵M76：28

3. 铜踵M226：9正面

4. 铜踵M226：9侧面

5. 铜踵M231：54正面

6. 铜踵M231：54侧面

彩版一二七　大司空遗址车马坑出土铜车马器

1．铜T形器M226：8正面

2．铜T形器M226：8反面

3．铜杆头M226：7正面

4．铜杆头M226：7反面

5．铜箍M231：18、57　　　　　　6．铜管M226：4、5

彩版一二八　大司空遗址车马坑出土铜车马器

1．A型铜马衔M226：61

2．B型铜马衔M231：53

3．铜镳M76：7、24

4．铜镳M226：48、49

5．铜镳M226：59、50

彩版一二九　大司空遗址车马坑出土铜车马器

1．铜U形器M76：30

2．铜U形器M226：28

3．铜马鼻饰M76：3、4

4．铜马鼻饰M231：6、42

5．铜节约M76：5正面

6．铜节约M76：5反面

彩版一三〇　大司空遗址车马坑出土铜车马器

1．铜当卢 M231：4、19

2．A型大铜泡 M226：39

3．A型大铜泡 M226：56正面

4．A型大铜泡 M226：56反面

5．A型铜泡 M231：27、M226：54、55、M76：14

6．B型铜泡 M226：58

彩版一三一　大司空遗址车马坑出土铜车马器

1．牙片饰M226：46

2．铜弓形器M76：29

3．铜弓形器M231：52

4．铜策M231：55

彩版一三二　大司空遗址车马坑出土车马器

1. 象牙觽M231：34

2. 磨石M231：39

3. 磨石M231：40

4. 象牙弓末饰M231：33、38

5. 骨弓末饰M226：13

6. 骨弓末饰M226：42

彩版一三三　大司空遗址车马坑出土遗物

1．圆金箔片M226：3A

2．圆金箔片M226：3B

3．A型铜铃M226：53

4．B型铜铃M226：23

5．贝饰M226：15A、15B正面

6．贝饰M226：15A、15B反面

7．贝项链M226出土

彩版一三四　大司空遗址车马坑出土遗物

1. 枝叶在折肩尊口上摆放的情况

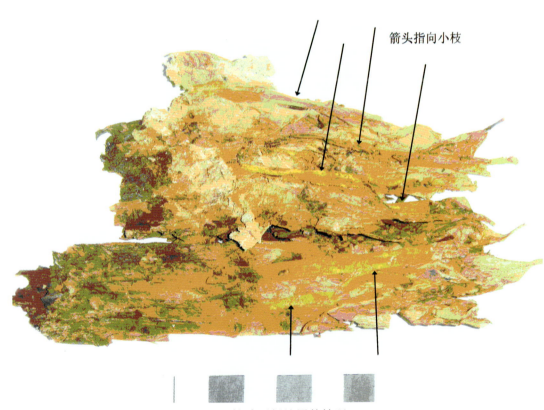

箭头指向小枝

2. 枝叶平行放置的情况

彩版一三五　大司空遗址出土植物

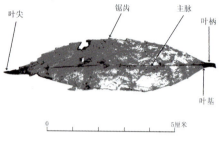

1．叶片标本一

2．叶片标本二

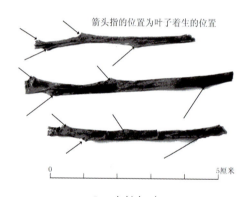

3．叶片标本三

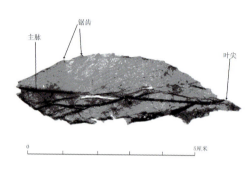

4．叶片标本四

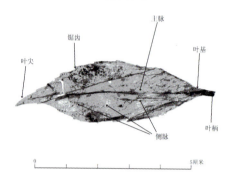

5．小枝标本

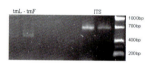

6．样品ITS和trnL−trnF同源基因片段的PCR扩增

7．样品ITS和trnL−trnF同源基因片段的菌落PCR扩增

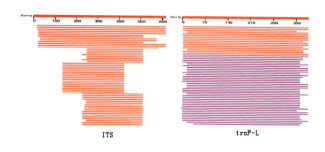

8．样品ITS和trnL − trnF同源基因片段BLAST搜索结果

9．短梗南蛇藤的枝叶

彩版一三六　大司空遗址出土植物

1．Ab型 I 式陶鬲H357：20

2．Ab型 II 式陶鬲H331：27

3．Ab型 V 式陶鬲H277：2

4．Ab型 VI 式陶鬲H305：12

5．Ab型 VII 式陶鬲H33：1

6．Ab型 VIII式陶鬲T0304②：3

图版一　大司空遗址出土陶鬲

1. F型陶鬲H333：4

2. J型陶鬲采：9

3. A型Ⅰ式陶瓿H198：1

4. A型Ⅳ式陶瓿H402：1

5. A型Ⅴ式陶瓿T0903③：3

6. C型陶瓿H106：4

图版二　大司空遗址出土陶鬲与陶瓿

1. A型Ⅰ式陶豆H67∶1

2. A型Ⅱ式陶豆H357∶19

3. A型Ⅲ式陶豆H357∶17

4. A型Ⅳ式陶豆H331∶33

5. B型陶豆H427∶1

6. D型陶豆H193∶4

图版三　大司空遗址出土陶豆

1．A型Ⅰ式陶簋H357：14

2．A型Ⅰ式陶簋H357：16

3．A型Ⅱ式陶簋H210：8

4．A型Ⅲ式陶簋H53：1

5．A型Ⅳ式陶簋H314：3

6．A型Ⅴ式陶簋H68：2

图版四　大司空遗址出土陶簋

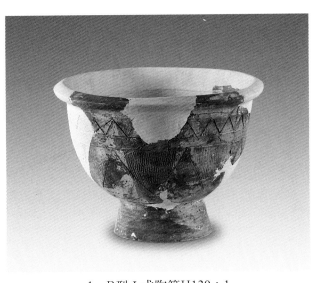

1. B型Ⅰ式陶簋H130：1

2. B型Ⅱ式陶簋H267：14

3. B型Ⅲ式陶簋H128：6

4. B型Ⅴ式陶簋H231：2

5. B型Ⅵ式陶簋H299：4

6. B型Ⅵ式陶簋T1512②：1

图版五　大司空遗址出土陶簋

1．B型Ⅶ式陶簋H361：5

2．B型Ⅷ式陶簋T0528②：1

3．D型陶簋H299：5

4．E型陶簋H56：1

5．F型陶簋H431②：15

6．G型陶簋T1516③：1

图版六　大司空遗址出土陶簋

1. A型Ⅰ式陶盆H357：22

2. A型Ⅰ式陶盆H331：30

3. A型Ⅱ式陶盆H210：12

4. A型Ⅳ式陶盆H406：3

5. A型Ⅴ式陶盆H120：1

6. A型Ⅵ式陶盆T0605⑤：16

图版七　大司空遗址出土陶盆

1. Bb型陶盆 H428：7

2. Bc型陶盆 H210：11

3. D型Ⅰ式陶盆 H234：5

4. D型Ⅱ式陶盆 T0605⑤：15

5. H型Ⅰ式陶盆 H340：4

6. Ⅰ型陶盆 H267：16

图版八　大司空遗址出土陶盆与陶罐

1. Aa型Ⅰ式陶罐T0528②：2

2. Aa型Ⅱ式陶罐H331：25

3. Aa型Ⅱ式陶罐H367：5

4. Aa型Ⅳ式陶罐H410：2

5. Aa型Ⅴ式陶罐H91①：8

6. Aa型Ⅴ式陶罐H369：9

图版九　大司空遗址出土陶罐

1．Ba型Ⅰ式陶罐H280：29

2．Ba型Ⅱ式陶罐T0506③：2

3．Bb型陶罐T1217③：1

4．Bc型Ⅰ式陶罐H280：30

5．Bc型Ⅱ式陶罐T0401③B：3

6．Bd型Ⅰ式陶罐H431②：16

图版一〇　大司空遗址出土陶罐

1. C型I式陶罐H345：2

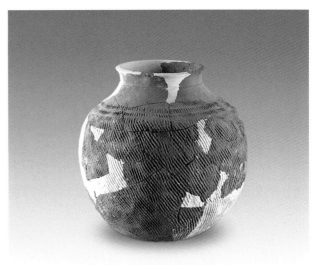

2. C型II式陶罐T0422③：1

3. C型III式陶罐H150：2

4. C型IV式陶罐H252：15

5. H型陶罐T0609J10：1

6. J型陶罐T0421③：1

图版一一　大司空遗址出土陶罐

1. B型陶圈足尊H3：16

2. I式陶瓿H99：1

3. A型II式陶器盖H246：1

4. B型陶器盖H357：26

5. C型陶器盖H91④：2

6. D型陶器盖T0403③：2

图版一二　大司空遗址出土陶器

1．M207陶器组合

2．M209陶器组合

3．M118陶器组合

图版一三　大司空遗址M207、M209与M118陶器组合

1．M420陶器组合

2．M436陶器组合

3．M195陶器组合

图版一四　大司空遗址M420、M436与M1195陶器组合

1．M337陶器组合

2．M279陶器组合

3．M327陶器组合

图版一五　大司空遗址M337、M279与M327陶器组合

1．M426陶器组合

2．M423陶器组合

3．M224陶器组合

图版一六　大司空遗址M426、M423与M224陶器组合

1. M127陶器组合

2. M446陶器组合

3. M360陶器组合

图版一七　大司空遗址M127、M446与M360陶器组合

1．M221陶器组合

2．M216陶器组合

3．M203陶器组合

图版一八　大司空遗址M221、M216与M203陶器组合

1．M278陶器组合

2．M407陶器组合

3．M357陶器组合

图版一九　大司空遗址M278、M407与M357陶器组合

1. M379陶器组合

2. M355陶器组合

3. M396陶器组合

图版二〇 大司空遗址M379、M355与M396陶器组合

1. M193陶器组合

2. M261陶器组合

3. M74陶器组合

图版二一　大司空遗址M193、M261与M74陶器组合

1. M102陶器组合

2. M427陶器组合

3. M80陶器组合

图版二二　大司空遗址M102、M427与M80陶器组合

1. M18陶器组合（陶罍残）

2. M442陶器组合

3. M111陶器组合

图版二三　大司空遗址M18、M442与M111陶器组合

1. M34陶器组合

2. M298陶器组合

图版二四　大司空遗址M34与M298陶器组合

1. A型Ⅰ式陶鬲M361：1

2. A型Ⅱ式陶鬲M423：3

3. A型Ⅲ式陶鬲M415：1

4. A型Ⅴ式陶鬲M102：1

5. B型Ⅰ式陶鬲M254：1

6. D型Ⅱ式陶鬲M35：1

图版二五　大司空遗址墓葬出土陶鬲

1. D型Ⅲ式陶鬲M340：2

2. E型Ⅰ式陶鬲M90：3

3. E型Ⅱ式陶鬲M360：3

4. F型Ⅱ式陶鬲M281：1

5. F型Ⅲ式陶鬲M348：2

6. G型陶鬲M111：3

图版二六　大司空遗址墓葬出土陶鬲

1．A型Ⅰ式陶簋M212：3

2．A型Ⅱ式陶簋M220：3

3．A型Ⅱ式陶簋M337：1

4．A型Ⅲ式陶簋M105：4

5．B型Ⅰ式陶簋M155：1

6．B型Ⅲ式陶簋M225：9

图版二七　大司空遗址墓葬出土陶簋

1. B型Ⅳ式陶簋M261：1

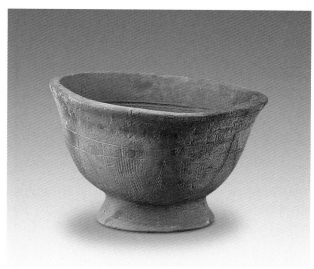

2. B型Ⅴ式陶簋M377：3

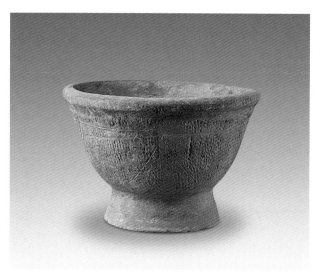

3. B型Ⅵ式陶簋M46：1

4. B型Ⅶ式陶簋M442：1

5. C型Ⅰ式陶簋M108：6

6. C型Ⅱ式陶簋M215：5

图版二八　大司空遗址墓葬出土陶簋

1. C型Ⅲ式陶簋M126：5

2. C型Ⅲ式陶簋M222：1

3. C型Ⅳ式陶簋M97：8

4. D型Ⅰ式陶簋M206：3

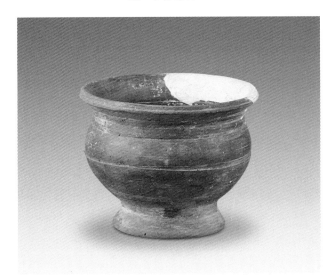

5. D型Ⅱ式陶簋M55：2

6. E型Ⅰ式陶簋M179：3

图版二九　大司空遗址墓葬出土陶簋

1．E型Ⅱ式陶簋M298：1

2．E型Ⅲ式陶簋M21：9

3．E型Ⅲ式陶簋M91：2

4．E型Ⅲ式陶簋M412：26

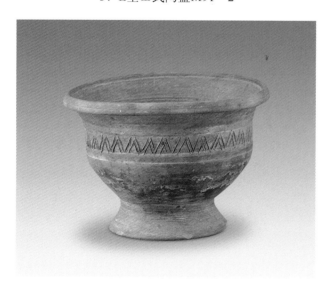

5．E型Ⅳ式陶簋M305：2

6．E型Ⅴ式陶簋M445：1

图版三〇　大司空遗址墓葬出土陶簋

1. F型Ⅱ式陶簋M34：6

2. F型Ⅲ式陶簋M176：4

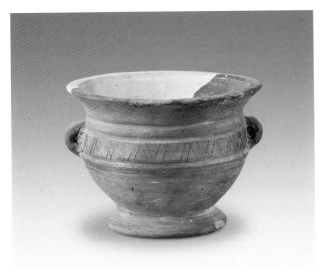

3. G型陶簋M118：1

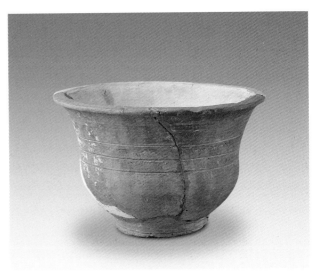

4. H型陶簋M456：1

5. Ⅰ型陶簋M361：2

5. J型陶簋M166：5

图版三一　大司空遗址墓葬出土陶簋

1．A型Ⅱ式陶豆M302：1

2．A型Ⅱ式陶豆M210：1

3．A型Ⅲ式陶豆M212：5

4．A型Ⅳ式陶豆M337：4

5．A型Ⅳ式陶豆M361：3

6．A型Ⅴ式陶豆M327：3

图版三二　大司空遗址墓葬出土陶豆

1．B型Ⅰ式陶豆M279：2

2．B型Ⅰ式陶豆M278：4

3．B型Ⅱ式陶豆M298：8

4．B型Ⅲ式陶豆M97：4

5．D型陶豆M155：3

6．E型陶豆M8：2

图版三三　大司空遗址墓葬出土陶豆

1．A型Ⅰ式陶瓠M121：2

2．A型Ⅲ式陶瓠M220：1

3．A型Ⅳ式陶瓠M10：4

4．A型Ⅳ式陶瓠M278：5

5．A型Ⅴ式陶瓠M105：1

6．A型Ⅴ式陶瓠M206：5

图版三四　大司空遗址墓葬出土陶瓠

1．A型Ⅵ式陶觚M112：7

2．A型Ⅶ式陶觚M126：7

3．A型Ⅷ式陶觚M205：4

4．A型Ⅹ式陶觚M83：4

5．A型Ⅹ式陶觚M102：2

6．B型陶觚M446：3

图版三五　大司空遗址墓葬出土陶觚

1．A型Ⅰ式陶爵M121：3

2．A型Ⅲ式陶爵M90：2

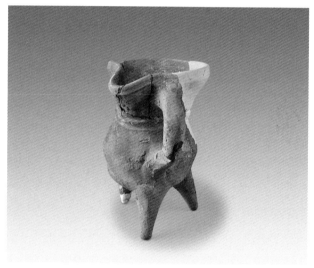

3．A型Ⅳ式陶爵M220：2

4．A型Ⅴ式陶爵M127：2

5．A型Ⅵ式陶爵M10：5

6．A型Ⅵ式陶爵M423：1

图版三六　大司空遗址墓葬出土陶爵

1．A型Ⅶ式陶爵M206：4

2．A型Ⅷ式陶爵M179：4

3．A型Ⅷ式陶爵M230：19

4．A型Ⅸ式陶爵M91：1

5．A型Ⅸ式陶爵M154：4

6．A型Ⅹ式陶爵M21：7

图版三七　大司空遗址墓葬出土陶爵

1. A型X式陶爵M28:8

2. A型XI式陶爵M136:3

3. A型XI式陶爵M225:8

4. A型XII式陶爵M18:12

5. A型XII式陶爵M34:4

6. A型XII式陶爵M102:3

图版三八　大司空遗址墓葬出土陶爵

1．Ⅰ式陶盘M279：1

2．Ⅲ式陶盘M206：9

3．Ⅳ式陶盘M348：8

4．Ⅴ式陶盘M21：4

5．Ⅴ式陶盘M205：3

6．Ⅵ式陶盘M83：3

图版三九　大司空遗址墓葬出土陶盘

1. Aa型Ⅰ式陶罐M220：4

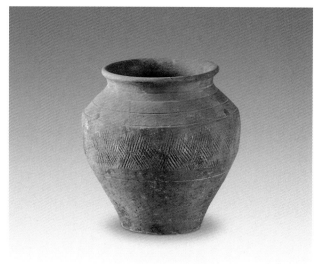

2. Aa型Ⅱ式陶罐M155：4

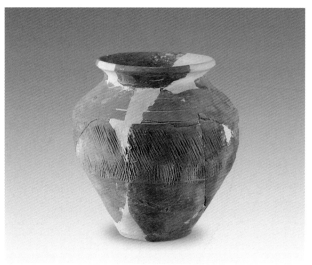

3. Aa型Ⅱ式陶罐M206：2

4. Aa型Ⅲ式陶罐M190：2

5. Aa型Ⅲ式陶罐M179：2

6. Aa型Ⅳ式陶罐M22：4

图版四〇　大司空遗址墓葬出土陶罐

1. Aa型Ⅳ式陶罐M455：8

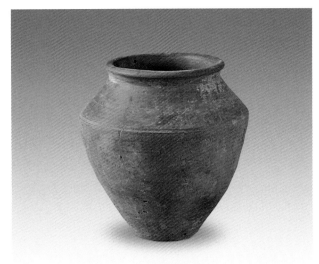

2. Aa型Ⅴ式陶罐M83：1

3. Ab型陶罐M41：2

4. B型Ⅰ式陶罐M105：5

5. B型Ⅱ式陶罐M393：1

6. B型Ⅲ式陶罐M225：1

图版四一　大司空遗址墓葬出土陶罐

1．C型Ⅲ式陶罐M126：4

2．D型陶罐M34：10

3．E型陶罐M327：1

4．G型陶罐M432：1

5．G型陶罐M442：4

6．J型陶罐M305：4

图版四二　大司空遗址墓葬出土陶罐

1. A型Ⅱ式陶罍M154：9

2. A型Ⅲ式陶罍M87：1

3. A型Ⅳ式陶罍M442：10

4. B型陶罍M355：3

图版四三　大司空遗址墓葬出土陶罍

1．A型Ⅰ式陶尊M360：4

2．A型Ⅱ式陶尊M298：2

3．A型Ⅲ式陶尊M443：1

4．B型陶尊M126：2

图版四四　大司空遗址墓葬出土陶尊

1．E型陶尊M455：7

2．Ⅱ式陶壶M221：2

3．Ⅰ式陶盆M168：1

4．Ⅱ式陶盆M426：2

图版四五　大司空遗址墓葬出土陶器

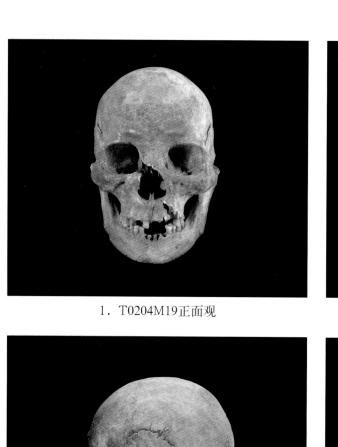

1．T0204M19正面观

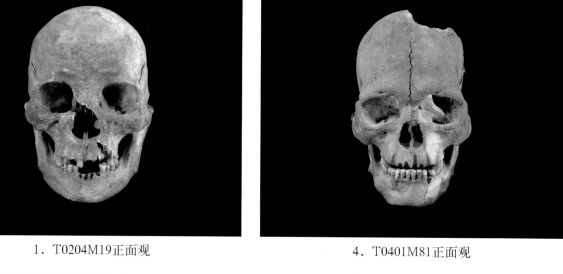

4．T0401M81正面观

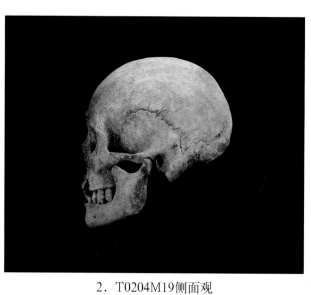

2．T0204M19侧面观

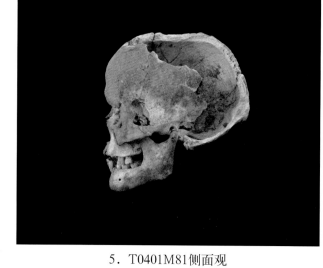

5．T0401M81侧面观

3．T0204M19顶面观

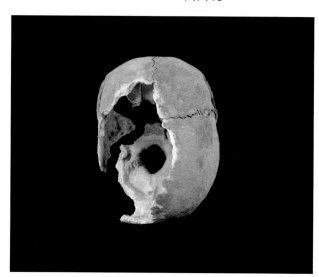

6．T0401M81顶面观

图版四六　大司空中小墓男性颅骨

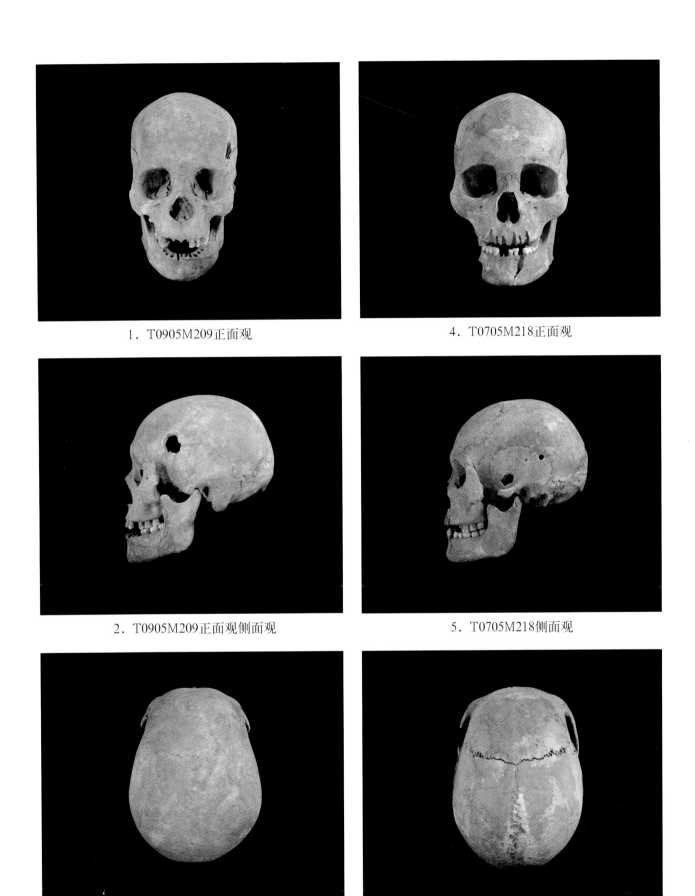

1. T0905M209正面观

4. T0705M218正面观

2. T0905M209正面观侧面观

5. T0705M218侧面观

3. T0905M209正面观顶面观

6. T0705M218顶面观

图版四七　大司空中小墓男性颅骨

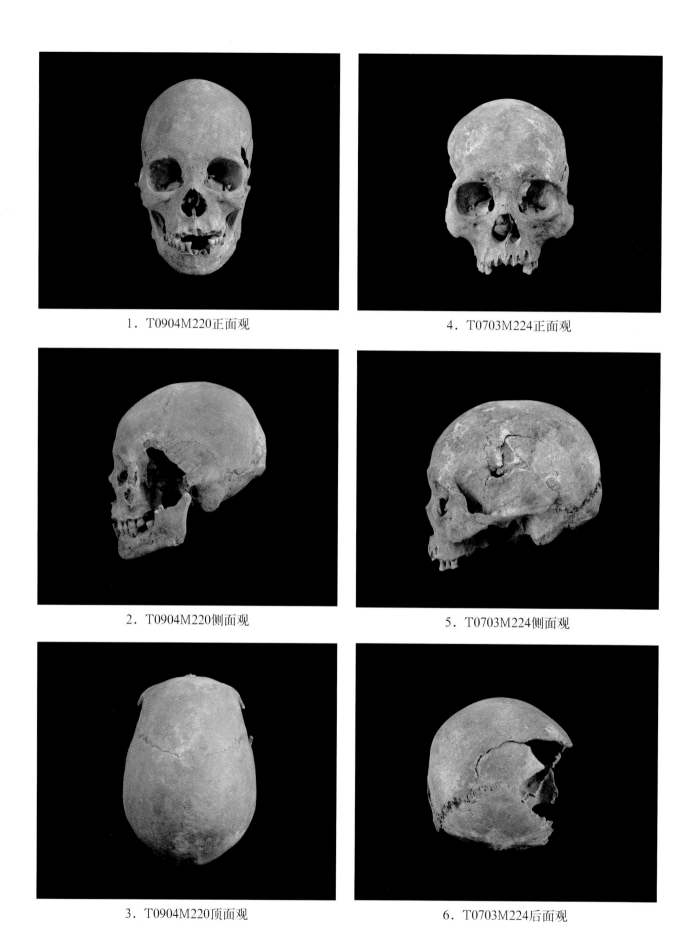

1. T0904M220正面观

4. T0703M224正面观

2. T0904M220侧面观

5. T0703M224侧面观

3. T0904M220顶面观

6. T0703M224后面观

图版四八　大司空中小墓男性颅骨

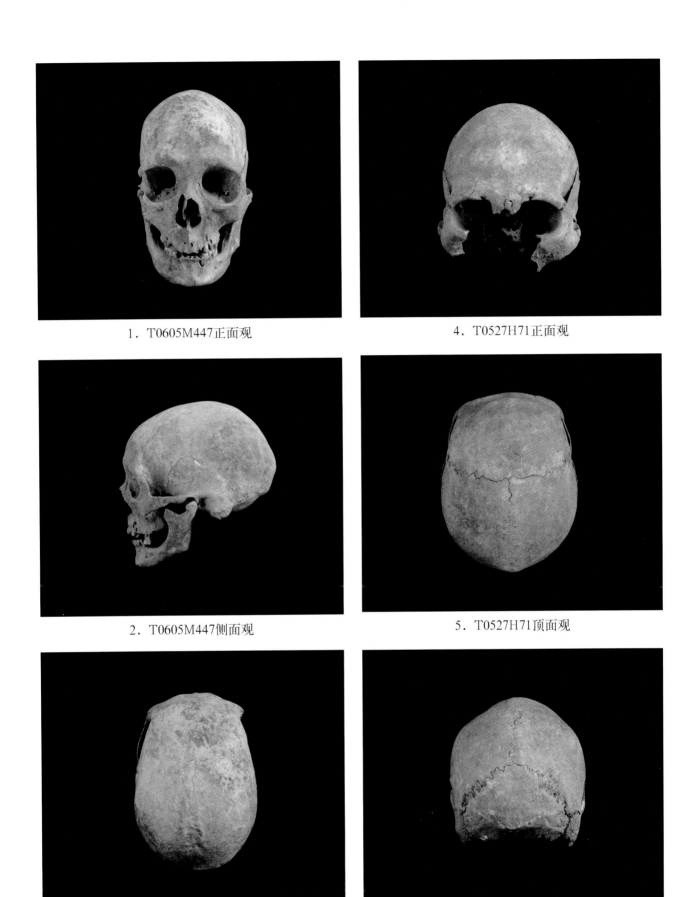

1. T0605M447正面观

4. T0527H71正面观

2. T0605M447侧面观

5. T0527H71顶面观

3. T0605M447顶面观

6. T0527H71后面观

图版四九　大司空中小墓男性颅骨

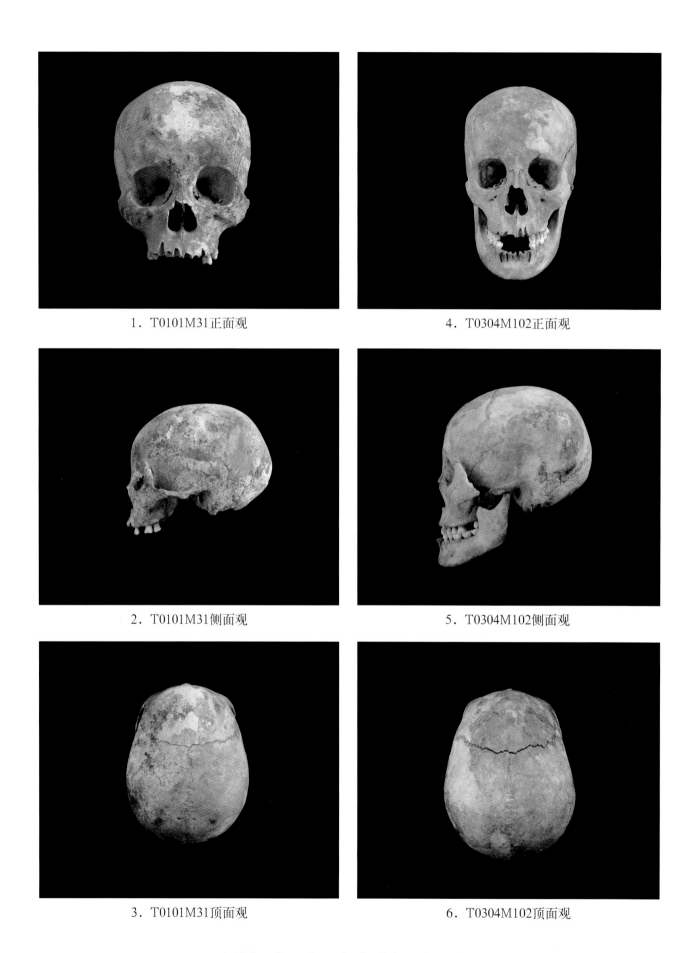

1．T0101M31正面观

4．T0304M102正面观

2．T0101M31侧面观

5．T0304M102侧面观

3．T0101M31顶面观

6．T0304M102顶面观

图版五〇　大司空中小墓女性颅骨

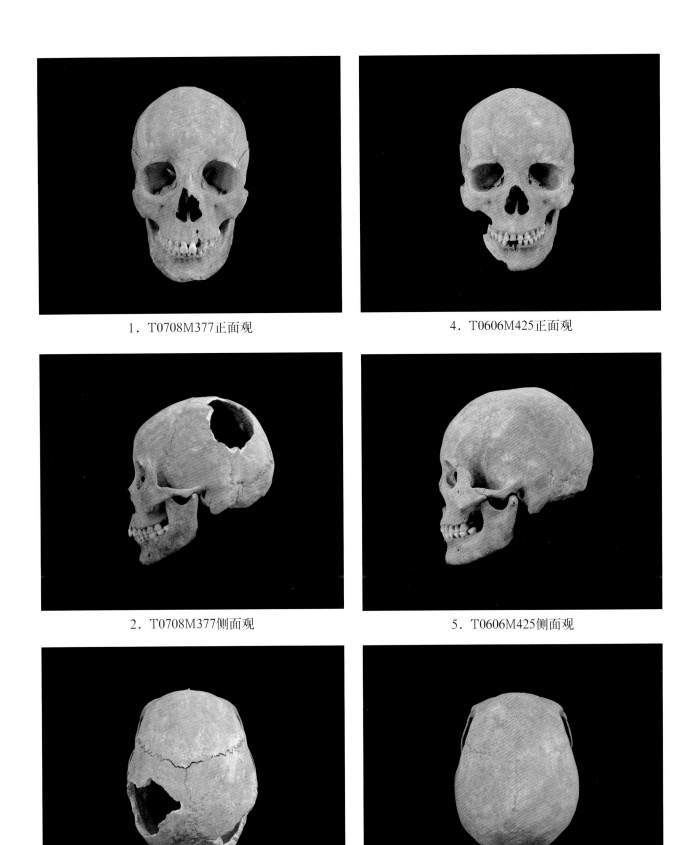

1. T0708M377正面观

4. T0606M425正面观

2. T0708M377侧面观

5. T0606M425侧面观

3. T0708M377顶面观

6. T0606M425顶面观

图版五一　大司空中小墓女性颅骨